13-11-01.

L'ERRANCE URBAINE

L'ERRANCE URBAINE

Sous la direction de
Danielle Laberge

Collectif de recherche sur l'itinérance,
la pauvreté et l'exclusion sociale

ÉDITIONS MULTIMONDES

Données de catalogage avant publication (Canada)

Vedette principale au titre

L'errance urbaine

Comprend des réf. bibliogr.

ISBN 2-89544-005-0

1. Sans-abri – Québec (Province). 2. Sans-abri. 3. Sans-abri – Conditions sociales. 4. Sans-abri, Services aux – Québec (Province). 5. Vie errante. I. Laberge, Danielle. II. Collectif de recherche sur l'itinérance.

HV4510.Q8E88 2000   305.5'69'09714   C00-940905-X

Correction des épreuves : Steve Laflamme

Design de la couverture : Gérard Beaudry

ISBN 2-89544-005-0
Dépôt légal – Bibliothèque nationale du Québec, 2000
Dépôt légal – Bibliothèque nationale du Canada, 2000

Éditions MultiMondes, 930, rue Pouliot, Sainte-Foy (Québec) G1V 3N9 CANADA, tél. : (418) 651-3885 ; téléc. : (418) 651-6822 ; courriel : multimondes@multim.com ; Internet : http://www.multim.com

DISTRIBUTION EN LIBRAIRIE AU CANADA : Diffusion Dimedia, 539, boulevard Lebeau, Saint-Laurent (Québec) H4N 1S2, tél. : (514) 336-3941 ; téléc. : (514) 331-3916 ; courriel : general@dimedia.qc.ca

DÉPOSITAIRE EN FRANCE : Éditions Ibis Press, 8, rue des Lyonnais, 75005 Paris, FRANCE ; tél. : 01 47 07 21 14 ; téléc. : 01 47 07 42 22 ; courriel : ibis@cybercable.fr

Distribution en France : Librairie du Québec à Paris, 30, rue Gay-Lussac, 75005 Paris, FRANCE ; tél. : 01 43 54 49 02 ; téléc. : 01 43 54 39 15

DISTRIBUTION EN BELGIQUE : Presses de Belgique, Bd de l'Europe, 117, 1301 WAVRE, BELGIQUE ; tél. : 010/ 42 03 44 ; téléc. : 010/ 42 03 52

© Les Éditions MultiMondes inc., 2000.

Les Éditions MultiMondes reconnaissent l'aide financière du gouvernement du Canada par l'entremise du Programme d'aide au développement de l'industrie de l'édition (PADIÉ) pour leurs activités d'édition. Elles remercient également la Société de développement des entreprises culturelles du Québec (SODEC) pour son aide à l'édition et à la promotion.

Gouvernement du Québec – Programme de crédit d'impôt pour l'édition de livres – Gestion SODEC

Remerciements

Notre projet d'ouvrage collectif arrive à terme grâce aux encouragements qu'on nous a témoignés depuis la mise sur pied de notre équipe de recherche. Nous voulons d'abord remercier le Conseil québécois de la recherche sociale (CQRS) pour son soutien. Notre équipe bénéficie en effet d'un financement de fonctionnement depuis 1994 qui nous a permis de nous consolider et ainsi d'accroître et de diversifier nos activités de recherche, de diffusion des résultats et de formation.

À l'UQAM qui nous accueille, nos remerciements s'adressent tout spécialement à M. Claude Magnan, directeur du Service de la recherche et de la création qui, depuis le début de cette aventure collective, nous a encouragés et supportés.

Plusieurs membres de l'équipe ont réalisé des recherches avec la participation de personnes ayant vécu des expériences d'itinérance. Au nom du Collectif, nous tenons à leur témoigner notre gratitude.

Nous voulons également remercier tous ceux et celles qui, de près ou de loin (étudiant(es), conférencier(ères), intervenant(es) nous ont appuyés dans nos activités, qu'il s'agisse des activités de recherche, des séminaires publics ou des colloques.

Enfin, la parution d'un tel ouvrage implique un important travail de coordination, de correction, de mise en page et d'uniformisation dans la présentation des textes. Nous remercions Ghyslaine Thomas, Corinne Desfossés, Daphné Morin et Annie Brosseau pour leur précieuse contribution.

Table des matières

PARTIE 2   PARADOXES DE L'AIDE ET DU CONTROLE

CHAPITRE 15   **Les besoins et les services : les paradoxes** 275
Michel Fontaine

CHAPITRE 16   **Vie itinérante et réglementation des espaces publics** 291
Ghyslaine Thomas

CHAPITRE 17   **L'accès aux services de santé et leur utilisation**
                par les personnes itinérantes. 313
Marie-France Thibaudeau

Les auteurs

COLLECTIF DE RECHERCHE SUR L'ITINÉRANCE, LA PAUVRETÉ ET L'EXCLUSION SOCIALE

Danielle Laberge est responsable scientifique du Collectif de recherche sur l'itinérance, la pauvreté et l'exclusion sociale. Elle est professeure au Département de sociologie de l'Université du Québec à Montréal où elle enseigne la méthodologie, l'épistémologie et la sociologie de la marginalité et du contrôle social. Ses champs d'expertise se rattachent à l'usage du système pénal dans les situations de santé mentale, de pauvreté, d'itinérance, de toxicomanie. Elle a publié de nombreux articles dans des revues internationales et est entre autres l'auteure de *Marginaux et marginalité* (Montréal : L'Harmattan, 1997).

Michel Fontaine est coresponsable du CRI. Il est directeur des services professionnels au CLSC des Faubourgs. À ce titre, il s'assure de la conception, du suivi et de l'évaluation des activités professionnelles et scientifiques de l'établissement dans une approche d'amélioration continue des services à la clientèle. Il assume également la coordination de la recherche et de l'enseignement au CLSC ainsi que le lien administratif avec l'Université de Montréal et l'Université du Québec à Montréal, avec lesquelles le CLSC des Faubourgs a signé des contrats d'affiliation.

Marcela Aranguiz a obtenu sa maîtrise en histoire à l'Université du Québec à Montréal en 1999. Son mémoire portait sur les questions du traitement et de l'assistance aux vagabonds à Montréal au XIXe et au début du XXe siècles. Elle poursuit présentement ses études doctorales en histoire à l'UQAM. Elle est membre du Centre d'histoire des régulations sociales depuis 1995.

Céline Bellot poursuit des études de troisième cycle à l'École de criminologie de l'Université de Montréal. Sa thèse porte sur les expériences et les trajectoires des jeunes de la rue à Montréal à partir d'un terrain ethnographique et biographique. Elle est professionnelle de recherche chargée du volet ethnographique d'une étude portant sur la compréhension des processus sociaux de prise de risque chez les consommateurs de drogues injectables, cohorte Saint-Luc, Université de Montréal. Elle est membre du CRI et membre du programme de recherche sur le racisme et la discrimination du Centre d'études ethniques de l'Université de Montréal.

Renée Brassard est détentrice d'une maîtrise en criminologie pour laquelle elle a obtenu le prix du meilleur mémoire de l'École de criminologie de l'Université de Montréal, en 1999. Cette étude portait sur la victimisation des hommes itinérants à Montréal. Elle poursuit actuellement des études de doctorat à cette même institution. Elle a obtenu pour ce faire une bourse du Conseil québécois de la recherche sociale. L'objet de ses études actuelles a trait aux femmes autochtones et à la justice.

Paule Campeau est détentrice d'une maîtrise en criminologie de l'Université de Montréal pour laquelle elle a obtenu le prix du meilleur mémoire en 1995. Membre du CRI, elle poursuit actuellement des études de troisième cycle en sociologie à l'Université du Québec à Montréal. Dans le cadre de son doctorat, elle traite du phénomène de la criminalisation des personnes sans-abri. Elle a codirigé la publication d'un ouvrage collectif traitant de la victimologie au Québec, *Question d'équité, l'aide aux victimes d'actes criminels* (Montréal: Association québécoise Plaidoyer-Victimes, 1996).

Lyne Casavant est chercheure à la Bibliothèque du Parlement à Ottawa. Détentrice d'une maîtrise en criminologie de l'Université de Montréal, elle s'intéresse aux questions entourant l'usage du système pénal au Canada et, particulièrement, l'emprisonnement.

René Charest est depuis 1992 coordonnateur du Réseau d'aide aux personnes seules et itinérantes de Montréal (RAPSIM), un organisme sans but lucratif regroupant une cinquantaine de ressources destinées aux personnes itinérantes. Il est membre fondateur du Regroupement intersectoriel des organismes communautaires de Montréal ainsi que du Réseau Solidarité Itinérance, un regroupement provincial. Depuis cinq ans, il représente le RAPSIM au CRI. Il poursuit actuellement des études de maîtrise en sociologie à l'Université du Québec à Montréal et son mémoire porte sur l'intervention politique en itinérance.

Marie-Marthe Cousineau est professeure à l'École de criminologie de l'Université de Montréal depuis 1992. Ses activités de recherche ont été orientées vers des travaux portant sur les politiques et les pratiques pénales autour de différents thèmes (jeunes de la rue, membres de gangs, émergence de la sécurité privée dans l'exercice du contrôle social). Elle est chercheure au CRI, chercheure régulière au Centre international de criminologie comparée et chercheure associée à l'Institut de recherche pour le développement social des jeunes. Elle est membre d'un groupe d'experts internationaux sur les trajectoires de vie déviantes. Depuis de nombreuses années, elle s'est impliquée auprès des victimes d'actes criminels, a codirigé la publication d'un ouvrage collectif traitant de la victimologie au Québec *Question d'équité, l'aide aux victimes d'actes criminels* (Montréal : Association québécoise Plaidoyer-Victimes, 1996) et est l'actuelle présidente du comité scientifique du Xe Symposium mondial de victimologie.

Agnès Di Gennaro est intervenante sociale et a développé une expertise dans l'intervention de rue auprès de populations marginalisées et toxicomanes. Actuellement, elle poursuit des études de doctorat interuniversitaires en sociologie (Grenoble-UQAM). Sa thèse aborde la question des pratiques d'intervention alternatives auprès des personnes toxicomanes. Dans le cadre de ses études, elle expérimente, en terrain péruvien, une nouvelle approche d'intervention fondée sur les connaissances de la médecine traditionnelle de la Haute Amazonie péruvienne. Elle est membre du CRI.

Lorraine Duchesne est chercheure autonome et détentrice d'un doctorat en sociologie. Elle a tout d'abord travaillé sur une étude portant sur les congrégations religieuses au Québec. Elle collabore depuis plusieurs années avec l'Institut national d'études démographiques à Paris sur des recherches portant sur les sans-domicile fixe.

Rose Dufour est chercheure associée au CLSC Haute-Ville de Québec et chercheure au CRI. Anthropologue-infirmière de formation, elle a œuvré pendant plus de vingt ans sur les problématiques de santé publique. Son principal champ d'intérêt se découpe dans le rapport entre la culture et la production de la santé et de la maladie en terrain inuit, d'abord, puis en terrain francophone québécois, ensuite. Au cours des dernières années, ses activités de recherche se sont orientées vers l'étude du phénomène de l'itinérance où elle explore le rapport entre filiation de parenté et désaffiliation sociale. Dans ses pratiques de recherche-action avec les milieux, elle met de l'avant une méthode d'*empowerment* des acteurs concernés par la situation problématique. En collaboration avec une psychopédagogue, une art-thérapeute et différents organismes d'aide aux personnes itinérantes et démunies, elle participe depuis trois ans à la mise en œuvre d'un projet novateur de réinsertion sociale où le conte merveilleux et l'art-thérapie sont utilisés pour aider à contacter leur goût de vivre et retrouver une certaine maîtrise de leur vie.

Jean-Marie Fecteau est professeur au Département d'histoire de l'Université du Québec à Montréal et chercheur associé au Centre international de criminologie comparée. De plus, il dirige le Centre d'histoire des régulations sociales (UQAM). Ses travaux sont essentiellement axés sur la recherche fondamentale en histoire des régulations sociales, du droit et de l'État au Québec aux XIXe et XXe siècles. Les résultats de ses recherches ont été largement diffusés dans des livres et des revues. Il est entre autres l'auteur de *Un nouvel ordre des choses... La pauvreté, le crime, l'État au Québec, de la fin du XVIIIe siècle à 1840* (Montréal : VLB, 1989).

Jean-Marc Fontan, membre du CRI, est professeur au Département de sociologie de l'Université du Québec à Montréal. Il est spécialisé dans les domaines du développement local, de l'insertion sociale et des questions métropolitaines. Il a produit, avec Diane-Gabrielle Tremblay, un des premiers ouvrages québécois sur le développement local et a codirigé, avec Eric Shragge, la production d'un livre sur l'économie sociale.

Brigitte Garneau a obtenu un doctorat en anthropologie sociale et culturelle de l'Université Laval en 1988. Elle est spécialiste de l'anthropologie de la parenté au Québec. Elle s'intéresse plus particulièrement à l'identité masculine et aux systèmes matrimoniaux dans les sociétés rurales occidentales.

Pierre Hétu est directeur général du Service d'intégration à la collectivité et fondateur de la Maison Odyssée, une ressource d'hébergement pour jeunes en difficulté. Il a contribué à faire de la ressource un lieu de formation dans lequel de nombreux stagiaires viennent chercher une expertise spécialisée dans l'intervention auprès des jeunes en difficulté où la composante interculturelle est intégrée à la pratique d'intervention. Il participe sur une base régulière à différentes tables de concertation (jeunesse, logement-aménagement, service des réfugiés) et travaille au développement d'un partenariat avec différentes ressources communautaires afin de sensibiliser le milieu à la problématique des jeunes en difficulté. Il est membre du CRI.

Roch Hurtubise est professeur au Département de service social de l'Université de Sherbrooke et chercheur au CRI. Dans ses travaux sur les populations qui s'inscrivent dans les marges du social, il a adopté une approche théorique des forces et potentiels, notamment par une problématisation qui privilégie les concepts d'histoire, d'identité, de participation et de trajectoire. Il s'intéresse aussi à l'analyse des nouvelles pratiques sociales.

Marie-Josée Lamarre est diplômée de deuxième cycle au Département de science politique de l'Université du Québec à Montréal. Elle travaille depuis plus de deux ans au Réseau d'aide aux personnes seules et itinérantes de Montréal (RAPSIM) comme organisatrice communautaire. Elle s'intéresse tout particulièrement aux conditions de vie des femmes, au féminisme et à la question de défense des droits sociaux. Elle est représentante du RAPSIM au CRI.

Pierre Landreville est professeur à l'École de criminologie de l'Université de Montréal et chercheur au Centre international de criminologie comparée. Son champ d'expertise se rattache à la sociologie du contrôle social. Il s'intéresse aux questions de pénologie et au fonctionnement du système pénal. Comme chercheur au CRI, il fait des recherches sur la criminalisation des personnes itinérantes et la prise en charge des pauvres par le système pénal.

Véronique Lussier est professeure associée au Département de psychologie de l'Université du Québec à Montréal et chercheure au CRI. Clinicienne de formation et active en pratique depuis 15 ans, elle a développé une expertise en périnatalité et en itinérance en ciblant les populations à risque ou fortement marginalisées dans leur accès aux soins de santé. Elle a participé à la publication d'un rapport de recherche important sur les *Relations et représentations interpersonnelles de jeunes adultes itinérants* (Montréal: GRIJA, 1999) qui a été largement diffusé dans le milieu de l'itinérance à Montréal.

Thomas McKeown a œuvré pendant de nombreuses années au CLSC des Faubourgs (anciennement CLSC Centre-Ville) où il a contribué à la conception et à la mise en œuvre de plusieurs projets et programmes d'intervention novateurs touchant à des problématiques souvent spécifiques au centre-ville urbain. Plusieurs de ces modèles ont été adoptés et implantés dans d'autres villes canadiennes. C'est le cas notamment du modèle d'intervention par les pairs auprès des jeunes de la rue, du modèle d'itinérance-*outreach* (équipe d'intervenants de rue impliquée dans un suivi communautaire intensif auprès de personnes seules et itinérantes), du modèle de soutien de quartiers par des infirmiers(ères) de rue à l'occasion du programme d'échange de seringues pour la prévention du VIH-sida. Il a été coordonnateur de l'Équipe itinérance du CLSC des Faubourgs et de l'Urgence psychosociale-justice de Montréal, un programme d'intervention visant la déjudiciarisation des situations problèmes impliquant des personnes présentant des troubles de santé mentale. Il a participé activement à plusieurs projets de recherche et d'évaluation en collaboration avec différents milieux. Il a été pendant cinq ans membre régulier du CRI. Il a quitté la pratique en 1999 pour prendre sa retraite.

Daphné Morin est professionnelle de recherche au Département de sociologie de l'Université du Québec à Montréal et membre du CRI depuis sa création en 1994. Elle se spécialise dans l'étude de la marginalité et du contrôle social. Elle a participé à de nombreux travaux de recherche sur les processus de criminalisation de la santé mentale et de l'itinérance.

Michel Parazelli, chercheur en études urbaines, est actuellement professeur associé au Département de géographie de l'Université du Québec à Montréal. Il est aussi chercheur associé au CRI. Ses intérêts de recherche s'inscrivent dans le champ de la géographie sociale et de la psychosociologie de l'identité à l'adolescence. Il s'intéresse particulièrement à la problématique de l'exclusion juvénile dans une perspective sociospatiale et aux modes d'action collective favorisant l'autonomie sociale des populations urbaines marginalisées.

Marie-Carmen Plante est médecin psychiatre au Centre hospitalier de l'Université de Montréal et est rattachée à l'équipe Itinérance-*outreach* du CLSC des Faubourgs. À travers un modèle inédit de pratique de psychiatrie communautaire, elle a développé une expertise auprès des personnes itinérantes, qu'elle met à contribution en formant et supportant les intervenants des milieux de l'itinérance. Elle a collaboré à divers comités d'étude et de réflexion ainsi qu'à plusieurs tables de concertation qui ciblaient des problématiques associées à l'itinérance afin de redéfinir et d'améliorer la configuration de même que la qualité des services aux clientèles difficiles du secteur du centre-ville de Montréal. Elle est membre du CRI.

Mario Poirier est psychologue de formation et professeur à Télé-Université du Québec. Comme praticien-chercheur, il a travaillé pendant 13 ans à la Maison St-Jacques, une ressource communautaire en santé mentale à Montréal. Il est membre du CRI depuis 1994 et concepteur du Groupe de recherche en itinérance des jeunes adultes. Il s'intéresse particulièrement aux questions entourant les représentations sociales des jeunes adultes itinérants.

Bastien Quirion est criminologue éducateur aux Centres Jeunesse de Montréal. Parallèlement à ses activités d'intervention, il étudie la sociologie au troisième cycle à l'Université du Québec à Montréal et il est rattaché au CRI. Sa thèse de doctorat porte sur les transformations de la régulation politique de l'usage des drogues au Canada.

Jacques Rhéaume est professeur au Département des communications de l'Université du Québec à Montréal depuis 1978 où il enseigne la psychosociologie de l'intervention dans les groupes et les organisations (théorie et pratique) ainsi que la communication organisationnelle. Il est co-auteur avec Robert Sévigny de *Sociologie implicite des intervenants en santé mentale*, paru aux Éditions Saint-Martin (1988). Il a collaboré aux travaux du CRI, en particulier à celui sur l'intervention interculturelle auprès des jeunes en hébergement communautaire et sur la production des journaux de rue.

Shirley Roy est professeure au Département de sociologie de l'Université du Québec à Montréal et chercheure au CRI. Ses champs de spécialisation sont la marginalité et l'exclusion sociale. Au cours des dernières années, ses travaux de recherche ont porté sur l'itinérance des femmes, l'intervention communautaire et les jeunes de la rue. Elle est l'auteure de *Seuls dans la rue* (Éditions Saint-Martin, 1988), une étude sur les hommes itinérants à Montréal.

Marielle Rozier a travaillé pendant de nombreuses années comme intervenante sociale en France et au Québec. Depuis plus de cinq ans, elle est professionnelle de recherche au CRI. Ses activités de recherche portent sur les pratiques d'intervention auprès des personnes itinérantes (jeunes, personnes toxicomanes VIH/sida, femmes). Ces travaux ont été menés en collaboration étroite avec les différents milieux d'intervention dans une approche intégrative des expertises des acteurs du terrain.

Marie-France Thibaudeau est infirmière et professeure émérite de la Faculté des sciences infirmières de l'Université de Montréal. Ses enseignements, ses recherches et ses publications ont porté en grande partie sur les soins en santé communautaire, plus précisément les soins en CLSC aux familles défavorisées et personnes souffrant de maladie mentale. Associée au CLSC des Faubourgs depuis 1984, elle y a fait de la supervision d'étudiants et de la recherche, avec l'équipe d'*outreach* du CLSC, auprès des personnes itinérantes. Elle participe aux activités du CRI depuis 1994. Une de ses dernières publications, parue en 1999 dans le livre *Community Nursing*, chez Harcout Brace, s'intitule *Nursing practice in Outreach Clinics for the Homeless in Montreal*.

Ghyslaine Thomas est professionnelle de recherche au CRI. Diplômée en sociologie à l'Université du Québec à Montréal, elle s'intéresse à la question des rapports de pouvoir dans les processus de transformation de champ social, en champ d'intervention. Son mémoire de maîtrise a traité de la question du rituel dans le système pénal à travers l'analyse d'une affaire capitale au Québec.

Valérie Vanasse est étudiante à la maîtrise en sociologie à l'Université du Québec à Montréal. Elle travaille actuellement à la rédaction d'un mémoire portant sur l'approche de réduction des méfaits au Québec dans l'intervention auprès de personnes toxicomanes. Elle explore les difficultés et paradoxes dans la mise en œuvre de cette nouvelle stratégie dans le contexte des politiques pénales canadiennes antidrogue. Elle est membre du CRI.

Michèle Vatz Laaroussi est professeure au Département de service social de l'Université de Sherbrooke. Ses recherches portent sur les stratégies d'adaptation et de citoyenneté des familles immigrantes et des familles de milieu défavorisé. Elle s'intéresse aussi aux pratiques professionnelles et aux modèles de pratique en travail social.

Introduction

par Danielle Laberge

L es dernières années ont été marquées par un double mouvement en ce qui concerne l'itinérance: accroissement des connaissances scientifiques et de l'intérêt social, d'une part, transformation du phénomène lui-même, d'autre part. D'abord, l'intérêt scientifique et social pour cette question s'est traduit par des activités de recherche et de concertation importantes. Si les connaissances ainsi produites sont venues soutenir les efforts de planification et d'intervention grâce à une meilleure compréhension de la dynamique du phénomène, elles ont été insuffisantes pour régler la question. Cette même période a connu une transformation du phénomène lui-même sous trois chapitres différents: l'accroissement quantitatif du phénomène, la diversification accélérée des caractéristiques des personnes itinérantes et l'aggravation des problèmes associés.

L'accroissement du phénomène de l'itinérance se traduit à la fois par l'augmentation du nombre de personnes touchées dans les grandes villes et par son extension régionale. C'est ainsi que, depuis quelques années, l'ensemble des grandes villes nord-américaines et européennes est confronté à un nombre grandissant de personnes extrêmement démunies, sans domicile stable, parfois même dormant dans des lieux publics. Jusqu'à tout récemment, la perception dominante de la géographie de l'itinérance en faisait un phénomène restreint aux grands centres urbains. Les chercheurs notent depuis peu une transformation de cette situation. Les personnes itinérantes sont maintenant présentes et visibles dans des villes de taille moyenne, voire de petites villes, un peu partout sur les territoires. D'ailleurs, la frénésie de nombreuses municipalités, tentant par divers moyens réglementaires d'expulser les personnes itinérantes de leur territoire, souligne une présence perçue comme dérangeante.

Le phénomène se transforme aussi sur la base d'une diversification des caractéristiques des personnes touchées. Cette diversification, dont les signes étaient déjà présents au début des années 1990, est allée en accélérant: les caractéristiques les plus frappantes sont celles de l'âge et du sexe. Les personnes itinérantes couvrent maintenant toute la gamme des catégories d'âge, à la fois plus jeunes et plus vieilles. Les nombreuses confrontations entre les jeunes de la rue, le public, les commerçants et les forces de l'ordre, ainsi que les poursuites entreprises à leur égard, ont eu pour effet d'attirer l'attention sur leur situation particulière. Si la thèse de la fugue estivale peut expliquer le comportement de certains de ces jeunes, les recherches montrent clairement qu'il s'agit d'un phénomène de société beaucoup plus grave et plus profond et qui ne peut être réduit à quelque caprice adolescent ou à un effet de mode. Bien que moins visible, le phénomène du vieillissement des personnes itinérantes est une donnée avec laquelle on devra dorénavant composer; on retrouve maintenant de plus en plus de personnes âgées qui utilisent les ressources destinées aux personnes itinérantes. Ce phénomène du vieillissement, s'il est quantitativement moins important que celui des jeunes, ne devrait pas être négligé pour autant. En effet, cette tendance nous semble indiquer des changements de fond dans la gestion de la grande pauvreté et de l'accès au logement et au support social. Par ailleurs, la population itinérante s'est féminisée à une vitesse surprenante. L'itinérance des femmes était un problème déjà noté il y a quelques années, tout en étant considéré marginal à cause du faible nombre de personnes touchées. La question qui se posait alors pour les chercheurs était celle de l'absence relative des femmes plutôt que celle de leur présence. Les questions de recherche se sont transformées avec l'accroissement du nombre de femmes itinérantes.

L'aggravation des problèmes associés à l'itinérance constitue la troisième facette des transformations du phénomène. Les personnes itinérantes sont touchées de façon particulière par des problèmes de santé physique ou mentale graves. Qu'ils soient la source ou la conséquence de l'itinérance, ces problèmes sont associés directement à leurs conditions ou à leur mode de vie. Plusieurs types de problèmes peuvent se retrouver chez une même personne (phénomène qu'on désigne dans le milieu par l'expression «multiproblématique»), venant encore compliquer l'évaluation et l'intervention. Aux problèmes déjà associés à l'itinérance (santé mentale, alcoolisme, toxicomanie, judiciarisation) viennent maintenant s'en ajouter d'autres. Parmi les plus importants, nous pensons au VIH/sida, à l'hépatite, aux polytoxicomanies, à la déficience intellectuelle, à la violence et au suicide. Ces nouveaux problèmes ne font pas qu'allonger la liste des difficultés que sont susceptibles de connaître les personnes itinérantes, ils changent leur dynamique de vie. Par leur gravité intrinsèque et leurs combinaisons multiples, ils affectent les besoins des personnes et la capacité des ressources en place à répondre à ces besoins.

Cette brève description des transformations du phénomène souligne le caractère à la fois complexe et fluide de la situation des personnes itinérantes. Mais toute tentative de compréhension suppose qu'on dépasse les seules considérations épidémiologiques ou le catalogage des pathologies et des handicaps personnels des personnes itinérantes. Si l'itinérance structure le quotidien des personnes, elle ne peut être réduite à des considérations relevant de l'expérience unique et personnelle. Devenir itinérant se comprend aussi à travers des rapports aux institutions sociales ainsi qu'aux représentations collectives qui servent de marqueurs identitaires. Vivre et survivre comme itinérant suppose aussi les demandes d'aide, la recherche de services, l'intervention plus ou moins contrainte ou contraignante.

Le présent ouvrage découle des travaux du Collectif de recherche sur l'itinérance, la pauvreté et l'exclusion sociale (CRI). Mis sur pied en 1994, le CRI s'est donné pour objectif général de mettre à jour les différentes facettes de l'itinérance, de montrer les imbrications entre les dimensions personnelles et les dynamiques sociales et économiques qui traversent ce phénomène, et ce, à travers ses diverses activités. Le Collectif est composé de chercheurs et d'intervenants qui collaborent à l'occasion de nombreux projets de recherche. La nécessité de saisir le phénomène dans toute sa complexité s'est traduite par un souci de développer une approche multidisciplinaire. Avec le temps, le nombre de disciplines représentées, de milieux de pratique et de régions s'est accru, favorisant ainsi les conditions qui nous permettent d'aller dans cette direction. L'équipe est en effet composée de personnes ayant une formation dans les domaines de l'administration publique, de l'anthropologie, de la criminologie, de la géographie, de l'histoire, de la psychiatrie, de la psychologie, de la science politique, des sciences infirmières, de la sexologie, de la sociologie, du travail social. Les membres chercheurs sont rattachés à l'Université de Montréal, à l'Université de Sherbrooke et à l'Université du Québec à Montréal. Les membres intervenants sont issus de milieux de pratique où des approches novatrices en ce qui a trait à l'itinérance ont été développées. À ce titre, il faut souligner la contribution du CLSC des Faubourgs avec son équipe Itinérance-*outreach* et son équipe d'Urgence psychosociale-justice de Montréal; celle du Réseau d'aide aux personnes seules et itinérantes de Montréal (RAPSIM) qui, depuis les vingt-cinq dernières années, travaille à la défense des droits des personnes itinérantes et à la promotion des pratiques communautaires dans le milieu de l'itinérance; celle du Service d'intégration à la communauté et de la Maison Odyssée, une ressource d'hébergement communautaire pour les jeunes en difficulté où la composante interculturelle a été intégrée à la pratique; et enfin, celle du Centre Le Havre de Trois-Rivières, un organisme communautaire voué à la réduction des risques de désaffiliation et à la réinsertion de personnes vulnérables et démunies. Pour représenter d'autres régions du Québec et documenter différentes réalités, l'équipe compte désormais des collaborateurs des villes de Québec, Trois-Rivières et Sherbrooke. Dans ce mouvement, le Réseau Solidarité-Itinérance, un regroupement provincial d'organismes publics et communautaires, et la Table de concertation sur l'itinérance de Québec ont délégué des membres au sein de notre collectif. À l'approche multidisciplinaire se greffe des collaborations à caractère international avec l'affiliation de chercheurs provenant d'autres régions du Canada et d'autres pays tels que la Belgique, la France, le Mexique et la Suisse. Bref, cette configuration consolide l'arrimage entre l'univers de l'intervention et celui de la recherche, entre une diversité de savoirs ainsi qu'entre les réalités d'ici et celles d'ailleurs.

Cet ouvrage représente une étape dans notre réflexion collective sur le phénomène de l'itinérance et ses transformations. Il aborde cette question à travers deux grandes rubriques : les continuités et les ruptures dans la production de l'itinérance et les paradoxes de l'aide et du contrôle.

CONTINUITÉS ET RUPTURES DANS LA PRODUCTION DE L'ITINÉRANCE

L'itinérance n'est ni une fatalité historique ni une forme normale de marginalité. Un regard historique s'avère indispensable pour comprendre ce qui est propre à l'itinérance contemporaine et comment elle s'est construite en rapport direct avec les conditions sociales, économiques et politiques qui ont cours (Aranguiz et Fecteau). Elle ne peut se comprendre que comme manifestation, à un moment donné, de la crise du lien social inscrite au cœur de la société contemporaine (Fontan). On esquissera ce qu'implique, dans le continuum historique, le développement de cette crise. On pourra ainsi percevoir ce qui est spécifique à l'itinérance actuelle, tout autant que ce qui tient des tendances lourdes héritées de l'histoire. Ce regard nous permettra, entre autres, de montrer la distance qui sépare nomadisme, vagabondage et itinérance. Il permettra aussi de mettre à jour certaines conditions structurelles dans la genèse contemporaine de l'itinérance (Campeau ; Charest).

La genèse de la condition itinérante est variée. Elle ne suit pas toujours le modèle de la dégradation progressive, elle peut aussi s'expliquer par un seul moment de rupture important. Bien des travaux sur la genèse soulignent la diversité des registres possibles de précarité ; en d'autres termes, de nombreux modèles qui ne sont ni linéaires ni progressifs semblent être à l'œuvre dans les histoires de vie que nous avons retracées (Bellot ; Dufour). Par ailleurs, certaines personnes connaissent des ruptures brutales, c'est-à-dire qu'il n'y a pas d'étapes de désaffiliation mais plutôt un passage extrêmement rapide à la situation d'itinérant. Par exemple, l'emprisonnement, généralement considéré comme une réponse à l'itinérance, est aussi un facteur expliquant la venue à l'itinérance puisqu'il entraîne souvent la perte des biens personnels et la rupture des liens sociaux (Laberge, Landreville, Morin et Casavant). Si de telles trajectoires peuvent s'expliquer rétrospectivement une fois qu'en sont connus les éléments, rien ne pouvait les laisser prévoir au départ.

Sur le plan des conditions économiques, il est important de distinguer entre très grande pauvreté et itinérance. En effet, la très grande pauvreté place les personnes qui la vivent dans des situations de vulnérabilité importante.

Elles sont conséquemment plus fragiles aux accidents (maladie grave, incendie, vol, perte du soutien de la famille, etc.). La très grande pauvreté est une caractéristique centrale de la condition d'itinérant. Pourtant, elle n'est pas toujours suffisante pour expliquer cette même condition. Les personnes dont l'itinérance perdure sont, de plus, caractérisées par une difficulté d'investissement affectif auprès de figures significatives ou dans des lieux personnels (Poirier; Roy et Duchesne).

Malgré l'isolement des personnes itinérantes, la famille est très présente dans leurs discours. C'est ainsi que, pour ces dernières, les conflits ou la rupture avec la famille, l'absence ou la nostalgie de la famille, la perte ou la recherche de la famille reviennent comme des leitmotivs. Sur le plan des trajectoires de venue à l'itinérance, nous avons aussi constaté comment la famille sert de filet de protection contre la précarisation totale. Qu'il s'agisse d'un parent, d'une sœur, d'un frère, ces personnes servent de médiateur (avec la police, les hôpitaux, les intervenants, etc.), elles offrent un dépannage temporaire (monétaire, affectif, de logement) qui permet de passer à travers les diverses crises. Ce recours à l'aide familiale est particulièrement important pour les personnes qui connaissent des problèmes de santé mentale ou pour celles qui ont des démêlés avec la justice. En effet, les membres de la famille, en plus d'offrir une aide, jouent un rôle de caution auprès des institutions. Lorsque la famille ne peut ou ne veut plus jouer ce rôle, il n'existe plus de frein à la dynamique de l'itinérance (Hurtubise et Vatz-Laaroussi; Lussier et Poirier).

La famille prend aussi une autre signification pour les femmes ayant des enfants. En effet, leur situation affecte les liens avec leurs enfants et doit être prise en compte afin d'assurer des services appropriés à ces femmes. Certaines s'éloigneront des services susceptibles de les soutenir par peur de perdre la garde de leurs enfants à la suite d'une possible dénonciation à la Protection de la jeunesse. D'autres ont perdu la garde de leurs enfants à travers des circonstances variables mais associées à leur itinérance et souhaiteraient récupérer cette garde (Laberge, Morin et Roy).

L'espace n'est pas neutre pour les personnes vivant dans la rue; il est objet d'investissement, lieu de rencontre, de socialisation, de détente, etc. Il est aussi objet de confrontations et de conflits. Depuis quelques années, on a noté un certain intérêt pour les travaux sur le caractère social et symbolique de l'espace. Cette approche prend une signification toute particulière lorsqu'il s'agit de personnes dont la majorité du temps de vie est passée dehors ou dans des lieux publics. On assiste ainsi à une sorte d'appropriation de l'espace public, d'une recréation d'un système de repères qui marquent les activités quotidiennes (manger, dormir, socialiser, être chez soi). Ce mouvement d'appropriation contribue à produire l'identité des jeunes de la rue, à travers l'occupation de certains espaces spécifiques (Parazelli).

L'occupation de certains espaces n'est pourtant pas sans créer des conflits importants entre les personnes itinérantes et d'autres citoyens. Nos travaux de recherche ayant porté sur ces dynamiques montrent bien comment différents acteurs sociaux se sentent interpellés par la présence trop visible des personnes itinérantes dans des lieux publics. Citoyens de certains quartiers, commerces, institutions, municipalités, forces de l'ordre participent à des degrés divers aux tentatives visant à limiter ou à défaire ces formes particulières d'appropriation de l'espace (Landreville et Laberge).

PARADOXES DE L'AIDE ET DU CONTRÔLE

L'aide aux personnes itinérantes relève souvent des situations d'urgence, de la réponse immédiate à des besoins essentiels. Mais cette aide n'est pas sans poser de problèmes ni de dilemmes pour les personnes qui planifient ou interviennent. En effet, le désir d'assurer le bien de l'autre se trouve souvent confronté aux dangers de la contrainte ; l'aide peut parfois revêtir l'allure du contrôle (Fontaine). L'intervention publique trouve aussi ses limites dans l'encadrement juridique d'un certain nombre de pratiques de contrôle. Une intervention politique telle que la réglementation de l'espace public illustre ces limites en mettant en relief les conflits qui opposent des groupes dont les intérêts divergent (Thomas).

L'accès aux services pour les personnes itinérantes est en règle générale difficile. Ces difficultés s'expliquent par les conditions de vie des personnes, les représentations sociales de l'itinérance, la structure et les modalités de distribution des services. Il existe une hiérarchie dans les représentations des personnes démunies. Les services offerts s'organisent autour de cette hiérarchie, les personnes itinérantes se trouvent au bas de cette liste. Les relations difficiles entre les personnes itinérantes et les services, autant que la nature complexe des problèmes qu'elles vivent, contribuent à alimenter ces représentations très négatives. De façon générale, les personnes itinérantes sont perçues comme peu méritoires, dérangeantes ou menaçantes. Le contexte de rareté des ressources vient accroître une dynamique d'inaccessibilité aux services (Hurtubise). L'instabilité résidentielle et les difficultés d'organisation de la vie quotidienne constituent aussi des obstacles majeurs pour l'accès aux services. Elles rendent difficiles les contacts (obtention ou confirmation de rendez-vous, obtention de renseignements, etc.) ou le maintien des liens (absence de suivi dans les dossiers, non-respect des prescriptions, rendez-vous manqués) (Thibaudeau). Pour plusieurs intervenants, ces genres de difficultés créent l'impression que les personnes itinérantes ne sont pas responsables dans la résolution de leurs propres problèmes. Ces difficultés sont exacerbées lorsque d'autres problématiques se trouvent associées à leur condition d'itinérant. C'est ainsi que des expériences antérieures de judiciarisation font peur et justifient un refus de service. Dans d'autres circonstances, ce seront les problèmes de santé mentale ou de toxicomanie qui constitueront un motif du refus (Quirion et Di Gennaro).

Les personnes itinérantes font l'objet de victimisations diverses qui sont souvent vécues comme une fatalité. La violence subie joue un rôle important dans la genèse de leur condition itinérante et dans le choix de leurs stratégies de survie. Les personnes itinérantes semblent particulièrement susceptibles d'être victimisées en raison de leurs conditions objectives de vie. Cette situation modifie aussi les liens qu'elles entretiennent avec divers services (Brassard et Cousineau).

L'intervention, bien qu'elle se déroule dans un contexte d'urgence, se fonde sur certaines prémisses et certaines conceptions, aussi bien des causes de la situation que des manières les plus appropriées d'y répondre. Qu'est-ce qu'aider veut dire? Comment peut-on y réussir? Sur quelles valeurs s'appuie-t-on pour le faire? Ces questions traversent les pratiques quotidiennes mais aussi plus largement les choix dans la mise en œuvre ou le maintien de services, dont certains sont particulièrement novateurs (Charest et Lamarre; Roy, Rhéaume, Rozier et Hétu; McKeown et Plante). Certaines approches, à la fois pragmatiques et respectueuses des clients, confrontent les intervenants aux contradictions qui traversent les politiques publiques, faisant reposer sur leurs épaules des choix éthiques difficiles (Rozier et Vanasse).

Les travaux présentés dans cet ouvrage collectif permettent de faire le point sur certaines dimensions, de tisser des liens entre des dimensions apparemment indépendantes, d'ouvrir la voie à de nouvelles réflexions. Plusieurs questions essentielles, bien qu'esquissées, demeurent néanmoins des défis importants aussi bien pour les chercheurs que pour les praticiens dans ce domaine. Le chapitre conclusif de cet ouvrage abordera brièvement quelques-unes de ces questions.

PARTIE 1

Continuités et ruptures dans la production de l'itinérance

CHAPITRE 1

L'école de la précarité : vagabonds et errants à Montréal au tournant du siècle

par Marcela Aranguiz et Jean-Marie Fecteau

Dans la généalogie de l'itinérance, le vagabond occupe une place centrale. Il constitue cette sorte de contre-figure tutélaire au monde stable des bien-pensants, objet de stigmatisation autant que construction légendaire. Le vagabondage, c'est cet espace étrange et changeant, logé au cœur des sociétés, qui fait le pont entre la misère et la liberté, l'extrême dépendance économique et l'absence de contrainte sociale, la solitude et l'aventure. Il se présente comme un témoignage de l'ambiguïté fondamentale de la condition humaine, oscillant entre la conscience de soi et le besoin des autres. Figure complexe qui tient autant de l'affirmation personnelle que du drame social, et qui apparaît à la fois comme un défi au lien social et un témoignage navrant de sa rupture. On a voulu en faire un indice de la désaffiliation sociale au cours du temps, un témoin de la durable cassure des sociétés entre ceux qui travaillent et ceux qui ne travaillent pas[1]. C'est oublier que la figure historique du vagabond, au-delà de la description apeurée des bonnes gens, est beaucoup plus complexe et riche.

Le problème du vagabondage est qu'il constitue moins un état qu'un lieu de passage, moins un statut social qu'une condition temporaire. Il se situe à l'extrême d'un processus d'aggravation de la vie fragile, pour reprendre l'expression d'Arlette Farge[2]. Mais cette fragilité ne se résume pas aux aléas du rapport au travail. Elle tient autant aux drames personnels qu'aux choix individuels, aux ruptures de la vie familiale qu'aux choix politiques d'exclusion. L'errance est le pays de toutes les ruptures. Son histoire tient donc autant aux conceptions changeantes de la liberté, de la morale et de la solidarité qu'aux aléas du marché du travail et de l'éthique qui la soutient. C'est pourquoi en

---

1. Sur cette approche, voir Castel, Robert, *Les métamorphoses de la question sociale. Une chronique du salariat*, Paris, Fayard, 1995.

2. Farge, Arlette, *La vie fragile – violence, pouvoir et solidarité à Paris au 18ᵉ siècle*, Paris, Hachette, 1996.

faire l'histoire est si difficile, car la «réalité» du vagabondage ne correspond aucunement aux définitions légales ou officielles qu'on en donne, et encore moins peut-être au portrait qu'en font les bien-pensants, réformateurs sociaux ou philanthropes de tout acabit. Des lois réprimant le vagabondage au 14ᵉ siècle à la loi canadienne de 1869, de la dénonciation des hordes vagabondes de la fin du Moyen Âge aux lamentations victoriennes sur les sans-travail structurels qui encombrent les prisons et hantent les ruelles sombres, la notion recouvre, en fait, une foule de situations, une profusion d'histoires de vie qui fait de la catégorie un concept plus pittoresque qu'heuristique.

Plus précisément, le vagabondage est un cas de figure particulièrement révélateur de l'écart entre la réalité sociale éclatée et la construction de catégories à fin d'action sociale ou répressive. Car finalement, la seule chose qui unit ces «vagabonds» toujours stigmatisés, marqués (naguère au sens propre!) par le fer rouge de l'opprobre social, c'est ce qui lui donne sa visibilité sur les parquets de la cour et dans les cellules des prisons et des postes de police. L'aliéné non pris en charge par un système charitable débordé; le père, la mère ou même l'enfant qui mendient pour boucler la fin du mois ou de la saison; le criminel fraîchement sorti de prison; l'immigrant nouvellement débarqué que les sociétés nationales d'entraide n'ont pu prendre en charge; le jeune homme de passage à la recherche de travail en ville; la servante mise à pied qui refuse de revenir à sa campagne natale; l'adolescent abandonné qui survit de petits métiers; le vieillard que sa famille ne peut soutenir et qui ne trouve pas de place dans les hospices débordés; l'ouvrier qui a abandonné sa famille et que l'on retrouve un soir de rixe à la taverne; le jeune qui fait, tard le soir, du tapage avec sa bande d'amis; le fils de bonne famille considéré comme incontrôlable ou qui s'est enfui du toit familial pour mille raisons personnelles; l'étudiant en rupture de ban; l'estropié ou l'infirme qui vit de la pitié des autres; l'enfant turbulent dénoncé à la police par son père débordé; le mari qui refuse de travailler poursuivi par son épouse désespérée et enfin, certes, le vagabond «professionnel», homme valide qui fait de la mendicité un métier permanent; toute cette population est susceptible, à un moment donné, de provoquer l'attention de l'agent de police ou du juge et de se retrouver dans la foule des «vagabonds». Ce qui les unit est le moment, temporaire ou prolongé, où ces personnes n'ont à faire valoir ni une position utile dans la fourmilière sociale, ni une place ou un espace stable où établir leur vie, ni un lien solide ou un ancrage reconnu dans la sociabilité immédiate du voisinage ou de la famille.

On se trouve en présence d'un processus de glissement à la marge[3], plus ou moins irrémédiable, à partir d'une foule de situations critiques. En ce sens, le vagabondage représente cette situation limite qui nous donne un indice des formes de fragilité qui naissent d'une organisation sociale donnée et de ses modes de socialisation. La présence vagabonde est donc moins un indice (plus ou moins quantifiable) d'une déstructuration sociale qu'un répertoire des cas de rupture, une topographie des marges extrêmes qui, en dernière analyse, nous renseigne davantage sur les critères de construction et de maintien du lien social que sur ses occurrences de rupture effective.

C'est pourquoi une histoire du vagabondage ne peut se réduire à l'évolution d'un groupe social ou d'une catégorie donnée. Elle doit être avant tout celle des formes de rejet et des points de tensions qui, dans un état social donné, provoque ce phénomène de misère extrême. En ce sens, cette histoire est moins une généalogie de l'itinérant qu'une analyse des formes changeantes de la fragilité sociale.

LA FIGURE CHANGEANTE DU VAGABOND

Par exemple, comment comprendre les transformations de la politique vis-à-vis des vagabonds, au 19e siècle, sans saisir les profondes mutations que connaissent les formes de construction du lien social à l'époque. Le vagabond était, depuis des siècles, férocement poursuivi par les agents du roi, marqué au fer rouge ou enfermé sans rémission dans ce qu'en France on appelait de façon évocatrice les «dépôts de mendicité». Il était considéré comme au ban de la société, craint autant dans les villages que dans les villes, vivant souvent en bande dans des poches d'illégalisme dotées de leur propre culture. Or, voici qu'au 19e siècle, malgré les velléités répressives, malgré les effets catastrophiques de la paupérisation de milliers d'artisans sous le coup de l'industrialisation, on renonce à cette poursuite qui fait du vagabondage une infraction certes punissable mais dorénavant passible de peines relativement légères de quelques jours ou d'un mois ou deux de prison ou plutôt on la dilue dans mille petites opérations répressives. Voilà bientôt que l'on met à leur disposition des maisons d'industrie, puis des refuges de nuit. Certes, la dénonciation des errants reste constante, mais la répression s'essouffle nettement, ou plutôt elle se routinise dans l'emprisonnement temporaire, simplement renouvelé pour les cas d'errance chronique.

---

3. Nous employons ici avec réserve cette notion de marge souvent galvaudée en histoire. Il s'agit, en effet, moins de décrire un état social aux confins de la société, métaphores spatiales assez douteuses qui donnent l'impression que la société a des «limites» en soi, que d'évoquer un rapport d'exclusion critique s'appliquant à certaines personnes, à un moment spécifique de la vie et pouvant déboucher sur l'occupation d'un espace social spécifique (la rue, par exemple).

TROIS PHÉNOMÈNES ONT RENDU, AU 19e SIÈCLE, CETTE MUTATION POSSIBLE

1. D'abord, l'avènement de la démocratie et du libéralisme comme principe de régulation des sociétés occidentales. Dans des sociétés dorénavant fondées sur la liberté personnelle, le choix de ce que l'on fait et d'où l'on va ne peut devenir un crime... Les penseurs de l'époque, Stuart Mill et Tocqueville en tête, ont bien pris soin de préciser que la seule limite à cette liberté est la menace à celle des autres. Le vagabondage, comme libre circulation et simple absence de travail, peut certes apparaître comme moralement condamnable, mais il devient difficilement sanctionnable. C'est pourquoi la répression ne sévira de façon privilégiée que dans les cas où il y aura acte pouvant constituer une menace ouverte à l'ordre public (tapage, désordre, errance de nuit sans motifs, ivrognerie, etc.)[4]. L'éthique de la liberté personnelle rend donc la répression difficile.

2. Corrélativement, un des principes libéraux fondamentaux touche non seulement le critère permettant de punir et d'ainsi restreindre la liberté mais aussi l'intensité de cette répression. Le principe de proportionnalité de la peine fait que tout individu ne peut voir sa liberté restreinte que selon l'intensité du mal qu'il a causé. L'avènement de l'emprisonnement comme peine dominante permet cette gradation méticuleuse du degré de peine imposé. Dans le cas du vagabondage, les situations susceptibles de répression criminelle sont, on l'a vu, relativement bénignes et n'impliquent que des infractions mineures à l'ordre public. En ce sens, il devient impossible d'utiliser la répression légale pour se débarrasser une fois pour toutes de ces indésirables, d'où l'attribution de peines mineures, simplement réitérées, pour cette population, et l'échec constant de toutes les tentatives, au cours du siècle, de les emprisonner pour de longues périodes[5]. Très vite, les apories de la répression dans les sociétés libérales rendront caduque cette solution[6].

3. Enfin, l'extension rapide du salariat et la mutation de l'éthique du travail provoque aussi, à l'époque, d'importantes ambiguïtés. Dans les sociétés libérales, le travail n'est plus vraiment la punition réservée par Dieu à l'humanité pécheresse. Plus qu'un devoir moral, il constitue un moyen de promo-

---

4. On peut mentionner un parallèle intéressant avec la prostitution, qui n'est jamais un motif d'arrestation, contrairement au fait de tenir une maison de débauche ou de s'y retrouver.

5. Dans le cas des mineurs, on a pu contourner cet obstacle fondamental en utilisant leur situation de minorité légale pour justifier la détention «réformatrice» à long terme. Une telle solution était impossible pour la personne majeure jouissant de ses pleins droits de citoyen.

6. Ce qui n'empêche évidemment nullement les prisons et les postes de police, on le verra, d'être utilisés pour une gestion à court terme du problème.

tion personnelle, un instrument de valorisation de soi et d'insertion dans la société des libres citoyens. Dans ce contexte, le travail est moins une obligation morale qu'une preuve d'intégration à la communauté. Il devient difficile de fonder sur une telle obligation une quelconque contrainte formelle au travail. L'homme «normal» est certes celui qui travaille, mais plus encore celui qui veut travailler. Si l'on ajoute que cette mutation de l'éthique du travail se fait dans un contexte d'extension rapide du salariat, c'est-à-dire du lien volontaire et temporaire de travail entre l'ouvrier et le patron, on comprendra que, dans ce modèle de société, le fait d'être sans travail ne peut apparaître en soi comme une situation répréhensible. La ligne de démarcation entre l'honnête homme et le vagabond n'est donc pas dans le rapport objectif au marché du travail mais dans l'existence ou non d'une volonté ferme de s'y intégrer. Deux conséquences en découlent. D'abord, il va devenir de plus en plus difficile, dans une ville de chômage chronique comme Montréal, par exemple, de distinguer, autrement que par des critères arbitraires, le vagabond du chômeur temporaire[7] ou de l'immigrant à la recherche d'un premier travail. Le chômage, comme réalité structurelle de la nouvelle économie, ne peut plus être assigné à un statut social. Plus encore, si le critère de différenciation est de plus en plus flou, le remède l'est encore plus. Dans un monde où la volonté de travailler est centrale, donner du travail aux vagabonds reviendrait à reconnaître que le travail est un droit et non un privilège durement acquis. C'est pourquoi l'aide aux vagabonds prend souvent la forme d'un travail forcé, volontairement pénible et cn général non rémunéré, un travail vu moins comme une aide que comme une thérapeutique redonnant au vagabond cette volonté de travailler. Très vite, la contradiction entre l'obligation de travailler et la nécessité de créer un désir de travailler apparaîtra évidente et entraînera le déclin rapide de toutes les tentatives de «réhabilitation» du vagabond par le travail[8].

Mais en attendant, pendant tout le 19e siècle, la figure contradictoire et ambiguë du vagabond viendra hanter les sociétés occidentales. Cette hantise fait de l'errant le vivant témoignage de la paupérisation de larges segments des classes populaires en cette ère de «capitalisme sauvage». Le vagabond est l'un des visages potentiels d'un avenir incertain, une écume certes épongée par les prisons mais que l'on sait produite par le bouillonnement inquiétant du corps social en mutation. Les lois contre le vagabondage adoptées au cours

---

7. Même le critère de résidence est désuet, dans la mesure où il est rare qu'une personne ne puisse donner d'adresse, ne serait-ce que celle d'une maison de chambre ou d'un ami...

8. Pour un bel exemple de cette tentative, voir Chureau, Damien, «La Maison d'industrie de Montréal (1836-1870) : l'intervention des pouvoirs publics dans l'assistance et les clivages culturels». *Bulletin d'histoire politique*, vol. 6, n° 2, Hiver, 1998, p. 11-18.

du siècle, autant par le flou des définitions que par la relative clémence des sanctions, témoignent de cette ambivalence où, au fond, la seule différence entre le vagabond et le pauvre honnête est que le premier typifie le passage à la marge, à l'errance, sur fond de misère extrême. Le vagabondage sanctionne la fragilité du parcours imposé aux classes ouvrières par la loi du marché. On ne s'étonnera donc pas que, sur la base d'une définition large des situations de vagabondage, une large marge d'interprétation soit laissée aux forces de l'ordre, faisant ainsi de la prison le réceptacle plus ou moins arbitraire des malheurs du temps[9]. L'ambivalence entre la répression et l'assistance envers les vagabonds, la facilité du passage entre misère et crime, est particulièrement manifeste dans les discours des responsables des prisons à l'époque :

---

9. La Loi canadienne sur le vagabondage de 1860 définit ainsi le vagabond : « [...] Seront réputées vagabondes, licencieuses désœuvrées et débauchées dans le sens du présent acte, et, après conviction par-devant un magistrat stipendiaire ou un magistrat de police, un maire ou un préfet ou deux juges de paix, seront réputées coupables de délit et passibles d'incarcération dans toute prison ou lieu de détention autre qu'un pénitencier, pour un terme de pas plus deux mois, avec ou sans travaux forcés, ou d'une amende n'excédant pas cinquante piastres, ou des deux peines à la fois, à la discrétion des magistrats ou des juges de paix prononçant la sentence : – les personnes désœuvrées qui, n'ayant pas de moyens visibles d'existence, vivent sans recourir au travail ; les personnes qui étant capables de travailler, et par là, ou par d'autres moyens, de se soutenir elles et leurs familles, refusent ou négligent volontairement de le faire ; les personnes qui étalent ou exposent dans les rues, chemins, places publiques ou grands chemins, des objets indécents, ou y exposent leur personne publiquement ou d'une manière indécente ; les personnes qui errent et mendient ou qui vont de porte en porte, ou qui séjournent dans les rues, grands chemins, passages ou places publiques pour mendier ou demander l'aumône, sans avoir un certificat signé, depuis moins de six mois, par un prêtre, un ecclésiastique ou un ministre de l'évangile, ou par deux juges de paix, demeurant dans la municipalité où les personnes susdites demandent l'aumône, le dit certificat portant que celles-ci méritent qu'on leur fasse la charité ; les personnes qui rôdent dans les rues ou grands chemins, et gênent les piétons en se tenant en travers des trottoirs, ou en se servant d'un langage insultant ou autrement, ou qui enlèvent ou défigurent les enseignes brisent des fenêtres, des portes ou des plaques de portes, ou des murs de maisons, des chemins ou des jardins, détruisent des clôtures, font du bruit dans les rues ou grands chemins, en criant, jurant ou chantant, ou en étant ivres ou en gênant ou incommodant les passants paisibles ; les prostituées ou personnes errant la nuit dans les champs, les rues publiques ou les grands chemins, les ruelles ou les lieux d'assemblées publiques ou de rassemblements, et qui ne rendent pas d'elles un compte satisfaisant ; les personnes tenant des maisons de prostitution et maisons mal famées, ou des maisons fréquentées par les prostituées et les personnes dans l'habitude de fréquenter ces maisons qui ne rendent pas d'elles un compte satisfaisant ; les personnes qui n'exerçant pas de profession ou de métier honnête propre à les soutenir, cherchent surtout par des moyens d'existence dans les jeux de hasard, le crime ou les fruits de la prostitution ». (32-33 Vict., c. 28)

Des maisons pour les pauvres [...] seraient un autre moyen qui contribuerait à la moralisation des détenus [...]. Le manque de ces établissements a pour effet ou de surcharger nos prisons de la classe pauvre, ou de rendre cette classe criminelle par besoin. [La prison de Québec est encombrée de pauvres incarcérés pour ne pas mourir de faim ou de froid.] Ce contact malheureux, mais inévitable, fait, souvent d'un bon pauvre, un misérable vaurien, et d'une honnête fille une femme dissolue [...]. À Montréal, l'établissement d'une telle maison contribuerait beaucoup à la moralisation des prisonniers, non pas pourtant, parce que la prison actuelle est, comme celle de Québec, encombrée de cette classe, encore innocente, mais parce que cette maison offrant un refuge à la classe pauvre, celle-ci ne se livrerait pas au vagabondage et au vol qui l'amène à la prison, et n'irait pas, par conséquent, grossir le nombre de prisonniers bien trop considérable qui l'habitent [...]. C'est la classe pauvre qui amène l'encombrement, par conséquent les désordres. Il est évident que la discipline et la moralisation deviendraient plus faciles dans les prisons s'il existait des maisons pour les pauvres[10].

Vers la fin du 19ᵉ siècle, toute une série de facteurs contribuera à modifier le regard sur le vagabond. D'abord, un effritement certain du discours libéral fondé sur la culpabilisation du pauvre valide, devant les effets de plus en plus visibles d'une pauvreté urbaine devenue chronique. La pauvreté systématique, la précarité structurelle de l'existence de la majorité de la population ouvrière, débouche sur des formes nouvelles de restructuration sociale

---

10. *Rapport du bureau des inspecteurs des prisons, asiles, etc.*, pour 1867 & 1868, Documents de la Session 1869, vol. 1-2, doc. n° 23, p. 59. Voir aussi la lettre du geôlier Thomas McGinn à l'inspecteur du pénitentiaire provincial, le Dʳ Nelson (2 avril 1852) : «il arrive souvent que des personnes âgées et infirmes sont écrouées, non pas en punition du crime qu'elles pourraient avoir commis, mais par suite de leur misère, et parce qu'elles sont pauvres et sans asile. Il y en a, parmi elles, qui ont précédemment occupé une position sociale très respectable, et cependant, elles ont été soumises à la dégradation d'être traitées comme vagabonds, et à l'humiliation plus grave encore de se voir associées à des êtres déjà rendus au dernier degré de dégradation morale, et même de mourir au milieu d'eux». *Rapport de W. Nelson, inspecteur du pénitentiaire sur les prisons du Bas-Canada pour l'année 1851* (1852-1853), vol. 11, n° 4, app. Hh., p. 65.
Enfin, un autre inspecteur de prison, Terence J. O'Neill, affirme en 1864 : «the encouragement given to vice, through the random charity bestowed in the public streets on the «please give me a copper»class of vagrants, is much greater than the benevolent contributors are generally aware of. The quantity of poison, lyelept whiskey, bought in a week or month with the alms thus given, would make a frightful flood, if collected in one reservoir (...) The harrowing spectacle of the innocence of childhood degraded, through the example of the parents, to the level of brutality, may be witnessed on walking through the slums inhabited by this wretched class, in the vagrant of some seven or eight summers, the tyro drunkard, proud of mimicking, in its little maudlin swagger and hiccup, the daily action of the miserable parent.» *Rapport des inspecteurs des prisons et asiles pour 1864, Documents de la Session*, vol. 25, n° 1, p. 80.

(secours mutuels, syndicalisation, coopératisme). L'élaboration d'une «charité scientifique» qui permette d'aider systématiquement les familles pauvres, l'émergence d'un discours nouveau sur la société, appuyé sur les nouvelles sciences sociales alliées à la mise en place d'un regard de type thérapeutique sur certains comportements asociaux, changent profondément le regard porté sur le vagabond[11].

À la fin du siècle, le visage du vagabondage n'a plus grand-chose à voir avec ce qu'il était cinquante ans auparavant. D'abord, parce que le «vagabond de métier» semble bien une figure en déclin, du moins proportionnellement à la foule des autres situations de précarité provoquées par la frénésie industrielle des grandes villes; ensuite, parce que la masse même de ces situations de précarité est vue de plus en plus comme un problème qui tient moins à ceux qui la subissent qu'à la société qui la permet. Une distinction majeure se fait entre l'intolérable fragilité de la vie des classes populaires et l'existence de quelques cas irrécupérables[12]. La peur du vagabond se dilue en compassion pour le pauvre et en pitié pour l'incurable dépendant. Le vagabondage n'est plus cet état dans lequel risque constamment de se retrouver une masse populaire mal policée. Il décrit maintenant cette désespérante minorité de dépendants chroniques, gibiers de refuges moins condamnables que pitoyables:

> This lowest class consists of those who are permanently unemployed, because through some physical or moral defect they are economically worthless. They include all the vagrant class, the shiftless nomads of the lower strata of society, the tramps and paupers, vagabonds and rogues, all of whom live more or less by lying and begging. Each one of these represents a

---

11. Pensons à la pensée des fondateurs de la sociologie, de Durkheim à Weber, au développement de l'anthropologie criminelle et bientôt à la popularité de l'eugénisme.

12. Le processus est bien décrit par Topalov: «Une catégorie de classement n'existe bien sûr, que par différence. Mais cette exigence formelle de la raison classificatoire se double ici d'une nécessité stratégique: les catégories distinguées parmi les sans-emploi sont à la fois descriptives et prescriptives. Elles sont supposées correspondre à des groupes réels identifiables par l'observation, mais aussi fonder des différences de traitement qui doivent à leur tour affirmer les lignes de partage entre populations. La première condition de l'invention du chômeur est donc la désignation de son contraire [...] Si les chômeurs sont des victimes des circonstances, ils cessent d'être définis par les traits moraux et un principe radicalement nouveau s'insinue dans l'explication et le traitement de la pauvreté. C'est cet aspect de la «découverte» du chômage qui est classiquement souligné par l'historiographie de la pensée sociale de la période. Mais l'innovation repose sur une condition souvent passée sous silence: faire la trêve avec les vrais chômeurs sur le front de la morale implique de redoubler la guerre contre les autres. Pour exonérer le chômeur de toute stigmatisation, il a été nécessaire de concentrer celle-ci sur une catégorie posée comme son contraire, à laquelle sont réservés les langages moralisants anciens éventuellement retraduits dans des langages scientifiques nouveaux». Christian Topalov, *Naissance du chômeur*, Paris, Albin Michel, 1994, p. 240-242.

commercial deficit or dead loss to the community and in the mass constitutes of the greatest social evils to present and future generations[13].

Le vagabondage est ainsi devenu cette maladie qui infecte une frange limitée (quoique trop nombreuse et visible…) d'irrécupérables qui n'ont plus grand-chose à voir avec les classes pauvres et productives. La lutte est plus ciblée et les frontières, plus claires entre ce groupe et les classes populaires. Il s'agit de la maladie de quelques-uns plutôt que d'une plaie sociale généralisée, témoignage de la misère endémique du «paupérisme» de naguère. Cependant, cette ségrégation, fondée sur la stigmatisation, n'induit plus forcément une volonté répressive mais une mise à l'écart d'ordre thérapeutique, une sorte d'exclusion à saveur prophylactique[14].

LE CAS DE MONTRÉAL

Montréal est un témoin particulièrement éloquent de cette mutation dans la pensée et la pratique du vagabondage en cette fin de siècle. Comme l'ensemble des villes occidentales, la ville connaît une importante résurgence du problème des sans-abri, à tel point que les institutions existantes ne suffisent plus[15], et ce, malgré l'apparition au cours des années 1890 d'une série de refuges de nuit, qui s'ajoutent à ceux qui, comme la Protestant House of Industry and Refuge et le Saint-Bridget's Refuge, continuent à opérer durant ces années. Parmi ces nouvelles maisons d'accueil, on compte la Old Brewery Mission, le Refuge de l'Union française, l'Assistance publique[16] et le Refuge Ouimet, qui ne sont probablement que quelques-uns des refuges qui opèrent durant cette période, offrant dans la plupart des cas un repas et un endroit où passer la nuit. Mais la situation des sans-abri continuera à être à ce point critique, que plusieurs continueront à faire appel aux postes de police ou chercheront à se faire condamner par la cour du Recorder (ancienne cour municipale) afin de trouver refuge dans les cellules de la prison de Montréal.

---

13. Reid, Helen. *The Problem of the Unemployed*, s.l., s.d., p. 2n. Publié au début des années 1890, ce diagnostic est fait par une des plus importantes figures de la philanthropie anglophone montréalaise, un des membres fondateurs, en 1900, de la Charity Organization Society de Montréal.

14. Il faut aussi remarquer qu'on parle ici d'un regard dominant sur un phénomène en fait toujours aussi diffus et complexe. La «réalité» du vagabondage est toujours aussi éclatée et les situations qu'elle recouvre aussi diverses, témoignage autant de la fragilité persistante de la vie que du lien salarial.

15. La Protestant House of Industry and Refuge, par exemple, signale avoir reçu 40 563 personnes pour l'année 1888, alors que le chiffre ne dépassait guère les 10 000 vingt ans auparavant. *Annual Report of the Protestant House of Industry and Refuge for the Year 1888*.

16. Malgré son nom, cette institution est un organisme privé.

Dans cet ordre des choses, la question de la prise en charge du vagabond commence à être posée dès les années 1880 et 1890, surtout que la prison de Montréal est pleine de vagabonds qui semblent y revenir sans cesse, ce qui ne manque pas d'inquiéter les inspecteurs : «Sans être de grands criminels, ils sont indubitablement les plus vicieux de tous les détenus. La prison est pour eux un séjour de repos, un hôpital où ils retrempent leurs forces perdues dans les excès de toutes sortes et où ils acquièrent une nouvelle vigueur pour continuer leur vie de désordres et de dissolution[17]».

Le Recorder de la ville de Montréal exprimera également sa consternation devant cette situation, d'autant plus que les prisonniers condamnés pour vagabondage coûtent cher à la Ville, cette dernière devant payer, depuis 1851, une partie des frais d'entretien des prisonniers[18]. Ainsi, pour solutionner le problème des vagabonds récidivistes, le Recorder proposera de «faire en sorte d'avoir une prison particulière, une prison municipale, avec une grande ferme attenante à cette prison, sur laquelle on ferait travailler les prisonniers au profit de la corporation[19]». Il ajoute que les vagabonds «pourraient travailler et ainsi payer leur nourriture et entretien. Ce serait aussi un moyen de moraliser ceux que le vice a corrompu, en les empêchant de se livrer à l'oisiveté et la paresse[20]».

L'idée de créer une institution municipale pour les vagabonds sera par ailleurs maintes fois reprise lors de cette période, surtout dans les premières années du 20e siècle. Il faudra cependant attendre l'année 1910 avant que le projet soit sérieusement considéré par la Ville de Montréal. C'est qu'à présent le contexte est tout à fait favorable. Premièrement, parce que la Municipalité n'est pas une nouvelle venue en matière de vagabondage : outre son intervention par le biais de la cour du Recorder et au Département de police, elle procède à partir des années 1890 à un financement de plus en plus important des refuges de nuit privés, financement qui impliquera par ailleurs un certain contrôle de la Ville sur ces institutions, par le biais de la tenue d'enquêtes sur leur fonctionnement faites par le chef de Police[21]. Deuxièmement, avec l'arrivée du courant réformiste à Montréal dans la première décennie du

---

17. *Rapport des inspecteurs des prisons et asiles de la Province de Québec pour 1889*.
18. «Loi pour donner les moyens de recouvrer de la corporation de Montréal une partie des dépenses encourues en rapport avec la prison» (14 et 15 Victoria [1851], c. 129).
19. *La Patrie*, 12 septembre 1888.
20. *La Patrie*, 13 juin 1889.
21. Archives de la Ville de Montréal (AVM) 21, Commission des finances, Procès-Verbaux, 27 janvier 1905.

20ᵉ siècle[22] commence à apparaître l'idée que la municipalité constitue la principale instance capable de régler les différents maux urbains, dont la question du vagabondage.

Si les premières propositions faites au Conseil municipal visent avant tout la municipalisation d'institutions déjà existantes, comme l'Assistance publique ou le Refuge Ouimet[23], c'est que celle-ci aurait engendré de moindres coûts que la construction d'une nouvelle institution. Cependant, la ville abandonnera définitivement l'idée de municipaliser en avril 1912, lorsqu'un riche philanthrope belge du nom de Gustave Meurling, qui a vécu à Montréal trente ans auparavant, lègue dans son testament la somme de 72 000 dollars à la Ville de Montréal, cette somme devant être affectée à des fins charitables[24].

C'est Albert Chevalier, figure emblématique du milieu de la charité montréalaise du début du 20ᵉ siècle, qui sera le principal responsable de la création du Refuge municipal Meurling. Chevalier connaît d'ailleurs très bien la problématique du vagabondage à Montréal, ayant travaillé d'une part à la Cour du Recorder, puis au Département d'assistance municipale où il occupe le poste de directeur depuis 1909[25]. Fervent admirateur des idées réformistes en matière de pauvreté, Chevalier concevra le nouveau refuge de nuit sur le modèle des refuges américains tels ceux de Chicago et de New York. Les idées de Chevalier sur la question du vagabondage témoignent bien du discours devenu dominant à l'époque, discours qui voit le vagabond comme un être à la fois pitoyable et dégénéré, auquel la communauté doit offrir son aide tout en se protégeant de ses méfaits éventuels :

> It is the duty of the community to provide protection and relief for these unfortunate persons. It is through the municipal lodging house that we will

---

22. Le courant réformiste se forme en Angleterre et en Amérique du Nord dans les dernières années du 19ᵉ siècle, quand les membres des classes bourgeoises urbaines réalisent que, devant les problèmes structuraux induits par l'industrialisation, une transformation radicale du paysage urbain ainsi qu'une importante refonte de l'administration municipale s'avèrent essentielles. Le mouvement réformiste prendra donc la double forme d'un courant de réforme sociale et d'un mouvement politique. Dans le cas de Montréal, voir Linteau, Paul-André, 1992, *Histoire de Montréal depuis la Confédération*, p. 211-225 et 255-262.

23. Un très important débat se déroulera par ailleurs au sein de la presse montréalaise concernant le sujet de la possible municipalisation de l'Assistance publique entre les partisans de la charité privée et ceux qui perçoivent l'assistance aux indigents comme relevant davantage de la responsabilité des autorités municipales. Voir, entre autres, *La Presse* le 25 octobre 1911, *Le Nationaliste*, le 29 octobre 1911 et *Le Canada*, le 4 novembre 1911.

24. AVM 17, Bureau des Commissaires, Procès-Verbaux, 26 juillet 1912.

25. AVM 21, *Rapport annuel du Département d'assistance municipale pour l'année 1909.*

be able to perform that task; with an intelligent and experienced staff, and especially with the aid of an expert alienist physician, concious of his duty to protect the wretch who is confided to him for examination, and society, which is entitled to such protection, are required (sic)[26].

Le Refuge municipal Meurling ouvre ses portes le 19 mars 1914[27] rue du Champ-de-Mars, tout près de l'hôtel de ville de Montréal, de la cour du Recorder et du quartier général de la police. L'inauguration du Refuge fait la manchette de l'ensemble des journaux montréalais. En effet, l'ouverture du Refuge Meurling constitue un événement important pour la ville puisque ce dernier se donne comme étant à la fine pointe des nouvelles méthodes de charité et que, conséquemment, les attentes sont grandes: «In the evening, a poor, in many cases; unclean and starving creature. To his leaving: by the main door in the morning, washed with his clothes cleansed, fed and with employment. That is the scheme which it is hoped will be carried out[28]».

La clientèle à laquelle est destiné le Refuge Meurling est très spécifique puisque seuls les hommes sans emploi et n'ayant pas plus de 25 sous dans les poches y sont admis. De plus, le Refuge procède à un minutieux enregistrement des personnes accueillies, qui doivent donner une multitude de renseignements sur eux-mêmes: nom, âge, état civil, occupation, nationalité, dernier employeur, durée du chômage et raisons de la cessation d'emploi. Si après enquête on juge que le vagabond qui demande asile peut passer la nuit au Refuge[29], ce dernier doit se soumettre à ses très strictes règles de fonctionnement, règles qui ne sont pas sans rappeler celles de la prison.

En effet, aussitôt admis, l'homme qui cherche refuge au Meurling est dépouillé de toutes ses possessions. Il doit abandonner tous ses objets personnels, qui seront mis dans une enveloppe et qui lui seront remis lors de sa sortie, et se débarrasser de ses vêtements, qui seront passés au fumigateur durant la nuit. Après s'être déshabillé, le «client» du Meurling reçoit une chemise de

26. Chevalier, Albert, «How Vagrants are dealt with», *Report of Proceedings of the thirteenth Canadian Conference of Charities and Corrections*, 1912, p.105.
27. *Montreal Herald*, 19 mars 1914.
28. *Ibid.*
29. Plusieurs semblent cependant y être refusés pour des causes aussi variées que l'ivresse, un surplus d'argent, le refus de prendre une douche, la maladie (dans ce cas, ils seront envoyés à l'hôpital). De plus, en ces années de guerre, on refuse l'admission aux Autrichiens. Dans certains cas, comme dans celui des jeunes et des vieillards, ceux-ci sont parfois remis à leurs familles tandis que ceux qui sont recherchés par la police sont envoyés en prison. *AVM 21, Rapport annuel du Département d'assistance municipale pour l'année 1914*. Ainsi, le refuge n'est pas seulement une maison d'hébergement temporaire mais un centre de «dispatching», de tri et de répartition des populations dépendantes selon des catégories préétablies.

nuit et des pantoufles ainsi que deux jetons, un qu'il met autour de son cou et un autre qu'il place après ses vêtements. Ensuite, il va se laver aux douches, puis voit le médecin. Si tout est conforme, le vagabond va alors à la salle à manger, où on lui donne un bol de soupe et du pain, avant d'aller se coucher dans un des 708 lits situés au dortoir, lits qui n'ont pas de matelas mais un sommier recouvert d'une couverture, pour faciliter la fumigation après son passage. Au réveil, qui se fait à cinq heures l'été et six heures durant l'hiver, les vagabonds sont dirigés vers la salle à manger, où ils auront droit à un autre bol de café et à du pain ainsi qu'à un peu de gruau. Après le déjeuner, on leur remet leurs vêtements désinfectés, leurs effets et on les met dehors[30]. Durant la journée, le vagabond pourra aller au bureau d'emploi, qui est situé dans le refuge, afin qu'on puisse lui trouver du travail[31]. Les attentes du Meurling sont à ce point grandes qu'on imagine que sa simple existence soulagera le problème des sans-abri à Montréal. En conséquence, ses règlements interdisent aux hommes d'y revenir plus que deux fois, sous peine d'être amenés devant le magistrat et jugé comme vagabond[32].

Malgré de telles attentes et les stricts règlements imposés par Albert Chevalier (1912), on ne pourra empêcher les vagabonds de revenir au refuge plus que deux nuits, et la présence du Meurling n'entraînera pas pour autant une diminution du problème des sans-abri à Montréal. En fait, déjà en 1917, soit trois ans après sa création, l'institution déclare dans son rapport annuel avoir reçu un total de 1 282 hommes qui passent une moyenne de 17 nuits chacun, chiffre qui sera de 3 231 hommes ayant passé une moyenne de 28 nuits chacun en 1922, et de 5 985 hommes qui reviennent une moyenne de 42 nuits chacun en 1932[33].

Ainsi, lorsque la Grande Crise des années 1930 se déclenche, le Meurling n'est finalement qu'un refuge parmi d'autres, quoique plus spacieux et probablement plus strict dans son organisation comme dans ses critères d'admission. Il illustre ce mélange particulier de stigmatisation et d'assistance caractéristiques de l'aide aux plus démunis dans une société libérale en crise profonde.

La Crise et la Deuxième Guerre mondiale vont changer profondément la structure de l'assistance que l'on vient de décrire. La mise en place des premiers éléments de l'État-providence va consacrer l'adoption graduelle de

---

30. Les archives ne nous offrent cependant aucun détail sur le fonctionnement ou sur le degré de «réussite» de ce service.

31. *AVM 21, Rapport annuel du Département d'assistance municipale pour l'année 1914.*

32. On voit ici que la condamnation pénale n'est que le dernier recours d'un processus d'intervention fondé avant tout sur l'assistance.

33. *AVM 21, Rapport annuel du Département d'assistance municipale pour les années 1917, 1922 et 1932.*

politiques axées davantage sur le ciblage des besoins minima que sur le repérage de populations particulières. Les premières mesures d'aide universelle (allocations familiales en 1945, pensions de vieillesse en 1952) illustrent une volonté certaine, en lien avec la pensée de Keynes et de Beveridge, de reconnaître comme un droit la jouissance des conditions minimales de survie, quitte à renoncer à faire du pauvre, et surtout du miséreux, l'objet de mesures humiliantes ou stigmatisantes. Cet esprit se fait sentir notamment dans le recul des formes de pensée de type eugéniste, dans l'individualisation accentuée des modes de traitement, processus encore accéléré par le développement des sciences psychologiques et l'échec patent des multiples formes d'institutionnalisation de la misère. Dans le cas des vagabonds, ce processus est clairement manifesté par l'évolution du Meurling. En 1957, l'institution perd son nom de «refuge» pour devenir un «centre de réhabilitation». La simple mise à l'écart, même charitable, de populations considérées comme irrécupérables fait place à l'espérance d'une réinsertion sociale à base de traitement individualisé. La mutation du discours est aussi radicale que remarquable :

> Cette nouvelle initiative de réhabilitation cherche à permettre aux indigents, personnes seules ou familles de jouer dans notre société un rôle utile et conforme à leur dignité humaine. Pour ce faire, il s'agira soit de trouver du travail à un handicapé, de solutionner des troubles familiaux, de prévoir le désintégration des foyers, enfin de conseiller et d'aider nos concitoyens démunis physiquement ou moralement à reprendre confiance et à s'aider eux-mêmes. On s'occupe même de réhabiliter les alcooliques que leur confie la Cour Municipale au lieu de les envoyer en prison[34].

À partir de ce moment, le vagabondage est entré dans l'ère de la providence étatique. Même le mot disparaîtra de façon durable et l'errance prendra la couleur de l'itinérance.

CONCLUSION

Tant dans sa définition, dans ses modes d'exclusion comme dans ses modalités de traitement, le phénomène de l'errance a connu de profondes mutations au cours du temps. Figure changeante et variée, sur fond de misère constante, le vagabond prend d'abord le visage presque mythique du hors-statut, dans la société féodale en crise des 15e-18e siècles. Rejeté hors de la communauté, source première du lien social, sa répression peut se penser comme systématique et radicale (de la marque au fer rouge à la réclusion à long terme dans les dépôts de mendicité). Le 19e siècle libéral voit les contours de ce phénomène devenir de plus en plus flous, et la répression, plus circonspecte et éclatée. Le paupérisme endémique dans les classes populaires fait du passage à la

---

34. Commerce Montréal, le 8 avril 1957.

mendicité puis au vagabondage une situation limite plus qu'un changement de statut. La figure du vagabond n'est finalement que l'image extrême de l'impuissance et du dénuement qui attend les classes populaires si elles ne suivent pas les admonestations du philanthrope… À la fin de ce siècle émerge un troisième moment, où, sous l'influence d'un nouveau savoir social, un regard thérapeutique définit le vagabond comme une catégorie sociale spécifique, faite des irrécupérables rejets d'une société libérale dorénavant plus ou moins réconciliée avec ses classes populaires.

Bien sûr, cette histoire syncopée d'un processus d'exclusion peut être lue, par nos contemporains, de bien des façons. L'histoire ici est bien peu source de «leçons» pour le présent. Elle ne nous dit pas comment définir cette réalité mouvante, sous quel concept dominant ramener la variété des regards qui lui ont été historiquement appliqués. Cette histoire est encore moins source de recettes ou de solutions de prise en charge. Le mépris de classe, la répression violente, le paternalisme philanthropique peuvent difficilement apparaître comme des solutions de rechange aux mesures actuelles, sauf peut-être pour quelques attardés nostalgiques. Mais nous pensons que cette histoire est fondamentalement source d'expériences diverses, d'une profusion de pratiques qui, si elles sont irrémédiablement celles du passé, nous apprennent la complexité du réel et sa capacité de changer.

Expérience, d'abord, du flou constant des populations concernées et de la fragilité des catégories d'analyse sur lesquelles se construit et se rationalise une intervention. Le vagabondage, l'errance, l'itinérance, si l'on veut, est le lieu où aboutissent, par mille chemins difficilement assignables à un concept unique, tant les victimes que les auteurs des multiples catastrophes possibles de la vie de la communauté. Voilà un processus multiple et éclaté de désaffiliation qui trace, comme en relief, les contours de la fragilité sociale, les formes de la difficulté d'être.

Expérience, aussi, du lien étroit et incontournable entre les formes de construction du lien social et le destin de l'itinérance. Cette dernière est impensable si l'on ne saisit pas sur quels choix politiques et de société se fonde le regard sur la misère des uns et la richesse des autres.

Expérience, également, du changement, de la mutation possible et nécessaire du regard que les générations portent sur la misère et sur l'errance, sous les fausses apparences d'un rejet constant.

Expérience, faut-il ajouter, de l'irréductibilité du phénomène à l'intervention, qu'elle soit sous forme d'aide ou de répression. Où que l'on regarde, quelle que soit l'époque, les témoignages abondent de l'autonomie têtue des personnes en situation de misère extrême, même coupées de la communauté de base, de leur refus de la passivité, des mille stratégies de survie qu'elles sont capables d'inventer.

Expérience, de même, du rejet. Le fait que ceux et celles qui vivent ce processus, qui suivent ce parcours de fin de route, aient été constamment l'objet d'exclusion, source de peur, sujets à la stigmatisation, révèle aussi les frontières et les critères de la normalité que se donne une société. En ce sens, la coupure du milieu de notre siècle est importante, car pour la première fois, peut-être, on s'est efforcé de penser la société comme incompatible avec les formes de ségrégation sociale sur lesquelles elle était, pour une bonne part, construite auparavant. Le fait que cet idéal apparaisse maintenant bien éloigné, malgré un demi-siècle d'État-providence, ne le rend que plus frappant et, disons-le, nécessaire.

Expérience, enfin, des apories du traitement de l'humain. Car depuis le siècle dernier au moins, l'espoir de guérir, de transformer l'individu pour le rendre compatible avec les autres, digne de s'insérer dans les mille manifestations du lien social, resurgit sans cesse. L'épisode eugéniste, cette époque où l'on croyait possible de mettre à l'écart, voire d'éliminer, cette frange d'irrécupérables se présentant comme les tristes déchets d'une société en ébullition, n'est qu'une sinistre parenthèse qui souligne, comme par contraste, l'utopie thérapeutique. Que ce soit dans le paternalisme philanthropique ou dans le scientisme comportemental, le rêve d'une intervention sur l'humain qui contribuerait à le changer, coûte que coûte, en fonction d'une norme sociale quelconque a toujours fleuri dans l'atmosphère glauque de la dépendance, dans les lieux sordides de la misère. C'est pourquoi l'errance est autant un refus que l'aboutissement du mal de vivre.

RÉFÉRENCES

ANNUAL REPORT OF THE PROTESTANT HOUSE OF INDUSTRY AND REFUGE FOR THE YEAR 1888.

ARCHIVES DE LA VILLE DE MONTRÉAL (AVM) 21, Commission des finances, Procès-Verbaux, 27 janvier 1905.

AVM 17, Bureau des Commissaires, Procès-Verbaux, 26 juillet 1912.

AVM 21, Rapport annuel du Département d'assistance municipale pour l'année 1909.

AVM 21, Rapport annuel du Département d'assistance municipale pour l'année 1914.

AVM 21, Rapport annuel du Département d'assistance municipale pour les années 1917, 1922 et 1932.

CASTEL, R. (1995). *Les métamorphoses de la question sociale. Une chronique du salariat.* Paris : Fayard.

CHEVALIER, A. (1912). *How Vagrants are Dealt With.* In *Report of Proceedings of the Thirteenth Canadian Conference of Charities and Corrections,* p. 105.

CHUREAU, D. (1998). La Maison d'industrie de Montréal (1836-1870) : l'intervention des pouvoirs publics dans l'assistance et les clivages culturels. *Bulletin d'histoire politique, 6* (2), 11-18.

Commerce Montréal, 8 avril 1957.

FARGE, A. (1996). *La vie fragile – violence, pouvoir et solidarité à Paris au 18ᵉ siècle.* Paris : Hachette.

La Patrie, 12 septembre 1888.

La Patrie, 13 juin 1889.

La Presse, 25 octobre 1911.

LINTEAU, P.-A. (1992). *Histoire de Montréal depuis la Confédération.* Montréal : Boréal.

Le Nationaliste, 29 octobre 1911.

Le Canada, 4 novembre 1911.

Loi canadienne sur le vagabondage (32-33 Victoria [1860], c. 28).

Loi pour donner les moyens de recouvrer de la corporation de Montréal une partie des dépenses encourues en rapport avec la prison (14 et 15 Victoria [1851], c. 129).

Montreal Herald, 19 mars 1914.

RAPPORT DE W. NELSON, inspecteur du pénitentiaire sur les prisons du Bas-Canada pour l'année 1851 (1852-1853) vol. 11, n° 4, app. Hh., p. 65.

RAPPORT DES INSPECTEURS DES PRISONS ET ASILES POUR 1864, Documents de la Session, vol. 25, n° 1, p. 80.

RAPPORT DES INSPECTEURS DES PRISONS ET ASILES DE LA PROVINCE DE QUÉBEC POUR 1889.

RAPPORT DU BUREAU DES INSPECTEURS DES PRISONS, ASILES, etc., pour 1867 et 1868, Documents de la session 1869, vol. 1-2, doc. n° 23, p. 59.

REID, H. (s.l., s.d.). *The Problem of the Unemployed.* p.2n.

TOPALOV, C. (1994). *Naissance du chômeur.* Paris : Albin Michel.

CHAPITRE 2

Entre la gestion socialisée et l'autogestion d'une pratique, quel devenir citoyen pour l'itinérant?

par Jean-Marc Fontan

On n'a pas choisi de vivre comme ça, à la rue; c'est la vie qui nous y a conduit. Je n'ai plus la force de vivre, je survis. Le matin, quand on se lève, on n'est pas fier, on n'ose pas se regarder en face; on n'est pas propre. Je tremble. Comment voulez-vous aller travailler dans cet état-là? Quel patron nous engagerait, habillé comme nous le sommes? Ce n'est pas rigolo d'entendre les gens vous dire: «Va travailler». À la cathédrale, un curé est gentil et l'autre nous met dehors. D'accord que pour les touristes, le coup d'œil est abîmé! [...] Toute ma vie, mes cinquante ans, se résume à ceci: ce fut une longue mendicité pour un peu de tendresse[1].

L'errance dans la pauvreté est un sujet à la fois bien et mal connu. Sujet bien connu puisque, de la Renaissance à nos jours, la question fait l'objet d'études historiques[2]. Mal connu car l'itinérance a la caractéristique de changer de nature, de rôle, de fonction, de signification au gré des modifications de l'ordre social (Vexliard, 1997; Thomas, 1997). Il n'y a donc pas une question sociale de l'errance dans la pauvreté mais des questions distinctes et spécifiques à chacune des grandes périodes historiques nous séparant du haut Moyen Âge.

Aujourd'hui, l'errance dans la pauvreté redevient un sujet de discussions. Les médias se montrent plus ouverts à cette question, l'opinion publique est moins insensible et les élus concernés ne manquent pas de réflexion et de sympathie à un problème métropolitain de plus en plus visible et dérangeant (Golden, Currie, Greaves et Latimer, 1998).

---

1. Paroles de Romuald à Lyon en août 1983, propos recueillis par Michel Collard et Collette Gambiez, 1998, p. 393-394.
2. Castel, 1995; Bertaux, 1994; Geremek, 1980; Paultre, 1975; Granier, 1891; Ribton Turner, 1887; Jusserand, 1884; Péchon de Ruby, 1596.

L'objet de ce texte est triple. Dans un premier temps, nous proposons un regard sur l'errance dans la pauvreté reposant moins sur l'analyse empirique d'un état de fait que sur le processus de construction historique des conditions de production de cette catégorie sociale.

Dans un deuxième temps, nous analysons la nature contemporaine de l'itinérance. Nous l'étudions en tant que système socio-économique partagé entre une identité périphérique structurée à partir du réseau des services publics, parapublics, privés et communautaires, et une identité centrale composée de l'univers culturel hétérogène formé par la population itinérante.

Dans un troisième temps, nous nous penchons sur la mobilisation des ressources dont fait l'objet l'errance dans la pauvreté. En guise de conclusion, nous profitons de cette réflexion sur l'errance dans la pauvreté pour analyser le type de citoyenneté en devenir. L'errance dans la pauvreté nous sert alors de point de repère pour interroger le processus de dualisation présentement en cours dans les sociétés du centre. Ce processus favorise une connexion ou une déconnexion de certaines catégories de population des avantages ou des désavantages inhérents à la mondialité[3].

L'ERRANCE DANS LA PAUVRETÉ, DE LA CONSTRUCTION HISTORIQUE À UNE RÉALITÉ CONTEMPORAINE

Construction historique

Notre conception de l'errance dans la pauvreté invite au débat. Elle est fondamentalement liée à l'émergence de la modernité, laquelle, selon l'hypothèse avancée par Parsons (Parsons, 1973, a et b) prend place entre la fin du Moyen Âge et le début de la Renaissance. L'itinérance se révèle être un produit de la complexification des sociétés au sens où les mécanismes d'intégration sociale ont rendu légitime la réalisation d'une variété d'action conduisant des individus à la périphérie du bien-être. Les épidémies, les guerres, les famines, les conquêtes, les mouvements de concentration des terres aux mains de quelques grands propriétaires et les activités d'extraction et de transformation de matières premières par un réseau d'entreprises en émergence favorisent une mise à la marge de personnes, de familles ou de groupes sociaux entiers. L'errance dans la pauvreté représente la contrepartie négative d'une nouvelle réalité liée au besoin de permettre l'existence d'un corps sociétal composé d'individus libres, c'est-

---

3. Le terme «mondialité» est utilisé pour rendre compte du nouvel ordre international qui se met en place à partir de la Deuxième Guerre mondiale. Un ordre qui se superpose et approfondit à l'échelle mondiale le modèle culturel de la modernité.

à-dire non attachés ou non affiliés à l'ordre socio-économique fondé sur des identités communautaires.

Dès lors, dans la question de l'itinérance, ce n'est pas tant la situation d'errance ou de mobilité de personnes qui est dérangeante. Être sans domicile fixe, sans papier, sans attache sociale ne représente pas le cœur du problème ; au contraire, le problème social tient plutôt au fait que cette mobilité se fait dans la grande pauvreté et qu'elle ne représente pas une forme d'investissement permettant à l'individu de retrouver la voie de la «bonne intégration». Lisons Geremek à ce sujet :

> L'errance dans les sociétés traditionnelles de l'Europe préindustrielle semble être anomique en soi. Elle est considérée comme un mal et un danger pour la société organisée. [...] Cette mobilité fut le facteur prépondérant du progrès économique et social et la condition du changement. C'est elle qui est à l'origine des transformations du paysage agraire, de la formation des villes et de leur croissance, du développement des échanges. [...] La migration est acceptée et même encouragée, mais à deux conditions : qu'elle soit passagère et qu'elle ne devienne pas une façon de vivre ; qu'elle soit structurée, organisée et surveillée par les institutions et les solidarités de la société tout entière. [...] La migration doit être un moyen pour améliorer les conditions de vie et pour retrouver une stabilité plus profitable ou pour fuir une existence détériorée (Geremek, 1980, p. 69 et 70).

Le passage à la modernité et au capitalisme marchand, puis industriel, est non seulement voulu, il est aussi exigé par une pluralité d'acteurs aux intérêts convergents dans l'antagonisme. Les changements sociaux sont désirés pour une variété de raisons, mais principalement pour rendre plus flexible l'organisation socio-économique féodale. Pour les acteurs européens concernés, dont les élites reconnues (traditionnelles) et non reconnues (en émergence), il s'agit de construire un ordre social favorisant une gestion souple, plus efficace et plus productive des ressources humaines et matérielles à leur disposition. Concrètement, les luttes rencontrées et les réformes implantées explorent plusieurs directions institutionnelles.

À titre indicatif d'une de ces directions, le marché, en tant que cadre autorégulé de production de la richesse, était autant souhaité par les nouveaux riches que par toute une frange de la population paysanne placée ne pouvant exercer leur métier par manque de terres. Ces populations exigent, chacune à leur façon, un contrat social neutre, non fondé sur l'arbitraire de la relation filiale, leur permettant d'explorer de nouvelles avenues socio-économiques. Concrètement, les marchands exigent, souvent par le recours aux armes, le droit et la liberté de travailler et d'entreprendre dans n'importe quelle localité ou région européenne (Tigar et Lévy, 1977). Dès lors, la migration et l'errance sont nécessaires, mais pas n'importe quelle errance, et surtout pas l'errance dans la pauvreté. Est tolérée celle favorisant l'implantation d'un modèle de société porteur de progrès social et surtout de progrès économique.

La migration est donc perçue positivement et négativement. Sous son volet dérangeant, elle est tolérée à certaines conditions. De fait, la migration découle d'une variété de facteurs, dont les fortes poussées démographiques, les guerres, les rébellions ou les usurpations de terres communales. Ces désordres provoquent une désaffiliation et une déqualification des individus, tout en permettant leur mise en disponibilité pour de nouvelles activités. Cette conséquence n'est pas sans faire l'affaire de certains puisqu'elle facilite le développement du salariat. Par contre, elle représente un danger social si les personnes errantes refusent l'option de l'intégration par le salariat (Wagniart, 1999).

L'histoire humaine indique bien comment la déconnexion d'individus favorisait la formation de nouveaux regroupements et de nouvelles communautés. Toutefois, le niveau de colonisation de l'espace continental européen ne permet plus, au moins depuis l'Empire romain, l'appropriation sociale de territoires non occupés par de nouveaux types de collectivités.

Pendant plusieurs siècles, l'impossibilité de voir s'établir la population excédentaire ou à la marge (à l'exception des migrations plus tardives, mais sélectives, devant permettre la colonisation des Amériques), il devenait impérieux, à la suite d'un réaménagement des dispositifs de production du lien social, d'implanter une gestion serrée de la marginalité afin de rendre possible l'insertion dans le salariat de cette population[4]. Une telle avenue constitue, pour les demandants de main-d'œuvre et pour les individus en demande d'intégration, un terrain d'entente convergent. La gestion sociale des individus à la marge initie un processus de colonisation interne de l'espace social par une fuite en avant dans le développement économique et la construction sociale du marché.

La clé de l'ordre social moderne repose alors sur l'intégration forcée d'une variété de groupes sociaux au sein d'arrangements institutionnels renouvelés et partagés entre les actions menées par la royauté et les municipalités, les actions réalisées par certaines composantes de la société civile et enfin par les actions suscitées par les entreprises constitutives du marché capitaliste en émergence. Ce cadre institutionnel prépare la venue de l'État-nation et fonde ou fait reposer l'organisation sociale sur un contrat

---

4. La solution de l'esclavage de populations européennes n'étant plus éthiquement possible, seule la voie du salariat permettait d'intégrer en douceur la population à la marge.

de citoyenneté inégal laissant grande place au marché, à l'État et à la société civile (Brunelle, 1997). Évidemment, ce processus d'intégration citoyenne s'édifie timidement, à partir du premier millénaire, puis rapidement, dans l'avancée et le ressac de turbulences sociales ponctuées de guerres, de réformes, de luttes et de révolutions, dont le coup d'envoi correspond certainement à la révolution non sanglante d'Angleterre (1688) et à la première Déclaration des droits de l'homme (1689).

Dans les textes de loi, et ce dès le 13ᵉ siècle avec l'Ordonnance de Saint-Louis de 1254, nous voyons apparaître, avec précision et constance, le désir d'encadrer le monde hétérogène de l'errance dans la pauvreté (Geremek, 1980; Paultre, 1975). Diverses modalités de gestion de cette question sont mises en place. Peu coercitives au début, elles le deviennent de plus en plus, surtout au 18ᵉ siècle, et carrément répressives au siècle suivant[5]. La volonté des élites est de faire entrer dans les rangs de la société toute cette frange de la population en mal d'intégration. Le besoin est d'autant plus fort que cette population est nombreuse[6]. S'appuyant sur une rationalité positive, les élites justifient la mise en place d'un système normatif et répressif en réponse aux dangers potentiels que représente la population en marge pour l'ordre et la santé publics.

En maintenant dans les rangs de la société, par la construction d'une catégorie sociale, celle des personnes dites «sans aveu, sans foyer, vagabondes, gueuses, sans papiers, clochardes, mendiantes, quêteuses, errantes, sans droits», la classe politique aristocratique attribue et reconnaît à ces individus une citoyenneté. Cette classe se dote ainsi d'une raison d'être pour intégrer par défaut une population dont la souveraineté lui échappait. Avant cette intégration citoyenne forcée, la situation vécue par les individus situés en marge de la société en était une d'invisibilité sociale. L'individu à la marge pouvait survivre sans appartenir implicitement à une communauté formelle (exil externalisé). Avec l'apparition des lois obligeant le vagabond à regagner sa localité d'origine pour y travailler, tel l'Acte d'Henri VII de 1495 proclamant l'illégalité du vagabondage (Ribton Turner, 1887), nous entrons dans une phase d'inclusion forcée. Cette dernière représente une forme de visibilité passive (exil internalisé),

---

5. Les travaux de Foucault (1994), sur la gouvernementalité, permettent de suivre la rationalité ayant conduit à l'émergence des institutions de contrôle: police et institutions d'enfermement (prisons et asiles). Voir aussi Chesnais (1998) pour sa description du travail réalisé par le lieutenant de police La Reynie sous Louis XIV afin de mettre au pas les errants de Paris.

6. «*De Louis XII (1492) à Louis XVI, les déclarations et les édits royaux signalent presque chaque année un accroissement*» de cette population (Vexliard, 1997, p. 112).

mais indispensable aux besoins en main-d'œuvre des propriétaires ter-
riens, des grandes sociétés de négoce ou des entrepreneurs sous charte
royale ou autre (Castel, 1995).

Les élites s'arrangent donc pour rendre illégale la création d'une multitude de zones floues de socialité indépendantes du contrôle exercé par la
société royale ou la cité-État. Le marché moderne, pour se construire,
demande l'enfermement non seulement géographique et juridique des
individus, au sein de l'État en devenir, mais aussi l'enfermement de ces
personnes dans un type particulier de lien social, faisant des individus des
êtres autonomes devant exercer un métier ou une profession reconnus
pour survivre. Échappent à cette logique, en totalité ou en partie, les
individus membres de communautés fortement structurées, tels les Bohémiens et la multitude de communautés religieuses (Mennonites, Juifs).
Nombre de ces communautés sont d'ailleurs l'objet de clauses déroga-
toires (droit de cité, protection royale). Ces communautés migrent de
pays en pays, au gré des ouvertures, de la tolérance, puis des fermetures
ou de la montée de l'intolérance.

Si l'ordre social moderne octroie à l'individu mal intégré une citoyenneté par défaut — nous sommes loin de l'idéal type du contrat social de
Rousseau reposant sur le principe d'un accord voulu et désiré entre un
citoyen libre et l'État —, l'histoire de moyenne durée, celle des institutions, renseigne sur les modalités historiques prises par différentes élites
pour contrôler les personnes vivant à la marge (approche libérale souvent
coercitive) ou pour apaiser leur souffrance (approche progressiste souvent
caritative).

Paultre (1975), dans son ouvrage sur la répression de la mendicité et
du vagabondage en France sous l'Ancien Régime, recense les différentes
institutions mises en place depuis la Renaissance pour gérer cette question sociale : Cours des miracles, Ateliers publics, Police des pauvres,
Grand bureau des pauvres et Aumônes générales aux 15e et 16e siècles ;
Hôpitaux généraux au 17e siècle. Deux enjeux structurent les dispositifs
d'assistance aux indigents. Un premier a trait au contrôle des salaires ; le
deuxième tient à la nécessité de renforcer le contrôle social en criminalisant le passage à l'indigence.

L'histoire des institutions de gestion de l'errance dans la pauvreté est
riche en enseignement. Premièrement, elle révèle une ambivalence dans la
façon d'intégrer. À certaines époques, principalement à la fin du Moyen
Âge, le gant de velours est favorisé. À d'autres moments, plus particulièrement au cours de la période préindustrielle, la violence est employée pour
faire entrer dans les rangs les «indigents». Lorsqu'il en est ainsi, l'opinion
publique et les solidarités populaires se portent souvent à la défense des

populations indigentes. Il ressort, d'une manière évidente, que l'opinion publique se refusa toujours à considérer comme un délinquant l'individu qui a demandé l'aumône ou comme un criminel l'homme qui n'a commis d'autre crime que celui de ne pas avoir de domicile (Paultre, 1975, p. 551).

Deux rationalités s'affrontent. Premièrement, pour les élites, la situation d'errance dans la pauvreté représente un danger d'effritement de l'ordre social mais aussi une opportunité dont il faut se saisir. L'errance dans la pauvreté confirme l'obsolescence du système féodal et de l'ordre social associé à l'Ancien Régime. Cette forme d'errance rend légitime le passage à un nouvel ordre social fondé sur le salariat. Ce dernier permettrait à tout individu le désirant d'accéder à une source de revenu adéquate à son statut. Pour le peuple, vivre dans la pauvreté résulte de malchances plus souvent liées à la «contingence» qu'à une paresse ou à une malhonnêteté endémiques. L'errance dans la pauvreté n'est pas fondamentalement associée à des problèmes individuels, et même si c'est le cas, la solidarité est de mise pour contrer le manque insurmontable de ressources nécessaires et dont ne dispose pas l'individu concerné pour une remise à niveau de sa capacité de vivre dans la «décence humaine».

Deuxièmement, cette histoire des institutions révèle un positionnement épistémique dans la société à l'égard de l'indigence, particulièrement au sein de la classe dirigeante, mais pas nécessairement de la population en général. Une personne ayant un handicap physique, par exemple, est considérée dès la Renaissance comme une personne inapte au travail, donc devant bénéficier d'un soutien de la société. Par contre, une personne en chômage ou présentant des problèmes de toxicomanie importants est considérée apte au travail, donc n'ayant pas à être aidée par la société puisqu'elle possède les atouts nécessaires à son bien-être.

> L'assemblée est unanime pour déclarer qu'il est très nécessaire discerner et separer les vrays povres, malades, débilles et impuissants, des vaccabondz, maraulx, oisifz, sains et valides, soit par chasser et vuider hors de lad, ville iceulx oisifz, vaccabondz, maraulx, sains et valides, estrangers ou autrement, ainsy qu'il sera trouvé et advisé estre à faire, subvenir à la nourriture et entretenement d'iceulx vrays povres et mallades, adviser et redyger par escript tous et tels moyens et ouvertures qu'il sera requis (Document concernant les pauvres de Rouen de 1525, dans Panel, 1917, cité par Geremek, 1980, p. 164-165).

En dernier lieu, il se pose la question de la grande difficulté à définir le contour réel de l'errance dans la pauvreté. Où commence-t-elle? Où se termine-t-elle? Des questions auxquelles il fut de tout temps difficile d'apporter une réponse claire et précise tant les cas de figure sont multiples. Chaque situation, chaque carrière individuelle rend compte d'une mosaïque de niveaux de non-conformité. Doit-on y voir un problème, comme le laissent entendre nombre d'auteurs ayant écrit sur la question[7] ? Pas vraiment! Sur ce point, l'itinérance appartient à cette catégorie de notions, telles celles d'intégration, d'exclusion sociale, de progrès, d'action collective, dont il est très difficile de préciser de façon absolue, sinon relative, la nature des contours.

Une réalité contemporaine bien particulière

Cette mise en contexte réalisée, il nous reste à définir ce que nous entendons par errance dans la pauvreté. Nous définissons l'itinérance comme une situation extrême découlant d'un long processus puisant dans une diversité de facteurs liés à la déqualification économique, à la désaffiliation sociale d'individus ou de groupes sociaux, ou encore au désaxement de la personnalité à l'égard d'un modèle de base culturellement normé. Ce processus de mise en retrait voulue ou subie rend compte, pour un individu et sa société d'appartenance, d'être arrivés, l'un vis-à-vis de l'autre, au terminus de l'indifférence.

> Nombreux sont aussi ceux qui décrivent une sorte «d'enfoncement» auquel ils auraient passivement assisté, ne trouvant plus de prise sur les événements de leur vie. Le départ de leur femme, la perte des relations avec leurs enfants, le chômage et enfin la perte de leur logement: c'est comme s'ils n'avaient rien pu faire pour l'empêcher, et ils ne peuvent pas l'expliquer. Ils vivent leur exclusion comme une fatalité, un engrenage de difficultés, et semblent figés dans une dimension dépressive. (Médecins du monde, 1995, p. 72)

Mais attention, l'enfoncement conduisant au terminus de l'indifférence comporte deux natures antagoniques, lesquelles sont directement associées au contexte historique que nous avons rappelé. D'une part, comme l'indique une référence de Jean-Pierre Martin dans un rapport des Médecins du monde (1995, p. 77) pour qualifier la situation des sans domicile fixe, l'errance dans la pauvreté correspond à un statut social de «sans-droits»: parfois, on se demande si le monde vous appartient et si on a le droit d'y vivre[8]. Un tel statut correspond à une citoyenneté dont on aurait vidé le contenu, conservant uniquement le contenant. La société du vide est synonyme d'un état de vie vécu par des individus ne pouvant plus disposer de leurs droits parce que la société ne leur en reconnaît plus l'existence et parce que leur état de dénuement ne leur permet plus de les réapproprier. Au moment où aucune de ces entités ne

---

7. Voir les recensions d'écrits réalisés dans Fournier et Mercier (1996).
8. Propos de Laurence, extrait de Collard et Bambiez (1998, p. 121).

veut ou n'est en mesure d'intégrer l'autre, le système des droits et des responsabilités mutuelles s'effrite puis disparaît, laissant place à une indifférence totale entre l'itinérant et le responsable désigné du système social, l'État.

Le système social et l'errant dans la pauvreté se voisinent alors sans s'habiter. L'un et l'autre s'ignorent. Ils sont malgré tout bien conscients de l'existence de l'autre. Ils se tolèrent tout au plus, mais ne vivent l'un par rapport à l'autre que dans le souvenir du passé et le désir du futur projeté, Le souvenir du passé, d'un passé de gens auprès desquels on fut proche mais dont l'existence est devenue une réalité virtuelle pour l'itinérant. Le désir de la société marqué au sceau d'un futur projeté montrant un individu bien intégré. Entre les deux, un présent s'égrenant au rythme d'une grande souffrance!

D'autre part, et curieusement par rapport aux modalités de régulation rencontrées dans les sociétés antiques et primitives, l'errance ne conduit pas à un bannissement, à une exclusion radicale de l'individu, de la famille itinérante, de la bande ou du groupe primaire itinérant. Au contraire, on observe une tolérance bienveillante de cet état de vie à la marge. Tolérance bienveillante au sens où cette dernière est culturellement normée en se parant des habits du non-engagement, du «je-m'en-foutisme», mais où les acteurs sociaux de la modernité des sociétés du centre se refusent à l'acte suprême de la violence gratuite ou du bannissement conduisant à l'exil externalisé (situation bienveillante pas toujours présente dans les pays du Sud, comme en témoigne la situation des enfants de la rue au Brésil).

Cette réalité nous fait dire que la construction sociale de la modernité a rendu possible (effet non escompté!) l'existence d'une bulle sociale reposant sur une socialité minimale, témoignant aussi, telle est notre hypothèse, de l'existence, au sein des sociétés modernes, d'un lien social minimal. Si tel est le cas, il y a, pour les acteurs du mouvement social de l'errance dans la pauvreté, une emprise possible sur le système intégratif de l'État-nation. Une emprise rendant légitime un rapport de force et une mobilisation de ressources autour d'un combat éthique sur la question de «l'intégration minimale dans la décence humaine». Expliquons-nous.

L'acte de violence symbolique ayant historiquement forcé l'intégration par défaut des personnes à la marge brime l'affirmation politique d'une souveraineté donnant accès à des ressources naturelles – par l'intermédiaire d'une territorialité – et des ressources culturelles: une économie, un mode de vie, un rapport à l'imaginaire, etc. En contrepartie de cette aliénation, il incombe aux sociétés modernes la responsabilité morale de mettre en place les dispositifs nécessaires à la coprise en charge de leur système socioculturel par des intervenants sociaux – du social, du politique, de l'économique et du culturel – et par les errants dans la pauvreté ayant la capacité organisationnelle requise[9]. Les voies coercitives de la criminalisation ou supplétives de l'ajustement structurel (politique de logement social, banques alimentaires) ne sont ni de mise pour les premières ni suffisantes pour les deuxièmes. Elles ne répondent pas à la source du problème. Au contraire, une des voies à explorer, outre celle de l'intervention préventive, repose sur l'implantation d'un principe d'intégration minimale dans la décence humaine et sur l'adoption d'une politique de transfert adéquate, cogérée et valorisante pour la personne marginalisée tout en étant susceptible de favoriser une pleine citoyenneté de cette dernière.

Ce point n'est pas sans poser la question des «effets attendus mais non désirés» qu'engendrerait une telle pratique. La réintégration des populations marginalisées ne saperait-elle pas les bases du système de la modernité, engendrant un recul important en termes de progrès social et de progrès technique? Du jour au lendemain, toute personne pourrait opter pour la marginalité du type «grande pauvreté ou errance dans la pauvreté» afin d'être admissible à un mécanisme jugé très intéressant de sécurité du revenu. S'il est vrai qu'un tel risque social plane, il est tout aussi vrai que les mesures actuelles de gestion de la pauvreté font en sorte que les individus pris au piège de l'exclusion le sont sans grande possibilité d'affranchissement: paumés, vous l'êtes à vie!

Dans un contexte où les développements récents des modes de production et d'accumulation des richesses dans les sociétés du centre se traduisent par une croissance du nombre de personnes appauvries, il y a tout lieu de se poser des questions sur la finalité du progrès économique. Cette situation va d'ailleurs à l'encontre du processus historique de marche dans le progrès social valorisé par la philosophie des Lumières. Force alors est de constater l'urgence du besoin de redéfinir les modalités de redistribution de la richesse afin de faire perdre tout son sens à la question posée par Dupuy (1996): pauvres, l'êtes-vous au moins pour quelque chose?

---

9. Le projet Street City à Toronto témoigne de la possibilité de réaliser une telle cogestion. L'apprentissage réciproque demande un effort important d'acculturation de part et d'autre des parties concernées. Street City est un lieu d'hébergement pour personnes itinérantes qualifiées de difficilement logeables. Street City est une sorte de petit village construit dans un ancien édifice postal d'une vieille zone industrielle de Toronto. Le village dispose d'un maire élu par les itinérants.

LE SYSTÈME SOCIO-ÉCONOMIQUE DE L'ERRANCE DANS LA PAUVRETÉ

Nous invitions au débat par la présentation de notre conception de l'errance dans la pauvreté, nous continuons en précisant que l'itinérance est moins une catégorie sociale qu'un sous-système social. Par sous-système social, nous entendons un ensemble de composantes mises en réseau et interdépendantes les unes des autres, dotées de rationalités différentes mais convergentes dans le besoin de définir et de gérer un champ particulier du social, celui représenté par le monde-vécu et la diversité des institutions s'adressant à l'errance dans la pauvreté. Ces composantes ont une nature à la fois sociale, économique, politique, culturelle, institutionnelle et organisationnelle.

En qualifiant l'errance dans la pauvreté de sous-système social, nous nous démarquons de plusieurs façons. Les recherches sociologiques font de l'errance dans la pauvreté une question individuelle ou sociale (Vexliard, 1997). Dans le premier cas, la société est un lieu d'actualisation de comportements antisociaux dont le contrôle lui échappe. La société subit l'errance dans la pauvreté. Dans le deuxième cas, l'individu est un être dont la trajectoire culturelle est prédéterminée par le contexte social. L'errant dans la pauvreté subit une exclusion provoquée par la société. Faire de l'itinérance une question individuelle ou sociale ne rend pas possible une reconnaissance de la construction d'un espace de vie ayant un sens pour soi. N'est reconnu que le sens en soi.

L'une ou l'autre cause de l'itinérance entraînent une réaction de la société. Cette réaction prend généralement la forme d'une responsabilité minimale, apportant des interventions humanistes frileuses (octroyées au compte-goutte et culpabilisantes pour l'individu). À cet égard, dans les pays développés, dont au Québec, il n'existe aucune politique pour contrer officiellement l'exclusion et surtout pas de politique antipauvreté[10]. On observe tout au plus un ensemble de mesures indirectes, plus ou moins appropriées, allant, de pays en pays, de l'aide réhabilitante à la répression pure et simple.

Cette façon de voir ne tient pas compte de la double identité de l'errance dans la pauvreté. Une première identité relève, comme nous venons de le voir, du regard porté par la société sur une réalité sociale souvent qualifiée d'incompréhensible et liant fondamentalement la cause de l'errance dans la pauvreté à des dysfonctionnements individuels (approche libérale majoritaire) ou à des dysfonctionnements sociaux

---

10. Un tel projet de loi a été récemment envisagé en France. Voir à ce sujet Castaing (1996).

(approche progressiste minoritaire). Cette identité donnée justifie, dans l'un ou l'autre cas, un discours et une intervention par le haut. Elle légitime la mise en place d'un réseau institutionnel prenant en charge des éléments de vie de la «clientèle itinérante». Par éléments de vie, il est entendu le logement, l'alimentation, des soins de santé, la gestion financière des prestations d'aide sociale, le support psychologique, le travail.

La seconde identité de l'errance dans la pauvreté est celle construite au jour le jour par les itinérants. Cette identité correspond au regard interne. Elle représente une vue de l'intérieur. Elle est très mal connue, faiblement révélée par quelques études anthropologiques, enquêtes sociologiques ou relevés essayistes de trajectoires de vie de personnes itinérantes[11].

Le sous-système social de l'errance dans la pauvreté est constitué des éléments relevant de l'identité donnée et des éléments découlant de l'identité vécue. Ces deux univers cohabitent et constituent le champ d'un système social en continuelle transformation. À titre indicatif de cette continuelle mouvance, le passage au virage ambulatoire du système hospitalier québécois, lequel repose sur le principe d'une très courte durée d'hospitalisation, a un impact direct sur la prestation de services reçus par des itinérants. Ces derniers sont pénalisés par manque de ressources extérieures pouvant les héberger à la suite d'un traitement hospitalier. Autre exemple, la nouvelle Loi sur la sécurité du revenu (1997), dix ans après l'année internationale des sans-abri, ne contient aucune disposition particulière pour s'adapter aux personnes itinérantes. L'esprit de la Loi réitère la logique moderne de l'intégration par défaut en pénalisant ceux et celles ne pouvant se conformer aux attentes et aux normes dictées par l'État.

Parler en termes de sous-système social partagé entre une dynamique interne et externe permet de reconnaître la présence d'une tension entre les deux composantes. Le regard par le haut et la dynamique externe produisent une dénaturation de l'identité vécue par l'itinérant. Au fur et à mesure de la prise en charge de l'errance dans la pauvreté par l'État et par certaines organisations de la société civile, l'itinérance devient ce que le système veut qu'elle soit. La venue des journaux de la rue (Mesini, 1995), depuis une dizaine d'années, et les mobilisations conduites sous la direction de quelques leaders organiques font toutefois contrepoids (Yeich, 1994).

Une des composantes de cette tension tient à la volonté très légitime de la société de prendre en charge une situation qualifiée de question

---

11. Collard et Gambiez, 1998; Vexliard, 1997; Mesini, 1995; Gaboriau, 1993; Anderson, 1993; Bergier, 1992.

sociale, donc anormale et sujette à normalisation. Que choisir entre une prise en charge hétéronome et la reconnaissance tout aussi légitime du droit à l'autonomisation de modes de vie hors norme[12]. Là est l'enjeu central. Évidemment, le regard par le haut évacue rapidement le défi. Comment peut-il envisager une autonomisation de services, leur prise en charge par la population concernée alors que cette dernière est perçue comme étant incapable de s'organiser et de soutenir dans la durée une socialité cohésive? À nous d'inventer de nouvelles façons de faire. À nous de dire non à la facilité avec laquelle nous faisons de la profession d'aide une chasse gardée. À nous d'accepter que des entités sociales autonomes puissent vivre et grandir en dehors du cadre normatif du productivisme.

UN MOUVEMENT SOCIAL EN DEVENIR?

Ce qui distingue l'errance dans la pauvreté contemporaine de celle rencontrée avant le passage du Nouveau Régime ou de celle présente entre 1800 et 1945 tient à la nature de l'appauvrissement économique, politique, culturel et social rencontré au sein de cette population. Jusqu'à la Deuxième Guerre mondiale, l'errance dans la pauvreté alimente l'action collective des sociétés prémodernes et modernes. Des mouvements de foule, des soulèvements, des organisations, des systèmes sociaux s'édifient autour de cette question. De tous temps, jusqu'à tout récemment, et ce, dans nombre pays d'Europe, d'Asie et d'Amérique, «la marge» se vit dans l'invention d'une socialité sous-culturalisée, dans la formation de collectivités de corps, de métiers. À l'image des systèmes dominants, ces corps se dotent d'une organisation sociale stratifiée et normée, la marge produit une culturalité au sein de laquelle existe un rapport à l'économie.

> Durant une partie du Moyen Âge et jusqu'au XIXe siècle, les vagabonds et mendiants formaient un véritable État dans l'État; ils étaient nombreux par rapport à la population totale. Leurs sociétés hiérarchisées étaient calquées sur l'organisation féodale, avec un roi élu (coerse), des princes provinciaux (cagous), une sorte d'université formée par les archisuppôts, et un système d'impositions. [...] Aux États-Unis, surtout à Chicago, les organisations d'un genre qui rappelle celles du Moyen Âge avaient encore une ampleur considérable jusqu'en 1940. [...] La plus puissante de ces organisations, fondée en 1905, l'Industrial Workers of World à Chicago, groupait quinze à vingt mille individus; leur roi disait: 70 000 (Vexliard, 1997, p. 129 et 130).

---

12. Sur le droit d'exercer une socialité moins programmée par la société, voir Lafargue (1969).

De nos jours, la situation est tout autre. La marginalisation sociale a évolué au point où, dans les sociétés du centre, l'itinérance affiche une nette indifférence de ses constituantes à l'égard de toute forme d'organisation sociale ou économique structurée. Pourquoi? Pour une raison qui tient essentiellement à un double processus.

Un premier est associable aux effets non désirés de l'incidence de la modernité puis de la mondialité sur les solidarités traditionnelles, d'une part – en termes d'effritement de ces solidarités –, et, d'autre part, sur les trajectoires individuelles – en termes d'isolement social.

La société de consommation est essentiellement une société de richesse (Méda, 1999). La richesse, ou l'illusion d'être riche et d'être parvenu au bien-être, moule nos actions. Le nouveau dieu est le dollar, sa cathédrale est la grande surface commerciale, sa chapelle est la boutique de luxe. L'intégration socio-économique réussie s'illustre par la quantité de biens qu'un individu peut afficher, qu'il s'est approprié aux dépens d'autres individus. Toutefois, cette situation de richesse peut basculer à tout moment en un état de pauvreté si certains mécanismes assurantiels ou sociaux n'ont pas été mis en place ou entretenus (Rosanvallon et Fitoussi, 1996). Il s'ensuit un dérapage lent ou rapide dans la désaffiliation sociale et la déqualification professionnelle, auxquelles se greffe des désordres psychologiques ou une surconsommation de produits toxicologiques, lesquels donnent à l'individu l'impression d'enfoncement et d'impuissance tout en lui offrant l'illusion d'un bien-être momentané et parfaitement artificiel. Ce dérapage est perçu comme le «prix à payer» par ceux qui manquent le coche, d'où la pauvreté de solidarité qui s'ensuit: on n'a pas à payer pour d'autres!

Une deuxième mouvance, faisant contrepoids à la première, est liée à la prise en charge des solidarités traditionnelles par l'État-providence et par certaines organisations de la société civile. Cette prise en charge fait l'objet d'une colonisation du monde vécu par l'État et la société civile au moment où l'individu concerné atteint une situation de désœuvrement telle qu'il lui devient très difficile de remonter la pente et surtout de s'auto-organiser pour se reprendre minimalement en main. Aussi paradoxalement que cela puisse paraître, l'arsenal déployé par l'État et la société civile est très important en termes de ressources, mais jusqu'à un certain point ces ressources manquent d'efficacité parce que la rupture des solidarités primaires, une fois qu'elle a atteint un certain niveau de distanciation, ne peut être remplacée par quelques institutions et plusieurs milliers de travailleurs du social. Au problème de dilution du lien social doit correspondre une réponse rapide en termes de recomposition d'une forme de socialité adaptée au problème vécu par l'individu. Cette solution implique forcément une participation des acteurs concernés dans la construction et l'actualisation de la réponse. Elle implique aussi un temps de réponse rapide et un monitorage adéquat. Elle force la société à un véritable examen de conscience sur le prix qu'elle impose à ses membres pour atteindre une finalité matérialiste dont on ne semble ni voir la fin ni comprendre l'utilité.

Errance dans la pauvreté et mouvement social, de quel mouvement parle-t-on ?

Il existe bien de nos jours une action collective de mobilisation des ressources centrée sur la question de l'itinérance (Yeich, 1994). Ce mouvement social met principalement en œuvre des professionnels de l'intervention, de concert avec quelques militants issus de l'errance dans la pauvreté. Par essence, ce mouvement est en quête de soi. Prisonnier d'une filiation forte au monde professionnel de l'intervention sociale et de l'intervention politique, il a de la difficulté à sortir d'un certain cadre de mobilisation de ressources caritatives d'appoint. Limité par sa base organique (peu de leaders issus de la catégorie itinérante), le mouvement ne dispose pas d'une légitimité forte. Il est alors cantonné à se définir à partir d'une stratégie défensive, alors qu'il bénéficierait à adopter une stratégie offensive fondée sur une appropriation d'espaces culturels centraux : le social, l'économique, le politique et le culturel-artistique.

Une telle démarche d'appropriation est en cours mais de façon expérimentale : associations politiques (National Up and Out of Poverty Now, É.-U.) ; journaux de rue (*L'Itinéraire* – Montréal) ; entreprises communautaires d'insertion par l'économique (Street City Bikes – Toronto) ; centre de récupération (United We Can – Vancouver) ; centre d'hébergement alternatif (Street City – Toronto)[13]. Cette démarche profiterait à être généralisée et surtout à être mieux reconnue par les autorités publiques et les instances privées. D'une certaine façon, il y aurait lieu de faciliter la reconstruction de la trame organisationnelle et sociale rencontrée et observée par certains chercheurs avant 1945.

CONCLUSION : QUELLE CITOYENNETÉ EN DEVENIR ?

Au passage du 21e siècle, l'errance dans la pauvreté est indicatrice des malaises liés aux transformations en cours. L'atomisation de l'espace familial et son individualisation, le passage à une économie des ressources humaines et de la connaissance, l'approfondissement de la valorisation de

---

13. Pour une description de Street City Bikes et de United We Can, voir Bordeleau, Toye, Shragge, Church, Fontan et Lachance (1999).

soi dans la consommation de biens et de produits, la multiplication des facteurs susceptibles d'engendrer des discontinuités dans la trajectoire de vie d'une personne (chômage, nouvelles maladies, ruptures sociales, etc.) sont autant de facteurs pouvant déclencher un processus d'enfoncement dans la marge. Toutefois, ces facteurs ne constituent pas le problème central. Il y a eu et il y aura toujours des éléments susceptibles de mettre à la marge des individus ou des populations.

Le problème central tient à l'incapacité de la société moderne de développer les mécanismes appropriés de prévention et de prise en charge de cette mise à la marge. Actuellement, ni la prévention ni les modalités de prise en charge de l'errance dans la pauvreté ne sont à la hauteur des besoins rencontrés. Il y a donc une rupture importante avec la situation rencontrée pendant la période des Trente glorieuses.

Cette rupture peut difficilement être dissociée de la volonté des élites actuelles de redéfinir les bases du contrat social. L'idéologie des Lumières nous a présenté tout un rationnel justifiant la mise en place de l'État-nation, comme une forme institutionnelle appropriée de gestion d'ensemble de la société. Aujourd'hui, le contrat social associé à l'État-nation devient obsolète. Les élites ont besoin de renouveler leur capacité d'actualiser un mode de vie non plus centré sur l'État-nation mais bien sur la planète-État. Dans un tel cadre, la logique constitutive de l'État-nation, basée sur l'enfermement des individus dans une citoyenneté nationale, perd de son importance au profit d'une citoyenneté mondialisée et dissociée de nombre de ses obligations envers l'État. Ce dernier est en quelque sorte déclassé, relégué à des fonctions d'exécution d'une régulation décidée et imposée à partir d'instances supranationales (Banque mondiale, Nations Unies, OMC, OCDE, etc.).

Cette réflexion nous permet de mettre en lumière une dualisation du lien social mondialisé. Ce dernier apparaît à la fois comme un mécanisme de connectivité et de déconnectivité. Les arrangements institutionnels de gestion hiérarchisée des espaces mondial, continental, national, régional, métropolitain et local prennent alors une fonction différente de celle identifiée par Gaullier (1996) dans son texte historique sur les mécanismes nationaux d'exclusion. Ils se présentent, côté scène, sous l'angle d'appareils protégeant la connexion des populations ou des territoires les plus intéressants pour le système culturel de la mondialité en implantation de façon hégémonique depuis 1945. Ils participent alors à la reproduction d'un «lien social enrichi» composé d'une concentration de droits et de responsabilités entre les mains d'une infime frange de la population mondiale. Côté coulisse, ces arrangements mettent en forme des dispositifs particuliers de gestion d'un «lien social dilué». Dilué au sens où il y a restriction, aliénation et disparition de droits et de responsabilités. Ces dispositifs entraînent un processus de déconnexion opérée sur les populations et les territoires les moins avantageux pour le renforcement des modalités de production et d'accumulation du capital mondialisé ou de concentration du pouvoir.

La dualisation en cours, à l'image de tout processus en formation, peut faire l'objet d'un redressement. Si tel n'est pas le cas, nous sommes appelés à voir grandir et grandir le nombre d'errants dans la pauvreté. Le grand enjeu du prochain siècle est à la fois éthique et politique. Éthique, puisqu'il faut penser un contrat mondial, comme nous invitent à le faire les travaux de Dominique Méda (1999), de Michel Beaud (1997) et du Groupe de Lisbonne (1995). Politique, car tout travail non hégémonique et participatif de définition des grandes orientations culturelles demande une implication forte et soutenue de la part des «moindres» détenteurs d'avoir et de pouvoir. Il y a donc place à une recrudescence des formes d'action collective autour de l'orientation à donner à la citoyenneté en devenir. Sur le plan économique, nous disposons des ressources nécessaires pour offrir à l'humanité une excellente qualité de vie. Il s'agit maintenant de convaincre les assoiffés de capital et de pouvoir de la légitimité d'une telle voie de développement.

RÉFÉRENCES

ANDERSON, N. (1993). *Le hobo. Sociologie du sans-abri*. Paris: Nathan.

BERNARD, D. (1992). *On Hunger and the Up and Out of Poverty Now Movement*. Detroit: Michigan Up and Out Poverty Now.

BERTAUX, R. (1994). *Pauvres et marginaux dans la société française*. Nancy: Presses universitaires de Nancy.

BRUNELLE, D. (1997). *Droit et exclusion, critique de l'ordre libéral*. Montréal: L'Harmattan.

CASTAING, M. (1996). *Loi-cadre contre l'exclusion bute sur les écueils*. Paris: Le Monde.

CASTEL, R. (1995). *Les métamorphoses de la question sociale*. Paris: Fayard.

COLLARD, M. et C. GAMBIEZ (1998). *Quand l'exclu devient l'élu, vie partagée avec les sans-abri*. Paris: Fayard.

DUPUY, J.-P. (1996). La philosophie sociale et politique face à la misère de l'économie. *In* S. Paugam (Sous la dir. de), *L'exclusion, l'état des savoirs* (p. 52-65). Paris: Éditions La Découverte.

FONTAN, J.-M. (1997). (Sous la dir. de). La pauvreté en mutation. *Cahiers de recherche sociologique*, 29.

FOURNIER, L. et C. Mercier (Sous la dir. de). (1996). *Sans domicile fixe: au-delà du stéréotype.* Montréal: Éditions du Méridien.

GAULLIER, X. (1996). La machine à exclure. *In* Bourdelais *et al.* (Sous la dir. de), *État-providence, arguments pour une réforme.* Paris: Gallimard, collection Le Débat.

GEREMEK, B. (1980). *Truands et misérables dans l'Europe moderne (1350-1600).* Paris: Gallimard/ Fayard, collection Archives.

GOLDEN, A., W.H. CURRIE, E. GREAVES et E.J. LATIMER (1999). *Taking Responsability for Homelessness: An Action Plan for Toronto.* Toronto: Report of the Homelessness Action Task Force.

GRANIER, C. (1891). *Essai de bibliographie charitable.* Paris.

GROUPE DE LISBONNE (1995). *Limites à la croissance, vers un nouveau contrat mondial.* Montréal: Boréal.

HABERMAS, J. (1992). *Droit et démocratie, entre faits et normes.* Paris: Gallimard.

JUSSERAND, J.-J. (1884). *La vie nomade et les routes d'Angleterre au XIVe siècle.* Paris.

LABERGE, D. et S. ROY. (1996). (Sous la dir. de). Jeunes en difficulté: de l'exclusion vers l'itinérance. *Cahiers de recherche sociologique, 27.*

MCMULLEN, M. (1988). Union of the Homeless: The Rank and File of the Streets. *Tri-State Peace and Justice Journal, 3* (1).

PARSON, T. (1973). *Sociétés – Essai sur leur évolution comparée.* Paris: Dunob.

PARSON, T. (1973). *Le système des sociétés modernes.* Paris: Dunob.

PAULTRE, C. (1975). *De la répression de la mendicité et du vagabondage en France sous l'Ancien Régime.* Genève: Slatkine – Megariotis Reprints.

PÉCHON DE RUBY (1596). *Vie généreuse des mercelots, geuz et bohémiens contenant leur façon de vivre, subtilitez et gergon.* Lyon: Jean Jullieron.

PROLONGEAU, H. (1993). *Sans domicile fixe: le banc des pauvres.* Paris: Hachette.

QUELOZ, N. (1994). La non-intégration, un concept qui renvoie fondamentalement à la question de la cohésion et de l'ordre sociaux. *In* M.-H. Soulet (Sous la dir. de), *De la non-intégration. Essai de définition théorique d'un problème social contemporain* (p. 151-163). Fribourg: Éditions universitaires Fribourg.

THOMAS, H. (1997). *La production des exclus.* Paris: PUF, Sociologie d'aujourd'hui.

TIGAR, M.E. et M.R. LEVY (1977). *Law and the Rise of Capitalism.* New York: Monthly Review Press.

VEXLIARD, A. (1957). *Le clochard.* Paris: Desclée de Brouwer, collection Sociologie clinique.

VEXLIARD, A. (1956). *Introduction à la sociologie du vagabondage.* Paris: Librairie Marcel Rivière, collection Petite Bibliothèque sociologique internationale.

YEICH, S. (1994). *The Politics of Ending Homelessness.* Lanham: United Press of America.

CHAPITRE 3

La place des facteurs structurels dans la production de l'itinérance

par Paule Campeau

Étudier l'itinérance confronte le chercheur à plusieurs débats dont celui de la définition est le plus fréquemment mentionné dans la littérature scientifique. Un autre sujet de litige, objet d'un enjeu politique important, concerne les facteurs explicatifs de ce phénomène. L'explication choisie influence l'orientation des programmes et politiques mis en œuvre pour y faire face. Les deux dernières décennies ont ainsi été marquées par un débat entre les partisans de deux approches : les premiers expliquent l'itinérance par des facteurs individuels, alors que les seconds préconisent une explication à partir de facteurs structurels, sur lesquels l'individu a peu ou pas de contrôle. Avant l'amorce de ce débat, l'itinérance était perçue à travers le prisme des explications individuelles, laissant ainsi dans l'ombre les facteurs sociaux (Gagné et Dorvil, 1988).

Les partisans des explications individuelles (Main, 1996 ; Baum et Burnes, 1993) soutiennent que c'est à cause de limites personnelles – alcoolisme, maladie mentale, toxicomanie – que des personnes deviennent itinérantes. Ceux qui prônent le second type d'approche (O'Reilly Fleming, 1992 ; McChesney, 1990 ; Wright et Lam, 1987) disent que parler en ces termes médicalise ou moralise un problème de nature essentiellement économique. Cette façon de voir «nous dé-responsabilise collectivement et permet de confier à certains spécialistes la tâche de faire quelque chose» (Roy, 1988, p. 12). L'itinérance résulterait plutôt de la manière dont les ressources de la société sont organisées et distribuées.

Avec les années, des chercheurs ont nuancé leurs propos (Koegel, Burnam et Baumohl, 1996 ; Burt, 1992 ; Gulati, 1992 ; Jones, Levine et Rosenberg, 1991). Certains maintiennent qu'il faut expliquer l'itinérance de manière structurelle, mais ajoutent que des variables individuelles, agissant comme des mécanismes de sélection, peuvent aider à savoir qui est susceptible de devenir itinérant (McChesney, 1990). D'autres auteurs les considèrent plutôt comme des facteurs de vulnérabilité, les tendances structurelles exacerbant la vulnérabilité individuelle à devenir itinérant (Takahashi, 1996 ; Mercier, Fournier et Racine, 1994 ; Wright et Lam, 1987). L'itinérance est ainsi vue comme le produit d'une interaction dynamique entre des conditions structurelles et des vulnérabilités individuelles.

Alors qu'aux États-Unis le débat se déroule depuis longtemps, il semble qu'un consensus se soit rapidement installé au Canada quant à l'importance des facteurs structurels dans l'explication de l'itinérance (Mayor's Homelessness Action Task Force, 1999; Novac, Brown et Bourbonnais, 1996; Begin, 1995; Ward, 1989; Roy, 1988; Conseil canadien de développement social, 1987). Dès 1987, intervenants et chercheurs s'entendaient sur la nécessité de corriger les lacunes des politiques sociales qui permettaient la perpétuation de la pauvreté, la désinstitutionnalisation psychiatrique sans un soutien communautaire convenable et la diminution du nombre de logements abordables.

Il n'était pas possible, compte tenu du cadre restreint de ce chapitre, de présenter les deux approches. Nous avons opté pour présenter les explications structurelles puisque à l'instar de Roy (1988): «Nous posons d'entrée de jeu que l'itinérance est principalement le produit de l'inadéquation des structures et des institutions sociales qui, par leur rigidité, leur immuabilité et leurs insuffisances sont responsables de la marginalisation d'un bon nombre d'individus» (p. 19). Ce que nous retenons de l'information disponible et des analyses menées, c'est que l'itinérance doit être vue comme un phénomène social qui est principalement la conséquence de choix des gouvernements sur les plans politique, social et économique.

Nous avons décidé de présenter l'approche structurelle en regardant de quelle manière elle est abordée dans la littérature sur l'itinérance. C'est la raison pour laquelle la majorité des textes cités portent sur la situation américaine. Il existe en effet peu d'écrits scientifiques canadiens sur cette question, comparativement aux États-Unis. Compte tenu de l'existence de certaines similarités entre les deux pays sur les plans économique et des politiques sociales, nous croyons que l'analyse menée par les auteurs américains reste assez semblable en ce qui concerne le Canada. Les écrits consultés portent donc principalement sur l'itinérance, mais, lorsqu'ils étaient absents ou insuffisants, nous les avons complétés par des documents abordant des questions nécessaires à une compréhension de ce phénomène, sans en traiter directement.

L'itinérance dont il est ici question réfère à l'itinérance contemporaine dont on parle depuis le début des années quatre-vingt. Elle correspond à la cinquième période d'itinérance dans la société américaine (Blau, 1992). Toutes ces phases ont en commun une dislocation sociale et économique et, lors des quatre premières, l'itinérance a diminué à l'aide de changements structurels sur les plans socioéconomique et démographique. La période courante se distingue des quatre autres en ce sens où l'accroissement de l'itinérance se produit simultanément à l'implantation de réformes sociales régressives.

> The current disinvestment in the poor and the social infrastructure, the loss of low-skilled jobs, and the absence of a frontier or other safety valve for excess poor, have created a situation where underlying social processes are fueling the increase in homelessness. Furthermore, the existence of the very progressive housing and labor reforms that once served to curtail the exploitation of the poor now impede poor people from employing and housing themselves. Poor people are depending upon social policies and social infrastructures to survive; at the same time these policies and infrastructures are abandoning them (Guy et Ovrebo, 1997, p. 22).

La façon dont l'itinérance contemporaine a été construite comme problème social présente des difficultés. Les militants auraient causé un certain tort à la cause en dissociant l'itinérance de la pauvreté et en militant pour les droits des personnes itinérantes plutôt que pour ceux des personnes pauvres. Ce glissement s'explique par le fait qu'au début des années quatre-vingt, ils auraient remarqué qu'il y avait plus d'intérêt et possiblement plus de soutien de la part de la population et des politiciens pour l'itinérant que pour le pauvre. Ce remplacement de l'idée de pauvreté par celle d'itinérance est l'un des glissements les plus dramatiques au cours des dernières années dans le discours public au sujet de la pauvreté (Blasi, 1994). On a ainsi passé sous silence le fait que pauvreté et itinérance sont étroitement liées, l'augmentation du nombre de personnes itinérantes étant avant tout un accroissement de la visibilité de la pauvreté (Hopper, 1998). En définissant et en mettant l'accent sur l'itinérance comme une situation isolée, on a vu décroître l'attention accordée aux transformations sociales et à l'accroissement des inégalités sociales. Une tentative sérieuse pour trouver une solution à l'itinérance aurait nécessité un examen des institutions économiques et sociales et ainsi menacé les relations de pouvoir inégales (Edelman, 1988). Ce qui ne s'est pas concrétisé, comme le temps nous l'a montré (Blasi, 1994).

Dans la suite du texte, nous présentons les explications structurelles mentionnées dans la littérature scientifique : le logement, les réformes dans les politiques sociales, les changements dans le marché de l'emploi, et la politique de désinstitutionnalisation dans le domaine de la santé mentale. L'influence de la pauvreté est abordée dans les deuxième et troisième parties puisque son augmentation résulte à la fois des modifications dans les politiques publiques et de celles dans le marché de l'emploi. La rédaction de ce texte nous a confronté à la difficulté d'aborder un seul élément à la fois, en faisant abstraction des autres. De manière générale, les explications mentionnées ici sont associées, à divers degrés, les unes aux autres. L'interaction de facteurs multiples se reflète par ailleurs dans les profils des personnes itinérantes, qu'elles soient des femmes, des hommes ou des jeunes (Robertson et Greenblatt, 1992). Le schéma suivant illustre la manière dont nous concevons le lien existant entre les facteurs structurels.

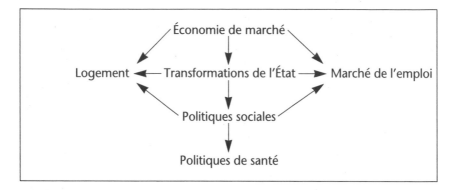

LE LOGEMENT[1]

Le facteur prédominant dans l'ensemble des écrits abordant les explications structurelles de l'itinérance est le logement (Mayor's Task Force, 1999; Wright et Rubin, 1998; Takahashi, 1996; Begin, 1995; Mercier *et al.*, 1994; Shinn et Gillespie, 1994; McChesney, 1990; Zarembka, 1990; Ward, 1989; CCDS, 1987; Wright et Lam, 1987; Hopper et Hamberg, 1986). Les propos de Hartman (1986) résument le point de vue de ces auteurs: «Homelessness is an extreme manifestation of the structural defects in the country's housing system» (p. 71).

Pour certains auteurs, les personnes itinérantes ont d'abord et avant tout besoin d'un logement (Wright et Lam, 1987). Le phénomène de l'itinérance ne sera donc résolu qu'en assurant à une partie de la population des logements abordables. Mercier et ses collègues (1994) de même que le FRAPRU (1998) soulignent la nécessité de faire de l'accès à un logement décent pour tous un projet de société. D'autres chercheurs ont approfondi l'étude de cette problématique en y ajoutant l'influence de la pauvreté (Gulati, 1992; McChesney, 1990). Ils soulignent que le logement, en lui seul, est une réponse nécessaire mais insuffisante au problème de l'itinérance (Jones *et al.*, 1991). Toutefois, lorsqu'une personne sera logée, des interventions sur les plans social, de la santé physique et de la santé mentale pourront être effectuées, en prenant appui sur la stabilité et la sécurité que le logement représente (Robertson et Greenblatt, 1992).

---

1. Lorsque les auteurs parlent de logement, ils le font parfois de façon générale et d'autres fois ils réfèrent spécifiquement au logement social. Au Québec on caractérise ce dernier par trois éléments: «Ce sont des logements qui appartiennent à la collectivité et non à des intérêts privés. Ils sont sans but lucratif. On ne peut tirer aucun profit ni de leur location ni de leur vente. Ils sont directement subventionnés par l'État qui y exerce une certaine réglementation» (Front d'action populaire en réaménagement urbain [FRAPRU], 1998, p. 15).

La crise du logement

À partir de la fin des années soixante-dix et durant la décennie quatre-vingt, beaucoup de publications ont porté sur la crise du logement. Vers la fin de cette période, on n'avait toutefois pas discuté en détail du lien entre ce phénomène urbain et l'augmentation du nombre de personnes itinérantes. Cette crise du logement est conçue comme l'écart (*the affordability gap*) entre le nombre de logements abordables et le nombre de personnes qui essaient d'avoir accès à ce type de logement. Les itinérants sont perçus comme les perdants dans cette compétition pour l'obtention d'un logement (Wright et Lam, 1987). Cette tendance s'est confirmée au cours des années quatre-vingt-dix et n'a montré aucun signe de ralentissement jusqu'à la fin du siècle.

L'aspect qui préoccupe les analystes étudiant cette situation est que les unités de logement perdues proviennent, de manière disproportionnée, de la réserve de maisons de chambres et de logements sociaux (Wright et Lam, 1987). McChesney (1990) donne l'exemple du jeu de la chaise musicale pour illustrer ce qu'il advient des personnes itinérantes dans ce contexte : « In other words, homelessness is like a game of musical chairs. The more people playing the game, and the fewer the chairs, the more people left standing when the music stops » (p. 195).

À Montréal, le nombre de maisons de chambres du centre-ville, qui était demeuré à peu près stable entre 1975 et 1979, a subi un changement marqué entre 1979 et 1981 : on a assisté à une diminution de l'ordre de 40 % (Comité des sans-abri, 1987). La dégradation de la situation s'est poursuivie dans les années subséquentes. En 1977, 15 000 chambres étaient disponibles pour les personnes seules et à faible revenu. Dix ans plus tard, il n'en restait que 5 000. La ville de Toronto a connu un déclin semblable : le nombre de maisons de chambres est passé de 1 202 en 1974 à 603 en 1986, puis à 393 en 1998 (Mayor's Task Force, 1999). Quant aux logements abordables, les données recueillies par ce groupe de travail montrent qu'en juin 1998, plus de 37 000 ménages, représentant environ 100 000 personnes, étaient en attente d'un logement social pour la seule ville de Toronto. L'analyse de la situation montre que cette ville a besoin de 2 000 nouvelles unités de logements abordables par année, uniquement pour répondre à la nouvelle demande. Aux États-Unis une situation similaire s'est produite. Ainsi, entre 1970 et 1980, plus de 1 million d'unités dans des maisons de chambres ont été perdues. Durant la même période, 370 000 logements abordables ont été transformés en condominiums (Wright et Rubin, 1998 ; Rossi, 1990 ; Hopper et Hamberg, 1986).

La diminution du nombre de logements sociaux a pour conséquence que plusieurs personnes doivent partager un logement et y vivre entassées, alors que d'autres se retrouvent à la rue (Shinn et Gillespie, 1994 ; McChesney, 1990). Elle s'explique par les facteurs suivants : l'augmentation de l'inflation ;

la conversion de logements en condominiums ou en espaces de bureaux; la démolition de maisons de chambres; l'élimination ou la réduction des subventions gouvernementales allouées dans le domaine du logement[2]; l'abandon des immeubles par les propriétaires qui ne veulent plus en assumer l'entretien; et les incendies criminels (Takahashi, 1996; Gulati, 1992; Breakey et Fischer, 1990; Wolch, Dear et Akita, 1988; Comité des sans-abri, 1987; Wright et Lam, 1987).

On parle de revitalisation urbaine (*gentrification*) pour faire référence au processus de repeuplement des centres urbains par les gens de la classe moyenne. Ces derniers reviennent en ville pour y acheter des logements bon marché et les rénover, cette rénovation augmentant leur valeur marchande. Ce projet est plutôt positif pour les villes puisque les impôts augmentent et les bâtiments sont préservés. Mais ce changement de statut des logements déloge les anciens occupants, habituellement des personnes plus démunies qui ne peuvent défrayer les coûts de loyer plus élevés.

Un autre élément contribuant à la diminution du nombre de logements abordables concerne le financement accordé par le gouvernement pour la construction domiciliaire. Jusqu'en 1970, le gouvernement canadien finançait environ le tiers des mises en chantier, dont moins de 5% étaient destinées aux familles à faible revenu. Au cours de la décennie soixante-dix, cette aide était étendue à 40% des mises en chantier. Mais la situation se détériora peu à peu pour atteindre, en 1986, 14% du total des mises en chantier, 8% de cette aide étant accordée pour la construction de logements abordables (Begin, 1995). Dans la première moitié des années quatre-vingt, le gouvernement fédéral consacrait 1,7% de son budget total au logement. Durant la deuxième moitié de cette même décennie, cette proportion a été réduite à 1,4%. « Le logement continue d'être le moins bien financé de tous les secteurs visés par des programmes fédéraux (Begin, 1995, p. 21).»

En 1992, le gouvernement canadien a mis fin à ses engagements dans certains domaines de compétence provinciale, dont celui du logement. L'année suivante, il imposait un gel sur les dépenses dans le domaine du logement social; elles ne représentaient alors que 1,3% de l'ensemble des dépenses gouvernementales (Begin, 1995). Le gouvernement conservateur de Brian Mulroney s'est retiré entièrement de ce dossier le 1er janvier 1994. Ce retrait du secteur du logement social contribue au déclin progressif du nombre de logements abordables (Mayor's Task Force, 1999). Lors du dépôt du budget fédéral en 1995, une diminution de 6% des dépenses de la Société canadienne d'hypothèques et de logement (SCHL) jusqu'en 1997-1998 était

---

2. On parle ici de l'allocation pour logement accordée aux personnes à faible revenu afin de les aider à défrayer les coûts du loyer et des subventions versées aux entrepreneurs pour la construction d'unités nouvelles d'habitation.

annoncée. Les experts prévoyaient que le secteur le plus affecté par cette mesure serait celui du logement social (Begin, 1995). Le gouvernement libéral de Jean Chrétien a poursuivi dans le même sens en expliquant qu'il était nécessaire de s'attaquer au déficit.

Ainsi, alors que pour la période de 1980 à 1984 une moyenne de 6 516 logements sociaux étaient financés chaque année au Québec grâce aux subventions gouvernementales (fédéral et provincial), ce nombre n'était plus que de 950 pour la période de 1995 à 1998 (FRAPRU, 1998). Pour justifier les coupures dans les subventions pour la construction de logements sociaux, les gouvernements invoquent principalement leur coût. Certains, comme celui de l'Ontario en 1995, se retirent sous prétexte que le gouvernement n'a pas à s'immiscer dans le domaine de la construction domiciliaire et qu'il est préférable de laisser la responsabilité de la construction des logements sociaux à l'entreprise privée (Begin, 1995). Mais compte tenu des coûts élevés de construction de ces logements et de leur faible taux de rendement, il est peu probable que le secteur privé prenne en charge ce dossier. En effet, les promoteurs du marché privé jugent qu'il n'est pas rentable de construire des logements abordables et s'intéressent plutôt à la construction de logements pour les ménages à revenus moyen et élevé (Ward, 1989 ; CCDS, 1987).

Du côté des États-Unis, peu de démarches ont été faites dans le secteur du logement, au cours des deux dernières décennies, pour contrer les tendances du marché (Takahashi, 1996). Devant la crise du logement, on a plutôt réagi par des compressions budgétaires. Sous la présidence de Ronald Reagan, le gouvernement introduisait, au milieu des années quatre-vingt, une nouvelle politique du logement : « We're getting out of the housing business. Period. » (Propos d'un secrétaire du *Housing and Urban Development*, cité par Hartman, 1986, p. 76.) À l'instar du Canada, le gouvernement américain s'est tourné vers l'entreprise privée pour résoudre le problème et a déplacé la responsabilité vers les États et les municipalités. Cette initiative fut grandement critiquée, certaines personnes soutenant que tant et aussi longtemps que les entreprises privées seraient en grande partie responsables de la construction de nouveaux logements, de la détermination du coût des loyers et de l'allocation des logements, la crise se perpétuerait (Zarembka, 1990).

Une nouvelle crise du logement : l'appauvrissement des ménages

Analysant la situation québécoise, le FRAPRU (1998) soutient qu'il faut de nos jours parler de la crise du logement dans un sens différent de ce qu'on entendait auparavant : « Par le passé, ce terme était synonyme de rareté des logements ; mais il faut désormais l'utiliser pour parler de l'incapacité de payer dans laquelle se retrouve un nombre grandissant de locataires » (p. 2).

En effet, à partir des données du recensement canadien effectué en 1996, cet organisme montre un appauvrissement dramatique des ménages locataires québécois. Le groupe de travail du maire de Toronto (1999) est arrivé à une conclusion semblable.

Au Canada, selon une mesure définie par la SCHL, un ménage éprouve des besoins urgents de logement dès qu'il consacre 30 % et plus de son revenu brut pour se loger de manière convenable (incluant le coût du chauffage et de l'électricité). En 1981, 28,3 % des ménages québécois (FRAPRU, 1998) et 23 % des ménages canadiens (Begin, 1995) consacraient 30 % et plus de leur revenu pour se loger. Cette proportion est passée à 42,6 % en 1996 pour le Québec et à 43,2 % pour le Canada (Statistique Canada, 1999). Une enquête du CCDS, menée en 1987, montre que pour les bénéficiaires d'aide sociale et les familles de travailleurs à faible revenu, les coûts reliés au logement peuvent représenter de 40 à 60 % de leur budget total (Begin, 1995). En 1998, à Toronto, on estimait à 80 000 le nombre de personnes à risque de perdre leur logement parce qu'elles défrayaient plus de 60 % de leur revenu pour le loyer (Mayor's Task Force, 1999).

Au Québec, ce ne sont pas les hausses de loyer qui expliquent cette situation, ceux-ci étant demeurés assez stables entre 1991 et 1996. L'aggravation actuelle du problème du logement s'explique plutôt par la baisse des revenus des ménages. Le revenu moyen brut des locataires est passé de 28 136 $ en 1991 à 27 148 $ en 1996 (FRAPRU, 1998). Deux facteurs expliquent cette baisse. Tout d'abord, le revenu moyen a diminué à cause de l'augmentation du nombre de personnes sans emploi. Par exemple, le nombre de personnes bénéficiaires de l'aide sociale est passé de 594 900 en 1991 à 813 200 en 1996. Le second facteur est l'accroissement du nombre de personnes occupant un emploi à temps partiel. De 1989 à 1997, le nombre d'emplois de ce genre a augmenté de 109 000 au Québec, alors que ceux à temps plein ont diminué de 6 000. L'intensification du problème du logement est également due à des transformations dans la composition des ménages. Au Québec, la proportion de ménages composés d'une personne seule connaît une augmentation constante depuis les années cinquante. Elle est passée de 19,6 % en 1981 à 27,3 % en 1996 (Institut de la statistique du Québec, 2000). Au Canada, la proportion était de 24,2 % en 1996 (Statistique Canada, 1999). Cet éclatement des structures familiales auquel on assiste depuis trois décennies – l'augmentation du nombre de familles monoparentales et celui des personnes vivant seules notamment – influence la trajectoire résidentielle des gens (Mercier *et al.*, 1994). De telles situations provoquent des risques plus considérables sur le plan économique. Ainsi, les personnes vivant seules n'ont pas la possibilité, lors de la perte de leur revenu, de pouvoir compter sur un conjoint qui n'aurait pas perdu le sien. Cette précarité de la famille ou celle du revenu augmente les risques de pauvreté alors que les deux types de précarité conjugués l'entraînent presque automatiquement (Lesemann, 1994).

VERS LA DISPARITION DE L'ÉTAT « CHARITABLE »

L'itinérance est symptomatique de changements structurels profonds de nos sociétés, une conséquence du désinvestissement systématique auprès des travailleurs et des pauvres. Depuis le début des années soixante-dix, la politique américaine a été d'investir dans les échanges internationaux et de désinvestir dans les mesures d'aide sociale.

> Il va sans dire que notre époque correspond à une modification du contrat social entre les travailleurs et les employeurs, les riches et les pauvres, et finalement entre tous les citoyens et l'État (Rubin, 1995). Il est tout aussi évident que les sans-domicile risquent de se voir exclus de la forme de contrats liant les citoyens à la société qui émerge actuellement (Wright et Rubin, 1998, p. 57).

Cette situation va de pair avec le fait que, depuis près de vingt ans, l'État-providence (*Welfare State*) aux États-Unis est la cible d'attaques répétées auxquelles le gouvernement répond en mettant en place des réformes majeures qui ont des conséquences désastreuses pour les bénéficiaires, sur les plans économique, moral et civique. Certaines personnes se questionnent sur la pertinence de ces réformes puisque les coûts réels de ce secteur d'activité représenteraient moins de 1 % du budget de l'État fédéral américain (Ulysse et Lesemann, 1997). Les opposants à l'État-providence invoquent les effets pervers que ce système entraînerait auprès des bénéficiaires, soit la dépendance, la déresponsabilisation et la stigmatisation. Ils soutiennent également que les prestations sont trop généreuses et, en conséquence, que cette situation inciterait les gens qui en dépendent à ne pas se chercher un emploi. On retourne ainsi à un principe datant du début du 19ᵉ siècle (*less eligibility*) qui consiste à « maintenir une échelle des prestations toujours inférieure à ce que les travailleurs gagneraient dans les emplois les moins bien rémunérés, afin d'inciter les prestataires à chercher un emploi » (Leduc Browne, 1997, p. 132).

Cette guerre contre les pauvres va à l'encontre du projet d'intégration mis de l'avant par les programmes de lutte contre la pauvreté au cours des années soixante (Lesemann et Ulysse, 1995). La lutte contre la pauvreté a été remplacée par une lutte contre la dépendance vis-à-vis de l'aide sociale, le langage des droits, par celui des obligations. Désormais, pour être éligible à certains types de prestations, l'individu doit donner en retour, le don prenant la forme du travail. C'est ainsi qu'aux États-Unis le *Welfare State* est renommé *Workfare*. La tendance va également dans ce sens au Canada. En témoignent les modifications apportées aux régimes de prestations de la sécurité du revenu un peu partout au pays, à l'augmentation des mesures de contrôle des assistés sociaux, par exemple (Mayor's Task Force, 1999).

Cette modification dans la conception de la pauvreté et des personnes pauvres est apparue dans les années soixante-dix. Pour réformer les politiques sociales, les conservateurs se sont servis des principes qui gouvernaient les anciennes lois sur les pauvres (*Poor Laws*) dans l'Angleterre du 17ᵉ siècle, à savoir la distinction entre le pauvre méritant et le pauvre non méritant (Katz, 1989). À cette époque, l'aide accordée aux pauvres l'était en fonction de leur aptitude au travail. L'idée principale qui revient dans le discours politique des années quatre-vingt est les limites de l'obligation de l'État envers les personnes dans le besoin. Celles-ci sont perçues comme responsables de leur destinée et non victimes de circonstances de nature structurelle. C'est ainsi que dans le domaine de l'itinérance, des auteurs écrivent par exemple que l'augmentation du nombre de personnes itinérantes résulte d'un échec «volontaire» de la part des familles (Meade, 1986, in Gulati, 1992). De même, le gouvernement de Ronald Reagan, dans les années quatre-vingt, a fait de l'itinérance un problème individuel, «a problem of people who do not want to work, who are psychiatrically disabled, or who in some other way are to blame for their homelessness» (McChesney, 1990, p. 200). La situation est demeurée similaire dans les années quatre-vingt-dix: «[…] le pauvre, l'assisté social, le bénéficiaire est montré comme un individu responsable de son malheur» (Fontan, 1997, p. 11).

Les coupures dans les budgets des programmes sociaux ont commencé dans les années soixante-dix et ont accéléré au début de la décennie suivante. Elles touchent divers domaines: logement, formation de la main-d'œuvre, nourriture, services sociaux et revenu. Sous la présidence de Ronald Reagan, on a ainsi assisté à une augmentation de l'itinérance alors qu'était mise en place une restructuration radicale de l'État-providence (Gulati, 1992): «The reorganization of federal spending has pushed millions of people who depend upon social services and welfare checks to the brink of poverty or further beneath the poverty threshold, and has caused many to become homeless» (Wolch *et al.*, 1988, p. 446). La politique américaine, entre 1980 et 1988, a aussi eu pour effet d'accroître le bien-être de certaines classes sociales, aux dépens des plus démunis (Brunelle, 1988).

Les démocrates qui sont arrivés au pouvoir en 1992 ont poursuivi et même accentué les réformes conservatrices de leurs prédécesseurs dans ce domaine. Bill Clinton amorçait son mandat par la promesse de mettre fin à ce système tel qu'il existait alors.

> C'est dire combien, en matière de politiques sociales, et tout particulièrement du Welfare, les tendances conservatrices qui se sont manifestées dès la fin des années soixante-dix transcendent aujourd'hui les positions partisanes

et caractérisent profondément les orientations que partagent une majorité d'Américains au chapitre de la lutte contre les inégalités, des droits sociaux et de l'intervention publique à portée redistributive (Ulysse et Lesemann, 1997, p. 137).

Le gouvernement américain adopte une nouvelle réforme de l'aide sociale en 1996, le *Personal Responsability and Work Opportunity Reconciliation Act*. Il abolit l'aide aux familles et réduit le montant des bons d'alimentation ainsi que des prestations d'aide sociale accordé aux personnes inaptes au travail. Des économies de plus de 55 milliards de dollars devraient être réalisées d'ici l'an 2002. Des opposants à cette réforme sont d'avis qu'elle aura des conséquences dramatiques sur la pauvreté. Ils citent les chercheurs du Urban Institute, lesquels, ayant effectué une microsimulation informatique, révèlent que «cette réforme fédérale, dans son état actuel, va faire en sorte, à elle seule, qu'environ 2,56 millions de personnes, incluant 1,14 million d'enfants, tomberont sous le seuil de la pauvreté d'ici cinq ans [...]» (Villeneuve, 1996, p. 58).

Il est dorénavant de la responsabilité des États de disposer des fonds alloués à l'aide sociale, d'établir les critères d'admissibilité aux différents programmes et de déterminer le montant des prestations offertes dans le cadre de ces programmes. Ces modifications mettent en place des conditions favorables à l'accroissement de la pauvreté (Ulysse et Lesemann, 1997). Certaines personnes dans le besoin se voient désormais écartées des programmes sociaux car elles ne répondent pas aux conditions d'admissibilité. «Le ciblage finit souvent par être un principe d'exclusion, un moyen de diviser, d'isoler et de stigmatiser les prestataires» (Leduc Browne, 1997, p. 132). Ce sont donc les gens les plus défavorisés – incluant bien sûr ceux qui sont itinérants – qui ont toutes les chances d'être les principales victimes de ces coupures budgétaires. Par exemple, une étude menée dans l'État du Michigan a montré que le nombre de personnes itinérantes a beaucoup augmenté à la suite de la suppression du programme d'aide sociale (Bound, Kossoudji et Ricart-Moes, 1995, in Burt, 1998). Il est clair que cette nouvelle réforme reflète les caractéristiques principales du conservatisme politique de l'Amérique d'aujourd'hui :

retrait définitif de l'autorité du gouvernement fédéral du domaine du Welfare; affirmation de la responsabilité individuelle d'assurer son propre revenu par l'effort de travail; approche moralisante et gestion tutélaire de la pauvreté vue comme une manifestation de dépendance à l'égard d'un système de prestations de dernier recours, et donc une manifestation de paresse ou de faiblesse; suppression des droits sociaux (entitlements) qui jusqu'ici garantissaient l'accès à une aide minimale et menace de retrait de leur citoyenneté aux bénéficiaires de l'aide sociale (Ulysse et Lesemann, 1997, p. 137).

On voit émerger une nouvelle culture politique dans laquelle le social et le politique sont subordonnés à l'économique, et où réapparaît l'idée du marché comme vertu émancipatrice. La citoyenneté sociale est remplacée par une citoyenneté économique. L'État-providence s'est développé lorsque fut amorcée la guerre contre la pauvreté, celle-ci étant perçue comme l'antithèse de la citoyenneté. Sont apparues alors la reconnaissance du droit à l'aide sociale et l'extension de la protection sociale à tous les membres de la société. Cette notion de citoyenneté sociale est de nos jours presque complètement disparue du débat sur la pauvreté aux États-Unis. «Seule est légitime une citoyenneté fondée sur la participation pleine et entière au marché, capable de responsabiliser les pauvres, de faire croître l'autonomie individuelle et l'initiative personnelle et, enfin, de restaurer l'éthique du travail (Ulysse et Lesemann, 1997, p. 145)».

Le déclin de l'État-providence au Canada

Un consensus apparaît, dans les écrits canadiens, sur le lien entre l'itinérance et les réformes des politiques sociales (Mayor's Task Force, 1999; Begin, 1995; Roy, 1988; CCDS, 1987). Les auteurs consultés ont toutefois peu analysé la situation, accordant une grande attention à la question du logement. Comme aux États-Unis, l'appauvrissement des Canadiens s'explique en partie par les restrictions et les coupures dans les programmes de sécurité du revenu, particulièrement l'assurance-chômage et l'aide sociale (Mayor's Task Force, 1999).

Au Québec, Roy (1988) s'est penchée sur le rôle de l'État dans la production de l'itinérance. On peut y voir des similarités avec la situation américaine en ce qui concerne la conception de la pauvreté et la responsabilité du gouvernement envers les personnes démunies. La révolution tranquille marque ainsi des bouleversements importants au sein de la société québécoise.

> En suivant les théories de Keynes, on commence à admettre que les racines des problèmes sociaux se trouvent, entre autres, dans la sphère économique et non exclusivement chez l'individu. On affirme clairement que «tout individu dans le besoin a droit à l'assistance de la part de l'État, quelle que soit la cause immédiate ou éloignée de ce besoin (Roy, 1988, p. 47).»

Cette reconnaissance de la part de responsabilité de la société dans la production de la pauvreté provoque le passage d'une conception inspirée de la charité publique à une conception fondée sur la justice sociale. L'État devient plus interventionniste dans le domaine du social. Au cours des années soixante-dix, on assiste à l'étatisation du réseau de la santé et des services sociaux et à une prise en charge, par l'État, des citoyens en regard des questions de santé. La crise économique et politique du milieu de cette décennie provoque une réflexion sur les limites de l'État-providence, entre autres sur le plan du financement. Le tournant des années quatre-vingt s'accompagne d'une désillusion vis-à-vis des potentialités de l'État. Avec la remise en cause du rôle de l'État et la constatation de ses limites, on est témoin, explique Roy (1988), d'une épuration et d'un assainissement des finances publiques. «Toutes ces mesures entraînent une détérioration accélérée des conditions de vie et d'existence d'une partie de plus en plus importante de la population (Roy, 1988, p. 120).»

Dans les années quatre-vingt, les gouvernements provinciaux et fédéral ont cherché à diminuer les coûts devant les déficits élevés auxquels ils faisaient face et le nombre croissant d'assistés sociaux (CCDS, 1987). Une des mesures adoptées a été de supprimer ou de diminuer les prestations versées à certains groupes de bénéficiaires. De telles mesures ont rendu les conditions de vie des personnes à faible revenu plus précaires. Ainsi, les choix des gouvernements dans leur tentative d'équilibre des budgets et de réduction des déficits ont un impact sur l'augmentation du nombre de personnes itinérantes (Begin, 1995).

À partir de 1994-1995, le montant des prestations est devenu davantage insuffisant à la suite des compressions budgétaires des gouvernements provinciaux. De nos jours, une personne qui vit de l'aide sociale au Canada est condamnée à vivre dans la pauvreté (Leduc Browne, 1997). L'avenir inquiète plusieurs personnes: «Il est difficile d'imaginer comment les «réformes» politiques en cours – notamment celle visant l'aide sociale [...] – pourraient contribuer à autre chose que l'accentuation du processus d'appauvrissement» (Fontan, 1997, p. 10).

Dans le passé, l'impact des changements dans le marché de l'emploi (dont nous discuterons ci-après) était compensé par les programmes d'assurance-chômage et d'aide sociale. Le passage du programme d'assurance-chômage à celui d'assurance-emploi en 1996 implique des critères d'éligibilité plus restrictifs ainsi que des bénéfices réduits. En 1998, dans la grande région de Toronto, moins de 40 % des personnes sans emploi recevaient de l'assurance-emploi, comparativement à 68 % en 1993. Ces restrictions ont placé une pression additionnelle sur le programme d'aide sociale: «Social assistance has become the primary income support program in Toronto for people who have lost their jobs even though it was intended to be a "program of last resort".» (Mayor's Task Force, 1999, p. 259)

L'ÉVOLUTION DES FORMES DU TRAVAIL : PRÉCARITÉ DE L'EMPLOI ET CHÔMAGE

Un second facteur mentionné par les chercheurs afin d'expliquer l'augmentation de la pauvreté est imputable aux modifications dans le marché de l'emploi. On a assisté, au cours des dernières décennies, à une transformation en profondeur du marché du travail provoquant une inégalité croissante : précarité du statut, baisse des salaires, faible taux de syndicalisation, perte d'emplois dans certains secteurs, augmentation du nombre d'emplois à temps partiel, etc. (Mayor's Task Force, 1999 ; Wright et Rubin, 1998 ; Lesemann, 1994 ; Roy, 1988).

Les années soixante-dix et quatre-vingt ont été marquées par une intensification de la désindustrialisation, tendance qui réfère, entre autres, aux fermetures d'entreprises à la suite du déclin du secteur manufacturier (Mayor's Task Force, 1999 ; Wolch *et al.*, 1988). La désindustrialisation est amorcée au Canada alors que deux phénomènes se produisent : la diminution des salaires et l'augmentation du taux de chômage. Cette situation a eu pour résultat de créer un bassin de jeunes travailleurs qui demeurent dans une situation de chômage chronique ou qui occupent des emplois dont ils tirent un revenu les plaçant sous le seuil de la pauvreté. Les groupes les plus affectés par ces transformations sont en effet ceux qui étaient le moins bien intégrés au marché du travail, tels que les jeunes (Mayor's Task Force, 1999). Le processus s'est accéléré au cours des années quatre-vingt, à cause de la récession économique et de la fluctuation du dollar. Ces divers éléments ont provoqué une augmentation du taux de chômage et l'atteinte, aux États-Unis, du plus haut taux de pauvreté depuis le début des années soixante.

> Parallèlement, alors que le chômage atteignait des niveaux qu'on n'avait pas vus depuis la crise des années trente, le gouvernement fédéral sabrait profondément dans l'assurance-chômage, réduisant la valeur et la durée des prestations, tout en resserrant les critères d'admissibilité, si bien que les personnes en chômage se voient de plus en plus obligées d'avoir recours à l'aide sociale (Leduc Browne, 1997, p. 127-128).

Avec le déclin du secteur manufacturier, on a assisté à un accroissement dans celui des services. Les emplois qui y sont offerts sont souvent temporaires ou contractuels et les avantages sociaux y sont limités. Cette transformation touche particulièrement les travailleurs moins bien formés, provoquant ainsi une polarisation de la richesse (Mayor's Task Force, 1999 ; Takahashi, 1996). Cette compétition accrue chez les travailleurs pour des emplois moins nombreux et moins bien rémunérés a amené des personnes à se tourner de façon croissante vers l'assistance publique pour arriver à boucler leur budget. Le financement des programmes sociaux, comme on l'a vu précédemment, a également subi des coupures importantes dans la dernière décennie, intensifiant par le fait même les effets de la restructuration économique chez les personnes à faible revenu.

La pauvreté serait ainsi en partie liée à la rareté de certains types d'emplois ainsi qu'à la hausse du nombre d'emplois à statut précaire. Au

Canada on remarque qu'«il existe une corrélation étroite entre le taux de pauvreté parmi les individus seuls et les ménages, d'une part, et le nombre de semaines de travail salarié accompli par année, de l'autre» (Leduc Browne, 1997, p. 120). La proportion du nombre d'emplois à temps partiel était de 23 % en 1994, comparativement à 14 % en 1975 (Leduc Browne, 1997). Entre 1989 et 1994, le nombre de Canadiens occupant des emplois temporaires a subi une hausse de 21 %. Ce type d'emploi est généralement moins bien rémunéré qu'un emploi permanent et les avantages sociaux y sont moins importants (Leduc Browne, 1997; Frappier, 1994). Ces quelques exemples montrent que nous vivons donc à l'ère de la précarité économique. Pour des personnes vivant dans des conditions de vie précaires, ces modifications dans le marché de l'emploi ne peuvent qu'avoir, pour eux, des conséquences dramatiques.

Le bilan des recherches sur la pauvreté menées au cours des deux derniers siècles montre qu'au centre du cercle vicieux de la pauvreté se trouvent le chômage, le manque d'emploi, les bas salaires et l'inactivité (Frappier, 1994). Ainsi, même le fait de travailler ne place pas à l'abri de la pauvreté. Des recherches utilisant des données de Statistique Canada concluent que certains travailleurs vivent en situation de vulnérabilité. La majorité des personnes pauvres sont d'ailleurs actives sur le marché du travail, mais elles ne parviennent pas à tirer de leur activité un revenu suffisant pour combler leurs besoins. Au milieu des années quatre-vingt, près de la moitié des familles pauvres canadiennes avaient à leur tête une personne qui exerçait une activité rémunérée pendant quelques mois ou durant toute l'année (CCDS, 1987). Cette insuffisance du revenu de travail est par ailleurs considérée comme la cause majeure de la pauvreté (Lesemann, 1994). Toutefois, «l'appauvrissement des personnes occupant un emploi, parce qu'il ne met pas au premier plan la question de l'exclusion, peut sembler être un problème social moins important que celui de la grande pauvreté ou de la pauvreté extrême». (Fontan, 1997, p. 5) Les personnes itinérantes qui sont actives sur le marché du travail partent perdantes à cause, entre autres, de leur manque de compétitivité (formation inadéquate, scolarité insuffisante) sur le marché actuel (Laberge, Poirier et Charest, 1998; Mercier *et al.*, 1994; Gagné et Dorvil, 1988; Roy, 1988). «Ce qui se confirme, c'est que les individus qui ont une formation inadéquate sont ceux qui occupent les emplois les plus précaires et qu'en situation de crise économique, ils sont les premiers touchés (Roy, 1988, p. 86)».

Le chômage est également un élément important pour comprendre l'augmentation de la pauvreté. En examinant les statistiques québécoises du taux de chômage pour les deux dernières décennies, on remarque que le taux global a légèrement fluctué tout en demeurant supérieur à 10 %; il était de 9,9 % en 1980 et de 10,4 % en 1998 (Institut de la statistique du Québec,

2000). Mais le taux de chômage de longue durée – c'est-à-dire une période d'un an et plus – est passé de 6,7 % en 1980 à 18,7 % en 1998. Au Canada, pour cette même année, le taux de chômage global était de 8,3 % alors que celui de longue durée était de 13,4 %. Une analyse poussée serait nécessaire afin de voir l'impact de cette augmentation sur l'accroissement du nombre de personnes itinérantes. Ce qu'on sait, toutefois, c'est que plus la durée de la période d'inactivité s'allonge, plus difficile sera la réintégration dans le marché du travail.

LA POLITIQUE DE DÉSINSTITUTIONNALISATION DANS LE DOMAINE DE LA SANTÉ MENTALE

Peu nombreux sont les auteurs qui citent la désinstitutionnalisation comme élément structurel contribuant à l'itinérance, particulièrement aux États-Unis (Mayor's Task Force, 1999; Mercier *et al.*, 1994; Roy, 1988; CCDS, 1987; Bassuk et Lamb, 1986). Pourtant, elle pourrait avoir joué un rôle non négligeable: «Ce changement structurel dans le système des soins de santé, qui fit sortir les gens des établissements sans les encadrer par des programmes de soutien communautaire, a forcé nombre de Canadiens à vivre dans les rues, de temps à autre dans les foyers, ou dans des logements tout à fait inacceptables». (CCDS, 1987) L'impact sur l'itinérance résulterait non pas de la politique en soi mais de la manière dont elle a été mise en place. Cette mesure s'avère un échec étant donné que le développement de services dans la communauté n'a pas eu lieu au même rythme que celui de la désinstitutionnalisation (Mayor's Task Force, 1999; Ward, 1989; Bassuk et Lamb, 1986).

Les anciens patients, lors de leur retour dans la communauté, ont trouvé refuge à divers endroits. Certains ont été pris en charge par leur famille, d'autres ont été réinstitutionnalisés dans des foyers (*nursing homes*), un nombre inconnu d'entre eux, sans ressources, s'est installé dans des maisons de chambres. Seule une faible proportion a trouvé une place dans les programmes résidentiels communautaires. C'est ce manque de résidences supervisées dans la communauté qui aurait contribué au phénomène de l'itinérance (CCDS, 1987). «The dearth of adequate community-based shelter and service facilities even in inner-cities has caused the deinstitutionalized to become a major component of today's homeless population». (Lamb, 1984 in Wolch *et al.*, 1988, p. 445) Pour les personnes pouvant vivre seules, le manque de logements à loyer abordable a créé des problèmes additionnels, forçant souvent ces personnes à se rendre dans des refuges (Mayor's Task Force, 1999; Bassuk et Lamb, 1986). La démolition d'un nombre élevé de maisons de chambres, dont nous avons précédemment parlé, a en effet éliminé une source importante de logements pour plusieurs de ces personnes.

La désinstitutionnalisation a-t-elle sa place dans les explications structurelles? Certains auteurs en parlent comme d'un facteur individuel. Ils soutiennent qu'il est peu probable que cette politique ait directement contribué à l'augmentation du nombre de personnes itinérantes dans les années quatrevingt puisqu'elle a débuté dans les années cinquante et s'est accentuée dans les deux décennies subséquentes (Wright et Rubin, 1998; Gagné et Dorvil, 1988). Nous sommes toutefois d'avis qu'il faut prendre ce facteur en considération dans nos tentatives d'explication de l'itinérance contemporaine. Nous croyons qu'il faut interpréter les faits de la manière suivante: la désinstitutionnalisation est un facteur structurel alors que la maladie mentale est une variable individuelle, facteur de risque dans certains cas et conséquence de conditions de vie difficiles dans d'autres. En regardant les solutions que des chercheurs souhaitent voir mises de l'avant, on remarque qu'elles concernent particulièrement les services sociaux et de santé, donc les institutions. Bassuk et Lamb (1986) sont en effet d'avis que la prévalence de l'itinérance chez ces personnes serait beaucoup plus faible si certaines mesures étaient prises, entre autres celles d'offrir un nombre suffisant de ressources de même que des services psychiatriques et de réhabilitation adéquats et accessibles.

CONCLUSION

À la lumière de la littérature scientifique sur le sujet, nous estimons que rarement un seul facteur, qu'il soit structurel ou individuel, est à lui seul responsable du fait qu'une personne devient itinérante. Il n'est pas non plus possible, pour chaque individu, de dire avec certitude quels sont les éléments qui l'ont conduit à l'itinérance, quels sont ceux qui l'y ont maintenu et quels sont ceux qui ont aggravé sa situation. Les facteurs n'ont pas tous le même poids, certains peuvent exercer une influence plus marquée que d'autres. Selon le parcours de vie d'une personne, un facteur donné pourra participer à sa venue à l'itinérance, alors que chez une autre personne ce même facteur sera plutôt celui qui contribuera à la maintenir dans cet état ou encore à aggraver la situation dans laquelle elle se trouve.

En 1988, Wolch et ses collègues écrivaient qu'il était peu probable que le problème de l'itinérance disparaisse, du moins dans un proche avenir. La restructuration économique et la réforme de l'État-providence se poursuivaient sans relâche, amenant leur lot de difficultés et d'ajustements nécessaires. Dix ans plus tard, Burt (1998), en conclusion d'un article faisant le bilan de quinze années de politique américaine, de recherches et de mobilisation en faveur des personnes itinérantes, écrivait que l'ampleur du phénomène de l'itinérance ne semble pas en voie de s'atténuer aux États-Unis, que ce soit à l'heure actuelle ou dans un proche avenir.

Au Québec, Roy (1988) a posé un constat semblable à la fin des années quatre-vingt. À travers le temps, peu de gouvernements ont véritablement eu comme priorité la disparition de la pauvreté. Aucun n'a choisi de remettre en cause les systèmes existants et les choix politiques qui sont en défaveur des plus démunis de notre société. Aujourd'hui, lorsqu'on regarde les décisions récentes de nos gouvernements en matière de politiques sociales et économiques, on ne peut qu'en arriver à la conclusion que l'itinérance et la pauvreté ne sont pas en voie d'extinction. Leur éradication ne peut se produire que par une remise en cause de nos choix économiques, politiques et sociaux, et en repensant l'ensemble des institutions qui composent notre société.

RÉFÉRENCES

BASSUK, E.L. et H.R. LAMB. (1986). Homelessness and the Implementation of Deinstitutionalization. *In* E.L. Bassuk (Ed), *The Mental Health Needs of Homeless Persons* (p. 7-14). San Francisco, London : Jossey-Bass.

BAUM, A.S. et D.W. BURNES (1993). *A Nation in Denial. The Truth about Homelessness.* Boulder, San Fransisco.

BEGIN, P. (1995). *Les sans-abri au Canada.* Ottawa : Bibliothèque du Parlement, Service de recherche.

BLASI, G. (1994). And we are Not Seen. Ideological and Political Barriers to Understanding Homelessness. *American Behavioral Scientist, 37* (4), 563-586.

BLAU, J. (1992). *The Visible Poor. Homeless in the United States.* New York, Oxford : Oxford University Press.

BREAKEY, W.R. et P.J. Fisher. (1990). Homelessness : The Extent of the Problem. *Journal of Social Issues, 46* (4), 31-47.

BRUNELLE, D. (1988). L'héritage des années Reagan : un premier bilan. *Revue internationale d'action communautaire, 19*, 69-74.

BURT, M.R. (1992). *Over the Edge : The Growth of Homelessness in the 1980s.* New York : Russell Sage Foundation.

BURT, M.R. (1998). Quinze années de politique américaine, de recherche et de mobilisation en faveur des sans-domicile. *Sociétés contemporaines, 30*, 15-34.

CASTEL, R. (1995). Les pièges de l'exclusion. *Lien social et politiques-RIAC, 34*, 13-23.

COMITÉ DES SANS-ABRI. (1987). *Vers une politique municipale pour les sans-abri. Rapport déposé au Conseil municipal de la Ville de Montréal.* Montréal : Ville de Montréal, 64 p.

CONSEIL CANADIEN DE DÉVELOPPEMENT SOCIAL. (1987). *Les sans-abri au Canada, rapport sur l'enquête nationale*. Ottawa/Montréal: Conseil canadien de développement social, 16 p.

EDELMAN, M. (1988). *Constructing the Political Spectacle*. Chicago: The University of Chicago Press.

FONTAN, J.-M. (1997). Présentation: croissance dans l'appauvrissement, le retour en force des inégalités. *Cahiers de recherche sociologique, 29*, 5-15.

FRAPPIER, M. (1994). La pauvreté: facteurs économiques. *In* F. Dumont, S. Langlois et Y. Martin (Sous la dir. de), *Traité des problèmes sociaux* (p. 565-580). Québec: Institut québécois de recherche sur la culture.

FRONT D'ACTION POPULAIRE EN RÉAMÉNAGEMENT URBAIN (1998). *Dossier noir: logement et pauvreté au Québec*. Montréal: FRAPRU.

GAGNÉ, J. et H. DORVIL. (1988). L'itinérance: le regard sociologique. *Revue québécoise de psychologie, 9* (1), 63-78.

GULATI, P. (1992). Ideology, Public Policy and Homeless Families. *Journal of Sociology and Social Welfare, 19* (4), 113-128.

GUY, R. et B. OVREBO. (1997). Historical Perspectives on Homelessness. *In* M.L. Forst (Ed), *The Police and the Homeless. Creating a Partnership Between Law Enforcement and Social Service Agencies in the Development of Effective Policies and Program* (p. 21-28). Springfield: Charles C. Thomas Publisher.

HARTMAN, C. (1986). The Housing Part of the Homelessness Problem. *In* E.L. Bassuk (Ed), *The Mental Health Needs of Homeless Persons* (p. 71-85). San Francisco: Jossey-Bass.

HOPPER, K. (1998). Du droit à l'hébergement au droit au logement. Quinze ans de mobilisation en faveur des sans-domicile aux États-Unis. *Sociétés contemporaines, 30*, 67-94.

HOPPER, K. et J. HAMBERG. (1986). The Making of America's Homeless: From Skid Row to New POOR, 1945-1984. *In* R.G. Bratt, C. Hartman et A. Meyerson (Eds), *Critical Perspectives on Housing* (p. 12-40). Philadelphia: Temple University Press.

INSTITUT DE LA STATISTIQUE DU QUÉBEC, 2000, «Bienvenue à l'Institut de la statistique du Québec», http://www.stat.gouv.qc.ca/ (10 février).

JONES, J.M., I.S. LEVINE et A.A. ROSENBERG. (1991). Homelessness Research, Services, and Social Policy: Introduction to the Special Issue. *American Psychologist, 46* (11), 1109-1111.

KATZ, M.B. (1989). *The Undeserving Poor. From the War on Poverty to the War on Welfare*. New York: Pantheon Books.

KOEGEL, P., A.M. BURMAN et Jim BAUMOHL (1996). The Causes of Homelessness. In Baumohl (Ed.), *Homelessness in America* (p. 24-33). Phoenix: Oryx Press.

LABERGE, D., M. POIRIER et R. CHAREST. (1998). Un étranger dans la cité: la présence de l'itinérant et la représentation de l'itinérance. *Nouvelles pratiques sociales, 11* (1), 19-24.

LEDUC BROWNE, P. (1997). Les sources de la pauvreté, les moyens de la combattre. *Cahiers de recherche sociologique, 29*, 119-135.

LESEMANN, F. (1994). La pauvreté: aspects sociaux. *In* F. Dumont, S. Langlois et Y. Martin (Sous la dir. de), *Traité des problèmes sociaux* (p. 581-603). Québec: Institut québécois de recherche sur la culture.

LESEMANN, F. et P.-J. Ulysse. (1995). Welfare, workfare et citoyenneté aux États-Unis. *Lien social et politiques-RIAC, 34*, 55-69.

MAIN, T.J. (1996). Analyzing Evidence for the Structual Theory of Homelessness. *Journal of Urban Affairs, 18* (4), 449-457.

MARPSAT, M. (1998). Présentation du dossier. *Sociétés contemporaines, 30*, 5-14.

MAYOR'S HOMELESSNESS ACTION TASK FORCE. (1999). *Taking Responsibility for Homelessness. An Action Plan for Toronto.* Toronto: Mayor's Homelessness Action Task Force, 291 p.

McCHESNEY, K.Y. (1990). Family Homelessness: A Systemic Problem. *Journal of Social Issues, 46* (4), 191-205.

MERCIER, C., L. FOURNIER et G. RACINE. (1994). L'itinérance. *In* F. Dumont, S. Langlois et Y. Martin (Sous la dir. de), *Traité des problèmes sociaux* (p. 739-764). Québec: Institut québécois de recherche sur la culture.

NOVAC, S., J. BROWN et C. BOURBONNAIS. (1996). *Elles ont besoin de toits: analyse documentaire sur les femmes sans-abri.* Ottawa: Société canadienne d'hypothèques et de logement, 59 p.

O'REILLY FLEMING, T. (1992). The Politics of Poverty: Homeless Women and Children in Canada. *Canadian Women Studies, 12* (4), 21-25.

ROBERTSON, M.J. et M. GREENBLATT. (1992). Homelessness. A National Perspective. *In* M.J. Robertson et M. Greenblatt (Eds), *Homelessness. A National Perspective* (p. 339-349). New York: Plenum Press.

ROSSI, P.H. (1990). The Old Homeless and the New Homelessness in Historical Perspective. *American Psychologist, 45* (8), 954-959.

ROY, S. (1988). *Seuls dans la rue: portraits d'hommes clochards.* Montréal: Éditions Saint-Martin.

SHINN, M. et C. GILLESPIE. (1994). The Roles of Housing and Poverty in the Origins of Homelessness. *American Behavioral Scientist,* 37 (4), 505-521.

SNOW, D.A. et L. ANDERSON (1993). *Down on their Luck. A Study of Homeless Street People.* Berkeley, Los Angeles: University of California Press.

SOULET, M.-H. (1998). L'exclusion: usages et mésusages d'un concept. *Revue suisse de sociologie,* 24 (3), 431-458.

STATISTIQUE CANADA, 1999, «L'agence statistique nationale du Canada brosse le portrait de l'économie, de la société et des entreprises canadiennes», http://WWW.StatCan.CA/start_f.html (23 novembre).

TAKAHASHI, L.M. (1996). A Decade of Understanding Homelessness in the USA: From Characterization to Representation. *Progress in Human Geography,* 20 (3), 291-310.

TORO, P.A., E.J. TRICKETT, D.D. WALL et D.A. SALEM. (1991). Homelessness in the United States: An Ecological Perspective. *American Psychologist,* 46 (11), 1208-1218.

ULYSSE, P.-J. et F. LESEMANN. (1997). Pauvreté, citoyenneté et marché aux États-Unis. *Cahiers de recherche sociologique,* 29, 137-152.

VILLENEUVE, P. (1996). La réforme de l'aide sociale de 1996: le pari de Bill Clinton. *Lien Social et politiques-RIAC,* 36, 55-59.

WARD, J. (1989). *Organizing for the Homeless.* Ottawa: Canadian Council on Social Development.

WOLCH, J.R., M. DEAR et A. AKITA. (1988). Explaining Homelessness. *Journal of the American Planning Association,* 54, 443-453.

WRIGHT, J. et B.A. RUBIN. (1998). Les sans-domicile aux États-Unis. Leçons tirées de quinze années de recherche. *Sociétés contemporaines,* 30, 35-66.

WRIGHT, J.D. et J.A. LAM. (1987). Homelessness and the Low-Income Housing Supply. *Social Policy,* 17 (4), 49-53.

ZAREMBKA, A. (1990). *The Urban Housing Crisis: Social, Economic, and Legal Issues and Proposals.* New York: Greenwood Press.

CHAPITRE 4

Travail et non-travail : intervention sur la nouvelle fracture sociale

par René Charest

L'article qui suit doit être compris comme une intervention sociopolitique sur la fracture sociale entre le monde des travailleurs et celui des sans-emploi dans le contexte québécois. Je travaille et milite dans le milieu du mouvement communautaire et populaire et c'est à ce titre que je cherche à intervenir directement dans l'espace public en ce qui concerne le traitement réservé aux sans-emploi. De plus, les débats récents que j'ai eus avec plusieurs acteurs du milieu communautaire m'amènent à penser que l'analyse des traitements réservés aux sans-emploi doit aussi s'effectuer en jetant un regard sur le monde des travailleurs(euses) ou d'une manière plus objective sur l'organisation du travail. Au risque de surprendre, cette hypothèse tient également, selon moi, en ce qui concerne le monde de l'itinérance, une catégorie de sans-emploi sur laquelle je ferai porter mon analyse en dernière partie de ce texte.

Qu'est-ce qu'un porte-parole des pratiques communautaires peut apporter au débat actuel sur la fracture entre le monde des travailleurs et celui des sans-emploi? Quelle position spécifique puis-je occuper dans ce débat? Bien que prise dans un contexte français, cette citation de Jean-Marc Ferry a souvent fait l'objet de réactions intéressantes lorsque je la soumettais à mes collègues dans le milieu de l'itinérance:

> Ceux qui, de par leur profession, sont appelés à côtoyer l'exclusion, la déchéance morale et l'illettrisme, s'efforcent de faire se rencontrer deux mondes, qui d'ordinaire, ne se rencontrent pas; le monde du travail et le monde de ceux qui ne travaillent pas. Ceux-là ont peine à ne pas se sentir démunis face à une dépression galopante, génératrice d'anorexie sociale […]. Ces thérapeutes sociaux, véritables praticiens de la crise auraient beaucoup à dire sur l'extrême précarité du lien social, eux qui sont mis au contact quotidien des réalités refoulées de la misère du monde (Ferry, 1995, 10).

Nous avons beaucoup à dire en effet sur «l'extrême précarité du lien social», ou encore sur les conséquences de la détérioration du filet de sécurité social et de l'abandon des soutiens étatiques en matière de pauvreté. Par contre, avons-nous une définition de notre pratique qui consiste à faire se rencontrer deux mondes qui ne se rencontrent pas: celui du travail et de l'absence du travail? Pour tout avouer, je ne crois pas que nous voyions notre travail d'action collective dans une perspective d'empêcher le passage du monde du travail vers celui des sans-emploi. Notre travail d'action politique se situe plus spécifiquement du côté de l'État en posant la nécessité que ce dernier devienne un État responsable vis-à-vis de l'exclusion sociale et qu'il engage une série de dispositifs soutenus visant à réduire la pauvreté et l'itinérance. Quant à la question du travail, elle se pose difficilement compte tenu de la crise actuelle à l'égard de la représentation de celui-ci. Il est en effet difficile de poser la question du travail dans le milieu communautaire alors que, dans le monde de la sociologie, le débat porte sur la fin du travail (Rifkin, 1995) ou la disparition des valeurs qui y sont liées (Méda, 1996). Quant au monde du travail, d'une manière concrète, il se présente rarement au monde communautaire, si ce n'est en tant qu'apparition ponctuelle du mouvement syndical alors que certaines luttes posent la nécessité d'une alliance formelle.

Les pages qui suivent soulèvent cette question de la rupture entre le monde du travail et celui de l'absence du travail en la posant dans un contexte québécois de pratiques communautaires. Les questions qui se posent sont les suivantes: Y a-t-il vraiment une rupture entre ces deux mondes? S'agit-il d'une rupture réelle ou de la conséquence d'une représentation? S'il y a rupture entre ces mondes, est-elle irrémédiable et d'où provient-elle?

ÉCONOMISME ET SENS COMMUN

Commençons par poser l'hypothèse que la compréhension de cette fragmentation dans la structure sociale entre le monde des travailleurs et des chômeurs peut être contrainte par deux obstacles majeurs: l'économisme et le sens commun. Nous pouvons d'ailleurs les observer comme les deux revers de la même médaille, deux aspects d'un phénomène sociopolitique qui appuient tacitement les orientations ultralibérales dans la mesure où ils ne cherchent pas à s'opposer franchement à ce projet politique.

Je dirai ici que l'économisme se définit comme un courant explicatif des orientations de l'ultralibéralisme en matière de profit et de main-d'œuvre sans tenir compte des orientations politiques qui sont à l'origine de décisions presque techniques prises par le Capital (comme le *down-sizing*, les fusions d'entreprises, les diminutions de salaires, etc.). Ces décisions, on en convient, deviennent des catalyseurs importants de cette fracture sociale entre les travailleurs et les chômeurs. L'économiste, même progressiste, qui ne cherchera pas à dégager la politique sociale de ce projet de rationalisation économique du marché du travail, et qui se limite à observer le marché économique de l'intérieur, s'expose à utiliser la même base de représentation sociopolitique utilisée par le Capital. Il est donc condamné au piège politique de reconnaître la nécessité chez le Capital de faire du profit dans une forme exacerbée de compétition entre les propriétaires d'entreprise et les travailleurs. Pour s'opposer à cette perspective explicative, nous devons voir la fragmentation entre le monde du travail et celui de l'absence du travail comme le résultat d'une détermination politique générale. Plus précisément, nous devons parler d'un renforcement de perspectives politiques économiques qui se sont effectuées dans une perspective récente au point de vue historique et qui ont déterminé une nouvelle rigueur salariale et un ébranlement radical de la structure sociale.

L'autre danger qui nous guette lorsqu'on cherche à appréhender cet enjeu de fragmentation sociale est celui du sens commun qui consiste en une forme de néopopulisme. Qu'est-ce que j'entends par néopopulisme ? Cette pratique consiste à faire appel au « gros bon sens », aux idées soi-disant concrètes, par exemple : « il est impératif de faire travailler ceux et celles qui sont au chômage puisqu'il est inacceptable qu'une force de travail soit ainsi inutilisée ». La discussion sur les espaces d'émancipation sur les plans économique et social devient, dans cette représentation, une tergiversation idéologique inutile. L'urgence sévit et l'acteur remettant en cause cette pratique devient un acteur occulté.

Les chantiers d'économie sociale officialisés par le gouvernement québécois en 1996 sont les figures québécoises de cette pratique du sens commun. Cette pratique évince le questionnement sur le sens même du travail dans un cadre de compétition économique exacerbée. Il est pourtant essentiel de placer la question du travail dans une analyse concrète du cadre d'économie politique dans lequel s'exerce l'organisation du travail. Faire travailler les sans-emploi est certes important dans la mesure où les sans-emploi ont absolument besoin d'une base économique pour assurer leur survie. Une occupation rémunérée dans le cadre large de l'économie sociale est peut-être préférable aux prestations actuelles de l'aide sociale, mais on présente l'économie sociale comme un nouveau secteur, un gisement d'emploi pour aider les sans-emploi en appelant à une nouvelle forme de collaboration entre l'entreprise et l'État. Pourtant, personne parmi les promoteurs de l'économie sociale n'a osé mettre en lumière les dégâts énormes causés par les orientations du capital en matière de *down-sizing* et de réduction de salaires. Autant dans le discours que dans la pratique, on assiste passivement à ce ravage économique et politique. Dans la même foulée, on lance à répétition des appels, des incantations publiques afin que les « partenaires » puissent emboîter le pas dans la création d'un nouveau secteur d'emploi.

Si les appels se font à répétition, c'est qu'il n'y a pas de mobilisation très forte de la part des acteurs sociaux de même que de celle de la population démunie. Peut-on croire que les jeunes de Trois-Rivières et de Sherbrooke, par exemple, qui fréquentent les ressources en itinérance, trouveront remède à leur désespoir en empruntant les perspectives de l'économie sociale? N'y aurait-il pas intérêt à se questionner collectivement sur l'absence de perspectives d'emploi causée par les fermetures des usines de pâtes et papiers et de textiles dans ces régions? Ne serait-il pas préférable, par ailleurs, de repérer les critères pouvant déterminer comment acquérir des forces sociales supplémentaires et de rompre, en plus, avec une situation de misère de condition ou de position, pour reprendre les termes de Pierre Bourdieu?

Si le débat sur le sens du travail dans un cadre économique où l'on impose la précarité économique et sociale n'a jamais été dominant au Québec, c'est que l'économie sociale, telle qu'elle se dégage aujourd'hui, est d'abord et avant tout un projet de renouvellement de l'État social québécois dans un contexte de crise économique et sociale. On assiste aujourd'hui à une transition d'un État maître de l'intervention en matière de projets sociaux, de la culture ou de l'environnement vers un État favorisant la mise en place de structures «souples» cherchant à conserver ces mêmes préoccupations socioculturelles, mais avec moins de moyens économiques pour leur continuité. Mais cette transition n'en est pas vraiment une puisqu'elle s'effectue dans la précipitation, la confusion et le volontarisme sans que personne ne puisse préciser les buts et les stratégies qui sont en place.

Vers 1995, au moment où le concept d'économie sociale apparaît dans les débats à l'intérieur des mouvements sociaux, le gouvernement québécois entreprend rapidement un virage vers cette voie en matière de programme d'employabilité. Il y a donc rapidement une confusion entre les orientations gouvernementales et les orientations de certains représentants de la société civile, sans que personne n'ait le temps même de demander des clarifications sur les rôles et les responsabilités attribués aux partenaires. Cette confusion perdure et elle ne se dissipe point à l'intérieur des nouvelles structures régionales de développement économique et d'emploi. Des organismes qui, autrefois, étaient considérés comme des groupes communautaires ont aujourd'hui des fonctions de direction et d'orientation dans les nouveaux cadres de développement de l'emploi tout en étant imputables au gouvernement québécois. Du côté du gouvernement québécois, on se félicite de sa capacité à reconnaître le mouvement communautaire autonome. Et pendant ce temps, une partie du mouvement communautaire autonome cherche à comprendre dans quel cadre il est inséré aujourd'hui et surtout quelles fonctions l'État québécois lui demandera d'effectuer dans les prochaines années.

La pratique du sens commun a donc occulté un débat sur les enjeux récents autour du travail de même que sur les engagements impliquant une responsabilité réelle de l'État québécois envers la pauvreté et l'extrême pauvreté. Ceux et celles qui ont cherché à mener ce débat dans le mouvement syndical, populaire et communautaire savent à quel point il aura été difficile d'obtenir des réactions et des réponses aux questions qui ont été posées sur les enjeux de l'économie sociale.

L'observation des pratiques communautaires liées aux structures étatiques n'est donc pas suffisante pour dégager des pistes de compréhension de cette fracture sociale entre les travailleurs et les chômeurs. Leurs actions, qui ont été posées dans le cadre de l'économie sociale, dégagent cependant une matière à réflexion importante à l'égard de notre préoccupation. Elles ont été les symptômes d'un sentiment d'urgence sinon d'une panique sociale face à la détérioration du tissu social causée par le Capital. Cette panique, à n'en pas douter, doit être intégrée dans l'analyse des enjeux actuels puisqu'elle envahit sans détour celui ou celle qui s'en préoccupe. En effet, comment peut-on tergiverser sur des enjeux aussi dramatiques que le nombre croissant de sans-emploi et qui, dans une certaine mesure, se trouvent acculés sur le bord d'un précipice, sans que les observateurs tentent de trouver des solutions à court terme pouvant remettre l'État et la société civile sur les rails du travail pour tous. C'est d'ailleurs ce sentiment d'urgence qui nourrit les pratiques des économistes et des acteurs sociaux dans une série de propositions en faveur de solutions de rechange au chômage et à la désaffiliation.

Par contre, une lacune est à souligner lorsqu'on fait le bilan de l'ensemble de ces propositions pour améliorer le sort des sans-emploi. La réflexion sur le monde du travail et sur les rapports sociaux qui s'y inscrivent est timorée et l'éclairage est rapidement porté sur le monde des sans-emploi. Il faut éviter les réactions d'urgence, les interventions à court terme improvisées et parcellaires. Les acteurs sociaux et politiques ne pourront pas développer de pratiques légitimes à long terme s'ils ne cherchent pas à porter un éclairage sur l'ensemble de la classe prolétaire, c'est-à-dire celle qui est composée de travailleurs réels et potentiels.

L'ÉBRANLEMENT DE LA STRUCTURE SALARIALE

Nous pouvons peut-être nous approcher d'une médiation tangible pouvant relier le monde des travailleurs et celui des sans-emploi en nous servant du postulat de Robert Castel: «Il y a une question sociale, et c'est la question du statut du salariat, parce que le salariat en est venu à structurer notre formation sociale tout entière». (Castel, 1995b, p. 385) La remise en question insidieuse du salariat a été déterminée par le changement de cap des politiques économiques du capital. Nous devons comprendre, dans la même foulée, comment le monde des sans-emploi s'est éloigné du monde du travail.

Nous dirons que le travailleur s'est affaibli en voyant sa protection sociale (le salariat) s'affaiblir par les nouvelles mesures du Capital. Nous dirons que le chômeur en tant que travailleur potentiel a perdu sa protection, c'est-à-dire le soutien des programmes sociaux reliés au monde du travail. Nous pouvons prétendre que l'unité organique entre le travailleur et le chômeur s'est rompue d'une manière dramatique par l'ébranlement de la structure salariale conjugué à l'affaiblissement de la protection étatique appuyant le monde du travail.

Par exemple, au Québec, dans un contexte de restructuration des entreprises, du mode de production et de distribution qui a été accéléré dans les années 1990, l'État québécois a assisté ce courant économique en ajustant les programmes sociaux pour lui éviter un investissement exorbitant. La croissance du phénomène du chômage structurel a causé une diminution de l'aide aux sans-emploi pour les obliger ainsi à se trouver un emploi dans des conditions défavorables. Au gouvernement fédéral, on a préconisé le système de l'assurance-emploi, c'est-à-dire qu'on s'est ajusté à la précarisation du travail et qu'on a institué un programme tout aussi précaire pour s'intégrer dans une logique horizontale : travail précaire-chômage-travail précaire. Au gouvernement québécois, une série de mesures, depuis l'adoption de la réforme de la Loi sur l'aide sociale en 1989, a été appliquée pour permettre une diminution de sans-emploi chroniques et permettre d'obtenir une main-d'œuvre à bon marché.

Ces orientations étatiques ont non seulement causé une dégradation du soutien des programmes sociaux mais elles ont aussi appuyé une dévalorisation du support salarial dans le champ de l'entreprise puisque les travailleurs n'ont plus de protection sociale soutenue à leur disposition en dehors de celle du salariat. C'est donc dire que la crise sociale dans le monde du travail ne se réduit pas à un monde de sans-emploi, réduit à l'extrême pauvreté, d'une part, et, un monde de privilégiés du salariat, d'autre part. Le salariat dans le monde du prolétariat ayant été ébranlé, ses perspectives d'émancipation sont considérablement restreintes pour l'ensemble de cette classe sociale.

Nous voyons donc une classe sociale dépendante du salariat (et des programmes sociaux étatiques qui l'accompagnaient), qui est confinée à regarder l'avenir avec une représentation sociopolitique empruntée à l'ordre ancien de l'État-providence, dont la fonction était d'assumer une protection sociale à la perte momentanée ou permanente du travail. Cet État-providence, faut-il le souligner, est apparu comme une structure sociale dominante à la suite d'une confrontation entre le mouvement ouvrier et la classe dominante sur des enjeux d'augmentation et de la valorisation du salariat. Or, le Capital a imposé, depuis, une nouvelle rigueur salariale, et a combattu d'une manière efficace les revendications d'émancipation du mouvement ouvrier. Il provoque aujourd'hui un éclatement des forces sociales dispersées dans les structures de l'État, dans le mouvement ouvrier et les différents mouvements sociaux. Ainsi, il ne faudrait pas s'étonner d'observer la tergiversation des acteurs sociaux, en ce qui concerne le contre-discours à proposer à la population, mais aussi vis-à-vis des formes d'organisation politique et sociale à opposer comme mesures correctives à l'ébranlement de la structure sociale.

Dans ce contexte, nous pourrions nous étonner, cependant, d'observer que la majorité des acteurs sociaux et étatiques ont les yeux tournés presque exclusivement vers le monde des sans-emploi, même si l'urgence qui s'y dégage provoque une volonté d'y trouver des correctifs. On ne peut se résoudre à occuper exclusivement le lieu du non-travail pour ensuite corriger la structure dans son ensemble. Dans la même foulée, nous ne pouvons chercher dans nos esprits et notre imagination un dépassement du mode d'organisation salarial puisque encore aujourd'hui le salariat s'avère beaucoup plus important qu'une simple relation contractuelle entre le travailleur et l'employeur. Le salariat est encore le fondement de la structure sociale conjuguant le monde du travail et la socialité, même s'il ne renferme plus les fondements de stabilité sociale ; car le chômage de masse et la précarisation des relations de travail sont des signes d'une déstabilisation profonde de l'ordre ancien de l'État-providence conjugué au mode du salariat. (Castel, 1998).

Pour tout dire, nous voyons une classe sociale (le prolétariat) qui n'a pas la capacité de se définir comme une communauté organique incluant les travailleurs et les chômeurs ; car dans cette même classe, ces deux pôles soi-disant opposés vivent des conditions de même nature dans la mesure où l'ensemble de cette classe est condamné par l'angoisse de l'avenir, la perte d'espoir par rapport à demain. Dans un coin de cette communauté, nous avons le salarié moderne porteur de son désarroi (Linhart, 1995) et, dans l'autre, la trajectoire dramatique de la personne sans statut puisqu'elle n'a jamais acquis d'expérience de travail appréciable. Comme le constatait Castel (1995a), cette classe, dans son ensemble, traverse des difficultés énormes puisqu'elle voit ses éléments stables être déstabilisés par la précarisation, et, par ailleurs, une catégorie de nouveaux pauvres (en particulier, des jeunes) vient les rejoindre. Un nouvel enjeu social apparaît donc dans le champ de la compréhension sociologique puisque nous voyons apparaître ceux qui trébuchent en cours de route de leur trajectoire et ceux qui n'ont pas la chance de se lever résolument et d'exercer une citoyenneté sociale conforme à leurs attentes. Nous observons, en quelque sorte, un effritement d'une forme de stabilité sur le plan de la représentation puisque le salariat n'exerce qu'un impact à court terme pour le sans-emploi. Veut-il chercher un emploi qu'il sait très bien que le travailleur vit le risque de le rejoindre dans le monde des sans-emploi dans un avenir rapproché.

LES PRATIQUES SOCIALES DOMINÉES

Cette difficulté de progresser, ce blocage social, même s'il est compréhensible compte tenu de l'impasse causée par la difficulté de dépasser l'horizon du salariat, apporte, pour l'instant, des conséquences d'emblée dramatiques pour les pratiques communautaires, ces dernières intervenant chez ceux et celles qui sont exclus des rapports de travail et qui sont confinés à occuper l'espace de ceux qui ne peuvent se tenir debout. Nous parlons ici de pratiques sociales et communautaires (et elles sont nombreuses) qui ne sont pas dominantes et qui n'ont pas de présence soutenue dans les structures décisionnelles souples de l'État et de la société civile.

Nous devons intégrer, à l'égard de l'analyse de cette crise sociale, le rôle de ces acteurs sociaux qui cherchent tant bien que mal à renouveler les pratiques sociales, afin qu'elles comblent les lacunes dans l'espace de socialité, exprimées vivement ou passivement par les sans-emploi. Leurs rôles et leurs pratiques sont souvent mal compris et ce malentendu cause une mauvaise représentation de leurs pratiques, qui deviennent assimilées soit à une pratique de charité inconditionnelle ou encore à un groupe d'attardés d'une autre époque. Il convient de bien comprendre la multitude de leurs pratiques et horizons puisque ces acteurs sont en soi des acteurs de résistance à l'ébranlement de la structure salariale.

Dans l'enjeu qui nous préoccupe, nous dirons que les ressources communautaires sont implicitement engagées dans le débat sur le travail. Nous disons qu'elles sont implicitement engagés car, exception faite du débat sur les cadres bricolés de l'économie sociale, aucun acteur du mouvement communautaire n'a été interpellé pour participer à un débat public sur le sens du travail qui pourrait être conféré aux sans-emploi, aux personnes marginalisées et appauvries, puisque, comme nous l'avons souligné auparavant, cette question n'a jamais été posée dans l'espace public. Un enjeu peut-être plus important encore est qu'aucun acteur dans le mouvement communautaire n'a pu vraiment situer l'origine sociale de ceux et celles qui fréquentent les ressources communautaires par rapport à leur position vis-à-vis du travail. Si les trajectoires médicales, psychologiques et juridiques sont assez bien documentées en raison de l'engagement de plusieurs membres du réseau institutionnel et communautaire, la question du travail est pratiquement occultée. Conséquemment, aucun acteur n'a pu poser l'avenir des personnes marginalisées vis-à-vis du travail.

Par ailleurs, les préoccupations des groupes communautaires sur l'ébranlement de la structure salariale dépassent implicitement, là aussi, une volonté d'encadrement du type de l'économie sociale puisque ces dernières partagent sans doute un autre postulat de Robert Castel, à savoir que «le non-travail est plus que le chômage (1995b, p. 386)». Ainsi, les préoccupations sur le sens qui doit être donné au travail ne doivent pas être pensées uniquement en termes «de retour sur le marché de l'emploi», car la perte du travail, en plus de la perte de la protection sociale, favorise un contexte de drames individuels et sociaux dont nous n'avons peut-être pas encore mesuré l'impact sur le plan individuel et collectif. Nous n'avons pas mesuré l'impact de ces ruptures sur le plan individuel, dont le support, mis à part les pratiques communautaires, est assumé par des appareils de santé publique ou de sécurité publique qui se situent à l'opposé des pratiques de citoyenneté sociale.

Les pratiques communautaires sont donc réduites à évoluer dans une voie confuse, d'une manière sinueuse, en ayant comme interlocuteur un État social plus ou moins visible puisqu'une bonne partie de ses responsabilités a été attribuée à d'autres ressources communautaires. Or, ces pratiques ne peuvent faire mieux qu'accueillir, agir et intervenir à court terme sur les conséquences de l'extrême pauvreté. Les pratiques communautaires, dans leurs formes intrinsèques, révèlent des impasses sociales, politiques et économiques qui ne peuvent être corrigées par elles-mêmes. Ce qu'elles cherchent à établir, c'est un rapport à l'État afin qu'il devienne un État responsable par rapport aux actions qu'il a posées favorisant le démantèlement de la structure salariale.

LES PRATIQUES SOCIALES ET L'ÉTAT

Pour tout dire, la grande question qui se pose est de savoir si, dans un contexte d'affaiblissement du salariat comme socle d'une structure sociale, l'État peut être le maître d'œuvre de la mise en forme d'une nouvelle socialité. Les acteurs sociaux doivent-ils trouver une autre manière d'habiter le monde? Quels sont les enjeux sociopolitiques à dégager et à faire reconnaître à l'État? Le colloque organisé conjointement par l'Urban Core Support Network (UCSN), le RAPSIM et le CRI, en mars 1998, a réuni près d'une centaine d'intervenants et d'acteurs engagés dans le milieu de l'itinérance au Canada. Ce colloque intitulé «L'itinérance sur la carte» a donné comme résultat concret la mise sur pied d'un réseau québécois appelé Réseau Solidarité Itinérance. La plate-forme qui en est issue est une réponse encore modeste à cette exigence socio-politique. Mais en abordant la réalité concrète, nous avons cherché à transformer nos inquiétudes, voire nos angoisses, en revendications formelles. Trois axes sont privilégiés: 1. l'accès aux services en santé et services sociaux; 2. le développement du logement social avec soutien communautaire; 3. un revenu minimum garanti.

Des raisons d'ordre symbolique, éthique et politique ont motivé cette sélection de thématiques larges. Ce sont des pistes de réflexion qui sont traversées par des préoccupations aussi symboliques, éthiques et politiques. Par exemple, le revenu minimum garanti est déterminé par le droit au soutien économique adéquat. Les problèmes d'ordre symbolique surgissent lorsque se pose le problème de la disparition des programmes sociaux anciens. Ces programmes sociaux (chômage, sécurité du revenu, santé et sécurité au travail, etc.) ont été instaurés, dans l'ordre antérieur de la domination et de la stabilisation du salariat. La question difficile qui se pose alors est la suivante: la revendication du revenu minimum garanti, en favorisant le groupe des sans-travail, soutient-elle implicitement la disparition de l'ordre ancien du salariat ? En même temps, la pression directe de l'extrême pauvreté nous force à exiger de l'État une base matérielle sans implication avec la catégorie du travail ou du salariat.

Le logement social avec soutien communautaire et l'accès aux services de santé et sociaux sont des fondements importants de la construction d'un espace de socialité qui est construit à même la réalité négative des personnes itinérantes. Le lieu permanent doit être assuré et le support social, aussi soutenu. La socialité est un ensemble de mesures concrètes assurant la base sociale de tout individu. Pourtant, l'État québécois ne s'attribue aucune responsabilité quant à la nécessité de loger adéquatement les citoyens et les citoyennes. Sans projet politique, sans définition de revendication à court et à long terme, la socialité demeure un nuage de fumée.

Il faut dire que cette plate-forme du Réseau Solidarité Itinérance se situe en marge de la structure sociale normative, et elle est en quelque sorte une conséquence de l'affaiblissement de la société salariale. En étant essentielle à une démarche concrète de réalisation de l'émancipation des personnes itinérantes, elle demeure fragmentaire dans l'élaboration d'un projet de société progressiste sur le territoire québécois, voire canadien. Il s'agit ici d'un programme d'assistance renouvelé, des pistes de revendication, de réflexion, de recherche qui portent à notre attention une catégorie de la population qui est exclue du monde du travail. Ces pistes de réflexion devront être des leviers à un dialogue avec les acteurs représentant le monde ouvrier et, dans la même foulée, permettre un rapport de force et d'exigence vis-à-vis de l'État.

LES PRATIQUES SOCIALES ET LE TRAVAIL INFORMEL

Le nivellement à la baisse du statut du salariat, le rapport d'exploitation exacerbé dans l'espace industriel, une défense corporatiste préconisée par les acteurs syndicaux, la nouvelle division du travail sont autant d'éléments à saisir pour comprendre le monde du travail et favoriser un dialogue avec le monde des travailleurs et des travailleuses. De plus, les pratiques communautaires peuvent constater que de l'ordre ébranlé du salariat surgissent des pratiques de travail informel qui échappent au salariat et, dans la même foulée, aux normes de l'État. Cette nouvelle forme de travail qu'on voit pratiquer particulièrement chez les jeunes de la nouvelle pauvreté appelle un questionnement radical sur les arguments de ceux qui, comme Rifkin, proclament la fin du travail (Rifkin, 1995). Au contraire, nous croyons que le travail revient en force et que cette nouvelle pratique de travail informel provoque déjà un ébranlement d'un certain consensus sur la représentation de la vie de la population itinérante du Québec. De la pratique de la mendicité dérangeante pour la classe moyenne, dont on a pu s'accommoder par une certaine discussion éthique («je donne ou je ne donne pas»), on assiste maintenant à une pratique plus combative (par exemple, le *squeegee*) qui offense, par le fait même, cette classe moyenne résidentielle ou commerçante. Il est amusant de constater que certains laveurs de vitres ont été interpellés par des fonctionnaires du ministère du Revenu puisque leurs revenus n'avaient pas été «déclarés à l'impôt». Il s'agit d'une anecdote amusante, mais en même temps il s'agit d'un fait symptomatique d'un enjeu en ce qui concerne la représentation dominante du travail. La frustration de la classe moyenne à l'endroit du laveur de vitre de voiture s'exprime par le décret: «cessez de nous déranger et travaillez», ce à quoi répond le travailleur informel: «mais nous travaillons, qu'avez-vous à vous plaindre?».

Le travailleur informel est l'idéal type du travailleur aliéné dans un contexte d'ébranlement du salariat. Marx nous l'a appris: le travailleur aliéné est soumis à une contradiction puisque sa pratique se situe en dehors de lui. Il est extorqué de son travail. Mais il n'en demeure pas moins que le travail est le devenir pour soi de l'homme, l'acte d'engendrement ou d'objectivation de l'homme par lui-même. Le travail est une activité consciente, la manière de s'approprier le monde et d'en faire son bien propre. Par sa vitalité, sa capacité de consommer son corps pour se faire un monde, le travailleur informel dialogue avec le monde du salariat et l'État. Les pratiques sociales doivent dès maintenant inscrire cet enjeu dans ces perspectives de réflexion et d'action, car cette forme de travail informel, la nouvelle vitrine de la misère exprimant l'exigence naturelle des hommes et des femmes, subira d'une manière abusive les foudres des gestionnaires du salariat.

Parmi l'ensemble des voies théoriques et pratiques qui s'ouvrent à nous, la réalité du travail informel qui dépasse certes le concept un peu timide de stratégie de débrouillardise devra être, en toute rigueur, intégrée à nos nouvelles perspectives. Le travail informel pose un des gestes troublants dans une période historique où le salariat semble indépassable en même temps qu'il dégénère. Le travail informel met en évidence l'urgence de la mise en place de bases concrètes de la socialité; des bases concrètes qui ne peuvent être mises en place à cause d'un État soit timoré devant le Capital ou encore applaudissant à tout rompre devant ses nouveaux succès. Les pratiques sociales doivent, à l'égard de la socialité, exiger des garanties, non de survie dans une structure floue, non plus d'insertion dans un monde industriel fonctionnant dans une structure temporelle vertigineuse, mais plutôt d'émancipation dans toutes les sphères vitales exprimées passivement ou activement par le travailleur réel ou potentiel.

RÉFÉRENCES

BOURDIEU, P. (1998). *Contre-feux*. Paris : Liber-raisons d'agir.

BOURDIEU, P. (1993). *Misère du monde*. Paris : Éditions du Seuil.

CASTEL, R. (1998). La fin du travail, un mythe démobilisateur. *Le Monde diplomatique* (septembre).

CASTEL, R. (1995a). L'exclusion, une notion discutable. *Regards sur la cité* (octobre).

CASTEL, R. (1995b). *Les métamorphoses de la question sociale*. Paris : Fayard.

CHAREST, R. (1999). *Repères et stratégies : les enjeux des nouvelles structures régionales*. Montréal : Réseau d'aide aux personnes seules et itinérantes de Montréal.

CHAREST, R. et J. GAGNÉ. (1997). Le nettoyage du parc Berri. *Relations*, 627, 11-14.

CHAREST. R. (1997). Le culte de la citoyenneté, des pratiques sociales en errance. *Colloque du CRI. L'itinérance, la place dans la cité*, Montréal.

FERRY, J.-M. (1995). *L'allocation universelle*. Paris : Éditions du Cerf.

GAGNÉ, J. (1996). Yes I can débrouille : propos de jeunes itinérants sur la débrouillardise. *Cahiers de recherche sociologique*, 27, 63-72.

LINHART, D. (1995). Le désarroi du salarié moderne. *Regards sur la cité* (novembre).

MARCUSE, H. (1969). *Philosophie et révolution*. Paris : Denoël-Gonthier.

MARX, K. (1996). *Manuscrits de 1848*. Paris : Flammarion.

MARX, K. (1980). *Préface et introduction à la critique de l'économie politique*. Pékin : Éditions en langues étrangères.

MARX, K. (1975). *Salaire, prix et profit*. Pékin : Éditions en langues étrangères.

MARX, K. (1966). *Travail salarié et capital*. Pékin : Éditions en langues étrangères.

MÉDA, D. (1996). *Le travail : une valeur en voie de disparition*. Paris : Aubier.

PINARD, R. (1998). La fin du travail ? *Société* (18-19).

POULANTZAS, N. (1976). *L'État, le pouvoir, le socialisme*. Paris : Presses universitaires de France.

RIFKIN, J. (1995). *The End of the Work*. New York : Putman's Sons.

URBAN CORE SUPPORT NETWORK, Réseau d'aide aux personnes seules et itinérantes de Montréal et Collectif de Recherche sur l'Itinérance (1998). *L'itinérance sur la carte*. Bilan du colloque, Montréal.

CHAPITRE 5

L'itinérance des femmes : les effets convergents de transformations sociétales

par Danielle Laberge, Daphné Morin et Shirley Roy

Depuis près de deux décennies, dans les grandes villes américaines, euro-péennes et canadiennes, l'itinérance est apparue comme le signe d'un phénomène d'extrême pauvreté. Traditionnellement associée à une popula-tion masculine, sans emploi et présentant des problèmes d'alcoolisme, l'itiné-rance prend aujourd'hui de multiples visages. Parmi ceux-ci, les femmes seraient particulièrement touchées (Wright et Rubin, 1998 ; Fournier et Mer-cier, 1996 ; Novac *et al.*, 1996 ; O'Reilly-Fleming, 1993 ; Russell 1991 ; Ouel-lette, 1989). En effet, elles composent une part de plus en plus importante de la population itinérante et constitueraient même, selon certains auteurs, le groupe dont l'augmentation a été la plus significative des dernières années (Wright et Rubin, 1998 ; Mercier, 1996 ; Novac *et al.*, 1996 ; O'Reilly-Fleming, 1993 ; Ouellette, 1989). Dans le cas du dernier exercice de dénom-brement effectué à Montréal et à Québec en 1996-1997, elles formaient respectivement 22,8 % et 36,5 % de la clientèle itinérante (Fournier *et al.*, 1998).

Toutefois, les connaissances systématiques sur l'émergence de l'itinérance des femmes sont extrêmement restreintes (Novac *et al.*, 1996 ; Russell, 1991 ; Ouellette, 1989). D'abord produits pour la plupart dans le contexte améri-cain, les travaux sur le sujet renvoient souvent à des découpages thématiques (santé mentale, drogues, prostitution, etc.), négligeant l'entièreté de l'expé-rience vécue. Or, bien que des tendances de fond traversent les frontières nationales et font de la littérature américaine un outil fort utile, trop de diffé-rences existent entre les pays pour nous persuader de la parfaite duplication du phénomène. Nous croyons plutôt que les dynamiques à l'œuvre dans la confi-guration de l'itinérance sont traversées par des traditions, des institutions, des politiques qui sont propres à chaque société – régimes de protection sociale, politiques de santé, politiques pénales, dont celles de lutte contre la drogue, nature et ampleur des ressources publiques et communautaires – mais égale-ment par des transformations spécifiques. Ensuite, comme pour bien d'autres questions, l'itinérance des femmes n'a que rarement été posée de façon spéci-fique ; elle a plutôt été fondue dans le phénomène global. Ce phénomène n'est certes pas indépendant des processus à l'œuvre dans la résurgence et l'accroissement du phénomène global, depuis les années 1980. Indéniablement, de plus en plus de femmes et d'hommes sont poussés dans des circuits d'exclusion dont un certain nombre connaîtra l'expérience de l'itinérance. Mais certains indicateurs, témoignages, tendent à nous faire croire que les dynamiques à l'œuvre dans la genèse du phénomène, les stratégies de survie déployées de même que la nature des besoins soulèvent la question de la spécificité de l'itinérance des femmes.

Ce texte poursuit un travail de réflexion et de compréhension de la situation de plus en plus visible des femmes itinérantes. Dans un premier temps, il tente de repérer les tendances macrosociologiques d'appauvrissement et de fragilisation sociale des femmes susceptibles de participer à ce processus d'accroissement du phénomène des femmes itinérantes. Il s'agit en fait d'un travail d'identification et de distinction entre une diversité de mécanismes à l'œuvre. Dans la deuxième partie du texte, notre attention se tourne vers la spécificité de l'itinérance féminine à travers l'examen de trois aspects distincts : la genèse de la condition itinérante ; les stratégies de survie, les enjeux qu'ils cachent parfois et les risques qu'ils font courir à celles qui les déploient ; enfin, la spécificité de leurs besoins en termes de ressources et de soutien.

LA FRAGILISATION DES CONDITIONS DE VIE DES FEMMES

L'augmentation du phénomène de l'itinérance au féminin constitue, selon nous, un révélateur des effets conjugués de transformations sociales profondes. Nous avons relevé quatre champs de transformations qui tendent à produire des effets convergents : 1) transformations économiques ; 2) transformations des politiques sociales et de santé ; 3) reconfigurations familiales et nouveaux modèles conjugaux ; 4) transformations des représentations sociales de la pauvreté. Bien qu'interreliés, nous les présenterons séparément pour des raisons de clarté. Par ailleurs, nous croyons que ces transformations n'auraient pas eu un tel impact sur la fragilisation des femmes si des conditions sociohistoriques déterminantes, quant à leur place et à leur rôle social, n'avaient pas été réunies. Trois d'entre elles sont fondamentales pour saisir l'impact des transformations en cours : 1) la structure genrée du marché du travail qui tend à maintenir les inégalités de revenus et, par conséquent, d'accès aux ressources entre les hommes et les femmes ; 2) la structure genrée de la sphère domestique qui attribue des rôles et responsabilités différentiels selon le sexe – on pense en particulier au soin et à l'éducation des enfants – ce qui tend à maintenir les femmes dans des conditions de dépendance économique ; 3) le genre comme modèle normatif (du masculin et du féminin) qui marginalise celles, de plus en plus nombreuses, qui se situent en dehors des normes propres à leur sexe.

En somme, les transformations sociales sont, pour ainsi dire, survenues dans un terrain propice à la dégradation de la situation des femmes.

Les transformations économiques

La pauvreté constitue un problème endémique dans nos sociétés. Elle est malheureusement à nouveau en progression et portée par des transformations économiques profondes (Wright et Rubin, 1998 ; Fontan, 1997). Toutefois, la pauvreté n'atteint pas les individus indistinctement si bien que certains groupes sont plus vulnérables que d'autres aux conséquences des transformations sociales et économiques (RRSSS, 1998 ; Fontan, 1997). C'est ainsi que les femmes ont été particulièrement touchées (Bassuk, 1993), permettant à certains de parler de la féminisation de la pauvreté (O'Reilly-Fleming, 1993 ; Harman, 1992 ; Kitchen, 1992 ; Goldberg et Kremen, 1990). Mais le processus d'appauvrissement des femmes au cours des dernières années n'est pas un phénomène simple ou unidimensionnel. Plusieurs facteurs structuraux et conjoncturels ont été à l'œuvre : discrimination systémique en emploi ; ghettoïsation dans des secteurs d'activité les moins valorisés, les plus précaires, à faible taux de syndicalisation ; maintien ou même accroissement du rôle et des responsabilités des femmes dans le soin des enfants (Harman, 1992 ; Kitchen, 1992 ; Farge, 1989). Ces conditions ont eu pour effet de réduire l'ampleur des ressources accessibles aux femmes. Au Canada et au Québec, les processus de production des inégalités entre les hommes et les femmes sur le marché du travail ont donné lieu à l'adoption de politiques visant à combattre ces mécanismes (programme d'accès à l'égalité, d'équité salariale). Toutefois, les ressources nécessaires à leur mise en œuvre ont été insuffisantes, limitées dans le temps ou encore carrément absentes.

Ces facteurs ne sont pas seuls responsables de la fragilité économique des femmes. Des transformations profondes de l'économie canadienne au cours des vingt dernières années sont venues renforcer les effets d'inégalité systémique. Après des périodes de croissance économique, des crises sont survenues au cours des années quatre-vingt à la suite desquelles de fortes pressions ont été exercées pour déréglementer les marchés, réduire le rôle de l'État. C'est dans cette mouvance que surviennent les premiers accords de libre-échange et de nouvelles pratiques de mondialisation de l'économie. Ces phénomènes ont constitué une source d'appauvrissement collectif et individuel (Fontan, 1997). Au nom de rationalisation des opérations et de concurrence mondiale, des mises à pied massives sont opérées dans des secteurs traditionnellement perçus comme stables. On assiste alors à l'accroissement des emplois précaires et à une augmentation du chômage (Wolch et Dear, 1993). À travers ces bouleversements, les groupes les plus touchés sont habituellement ceux qui sont les plus précaires, les moins protégés, les moins qualifiés.

Or, les femmes composent une part importante de ces travailleurs précaires[1]. Employées cumulant le moins d'ancienneté, occupant les statuts d'emploi les plus précaires (occasionnelles, temps partiel, autonome, etc.), travailleuses dans des secteurs non syndiqués, elles sont les premières à perdre leur emploi, n'ont souvent pas cumulé suffisamment d'heures pour se qualifier au programme d'assurance-emploi, ou si elles y sont parvenues, les prestations sont peu élevées et les périodes d'admissibilité, plus courtes. Dans un tel contexte, on peut comprendre que, pour une certaine frange de la population féminine, la situation économique a pu se dégrader rapidement au point où les ressources ont été insuffisantes pour satisfaire des besoins essentiels tels que se nourrir et se loger.

Les transformations des politiques sociales et de santé

Les transformations de l'économie se sont accompagnées d'une importante restructuration du rôle de l'État (Dear et Wolch, 1993). Les politiques sociales et de santé ont subi des réformes majeures, parfois même en rafales, qui ont souvent été accompagnées de transferts de responsabilité d'un niveau de gouvernement à l'autre sans que les argents suivent toujours. Ainsi, les réformes du régime d'assurance-emploi et de la sécurité du revenu tendent à redéfinir les critères d'admissibilité, ce qui a pour effet d'en limiter l'accès, de réduire les périodes de couverture, de couper le montant des prestations et, enfin, d'accroître les pénalités pour les «fraudeurs» (Ouellet, 1998). Dans tous les cas, il s'ensuit une réduction des ressources disponibles pour des catégories sociales parmi les plus démunies dont les travailleurs à statut précaire parmi lesquels on compte de nombreuses femmes. Aux États-Unis, par exemple, où les réformes des régimes de protection sociale ont été encore plus radicales, l'expérience de la maternité parmi les groupes de femmes les plus défavorisés représente un facteur de risque important d'entrée dans l'itinérance. Selon l'étude de Bassuk et Weinreb (1993), les auteurs estimaient à 18 % les probabilités que les femmes enceintes «supportées» par l'un des seuls programmes d'aide sociale américain («Aid to Families with the Dependent Children») deviennent itinérantes au cours de leur grossesse comparativement à 2 % pour celles qui n'étaient pas enceintes mais qui bénéficiaient également du programme.

Les politiques en matière de logement ont également été fortement touchées. Leurs conséquences ont été décuplées par le bouleversement du marché du logement à bas prix dans les secteurs des centres-villes urbains (gentrification) survenu au cours de la même période. L'insuffisance de logements subventionnés, la diminution du stock de logements de qualité, sécuritaire et

---

1. Ce qui ne veut pas dire que les tendances à la précarisation des travailleurs n'affectent pas des groupes d'hommes.

à coût abordable, l'absence de politiques incitatives de remplacement ont accru la vulnérabilité des groupes les plus défavorisés (Brown et Capponi, 1992). Cette gentrification a aussi eu pour effet d'affaiblir, si ce n'est de faire disparaître, des réseaux sociaux particulièrement significatifs. Les femmes monoparentales pour lesquelles ces réseaux constituaient une source de soutien et de sécurité se sont retrouvées encore plus démunies (Hamilton, 1992). En somme, ces conditions comportent des risques réels de pousser des gens à la rue (O'Reilly-Fleming, 1993), ou encore d'y maintenir ceux et celles qui y sont déjà. Dans le cas des femmes, la violence conjugale et la monoparentalité multiplient les embûches dans l'accessibilité au logement ; notons parmi celles-ci les attitudes discriminatoires des propriétaires (Novac *et al.*, 1996).

En matière de santé et de services sociaux, le « virage ambulatoire », à travers différentes mesures de réduction des coûts du système, repose en grande partie sur la prise en charge des malades par la communauté. Or, cette approche, en l'absence de transferts suffisants de moyens, constitue une autre source de fragilisation matérielle et émotionnelle (séquelle sur leur santé, surcharge de tâches et de responsabilités, épuisement, diminution de revenu) pour les femmes qui incarnent trop souvent cette « communauté » (Regroupement intersectoriel…, 1998). Dans les faits, cette politique insuffle une double négation du travail des femmes dans la mesure où elle ne tient pas compte de leur participation au marché du travail – elles doivent être disponibles et dévouées à la prise en charge des malades à la maison – et que ces formes de prise en charge ne sont pas rémunérées.

La politique de désinstitutionnalisation en santé mentale a certainement été celle qui a été la plus ciblée comme facteur ayant contribué au phénomène de l'itinérance aux États-Unis (Mossman, 1997 ; Perlin, 1991). S'il est réducteur d'aborder le phénomène de l'itinérance à travers ce seul élément, il n'y a pas de doute que les dynamiques engendrées par cette politique ont entraîné certaines personnes à la rue parmi les plus démunies, les plus isolées socialement, mais encore, parmi les plus hésitantes et réfractaires au traitement (Comité de la santé mentale, 1997). Actuellement au Québec, la nouvelle phase de désinstitutionnalisation a pour conséquence de rendre encore plus difficile l'accès aux services pour les plus démunis (Comité de la santé mentale, 1997 ; Parent, 1997). Ici comme ailleurs, on pointe encore un problème récurrent de réallocation des ressources dans la communauté (Wright et Rubin, 1998 ; Brown et Capponi, 1992). On cible en particulier l'insuffisance de logements adaptés avec support communautaire pour les personnes souffrant de maladie mentale. Dans la mesure où les femmes ont été et restent la cible privilégiée de l'intervention psychiatrique, les effets négatifs de cette politique sont susceptibles de les affecter de façon disproportionnée (O'Reilly-Fleming, 1993).

Reconfigurations familiales et nouveaux modèles conjugaux

Depuis plus d'une trentaine d'années, la famille connaît des changements à un rythme accéléré. Alors que la vie de couple et la parentalité se vivaient difficilement hors du mariage, des phénomènes tels le divorce, la séparation, le remariage, le concubinage, la monoparentalité, la recomposition familiale ont bouleversé le tableau, particulièrement en regard des formes de famille dans lesquelles les enfants grandissent. Parmi celles-ci, la monoparentalité féminine retient notre attention non pas en elle-même mais plutôt parce qu'elle a obligé une grande proportion de femmes à assumer seules la prise en charge financière et matérielle des enfants dans le contexte d'une rupture (divorce, séparation). Cette prise en charge équivaut pour elles à une chute dramatique de leur revenu (Finnie, 1993). Conjugué aux facteurs économiques et aux effets des réformes des régimes de protection publics, ce phénomène s'est traduit par une fragilisation économique des femmes et de leurs dépendants. Ces bouleversements commandaient des transformations majeures dans d'autres sphères de la vie sociale qui, malheureusement, ne sont pas venues ou sont venues trop timidement (Kitchen, 1992). On pense entre autres au peu d'adaptation du marché du travail aux nouvelles réalités familiales (congés pour maladie des enfants, coût des services de garde et leur manque de disponibilité, etc.), aux difficultés des gouvernements de clarifier la responsabilité financière du parent qui n'a pas la garde des enfants; aux réformes des services sociaux et de santé, etc.

Enfin, certains indicateurs montrent l'émergence de nouveaux phénomènes dont celui de l'augmentation des grossesses chez les adolescentes des milieux les plus défavorisés (RRSSS, 1998). Or, cette expérience de vie risque fort de constituer un facteur supplémentaire de fragilisation. Souvent peu scolarisées, assumant seules la charge de leurs enfants, elles possèdent alors bien peu d'atouts pour sortir des trajectoires d'exclusion dans lesquelles ces conditions de vie les engagent alors qu'elles sont encore toutes jeunes. Une étude américaine (Bassuk et Weinreb, 1993) a d'ailleurs constaté que la maternité chez les adolescentes constituait un facteur de risque d'itinérance.

La transformation des représentations de la pauvreté

Le quatrième et dernier élément contribuant à la fragilisation des conditions de vie des femmes renvoie à la transformation des images du pauvre méritant (Loseke, 1995; Katz, 1989; Stern, 1984) auxquelles les femmes ont été historiquement associées, et ce, d'autant plus lorsqu'elles avaient des enfants. Elles obtenaient plus facilement aide et support des organismes charitables et des services sociaux. Or, les tendances récentes bousculent ces découpages. Les récentes analyses néoconservatrices de la pauvreté nient le principe selon lequel l'aide sociale serait un droit. Ces analyses proposent plutôt un modèle mettant l'accent sur la responsabilité personnelle des personnes pauvres et ciblent sans relâche les politiques sociales dans la création d'une *underclass*. Dans ce contexte idéologique, les mères sans travail et élevant seules leurs enfants grâce aux prestations de l'aide sociale apparaissent de plus en plus dans la catégorie des pauvres non méritants. Ces changements dans les représentations sociales de la pauvreté affectent nécessairement les réponses sociales qui sont proposées et tendent à isoler les personnes démunies.

LA CONDITION ITINÉRANTE CHEZ LES FEMMES

L'itinérance des femmes est un phénomène moins visible que celle des hommes. Mais une fois dite, cette affirmation demande à être resituée dans un contexte qui devrait prendre en considération un ensemble de facteurs qui affecte l'évaluation qu'on peut faire de cette question. Au plan méthodologique, les choix opérés dans la définition du phénomène affectent nécessairement son estimé et, au-delà du nombre, ils découpent et mettent à l'avant-scène certaines manifestations au détriment d'autres.

Sur le plan de l'intervention, l'appartenance de sexe dicte souvent les stratégies mises en œuvre. Ce choix entraîne la construction de problèmes sociaux différenciés selon le sexe alors qu'à la base, les manifestations de ces problèmes s'apparentent sur des aspects fondamentaux. On pense par exemple à certaines catégories de prostituées de rue dont l'instabilité résidentielle et les conditions d'existence les rapprochent à bien des égards aux personnes itinérantes mais qui, généralement, ne sont pas associées directement à ce phénomène et, en conséquence, ne participent pas de son dénombrement. Il faut également reconnaître que certaines stratégies d'intervention différentielles selon le sexe des personnes peuvent engendrer des formes spécifiques d'exclusion. Ici, nous pensons en particulier à la surutilisation du système pénal pour des sous-groupes de la population masculine. Ces brèves remarques nous incitent donc à examiner la spécificité de l'itinérance féminine avec prudence en gardant à l'esprit l'impact possible de différentes dynamiques qui affectent nécessairement la visibilité du phénomène.

Dans ce deuxième volet du texte, nous explorons la question de la spécificité de l'itinérance des femmes sous trois angles distincts : la genèse du phénomène ; les stratégies de survie qu'elles mettent en œuvre dans leurs expériences de descente à la rue ; les besoins des femmes itinérantes examinés à la lumière des réponses qui sont offertes en termes de ressources et de services.

La genèse

L'itinérance des femmes semble difficilement dissociable de leur rapport de dépendance économique et émotive envers les hommes (Russell, 1991). En effet, alors que pour les hommes l'échec professionnel est souvent le facteur retenu pour expliquer leur venue à l'itinérance, l'abandon, la séparation d'avec un conjoint constitue le pendant explicatif pour les femmes (O'Reilly-Fleming, 1993). Ces ruptures, couvrant en réalité une variété de situations (abandon dans un contexte d'échec amoureux ; fuite de la violence conjugale ; décès ; emprisonnement du conjoint), se traduisent fréquemment par la perte, parfois brutale, parfois plus lente, d'une sécurité financière, de biens, du logement, du réseau et souvent même des enfants (Brown et Ziefert, 1990). En fait, si la précarité économique joue de toute évidence un rôle déterminant dans la genèse de l'itinérance des hommes et des femmes, le processus de précarisation se vit différemment selon qu'on appartient au sexe masculin ou féminin. Ici, les rôles sociaux de genre campent les hommes et les femmes dans des univers relativement distincts et influencent les processus qui les conduisent à l'itinérance.

Dans cette perspective, la violence envers les femmes, qu'elle soit physique ou sexuelle, représenterait un facteur important dans leur venue à l'itinérance (Novac *et al.*, 1996 ; Passaro, 1996 ; Fisher *et al.*, 1995 ; Russell, 1991 ; Ouellette, 1989). Toutefois, son impact peut être variable d'une situation à l'autre, de sorte que les modalités d'entrée dans l'itinérance ne sont pas identiques pour toutes celles qui ont subi cette expérience[2]. Ainsi, l'itinérance peut survenir précipitamment dans un contexte de fuite de la violence ou encore correspondre à l'aboutissement d'un long processus où toutes les ressources ont été épuisées. L'âge auquel survient la violence pourrait influencer ces modalités de venue à l'itinérance. Ainsi, chez les jeunes femmes itinérantes, fuir un milieu familial violent pourrait constituer une voie importante d'entrée dans l'itinérance. Ces dynamiques ont été peu explorées alors que leur analyse est déterminante dans une perspective d'intervention et d'évaluation des besoins (Novac *et al.*, 1996).

La maladie mentale comme facteur causal d'itinérance apparaît couramment dans les écrits. Malgré tous les débats (Wright *et al.*, 1998 ; Mossman, 1997 ; Koegel, 1992), on évalue en moyenne à 30 % le nombre de personnes souffrant de maladie mentale au sein de la population itinérante (Shlay et Rossi, 1992), un taux qui serait maintenant comparable entre les hommes et les femmes (Fournier et Mercier, 1996 ; Benda, 1990). Les études sur l'itinérance féminine ont fait ressortir l'incidence élevée d'expériences traumatisantes susceptibles d'avoir affecté l'estime de soi, la capacité d'intégration sociale, voire la santé mentale (Brown et Ziefert, 1990 ; D'Ercole et Struening, 1990 ; Farge, 1989 ; Beaudoin, 1988). Sans qu'on puisse évaluer précisément l'incidence de ce facteur, il est clair qu'une portion des femmes itinérantes présente des problèmes importants de santé mentale (Baldwin, 1998).

---

2. Il ne faudrait d'ailleurs pas conclure que toutes les femmes violentées se retrouveront un jour ou l'autre à la rue.

Toutefois, il est difficile d'établir s'il s'agit de problèmes qui précèdent l'expérience de l'itinérance et qui en seraient le déclencheur, s'il s'agit de problèmes qui ont émergé dans un contexte d'itinérance, ou encore qui ont été exacerbés par leurs conditions de vie très difficiles (Baldwin, 1998 ; Koegel, 1992 ; Farge, 1989).

L'abus dans la consommation de drogue et d'alcool est aussi associé à l'émergence de l'itinérance. S'il constitue un des facteurs de venue à l'itinérance, il peut aussi bien en être un effet, l'un et l'autre étant souvent inextricablement liés. Cela dit, l'incidence de ce problème serait en progression spectaculaire (Wright et Rubin, 1998), particulièrement chez les jeunes. Or, c'est parmi ce groupe qu'on compte le plus de femmes itinérantes (Fournier et Mercier, 1996). Par ailleurs, l'abus de substances se conjugue couramment avec la pratique de la prostitution, qui représente l'un des seuls moyens de générer suffisamment de revenus pour satisfaire les besoins de consommation. Mais ces conditions d'existence mèneraient de plus en plus vers une situation de dénuement extrême et d'itinérance. Ainsi, dans l'étude de Maher et Daly (1996) portant sur la double expérience de la prostitution et de la consommation de crack à New York, les auteurs ont constaté que toutes les femmes de leur étude étaient également itinérantes. Si le phénomène du *sex-for-drug* n'est pas nouveau, ce qui l'est cependant serait son accroissement et la signification qu'il prend dans les milieux du marché de la drogue : diminution du prix de la «passe», concentration des emplois les plus rémunérateurs du marché de la drogue entre les mains des hommes. Ces facteurs contribueraient à la dégradation des conditions de pratique de la prostitution au point où une majorité vivrait maintenant de façon plus ou moins continue dans l'itinérance.

Les stratégies de survie

Les stratégies de survie déployées par les femmes itinérantes peuvent paraître à première vue paradoxales. Cette impression vient du fait qu'elles sont en général peu connues, que les enjeux qu'elles portent sont incompris et, enfin, qu'elles sont affectées par les différents moments du processus menant à la rue. Les scénarios de descente à la rue produisent en effet des situations différenciées qui entraînent à leur tour des stratégies d'action et de survie spécifiques. Nous nous attarderons à quelques-uns de ces scénarios.

D'un côté, les femmes auraient tendance à camoufler leur situation d'itinérance à cause de ses conséquences possibles : éviter différentes formes de victimisation liées à leur plus grande vulnérabilité vécue ou appréhendée (D'Ercole et Struening, 1990) ; conserver ou récupérer la garde ou les contacts avec leurs enfants ; éviter des pertes de revenu ; éviter le jugement des autres ; etc. Racine (1991) évoquait ce lien entre invisibilité et conditions de vulnérabilité pour expliquer la motivation des femmes à cacher certaines situations. Par exemple, l'expulsion d'un logement peut se traduire par l'entrée en scène des services de protection de la jeunesse et le placement des enfants, ce qui constitue une situation intolérable pour la plupart d'entre elles.

Dans ce sens, elles choisiraient des activités qui, tout en les mettant dans des situations difficiles, les rendent moins visibles socialement. Certaines de ces stratégies comportent des risques pour la santé et l'intégrité des femmes et peuvent même affecter leur capacité réelle de sortir de l'itinérance. Nous pensons au vol à l'étalage et à la prostitution, qui représentent des sources de revenus potentiels, mais qui les exposent aussi à la violence, à la criminalisation et à la stigmatisation (Larsen, 1996; Maher et Daly, 1996). De plus, leurs besoins de protection et de stabilité (Wolch et Dear, 1993) amèneraient plusieurs d'entre elles à privilégier différents types d'arrangement avec des partenaires masculins pourvoyeurs, même si ceux-ci comportent aussi leur lot de risques, dont l'exploitation sexuelle et domestique, la violence, les maladies transmissibles sexuellement (Fisher *et al.*, 1995).

De l'autre côté, lorsque les femmes sont au bout du processus de descente à la rue, elles adoptent paradoxalement des comportements manifestes qui, tout en les rendant très visibles, constituent une sorte de protection. En effet, pour certaines de ces femmes, avoir une allure détériorée, être mal habillées ou être édentées les rend repoussantes et diminuerait, selon elles, leurs chances d'être victimes d'agression (Merves, 1992; Anderson *et al.*, 1988). Certaines adopteraient aussi des attitudes agressives et de fermeture envers les autres; la mise à distance constituerait ici un moyen de défense efficace. Ces attitudes, quoique minoritaires et correspondant davantage à l'images des *bag ladies*, constituent des stratégies de survie en quelque sorte visibles.

Enfin, le recours aux refuges et aux maisons d'hébergement serait en nette progression chez les femmes. Elles y trouvent un ensemble de services adaptés à leur situation. Souvent entreprise *in extremis*, une telle démarche devient parfois une étape vers une reprise en mains dans le contexte où cette demande de services s'accompagne d'une volonté de sortir de l'itinérance, ce qui leur semble impossible à réussir par elles-mêmes. Cela dit, cette stratégie comporte également des risques dont celui d'entretenir certaines formes de dépendance liées à la prise en charge institutionnelle, c'est-à-dire de produire ce que certains auteurs appellent la *shelterization* (Novac *et al.*, 1996; Kozol, 1988).

Les besoins

Si les besoins des femmes itinérantes sont nombreux et complexes, les réponses qui doivent être apportées sont de deux ordres. D'une part, les réponses doivent concerner la capacité réelle des femmes d'utiliser les services mis à la disposition de l'ensemble de la population. D'autre part, les réponses doivent aussi être spécifiques, c'est-à-dire permettre de rencontrer des besoins ou de faire face à des difficultés qui leur sont propres.

Malgré leur caractère universel, de nombreux services sont, dans les faits, inaccessibles aux femmes itinérantes. Cette inaccessibilité prend plusieurs figures. Pour les services destinés à toute la population, il est souvent difficile de recevoir et de traiter adéquatement les personnes les plus démunies en raison de plusieurs facteurs : multiplicité de leurs problèmes ; complications diverses, réelles ou appréhendées ; représentation sur le plan légal et clinique de leur prise en charge ; plus ou moins grande collaboration au traitement ; difficultés objectives d'assurer le suivi des interventions, etc. Le deuxième type de facteurs renvoie aux obstacles de nature bureaucratique, c'est-à-dire que pour obtenir des services, il faut posséder une adresse, un numéro de téléphone, un numéro d'assurance sociale, une carte d'assurance-maladie, etc. Le dernier type de facteurs concerne les préjugés, parfois même les attitudes discriminatoires, du personnel soignant à l'endroit des itinérants (Wright et Rubin, 1998 ; Ambrosio *et al.*, 1992 ; Koegel, 1992).

L'absence de concertation exacerbe souvent les problèmes mentionnés. Au-delà des difficultés évidentes que cette absence entraîne, des problèmes particuliers surgissent avec cette clientèle. Les femmes qui doivent reprendre fréquemment des démarches perdent leur motivation, abandonnent leur traitement, coupent les liens souvent construits péniblement avec différentes ressources. C'est ainsi que des services ou des interventions en théorie efficaces se révèlent contre-productifs. L'action de l'ensemble de ces mécanismes tend à produire une inégalité d'accès aux services pouvant même entraîner la détérioration des conditions de vie des femmes itinérantes en l'absence de réponse à leurs multiples besoins.

En outre, la diversité des cas, dans l'expérience de l'itinérance, signale la nécessité de développer des approches multiples qui tiennent compte de la personne dans son intégralité. À cet égard, il nous semble que l'assimilation de la problématique des femmes à celle des hommes a eu pour conséquence la mise en œuvre de solutions insuffisantes et souvent inappropriées (Novac *et al.*, 1996). De plus, les femmes itinérantes elles-mêmes ne forment pas un groupe homogène. Adolescentes en fugue et jeunes de la rue, femmes victimes de violence conjugale, ex-psychiatrisées, toxicomanes, prostituées, ces réalités et d'autres encore supposent des réponses différentes. Dans ce sens, les études longitudinales et ethnographiques développées aux États-Unis depuis le début des années 1990 tendent à faire ressortir des modèles ou trajectoires différenciés d'itinérance auxquels se rattachent des besoins particuliers (Burt, 1998 ; Wong et Piliavin, 1997 ; Liebow, 1993 ; Snow et Anderson,

1993; Wagner, 1993). Ainsi, l'itinérance, selon qu'elle est transitoire, de courte durée, occasionnelle ou qu'elle se vit de façon plus récurrente, ne présente pas les mêmes conditions ni les mêmes besoins (Brown et Ziefert, 1990). Les témoignages des femmes itinérantes et du personnel dans les services qui leur sont destinés tendent d'ailleurs à faire ressortir une diversité de besoins : hébergement, alimentation, vêtements, sécurité, soins de santé en général et de santé mentale en particulier, etc. (Novac *et al.*, 1996 ; Racine, 1991). Mieux comprendre ces besoins, tenir compte du contexte dans lequel ils se vivent et définir les conditions nécessaires à leur satisfaction constitue le véritable défi de l'heure. Brown et Capponi (1992) ont d'ailleurs montré qu'il ne suffisait pas de déterminer un besoin particulier pour savoir y répondre. Par exemple, sur la question spécifique du besoin de sécurité des femmes itinérantes et des projets d'hébergement, ces auteures soulignaient que, contrairement à ce qui était attendu, les sources de violence ne sont pas associées aux modèles d'unité d'habitation avec aires partagées (*shared units*) mais plutôt aux partenaires des femmes habitant ces lieux ainsi qu'au trafic de drogue qui s'y pratiquait.

CONCLUSION

Ce texte ne constitue qu'une amorce de réflexion sur les conditions de production de l'itinérance des femmes. Il permet toutefois d'attirer l'attention sur quelques aspects importants dans l'analyse de phénomène global, d'une part, et de ses manifestations particulières, d'autre part. D'abord, les liens que nous esquissons entre le phénomène de l'itinérance des femmes et les transformations sociales des dernières décennies recentrent l'analyse de l'itinérance au cœur de la société dans laquelle ce phénomène émerge. En d'autres termes, cette réflexion remet en lumière le fait qu'il est impossible de saisir l'itinérance sans tenir compte de la société dans laquelle elle se manifeste. Ainsi, les tendances à l'appauvrissement de groupes de plus en plus nombreux d'individus sont communes à plusieurs pays occidentaux, mais les dynamiques qu'elles prennent d'une société à l'autre sont, elles, variables.

Les transformations sociales auxquelles nous faisons référence ne touchent pas les individus indistinctement. Elles ont des effets différentiels selon la configuration des groupes auxquels se rattachent les individus et leurs conditions réelles d'accès aux ressources à un moment donné dans le temps. Une analyse fine des impacts de ces transformations devrait donc tenir compte des conditions sociohistoriques de production de cette société, de ses structures sociales et, par conséquent, des inégalités qui la traversent pour être en mesure de mieux appréhender leurs effets sur certains groupes sociaux particuliers. Ainsi, si l'on reconnaît l'importance de la dimension économique dans la production de l'itinérance des hommes et des femmes, la différenciation des processus de précarisation des conditions d'existence selon le sexe des personnes reste mal comprise et peu explorée. Comme nous l'avons effleurée dans le texte, la reconnaissance de cette différenciation s'avère pourtant une donnée essentielle non seulement dans la mise en place de réponse au phénomène mais, plus largement, dans l'élaboration des politiques publiques.

Sur cette question, d'ailleurs, nous avons souligné le rôle déterminant que peuvent jouer les différents mécanismes d'accès aux services publics qui, en se combinant, participent au maintien sinon à la détérioration des conditions d'existence des femmes itinérantes. À l'avenir, nous devrions privilégier une approche plus systémique afin de porter un regard sur les effets dynamiques d'ensemble de ces mécanismes d'exclusion au sein de populations précaires.

Quant à la condition itinérante chez les femmes, même si peu d'études ont été réalisées à ce jour sur cette question, nous croyons qu'il existe de multiples trajectoires de venue à l'itinérance et que celles-ci ne sont pas sans conséquence sur les manières de vivre cette condition et de se la représenter. Des études futures devraient permettre de mieux documenter entre autres les liens entre ces dynamiques, les stratégies de survie mises en œuvre par les femmes, le sens qu'elles donnent à ces expériences et l'image qu'elles ont d'elles-mêmes.

RÉFÉRENCES

AMBROSIO, E., D. BAKER, C. CROWE et K. HARDILL. (1992). *The Street Health Report: A Study of the Health Status and Barriers to Health Care of Homeless Women and Men in the City of Toronto.* Toronto : Street Health, 79 p.

ANDERSON, S.C., T. BOE et S. SMITH. (1988). Homeless Women. *Women and Social Work, 3* (2), 62-70.

BALDWIN, D.M. (1998). The Subsistence Adaptation of Homeless Mentally Ill Women. *Human Organization, 57* (2), 190-199.

BASSUK, E.L. (1993). Social and Economic Hardships of Homeless and other Poor Women. *American Journal of Orthopsychiatry, 63* (3), 340-347.

BASSUK, E.L. et L. WEINREB. (1993). Homeless Pregnant Women : Two Generations at Risk. *American Journal of Orthopsychiatry, 63* (3), 348-357.

BEAUDOIN, C. (1988). Les femmes itinérantes de La Maison L'Invitée. *L'Intervenant, 4* (3), 8-10.

BENDA, B.B. (1990). Crime, Drug Abuse and Mental Illness: A Comparison of Homeless Men and Women. *Journal of Social Service Research, 13* (3), 39-60.

BROWN, J. et D. CAPPONI. (1992). Housing Homeless Women in Toronto. *In* C. Dandekar (Ed.), *Shelter, Women and Development. First and Third World Perspectives Proceedings of an International Conference*, College of Architecture and Urban Planning, University of Michigan (p. 152-156). Ann Arbor, Michigan: George Wahr Publishing Company.

BROWN, S.K. et M. ZIEFERT. (1990). A Feminist Approach to Working with Homeless Women. *Affilia, 5* (1), 6-20.

BURT, M.R. (1998). Quinze années de politique américaine, de recherche et de mobilisation en faveur des sans-domicile. *Sociétés contemporaines,* 30, 15-34.

COMITÉ DE LA SANTÉ MENTALE. (1997). *Défis. De la reconfiguration des services de santé mentale. Pour une réponse efficace et efficiente aux besoins des personnes atteintes de troubles mentaux graves* (Rapport soumis au ministre de la Santé et des Services sociaux). Québec: Gouvernement du Québec, 264 p.

D'ERCOLE, A. et E. STRUENING. (1990). Victimization among Homeless Women: Implications for Service Delivery. *Journal of Community Psychology, 18,* 141-152.

DEAR, M.J. et J. WOLCH. (1993). Homelessness. *In* L.S. Bourne et D.F. Ley (Eds), *The Changing Geography of Canadian Cities.* Ottawa: McGill-Queen's University Press.

FARGE, B.D. (1989). Homeless Women and Freedom of Choice. *Canadian Journal of Community Mental Health, 8* (1), 135-145.

FINNIE, R. (1993). Women, Men, and the Economic Consequences of Divorce: Evidence from Canadian Longitudinal Data. *Canadian Review of Sociology and Anthropology, 30* (2), 205-240.

FISHER, B., M. HOVELL, R.C. HOFSTELLER et R. HOUGH. (1995). Risks Associated with Long-Term Homelessness among Women: Battery, Rape, and HIV Infection. *International Journal of Health Services, 25* (2), 351-369.

FONTAN, J.-M. (1997). Présentation: croissance dans l'appauvrissement, le retour en force des inégalités. *Cahiers de recherche sociologique* (29), 5-15.

FOURNIER, L., S. CHEVALIER et M. OSTROJ. (1998). *Dénombrement de la clientèle itinérante dans les centres d'hébergement, les soupes populaires et les centres de jour des villes de Montréal et de Québec, 1996-97.* Montréal: Santé Québec, 5 p.

FOURNIER, L. et C. MERCIER (Sous la dir. de). (1996). *Sans domicile fixe: au-delà du stéréotype*. Montréal: Éditions du Méridien.

GOLDBERG SCHAFFNER, G. et E. KREMEN. (1990). The Feminization of Poverty: Discovered in America. *In* G. Schaffner Goldberg et E. Kremen (Eds), *The Feminization of Poverty only in America?* (p. 1-15). Westport: Greenwood Press.

HAMILTON, C. (1992). The Loss of Community and Women's Space. *Canadian Women Studies*, 1 (4), 28-30.

HARMAN, L.D. (1992). The Feminization of Poverty: An Old Problem with a New Name. *Canadian Women Studies*, *12* (4), 6-9.

KATZ, M.B. (1989). *The Undeserving Poor. From the War on Poverty to the War on Welfare*. New York: Pantheon Books.

KITCHEN, B. (1992). Framing the Issues: The Political Economy of Poor Mothers. *Canadian Woman Studies*, *12* (4), 10-15.

KOEGEL, P. (1992). Through a Different Lens: An Anthropological Perspective on the Homeless Mentally Ill. *Culture, Medicine and Psychiatry*, *16* (1), 1-22.

KOZOL, J. (1988). *Rachel and her Children: Homeless Families in America*. New York: Crown Publishers Inc.

LARSEN, E.N. (1996). The Effect of Different Police Enforcement Policies on the Control of Prostitution. *Canadian Public Policy-Analyse de politiques*, *22*, 40-55.

LIEBOW, E. (1993). *Tell them who I am. The Lives of Homeless Women*. New York: The Free Press.

LOSEKE, D.R. (1995). Writing Rights: The «Homeless Mentally Ill» and Involuntary Hospitalization. *In* J. Best (Ed.), *Images of Issues. Typifying Contemporary Social Problems* (p. 261-285). New York: Aldine de Gruyter.

MAHER, L. et K. DALY. (1996). Women in the Street-Level Drug Economy: Continuity or Change. *Criminology*, *34* (4), 465-491.

MERCIER, C. (1996). Les femmes. *In* L. Fournier et C. Mercier (Sous la dir. de), *Sans domicile fixe: au-delà du stéréotype* (p. 215-246). Canada: Éditions du Méridien.

MERVES, E.S. (1992). Homeless Women. Beyond the Bag Lady Myth. *In* M.J. Robertson et M. Greenblatt (Eds), *Homelessness: A National Perspective* (p. 229-244). New York: Plenum Press.

MOSSMAN, D. (1997). Deinstitutionalization, Homelessness, and the Myth of Psychiatric Abandonment: A Structural Anthropology Perspective. *Social Science and Medecine*, 44 (1), 71-83.

NOVAC, S., J. BROWN et C. BOURBONNAIS. (1996). *Elles ont besoin de toits: analyse documentaire sur les femmes sans-abri.* Ottawa: Société canadienne d'hypothèques et de logement, 59 p.

O'REILLY-FLEMING, T. (1993). *Down and Out in Canada. Homeless Canadians.* Toronto: Canadian Scholars' Press Inc.

OUELLET, J.-G. (1998). Les dispositions pénales de la loi sur l'assurance-emploi. La pénalisation du chômage. *In* P. Robert (Sous la dir. de), *La gestion sociale par le droit pénal. La discipline du travail et de la punition des pauvres* (p. 97-116). Québec: Les Éditions Yvon Blais inc.

OUELLETTE, F.-R. (1989). *Femmes sans toit ni voix.* Québec: Les Publications du Québec.

PARENT, C. (1997). *Les répercussions du virage ambulatoire sur les ressources communautaires et la population.* Montréal: Réseau d'aide aux personnes seules et itinérance de Montréal, 57 p.

PASSARO, J. (1996). *The Unequal Homeless. Men on the Streets, Women in their Place.* New York: Routledge.

PERLIN, M.L. (1991). Competency, Deinstitutionalization and Homelessness: A Story of Marginalisation. *Houston Law Review, 28,* 63-142.

RACINE, G. (1991). Les maisons d'hébergement pour femmes sans-abri: plus qu'un toit. *Santé mentale au Québec, 16* (2), 67-88.

RÉGIE RÉGIONALE DE LA SANTÉ ET DES SERVICES SOCIAUX. Montréal-Centre. (1998). *Les inégalités sociales de la santé. Rapport annuel 1998 sur la santé de la population.* Montréal: Direction de la Santé publique, 92 p.

REGROUPEMENT INTERSECTORIEL DES ORGANISMES COMMUNAUTAIRES DE MONTRÉAL. (1998). *Leur équilibre, notre déséquilibre. Rapport d'enquête sur les impacts de la transformation du réseau de la santé et des services sociaux à Montréal.* Montréal.

RUSSELL, B.G. (1991). *Silent Sisters. A Study of Homeless Women.* New York: Hemisphere Publishing Corporation.

SHLAY, A.B. et P.H. ROSSI. (1992). Social Science Research and Contemporary Studies of Homelessness. *Annual Review of Sociology, 18,* 129-160.

SNOW, D.A. et L. ANDERSON (1993). *Down on their Luck. A Study of Homeless Street People.* Berkeley, Los Angeles: University of California Press.

STERN, M.J. (1984). The Emergence of the Homeless as a Public Problem. *Social Service Review, 58,* 291-301.

WAGNER, D. (1993). *Checkboard Square. Culture and Resistance in a Homeless Community.* Boulder: Westview Press.

WOLCH, J. et M. DEAR (1993). *Malign Neglect. Homelessness in an American City.* San Francisco: Jossey-Bass Publishers.

WONG, Y.-L.I. et I. PILIAVIN. (1997). A Dynamic Analysis of Homeless-Domicile Transitions. *Social Problems, 44* (3), 408-423.

WRIGHT, J. et B.A. RUBIN. (1998). Les sans-domicile aux États-Unis. Leçons tirées de quinze années de recherche. *Sociétés contemporaines,* 30, 35-66.

WRIGHT, J.D., B.A. RUBIN et J.A. DEVINE (1998). *Beside the Golden Door. Policy, Politics, and the Homeless.* New York: Aldine de Gruyter.

CHAPITRE 6

La trajectoire : un outil
dans la compréhension de l'itinérance

par Céline Bellot

La notion d'exclusion est largement galvaudée depuis une décennie dans les discours médiatiques, politiques et scientifiques, mais elle n'en demeure pas moins un terme équivoque. Qui sont ces personnes exclues ? Pourquoi le sont-elles ? Comment vivent-elles cette situation ? De quoi sont-elles exclues ? Voilà autant de questions auxquelles de nombreuses recherches se sont consacrées sans parvenir à dresser les contours de la notion d'exclusion. (Paugam, 1996, 1991 ; McAll, 1995 ; Castel, 1994, 1992, 1991 ; de Gaulejac et Taboada Leonetti, 1994).

Si les débats autour de la notion d'exclusion perdurent (Soulet, 1998 ; Castel, 1995), la plupart des auteurs s'accordent pour penser l'exclusion en termes de processus (McAll, 1999, 1995 ; Paugam, 1996, 1991 ; Castel, 1994, 1991 ; de Gaulejac et Taboada Leonetti, 1994). Le déplacement de la question de l'exclusion d'une position sociale particulière, photographie des difficultés de vie variées tant sur les plans économique, social, culturel que symbolique vers une lecture du processus de mise à distance des individus, permet de s'inscrire dans une compréhension dynamique de l'exclusion. Dans cette perspective, notre objectif est de présenter comment la notion de trajectoire peut être un outil de compréhension de l'exclusion, circonscrite ici à l'itinérance. Ainsi, après avoir présenté comment l'itinérance s'inscrit dans une lecture du processus d'exclusion, nous nous attarderons à définir l'outil : trajectoire pour parvenir à proposer une stratégie de recherche s'appuyant sur cet outil pour comprendre l'itinérance.

L'ITINÉRANCE : UNE FIGURE DU PROCESSUS D'EXCLUSION ?

Appréhender l'itinérance sous l'angle de l'exclusion peut apparaître comme relevant de l'évidence tant cette expérience sociale rime avec difficultés de vie et manques : absence ou instabilité dans le logement, absence d'emploi ou peu de ressources financières, peu de réseau social, santé défaillante... (Wright et Rubin, 1998 ; Fournier et Mercier, 1996 ; Laberge et Roy, 1994). Cette longue liste de caractéristiques négatives permet de montrer comment la représentation sociale de l'itinérance se construit autour de la fatalité, de la fragilité et de l'isolement (Bresson, 1997) avec une certaine réification de l'exclusion (Viguier, 1995). Ainsi, l'itinérance paraît constituer une mise à l'écart du social que Roy (1995) qualifie de forme extrême de l'exclusion puisque être sans travail et sans logement constitue des manquements majeurs sur le plan social (Sayad, 1997). Pourtant, faut-il penser que certains seraient plus exclus que d'autres, qu'il y aurait un palmarès douloureux à établir dans les difficultés de vie?

Il n'en est rien. Il s'agit bien davantage de marquer le pouvoir globalisant de cette notion d'exclusion, qui regroupe tant de situations particulières qu'il devient difficile de les considérer de la même manière. Cette surutilisation de la notion devenue «saturée de sens, de non-sens et de contresens» (Freund, 1996) serait néfaste à la compréhension des différentes expériences d'exclusion. Pourtant, l'itinérance semble, par sa nature, être une forme incontestable de l'exclusion (Roy, 1995) et l'étape ultime du processus d'exclusion (Castel, 1995). Elle accompagne à ce titre les différentes lectures proposées de l'exclusion: la rupture du lien social, la reconstruction identitaire, l'établissement de rapports inégalitaires portant atteinte à la citoyenneté.

La rupture du lien social

La compréhension du processus d'exclusion s'accompagne généralement d'une lecture de la dialectique entre l'inclusion et l'exclusion. À l'instar des pères fondateurs de la sociologie, la réflexion porte sur ce qui fait le social, même si les auteurs contemporains portent davantage leur attention sur ce qui défait les liens plutôt que sur ce qui les tisse (Xiberras, 1996). Ainsi, la fragilisation du lien social ou plus encore des liens sociaux est devenue une des façons de lire le processus de mise à l'écart du social. D'ailleurs, pour marquer cette situation, Castel (1994, 1991) parlera davantage de désaffiliation. S'intéressant à la grande marginalité, qu'il définit comme celle de la «fin d'un parcours», Castel (1994) présente la désaffiliation comme la situation ultime qui marque un double décrochage: par rapport au travail et par rapport à l'insertion relationnelle.

Ainsi, l'exclusion ou, dans les termes de Castel, la désaffiliation témoigne de l'effritement des liens sociaux de l'individu puisque sans travail ni support il se retrouve seul. D'ailleurs, pour Castel (1995), l'exemple parfait de la personne désaffiliée est le vagabond. En effet, derrière une lecture de l'effritement du lien social, il est possible de lire les manquements sociaux à la cohésion et à la solidarité qui permettraient à tous de trouver une place dans la société. Dès lors, le relâchement des liens sociaux donne l'occasion de comprendre comment des individus n'ayant plus accès aux solidarités primaires (travail, famille, quartier) se retrouvent fragilisés socialement au point de vue identitaire et pris en charge de manière durable par les services sociaux (Paugam, 1995) à titre d'assistance de dernier recours.

Cette lecture de l'effritement des liens sociaux ne va pas sans rappeler celle de Durkheim qui voyait dans l'affaiblissement des institutions de socialisation des risques pour les mécanismes de l'inclusion sociale. Ainsi, dans cette perspective, le lien social a pour fonction d'assurer la cohésion. À cet égard, l'exclusion marquée par un effritement des liens sociaux devient une situation exemplaire des dérives de la société moderne, qui, loin de parvenir à intégrer tout le monde, contribue à une mise à l'écart de certains individus. Or, lire l'itinérance dans ce cadre paraît être totalement naturel tant le portrait de l'homme seul sied bien à l'itinérance (Simard, 1990 ; Roy, 1988).

La dimension relationnelle dans la compréhension de l'itinérance a été l'un des objectifs des chercheurs du Groupe de recherche sur l'itinérance des jeunes adultes (Poirier *et al.*, 1999) qui tentent d'appréhender à la fois les heurts à l'intégration et le fonctionnement psychosocial relationnel que vivent les jeunes adultes itinérants. Or, il apparaît que si dans le discours des jeunes les difficultés relationnelles sont à l'origine du désir de partir, l'itinérance s'exprime nécessairement à travers une rupture des liens, notamment familiaux, même si cette rupture laisse la place à une certaine ambivalence dans l'actualisation des liens.

> Dans sa dimension relationnelle, l'itinérance apparaît comme un mouvement chargé de sens : loin d'être définitivement désaffilié, le jeune adulte itinérant se trouve aux prises, de façon active, avec des liens auxquels il refuse de renoncer, et se débat dans la répétition de ce que ces liens ont pu avoir de traumatique et d'aliénant (Poirier *et al.*, 1999, p. 163).

Ainsi, la compréhension de l'itinérance, par une lecture de la rupture des liens sociaux, témoigne de la complexité et de la progressivité du processus de désaffiliation. Pourtant, derrière la question des liens, la reconstruction identitaire apparaît aussi comme une manière de saisir le processus d'exclusion.

La reconstruction identitaire

L'exclusion peut être abordée d'une manière différente de celle inspirée par la problématique de la cohésion sociale en insistant sur le fait qu'elle est d'abord et avant tout une forme de désignation intervenant dans les interactions entre individus. Dans cette perspective, la question de la stigmatisation et de l'étiquetage montre comment les individus sont inscrits et s'inscrivent dans les rôles sociaux qui leur sont dévolus. Ainsi, il s'agit dans ce cadre de montrer comment les personnes qui vivent un processus d'exclusion doivent négocier leur identité sociale, notamment en raison du fait qu'ils sont confrontés à une image négative d'eux-mêmes (Goffman, 1968). L'important est ici de déterminer les enjeux entre la représentation sociale et l'identité.

Goffman (1968) est alors un pionnier dans la compréhension de l'articulation entre la représentation de l'identité stigmatisée et le travail de présentation de soi. Or, en s'intéressant aux assistés sociaux, Paugam (1991) a su mettre à l'épreuve empirique cette compréhension de la logique de la désignation sociale négative et de ses effets sur le plan identitaire en proposant d'étudier la disqualification sociale que subissent les personnes assistées sociales. Travaillant principalement sur l'identité et les rapports à autrui, Paugam dégage trois groupes d'assistés : les fragiles, les assistés et les marginaux qui négocient de manière différente leur disqualification sociale. Les premiers vivent leur expérience de l'assistance sociale comme une crise identitaire aboutissant à un repli sur soi. De leur côté, les assistés parviennent à s'installer symboliquement et concrètement dans l'assistance sociale en conciliant cette expérience et leur identité sociale. Quant aux marginaux, leur expérience révèle la production d'une identité sociale en dehors des normes, identité qu'ils essaient de dépasser ou qu'ils apprivoisent. Pourtant, au-delà de ce travail subjectif des individus dans leurs expériences sociales, Paugam envisage aussi la disqualification sociale comme le produit d'une construction sociale qui émerge dans la structuration disqualifiante des rapports sociaux. Ainsi, l'auteur parvient à montrer la marge de manœuvre qu'ont les individus vivant dans une situation socialement disqualifiée pour négocier ou se conformer aux rôles sociaux liés à cette situation. Il peut alors présenter les stratégies de distanciation et celle d'évitement qu'emploient les individus pour faire face à la dégradation de leur statut social. Il utilise alors le concept de carrière tel que défini par Becker (1963) et Goffman (1968) pour présenter le processus par lequel les personnes modifient leur appréhension d'eux-mêmes et des autres.

Dans cette étude, Paugam (1991), à partir de réflexions sur le travail identitaire et les expériences sociales de personnes, parvient à montrer comment la disqualification sociale se définit autour du «processus de refoulement hors de la sphère productive de franges de plus en plus nombreuses de la population et des expériences vécues qui en accompagnent les différentes phases» (Paugam, 1996, p. 569). Par ce concept dérivé, la disqualification sociale, l'auteur tente d'éviter les pièges du concept de l'exclusion, tout en replaçant la lecture de ces situations dans un cadre dynamique plutôt que statique. La définition du groupe des marginaux qui ont apprivoisé leur identité sociale négative s'inscrit très largement dans les études sur les itinérants. Ainsi, selon Vexliard (1957), la compréhension du renoncement identitaire ou de l'apprivoisement de l'identité de marginal devient le moteur de l'ancrage dans l'expérience de la rue grâce à l'analyse du processus de désocialisation vécu. De Gaulejac et Taboada Leonetti (1994) reprennent cette vision étapiste du processus d'exclusion, qu'ils nomment désinsertion, en intégrant à la dimension identitaire les dimensions relationnelle et économique. À partir des quatre étapes énoncées par Bergier (1992) pour évoquer la « carrière de l'errant », soit celles de la rupture, de l'enchaînement des ruptures, du décrochage et de la déchéance, les auteurs présentent les trois phases psychologiques qui accompagnent ce parcours de désinsertion sociale, soit celles de la résistance, de l'adaptation et de l'installation.

Mais au-delà de la construction identitaire, d'autres placent la compréhension du processus d'exclusion dans une analyse des rapports sociaux inégalitaires, liant alors la question de l'exclusion à celle de la citoyenneté.

La production des rapports sociaux inégalitaires

Participant à l'idée que l'exclusion n'est pas un état ni même une condition sociale vécue par des personnes mais s'exprime dans un processus de construction de rapports inégalitaires, McAll (1995) s'intéresse à comprendre l'exclusion non pas simplement du point de vue de l'exclu mais aussi à partir de celui qui exclut. Liant alors les concepts d'acteurs, de territoires et de trajectoires, McAll et Jaccoud (1999) cherchent à saisir le processus de mise à distance que vivent les individus en s'intéressant à leurs rapports sociaux quotidiens avec les autres. L'analyse du processus d'exclusion devient ainsi celle de la construction d'un rapport de mise à distance qui s'exprime tant dans des espaces que dans des interactions (McAll, 1995). À cet égard, la mise en relation des territoires, des rencontres et des acteurs telle que proposée par McAll et Jaccoud (1999) constitue une manière d'appréhender la dynamique de l'exclusion autant que les atteintes à la citoyenneté qu'elle porte (McAll, 1995).

Dans cette perspective, l'utilisation du concept de trajectoire tend à mettre de l'avant les possibilités de rencontre et de non-rencontre des individus alors que celui de carrière reste emprisonné dans une lecture du cheminement linéaire de l'individu vers l'exclusion. Il est alors possible d'inscrire la lecture de la dynamique de l'exclusion à partir d'une compréhension du quotidien des personnes. Dans ce cadre, le processus d'exclusion n'est pas envisagé comme un parcours linéaire, voire fatal, mais comme une dynamique qui renforce, neutralise ou limite le cheminement des personnes vers l'exclusion (McAll et Jaccoud, 1999). Cette manière de problématiser l'exclusion constitue le cœur du programme de recherche sur le racisme et la discrimination que dirigent ces deux auteurs, travaillant alors sur les trajectoires de différents groupes sociaux inscrits dans des situations sociales disqualifiées et disqualifiantes.

La question des rapports sociaux inégalitaires dans la compréhension de l'itinérance émerge dans les recherches relatives à la prise en charge de cette population. Damon (1994) montre dans son essai comment historiquement la société a toujours hésité entre la répression et la charité à l'égard des vagabonds. Pourtant, il semble qu'aujourd'hui le vent répressif souffle plus fort sur différentes villes en ce qui a trait à l'intervention auprès des personnes sans domicile, criminalisant tant les stratégies de survie que leur condition de sans-abri (Bellot, 1999 ; Hopper, 1998).

Ainsi, retracer le processus d'exclusion vise à appréhender la production des rapports sociaux inégalitaires tant réels que symboliques qui se manifestent dans le social. Il devient alors nécessaire de saisir où, comment, envers qui et par qui s'exercent ces inégalités, autant que les conséquences qu'elles génèrent. L'exclusion serait alors le reflet de la construction de rapports sociaux particuliers où l'inégalité forme le socle des interactions, des conditions structurantes de la vie de la personne et de son identité sociale. Or, pour parvenir à la compréhension de ce processus à travers des cheminements de personnes itinérantes, la trajectoire paraît être l'outil analytique naturel. Encore faut-il en définir son contenu.

LA TRAJECTOIRE : UN OUTIL À DÉFINIR

Si dans le sens commun une trajectoire concerne un chemin, dans le champ de l'exclusion, la trajectoire devient le cheminement de vie de personnes vers l'itinérance. En ce sens, cet outil traduit nécessairement l'idée d'un mouvement et d'une dynamique qui sied bien à la compréhension d'un processus.

L'utilisation historique du concept de trajectoire

Si les auteurs s'accordent pour penser que l'invention de l'exclusion revient à Lenoir qui, en 1974, écrit *Les Exclus, un Français sur dix,* le concept de trajectoire était déjà largement utilisé, notamment dans les études sur la mobilité sociale. Il a pour objet de témoigner de l'évolution des positions sociales des individus dans la structure sociale. Boudon (1998) définit en ces termes la mobilité sociale : « L'ensemble des mécanismes statistiquement significatifs qui décrivent soit les mouvements des individus à l'intérieur du système professionnel au cours de leur existence, soit les mouvements qui caractérisent une génération au regard de la suivante ou des suivantes. »

Sans évoquer la notion de trajectoire, il ressort cependant que l'intérêt des études de mobilité sociale s'exprime dans la compréhension des mouvements de positions sociales que connaît un individu ou une génération. Ces mouvements compris entre un point de départ et un point d'arrivée constituent la trajectoire sociale d'une personne ou d'un groupe. L'idée de trajectoire comporte donc en soi l'évocation d'une mobilité et d'une dynamique. Utilisée avec des indicateurs de statuts et de rôles sociaux occupés, la trajectoire marque donc des mouvements que l'on qualifie tantôt d'ascendants, tantôt de descendants, tantôt de stagnants.

Cette lecture qualifiée d'objective par Dubar (1998) retranscrit donc l'appartenance d'un individu à un statut particulier ou à une classe sociale. L'intégration de la notion de trajectoire permet ainsi de transcender la simple lecture en termes d'état, que ce soit à l'intérieur d'un parcours individuel ou à l'intérieur d'une génération, pour parvenir à saisir l'existence d'un changement ou non. Elle se fait généralement dans le cadre d'une analyse socioprofessionnelle. Ainsi, ce sont les statuts et/ou les rôles professionnels qui sont utilisés pour mieux comprendre sur le plan objectif la trajectoire des individus. Cette analyse en termes d'itinéraires professionnels présente à la fois les positions sociales occupées ainsi que les conduites attendues en vertu des statuts établis. Elle témoigne par conséquent de la structuration du social qui encadre la vie professionnelle des personnes et les conduites qui l'accompagnent. Ce modèle, largement développé dans l'espace travail, peut aussi se retrouver dans l'analyse des mobilités résidentielles mais aussi des mobilités familiales.

Participant de l'idée que le hasard a peu de place dans la construction d'un itinéraire individuel (McAll, Jaccoud, 1999), l'étude des trajectoires objectives permet de montrer les obstacles à la mobilité sociale. En effet, les analyses relatives à la mobilité sociale s'intéressent en partie à comprendre l'écart entre l'idéal égalitaire des sociétés modernes et le réel. Ainsi, il apparaît, au terme de ces études, que l'égalité des chances demeure profondément relative en ce qui a trait notamment à l'éducation et à l'emploi. Ces constatations témoignent en outre des perspectives théoriques mises de l'avant dans le cadre de ces recherches.

Par le biais des trajectoires objectives, il est possible de caractériser les conditions structurantes d'un parcours de vie. Il s'agit dans ce cadre non pas d'ignorer totalement la place de l'acteur dans la construction de son cheminement de vie mais de considérer que celui-ci est largement encadré par des structures qui profilent son parcours. Sans être totalement exhaustives, ces perspectives théoriques montrent qu'il est nécessaire d'évoquer les réflexions de Bourdieu. C'est à partir des critiques du structuralisme de la première époque que Bourdieu (1979), notamment dans l'ouvrage *La distinction*, envisage les conditions de la reproduction sociale et décrit une large partie de ses concepts. Dans une formule pour le moins mathématique, Bourdieu conclut que la pratique = (habitus multiplié par le capital) + le champ. Pour Bourdieu (1979, p. 175), l'habitus se définit comme étant «des systèmes de dispositions durables, structures structurées prédisposées à fonctionner comme structures structurantes», tandis que le capital renvoie tant aux biens matériels que culturels et sociaux dont bénéficie un individu. Dès lors, le produit de ces éléments marque la trajectoire sociale d'un individu en ce qu'il définit une position sociale et une appartenance de classe de départ et d'arrivée. Le champ, quant à lui, représente dans un espace particulier l'opposition des dominants et des dominés.

Le programme analytique qu'il conduit par l'intermédiaire des trajectoires consiste donc à définir différentes formes de «trajectoires-types» théoriques susceptibles par la suite de retracer le cheminement singulier des individus. Bourdieu (1986, p. 8) peut alors définir la trajectoire «comme une série des positions successivement occupées par un même agent (ou un même groupe) dans un espace lui-même en devenir et soumis à d'incessantes transformations». Cette définition contribue, selon l'auteur, à marquer l'illusion biographique, puisque le modelage par l'individu de son identité singulière ne peut se faire que dans le cadre déterminé par les institutions qu'il fréquente. Que doit-on retenir de ces analyses pour appréhender le processus d'exclusion?

Postulant que les individus connaissent des statuts sociaux malgré leur absence d'intégration au monde du travail, ce sont ces derniers qu'il convient de saisir. En effet, si la désinsertion n'apparaît pas dans les enquêtes classiques de la mobilité sociale, il convient de faire une place à ces personnes dans l'analyse objective des changements qu'ils vivent, en retraçant les différents statuts qu'elles avaient et qu'elles ont. Ainsi, par la lecture objective de ces différentes positions, il sera possible de considérer les rapports qu'ont entretenus et entretiennent ces personnes avec différentes institutions, constitutrices elles aussi de la structure sociale. Pourtant, contrairement aux études traditionnelles de la mobilité sociale, on ne peut concevoir totalement *a priori* les espaces institutionnels marqueurs de statuts; il s'agit donc en même temps de partir à la découverte des institutions qui ont eu un impact sur le parcours de vie des personnes à l'étude. La reconstitution de trajectoires objectives devient la reconstitution des rencontres et des non-rencontres avec différentes institutions susceptibles d'être des forces intégratrices ou excluantes (McAll, 1995).

La reconstitution de trajectoires objectives donne l'occasion, dans le cadre de l'analyse de l'itinérance, de voir quelles sont les logiques institutionnelles qui modèlent le parcours de vie de ces personnes. À cet égard, l'étude sur *Le rôle de la prison dans la production de l'itinérance* de Laberge, Landreville, Morin et Casavant (1998) témoigne de cette volonté de saisir les différents cas de figure des passages dans l'itinérance et des prises en charge pénales. La définition de «trajectoires-types» dans cette recherche permet de présenter la complexité du lien entre la prison et l'itinérance, complexité qui rejoint en outre les différents statuts octroyés aux personnes.

L'analyse objective des trajectoires des itinérants met donc en lumière la complexité des parcours de vie, qui, d'espaces d'exclusion en espaces d'inclusion, aboutissent à la rue. Il n'existe à ce titre pas une seule pente de désinsertion, bien au contraire. La reconstitution des trajectoires saisit la diversité des positions occupées dans un cadre dynamique où le temps et la répétition des situations témoignent ou non du processus vécu d'exclusion. Chaque rupture économique, relationnelle et symbolique (de Gaulejac et Taboada Leonetti, 1994), témoigne du passage à une nouvelle position sociale dans un espace, porteur ou non de la fragilité sociale vécue. Ainsi, à partir d'une analyse objective des trajectoires, il est possible de saisir les rencontres ou les non-rencontres avec les différentes institutions, de mesurer leur répétition et de marquer le va-et-vient que réalisent les personnes dans leur rencontre avec les institutions. La question de la répétitivité est importante dans la mesure où les auteurs définissent généralement l'exclusion comme un cumul de difficultés (Castel, 1994 ; Paugam, 1991).

Pourtant, malgré sa richesse, l'analyse objective des trajectoires des personnes ne permet pas de rejoindre le sens que donne l'individu à sa vie ni à l'action biographique qu'il a pu réaliser puisqu'elle regarde davantage les conditions structurantes. Dubar (1998) affirme ainsi que, pour parvenir à une lecture complexe des parcours de vie, il faut aussi s'intéresser à la compréhension des trajectoires subjectives.

La trajectoire subjective

Nous avons pu montrer comment la trajectoire objective permettait de mettre en place une lecture des conditions structurantes du cheminement de vie d'un individu en analysant les différentes positions sociales occupées, positions qui sont autant de reflet des logiques institutionnelles encadrant la vie de l'individu. De travailleur précaire à assisté social, de détenu à personne souffrant de santé mentale, d'itinérant à toxicomane : voilà autant de positions sociales qu'occupent les exclus qui nous intéressent. Chacun de ces statuts renvoie, en effet, à différentes logiques institutionnelles de prise en charge. Pourtant, dans ce cadre, on a tendance à oublier peu à peu la marge d'action de l'individu dans la constitution de son parcours biographique. « Ainsi, la succession des places occupées au cours d'une vie n'est pas seulement une série de déplacements objectifs de positions dans l'espace social, mais simultanément un replacement de l'image de soi, exigeant un travail biographique de mise en cohérence des différentes aspects du moi (de Queiroz, 1996, p. 297). »

Si dans la trajectoire objective la lecture du temps se fait par le cumul et la répétition des situations en vue de caractériser les changements de position, la trajectoire subjective donne accès au travail intérieur de l'individu de construction de son identité. L'objectif est alors de rejoindre les réactions de l'individu aux rencontres qu'il fait ou non, aux interactions qu'il vit. La plupart des auteurs (Bergier, 1992 ; Vexliard, 1957) expriment ces réactions en termes d'étapes : la résistance et la résignation, en passant par l'adaptation, relèvent encore d'une vision linéaire du parcours de vie. Ce point de vue rappelle alors que, dans sa routine quotidienne, l'individu cherche autant à se créer qu'à assurer une continuité avec ce qu'il était. L'important devient alors la prise en compte d'un récit de soi, récit qui témoigne de cohérence tant avec le passé qu'avec le futur de l'individu, en respectant les va-et-vient, les hauts et les bas de cet itinéraire. Il s'agit donc de recueillir un récit de soi qui donne l'occasion d'accéder, d'une part, aux significations accordées à un parcours et, d'autre part, aux négociations dont il a fait l'objet.

Intégrer la subjectivité dans la compréhension d'un parcours de vie doit donner l'occasion de s'éloigner d'une vision linéaire d'un cheminement de vie qui tend à définir la réussite ou l'échec biographique sur le plan des positions sociales, pour parvenir au contraire à la compréhension de la nature parcellaire, fragmentée et construite de l'identité (Maffessoli, 1994). Il y aurait, en ce sens, non pas une ligne d'exclusion mais une multitude de lignes qui s'exprimeraient différemment en fonction des espaces parcourus. En délaissant le déterminisme fataliste associé à l'itinérance, il est alors possible de s'intéresser aux bricolages identitaires qui marquent la trajectoire subjective des itinérants. De la position sociale à l'identité, le passage de l'objectivité à la subjectivité nous place au cœur du quotidien et des interactions. C'est pourquoi les théories interactionnistes deviennent l'éclairage théorique de la trajectoire subjective.

Les théories interactionnistes montrent que l'identité ne peut être envisagée sous le seul angle de la socialisation; elle doit tenir compte des interactions qui, aux points de vue symbolique et interprétatif – en réalisant des opérations de catégorisation –, sont à l'origine des processus de marginalisation et d'exclusion. On devient marginal ou exclu non pas en présentant certaines caractéristiques, ni même en fréquentant certains espaces, mais parce que l'autre nous désigne comme tel (Becker, 1963). À cet égard, il devient nécessaire de constater la dimension normative de l'exclusion, puisque c'est dans le travail de désignation puis de revendication que l'identité d'exclu prend tout son sens. Par conséquent, l'identité d'itinérant en tant que marginal, voire d'exclu, ne doit pas s'interpréter comme le résultat d'un conditionnement mais comme le résultat d'une transaction.

Goffman (1956), en reprenant les réflexions sur l'identité et le rôle, montre, dans *Présentation of Self in Everyday Life*, comment l'individu est contraint d'agir vis-à-vis des autres dans le cadre des représentations du rôle qu'il remplit pour éviter la contestation de l'identité qui en est le fondement.

> Le normal et le stigmatisé ne sont pas des personnes mais des points de vue. Ces points de vue sont socialement produits lors de contacts mixtes, en vertu des normes insatisfaites qui influent sur la rencontre. Certes, un individu peut se voir contraint de jouer le rôle du stigmatisé dans la plupart des situations sociales, il est naturel de parler de lui comme d'une personne

stigmatisée que son sort oppose aux normaux. Mais ces attributs stigmatisants qu'il possède ne déterminent en rien la nature des deux rôles: ils ne font que définir la fréquence avec laquelle il doit jouer l'un ou l'autre (Goffman, 1975, p. 161).

Ainsi, la mise à distance ne s'exprime qu'à travers la fréquence avec laquelle l'individu est contraint de jouer le rôle d'exclu. Pour autant que dans une lecture de la trajectoire ce soit bien au changement d'identité que l'on s'intéresse, et non pas strictement au rôle joué. L'exclusion absolue serait celle qui contraint la personne à ne jouer qu'un rôle, celui du stigmatisé.

Il s'agit donc de saisir la mise en mots du parcours biographique, qui donne accès à la logique de négociation identitaire de l'individu. Strauss (1985) représente très certainement l'auteur interactionniste qui a le plus travaillé le concept de trajectoire. Il va par exemple utiliser le concept d'identité pour lier l'individuel au collectif, la structure à l'interaction. Rattachant à ce concept l'idée de trajectoire, Strauss va s'attarder à montrer les processus continuels et simultanés de construction des mondes sociaux et des identités qu'ils contiennent. Une des collaboratrice de Strauss, J. Corbin, définit en ces termes le concept:

> Une trajectoire renvoie au cours d'un phénomène et à l'action entreprise dans la durée pour en gérer le déroulement, le traiter et le mettre en forme (…). L'ensemble d'actions lié à une trajectoire engage de multiples acteurs, chacun ayant sa propre image du déroulement du phénomène et sa propre vision de l'action nécessaire pour le mettre en forme et le gérer. Ces représentations et ces visions sont pour une part constitutives des positions que les acteurs prennent sur l'action. Ces positions doivent être harmonisées par une série d'interactions tant avec soi-même qu'avec les autres. (Corbin, 1991)

Le concept de trajectoire attaché à un phénomène particulier, soit ici l'itinérance, permet, à l'instar du travail que Strauss a réalisé sur la maladie chronique, de marquer les continuités et les ruptures dans le parcours de vie de la personne. Ainsi, cet état chronique n'est pas figé, il est au contraire le moteur et le vecteur d'un rapport social particulier, rapport dont le concept de trajectoire permet la lecture en divisant en séquences, tant le travail biographique et quotidien que celui de gestion de la rue.

> Il [Strauss] a intégré dans son modèle dynamique d'action l'idée d'individus actifs répondant créativement aux événements qu'ils rencontrent et le fait que ces réponses, ces actions individuelles et/ou collectives ne peuvent s'analyser que comme enchâssés dans des ensembles de conditions eux-mêmes antérieurs affectant la situation présente et qui sont affectés par ces actions, les conséquences présentes de l'action devenant à leur tour des conditions pour les actions à venir (Baszanger, 1992, p. 21).

Dans le cadre de l'analyse du processus de l'exclusion, l'utilisation du concept de trajectoire, tel que prévu par Strauss, permet de considérer l'acteur en action, c'est-à-dire de considérer l'ensemble des négociations et d'ordonner l'ensemble des événements en présentant à la fois le travail de l'ensemble des acteurs rencontrés et les ajustements de l'individu lui-même à la situation qu'il vit. Le cadre subjectif met en lumière l'aspect singulier et relationnel du parcours de vie en centrant l'analyse sur les transactions identitaires.

Ce sont ces deux logiques, objective et subjective, que nous souhaitons concilier, à l'instar de Dubar (1998), dans notre compréhension de l'itinérance. Il convient donc maintenant de proposer ce cadre analytique.

LA TRAJECTOIRE AU CŒUR DE LA COMPRÉHENSION DE L'EXPÉRIENCE

Si le projet de Dubar (1998) vise à associer l'objectif et le subjectif en conciliant deux approches méthodologiques différentes (quantitative et qualitative), deux cadres théoriques (structuraliste et interactionniste), notre proposition s'avère moins ambitieuse.

Outil analytique qui recompose un itinéraire, la trajectoire doit être un moyen de reconstruire la vie d'une personne en en retraçant les différents moments. Traduction de ce qui s'est passé et de ce qui se passe, elle permet la conjonction analytique de l'espace, du temps, des institutions et des personnes rencontrées. À ce titre, la trajectoire est bien moins une fin en soi qu'un moyen de parvenir à la compréhension d'un monde social particulier, l'itinérance. Elle donne l'occasion de retracer à la fois les facteurs qui sont susceptibles de conditionner, d'accélérer, de ralentir ou de neutraliser le processus d'exclusion, mais aussi les stratégies dont ont fait preuve les acteurs eux-mêmes pour organiser leur vie. Elle offre donc, d'une part, une lecture de la structuration du social qui profile l'existence de rapports sociaux spécifiques, et d'autre part, une lecture des adaptations individuelles à ce cadre de vie préconstruit. Ainsi, notre utilisation de la trajectoire vise à faire le pont entre l'acteur et la structure, puisqu'elle offre la possibilité de la reconstruction du mouvement de l'individu dans le social et du social dans l'individu. La trajectoire donne donc à retracer la modélisation globale des rapports sociaux qui marquent les espaces d'inclusion et ceux de l'exclusion et à considérer le cheminement des individus dans ce cadre qui profile les espaces de rencontre et ceux de non-rencontre (McAll et Jaccoud, 1999).

L'itinérance : une expérience sociale particulière

Certes, nous n'avons exprimé jusque-là qu'une volonté de conciliation entre les trajectoires objective et subjective. Si la trajectoire n'est qu'un outil témoin à la fois des logiques sociales structurantes et des stratégies des acteurs, elle demeure le socle de la compréhension de l'expérience. Or, s'intéresser à l'expérience, c'est rejoindre le cadre théorique conciliateur que propose Giddens (1984).

Giddens (1984) tente en effet de concilier, d'une part, l'action et, d'autre part, la reproduction sociale. Partant de l'action, Giddens oriente davantage son analyse sur les compétences des acteurs à produire ou à reproduire le social.

> L'étude de la structuration des systèmes sociaux est celle des modes par lesquels ces systèmes qui s'ancrent dans les activités d'acteurs compétents, situés dans le temps et l'espace et faisant usage des règles et des ressources dans une diversité de contextes d'action, sont produits et reproduits dans l'interaction de ces acteurs et par elle (Giddens, 1984, p. 74).

Ainsi, en s'inscrivant dans le cadre d'une dualité du structurel, Giddens s'attarde à la mise en forme dynamique du social. Dès lors, la question de la structuration ne peut se comprendre qu'à travers des pratiques concrètes des individus. S'intéressant à la constitution du soi et à celle de l'identité, Giddens (1984) rappelle que, dans les sociétés modernes, la sécurité d'une identité donnée n'existe plus. Au contraire, les individus sont appelés sans cesse à négocier leur identité. Ce travail de négociation devient pour Giddens « un projet réflexif du soi ». Il consiste à maintenir, grâce à une sorte de « dialogue intérieur » continu, des récits biographiques cohérents bien que perpétuellement révisés, qui intègrent le passé affectif dans un récit du présent, qui permet à l'individu de « coloniser le futur », c'est-à-dire de créer et de confronter des « futurs possibles » dans la vie de tous les jours, de manière « contrefactuelle ».

Postulant que l'identité est plurielle et qu'elle est en perpétuelle construction, le quotidien et les conduites individuelles deviennent la base de la connaissance de l'individu et du social. Il s'agit de savoir comment l'acteur devient et demeure un sujet de son histoire. Dès lors, la proposition de Dubet (1994) de réaliser une sociologie de l'expérience s'inscrit directement dans notre cadre théorique.

> Dans cette perception de l'expérience sociale, le sujet se constitue dans la mesure où il est tenu de construire une action autonome et une identité propre en raison même de la pluralité des mécanismes qui l'enserrent et des épreuves qu'il affronte. Il est obligé d'opposer l'unité d'un Je à la diversité des logiques de son action (Dubet, 1994, p. 254).

L'expérience permet donc de révéler la quête de l'autonomie de l'individu à la fois dans la routinisation de son quotidien et aussi dans ses interactions extraordinaires avec les Autres. Or, en s'intéressant à l'itinérance en tant que figure de l'exclusion, avec la vision de Dubet de l'expérience, il est possible de sortir d'une définition traditionnelle des problèmes sociaux pour atteindre, au contraire, les enjeux, tant sur les plans de la mise à distance que de l'identité, faisant de l'itinérance une expérience particulière de la marge. Ainsi, l'itinérance n'est pas vue comme une figure de la pauvreté extrême mais comme une expérience qui se développe autour de la construction d'une mise à distance et d'une image de soi particulière dans un quotidien atrophié. À cet égard, la présentation de Dubet de la galère des jeunes constitue le socle de nos propositions en ce sens qu'elle montre comment les jeunes adoptent des conduites diverses, du retrait à la violence en passant par la délinquance, au gré des circonstances et des opportunités. Ainsi, rien n'est prévisible et les logiques d'action sont davantage superposées que hiérarchisées. Dans le cadre d'une analyse des trajectoires des itinérants, il devient alors possible de déconstruire l'image de l'itinérance, fin de parcours, en observant les différentes logiques d'action qui marquent les expériences quotidiennes des itinérants, participant ou non au processus d'exclusion.

Cette démarche théorique qui vise à associer l'acteur et la structure par la compréhension de l'expérience, nous oblige aussi à définir une méthodologie pertinente.

Le récit de vie : une démarche méthodologique

Le récit de vie, en ce qu'il permet de recueillir un récit de soi où s'allient des faits, du sens, et des acteurs, nous apparaît être la technique méthodologique la plus appropriée. Pour Bertaux (1997), le recours aux récits de vie doit se faire dans le cadre d'une compréhension des logiques propres à un monde social ou à une catégorie de situation. À cet égard, il dénonce l'utilisation des récits de vie pour reconstituer des trajectoires sociales, car «s'il s'agit, en revanche d'étudier comment on devient infirmière, institutrice, éducateur, camionneur, informaticien, entrepreneur du bâtiment ou délinquant professionnel, toxicomane, SDF, il apparaît que ce qui donne leur cohérence à de tels objets, c'est qu'ils relèvent d'un même monde social ou d'une même catégorie de situation» (Bertaux, 1997, p. 16).

En envisageant la trajectoire comme un simple outil analytique, nous nous inscrivons dans la même perspective. Associée au cadre théorique de l'expérience, notre proposition devient donc celle de comprendre l'expérience de la rue en utilisant des récits de vie d'itinérants. Dans le cadre de l'analyse, la mise à plat du matériau passera par la construction des trajectoires objectives et subjectives qui nous permettront de saisir «trois ordres de réalités» que Bertaux (1997, p. 68) définit en ces termes: «la réalité historico-empirique, la réalité psychique et sémantique et la réalité discursive». Ultimement, il s'agira de reconstruire et d'appréhender l'expérience de la rue, à travers des conditions structurantes et des logiques d'action des itinérants. Par cette démarche théorico-méthodologique, nous adoptons une position éthique particulière.

Une éthique de la rencontre

L'utilisation des récits de vie conduit inexorablement à considérer la parole des itinérants et leur récit de soi comme le moteur de la connaissance. Baignée dans la subjectivité, cette démarche méthodologique vise aussi, sur le plan éthique, à redonner la parole à des personnes qui en sont généralement privées. Par ailleurs, le récit de vie constitue aussi un moyen de se dire dont l'enjeu peut être important pour la personne qui le fait. Sans entrer dans une démarche autoformative du type de celle réalisée dans le séminaire «Roman familial et trajectoire sociale» animé par de Gaulejac (1996), il nous apparaît évident qu'il faut considérer les enjeux éthiques de la demande de participation des individus à leurs propres récits. Si donner la parole peut constituer un parti pris humaniste et égalitariste, faut-il considérer que la demande de se raconter peut être l'occasion de faire ressortir des souffrances et des hontes que le Sujet avait choisi d'enterrer? Certes, la méthodologie qualitative et, encore peut-être, davantage, le récit de vie accordent une place importante au sens qu'un individu attribue aux événements, mais il faut toujours garder à l'esprit que des personnes itinérantes ne s'inscrivent que très partiellement au modèle dominant. À ce titre, les distances sociales deviennent un enjeu dans la compréhension de l'autre et dans l'écoute de son récit de vie. La question de la rencontre du chercheur avec son terrain devient primordiale pour s'assurer d'une éthique qui respecte l'itinérant, sans complaisance malvenue, ni jugement sur cette expérience. Ce n'est que lorsque ces rencontres seront réalisées que nous chercherons à accéder au récit de vie de ces personnes afin de garder la position éthique d'un apprivoisement mutuel.

Dans cette perspective, le récit de vie n'est pas perçu comme un simple instrument de collecte de données mais comme le moteur de rencontres entre la recherche et l'itinérance. À cet égard, il s'agit de reconstruire **ensemble** les différentes positions sociales occupées par la personne itinérante, mais aussi le sens qu'elle attribue aux différents événements de son parcours. Ce travail exige plusieurs rencontres mais aussi une écoute attentive au récit des expériences de l'Autre afin de retracer, de la manière la plus authentique possible, la nature et les effets des rencontres et des non-rencontres. Cette démarche, en permettant de se placer au-delà des cadres normatifs établis, donne l'occasion de saisir de l'intérieur le monde social de l'itinérance en partant à la découverte des expériences de cristallisation, de neutralisation et d'évitement de la situation d'itinérance. Au fil des ruptures et des continuités, la reconstruction de l'itinéraire de la personne permet alors d'appréhender l'ensemble des rapports sociaux qui ont favorisé ou non son inscription dans le monde social de l'itinérance.

Cette démarche, qui avait pour objet de montrer comment la trajectoire pouvait être un outil de compréhension du monde social de l'itinérance, nous a conduits à questionner les différents concepts utiles à cette dernière. De l'exclusion à l'expérience en passant par la trajectoire, nous croyons avoir construit un projet qui révèle l'entièreté de nos choix théorico-méthodologiques, qui font de l'individu l'acteur de son histoire (de Gaulejac, 1987). Pourtant, derrière cette démarche de recherche, un intérêt subsiste: celui de l'action. À ce titre, nous croyons qu'en comprenant mieux le parcours des personnes itinérantes, il sera possible d'intervenir plus justement auprès de ces dernières, en développant une approche clinique qui accompagne la personne là où elle est et là où elle s'en va, plutôt qu'une approche qui vise au mieux la normalisation et, au pire, la contrainte (Cheval, 1998).

RÉFÉRENCES

BASZANGER, I. (1992). *La trame de la négociation. Sociologie qualitative et interactionnisme.* Paris: L'Harmattan.

BECKER, Howard S. (1963). *Outsiders. Studies in the Sociology of Deviance.* New York: The Free Press.

BELLOT. Céline (1999). La tolérance 0 et les jeunes de la rue. *Colloque de la Société de Criminologie,* Manoir du Lac Delage.

BERGIER, B. (1992). *Compagnons d'Emmaüs.* Paris: Les Éditions Ouvrières.

BERTAUX, D. (1997). *Les récits de vie.* Paris: Nathan Université.

BOUDON, R. (1998). *Mobilité sociale.* Encyclopédia universalis.

BOULTE, P. (1995). *Individus en friche. Essai sur l'exclusion.* Paris: Desclée de Brouwer.

BOURDIEU, P. (1986). L'illusion biographique. *Actes de la Recherche en Sciences Sociales,* 62-63, 2-11.

BOURDIEU, P. (1979). *La distinction.* Paris: Éditions de Minuit.

BOURDIEU, P. (1972). *Esquisse d'une théorie de la pratique: précédé de trois études d'ethnologie kabyle.* Genève: Droz.

BRESSON, M. (1997). *Les S.D.F. et le nouveau contrat social.* Paris: L'Harmattan.

CASTEL, R. (1995). Les pièges de l'exclusion. *Lien social et politiques-RIAC,* 34, 13-23.

CASTEL, R. (1994). La dynamique des processus de marginalisation: de la vulnérabilité à la désaffiliation. *Cahiers de recherche sociologique, 22,* 11-27.

CASTEL, R. (1992). De l'exclusion comme état à la vulnérabilité comme processus. *In* J. Affichard et J.-B. de Foucauld (Sous la dir. de), *Justice sociale et inégalités* (p. 135-148). Paris : Esprit.

CASTEL, R. (1991). De l'indigence à l'exclusion, la désaffiliation. Précarité du travail et vulnérabilité relationnelle. *In* J. Donzelot (Sous la dir. de). *Face à l'exclusion. Le modèle français* (p. 137-168). Paris : Éditions Esprit.

CHEVAL, C. (1998). *Le travail de rue : une pratique d'accompagnement clinique*. Mémoire de maîtrise en travail social, Université de Montréal, Montréal.

CORBIN, J. (1991). Trajectory as an Analytic Tool. *Stone Symposium for Study of Symbolic Interaction*, Université de Californie, San Francisco.

DAMON, J. (1996). *Des hommes en trop. Essai sur le vagabondage et la mendicité*. Paris : Éditions de l'Aube.

DE GAULEJAC, V. (1996). *Les sources de la Honte*. Paris : Desclée de Brouwer.

DE GAULEJAC, V. et I. TABOADA LEONETTI (1994). *La lutte des places*. Paris : Épi.

DE GAULEJAC, V. (1987). *La névrose de classe. Trajectoire sociale et conflits d'identité*. Paris : Hommes et Groupes Éditeurs.

DE QUEIROZ, J. M. (1996). Exclusion, identité et désaffection. *In* S. Paugam (Sous la dir. de), *L'exclusion, l'état des savoirs* (p. 295-310). Paris : La découverte.

DE QUEIROZ, J.-M. et M. ZIOTROWSKI (1994). *L'Interactionnisme symbolique*. Rennes : Universitaires de Rennes.

DUBAR, C. (1998). Trajectoires sociales et formes identitaires : clarifications conceptuelles et méthodologiques. *Sociétés contemporaines*, 29, 73-85.

DUBET, F. (1994). *Sociologie de l'expérience*. Paris : Seuil.

FOURNIER, L. et C. MERCIER (Sous la dir. de). (1996). *Sans domicile fixe : au-delà du stéréotype*. Montréal : Éditions du Méridien.

FREUND, J. (1996). Préface. *In* M. Xiberras (Sous la dir. de). *Les théories de l'exclusion*. Paris : Armand Colin.

GIDDENS, A. (1984). *La constitution de la société*. Paris : PUF.

GOFFMAN, E. (1975). *Stigmate*. Paris : Éditions de Minuit.

GOFFMAN, E. (1968). *Asiles*. Paris : Éditions de Minuit.

GOFFMAN, E. (1956). *The Presentation of Self in Everyday Life*. New York : Double Day Anchor.

HOPPER, K. (1998). Du droit à l'hébergement au droit au logement. Quinze ans de mobilisation en faveur des sans-domicile aux États-Unis. *Sociétés contemporaines*, 30, 67-94.

LABERGE, D., P. LANDREVILLE, D. MORIN et L. CASAVANT. (1998). *Le rôle de la prison dans la production de l'itinérance* (Rapport de recherche soumis au CQRS). Montréal: CRI, UQAM, UdeM, RAPSIM.

LABERGE, D. et S. ROY. (1994). Marginalité et exclusion sociales. *Cahiers de recherche sociologique*, 22, 5-10.

LENOIR, R. (1974). *Les exclus: un Français sur dix*. Paris: Seuil.

MAFFESOLI, M. (1994). Rue, esthétique, socialité. *In* A. Vulbeau et J.-Y. Barreyre (Sous la dir. de), *La jeunesse et la rue* (p. 23-31). Paris: Desclée de Brouwer.

MCALL, C. et M. JACCOUD. (1999). *Séminaire du programme de recherche sur le racisme et la discrimination*. Montréal: Centre d'études ethniques de l'Université de Montréal.

MCALL, C. (1995). Les murs de la cité: territoires d'exclusion et espaces de citoyenneté. *Lien social et politiques-RIAC*, 34, 81-92.

PAUGAM, S. (1996). *L'exclusion: l'état des savoirs*. Paris: Éditions La Découverte.

PAUGAM, S. (1995). The Spiral of Precariousness: A Multidimensional Approach of the Process of Social Disqualification in France. *In* G. Room (Ed.), *Beyond the Threshold. The Measurement and Analysis of Social Exclusion*. Bristol: The Policy Press.

PAUGAM, S. (1991). *La disqualification sociale. Essai sur la nouvelle pauvreté*. Paris: Les Presses Universitaires de France.

POIRIER, M., V. LUSSIER, R. LETENDRE, P. MICHAUD, M. MORVAL, S. GILBERT et A. PELLETIER. (1999). *Relations et représentations interpersonnelles de jeunes adultes itinérants* (Rapport de recherche soumis au CQRS), Montréal: GRIJA.

ROY, S. (1995). L'itinérance, forme exemplaire d'exclusion sociale? *Lien social et politiques-RIAC*, 34, 73-80.

ROY, S. (1988). *Seuls dans la rue: portraits d'hommes clochards*. Montréal: Éditions St-Martin.

SAYAD, A. (1997). Lien social, identité et citoyenneté par temps de crise. *Sociétés et Représentations. Le Social en Questions, CREDHESS*, 5, 107-128.

SIMARD, P. (1990). *Le clochard de Montréal: une histoire à coucher dehors*. Montréal: Éditions St-Martin.

SOULET, M.-H. (1998). L'exclusion: usages et mésusages d'un concept. *Revue suisse de sociologie*, 24 (3), 431-458.

STRAUSS, A. (1985). *La trame de négociation. Sociologie qualitative et interactionnisme*. Paris: L'Harmattan.

TESSIER, S. (1994). *L'enfant et son intégration à la cité.* Paris : Syros.

VEXLIARD, A. (1957). *Le clochard.* Paris : Desclée de Brouwer, collection sociologie clinique.

VIGUIER, J. (1995). *La représentation des SDF dans un journal quotidien. L'analyse du discours de Lacroix-L'événement entre septembre 1994 et janvier 1995.* DEA en sciences de l'information et de la communication, Université Lumière, Lyon.

WRIGHT, J. et B.A. RUBIN. (1998). Les sans-domicile aux États-Unis. Leçons tirées de quinze années de recherche. *Sociétés contemporaines,* 30, 35-66.

XIBERRAS, M. (1996). *Les théories de l'exclusion.* Paris : Armand Collin.

CHAPITRE 7

De l'événement à l'infraction. Du sans-abri au délinquant. Réflexions sur le processus de catégorisation dans le champ pénal

par Danielle Laberge et Pierre Landreville

L e droit est un produit social et peut être analysé comme tout autre fait social. Cette analyse peut donner lieu à plusieurs découpages et être abordée selon plusieurs perspectives théoriques. On peut distinguer ainsi les études portant sur la création de la loi et celles portant sur l'application de la loi, distinction qui, dans le champ pénal, peut être assimilée à celle que l'on établit entre criminalisation primaire et criminalisation secondaire.

Dans ce chapitre, nous nous intéresserons au processus d'application du droit pénal dans une perspective constructiviste. Nous considérons que l'infraction pénale n'est pas un donné existant en soi hors du droit pénal ou précédant l'intervention des législateurs ou des acteurs qui appliquent le droit. Au contraire, il s'agit d'un construit sociojuridique produit au niveau législatif et précisé par les acteurs qui définissent dans l'interaction que tel ou tel événement est une infraction. Nous tenterons de voir comment des événements sont pensés, transformés en catégories pénales à travers des activités quotidiennes de définition des situations avant même l'intervention du système pénal et, par la suite, construits en infractions spécifiques par des acteurs pénaux. Notre réflexion portera principalement sur des événements dans lesquels sont impliquées des personnes définies comme itinérantes.

Notre démarche se fonde sur deux prémisses qui méritent d'être clarifiées d'entrée de jeu: 1) le droit pénal est une ressource dans les rapports sociaux, ressource qui est à la fois un élément et un produit des rapports de pouvoir; 2) cette ressource n'est pas mobilisée uniquement dans une logique pénale. Comme l'a mentionné Black (1973, p. 144), «a reactive legal system permits individuals to appropriate the law for functions that lawmakers may never anticipated». L'usage du droit pénal ne se limite donc pas aux objectifs qu'il prétend poursuivre.

L'usage de catégories pénales particulières pour mettre en forme des situations sociales données renvoie à deux ordres de décision interreliés mais néanmoins distincts : d'abord, le choix (et, implicitement, la capacité) de s'inscrire à l'intérieur d'une logique pénale, c'est-à-dire de considérer le droit pénal, les catégories pénales, le système pénal comme un univers de référence possible (sinon approprié) ; dans un deuxième temps, la transformation du complexe « événement-problème-protagonistes » en « affaire-victime-accusé » qui permette de retenir une catégorie juridique abstraite, de la naturaliser pour qu'elle « devienne » une infraction, un crime. Ce double travail de catégorisation a pourtant été largement ignoré jusqu'à maintenant, laissant croire à l'évidence de la nature pénale des situations, comme à celle de leur libellé juridique.

Pourtant, dans chacun de ces ordres de décision, les interprétations retenues et les actions mises en branle sont déterminées par des contraintes de différents ordres autant qu'elles répondent à des motivations diversifiées. Ce sont ces contraintes et ces motivations, pour chacune des étapes de catégorisation pénale, que nous souhaitons examiner ici. Il s'agit pour l'essentiel de propositions analytiques qui se fondent sur divers travaux de recherche, les nôtres, mais surtout ceux de nombreux autres chercheurs. Il ne faudra donc pas y chercher un modèle ayant été soumis à l'épreuve de l'empirie, mais plutôt y voir une amorce de réflexion sur les conditions d'activation du système pénal.

PENSER « PÉNAL »

La construction d'un événement en infraction pénale implique au moins quatre postulats plus ou moins explicites : 1) l'événement doit être considéré comme indésirable ou faisant problème ; 2) cet événement doit être attribué à un individu ; 3) on doit vouloir y réagir par un contrôle social de style punitif (Black, 1976) ; 4) cette peine doit être imposée par l'État. Des points de vue différents peuvent être énoncés par rapport à chacun de ces éléments et la définition retenue dépendra des rapports de pouvoir entre les acteurs sociaux en présence, de leur capacité d'imposer leurs façons de voir les choses.

En particulier, ils pourront diverger d'opinion quant aux styles de contrôle social appropriés aux circonstances. Leurs perceptions de la pertinence du recours aux styles punitif, compensatoire, thérapeutique ou conciliatoire reposeront sur leur interprétation du problème, de l'identité des personnes en cause, de leur responsabilité et de la solution qui semble adéquate. Le recours au style punitif implique, par exemple, qu'une personne « mauvaise » ou délinquante soit tenue responsable d'avoir commis en connaissance de cause un acte répréhensible qui doit être suivi d'une punition. Si la personne est perçue comme malade, on pourra avoir une réaction thérapeutique, tandis que si l'on considère qu'il s'agit plutôt d'une situation conflictuelle où la responsabilité est partagée par plusieurs protagonistes, on aura recours à la conciliation, si cela est possible. Les contrôles sociaux de style punitif ou compensatoire sont autoritaires en ce sens qu'ils sont généralement imposés, tandis que la thérapie ou la conciliation nécessite habituellement la collaboration des parties.

Les acteurs peuvent faire face de plusieurs façons aux conflits et aux situations problèmes. Tout d'abord, ils peuvent tolérer la situation ou du moins avoir un comportement d'évitement (Baumgartner, 1988) et ne rien faire, particulièrement s'ils connaissent les participants. Souvent, ils réagissent de façon informelle sans avoir recours à quelqu'un de l'extérieur du groupe. Parfois, soit parce qu'ils ne peuvent pas ou ne veulent pas gérer eux-mêmes la situation, ils feront appel à une tierce partie, une personne ou un organisme spécialisé de prise en charge qui jouera un rôle important dans la transformation, la catégorisation, de la situation (Emerson, 1992 ; Black et Baumgartner, 1983). Le groupe primaire ou l'intervenant spécialisé peut aussi effectuer un renvoi (Zauberman, 1982) à une agence de contrôle social étatique ou, dans le langage des travaux de langue anglaise, peut décider de «mobiliser le droit» (Black, 1973).

Les déterminants de ce processus de renvoi, et nous gardons particulièrement à l'esprit le renvoi vers le système pénal, peuvent être, pour les fins de notre démonstration, classés en trois grandes rubriques : 1) les caractéristiques de l'événement ; 2) les acteurs en cause ; 3) les solutions disponibles.

LES CARACTÉRISTIQUES DE L'ÉVÉNEMENT

Plusieurs événements n'ont pas un caractère négatif ou indésirable évident. Demander de l'argent à des passants, être couché ou errer dans un espace public, laver des pare-brise, se promener dans des centres d'achats ou des magasins sans acheter sont des comportements qui peuvent être considérés de différentes façons, selon les acteurs sociaux. Certains les jugeront généralement indésirables, d'autres estimeront qu'il s'agit de comportements normaux et acceptables et d'autres encore diront que ce sont des comportements souhaitables. Ces évaluations dépendront souvent, nous le verrons, du contexte et des personnes en cause.

Pour qu'une situation, un événement soit pensé pénalement, il faut l'attribuer à une personne (ordinairement une personne physique) et non pas y voir le résultat du hasard ou de «causes» naturelles, surnaturelles ou structurelles. Un comportement, une perte, un décès «accidentel» ou «naturel» ne donneront pas lieu à une interprétation pénale. On n'aura pas non plus la même attitude envers des mendiants, des sans-abri, des jeunes dans la rue si l'on croit qu'il y aura toujours des pauvres sur terre et que Dieu les met sur notre chemin pour nous permettre de faire la charité que si on les voit comme des victimes du système économique ou de l'organisation sociale ou encore si on les perçoit comme des paresseux tentant de nous arnaquer. Actuellement, l'accent est certainement mis sur la «responsabilisation» des individus, sur l'obligation de se prendre en main, plutôt que sur les explications d'ordre structurel.

L'interprétation normative d'un événement, le fait de juger qu'il est acceptable ou non peut être fortement conditionnée par l'existence ou la connaissance d'un cadre normatif plus ou moins explicite. «Ceci est permis», «ceci est défendu», «c'est légal», «c'est une infraction» sont des arguments importants, mais pas nécessairement déterminants dans la négociation de la qualité d'un comportement. Le cadre légal – le fait que la loi prévoit que tel comportement est illégal ou criminel – est un élément central et une ressource dans le cadre de ces négociations. On comprend facilement l'intérêt des individus et des groupes à faire définir que les comportements qu'ils réprouvent (fumer dans des lieux publics, consommer tel ou tel produit, être à tel ou tel endroit à tel ou tel moment, être en possession de tel ou tel objet, etc.) soient définis comme illégaux. Plusieurs règlements municipaux visent précisément à «discipliner» l'usage des espaces publics et à contrôler, à pénaliser ceux qui les utilisent de façon impropre, particulièrement les personnes itinérantes.

Quant au contexte de l'événement, on peut envisager le contexte physique et le contexte symbolique. L'événement peut tout d'abord se situer dans un endroit public ou un endroit privé, mais l'accès aux espaces privés varie considérablement selon les groupes sociaux, en fonction des ressources dont ils disposent. Les plus démunis ont moins accès à des espaces privés pour leurs activités sociales, de loisir, d'éducation, de travail et même pour les activités intimes. Ils fréquentent peu de clubs privés, d'écoles privées et leurs résidences, lorsqu'ils en ont, sont moins retirées et moins distantes que celles de ceux qui «peuvent se payer un coin tranquille». Cette dimension n'est pas sans conséquence pour la construction de la réalité.

Tout d'abord, les événements qui ont lieu dans des endroits publics sont plus visibles. Ils ont plus de probabilités d'être vus, d'être constatés par plus de témoins, et, dans le cas qui nous occupe, d'être rapportés à la police. Cette augmentation des probabilités de reportabilité n'est pas uniquement en relation avec le nombre de «témoins» mais aussi avec l'identité de ceux-ci. Les événements qui se passent dans des lieux privés impliquent plus souvent uniquement des membres du groupe, des gens qui se connaissent, des gens de la même famille, ce qui aura des conséquences sur les possibilités de négociation, sur l'interprétation de la situation, des solutions souhaitées ainsi que des modalités de contrôle social envisagées. Il est, par exemple, bien connu (Horwitz, 1990; Black, 1976) que l'on fait moins appel au système pénal pour des problèmes impliquant des personnes de son groupe que pour des étrangers. C'est encore avec réticence que l'on fait appel à la police pour des situations de violence familiale.

Stinchcombe (1963) a aussi déjà fait remarquer que les policiers ont des pratiques et des pouvoirs d'investigation, d'interpellation, de contrainte très différents selon qu'il s'agit de lieux privés ou publics. Les personnes qui vivent «en public» ont beaucoup plus de probabilités que leurs comportements soient définis par la police. De plus en plus, des agents de sécurité «privés» surveillent les espaces privés et les complexes commerciaux, industriels ou résidentiels et y gèrent les situations problèmes. Ils ne définissent probablement pas les situations et n'interviennent probablement pas de la même manière, lorsqu'il s'agit de personnes de l'organisation ou étrangères à l'organisation. Il est, par exemple, évident que l'on ne réagit pas de la même manière vis-à-vis des vols commis par des employés ou des vols à l'étalage commis par des inconnus.

Certains comportements posent problème ou sont illégaux lorsqu'ils surviennent en public. Pour les personnes vivant dans des conditions d'extrême pauvreté, la satisfaction des besoins les plus élémentaires pose parfois des problèmes insolubles. Dans les faits, il est presque impossible de survivre sans aucune transgression. Dans le cas des personnes qui n'ont pas de logement, cette difficulté est encore plus grande. Elles sont constamment en situation de ce que nous appelons des transgressions passives, c'est-à-dire celles qui proviennent immédiatement de l'absence ou de la très grande précarité de logement et qui structurent nécessairement les activités quotidiennes. En effet, on a tendance à oublier que la jouissance d'espaces privés concerne non seulement le bien-être des individus mais constitue aussi une condition essentielle pour demeurer dans la légalité. Toutes les activités concernant l'hygiène personnelle, la pratique de la sexualité, le sommeil, la consommation de boissons alcoolisées et même, dans certains cas, l'alimentation ne sont pas permises en public. Ces activités requièrent donc l'accès à des espaces privés. Lorsque cet accès est inexistant ou très restreint, les personnes en question (par exemple, les itinérants) se trouvent dans des situations où elles peuvent potentiellement être accusées d'une infraction (Marshall et Fairhead, 1979 ; Washbrook, 1970 ; Stinchcombe, 1963).

Par contexte symbolique de l'événement on peut entendre en particulier le niveau général de tolérance ou de demande de répression par rapport à une situation donnée. Les situations concrètes auront plus ou moins de chance d'être interprétées négativement, dénoncées, rapportées à la police ou d'être l'objet d'actions proactives de la part des policiers selon les représentations dominantes qui s'imposent à un moment donné. Comment explique-t-on cette situation ? Quelles en sont les causes ? Quelle est l'ampleur du phénomène ? Quels sont les dangers et le degré de risque qu'il représente ? Est-ce que les personnes en cause sont des victimes des événements, des profiteuses ou des personnes dangereuses ? Par exemple, les itinérants qui sollicitent les passants sont-ils des pauvres victimes du contexte économique et social ou de vils profiteurs qui sèment le désordre, enlaidissent la ville, perturbent les activités économiques et risquent même d'être dangereux ?

Plusieurs acteurs ou facteurs peuvent jouer dans la définition de cet élément contextuel. D'une part, les représentations médiatiques du phénomène ou le traitement de certains cas spécifiques ont certainement un impact majeur à ce sujet. Ce traitement médiatique peut être amorcé par des groupes de pression comme des regroupements de citoyens, des commerçants, des politiciens et même des représentants des forces de l'ordre. D'autre part, des intervenants, des groupes populaires, les acteurs visés, etc., peuvent eux aussi tenter d'imposer leurs définitions de la situation, appeler à la compréhension et à la tolérance. Sur le plan de la construction symbolique des événements, ces rapports de force pourront mener à la transformation de situations en problèmes sociaux (Spector et Kitsuse, 1977) et même à la perception que certains problèmes doivent être gérés pénalement. Parfois cette construction se traduira par l'élaboration de politiques plus ou moins contraignantes en faveur de la répression ou de la tolérance. Il s'agira, par exemple, de politique de tolérance zéro par rapport à la consommation ou à la vente de drogue illicite, à la prostitution de rue, à la présence de certains groupes dans certains lieux, à l'exercice de certaines activités. Les itinérants, les jeunes de la rue, les « laveurs de pare-brise » ont été victimes de ce type de réaction.

LES ACTEURS EN CAUSE

L'identité des acteurs impliqués dans une situation problème, personnes dites déviantes et victimes, n'est pas un donné mais un construit, le résultat d'un processus de définition qui peut être antérieur ou subséquent à la mise en branle de ressources de contrôle. Cette construction n'est pas parfaitement libre ou arbitraire, mais elle se fonde sur des caractéristiques qui décrivent de façon apparemment objective ou neutre les personnes ou leur histoire antérieure. Ces caractéristiques sont à la fois concrètes (il s'agit d'un homme de race noire, jeune, etc.; d'une femme, blanche, dans la quarantaine, mal vêtue etc.; il porte une arme; elle consomme des médicaments psychiatriques), mais aussi de catégories sociales abstraites (le sexe, l'âge, l'appartenance ethnique ou raciale, l'appartenance de classe, le casier judiciaire, l'histoire psychiatrique). Ce sont ces catégories abstraites qui fondent le sens attribué aux caractéristiques « objectives » individuelles et qui déterminent les interprétations généralement disponibles et susceptibles d'être appliquées dans des cas bien concrets. Comme l'a souligné Zauberman (1982), les représentations sociales jouent un rôle très important dans la construction de l'identité des personnes désignées.

Des interprétations plus ou moins divergentes se trouvent en compétition pour déterminer le «sens» à donner au comportement et à son auteur.

On peut d'ailleurs considérer que les représentations sociales constituent des cadres interprétatifs largement automatiques, de là d'ailleurs toute leur puissance, qui font en sorte que, devant une situation objectivement similaire, ce sont ces attentes normatives qui prendront le dessus. À titre d'exemple, la facilité avec laquelle on reconnaît des signes de folie chez les femmes et la très grande difficulté que l'on semble éprouver à trouver les mêmes signes chez les hommes.

Les représentations quant à la «moralité», la responsabilité des acteurs jouent un rôle important, tant dans la désignation symbolique de l'événement que dans les modalités du contrôle social privilégiées. Si l'un des acteurs est un «bon à rien», un déviant, un délinquant, un rebelle, etc., il y a plus de chance qu'on interprète qu'il s'agit d'un «mauvais coup», qu'il a fait mal délibérément, «qu'il le savait», plutôt que de considérer qu'il s'agit d'une erreur, d'un accident, d'une situation fortuite ou d'un comportement louable. Le fait de demander de l'argent aux passants n'a pas le même sens s'il s'agit d'un «pauvre vieux», de pompiers qui font leur guignolée même en gênant la circulation ou d'un itinérant. On pense aussi plus facilement à une solution pénale pour le *bum*, le «pouilleux», le délinquant, celui qui est déjà connu de la police, etc. Dans notre étude sur les personnes souffrant de problèmes de santé mentale (Laberge *et al.*, 1995), on a constaté que le fait d'être perçu comme délinquant plutôt que comme malade favorisait la filière pénale.

Comme l'ont souligné Black (1976) et Horwitz (1990), le type de relation sociale entre les parties influence la signification des événements et les modalités de gestion des problèmes. Les conflits quant à l'interprétation d'une situation, d'un événement ont moins de chance de surgir entre intimes, entre gens qui partagent les mêmes valeurs, la même culture ou qui ont des intérêts communs. Les étrangers, les «marginaux», les itinérants ont plus de chances de voir leurs comportements ou les situations dans lesquelles ils sont impliqués définis comme inacceptables, intolérables, dangereux ou posant problème.

On a aussi plus tendance à «penser pénal» pour des étrangers, pour ceux qui ont peu de liens avec le groupe, pour ceux avec lesquels on partage peu de choses. Dans ces cas, les conflits, les disputes donnent rarement lieu à la conciliation parce qu'il y a peu de liens, de projets communs à maintenir et peu de pressions en vue de diminuer la tension, d'atténuer les situations conflictuelles ou d'en arriver à des compromis. La solution pénale, qui peut être mal appropriée et même dévastatrice pour ceux qui ont des liens étroits, est ici plus facilement perçue comme adéquate et même comme allant de soi.

Le pouvoir relatif des acteurs sociaux, individuels et collectifs, est un facteur central dans le processus de définition des situations et dans l'application du contrôle social. Ce pouvoir dépend des ressources relatives que peuvent mobiliser les acteurs. Les acteurs, qui ont un statut social important, qui jouissent d'un grand prestige, qui ont beaucoup d'éducation, qui possèdent un réseau social important, qui ont des ressources financières ou physiques peuvent plus facilement imposer leur définition de la situation face à ceux qui sont plus démunis. Il est plus facile pour un notable, un commerçant, un professionnel, un policier ou une coalition de ces acteurs d'imposer que telle situation est intolérable, dangereuse, inadmissible que pour des démunis, des itinérants, des jeunes de la rue de faire admettre que la situation ne cause pas de problèmes, n'est pas dangereuse, devrait être tolérée.

Cette répartition inégale des ressources facilitera aussi la solution pénale envers les plus démunis. Dans leurs cas, le contrôle social compensatoire est souvent peu adéquat parce qu'ils n'ont pas les ressources pour rembourser ou dédommager la victime. S'ils volent à l'étalage, ils n'ont pas d'argent ou de cartes de crédit pour corriger leur «bévue» ou négocier leur «oubli». De façon générale, ils peuvent plus difficilement «s'arranger» avec leurs victimes. Plus la situation entre les parties est inégalitaire, plus il sera aussi difficile d'avoir recours au contrôle social conciliatoire. Enfin, le contrôle social pénal est un style de contrôle qui s'exerce de façon coercitive et indépendamment de la volonté de celui auquel il est imposé. Ce contrôle s'applique généralement du haut vers le bas, du dominant au dominé (Horwitz, 1990; Black, 1976). Lors d'un conflit, d'une altercation, il est plus probable qu'un commerçant, un «honnête» citoyen réussisse à faire punir, à faire intervenir le système pénal envers un itinérant que l'inverse.

L'intervention d'une troisième partie peut être cruciale quant à la définition de la situation et à la façon d'y réagir (Black et Baumgartner, 1983; Emerson, 1992; Horwitz, 1990; Mather et Yngvesson, 1980-81; Emerson et Messinger, 1977). En particulier, une intervention «symétrique» dans une «dispute», un conflit, soit une intervention qui tente de tenir compte de façon égalitaire des doléances des deux parties, contribuera à établir qu'il s'agit d'un conflit interpersonnel dans lequel la responsabilité est partagée et qui doit être réglé par la négociation (Emerson, 1992; Horwitz, 1990). Par contre, une intervention «asymétrique» dans laquelle l'intervenant prend position pour l'une des parties aura tendance à transformer la «dispute», le conflit en déviance soit en définissant le comportement comme moralement répréhensible (délinquance), soit en statuant que les demandes, les prétentions d'une des parties sont l'expression d'un symptôme (maladie mentale) (Emerson, 1992). Il va aussi de soi que les visions du monde, les idéologies professionnelles et les moyens d'intervention de la tierce partie influenceront les solutions proposées. Un psychologue, un psychiatre, un conciliateur, un policier ne concevront probablement pas la situation de la même manière et ils ne proposeront pas non plus les mêmes solutions. La solution pénale sera plus facilement utilisée par le policier, tandis que le psychologue favorisera l'intervention de type thérapeutique. La création de l'Urgence psychosociale-justice, une équipe d'intervenants d'orientation psychologique dont l'objectif visait à éviter la judiciarisation des personnes pouvant souffrir de problèmes de santé mentale, émanait en partie de cette constatation (Laberge *et al.*, 1997).

On comprendra alors facilement que les personnes qui vivent dans la rue, dans des lieux publics où les policiers sont les intervenants privilégiés pour solutionner les situations problèmes, les conflits, soient très vulnérables à la définition pénale de leurs comportements.

LES SOLUTIONS DISPONIBLES

Les ressources disponibles pour faire face à une situation problème sont aussi essentielles dans un processus de définition et de résolution (Horwitz, 1990; Emerson, 1983; Zauberman, 1982), d'autant plus que, comme l'a souligné Aubert, «la forme du conflit peut être déterminée par les solutions disponibles» (1965, p. 83).

Sous cette rubrique il faut inclure tant les solutions informelles et formelles qui sont connues et disponibles aux membres du groupe primaire, aux proches, pour faire face à une situation problème que les éléments propres aux structures ou agences de contrôle qui sont susceptibles d'affecter leur usage.

Plus les membres du groupe primaire ont des ressources économiques, sociales et culturelles, plus ils peuvent trouver des moyens de gérer eux-mêmes des situations problèmes ou de s'occuper d'un de leurs membres qui a un comportement jugé inadéquat. Ils peuvent aussi plus facilement faire appel à un membre de leur réseau où ils ont une meilleure connaissance des ressources disponibles. Dans certains cas, l'appel à la police, le recours au système pénal devient la solution d'urgence ou celle de dernier recours et la situation problème sera définie comme une infraction pour que les agences pénales puissent intervenir.

C'est ainsi que des acteurs feront appel au système pénal comme modalité de contrôle social de dernier recours (Landreville *et al.*, 1998b). Ce type de criminalisation est initié, par exemple, par un appel à la police de la part d'un proche (famille, propriétaire, colocataire) ou par une agence de prise en charge, tel un hôpital ou une ressource d'hébergement. Le proche ou l'agence ne peut plus ou ne veut plus prendre en charge quelqu'un qui a un comportement inadéquat qui cause problème. Cet élément du réseau était jusque-là indispensable pour aider la personne à maintenir une certaine intégration, pour éviter un contrôle social étatique autoritaire de type pénal. Le réseau social s'étant érodé progressivement, les autres sources d'aide et de contrôle s'étant taries, le système pénal apparaît comme la ressource de dernier recours.

Si ce recours peut être une solution dans des situations de crise, parfois récurrentes, pour des personnes inadaptées qui font un va-et-vient entre leur famille, les agences sociomédicales et la rue, il peut parfois marquer la rupture avec le réseau naturel. L'appel à la police fait souvent suite à une longue histoire de comportements inadéquats. La famille, les colocataires ou l'hôpital se sentent incapables de continuer à supporter, à aider, à protéger la personne qui cause problème. La demande d'intervention peut être le signe d'un rejet non équivoque. Elle est, en effet, parfois accompagnée d'une requête auprès du tribunal pour qu'il ordonne à la personne de ne plus revenir à tel endroit ou de ne plus revoir telle personne.

Dans le cas d'une agence, l'intention peut être la prise charge, par le système pénal, de quelqu'un maintenant perçu comme un délinquant ou un individu dangereux, mais il peut aussi s'agir d'une stratégie de prise en charge, par une autre agence plus spécialisée, d'un cas jugé trop lourd, trop récalcitrant, grâce à l'intervention du tribunal. Même si l'intervention ne provoque pas une période d'itinérance ou une intervention pénale lourde, elle aura sans doute pour effet d'accroître la fragilité sociale de la personne ayant déjà des problèmes de santé mentale, de déficience intellectuelle ou de toxicomanie, en l'affublant de l'étiquette de délinquant et parfois de dangereux.

Par ailleurs, la visibilité et l'accessibilité des ressources, la complexité de leur utilisation, les limites idéologiques et matérielles qui y sont associées, les coûts financiers et personnels pour les utilisateurs et pour les personnes qui font l'objet de l'intervention, la vitesse de la réponse, la capacité des ressources de refuser ou non une affaire sont autant de considérations susceptibles d'affecter, en premier lieu, la décision de recourir ou non à une agence de contrôle formel et, en second lieu, le choix de la ressource que l'on tentera de mobiliser.

Comme on a pu le constater dans le cadre de nombreux travaux portant sur la judiciarisation des personnes souffrant de problèmes de santé mentale, la décision de la police d'opter pour la voie pénale plutôt que pour la voie médicale, lorsqu'elle est appelée sur les lieux d'un incident, est liée à la perception qu'a la police elle-même de la situation dans les hôpitaux, par exemple. Par ailleurs, les difficultés de procéder à un internement civil, la rareté des ressources hospitalières, l'inexistence ou la méconnaissance de ressources d'autre nature (psychosociale, par exemple), les contraintes dans l'organisation du travail policier sont autant d'aspects structuraux ou organisationnels qui affectent la décision de procéder à une pénalisation de la situation.

Sous cette rubrique, on peut aussi bien considérer les éléments objectifs du fonctionnement des différentes agences (nombre de lits, durée moyenne imposée pour l'intervention policière, limites légales pour utiliser certaines procédures) que les éléments subjectifs, c'est-à-dire l'interprétation qu'en font les acteurs. Cette interprétation, qu'elle soit correcte ou non, n'en affecte pas moins les décisions prises par les différentes personnes impliquées.

Si nous avons déjà mentionné l'identité du déviant et la nature de la situation, ces deux éléments sont largement imbriqués dans la lecture de la situation, d'une part, et dans le type d'intervention qui sera mis en branle, d'autre part. Comme le soulignent Emerson et Messinger (1977, p. 131), «definition can both shape and be shaped by response». Cette remarque est particulièrement importante dans les cas de situations floues ou ambiguës. En effet, la réponse apportée établit l'identité. Bien entendu, tous les types de réponses n'ont pas le même effet, mais dans le cas du système pénal l'effet est certain. Ainsi, les solutions utilisées, qu'elles soient un choix délibéré, une stratégie pour atteindre un autre but ou la seule solution disponible, participent à la construction de l'identité de la personne prise en charge et à la définition de la situation problématique. Par exemple, la personne que l'on fait arrêter, sous un prétexte futile, en vue de faciliter son placement dans une institution psychiatrique, acquiert, qu'on l'ait voulu ou non, l'identité de délinquante. «Penser pénal» n'est pas sans conséquence.

LA MISE EN FORME PÉNALE

L'orientation vers le système pénal constitue la première modalité d'interprétation de la situation. Ce choix n'est pas indifférent, dans la mesure où il transforme radicalement la signification initiale de l'affaire, autant que les éléments qui vont contribuer à la construire pénalement. C'est ainsi que les protagonistes deviennent des victimes, des témoins ou des suspects-accusés-délinquants. Cette restructuration générale de l'incident social de départ en affaire pénale se fait de façon précise à travers le choix d'un libellé, d'une catégorie d'accusation. Acosta (1987) a bien montré comment le matériau complexe d'une affaire fait l'objet d'un travail permettant l'ajustement de ses caractéristiques initiales aux exigences de catégories juridiques particulières. On peut donc voir le choix d'une accusation comme un second niveau d'interprétation, lui aussi soumis à des contraintes et à des motivations diverses.

Le travail d'interprétation qui consiste à choisir une catégorie d'infraction particulière est complexe. Or, le choix d'une telle catégorie ne procède pas de la simple traduction des caractéristiques de l'affaire en une formule générale, «l'accusation», qui dirait tout (à tout le moins, tout ce qui semble pertinent) sur elle-même. Cousineau (1992) s'est attardée à ce problème. Elle a procédé à l'examen minutieux d'un millier d'affaires entendues devant un tribunal de juridiction pénale. Elle a établi un système de correspondance entre un ensemble de caractéristiques (identité de la victime, présence de blessures, nature des dommages, utilisation d'une arme, présence de témoins, lieu de l'événement, etc.) et la nature de l'infraction retenue. Cette analyse lui a permis de montrer une absence de correspondance, et ce, dans les deux directions. En d'autres termes, une même configuration de caractéristiques donne lieu à une variété d'accusations différentes; une même accusation est le produit de plusieurs configurations différentes.

Au-delà d'un certain nombre de limites que pose l'affaire (le choix d'une accusation n'est pas qu'une question d'humeur, pas plus qu'il n'est totalement imprévisible), un ensemble de considérations rend possible ces choix variables : 1) les intérêts et le pouvoir des renvoyants; 2) les contraintes et les règles de la bureaucratie pénale; 3) les attentes externes.

Les intérêts poursuivis par les renvoyants

Les motivations poursuivies lors de la décision de porter une affaire à l'attention du système pénal dépassent largement la répression du crime et le retour à la loi et à l'ordre. La décision de renvoyer suppose déjà un premier niveau d'interprétation, une certaine mise en forme des caractéristiques de l'affaire qui rendent sa pénalisation possible, crédible. Mellinger (1992), analysant les interactions verbales entre les renvoyants et les responsables de la réception des appels dans un service de police, montre l'importance des éléments proposés pour justifier l'intervention de la police. Cette première mise en forme oriente, dans une certaine mesure, la lecture qui sera faite de l'événement par la police ou le procureur. Selon la nature des intérêts poursuivis par les renvoyants et la façon dont ils décrivent la situation, la police ou le procureur mettront donc l'accent sur certaines composantes, opérant un tri dans les accusations possibles. Une accusation de menaces de mort ou d'avoir causé des lésions corporelles met plus l'accent sur le danger que représente l'accusé qu'une accusation de voies de fait simple. La mention de la présence de violence lors d'une altercation a plus de chance de susciter l'intervention de la police qu'une simple présence «dérangeante» de personnes itinérantes. La victime qui veut se faire dédommager par les assurances a intérêt à mettre l'accent sur le fait qu'il y aurait eu effraction, s'il s'agit d'une condition dans son contrat d'assurance.

Les contraintes internes et les règles de la bureaucratie

Les exigences de la gestion quotidienne sont certainement aussi grandes que celles de la justice dans le fonctionnement du système pénal. Le choix d'une accusation répond aussi à ce genre d'exigence. Ce choix est d'autant plus important qu'il détermine le choix de certaines procédures, le type de preuve à établir, le caractère plus ou moins contesté sur le plan jurisprudentiel de certaines décisions.

Les exigences de rapidité, d'efficacité, la réduction des conflits entre les différents agents du système pénal deviennent à cette étape des priorités. Sudnow (1965) a très bien décrit les mécanismes à l'œuvre et qui permettent cette routinisation des procédures pénales : les *normal crimes* constituent des modèles préétablis qui permettent rapidement de définir une situation et de déterminer une accusation qui convienne à partir d'un nombre d'éléments relativement restreints. Ces *normal crimes* sont en quelque sorte des portraits-robots des affaires. La connaissance de ces portraits-robots s'acquiert avec l'expérience et elle est largement partagée par l'ensemble des intervenants. L'identité des personnes en cause est très importante dans ce processus de typification. Il y a, par exemple, déjà une liste d'infractions typiques pour qualifier les situations associées aux personnes itinérantes, dont on sait qu'elles ne seront pas contestées par les autres acteurs pénaux.

Dans certains pays, comme le Canada, les policiers jouent un rôle déterminant dans la construction légale des affaires. L'accusation qu'ils suggèrent dans leur «demande d'intenter des procédures» est ordinairement celle qui sera retenue par la suite. S'ils arrêtent un suspect et souhaitent que le juge ne le remette pas en liberté, ils porteront plutôt une accusation de vol qualifié (impliquant de la violence ou une menace de violence) qu'une accusation de vol simple. Dans nos recherches, nous avons aussi constaté (Landreville *et al.*, 1998a) que des policiers et des procureurs, qui souhaitaient faire imposer des traitements psychiatriques ou médicaux à des itinérants pour des raisons humanitaires, portaient des accusations assez graves pour justifier une demande d'examen psychiatrique en milieu fermé pour une durée possible de 30 jours. Dans d'autres cas, les policiers veulent mettre à l'écart, pour la plus longue période possible, certaines personnes sans domicile fixe qu'ils considèrent comme dérangeantes ou délinquantes et portent alors de très graves accusations, pour justifier une peine d'emprisonnement de plusieurs mois.

Les attentes externes

Les attentes externes, parfois exprimées directement, parfois interprétées par les agents du système pénal viennent aussi influencer la décision quant au choix de l'infraction. C'est ainsi que les attentes du public (ou de certains segments du public), à travers le porte-voix des médias, vont influencer le choix de la catégorie d'infraction. Ces pressions concernent généralement une affaire particulière (un événement sordide, une affaire particulièrement scandaleuse ou abusive) ou une catégorie particulière d'affaires (incident de violence conjugale ou d'abus à l'égard des enfants, par exemple). Ces pressions s'exercent généralement dans la direction d'accusations plus sévères. Certaines politiques guerrières de certains gouvernements contre la drogue, l'ivresse au volant ou la violence familiale, par exemple, ou certaines politiques de «nettoyage» contre les jeunes de la rue, les «laveurs de pare-brise» inciteront les policiers et les procureurs à porter certains types d'accusation qu'ils n'auraient pas portés dans d'autres circonstances.

Le fonctionnement de la bureaucratie pénale exige que des rapports harmonieux soient maintenus avec les différentes agences ou groupes avec qui elle collabore (Emerson, 1991). C'est donc dire qu'elle suppose un équilibre entre ces différentes contraintes, équilibre permettant d'éviter les conflits interorganisationnels qui risquent alors d'entraver les pratiques habituelles.

Le choix de l'accusation sera donc aussi déterminé par la lecture potentielle qu'en feront des systèmes associés. Dans certains cas, les accusations démontrent l'attention accordée aux demandes de partenaires privilégiés (renvoyants spécialisés, comme les agences de sécurité privée, par exemple) ou, dans d'autres, elles sont soit une réponse, soit une anticipation de certaines décisions (retour trop rapide dans la communauté de certaines catégories d'infracteurs, renvoi vers d'autres agences de clients difficiles ou dont le profil ne convient pas aux ressources en question).

CONCLUSION

La transformation d'un événement de la vie quotidienne en infraction pénale implique un processus de catégorisation qui se produit en deux étapes. En premier lieu, il faut construire l'événement pour qu'il relève du champ pénal. Par la suite, les agents pénaux ou certains renvoyants spécialisés préciseront que le comportement incriminé peut être défini comme étant telle ou telle infraction spécifique. Ces processus de construction ou de catégorisation ne sont pas sans conséquences.

La décision de faire sanctionner un comportement par le droit pénal a un effet très stigmatisant pour la personne visée. Dorénavant elle sera considérée comme délinquante, criminelle, différente des autres et parfois intrinsèquement mauvaise. La catégorisation utilisée pour définir son comportement a des effets beaucoup plus négatifs que si on l'avait défini comme relevant du droit civil ou d'un contrôle thérapeutique. La condamnation pénale, de nombreuses études[1] l'ont révélé, a des conséquences très sérieuses du point de vue légal, social, dans le domaine du travail, etc.

---

1. Voir entre autres: H. Dumont, «Le casier judiciaire: criminel un jour, criminel toujours?», *in* A. Poupart (Sous la dir. de) *Le respect de la vie privée dans l'entreprise* (p. 105-140), Montréal: Thémis, 1996.

Le libellé de l'infraction et le nombre d'accusations concernant un événement ont aussi des répercussions tant à l'intérieur qu'à l'extérieur du processus pénal. À court terme, ces éléments auront un poids déterminant sur la décision de remettre le prévenu en liberté, sur ses moyens de défense, sur le plaidoyer, sur la sentence, sur les modalités de sa libération le cas échéant, etc. Une accusation formulée en termes de violence pourra contribuer à faire reconnaître la personne comme dangereuse avec toutes les réactions que cela entraîne, même à très long terme.

Nul doute que l'usage de la catégorie pénale et des catégories du pénal est un des processus de construction le moins remis en cause, le plus «naturalisé», mais le plus lourd de conséquences. Les personnes itinérantes, les sans-pouvoir sont très vulnérables à ce processus de construction.

RÉFÉRENCES

ACOSTA, F. (1987). De l'événement à l'infraction : le processus de mise en forme pénale. *Déviance et société, 11* (1), 1-40.

AUBERT, V. (1965). *The Hidden Society.* Totowa, N. J. : The Bedminster Press.

BAUMGARTNER, M.P. (1988). *The Moral Order of a Suburb.* New York : Oxford University Press.

BLACK, D. (1973). The Mobilization of the Law. *The Journal of Legal Studies, 2* (1), 125-149.

BLACK, D. et M.P. BAUMGARTNER. (1983). Toward a Theory of the Third Party. *In* K.O. Boyum et L. Mather (Eds), *Empirical Theories About Courts.* New York : Longman.

BLACK, D.J. (1976). *The Behavior of Law.* London : Academic Press.

COUSINEAU, M.-M. (1992). *Processus décisionnel et détermination des trajectoires judiciaires : analyse du cheminement d'une cohorte de justiciables.* Thèse de doctorat en sociologie. Université du Québec à Montréal, Montréal.

DUMONT, H. (1995). Le casier judiciaire : criminel un jour, criminel toujours ? *In* A. Poupart (Sous la dir. de), *Le respect de la vie privée dans l'entreprise* (p. 105-140). Montréal : Thémis.

EMERSON, R.M. (1991). Case Processing and Interorganizational Knowledge : Detecting the «Real Reasons» for Referrals. *Social Problems, 38* (2), 198-212.

EMERSON, R.M. (1992). Disputes in Public Bureaucracies. *Studies in Law, Politics, and Society, 12,* 3-29.

EMERSON, R.M. (1983). Holistic Effects in Social Control Decision-Making. *Law and Society Review, 17* (3), 425-455.

EMERSON, R.M. et S.L. MESSINGER. (1977). The Micro-Politics of Trouble. *Social Problems, 25* (2), 121-134.

HORWITZ, A.V. (1990). *The Logic of Social Control.* New York: Plenum Press.

LABERGE, D., P. LANDREVILLE, D. MORIN et L. CASAVANT. (1997). *L'urgence psychosociale. Évaluation de la période de rodage* (Rapport de recherche soumis à la Régie régionale de la santé et des services sociaux de Montréal-Centre). Montréal: École de criminologie, Université de Montréal. Dép. de sociologie, Université du Québec à Montréal, 91 p.

LABERGE, D., P. LANDREVILLE, D. MORIN, M. ROBERT et N. SOULLIERE (1995). *Maladie mentale et délinquance: deux figures de la déviance devant la justice pénale.* Montréal: Presses de l'Université de Montréal.

LANDREVILLE, P., D. LABERGE et D. MORIN. (1998a). La criminalisation et l'incarcération des personnes itinérantes. *Nouvelles pratiques sociales, 11* (1), 69-81.

LANDREVILLE, P., D. LABERGE, D. MORIN et L. CASAVANT. (1998b). Logique d'action et fonctions de la prison: l'exclusion des itinérants par le droit pénal. *In* P. Robert (Sous la dir. de), *La gestion sociale par le droit pénal. La discipline du travail et la punition des pauvres. Actes de la 8ᵉ journée de droit social et du travail* (p. 153-171). Cowansville: Les Éditions Yvon Blais inc.

MARSHALL, T. et S. FAIRHEAD. (1979). How to Keep Homeless Offenders Out of Prison. *New-Society, 49* (885), 616-617.

MATHER, L. et B. YNGVESSON. (1980-1981). Language, Audience, and the Transformation of Disputes. *Law and Society Review, 15* (3-4), 775-821.

MELLINGER, W.M. (1992). Accomplishing Fact in Police «Dispatch Packages»: The Situated Construction of an Organizational Record. *Perspectives on Social Problems,* 4, 47-72.

SPECTOR, M. et J.I. KITSUSE (1977). *Constructing Social Problems.* Menlo Park, Calif.: Cumming.

STINCHCOMBE, A.L. (1963). Institutions of Privacy in the Determination of Police Administrative Practice. *American Journal of Sociology, 69* (2), 150-160.

SUDNOW, D. (1965). Normal Crimes: Sociological Features of the Penal Code in a Public Defender Office. *Social Problems, 12* (3), 255-276.

WASHBROOK, R.A. (1970). The Homeless Offender: An English Study of 200 Cases. *International Journal of Offender Therapy and Comparative Criminology, 14* (3), 176-184.

ZAUBERMAN, R. (1982). Renvoyants et renvoyés. *Déviance et Société, 6* (1), 23-52.

CHAPITRE 8

Trois vilains petits canards.
Étude sur la filiation de parenté
et la désaffiliation sociale

par Rose Dufour, avec la collaboration de Brigitte Garneau

> L'individu est le produit d'une histoire
> dont il cherche à devenir le sujet.
> Michel Bonetti (1994)

Par un beau jour d'été, au bord de la mare paisible d'une vieille ferme, une cane couvait ses œufs en attendant qu'ils éclosent. Un premier œuf commença à se fendiller, puis un second, et un autre encore. Les canetons commençaient à sortir la tête de leur coquille. La maman remarqua alors un œuf qui n'avait pas bougé. Cet œuf était plus gros que les autres et d'une étrange couleur grise. Elle soupira et allait se recoucher sur son nid quand une vieille cane vint à passer et lui demanda des nouvelles de ses petits. «À votre place», dit-elle, «je ne m'occuperais pas de cet œuf. On dirait un œuf de dinde. Il m'est arrivé une fois d'en couver un sans faire attention et je n'ai eu que des ennuis. Vous feriez mieux de le laisser et d'aller apprendre à nager à vos enfants.» Mais la maman cane répondit qu'elle avait déjà passé tant de temps à couver qu'elle pouvait bien rester un peu plus longtemps sur son nid. Soudain, elle entendit un grand craquement et vit surgir le dernier caneton. Il était deux fois plus grand que les autres et ses plumes, au lieu d'être jaunes, étaient toutes grises. Comme il était bizarre! Bien qu'étant sa mère, elle reconnut qu'il était plutôt vilain.

Ce conte d'Andersen, *Le vilain petit canard,* parle d'itinérance. Qui est ce vilain petit canard? D'où vient-il? Où va-t-il? Ses origines sont-elles les mêmes que celles de ses sœurs et frères ou vient-il d'ailleurs, comme le prétend la vieille cane expérimentée du récit? En quoi est-il différent? Sa différence est-elle superficielle ou profonde? Loge-t-elle dans le regard de l'autre ou provient-elle de sa nature profonde? À l'instar du vilain petit canard, qui est l'itinérant? D'où vient-il? Comment est-il devenu itinérant? L'itinérance frappe-t-elle, à la manière d'une maladie infectieuse, n'importe qui, n'importe quand? Pour amorcer des réponses à ces questions, je suis allée rencontrer des itinérants dans un refuge et je me suis intéressée à leur histoire et à leur généalogie. Dans ce premier temps, par souci d'approfondissement, que je justifie plus loin, je me suis concentrée sur l'histoire d'hommes itinérants. Je raconterai, trop brièvement, l'histoire de trois d'entre eux. Précisons donc d'abord dans quelle perspective.

ITINÉRANT ET ITINÉRANCE : CLARIFICATIONS SUR LES TERMES

Les définitions et dénominations du mot *itinérant* ont beaucoup varié selon les décennies (Fournier et Mercier, 1996, p. 38). D'abord, le terme est plus souvent qu'autrement utilisé à défaut d'un meilleur pour désigner toutes sortes de personnes au profil diversifié. Tous les auteurs s'entendent pour reconnaître le caractère polysémique du terme qui désigne des réalités diversifiées (Laberge et Roy, 1994, p. 940). Souvenons-nous des termes maintenant désuets de «clochard» et de «vagabond»; de celui de «sans abri» qui, au Québec, s'écarte de la réalité qu'il veut désigner puisque le phénomène des sans-abri permanents n'y existe pas (Simard, 1990, p. 4; Lamontagne *et al.*, 1987), sans doute à cause du climat, qui rend la chose presque impossible l'hiver, mais aussi parce que des refuges y sont disponibles. Le terme *itinérant* existe dans *Le Petit Robert* alors que celui d'*itinérance* en est absent. L'étymologie en est le latin *itinerari*, qui signifie, au sens littéral, voyager, se déplacer. Selon cette source, l'itinérant serait celui qui se déplace, qui va de lieu en lieu, alors que Mercier *et al.* (1994, p. 745) précisent qu'en réalité les itinérants ont une mobilité géographique beaucoup moins importante qu'on pourrait le croire. Un autre phénomène social émerge dans les grandes cités occidentales depuis plus d'une décennie, celui des *jeunes de la rue*. Ces jeunes sont-ils des itinérants ou des «errants», comme le propose Côté (1991, p. 39)?

Pour contrer ce problème de définition, les chercheurs se donnent des définitions opérationnelles basées parfois sur la fréquentation d'un refuge (Simard, 1990, p. 4) ou la «clientèle des ressources reconnues comme accueillant des personnes itinérantes» (Fournier *et al.*, 1998); d'autres fois sur l'absence d'un logement (les itinérants deviennent alors des sans-abri, des sans-domicile fixe); d'autres fois sur la précarité économique, sur les difficultés de fonctionnement, etc. (Laberge et Roy, 1994, p. 94). Chaque définition relève d'une vision ou d'une perspective qui, elle-même, n'est pas neutre puisqu'elle est porteuse d'enjeux politiques, sociaux et économiques. Toutes ces définitions appartiennent aux groupes qui ont des préoccupations immédiates de charité, d'assistance, de maintien de l'ordre public, de répression, de contrôle social, qui, chacune à leur manière, expliquent l'itinérance.

Au total, cependant, la littérature demeure silencieuse sur une désignation : celle que les intéressés se donnent d'eux-mêmes. Alors que nous les désignons *itinérants,* nous ne savons rien de la manière dont ils se désignent et se définissent eux-mêmes. La recherche exploratoire que j'ai effectuée indique qu'aucun d'entre eux ne se définit lui-même comme un *itinérant* mais qu'ils en désignent d'autres ainsi. Lorsque je leur ai demandé, et j'en profite pour préciser le concept que je retiens, à eux qui n'avaient pas de domicile personnel, qui étaient refusés dans les ressources populaires existantes et qui se retrouvaient, au sens littéral du terme, dans la rue : « Es-tu un itinérant ? », la réponse, invariablement, était : « Non, moi je ne suis pas un itinérant. » « Pourquoi ? C'est quoi, un itinérant pour toi ? » « Un itinérant, c'est quelqu'un qui va d'une place à l'autre, qui vit au jour le jour et qui va se nourrir à la soupe populaire. » « Toi, qui es-tu ? » « Je suis démuni. C'est temporaire ». On aura noté qu'être *itinérant*, dans cette vision, est un mode de vie basé sur le déplacement et la précarité économique. L'approche globale et complexe du phénomène de l'itinérance exige d'inclure la définition autochtone de l'itinérance : phénomène que ceux qui s'y identifient ou non créent. Il convient d'ailleurs dans ce sens de tenter une *phénoménologie*, beaucoup plus raffinée, ce dernier exercice constituant à lui seul un formidable projet de recherche dont la contribution pourrait être fort précieuse en vue d'une démystification de ce concept désespérément fourre-tout.

Production sociale de l'itinérance : état de la question sur les théories explicatives

Les théories sur la production de l'itinérance expliquent le processus d'exclusion sociale comme un effet de deux facteurs combinés, le premier étant structural et procédant de facteurs économiques (recomposition du marché de l'emploi et des politiques), le second concernant davantage la dimension proprement personnelle des individus touchés (Fournier et Mercier, 1996). De cette dynamique ressortent trois types d'explication de l'itinérance : 1) l'explication économique : la pauvreté conduit à l'itinérance ; 2) l'explication psychosociale : la position sociale mène à l'itinérance ; et 3) l'explication complexe : c'est une dynamique entre des déterminants sociaux, l'histoire familiale et l'action du sujet qui conduit à l'itinérance.

L'explication économique : la pauvreté conduit à l'itinérance

La pauvreté économique et l'exclusion sociale sont inextricablement liées (Castel, 1995a, b ; McAll, 1995 ; Lesemann, 1994). Dans un ouvrage synthèse sur les sans-abri et un chapitre consacré aux facteurs explicatifs de l'itinérance/exclusion, Mercier (Fournier et Mercier, 1996, p. 37) résume que l'itinérance, abordée en termes structuraux, est surtout reliée à des facteurs économiques et politiques, donc reliée à l'idéologie sociale, alors que la question des facteurs individuels semble plus difficile à poser en dehors d'une position idéologique (*idem*, p. 28). Mercier avance une typologie des théories de l'étiologie de l'itinérance qui passent de l'étiologie individuelle (théorie des carences sociales, théorie de la dégringolade) à l'étiologie sociale (théorie de la désaffiliation, théorie de la vulnérabilité) jusqu'au modèle écologique.

Dans la perspective économique, on explique que la pauvreté est en lien avec l'insertion professionnelle qui à son tour agit sur l'intégration sociale (Castel, 1995a, b, 1994, 1991 ; Roy, 1995 ; Lesemann, 1994), le travail étant un moyen puissant d'intégration sociale (Snow et Anderson, 1987). Les milieux politiques et institutionnels, qui partagent cette perspective économique, considèrent les personnes désinsérées comme des individus qu'il faut aider en leur donnant un emploi, une formation et en leur fournissant les moyens de réintégration sociale.

Sans négliger ni minimiser l'importance de l'économique, cette perspective suggère au moins trois commentaires. D'abord, l'échec des programmes de réinsertion sociale démontre la limite de cette logique, comme le soulignent, entre autres, de Gaulejac et Leonetti (1994, p. 23), qui soutiennent que penser l'insertion sociale uniquement en termes de revenu et d'emploi exclut et nie le droit et le choix personnel d'une vie où le travail n'est pas la valeur centrale. Brièvement, l'exclusion conduit à la pauvreté, la pauvreté conduit à différentes formes d'exclusion, mais l'explication économique ne suffit pas à elle seule à expliquer la désinsertion sociale. Selon eux, trop de questions demeurent sans réponses. Comment s'effectue la désinsertion : petit à petit ou brusquement ? Quels sont les événements qui l'entourent, la précèdent, en précipitent l'échéance ? Comment l'institutionnel contribue-t-il, ralentit-il ou accélère-t-il le processus ? Si la désinsertion apparaît insupportable du point de vue de la société, qu'en est-il du point de vue de l'acteur ? N'y a-t-il pas erreur fondamentale à considérer tous les cas de désinsertion comme étant similaires ? Le phénomène de l'itinérance n'est-il que négatif ? Ne peut-il pas contenir la manifestation d'une société nouvelle en émergence où le travail n'est plus la seule valeur centrale ? La rupture des liens sociaux est-elle une conséquence ou une cause de la désinsertion sociale ?

L'explication psychosociale : la position sociale mène à l'itinérance

La perspective psychosociale approfondit les processus compréhensifs de la désinsertion (Baumann et Grigshy, 1988 ; Lamontagne *et al.*, 1987 ; Snow et Anderson, 1987 ; Barh, 1973, 1970). Dans cette perspective, on trouve des recherches de types épidémiologique et médical où l'interaction est placée entre l'individu et l'environnement immédiat afin de circonscrire les déterminants de l'itinérance. Ces déterminants sont de plusieurs ordres. Dans leur synthèse, Fournier et Mercier (1996) dégagent des facteurs reliés à la structure, à la composition et au climat de la famille des itinérants. On argumente sur les problèmes familiaux et le manque de communication, sur les problèmes maritaux des parents et/ou de leur absence dans la vie de leurs enfants, sur les conflits familiaux qui aboutissent à une éviction du foyer parental et qui entraînent le placement en famille d'accueil, en centre d'accueil, en institution résidentielle ou l'incarcération. Mais, notent certains auteurs, si un grand nombre d'itinérants a subi une forme quelconque d'abus physique, sexuel et/ou émotionnel, certains proviennent aussi d'une famille intacte. Il faut donc reconnaître que, d'une certaine façon, l'explication psychosociale conduit à la victimisation de l'individu par rapport au système social. D'une autre façon, elle oriente l'étiologie vers la faiblesse personnelle de l'individu qui, elle, ouvre aux approches psychologique et psychanalytique pour expliquer la désinsertion en termes de force ou de faiblesse personnelle pour finalement aboutir à la thérapie comme mécanisme de réinsertion.

L'explication complexe : une dynamique entre les déterminants sociaux, l'histoire familiale et l'action du sujet conduit à l'itinérance

La perspective complexe va plus loin en considérant simultanément la désinsertion sous ses doubles aspects d'état et de processus, qui impliquent une interaction constante entre l'histoire familiale, les déterminants sociaux et l'action du sujet (Roy, 1997, 1995 ; de Gaulejac et Leonetti, 1994, p. 219 ; de Gaulejac et Roy, 1993). Elle tient globalement sous contrôle trois dimensions : économique (le travail et les ressources), sociale (l'intégration de l'individu dans des groupes primaires et dans la société globale) et symbolique (les représentations collectives, les normes et les valeurs communes). Les tenants de cette perspective sont Roy, au Québec, et de Gaulejac et Leonetti, en France. Avec eux, la désinsertion sociale apparaît être le résultat d'un parcours qui s'inscrit dans les étapes de vie de l'histoire du sujet. Ils rejettent les modèles micro ou psychosociologiques qu'ils jugent utiles, mais trop réducteurs de la réalité, et expliquent la désinsertion par la lourdeur des déterminants sociaux et par la loi des grands nombres.

L'approche proposée

La démarche que je propose se situe en prolongement des travaux de Roy (1995) et ajoute une approche complémentaire à la sienne, celle de la théorie de la parenté. Celle-ci permet d'aborder le traitement social des relations généalogiques et les façons sociales, pour un individu, de se lier, se relier, se délier et se re-relier.

Roy, par la synthèse qu'elle effectue des théories explicatives de l'exclusion sociale, reformule entièrement le problème de l'itinérance. Elle propose que l'exclusion ne soit pas seulement vue comme un état, ni assimilée au processus de mise en marge sociale, mais que le terme *exclusion* soit réservé à l'étape ultime du processus en question (1995, p. 74). Ensuite, elle considère le phénomène dans sa dynamique propre et suggère de le représenter dans un espace multidimensionnel qui comprend deux axes différents. Le premier est un axe horizontal. Il se présente comme un continuum qui s'étend de l'insertion à l'exclusion. Dans l'espace entre les deux, elle propose d'inscrire les lieux de rupture des points d'ancrage de l'insertion qui aboutissent à désinsérer la personne, tant sur le plan social, sur le plan économique, sur le plan du milieu d'appartenance et sur le plan du réseau relationnel de la personne. Ces lieux de rupture prennent la forme de disqualification, de désaffiliation, de marginalisation. C'est sur cet axe qu'elle inscrit l'itinérance, «au point maximal d'éloignement du pôle d'insertion», l'itinérance étant «une forme exemplaire d'exclusion» (1995, p. 77). Le deuxième axe (elle le veut vertical au premier) représente la réaction personnelle, individuelle et psychologique de la personne vis-à-vis des événements de rupture. J'ai modélisé, dans le schéma suivant, la formulation de Roy.

SCHÉMA 1
Modélisation du processus de désinsertion sociale
selon la formulation de Roy (1995)

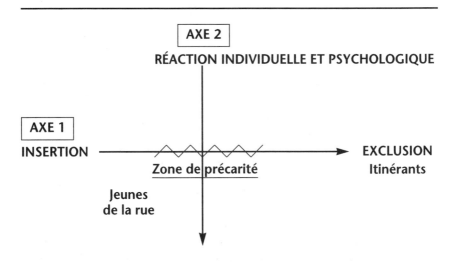

La modélisation permet de concevoir les phénomènes à l'étude dans leur globalité. Elle me permet aussi trois commentaires qui supportent et poursuivent la formulation de Roy. D'abord, elle aide, par extension logique, à clarifier et à distinguer deux phénomènes sociaux différents qui sont souvent assimilés à un seul, celui des *jeunes de la rue* et celui des *itinérants*. Si, comme le propose Roy, on accepte que les *itinérants* se situent au pôle extrême du processus de désinsertion sociale, on peut convenir que les *jeunes de la rue* n'ont pas nécessairement atteint ce point et se situent, selon le cas, quelque part sur l'axe insertion/désinsertion. Ainsi, certains se retrouvent au début d'un processus de désinsertion sociale, comme «des errants engagés sur la voie pouvant conduire à l'itinérance et à ses conséquences» (Fournier et Mercier, 1996, p. 133 ; Roy, 1995, p. 76) alors que d'autres se situent plus en aval vers le pôle de l'exclusion. La différence entre l'un et l'autre trouve son explication à la fois dans la durée et la répétitivité des ruptures qui ralentissent ou accélèrent ce passage de l'errance à l'itinérance des jeunes de la rue, mais aussi dans les choix, les décisions et l'histoire personnelle de chacune des personnes. Cette distinction entre *itinérants* et *jeunes de la rue* est importante dans la mesure où elle rend possible l'intervention préventive du passage de l'errance à l'itinérance.

Le deuxième commentaire est que la modélisation permet de questionner le processus d'insertion et de désinsertion sociale. Telle que formulée, la proposition actuelle de Roy laisse supposer qu'avant d'être soumises au processus de désinsertion, toutes ces personnes ont d'abord été insérées. Pourtant, l'insertion sociale n'est pas automatique. Elle est socialement construite. Dès lors, on conçoit que certaines personnes ne sont pas insérées dans leur groupe d'origine (Dufour, 1997), à savoir la famille, premier lieu de la socialisation. C'est ce que je documenterai dans ce texte à l'aide de l'anthropologie de la parenté. Les anthropologues s'intéressent au traitement social des relations généalogiques et la théorie de la parenté permet de comprendre l'insertion à partir des concepts de filiation, de germanité, d'alliance, de résidence et d'héritage. Cette théorie nous permet d'avancer que, si des personnes sont privées d'inscription dans leur système de parenté, elles sont du même coup privées de l'apprentissage et des habiletés qu'il confère pour se lier, se relier, se délier, se re-relier aux autres. Cette hypothèse conduit au troisième commentaire.

La modélisation discerne les aspects sociologiques des phénomènes à l'étude des aspects psychologiques. Concernant les dimensions sociologiques, Roy les situe sur l'axe horizontal. Quant aux aspects plus proprement psychologiques, elle les situe sur l'axe vertical. Cette distinction étant faite, ce qui nous intéresse ensuite, c'est la documentation de l'articulation de ces deux axes, qui sont aussi l'articulation entre l'individuel et le social qui conduit à ce que de Gaulejac a appelé le «bouclage entre les structures mentales et les structures sociales» (de Gaulejac et Leonetti, 1994, p. 219). Pour questionner cette articulation, je propose la mise à jour des mécanismes primaires d'insertion sociale dans la parenté pour la mettre ensuite en relation avec la désinsertion sociale. La littérature sur l'itinérance a clairement établi que les itinérants sont plus souvent qu'autrement en rupture avec leur famille d'origine mais aucune recherche n'a encore documenté, chez ceux-ci, la construction des liens d'appartenance à la famille. Il ne s'agit donc pas de documenter les caractéristiques des itinérants ou de leurs familles mais de s'intéresser plutôt aux liens, aux façons de se lier et de se délier dans toutes leurs relations familiales. Cette façon de procéder donne accès à un grand pan de l'univers social de l'individu qui se trouvera ainsi décrit.

Pour comprendre cette approche, il ne faut plus voir la famille comme une simple structure mais comme un système de parenté en affirmant que celui-ci n'est pas construit seulement des relations entre le père, la mère et leurs enfants mais est constitué des relations sociales basées sur la filiation, la germanité, l'alliance, la résidence et l'héritage. La filiation est la «règle sociale qui définit l'appartenance d'un individu à un groupe, [...] et les positions réciproques de ses membres» (Héritier-Augé, 1994, p. 17). La germanité, elle, précise les règles des rapports entre les frères, les sœurs et, par extension, entre les cousins et les cousines. Quant à l'alliance, elle détermine les règles d'échanges matrimoniaux qui «classent pour tout individu ses consanguins de l'autre sexe en épousables et en inépousables» (*ibid.*, p. 17). Les règles de résidence, pour leur part, définissent avec quels groupes de parents l'individu peut habiter alors que les règles d'héritage (l'héritage est entendu ici dans le sens restrictif de transmission des biens sans inclure la transmission des fonctions et des rôles) fixent le statut juridique des personnes apparentées. Ces règles agissent sur l'attribution du nom, définissent les termes d'adresse et de référence, désignent la place et le statut de chacun, agissent sur leurs rôles, et sur les relations avec le père, la mère, les oncles, les tantes et construisent la personne dans son identité personnelle et sociale (Garneau, 1988, 1980; Collard, 1985).

La filiation «est une donnée qui semble aller de soi dans la mesure où elle nous semble biologiquement fondée, ce qu'elle n'est pas» (Garneau, 1988, p. 19), car les modalités qui déterminent ceux qui sont apparentés entre eux sont de l'ordre de la culture (Lévi-Strauss, 1973). Dans la société québécoise, la filiation est bilatérale (traduction de *bilateral descent*) qu'on désigne aussi par filiation indifférenciée ou filiation cognatique (Fox, 1972, p. 48), et on reconnaît que nous sommes apparentés à nos pères et mères, à nos quatre grands-parents et à nos huit arrière-grands-parents, etc. (Maranda, 1974). Dans cette vision, «la parenté est comptée dans les deux sens» [du père ou de la mère], en ligne ascendante ou descendante, «sans souci de linéarité sexuelle» (Augé, 1975, p. 63). Soulignons que cette façon de concevoir la filiation est loin d'être universelle. Certains peuples ne reconnaissent que la filiation patrilinéaire alors que d'autres ne reconnaissent que la filiation matrilinéaire et d'autres encore, que la filiation bilinéaire (différente de bilatérale), avec des conséquences structurales fondamentalement différentes sur le plan de la désignation des consanguins. Le système de parenté dépasse le triangle œdipien (les trois termes qui le constituent sont: papa, maman, *ego*[1]) pour englober l'ensemble des règles qui gouvernent les rapports entre les sexes et entre les générations des membres d'un groupe se définissant comme apparentés; une inscription dans ce que Lévi-Strauss (1947/1973, p. 103) a appelé «l'atome de parenté, un système quadrangulaire de relations entre frère et sœur, mari et femme, père et fils, oncle/tante/ neveu/nièce», etc. Pour que la personne soit inscrite dans un réseau d'échange, un quatrième terme est nécessaire au triangle œdipien (Garneau, 1985, 1980).

C'est l'approfondissement du système de parenté de l'itinérant qui permettra de mettre à jour, à l'intérieur du processus de développement de l'enfant à la socialité, le processus qui lui donne ou lui refuse les clés qui le relient ou le délient au social en montrant son inscription ou sa non-inscription à au moins trois générations en ligne ascendante, descendante et collatérale. L'individu s'inscrit socialement dans tout système social, d'abord en s'inscrivant dans un système de parenté (Fox, 1972). Ainsi, l'objet de cette recherche est d'explorer la pertinence de cette perspective anthropologique en vérifiant la mémoire généalogique de ces hommes car, au Québec, les femmes, ainsi que les célibataires religieux, ont souvent une meilleure mémoire généalogique. Deux questions sont approfondies: 1) Ces itinérants ont-ils une bonne mémoire généalogique? 2) Sont-ils inscrits dans leur réseau de parenté? Ensuite, une fois l'individu situé dans son système de parenté, c'est la qualité de sa socialité (Fortin *et al.*, 1985) qui est examinée. Celle-ci est documentée en enquêtant sur son inscription dans son système de parenté, son intégration avec sa participation à ce réseau: invitation, acceptation/refus, échange.

C'est donc l'analyse du parcours de la vie d'itinérants et la vérification de leurs racines personnelles qui sont les moyens utilisés pour comprendre leur insertion ou leur désinsertion. D'une part, les récits de vie nous amènent à voir la personne dans une perspective de sujet. D'autre part, la généalogie et l'analyse de la parenté permettent de le voir dans son système de parenté pour découvrir quelles règles (de filiation, de germanité, d'alliance, de résidence et d'héritage) sont à l'œuvre dans son insertion ou sa désinsertion sociale. La théorie de l'anthropologie de la parenté permet de découvrir les règles sociales d'une culture donnée et de la première inscription de l'individu dans un

---

1. Désigne la personne de référence pour construire la généalogie.

groupe, à travers l'unité de filiation, le groupe des germains, le groupe des alliés et le groupe des résidents. En résumé, deux niveaux sont considérés : d'abord, le regard que la personne porte sur elle-même, un discours subjectif – son histoire de vie : « comment tu t'expliques à toi-même que tu en es là ? » ; ensuite, des données objectives fournies par la mémoire généalogique. La généalogie est utilisée ici à la fois comme une méthode et comme un objet d'étude, comme une représentation personnalisée qui permet de définir et de légitimer le statut de cette personne. Finalement, précisons encore que cette perspective se réclame d'une perspective existentielle, au sens où elle est « avant toute chose concernée par la compréhension de l'expérience subjective des personnes et de leurs actions concrètes dans le monde, en étant attentifs aux événements, aux expériences et aux actions de la vie de tous les jours » (Pauchant, 1995, p. 329). C'est là à la fois l'originalité, le défi et le parti pris de cette démarche qui veut comprendre la désinsertion « sociale en reconnaissant valide le discours des exclus, habituellement objets de recherche, pour qu'ils prennent la place de sujets de leur propre histoire » (Binet et Sherif, 1988). C'est l'approche anthropologique en tant que position du sujet qui prédomine ici. Sur le plan méthodologique, la restriction aux hommes itinérants s'explique par la contrainte qu'entraîne le genre sexuel de l'individu qui oriente l'ensemble des relations et des rapports de parenté dans un sens donné.

En lien avec la filiation, la germanité, l'alliance, la résidence et l'héritage, j'avance les cinq hypothèses suivantes qui seront analysées dans les trois récits de vie retenus.

- Concernant la filiation : l'itinérant présente un trouble de la filiation, il n'est pas inscrit dans son unité de filiation.

- Concernant la germanité : l'itinérant n'est pas inscrit dans son groupe de germains.

- Concernant l'alliance : sur le plan sexuel comme sur le plan matrimonial, l'itinérant n'est pas inscrit dans une relation d'échange.

- Concernant la résidence : l'itinérant se montre incapable d'autonomie résidentielle, il dépend de la résidence des parents puis des refuges publics.

- Concernant l'héritage : l'itinérant se montre incapable de le gérer ; il le refuse ou s'en départit.

TROIS VILAINS PETITS CANARDS : « S'IL N'Y AVAIT PAS EU LA RUE… OÙ SERAIS-JE ALLÉ ? »[2]

Le lendemain matin, elle [la maman cane] conduisit ses petits à la mare pour leur apprendre à nager. Le vilain petit canard sauta tout de suite dans l'eau et se mit à barboter sans problème. Ce n'est certainement pas une dinde, se dit la maman cane, il ne nagerait pas comme cela. Et au fond, si on le regarde bien, il n'est pas si vilain ! Dans la cour de la ferme, les canetons furent très obéissants. Les autres canards les observaient attentivement. Puis l'un d'eux finit par déclarer : « Vos canetons sont très bien élevés. Et ils sont très beaux – à l'exception du gros gris. C'est le plus vilain petit canard que j'aie jamais vu. » Tous les autres canards de la ferme se mirent à rire ; même ses frères et sœurs se moquèrent de lui. […] Les autres s'habituèrent très vite à la vie de la basse-cour. Le vilain petit canard, lui, était très malheureux car ses frères et sœurs le mordaient sans cesse et lui donnaient des coups de patte. Les plus vieux le chassaient. Les coqs et les poules le frappaient de leur bec pointu. Jusqu'à sa mère qui osa dire un jour qu'elle regrettait de l'avoir couvé ! Quand il entendit cela, le vilain petit canard décida de s'enfuir. Il se glissa sous la barrière et partit dans les champs.

Commence alors pour lui un parcours misérable et difficile. Il n'est pas préparé à la vie qu'il vient de choisir. On ne se prépare pas à ce genre de vie. Il est sans moyen, sans ressource : ni matérielle, ni relationnelle, ni expériencielle. Qui, d'ailleurs, peut définir ou qualifier cette force qui pousse le *vilain petit canard* en avant ? Certains pourraient préférer subir leur mauvais sort, d'autres, choisir la mort alors que lui est poussé à partir. Son itinérance le conduira successivement chez les canards sauvages, puis dans une chaumière où cohabitent un chat et une poule, etc., qui, tour à tour, exigent de lui la conformité à leur mode de vie, à leurs façons de voir et de se comporter. Malgré sa bonne volonté, le *vilain petit canard* ne peut se soumettre à leurs exigences. Ce serait trahir sa nature profonde. Fidèle à lui-même et à sa quête, au prix même de sa vie, il reprend la route.

Le parcours de vie, cette fois de trois hommes itinérants, s'offre en lecture. Les trois, comme de vilains petits canards, Pierre-André, l'œuf différent, celui qui ne ressemble à personne de la famille, Jean-Guy, celui qui « colle à mort ses parents », et Éric[3], l'enfant unique, racontent ce qui suit.

---

2. Parole précieuse d'un ex-itinérant qui en dit long sur la dynamique sociale de la production de l'itinérance.

3. On aura compris que ces noms sont fictifs afin de préserver leur identité.

Pierre-André, l'œuf différent : celui qui ne ressemble à personne dans la famille

«Y'a d'quoi qui cloche quequ'part» est la phrase qui introduit et résume le mieux le discours de Pierre-André sur lui-même. Ce commentaire monte du plus profond de son être. À l'abondance matérielle il oppose sa différence : «je ne ressemble à personne dans la famille, je ressemble plus aux Y» [qui résident sur la rue voisine]. Selon ses termes, il a été «gâté, pourri par tous, sauf un» [son frère aîné]. Ainsi, il a été gâté par sa sœur aînée, surtout, qui lui donne beaucoup d'argent, le surprotège des autres enfants de la famille et l'habille comme un prince ; par une tante et un oncle (sœur cadette de la mère et son mari) qui le traitent mieux que leurs propres enfants (cette tante lui a un jour dévoilé le secret de ses origines, mais il ne se souvient plus de ce qu'elle lui a dit : il avait consommé de l'alcool et des médicaments) ; par ses parrain et marraine (cousin de sa mère et son épouse) qui lui donnent beaucoup d'argent et le couvrent de cadeaux aux fêtes rituelles. Matériellement comblé, Pierre-André n'a pas le sentiment d'avoir sa place dans la famille. Un secret considérable, soigneusement conservé, entoure ses origines. Outre une phobie du transport en commun, il entretient trois fabulations. La première concerne sa naissance : il explique l'amnésie de ses six premières années de vie par une histoire de longue maladie découlant d'une naissance siamoise à laquelle il aurait survécu. La seconde est sa prétention d'être un ex-membre des Hell's Angels. La dernière est une paternité (de deux enfants, une fille et un garçon) qu'il fonde sur une présumée ressemblance alors que tout porte à croire qu'il serait impuissant.

Analyse selon les hypothèses soulevées

Sur le plan de la filiation, Pierre-André est le quatrième garçon et le cadet d'une famille qui compte dix enfants. Il possède trois prénoms. D'abord, il est Joseph, conformément à la tradition catholique de l'époque selon laquelle tous les garçons recevaient ce prénom les instituant enfants de Dieu. Ensuite, le prénom de son parrain lui a été attribué, comme il est d'usage au Québec. Finalement, il compte son prénom principal et usuel, mais il ne sait qui l'a choisi ni pourquoi. Le père est pratiquement absent de son discours. Ce vide ne peut s'expliquer complètement par la mort prématurée de son père lorsqu'il n'avait que 5 ou 6 ans. En fait, Pierre-André doute de l'identité de ses deux parents. Il pense que sa mère naturelle est sa sœur aînée. Il en est le cadet par seize années de différence. Il y a là un secret d'origine que tous les membres de la famille partagent mais se gardent de lui révéler. Préoccupé par ce secret d'origine, Pierre-André ne fait rien non plus pour le connaître : «J'vais avoir 43 ans ... si j'savais la vérité aujourd'hui ... j'me saoulerais la gueule.» «Tu ne veux pas connaître la vérité?» «J'aime autant pas le savoir.» «Tu ne veux pas la savoir?» «Non, j'aimerais pas l'entendre.» «Tu as peur de la vérité ou tu aurais besoin que quelqu'un te dise la vérité?» «Ça va m'humilier. Ma réaction c'est de penser à X... (sa sœur aînée)». Pour résumer la situation, selon les termes qu'il rapporte de son frère aîné: «Pauvre Pierre-André, on t'a tout donné, on a tout fait pour toi, t'as tout eu...», mais, a-t-on envie de compléter, «tu ne feras jamais partie de MA gang».

Sur le plan de la germanité, Pierre-André a des relations très positives par rapport à ses sœurs et ses frères, sauf un, son frère aîné, qui lui a toujours dit: «T'es un adopté, t'es adopté. T'as pas d'affaire icitte. Pis il riait. Y voulait dire que je ne faisais pas partie de la famille, que je n'étais pas un B, que j'étais un autre.» Du sentiment de rejeté qu'il éprouve pendant son enfance, il vient d'être récemment mis devant la réalité d'être officiellement rejeté par tous les membres de la famille, incluant la mère officielle et la mère pressentie, sa sœur aînée, ses sœurs et ses frères. Il a cru (à tort puisqu'il vient d'hériter) que sa mère était morte et qu'il n'avait pas été informé de son décès et de celui de l'un de ses frères qu'il sait souffrir d'un cancer.

Sur le plan de l'alliance, c'est un célibataire qui n'est inscrit ni dans l'échange sexuel ni dans l'échange matrimonial. Bien qu'il soit âgé de 42 ans, Pierre-André se situe toujours dans un rapport d'enfant à parents et jamais dans le rapport d'un adulte envers d'autres adultes ou d'un adulte envers des descendants. Il possède une solide identité masculine et ne doute aucunement de sa masculinité. Il ne peut s'inscrire dans une relation d'échange avec l'autre sexe ni construire des liens durables avec une femme. Il passe d'une femme à une autre, toujours convaincu d'être l'objet amoureux irrésistible (c'est un homme séduisant et séducteur). Toute manifestation d'intérêt de la part d'une femme est interprétée dans ce sens.

Sur le plan de la résidence, Pierre-André a résidé dans sa famille d'origine jusqu'à ce qu'il en soit mis à la porte. Il est revenu pour se voir à nouveau rejeté. Expulsé de la famille, il couche dehors, dans des maisons de chambre et dans des refuges publics.

Sur le plan de l'héritage, il a récemment hérité de 14 000 $, à la suite du décès de sa mère. En une semaine, il a entièrement dilapidé la somme, accompagné d'un autre itinérant qu'il connaît depuis de nombreuses années, en menant une vie princière, louant une limousine, logeant à l'hôtel Le Concorde, s'enivrant, etc.

Jean-Guy, celui qui «colle à mort» ses parents

C'est une dixième tentative de suicide de sa part qui m'a mise en contact avec Jean-Guy. Pour tenter de réaliser son projet, il s'est injecté une seringue de sang contaminé qu'il a achetée d'un *junky* sidéen. Il est âgé de 47 ans, seul fils, cadet d'une famille de trois enfants vivants (un frère, quatrième enfant et hydrocéphale, est mort à la naissance). Jean-Guy était, à sa naissance, un *bébé bleu* et ne pesait que trois livres et demie. Il répète inlassablement qu'il n'a pas été désiré. Triste, infiniment triste, grand et mince, il se dépeint comme un garçon qui était mal dans sa peau, timide à l'extrême, lunatique et asocial.

Jean-Guy est une victime. Il rend ses parents responsables de sa condition actuelle. Il mûrit une vengeance qui l'accompagne depuis son jeune âge. S'adressant à ses parents, il dit avec ressentiment : « Vous ne m'avez pas voulu. Je vais vous coller. Vous n'avez pas voulu m'avoir, je vais vous en faire voir. » Même s'il explique clairement que son père, n'ayant pas été lui-même reconnu par son père, n'a pas été non plus capable de le reconnaître, lui, il souffre intensément de cette non-reconnaissance du père. Son père appartient à une famille de quatorze enfants dont la mère est morte prématurément. Incapable d'élever les enfants sans elle, le grand-père place ses enfants – qui sont *pris en élève* dans différentes familles, donc séparés les uns des autres – pour plus tard se remarier et fonder une nouvelle famille. Pour Jean-Guy, ce grand-père est un étranger, un homme froid qui ne parle pas et qu'on visite une fois par année, au Jour de l'An. Le père de Jean-Guy ne pardonnera jamais à son père de l'avoir abandonné. Il inscrit sa rupture en changeant l'orthographe de son patronyme, qui passe de Simon à Cimon[4], marquant ainsi son refus d'inscrire ses enfants dans la filiation de son père. De nombreux homonymes demeurent dans le même village, mais Jean-Guy ne s'est jamais identifié à eux puisque leur patronyme s'écrit différemment du sien. Après le décès de son père, il découvre, par le baptistère de son père, qu'il partage le même patronyme que les autres villageois, qu'il est leur homonyme.

Sa vie a basculé, raconte-t-il, lorsqu'il avait dix ans. Hospitalisé pour une appendicectomie, il voit son hospitalisation comme un abandon de ses parents, qui ne sont pas venus le visiter et n'ont pas, non plus, communiqué avec lui de toute la durée de cette hospitalisation. « J'avais peur… je me réveillais toujours tout seul… jusqu'à ce qu'un infirmier s'intéresse à moi. Il a été bien gentil, il a remplacé mes parents, sauf que tout ça, se paie… bien sûr… Alors, pendant qu'il m'administrait une piqûre pour me soulager, ben durant que j'étais un peu somnolent, ben y'en profitait. »

Analyse selon les hypothèses soulevées

Sur le plan de la filiation, Jean-Guy présente un trouble identitaire relié au patronyme d'origine, un trouble de filiation à la deuxième génération. Bien que Jean-Guy n'ait aucun doute quant à l'identité de ses parents, il a vécu une non-reconnaissance de son père à travers la non-reconnaissance de son véritable grand-père paternel. À 46 ans, il s'apitoie sur sa « vie qui a mal parti », sur le manque du père, qu'il exprime d'une façon viscérale. Deux lieux

---

4. Noms fictifs pour servir d'illustration.

de rupture identitaires sont notés dans son discours. D'abord, au moment de la naissance, dans une tentative du père d'investir son fils : le père, qui est protestant, refuse le baptême catholique pour son fils. La mère, qui est catholique, veut absolument ce baptême. Le rituel se voit différé d'une année après laquelle la mère remporte la victoire. Jean-Guy semble porter ce conflit parental en créant beaucoup de confusion autour des dates de sa naissance et de son baptême, allant même jusqu'à introduire un doute sur sa véritable date de naissance. Le deuxième lieu de rupture est magistral. Comme son père, Jean-Guy a modifié l'orthographe de son patronyme, ceci le conduisant à osciller entre trois façons de l'écrire (Simon, Cimon, Simons). Bien qu'il ait entrepris des démarches légales pour le transformer définitivement, ce qu'il fait en se rapprochant du patronyme de son grand-père paternel d'origine irlandaise, il ne les a pas conduites à terme. Sa rupture est une tentative manquée qui est restée informelle.

Sur le plan de la germanité, Jean-Guy n'a pas de frère et ses relations avec ses deux sœurs sont négatives. Il est jaloux de l'affection que son père leur a manifestée. « Il s'entendait bien mieux avec elles qu'avec moi », dit-il. Il n'entretient aucune relation avec ses cousins et va même jusqu'à s'en étonner, car il avait un cousin qu'il appréciait. Il n'a jamais pensé à l'inviter ni à le fréquenter et sa mère ne l'a pas aidé en ce sens. Aucune relation n'existe avec les hommes de sa lignée paternelle. Une relation positive avec un oncle maternel (frère de mère) est notable, oncle qui lui a offert sa première bière. Il a cependant été capable de construire des relations avec d'autres jeunes puisqu'il a fait partie d'un groupe de motards.

Sur le plan de l'échange sexuel, il a été initié à la sexualité par un abus homosexuel à un âge relativement jeune (10 ans) qui marque sa façon d'entrer en relation avec son gang et guide, en lui donnant son empreinte, toutes ses relations avec les hommes et les femmes. Ses relations ne sont jamais de l'ordre de l'échange sexuel. Elles ne sont pas non plus de l'ordre de l'échange homosexuel. S'il recherche occasionnellement la caresse des autres, il n'accorde pas la réciprocité. Il n'est pas non plus inscrit dans l'échange hétérosexuel, trouvant toujours des excuses pour se soustraire aux avances des femmes. Il demeure incapable d'affirmer son identité sexuelle, se demandant toujours s'il est homosexuel ou hétérosexuel. Sur le plan de l'alliance matrimoniale, il n'a ni conjoint ni conjointe.

Sur le plan de la résidence, Jean-Guy n'a jamais quitté ses parents. Il avait 30 ans lorsque son père est décédé et 40 ans au décès de sa mère. Après le décès de son père, il a suivi sa mère et continué de résider avec elle jusqu'à sa mort. Par la suite, il a habité dans des maisons de chambres et des refuges publics.

Sur le plan de l'héritage, sa mère, veuve, a fait de Jean-Guy son unique héritier. Celui-ci a refusé l'héritage, s'en disant indigne, et l'a remis à ses deux sœurs, leur demandant de ne pas se quereller. Il a hérité aussi des *sales besognes*, celles qui consistent à vider le bureau de son père (où il a découvert des enregistrements érotiques et pornographiques, où son père joue un rôle actif, qu'il s'est empressé de détruire, content d'avoir épargné cette découverte à ses sœurs) et le garage de son père (quatre voyages d'un camion ont été nécessaires pour le vider des vieilleries accumulées).

Éric, l'enfant unique

Éric, c'est l'histoire d'un enfant adopté. Il a 22 ans. On lui en donnerait 18. C'est lui qui a pris l'initiative de notre rencontre en sollicitant un entretien jusqu'à ce que je le lui accorde. Blond, obèse, *baby face*, il se distingue radicalement des autres résidents du refuge par sa propreté et ses vêtements signés. Il porte même un pyjama pour dormir, ce qui est très inusité dans le milieu. Il provient d'un milieu aisé. Son père est fonctionnaire de l'État et sa mère travaille en milieu hospitalier. Adopté alors qu'il avait 21 mois, il ignore tout de ses parents naturels, à l'exception de leur âge, le même qu'il a maintenant. «Ils n'étaient pas responsables. J'ai été «chouchouté» par mes parents [adoptifs], je suis unique.» Dans sa bouche, l'expression *je suis unique* prend un caractère particulier. Elle déborde les sens habituels de «seul enfant de la famille» et de «personne présentant des caractéristiques qu'aucune autre personne ne possède» (sens que son père[5] donne à ce mot pour valoriser le fils qu'il considère insécure), pour prendre plutôt celui de «je suis un, je suis seul, je suis sans lien».

Bien que l'adoption soit légale, les circonstances lui confèrent un caractère illégal et illégitime. C'est un ami du père, un avocat, qui devient son parrain, à qui un autre avocat, maintenant introuvable, a offert l'enfant en lui demandant s'il connaissait des parents qui en cherchaient un. Son père accepte sur-le-champ, sans consulter son épouse. Cela va à l'encontre de l'adoption traditionnelle au Québec, selon laquelle les deux parents visitaient la crèche ensemble et choisissaient l'enfant (Collard, 1996). L'ensemble des procédures d'adoption, débutées le vendredi, se termine le lundi suivant avec la présence de l'enfant dans la famille. On éprouve devant cette adoption légale un sentiment d'illégalité. Il est aussi question d'une entente à l'effet que la mère naturelle pourrait revoir son enfant lorsqu'il aura atteint ses 18 ans. Cette clause n'est pas écrite dans le contrat mais elle existe et n'a pas été respectée. On ressent alors une sorte d'illégitimité, comme si l'enfant avait été soustrait à sa mère naturelle sous de fausses représentations. Ces sentiments d'illégitimité et

---

5. Des 13 personnes rencontrées, Éric est le seul dont j'ai rencontré les parents.

d'illégalité sont amplifiés encore lorsque le père adoptif mentionne avoir, par lui-même, corrigé la facture présentée par l'avocat. Alors que le montant convenu était de 800 $, l'avocat a réclamé 2000 $. Devant ce qu'il jugeait être de la fraude, le père a soustrait ce qu'il considérait être de faux frais : une carte d'anniversaire, l'achat de vêtements alors que l'enfant portait des guenilles, etc. pour en arriver à la somme convenue. Même si l'adage populaire *à fraudeur, fraudeur et demi* peut parfois s'appliquer, on ressent une sorte d'illégitimité morale devant le geste du père.

Analyse selon les hypothèses soulevées

Sur le plan de la filiation, Éric porte trois prénoms, celui de son parrain et deux autres, peu significatifs pour lui. Hésitant entre deux prénoms, ses parents ont finalement décidé de les lui donner tous les deux. L'un le dénomme dans la vie courante. Son parrain avocat n'est pas apparenté, mais c'est un ami du père. Selon la logique d'Éric, ce parrain a été choisi par défaut, ses oncles ayant refusé d'aller à son baptême. Le parrain et la marraine (l'épouse du parrain, dont Éric ne connaît pas le prénom) lui ont offert de nombreux cadeaux aux fêtes rituelles, incluant un anniversaire d'adoption, jusqu'à ses 20 ans. L'entretien généalogique est exceptionnellement pauvre et révèle une ignorance totale des liens, même les plus élémentaires, avec sa parenté adoptive. Chez les ascendants, Éric ne peut identifier que son père, sa mère et sa grand-mère paternelle. De la génération de ses parents, il ne peut nommer, par leurs prénoms, que deux oncles et une tante, mais se montre absolument incapable de révéler leur patronyme respectif. C'est dire qu'il ne sait pas s'ils sont des oncles et tantes paternels ou maternels. Adopté légalement, Éric ne se sent pas socialement adopté. Il est incapable de s'identifier à ses lignées paternelle et maternelle. À cet égard, il faut souligner que le père l'a adopté sans consulter son épouse et que l'enfant a été choisi sans avoir de ressemblance physique avec la parenté. Encore là, dans l'adoption traditionnelle au Québec, «les parents adoptifs choisissaient le plus souvent un enfant ressemblant physiquement aux membres de leur famille selon la couleur des yeux, de la peau ou des cheveux» (Collard, 1996). Durant l'entretien avec les parents, la mère observe qu'«il ne s'est jamais identifié à [eux]. Il s'est toujours comporté comme s'il était de passage». Le père confirme cet aveu, ajoutant combien il est difficile pour Éric d'appartenir au groupe scolaire et de créer des relations avec les autres. Il lui était impossible de l'intégrer dans une équipe de hockey, de soccer, etc., c'était toujours comme «s'il ne savait pas pourquoi il était là». Le père précise :

> Au hockey, on joue un rôle de position, donc le joueur doit se positionner en fonction de ce rôle. Mais lui, il n'avait jamais l'air de savoir pourquoi il était là! Même chose au golf, il est bien accepté dans le groupe, il aime être

avec les gens, mais il ne sait pas, encore là, pourquoi il est là. Quel rôle je joue? Lui ne le sait pas. Avec ses cousins, cousines, il était toujours à contre-pied. Il voulait jouer mais ne semblait pas comprendre le rôle qu'il avait à jouer. Nous avons été déçus toute notre vie. On a pensé qu'il ne voulait pas, qu'il était paresseux. Il ne veut se mesurer ni à lui-même ni aux autres. Quand on lui pose la question: qu'est-ce que tu vas faire? il répond: je vais aller à l'école, mais il ne fait rien.

Sur le plan de la germanité, Éric, qui n'a ni frère ni sœur, peut nommer, de sa propre génération, trois cousins (P, C, et S) et une cousine (J), mais il ne peut préciser leur patronyme non plus que les liens généalogiques qui le relient à eux.

Concernant la résidence, il a demeuré chez ses parents adoptifs jusqu'à l'âge de 18 ans, jusqu'à ce que ceux-ci l'expulsent en découvrant qu'il consomme des drogues. Ils le réacceptent plus tard, pour ensuite le dénoncer à la police et l'expulser à nouveau parce qu'il les a volés. Ils le réacceptent une troisième fois pour le réexpulser. Il est actuellement en prison pour agressions sexuelles.

Sur le plan de l'héritage, ses parents n'étant pas morts, aucune donnée n'est disponible.

Sur le plan de l'échange sexuel, Éric ne sait pas qui il est: homosexuel ou hétérosexuel? Il résume ses deux grandes difficultés actuelles: «J'ai de la difficulté à m'intégrer. J'ai de la misère à approcher les filles. […] J'ai appris une façon de les approcher, mais je ne sais pas si c'est la meilleure.» Dans les mois suivant son expulsion finale, il a été incarcéré pour dix agressions sexuelles. Il suppose une homosexualité potentielle pouvant provenir de ses parents adoptifs, affirmant peut-être ainsi qu'ils ne peuvent pas être ses parents naturels puisqu'ils ne font pas l'amour ensemble, et, lui, devient, en quelque sorte, homosexuel par adoption.

DISCUSSION ET CONCLUSION

L'étude, dans la perspective de l'anthropologie de la parenté, de l'histoire de vie et de la mémoire généalogique de trois hommes itinérants, a révélé des aspects majeurs, inédits de leur socialisation. Cette socialisation est ratée à plusieurs égards en beaucoup des aspects documentés. Cet échec se révèle soit dans leur incapacité de nommer les personnes significatives de leur réseau de parents, soit dans leur ignorance et leur méconnaissance des relations de parenté, soit dans leur exclusion des visites rituelles, des échanges sociaux, des échanges sexuels, des responsabilités familiales et parentales, etc. Ainsi, ce qui est marquant sur le plan de la filiation, que ce soit celle du père ou celle de la mère, c'est qu'ils n'ont pas de sentiment d'appartenance avec les hommes en ligne ascendante ou descendante. Il semblerait que, de la même façon qu'ils n'ont pas été reconnus, ils ne peuvent reconnaître leur descendance quant ils en ont[6].

Sur le plan de la germanité, ils n'entretiennent pas de relations privilégiées avec leurs frères et/ou leurs sœurs, quant ils en ont; non plus qu'avec leurs cousins et cousines. Sur le plan de l'alliance, ils n'ont pas d'échange sexuel, non plus que d'alliance matrimoniale. Ils sont des célibataires, au sens de l'état civil. De plus, ils n'entretiennent pas de relation stable avec l'un ou l'autre de leurs parents, pour lesquels ils ne sont d'aucun secours. Ils ne sont donc pas aptes à devenir les parents de leurs parents lorsque ceux-ci seront âgés.

Sur le plan de la résidence, ils passent de la résidence des parents à des maisons de chambres, à des refuges publics, sans passer par une résidence néo-locale, c'est-à-dire sans se faire un foyer à eux. Aucun d'entre eux ne possède une quelconque autonomie domestique, celle qui consiste à nettoyer, à cuisiner et à coudre pour s'assurer l'indispensable. Dans les refuges, ils ne s'impliquent dans aucune tâche domestique, sauf s'il s'agit d'un travail payé.

Finalement, sur le plan de l'héritage, alors qu'ils ne sont pas exclus du système de transmission familiale des biens, ils s'en excluent eux-mêmes. Deux des trois personnes dont nous avons analysé le récit héritent, au même titre que les autres membres de la famille, mais l'un dilapide son héritage et l'autre le refuse.

Ces trois hommes sont confus par rapport au *triangle œdipien* (papa, maman, *ego*) et, de plus, ils ne sont pas inscrits dans *l'atome de parenté*. Ils sont indéfiniment dépendants de leurs parents et/ou du système social. L'inscription réussie dans un système de parenté entraîne avec elle des apprentissages sociaux qui confèrent la capacité et la compétence de se relier aux autres et de s'en détacher. Ces trois hommes ont beaucoup reçu sur le plan matériel, mais ils sont privés d'une chose qui est essentielle: l'apprentissage de la réciprocité dans les relations sociales. La non-inscription dans l'atome de parenté documentée ici explique peut-être l'incapacité de nos programmes de réinsertion sociale d'atteindre leur objectif de réintégration. En effet, ces programmes demandent à des personnes socialement déliées de créer des liens, de se relier à d'autres personnes alors qu'elles en sont incapables, non par manque d'intelligence ou par maladie mentale mais par incompétence sociale. La règle du don entraîne l'obligation de rendre (Mauss, 1923/1976). Ces échanges construisent des liens indissolubles qui sont des symboles de la vie sociale. Sans eux, il n'y a pas de vie sociale. Ces trois hommes se montrent incapables du contre-don. Ils ne sont pas inscrits dans l'échange. Dans ce

---

6. Cette observation ne s'applique pas aux trois cas étudiés mais se dégage des analyses de cas en cours.

sens, aussi, la nature de l'aide que notre société d'assistance leur apporte est questionnable en ce qu'elle multiplie les dons sans inviter au contre-don.

Finalement, terminons en indiquant la limite de l'application de la théorie de l'anthropologie de la parenté à la problématique de l'itinérance, qui n'a pas pour projet d'expliquer toute l'itinérance. Elle ne le pourrait d'ailleurs pas. Elle a cependant le mérite d'ouvrir un nouveau pan de recherche en renouvelant la théorisation de l'itinérance.

ÉPILOGUE

Il [le vilain petit canard] passa le restant de l'hiver tout seul. Puis un matin, il se réveilla sous le soleil. Les arbres se couvraient de pousses vertes. C'était le printemps! Tout joyeux, il déploya ses ailes et s'envola. Il arriva près d'une mare sur laquelle trois cygnes glissaient majestueusement. Quand il les aperçut, il se sentit plus triste que jamais. «Si je m'approche de ces splendides créatures», se dit-il, «elles vont certainement me tuer tellement je suis laid. Mais je préfère encore être tué plutôt que d'être mordu par les chats, piqué par les poules et détesté de tous.» Il se dirigea alors vers elles, la tête basse, pour leur montrer qu'il était prêt à mourir. C'est ainsi qu'il vit son reflet dans l'eau: le vilain petit canard gris vit qu'il s'était métamorphosé en superbe cygne, blanc comme de la neige avec un long cou gracieux. Les trois autres cygnes nagèrent à sa rencontre et lui caressèrent le cou de leur bec en signe de bienvenue. […]

Le vilain petit canard a survécu à son hiver. Sa détermination farouche et une constitution forte lui ont permis d'échapper à la mort. Son épreuve est celle de la persévérance. Les épreuves auraient pu le tuer, mais il était déterminé à survivre. Il débouche finalement sur un printemps prometteur qui le met en contact avec des gens de sa race. Il découvre qui il est. Les trois itinérants, trop brièvement racontés ici, sont au cœur de leur hiver. Comment peuvent-ils, eux aussi, renaître?

REMERCIEMENTS

Je tiens à remercier Sœur Andrée Boucher, supérieure, et les religieuses de la Maison généralice du Bon Pasteur de Québec qui m'ont hébergée le temps d'écrire ce texte. J'ai trouvé chez elles le silence, le recueillement et l'inspiration nécessaire à ce projet. Je remercie Françoise Dion, qui m'a généreusement offert la version du *Vilain petit canard* que j'ai utilisée ici. Je suis reconnaissante et redevable à Michelle Gosselin, psychopédagogue et spécialiste des contes, qui a été la première à soupçonner une parenté entre les parcours de vie des itinérants et ceux des héros dans les contes, les mythes fondateurs, les textes bibliques et les récits populaires. Finalement, c'est à Brigitte Garneau, anthropologue spécialiste de la parenté québécoise, que je dois l'innovation théorique qui consistait à aborder cette problématique dans la perspective de l'anthropologie de la parenté. Je la remercie de son indispensable collaboration. J'assume seule, cependant, les erreurs que mon texte pourrait contenir.

RÉFÉRENCES

ANDERSEN, H.C. ([1835-1872] 1993). *Le vilain petit canard (Adaptation de Jennifer Greenway)*. Paris: Éditions Mango.

AUGÉ, M. (1975). *Les domaines de la parenté. Filiation, alliance, résidence.* Paris: Maspero.

BAHR, H.M. (1973). *Skid Row: An Introduction to disaffiliation.* New York: Oxford University Press.

BAHR, H.M. (1970). *Disaffiliated Man. Essays and Bibliography on Skid Row, Vagrancy, Residence and Outsiders.* Toronto: University of Toronto Press.

BAUMANN, D. et C. GRIGSBY (1988). *Understanding the Homeless: From Research to Action.* Austin, Texas: University of Texas, Hogg Foundation for Mental Health.

BINET, L. et T. SHERIF (1988). *15 ans et en centre d'accueil.* Québec: Centre de services sociaux de Québec.

BONETTI, M. (1994). *Habiter. Le bricolage imaginaire de l'espace.* Paris: Hommes et perspectives/EPI, coll. Reconnaissances.

CASTEL, R. (1995a). *Les métamorphoses de la question sociale.* Paris: Fayard.

CASTEL, R. (1995b). Les pièges de l'exclusion. *Lien social et politiques-RIAC,* 34, 13-23.

CASTEL, R. (1994). La dynamique des processus de marginalisation: de la vulnérabilité à la désaffiliation. *Cahiers de recherche sociologique,* 22, 11-27.

CASTEL, R. (1991). De l'indigence à l'exclusion, la désaffiliation. Précarité du travail et vulnérabilité relationnelle. *In* J. Donzelot (Sous la dir. de), *Face à l'exclusion. Le modèle français* (p. 137-168). Paris: Éditions Esprit.

COLLARD, C. (1996). Nouer, dénouer le cordon ombilical. Illégitimité et adoption au Québec. *Gradhiva,* 19, 53-62.

COLLARD, C. (1985). Parentés au Québec. *Anthropologie et sociétés,* 9 (3), 1-4.

COTÉ, M.-M. (1991). *Les jeunes de la rue.* Montréal: Liber.

DE GAULEJAC, V. et I. TABOADA LEONETTI (1994). *La lutte des places.* Paris: Épi.

DE GAULEJAC, V. et S. ROY (1993). *La sociologie clinique au cœur de la souffrance humaine. In Sociologies cliniques* (p. 135-142). Paris: Éditions Desclée de Brouwer

DUFOUR, R. (1997). Les modèles interprétatifs de l'itinérance et l'intention du chercheur. Colloque du CRI. *L'itinérance, la place de la cité*, Montréal.

FORTIN, A., D. DELAGE et J.D. DUFOUR. (1985). Nouvelles familles, nouveaux réseaux. *Anthropologie et société*, *9* (3), 219-224.

FOURNIER, L., S. CHEVALIER et M. OSTROJ. (1998). *Dénombrement de la clientèle itinérante dans les centres d'hébergement, les soupes populaires et les centres de jour des villes de Montréal et de Québec, 1996-97.* Montréal: Santé Québec, 5 p.

FOURNIER, L. et C. MERCIER (Sous la dir. de). (1996). *Sans domicile fixe: au-delà du stéréotype.* Montréal: Éditions du Méridien.

FOX, R. (1972). *Anthropologie de la parenté. Une analyse de la cosanguinité et de l'alliance.* Paris: Gallimard.

GARNEAU, B. (1988). *Mariage et remariage dans une structure complexe de l'alliance de mariage: Bois-Vert, Saguenay (Québec): 1900-1970.* Thèse de doctorat, Université Laval, Québec.

GARNEAU, B. (1985). Identité et noms de personne à Bois-Vert (Québec). *Anthropologie et sociétés*, *9* (3), 33-55.

GARNEAU, B. (1980). *L'homosexualité au Québec.* Mémoire de maîtrise, Université Laval, Québec.

HÉRITIER-AUGÉ, F. (1994). Les logiques du social. Famille et force de l'évidence. *Dialogue*, 126, 12-26.

LABERGE, D. et S. ROY. (1994). Interroger l'itinérance: stratégies et débats de recherche. *Cahiers de recherche sociologique*, 22, 93-112.

LAMONTAGNE, Y., Y. GARCEAU-DURAND, S. BLAIS et R. ÉLIE (1987). *La jeunesse québécoise et le phénomène des sans-abri.* Montréal: Presses de l'Université du Québec.

LESEMANN, F. (1994). La pauvreté: aspects sociaux. *In* F. Dumont, S. Langlois et Y. Martin (Sous la dir. de), *Traité des problèmes sociaux* (p. 581-603). Québec: Institut québécois de recherche sur la culture.

LÉVI-STRAUSS, C. ([1947] 1973). *Les structures élémentaires de la parenté.* Paris: PUF.

MARANDA, P. (1974). *French Kinship. Structure and History.* Paris: Mouton.

MAUSS, M. ([1923] 1973). *Essai sur le don. Forme et raison de l'échange dans les sociétés archaïques. In Sociologie et anthropologie* (p. 143-171). Paris: PUF.

MCALL, C. (1995). Les murs de la cité: territoires d'exclusion et espaces de citoyenneté. *Lien social et politiques-RIAC,* 34, 81-92.

MERCIER, C., L. FOURNIER et G. RACINE. (1994). L'itinérance. *In* F. Dumont, S. Langlois et Y. Martin (Sous la dir. de), *Traité des problèmes sociaux* (p. 739-764). Québec: Institut québécois de recherche sur la culture.

PAUCHANT, T. (Sous la dir. de). (1995). *In Search of Meaning. Managing for the Health of Our Organizations, Our Communities and the Naturel World.* San Francisco: Jossey-Bass Publish.

ROY, S. (1997). Modèle d'interprétation: comparaison des approches de type micro-social visant à mieux comprendre l'itinérance. Colloque du CRI, *L'itinérance, la place dans la cité*, Montréal.

ROY, S. (1995). L'itinérance, forme exemplaire d'exclusion sociale? *Lien social et politiques-RIAC*, 34, 73-80.

ROY, S. (1988). *Seuls dans la rue: portraits d'hommes clochards.* Montréal: Éditions St-Martin.

SIMARD, P. (1990). *Le clochard de Montréal: une histoire à coucher dehors.* Montréal: Éditions St-Martin.

SNOW, D.A. et L. ANDERSON. (1987). Identity Work among Homeless: The Verbal Construction and Avowal of Personal Identities. *American Journal of Sociology, 92* (6), 1336-1371.

CHAPITRE 9

Parcours de rupture ou quête de reconnaissance et d'identité ? L'impact des représentations parentales sur l'itinéraire de jeunes itinérants et itinérantes de Montréal

par Véronique Lussier et Mario Poirier

L'exploration des aspects relationnels de l'itinérance, soit la façon dont les jeunes itinérants et itinérantes se représentent l'état de leurs relations avec les figures significatives de leur entourage et l'impact de ces liens sur leur itinéraire, n'est pas un angle d'approche arbitraire mais procède d'un choix raisonné. En effet, selon les témoignages des intervenants de première ligne, une fois abordées les questions de survie matérielle, ce sont les aspects relationnels de leur existence qui sont les préoccupations dominantes du discours de ces jeunes venus chercher un dépannage de dernier recours. L'étude de la dimension relationnelle vise non seulement l'un des aspects les plus saillants de l'expérience d'itinérance, mais elle appartient à un champ de recherche qui s'inscrit à contre-courant des entreprises de réduction de ce phénomène. Devant l'omniprésence, le rajeunissement et la diversification de la population itinérante, le risque est grand de chercher à dissoudre cette problématique complexe dans d'autres problématiques étroitement circonscrites (santé mentale, toxicomanie, criminalité, etc.) qui, si elles permettent de défricher le terrain sur un plan épidémiologique, n'en expliquent, en bout de ligne, ni les conduites particulières, ni les causes spécifiques, ni le sens social (Poirier, 1997). Comme le souligne Laberge (1997), l'itinérance n'est pas un problème spécifique ou une caractéristique mais bien une condition de vie des personnes. Cette condition de vie est faite d'extrême pauvreté, d'instabilité domiciliaire, de comportements en marge des normes, de désaffiliation et d'isolement social. La capacité et le désir de s'insérer dans la société y semblent particulièrement compromis, ce qui engage à la fois les déterminants de l'accès à l'intégration et à la solidarité collective et les vicissitudes du fonctionnement psychosocial relationnel (Poirier *et al.*, 1999 ; Lussier *et al.*, 1996). Il n'est pas étonnant que la dimension des liens en vienne à occuper une telle place dans l'esprit de ces jeunes adultes privés d'ancrage et de statut.

L'aptitude et le désir de s'installer dans la société sont en rapport étroit avec l'aptitude et le désir de se lier à son environnement, l'inscription renvoyant à une dimension relationnelle faite d'interactions complexes, engageant des facteurs à la fois interpersonnels et sociaux. Les représentations que les jeunes adultes itinérants et itinérantes se font de ces liens et de leur rôle quant à leur destinée sont accessibles pour qui veut les entendre, et nous renseignent de façon remarquable sur certaines des étapes qui mènent, de l'avis des protagonistes eux-mêmes, à la désaffiliation et à l'itinérance.

L'obtention d'une telle information suppose une méthodologie encore peu usitée dans le domaine de la recherche en itinérance, soit une approche qualitative plaçant au premier plan la parole de ces jeunes adultes, la perspective épistémologique étant d'approcher le phénomène de l'itinérance selon son processus constitutif subjectif, sans minimiser pour autant la complexité et la diversité des causes sociales qui y conduisent. L'accent est mis ici sur la représentation que les jeunes itinérants se font des déterminants de leur parcours et de leur positionnement subjectif au sein des trames relationnelles qui sous-tendent à leurs yeux l'expérience d'itinérance. Au-delà d'un éclairage privilégié sur ce qui pourrait constituer un versant phénoménologique essentiel de l'itinérance, il y a lieu de croire que, par le biais de ces préoccupations dominantes de leur discours, on a accès à des éléments centraux de la genèse, de la dynamique et de l'évolution du processus de désaffiliation tel qu'il se manifeste chez ces jeunes adultes.

Les données qui suivent proviennent d'une recherche (Poirier *et al.,* 1999) menée auprès de 60 jeunes adultes (30 hommes et 30 femmes âgés de 18 à 35 ans) rencontrés à Montréal dans des ressources d'hébergement spécialisées en itinérance (Accueil Bonneau/Maison du Père, Refuge des Jeunes, Auberge communautaire Sud-Ouest, Abri d'Espoir, Le Chaînon, Chez Doris)[1]. L'information qualitative obtenue lors d'entretiens semi-directifs (durée moyenne d'une heure trente) a été soumise à l'analyse de contenu selon une méthode inspirée de l'analyse comparative constante : retranscription intégrale sous forme de *verbatims*; codage; analyses thématiques, dynamiques et inférentielles individuelles et cumulatives soumises à l'accord interjuges de trois chercheurs (voir Poirier *et al.,* 1999).

Pour peu que l'on donne la parole à ces jeunes, en laissant s'élaborer leur point de vue subjectif sur la construction de leur itinéraire, on se trouve confronté à la vivacité des représentations interpersonnelles, à la violence et au désespoir qui les teintent le plus souvent, et au rôle essentiel des liens dans l'élaboration des parcours, souvent distincts pour les hommes et les femmes.

---

1. Cette recherche a été effectuée par le Groupe de recherche sur l'itinérance des jeunes adultes (GRIJA). Le GRIJA est associé au CRI. La recherche a été subventionnée par le Conseil québécois de la recherche sociale (subvention RS2493-094).

Au sein de ces trames complexes, une certitude ressort : le rapport aux autres hante l'itinérance.

LE CONTEXTE RELATIONNEL D'ORIGINE : POINT DE DÉPART D'UN PARCOURS

On peut extraire du discours des jeunes adultes itinérants un portrait de leur univers relationnel et de leur itinéraire tel qu'ils se le représentent. D'après les témoignages recueillis, cet univers se construit à partir d'une origine, d'une configuration relationnelle donnée d'emblée, à laquelle ils sont appelés à réagir. Dans le cas des jeunes itinérants comme des jeunes itinérantes, cette réaction se traduit par la nécessité affirmée d'une rupture des liens : le contexte relationnel d'origine représente une telle menace ou une telle insuffisance qu'il doit être fui.

Ce sont 92 % des sujets rencontrés qui relient directement leur itinérance et l'état de leur réseau relationnel actuel à des problématiques issues de leur milieu familial d'origine (les 8 % qui ne font pas spontanément ce lien font tout de même état de milieux familiaux carencés ou très instables). « Ça a parti depuis l'âge de 14 ans. Je me suis ramassé dans la rue, ça c'est à cause des problèmes familiaux, la drogue, l'alcool, comme tu le sais ça va toute ensemble dans le fond… (Homme, 23 ans). »

Le contexte relationnel d'origine est ainsi conçu comme la source initiale des difficultés, le point d'ancrage sur lequel s'est fixée l'obligation du départ, soit l'entame d'un processus menant à court ou à long terme (avec l'entremise d'autres facteurs, économiques et sociaux) vers différentes formes d'itinérance, d'errance, et de désaffiliation. Ce lien est amené spontanément par les jeunes adultes interrogés, très souvent en réponse à la première question de l'entretien, les invitant à dire ce qui les avait amenés à fréquenter la ressource d'hébergement[2]. « Pas de toit, première des choses. J'ai eu beaucoup de difficulté… ben ça va te paraître stupide là, mais d'où est-ce que je viens, c'est un milieu violent, première des choses (F29). »

Le contexte d'origine, pour l'ensemble des répondants, se caractérise par une grande précarité, par l'insuffisance des instances normalement protectrices qui se sont révélées inadéquates ou destructrices. Les témoignages à ce sujet sont uniformément accablants : isolement, négligence, abandon, rejet, séparations prolongées, ruptures douloureuses, deuils multiples, placements à répétition, déracinement, renversement et pervertissement des rôles, mauvais traitements, abus, violence physique et verbale, toxicomanie précoce, prostitution. « Quand tu vis dans une famille où est-ce que ton père il bat ta

---

2. L'entretien débutait par une question ouverte : « Vous fréquentez la ressource X. Qu'est-ce qui vous y a amené ? »

mère… j'allais même pas à l'école parce qu'il y avait trop de problèmes dans ma famille. Un enfant ne peut pas se concentrer à l'école, hostie, quand il voit sa mère se faire violer (F24).» «Ma famille, c'est une famille divisée. D'abord on a vécu dans… quelque chose que je vais d'abord peut-être te dire, ça peut mener à l'itinérance, on a vécu dans l'extrême pauvreté. La neige rentrait par les châssis l'hiver. Mon père, c'est un violent, c'est un alcoolique violent (H24).» «Ma mère me faisait vendre mon corps à des hommes; la première fois qu'elle m'a vendue j'avais cinq ans. Il y a eu pénétration pis toute le «kit» là. Je me souviens comme si ce serait hier (F26).» «Moi, j'ai été lancé un peu partout quand j'étais jeune, à partir de trois mois à peu près là. J'ai été ben malade, un an à l'hôpital, après ça j'ai tombé à l'orphelinat, après ça j'ai tombé dans une famille d'accueil (H21).» «Ma mère est morte… mon père l'a poignardée pis j'étais là, j'avais huit ans (F24).»

Il s'agit avant tout d'une parentalité perçue comme défaillante et dont les manquements ont été aggravés par l'impuissance des secours auxiliaires ou de remplacement, qui se sont avérés faillibles ou indifférents. Les failles du contexte relationnel d'origine se révèlent dans le discours que ces jeunes adultes tiennent, d'abord sur leurs parents, ensuite sur les réseaux substituts ou auxiliaires (familles d'accueil, famille élargie) qui échouent dans leur rôle de rattrapage. Toujours d'après eux, c'est là que leur itinéraire commence.

LES REPRÉSENTATIONS PARENTALES

L'analyse du discours que tiennent les jeunes adultes itinérants à propos de leurs parents permet de dégager trois modes de perception quant aux représentations de la mère et du père. Les termes servant à définir ces trois modes d'appréhension des figures parentales ont été sélectionnés comme étant les plus aptes à cerner l'expérience des sujets sans faire intervenir de critères normatifs. Les figures maternelles sont perçues comme «rejetantes», «insuffisantes» ou «acceptables», et les figures paternelles se répartissent en pères perçus comme «menaçants», «insuffisants» ou «acceptables». Outre le dénominateur commun directement évoqué par son appellation (menace, rejet, etc.), chaque catégorie englobe certaines variantes voisines de sens. Ainsi, dans la catégorie «mère perçue comme rejetante», on retrouve des figures maternelles perçues comme essentiellement hostiles à l'égard du sujet, des mères jugées intrusives, destructrices, etc. L'appartenance à cette catégorie exige toutefois la perception d'un rejet de la part de la mère.

> Ma mère m'a jamais voulue, elle… elle a même voulu se faire avorter […] je suis pas encore morte, mais elle m'a souvent battue […] pis mon cadeau de Noël, ça a été de me dire j'aimerais ça que tu me fasses le plaisir de jamais plus revenir me voir, à part que dans ma tombe. Okay maman (F30).

La catégorie «mère perçue comme insuffisante» inclut pour sa part des mères décrites subjectivement comme inadéquates, des mères absentes, des mères auxquelles sont reprochés des manques plus ou moins clairement déterminés. Le thème qui justifie l'appartenance à cette catégorie est celui d'une lacune, d'une déficience. «Ma mère… elle faisait rien. Elle parlait pas, elle me défendait pas (F20).»

Pour les pères, la catégorie «père perçu comme menaçant» inclut, en sus des pères ouvertement destructeurs, des pères perçus comme rejetants, des pères dénigrants. Le dénominateur commun est celui du danger appréhendé, du péril que les sujets associent à ces figures paternelles vis-à-vis de leur propre intégrité. «C'est un homme froid, très froid. Quand il était à la maison, il était sur la brosse. C'est un bon bagarreur pis c'est un gars qui était vite sur le couteau. J'en avais peur, oui j'en avais peur (H26).»

Les pères regroupés dans la catégorie «père perçu comme insuffisant» incluent ceux que les sujets perçoivent comme faibles, absents, désinvestissants, dont l'accès ou la présence est limité. Comme pour la catégorie correspondante chez les mères, le dénominateur commun est celui d'une carence.

> Je voyais les autres enfants, hostie, ça jouait avec leur père t'sais. Moi, j'aurais aimé qu'il vienne jouer… sauf que, bon, lui, ça y tentait pas… il me donnait de l'argent bon pour pas que je l'achale avec ça… hostie ben il venait jamais là… il embarquait pas dans rien, rien, rien, aucun jeu. T'sais, c'est ton père, t'as le goût de t'amuser… le moindrement je le poussais pour me tirailler là il disait je suis fatigué, achale-moi pas. Pis là, on m'avait acheté un chien pour que je me tiraille avec le chien (H24).

Les figures parentales classées dans la catégorie «perçues comme acceptables» sont jugées telles par les sujets qui disent s'en contenter, la tonalité dominante de leur appréciation n'étant pas celle d'une intrusion, d'un en-trop (rejet/menace), ni celle d'un manque, d'un en-moins (insuffisance), mais plutôt d'une absence de reproche ou de ressentiment. «J'étais quand même un peu délinquante, là. Mais c'est pas de leur faute à eux autres. J'y ai pensé. Ils m'ont rien fait t'sais (F27).»

Si l'on peut parler d'une parentalité défaillante pour caractériser l'ensemble des perceptions rapportées, c'est que seuls 4 répondants sur 60 (6,7 %) font état de deux parents acceptables à leurs yeux. La menace, le rejet ou l'insuffisance colorent aux yeux de l'écrasante majorité (93,3 %) l'expérience qu'ils ont d'au moins un parent. Pour 3/4 des répondants (73,3 %), ce sont les deux parents qui sont jugés défaillants. De plus, une proportion importante, soit la moitié de l'échantillon (50 %), se place subjectivement dans un contexte de très grande précarité, l'un des parents étant perçu comme menaçant ou rejetant, et l'autre étant perçu comme insuffisant, dans le meilleur des cas, donc inapte à faire contrepoids. Dix sujets (17 %) décrivent unc situation désespérée, dans la mesure où ce sont les deux parents qui cumulent des représentations menaçantes pour l'intégrité physique et/ou psychologique. «J'ai été violée pis abusée par mon père quand j'étais jeune [...] ma mère disait qu'elle était pas apte à me garder, moi je l'ai lu noir sur blanc, c'était marqué je vous laisse ma fille parce qu'elle nuit à ma vie (F23).»

La tonalité dominante du discours sur les parents laisse donc entendre une réalité perçue comme accablante.

Différences entre répondants masculins et féminins

Bien qu'on retrouve des sujets des deux sexes dans toutes les catégories, on peut déceler des tendances distinctes : pour les hommes, les mères sont vues le plus souvent comme insuffisantes (57 %) ou acceptables (30 %), tandis que les femmes parlent surtout de mères rejetantes (57 %) ou insuffisantes (33 %). Les pères sont perçus par les deux tiers des sujets masculins comme insuffisants (67 %), tandis que pour les femmes ils sont le plus souvent perçus comme menaçants (60 %). On remarque d'emblée que la tonalité dominante des perceptions à l'égard des parents est faite d'insuffisance chez les sujets masculins et de menace chez les femmes. Les jeunes itinérants font surtout face à l'absence, au manque et à la frustration («elle était pas vraiment là», «je serai jamais assez bon pour lui»), là où les jeunes itinérantes sont aux prises avec l'intrusion, la destruction et le manque de protection («c'est quand ma mère est partie que les viols ont commencé, quand j'ai été toute seule avec mon père»).

Les itinérantes sont par ailleurs surreprésentées (80 % des effectifs) dans la zone que nous avons établie comme contexte de très grande précarité (deux parents défaillants dont au moins un est perçu comme menaçant ou rejetant), tendance qui se maintient au sein du sous-groupe décrivant une situation que nous avons qualifiée de désespérée (dont 90 % sont des femmes).

Cet examen comparatif permet d'envisager des expériences de nature et de gravité variables au sein de la majorité qui rapporte des manques au point de vue des figures parentales. Les sujets féminins de notre échantillon ont dû effectivement composer davantage avec des configurations parentales d'une telle précarité que les enjeux de survie se sont situés d'office sur un plan élémentaire (intégrité physique menacée). Les femmes se situent ainsi à l'extrême pointe d'un continuum qui rassemble toutefois la quasi-totalité de notre échantillon sous la bannière d'une parentalité perçue comme défaillante.

Différences de représentations à l'égard de la mère et du père

Les défaillances parentales et les problématiques qui y sont associées varient non seulement en fonction du sexe des répondants mais se distinguent également selon que la mère ou le père est mis en cause. L'analyse comparative des discours tenus à l'égard de chacun permet de dégager deux listes spécifiques de thématiques dominantes (l'ensemble de ces thèmes représente l'essentiel des préoccupations à l'égard des parents, telles qu'abordées par une majorité de sujets).

Les thèmes qui reviennent le plus souvent à l'égard de la figure maternelle sont:

A) L'abandon, le rejet, la distance (78,3%)

Il peut s'agir d'un rejet ouvert ou indirect, d'un abandon à la naissance, d'un placement plus tardif, d'une attitude de froideur ou de manque d'affection, d'une indisponibilité (le pourcentage atteint 83,3% si l'on ajoute les cas de décès). Des 78% qui abordent ce thème, 60% sont des femmes et 40% sont des hommes. Sur l'échantillon total, ce sont deux tiers des hommes et près de la totalité des femmes qui en font mention: «Ma mère elle m'a jamais vraiment aimé (H21).»

B) La victimisation (55%)

Ce thème fait référence à la victimisation de la mère (par son conjoint, sa propre famille) et par la mère (telle que subie par le sujet); le concept de victimisation associé à la mère lie le plus souvent ces deux pôles. Le sous-groupe est formé à 60% de femmes et à 40% d'hommes. Les deux tiers de l'échantillon féminin s'y retrouvent. «Elle pognait la *strap* des fois quand je me couchais le soir pis elle me calissait des coups sur les fesses, elle me mettait à genoux pendant une heure pour pas dire des heures, je me sentais plus les genoux, je me sentais plus rien (F28).»

C) Reproches et ressentiment (51,6%)

Les reproches et ressentiments avoués à l'endroit de la mère sont le fait d'une majorité de sujets féminins (soit les 3/4 du sous-groupe qui aborde ce thème). Sur l'échantillon total, 80% des femmes et 23% des hommes en font mention.

> Ah c'est chien à dire, tant qu'à moi je la crisserais en bas d'un pont. Je la déteste… qu'elle m'aye… passé dans les familles d'accueil, des affaires de même là. Qu'elle m'aye pas gardé… qu'elle m'aye pas… ben même si elle m'aurait pas voulu me donner la lune, au moins pouvoir rester là pis… pis au moins de savoir que j'avais une mère (H23).

D) L'incompréhension de ses motifs (50%)

L'incompréhension de ce qui motive les attitudes et comportements de la mère touche un sous-groupe composé à 57% de femmes et à 43% d'hommes. Cette incompréhension s'accompagne pour 57% d'entre eux de tentatives de justification et d'explication de ce qui leur échappe. De façon plus générale, des efforts de justification du comportement maternel sont fournis par la moitié de l'échantillon total, dans des proportions comparables chez les deux sexes. «J'ai essayé d'y poser des questions pis d'y parler à ma mère, une fois, pis essayé de comprendre pourquoi… qu'elle a essayé de me placer avant les autres, pourquoi qu'elle voulait se séparer de moi (H34).»

Par ailleurs, les thèmes qui reviennent le plus souvent à l'égard de la figure paternelle sont:

A) Les difficultés de communication (63 %)

Les problèmes d'accessibilité, de communication difficile ou entravée, le désir et le besoin de parler, d'avoir l'attention du père sont à 60 % le fait des hommes et à 40 % celui des femmes. Sur l'échantillon total, ce sont les trois quarts des sujets masculins et la moitié des sujets féminins qui en font état. Si l'on ajoute les cas de décès et de pères inconnus (inaccessibles), les deux tiers de l'échantillon sont concernés (le pourcentage passe de 63 à 66,6 %). «Lui, s'occuper de moi, c'était comme me diriger t'sais à sa façon […] moi je voulais avoir une relation, t'sais dialoguer hostie (H24).»

B) Une confrontation problématique (56,6 %)

Il peut s'agir de conflit ouvert, latent, de confrontation violente, de victimisation, d'évitement ou de fuite de la confrontation. Ce thème est abordé par les deux tiers de l'échantillon dont le père est connu. Il touche un sous-groupe composé à 56 % d'hommes (3/4 des hommes qui ont connu leur père) et à 44 % de femmes (55 % de celles qui ont connu leur père). «Lui là, à cause qu'il a de l'argent, il faudrait que tout le monde se pencherait t'sais… moi je me suis dit le bon Dieu il m'a donné une colonne, une colonne ça reste drette, ça se plie pas […] pis t'sais, mon père je lui ai toujours tenu tête, à partir que je suis tout petit (H24).»

C) Les problèmes de transmission/d'identification (50 %)

Ce thème regroupe les questions de filiation, de ressemblance, d'identification problématique (aliénante, imposée), de transmission générationnelle, de supplantation du père. Le sous-groupe est constitué à 77 % d'hommes (soit les trois quarts de l'échantillon total masculin). La proportion de l'échantillon concernée passe de 50 à 61,2 % si l'on inclut les cas de pères inconnus. «Je suis pareil comme mon père… il m'en a jamais parlé, mais lui aussi c'était… c'était le *bum* de la place (H21).»

D) L'incompréhension mutuelle (32 %)

Ce thème qui touche les questions de rejet réciproque, de méprise mutuelle et de malentendus est abordé par 32 % des sujets, pourcentage qui passe à 36 % si l'on ne tient compte que des sujets qui ont connu leur père. Le sous-groupe qui aborde ce thème est composé à 84 % d'hommes, soit 64 % des sujets masculins ayant connu leur père. « C'est une grande épreuve à l'homme de bien s'exprimer aussi. C'est très difficile… de son côté à lui, de mon côté à moi t'sais… on va se perdre dans nos relations, on va se perdre dans nos discussions… pis en fin de compte on se sépare pis on a pas eu de communication. T'sais, on s'est pas compris » (H24).

Il apparaît d'emblée que le discours se rapportant à la mère fait état de préoccupations élémentaires, voire primitives. Il ne s'agit pas de communiquer ou d'être compris (comme avec le père) mais d'être reçu, aimé. L'incompréhension des attitudes de rejet, de victimisation ou de négligence nourrit un ressentiment puissant mais qui n'entrave pas la production d'hypothèses, de tentatives d'explication de ce comportement littéralement inacceptable. La quête d'amour et le besoin de comprendre peuvent devenir des leitmotivs de leur existence pour les sujets tourmentés par cet enjeu fondamental à l'égard de la mère, et qui pourrait se résumer par la formule « je renonce ou non ? » (à être aimé, à comprendre, à vivre).

Les préoccupations dominantes à l'égard du père s'expriment à travers un registre moins primitif dans la mesure où il ne s'agit pas tant d'un rejet de la personne elle-même que d'un blocage du point de vue de la filiation et de la transmission d'une génération à l'autre, l'incommunication générant des problématiques identitaires plutôt qu'existentielles. Autrement dit, il ne s'agit pas tant du droit à la vie que du droit à son individualité propre. Pour simplifier, on pourrait dire qu'il ne s'agit pas d'un amour refusé mais d'un héritage qui ne se transmet pas. La quête d'une filiation, d'un statut, et le désir d'ouvrir les voies de communication se font dans le contexte d'un enjeu qui pourrait se résumer par la formule « je confronte ou non ? » (les instances paternelles, sociales, aptes à conférer une identité, une place de citoyen).

Nous expliciterons dans la deuxième partie les ramifications de ces enjeux, qui concernent à la fois les hommes et les femmes mais de façon contrastée. Pour l'instant, nous conclurons la description du contexte relationnel d'origine en examinant les éléments du réseau relationnel qui s'ajoutent au noyau central décrit comme parentalité défaillante.

Les instances auxiliaires

Une des caractéristiques du contexte relationnel d'origine, tel que décrit par les jeunes adultes itinérants interrogés, concerne la pauvreté des secours auxiliaires ou des réseaux parallèles qui auraient pu offrir une compensation ou un contrepoids vis-à-vis de l'insuffisance, de la précarité ou du péril associés aux figures parentales.

Qu'il s'agisse d'instances parentales substituts (familles d'accueil) ou auxiliaires (famille élargie), le tableau pour l'ensemble des sujets se résume à des espoirs déçus, des trahisons cumulatives, des influences néfastes, des soutiens qui se dérobent.

Les familles d'accueil

Pour les sujets qui ont été soustraits de leur milieu familial d'origine à la suite de décès, de signalements à la DPJ, de placements initiés par les parents et qui se sont retrouvés au sein de familles d'accueil, l'expérience s'est avérée le plus souvent décevante, négative ou même catastrophique. Une proportion importante rapporte y avoir subi des mauvais traitements et des expériences terrifiantes.

> Cette famille d'accueil m'a tellement traumatisée que les films d'horreur je suis même pas capable d'écouter ça... cette femme-là elle fermait les lumières pis elle s'en venait avec son *flashlight* pis c'était le bonhomme sept heures. Pis elle me disait à moi, « si je vois que tu fais semblant de dormir, je vas te trancher la gorge pis si tu urines dans ton lit il va falloir que je te *strappe* avec une ceinture... » je capotais là, à l'âge de six ans tu sais pas qu'est-ce qui se passe, tu capotes (F24).

Plus de la moitié soulignent le caractère instable de ces séjours, soit la multiplication des placements, « barouettage » constant d'un foyer à l'autre qui aurait contribué, selon eux, à leur instabilité actuelle. « Quand même je suis pas une bébelle, parce qu'ils sont payés eux autres pour me prendre, pis quand ils ont fini de ramasser leur *cash* là ils te *shipent* ailleurs (F24). » « Quand que j'étais jeune, j'ai tellement été changée de place, *switchée* à tous les six mois, que là j'arrive pis je suis pas capable de rester longtemps à la même place (F20). »

La précarité des instances substituts est particulièrement mise en évidence lorsque ces expériences sont décrites comme potentiellement positives mais que le sujet n'a pas pu en profiter, soit parce qu'il a été soustrait d'une famille où il se plaisait, soit parce qu'il n'a pas pu accepter l'idée de remplacer les parents, le rejet initial que constituait subjectivement le placement n'ayant jamais été suffisamment « digéré » pour permettre un transfert à des figures de remplacement.

> *Fuck you*, mangez de la merde, t'sais moi c'est ma mère que je veux... c'était des comportements négatifs parce que je voulais pas rien savoir de cette famille-là. T'sais je voulais ma mère, je réclamais ma mère dans ce temps-là [...] aujourd'hui je réalise que mon plus beau temps dans ma vie ça a été ce

temps-là, l'amour qu'il y avait dans cette famille-là. Mais je la rejetais, moi (H21).

J'ai fait beaucoup de familles d'accueil, toute ma vie est de même hostie, j'ai changé beaucoup de place. Ce que je comprends pas, c'est pourquoi quand j'étais contente à une place je restais pas longtemps, ils me changeaient, là je capotais (F32).

Il n'y a donc pas que les scénarios de cauchemars qui expliquent que ces séjours échouent dans leur fonction de rattrapage: la méfiance, le sentiment d'être ballotté comme un objet et un passé relationnel déjà marqué par des épreuves douloureuses en font d'emblée une proposition difficile à réussir. Dans le cas de notre échantillon, on doit conclure que, loin de pouvoir constituer une expérience réparatrice, les séjours en famille d'accueil ont souvent aggravé des traumatismes initiaux, contribué à l'instabilité et intensifié la méfiance.

La famille élargie

Pour une majorité de sujets (68,5 %), la famille élargie représente l'espérance d'un réseau relationnel auxiliaire, susceptible de pallier les manques les plus flagrants du milieu familial nucléaire. Du moins, certains membres (grands-parents, oncles, tantes) paraissent investis d'un tel pouvoir, qu'il soit actualisé ou non. Plus souvent qu'autrement, cependant, ces attentes seront vaines, l'investissement positif se trouvant neutralisé ou annulé dans ses effets par les limites intrinsèques des personnes concernées (un grand-père trop âgé, un oncle alcoolique) ou du soutien qu'elles sont en mesure d'offrir (désistement, lâcheté, froideur); par des circonstances qui en diminuent l'accès (éloignement, maladie, décès); par l'éclatement de conflits (trahisons); ou encore par une distanciation volontaire du sujet (honte). La tonalité dominante du discours sur la famille élargie est donc celle d'un appui escompté, entrevu, et qui n'aboutit pas, se dérobe.

J'avais un oncle qui venait chez nous des fois pis j'aurais aimé ça qu'il reste pour donner une volée à mon père, pour qu'il comprenne que tu frappes pas un enfant pis tu frappes pas une femme là t'sais. Mais il était trop lâche, il était trop lâche. Moi j'ai vu mon oncle se pousser hostie quand la bataille se pognait chez nous t'sais. Il crissait son camp. Mais t'sais pas être homme pis arrêter ça (H26).

Il faut ajouter à ce discours d'une désillusion les expériences qui sont d'emblée vécues comme néfastes et potentiellement destructrices. Ce sont 31,5 % des sujets qui parlent ainsi de rejet ouvert, d'abus, de mauvaise influence. Pour eux, la famille élargie échappe totalement à son rôle d'auxiliaire, non seulement en n'inspirant pas d'attentes mais en se constituant plutôt comme une source additionnelle de menace et de précarisation.

En conclusion, l'échec des diverses formes potentielles de rattrapage ou de récupération à jouer leur rôle palliatif apparaît déterminant: il vient conforter le futur sujet itinérant dans son impression d'impuissance, de victimisation, et ne fait que creuser davantage son aliénation face à un milieu qui lui fait défaut au point qu'il ne lui doit plus rien en retour – le premier impératif étant de s'en extraire.

Le portrait du contexte relationnel d'origine que nous venons de tracer permet d'apprécier les caractéristiques des configurations principales auxquelles les futurs itinérants ont été soumis et devant lesquelles ils ont été appelés à réagir dès l'enfance et l'adolescence. Confrontés aux défaillances, aux menaces, à la précarité extrême de l'accueil qu'ils reçoivent dans ce premier réseau, ils se heurtent ensuite à l'échec et à l'impuissance des secours auxiliaires ou substituts. Dès le départ, les manques familiaux se doublent d'une désolidarisation sur le plan social qui ne fait qu'intensifier la méfiance, l'aliénation, le désir de fuite. Devant un milieu familial qu'ils qualifient de «pourri» ou de «dangereux», et en l'absence d'options fiables, les sujets des deux sexes sont amenés à la nécessité d'une rupture.

LA RUPTURE DES LIENS: MOUVEMENT IMPRIMÉ À L'ITINÉRAIRE

La coupure avec le milieu d'origine s'impose d'elle-même: qu'elle s'effectue dans le cadre d'une distanciation précoce (placement en bas âge, par exemple) ou qu'elle survienne à l'adolescence ou au début de l'âge adulte, elle se conçoit comme le corollaire nécessaire d'une situation intenable, et s'érige en option unique. Cet aspect fataliste, incontournable du départ colore tous les témoignages. Lorsqu'ils font le récit de leur itinéraire, les sujets en assoient infailliblement les bases sur la prise de distance avec le milieu familial, événement fondamental pour la suite du parcours. Il s'agit de bien davantage qu'un point de départ temporel: le mouvement imprimé à l'itinérance y trouve son impulsion première mais aussi, de façon plus implicite, une bonne part de son sens et de son symbolisme. Sans en recouvrir tous les déterminants, la rupture de ces premiers liens signe à coup sûr, aux yeux du sujet, *l'origine* de son itinéraire.

L'apparente simplicité de cette formule recouvre toutefois nombre de paradoxes et de chevauchements. Ce «point» qui apparemment ne fait pas de doute demeure malaisé à saisir, et pour cause: l'éloignement du milieu familial n'est pas un processus linéaire, unidimensionnel. Pour cette raison, les découpages et les classifications d'usage ne rendent pas justice à la dynamique du phénomène. On pourrait par exemple départager les sujets en trois groupes, selon que la rupture ou la prise de distance avec le milieu familial s'est effectuée, 1) dans l'enfance; 2) à l'adolescence; ou 3) au début de l'âge adulte: 27% des sujets se retrouvent ainsi dans le premier groupe, 25% dans le deuxième, et 48% dans le troisième. Une telle répartition néglige cependant des recoupements significatifs dans la mesure où, pour un grand nombre d'entre eux, l'identification d'un départ à l'âge adulte occulte la réalité d'une prise de distance, d'un rejet ou d'une coupure qui lui sont bien antérieurs (enfant non désiré, fugues à répétition, fuite progressive dans la drogue, etc.).

On peut également classifier les départs du milieu familial selon la forme évidente de leur mise en œuvre. Trois contextes sont relevés: placement (33,3%), mise à la porte (18,3%), fuite (48,3%). Encore une fois, ces découpages escamotent des chevauchements importants: dans plusieurs cas, la mise à la porte équivaut pratiquement à une fuite dans la mesure où elle a été activement provoquée/recherchée par le sujet, commentaire qui pourrait s'appliquer à un certain nombre de placements (parfois directement exigés). Inversement, certains cas de fuite sont concomitants à une mise à la porte: le mode affiché du départ ne fait que devancer l'exécution d'une menace préexistante (qu'elle ait été énoncée ou pressentie). Un regard trop «focalisé» sur le moment précis du départ risque donc souvent d'en masquer la dimension réelle, d'en gommer les précurseurs et de le réduire à un point suspendu dans le temps, privé de contexte et de sens. C'est pourtant ce que font les jeunes adultes itinérants.

En dépit d'indications contraires multiples dans leurs récits, ce qui domine dans le discours des répondants à propos de la rupture avec le milieu relationnel d'origine, c'est l'affirmation de son caractère brutal et soudain. Le moment du départ est présenté de façon subjective comme survenant brusquement, et ce, qu'il s'agisse de rejet, de placement, de mise à la porte ou de fuite. Pour les deux sexes, la coupure est un élément charnière de l'itinéraire, avec des composantes souvent même traumatiques, mais elle ne s'inscrit pas dans une continuité, comme si l'analyse de ces ramifications échappait au sujet en proie à la nécessité de la rupture et à l'impossibilité des liens – de quelque ordre qu'ils soient. Coupure nécessaire, inévitable et brutale pour pratiquement tous les jeunes adultes rencontrés (98%), mais qui se vit sur deux versants distincts, lesquels nous permettront ci-après de définir deux grandes typologies de l'itinérance.

Deux profils de coupure avec le contexte d'origine

La coupure avec le milieu relationnel d'origine fait partie intégrante de l'itinéraire de tous les sujets rencontrés, mais elle s'effectue de façon dissemblable pour les uns et les autres, selon deux grands courants qui définissent à leur tour deux formes principales d'inscription dans l'itinérance.

Il est possible en effet de dégager du témoignage des répondants deux tendances qui paraissent de prime abord diamétralement opposées. Il y aurait, d'un côté, des coupures imposées au sujet, et, de l'autre, des coupures délibérées de sa part, signalant respectivement le point de départ d'itinéraires *subis* et d'itinéraires *choisis*. À première vue, ce sont deux types d'expérience aux antipodes l'un de l'autre : dans un cas, l'éloignement du milieu familial découle d'un rejet, d'un abandon, dont le sujet ne fait que subir les conséquences (« j'ai été rejetée dès ma naissance ») ; dans l'autre, l'éloignement est directement provoqué par le sujet qui choisit le moment du départ (« j'ai crissé mon camp »).

Ces deux formes de rupture, l'une imposée, l'autre choisie, correspondent à des récits distincts quant à la tonalité dominante de l'expérience d'itinérance elle-même : un sous-groupe de répondants évoque une itinérance/dérive, où dominent des composantes passives d'errance et de flottement, et l'autre, une itinérance/impulsion, avec des composantes actives de fuite et de recherche. Ces deux types d'itinérance sont suffisamment différenciés pour qu'on puisse sans peine assigner chacun des 60 jeunes adultes rencontrés à l'un des deux sous-groupes. Les sujets s'y répartissent dans une proportion similaire (52 %-48 %) mais hétérogène selon le sexe : l'itinérance/dérive compte deux tiers de femmes et l'itinérance/impulsion deux tiers de sujets masculins.

L'itinérance/dérive se caractérise par des expériences d'abandon, de rejet qui surviennent généralement assez tôt dans la vie du sujet et qui se prolongent dans une forme d'itinérance où dominent le flottement, la passivité, l'impression subjective de déchéance et de dégringolade. Les répondants de ce sous-groupe relient volontiers les affres de leur galère actuelle au rejet initial dont ils ont été les victimes, soit directement (enfants non désirés, violentés, placés), soit que le milieu familial les ait désertés (pauvreté, carences, décès). Leur itinérance s'inscrit dans le prolongement de ce premier abandon, l'errance n'étant que la continuité d'une absence fondamentale d'enracinement.

> Ma chienne de vie… j'en ai toujours tout le temps arraché depuis que ma mère m'a mis dehors avec mes bagages, elle m'a calissée comme un chien […] j'ai pas eu une enfance facile, petit bébé j'étais pas désirée […] j'ai jamais été vraiment chez nous, la sécurité, j'en ai jamais eu non plus […] je suis seule comme un chien dans mon coin (F28).

À l'inverse, l'itinérance/impulsion revêt les caractéristiques d'un mouvement délibéré, où le rejet est le fait du sujet lui-même qui décide de couper avec son milieu. Les récits des répondants rapportent des expériences de fuite, d'esquive, d'autobannissement, mais aussi d'aventure, de voyage, de nomadisme, la fuite étant assortie le plus souvent d'une forme de recherche, de quête qui les propulse vers l'avant.

> Quand je suis parti de chez mes parents, là je suis parti à la découverte de n'importe quoi là… je pouvais ben décider là à matin moi je m'en vas à telle place, clac, je m'en allais. T'sais j'aimais ça voyager, j'aimais ça voir des places… j'aime l'aventure, j'aime découvrir. Ben là, comme je suis là, c'est une méchante aventure je veux dire ben franchement, je souhaite pas ça à personne (H21).

Vues sous cet angle, l'errance et la déchéance de l'itinérance/dérive ont peu en commun avec la quête et l'aventure de l'itinérance/impulsion. Or, ces distinctions, qui permettent de départager l'échantillon en deux sous-groupes de taille comparable, ne forment pas un cloisonnement étanche. Sans doute, les deux types d'itinérance diffèrent considérablement, mais ni l'un ni l'autre ne peut en fait revendiquer l'exclusivité du choix ou de la victimisation. Les expériences d'itinérance/impulsion ne sont pas épargnées par le fatalisme et celles d'itinérance/dérive ne sont pas exemptes d'initiative. En effet, les sujets qui se placent en position de décideurs face à la rupture la situent dans un contexte où ils n'ont pas d'option («comment tu veux que je reste là… que je me fasse tuer»), et ceux qui ont subi de toute évidence une forme d'abandon peuvent en revendiquer l'initiative («dès que je suis né, je suis parti»). Comme nous l'avons déjà souligné, un départ présenté comme une fuite se greffe souvent sur une expérience de rejet qui lui est antérieure. L'impulsion prend alors une connotation de dernier recours, d'acte posé en désespoir de cause, ce qui la rapproche des séparations imposées. En ce sens, on pourrait avancer que toute itinérance est fondamentalement subie, mais il demeure que les constructions personnelles des acteurs concernés donnent une orientation subjective à leur itinérance, une tonalité dominante de passivité ou d'activité qui transparaît dans le récit de leur expérience et colore différemment les étapes de leur itinéraire.

Certains répondants se montrent ballottés par un courant néfaste qui les projette d'un récif sur l'autre, tandis que d'autres s'affichent comme voyageurs déterminés sur un parcours qui les éloigne du danger. La déchéance et la dégringolade les guettent aussi, mais comme un péril mis en travers du chemin à force d'usure, alors que pour les premiers elles balisent la route. Les hommes et les femmes se répartissent ici de façon inégale (dérive plus typiquement féminine, impulsion plus typiquement masculine), mais à l'intérieur des deux sous-groupes, leurs expériences sont tout à fait similaires. Un homme et une femme vivant tous deux une itinérance-dérive ou tous deux une itinérance-impulsion ont beaucoup plus en commun que deux hommes ou deux femmes vivant des itinérances de types contrastés.

Ces deux formes d'itinérance diffèrent aussi quant à la quête qui les anime : désespérée et lancinante chez les uns, motrice et source d'élan chez les autres. Chaque versant phénoménologique a ses enjeux dominants : la quête d'amour, d'une acceptation fondamentale hante le plus souvent les récits de l'itinérance/dérive, tandis que la quête d'identité, d'intégrité et de statut fonde les témoignages d'itinérance/impulsion. Une telle répartition n'est pas nouvelle ; elle fait écho aux problématiques associées respectivement aux deux figures parentales énoncées plus haut. Nous verrons à présent que cette correspondance n'est pas fortuite.

Lien subjectif aux représentations parentales et dynamique de l'itinérance

Nous avons eu l'occasion de montrer comment, pour la quasi-totalité des sujets, le contexte relationnel d'origine est envisagé comme point de départ de leur itinérance. Or, il appert que le lien à la famille, et en particulier aux figures parentales, déterminerait aux yeux des sujets non seulement l'entame du processus d'errance et de désaffiliation, mais l'organisation même de leur expérience d'itinérance, la trajectoire adoptée, les enjeux et la dimension symbolique de leur parcours. Chez les 92 % des répondants qui relient directement leur itinérance et l'état de leur réseau relationnel actuel à des problématiques issues du milieu familial, trois grandes tendances se dessinent.

Il y aurait une itinérance qui se décrit et se conçoit comme le prolongement d'un rejet, d'un abandon ou d'un désinvestissement de la part de la mère (33 %). Les 2/3 de ce sous-groupe sont des femmes. Le récit de leur itinérance s'ancre dans une expérience de non-désir à la naissance, suivie de rejets multiples et de tentatives de se faire aimer, l'errance et la précarité des conditions de vie faisant écho à cette première blessure qui, de leur propre aveu, les hante.

Un deuxième sous-groupe parle d'une itinérance qui s'articule avant tout autour d'un conflit avec le père (22 %). Il s'agit ici à 83 % de sujets masculins. L'itinérance est racontée sous le mode d'un conflit identitaire et d'une quête de statut qui leur apparaît d'abord refusée par le père ou impossible à obtenir auprès de lui, l'exclusion sociale et les sentiments d'aliénation leur apparaissant calqués sur cette première mésentente.

Enfin, un troisième scénario-type fait s'ancrer l'expérience d'itinérance dans des problématiques reliées aux deux parents (45 %). Les sujets hommes et femmes s'y trouvent également représentés. L'itinérance est décrite comme la conséquence inévitable d'une double défaillance, de l'impossibilité de trouver des appuis compensatoires.

Si l'on met en rapport ces différentes dominantes (problématiques maternelles, paternelles ou biparentales) avec les types d'itinérance endossés par les sujets, on remarque une prépondérance nette des itinérances/dérives (77,7%) dans les contextes de rejet maternel et des itinérances/impulsions (91,6%) dans les contextes de conflit paternel, les deux types se répartissant de manière similaire (52%-48%) dans les contextes où les deux parents sont concernés.

Ces proportions reflètent évidemment les différences de répartition quant au sexe des répondants : les femmes sont majoritaires (66%) dans la catégorie «rejet maternel» et représentent plus de 70% des cas d'itinérance/ dérive qui y sont associés, tandis que les hommes surreprésentés (83%) dans la catégorie «conflit paternel» représentent 82% des cas d'itinérance/impulsion qu'on y retrouve. En ce qui concerne les problématiques biparentales réparties également entre les deux sexes, les cas de dérive sont le fait d'un peu moins de 2/3 de femmes et ceux d'impulsion de 2/3 d'hommes.

Il semble donc que les profils de coupures, les types d'itinérance et les problématiques reliées à la famille doivent s'entendre comme des éléments interreliés d'une dynamique plus globale, avec des pôles autour desquels les sujets gravitent de façon différentielle selon le sexe. Les coupures sont inévitables, mais il y en a qui sont davantage subies, d'autres plus délibérées. Les expériences d'itinérance ont quelque chose d'inéluctable, mais elles peuvent se vivre davantage comme une dérive ou davantage comme une impulsion. Les manques, les blessures et les drames familiaux font partie intégrante de la trajectoire imprimée à l'itinérance, mais ils lui donnent un visage différent, selon que la mère ou le père se trouve principalement mis en cause (visages qui cohabitent et/ou alternent quand les deux parents sont impliqués). Pour l'interlocuteur, il devient rapidement évident qu'une itinérance marquée par le rejet maternel ou placée sous le sceau d'un conflit paternel ne se raconte pas de la même façon, ne fait pas état des mêmes souffrances, des mêmes questionnements, des mêmes enjeux. La coupure habite différemment les uns et les autres sur le chemin qui mène à l'inscription relationnelle dans l'itinérance, en départageant fréquemment les sujets selon leur sexe.

Le plus souvent donc, l'itinérance ne se vit pas de la même façon au masculin et au féminin, mais ce facteur n'est pas à lui seul déterminant. Les femmes rencontrées peuvent aussi vivre des conflits paternels, une recherche d'identité, une quête de statut, des parcours d'impulsion (33%). Les hommes itinérants parlent aussi de rejet à la naissance, d'une recherche d'affiliation, de la quête d'un lieu, de dérive (36%). Pour les deux sexes, l'enjeu se résume à des questions fondamentales d'appartenance et d'inscription. On ne peut pour autant manquer d'être frappé par la répartition inégale des hommes et des femmes sur chacun de ces versants, répartition qui dessine une itinérance féminine davantage paralysée devant une mère rejetante (et une société qui lui nie son humanité) et une itinérance masculine en rébellion devant l'insuffisance du père (et une société qui lui refuse sa place de citoyen).

CONCLUSION

La prépondérance des représentations parentales dans le discours élaboré sur l'inscription relationnelle dans l'itinérance ne saurait faire conclure à des déterminants isolés, privés de ramifications. Bien au contraire, les jeunes adultes interrogés soumettent d'emblée des hypothèses quant aux antécédents de leur propre aliénation au sein de la famille, qui renverraient à une désinscription sociale et identitaire touchant plusieurs générations. Non seulement l'inscription dans la lignée familiale est-elle envisagée comme problématique pour leurs ascendants (lignées de victimisation et d'incommunication, par exemple), mais les failles sur les plans de l'ancrage social et de la démission des instances auxiliaires sont dénoncées comme débordant de loin le cadre de la famille nucléaire. Les manques familiaux qui dominent le discours se convertissent en facteurs d'aliénation dans la mesure où ils se greffent sur un contexte de désolidarisation sociale. Ainsi, les reproches, les requêtes et les espoirs formulés à l'endroit des figures parentales peuvent être entendus comme s'adressant à tous les témoins silencieux des multiples misères (économique, sociale, relationnelle) dans lesquelles ces jeunes se débattent.

Loin d'opter pour une soumission résignée à leur sort, ils construisent des itinéraires de rupture et de quête comme autant de parcours de survie et de dénonciation et nous interpellent en tant que membres d'une famille élargie à laquelle nous ne saurions manquer d'appartenir.

RÉFÉRENCES

LABERGE, D. (1997). Comprendre l'itinérance. *Recherche sociale, 3* (4), 7-9.

LUSSIER, V., M. POIRIER, R. LETENDRE, P. MICHAUD et M. MORVAL. (1996). Relations et représentations de jeunes adultes itinérants : communication de résultats de recherche. *XXVIᵉ Congrès international de psychologie*, Montréal.

POIRIER, M., V. LUSSIER, R. LETENDRE, P. MICHAUD, M. MORVAL, S. GILBERT et A. PELLETIER. (1999). *Relations et représentations interpersonnelles de jeunes adultes itinérants.* (Rapport de recherche soumis au Conseil québécois de recherche sociale CQRS), Montréal : GRIJA.

POIRIER, M. (1997). Le foyer de l'itinérant. *Colloque du CRI. L'Itinérance : la place dans la cité*, Montréal.

CHAPITRE 10

Jeunes dans/de la rue et stratégies de réseaux[1]

par Roch Hurtubise et Michèle Vatz-Laaroussi

La question des jeunes de la rue suscite l'intérêt de plusieurs chercheurs des domaines de la santé et du social, mais il s'agit alors surtout d'un phénomène urbain et généralement associé aux grands centres. Nous proposons une perspective qui se situe en marge des analyses centrées sur les problématiques, sur la souffrance ou encore sur les difficultés. Notre recherche[2] s'est réalisée dans une ville de taille moyenne (Sherbrooke, 120 000 habitants) du Québec et nous privilégions une analyse des réseaux de ces jeunes et plus particulièrement de l'insertion de la famille des jeunes dans ces réseaux. Plusieurs travaux proposent déjà une analyse de la problématique des jeunes de la rue du point de vue des trajectoires de jeunes, de la rue comme système de vie (Lucchini, 1998) ou encore comme espace transitionnel lié à la socialisation (Parazzeli, 1996). La problématique que nous présentons ici est le résultat d'une série d'ajustements au fur et à mesure que nous confrontons nos premières intuitions théoriques aux divers champs de la réalité concernée et surtout aux lectures diversifiées de celles-ci: réalités et lectures de la rue, de l'intervention, des réseaux pour achever par une perspective qui lie familles et réseaux pour ces jeunes. Cette dynamique de problématisation nous paraît illustrer à la fois le cheminement théorique par lequel nous sommes passés mais aussi les positions épistémologiques et conceptuelles que nous avons été amenés à préciser: une conceptualisation sous l'angle des réseaux et des acteurs familiaux. Signalons que la réalité des jeunes de la rue en région est différente de ce qui peut être observé dans les grands centres, ce qui se reflète dans les choix théoriques et méthodologiques que nous avons faits.

---

1. Une première version de ce texte a été présentée lors du Colloque de l'AIS en juillet 1998.
2. Stratégies de survie des jeunes de la rue, mobilisation des réseaux familiaux et socio-affectifs. Projet financé par le Conseil québécois de la recherche sociale.

DES JEUNES À PROBLÈMES : REGARDS DES JEUNES ET DES INTERVENANTS

Les jeunes de la rue rencontrés à Sherbrooke sont préoccupés par trois grandes problématiques : la consommation de la drogue, l'exclusion des institutions sociales (école et travail) et la pauvreté. Chez eux, la consommation de drogue recouvre une diversité de pratiques, elle apparaît comme une activité ludique, un moyen de se connaître, de se découvrir personnellement et dans ses rapports à autrui. La drogue est aussi une activité économique, un « petit boulot » : le troc et la revente constituent un revenu d'appoint, dans certains cas le principal revenu de subsistance. Pour beaucoup de ces jeunes, le travail apparaît comme un idéal inaccessible à court terme ; ils sont confinés à des emplois précaires, peu qualifiés, mal payés et peu valorisants. Le chômage les touche de manière importante. La société, où le travail demeure encore le moyen d'insertion sociale privilégié, confronte ces jeunes à un double échec : chômage et exclusion sociale. Ces difficultés d'insertion ont comme corollaire la pauvreté des jeunes : les moins de 30 ans constituent près de la moitié des bénéficiaires de l'aide sociale dans la grande région de Sherbrooke. Ces jeunes ont souvent un taux de persistance dans la pauvreté plus élevé que le reste des populations pauvres. Comme le souligne la Coalition sherbrookoise pour le travail de rue[3] :

> Les jeunes de la rue à Sherbrooke bénéficient, contrairement aux jeunes des municipalités moyennes et rurales, d'un ensemble de services présents et accessibles. Malgré cet environnement, ces jeunes ne trouvent pas à satisfaire leurs besoins essentiels. Que ce soit dans le milieu scolaire, sur le marché du travail ou dans le réseau des services sociaux et de la santé, ils se retrouvent souvent dans une impasse. Ils ont le sentiment que la société n'est pas faite pour eux. Ils croient aussi que cette société a cessé d'évoluer et qu'elle accepte cette marginalisation des jeunes[4].

Que pouvons-nous apprendre à propos de ces jeunes à travers les interventions effectuées par les travailleurs de rue ? Pour l'année 1997, une classification des champs d'intervention effectuée par l'organisme nous montre que

---

3. Cette recherche a été réalisée en collaboration avec *La Coalition sherbrookoise pour le travail de rue*. Cet organisme créé en 1988 est, par sa mission et ses objectifs, l'organisme le plus proche des jeunes de la rue et dans la rue à Sherbrooke. En effet, à travers ses mandats de prévention et de travail de milieu, par ses interventions dans la rue (parcs, arcades, lieux désaffectés utilisés par les jeunes, bars) et grâce à son équipe d'intervenants près des jeunes, cet organisme rencontre toute une population (1 250 jeunes de 12 à 20 ans, que les ressources traditionnelles ne rejoignent pas et qui vivent pour la majorité des difficultés économiques et sociales, rencontrés en 1997) qui passent des périodes plus ou moins longues et plus ou moins régulières dans la rue.

4. Rapport annuel, 1995.

le domaine psychosocial est le plus investi par l'intervention de rue (58 % des interventions auprès des filles et 55 % auprès des garçons). Viennent ensuite les champs socio-éducatifs et socioculturels (à part égale auprès des filles et des garçons). Notons ici qu'un faible pourcentage d'intervention (1 % à 3 %) se produit en situation de crise. C'est bien du quotidien des jeunes et de la rue dont il est ici question. Et dans ce quotidien, trois types de problématiques psychosociales sont plus régulièrement approchées par ces intervenants : il s'agit, pour l'année 1997, des relations avec les pairs et le milieu de la rue, des relations avec le milieu familial et des rapports avec le milieu scolaire. En fait, les grands problèmes sociaux vécus par ces jeunes (drogue, pauvreté, dépression) apparaissent dans ces interventions mais sont souvent associés aux aspects relationnels de la vie des jeunes. Une analyse qui mettrait strictement l'accent sur les problématiques et la souffrance nous paraîtrait dès lors réductrice de cette complexité à une seule de ces composantes. Nous pouvons effectuer une double interprétation des données qui précèdent : d'une part, il semble que ces problèmes relationnels soient traités en priorité parce que les intervenants y sont spécifiquement attentifs et peuvent mettre en œuvre des interventions adéquates. D'autre part, cette prédominance dans l'intervention nous a amenés à poser l'hypothèse que les réseaux relationnels, familiaux, socioaffectifs et scolaires, représentent pour les jeunes un nœud important de leur quotidien.

S'ENGAGER SUR UN TERRAIN MOUVANT : UNE REFORMULATION DES HYPOTHÈSES DE DÉPART

Lors de notre travail sur le terrain, nous avons été rapidement confrontés à la difficulté de nommer cette population des jeunes de la rue à Sherbrooke. Nous sommes passés « des jeunes dans la rue » à « jeunes hors des espaces institutionnels traditionnels », en passant par les « jeunes qui fréquentent beaucoup le centre-ville ». Aucune de ces étiquettes ne convenait tout à fait à la réalité que nous découvrions, ce qui nous a amenés à redéfinir populations et espaces à travers des concepts non exclusifs. Nous avions affaire à des espaces non cloisonnés ouverts les uns sur les autres, à des interactions et processus dynamiques et labiles.

Nous nous sommes intéressés à un monde aux frontières mal délimitées, que nous avons d'abord cru pouvoir identifier par un espace, le centre-ville de Sherbrooke, et par un statut de désocialisation, les jeunes de la rue. Rapidement les réalités multiples de nos observations nous ont amenés à questionner ces deux composantes. L'espace du centre-ville était fréquenté par des jeunes désaffiliés mais aussi par bien d'autres, étudiants, jeunes travailleurs, moins jeunes, etc. De la même manière, les jeunes désaffiliés de Sherbrooke présentaient un profil hétérogène aux sens multiples, selon les analyses et analyseurs : jeunes punks ou « ginos » pour les médias, délinquants ou contrevenants pour la police municipale, jeunes à risque de problèmes sociaux et médicaux pour le CLSC, jeunes-clientèle-cible pour les travailleurs de rue. Dès lors et partant de la diversité de nos observations, de la labilité des frontières, de l'élasticité des espaces et de la mouvance des interactions, nous avons décidé de définir notre population au sens large, en sortant des découpages spatiaux, temporels ou sociaux traditionnels. Nous avons voulu regarder le monde des jeunes au centre-ville de Sherbrooke.

Ce monde disparate est loin de composer un univers homogène et facile à classifier. Qui plus est, il apparaît mouvant dans le temps, les jeunes étant eux-mêmes très mobiles, et dans ses références. Il est parfois traversé par des mouvements nationaux ou transnationaux, comme ceux des punks, des hippies ou encore de la musique hip-hop. Il se réfère souvent à des modes locales, mélangeant les styles vestimentaires et les idéologies. Finalement, ce monde se construit et se reconstruit sans cesse à travers une histoire qui est vécue individuellement et collectivement par ses participants, mais qui vient aussi infléchir les orientations, stratégies et identités qu'ils mettent en œuvre.

Pour tenter de mieux définir cet univers flou, nous pouvons d'abord constater son lien avec les habitus dont les jeunes qui le composent sont porteurs. Nous insistons ici sur les appartenances de classes, au sens donné par Bourdieu, que les jeunes apportent dans leurs capitaux sociaux et, en même temps, dans leur bagage de nomades. En effet, nous avons rencontré des jeunes issus de milieux divers et de familles aux statuts hétéroclites. En ce sens, il est clair que les jeunes du centre-ville ne forment pas un groupe social homogène et encore moins une classe sociale. Yanick provient d'un milieu intellectuel, ses deux parents sont professionnels et le niveau de vie familiale est celui de la classe moyenne supérieure alors que les parents se définissent eux-mêmes comme des baby-boomers. Johanne dépend de la Protection de la jeunesse depuis plusieurs années. Elle n'a jamais connu son père et sa mère a de tout temps rencontré de graves problèmes de santé mentale, se situant parmi les marginaux de longue date. Dany, lui, est marqué par les valeurs de la classe ouvrière dont il est originaire : son père a toujours été ouvrier et sa mère, au foyer, a élevé ses 4 enfants. La mère de Maryline est femme de ménage et vit seule depuis plusieurs années, son père traversant une longue période de précarité d'emploi, etc. Si ces statuts sociaux sont représentatifs de ceux de notre société, il est important de voir que les jeunes ne les oublient pas ou ne les mettent pas entre parenthèses en arrivant dans le monde du centre-ville. Ces appartenances de classe marquent profondément leurs trajectoires, donnant des sens et des orientations à leurs parcours. Pour Yanick, la vie de jeunesse est un temps entre parenthèses qu'on peut intellectualiser et qui débouchera, un jour ou l'autre, sur un retour aux études. Pour Dany et Maryline, c'est le sens du travail et de l'argent qui sera profondément orienté par ces appartenances. Quant à Johanne, son habitus de classe laissera une empreinte forte non seulement dans son rapport aux institutions mais aussi dans sa définition de l'espace et de l'intimité. Ainsi, non seulement, les jeunes qui peuplent ce monde du centre-ville ne se ressemblent pas mais, en plus, ils apportent avec eux, comme un *input* dans la construction de ce nouvel univers, les capitaux transmis et hérités de leur famille et des appartenances sociales de celle-ci.

Ces jeunes construisent aussi ce monde à travers leurs affiliations personnalisées à de grands mouvements, courants ou modes qui découpent autrement les appartenances de classe. Souvent ces affiliations s'effectuent grâce à la connaissance médiatique que les jeunes développent : la radio, la télévision, les journaux et les copains de classe seront les premiers transmetteurs de ces courants. Avant de fréquenter un groupe de punks, le jeune s'affiliera idéologiquement à ce groupe virtuel ; il en aimera la musique, le style, les idées, les héros, les mythes. Peu à peu, il en viendra à ressembler à un punk, physiquement et mentalement. Et toujours, avant d'en rencontrer d'autres, il commencera à suivre un mode de vie punk tel qu'il le comprend par les médias. C'est aussi avec ce bagage d'affiliations diverses et souvent «théoriques» au départ que les jeunes forment le monde du centre-ville.

Ainsi habités de leurs appartenances originelles et bardés de leurs affiliations idéologiques et «stylistiques», ces jeunes filles et garçons déambulent dans Sherbrooke, à la recherche d'autres semblables et d'autres différents pour mieux se situer, se retrouver et se développer. Certaines fréquentations sont privilégiées parce qu'on se ressemble, parce qu'on partage le même style, la même affiliation affichée ou encore parce qu'on a l'impression de donner le même sens aux choses. Certaines distances sont mises aussi par rapport à d'autres jeunes qui sont plus difficiles à situer ou qui semblent trop opposés à ce qu'on est. Comme tout le monde, les jeunes du centre-ville s'apparient et se différencient au quotidien de leurs transactions et interactions. Dans ce contexte, nous pensons que l'expression «jeunes nomades» est la plus appropriée pour décrire leur mobilité dans des espaces/temps flous et mouvants qu'ils investissent et construisent selon leurs intérêts et leurs besoins. Nous reprenons ici cette expression de Laurence Rouleau Berger (1993), qui développe une problématique des jeunes des banlieues françaises en tant que citoyens actifs et dynamiques dans des stratégies multiples de participation sociale.

DES RÉSEAUX, DE LA FAMILLE ET DES PAIRS

Dès le départ, nous avions la conviction que la famille peut être un problème tout comme une force dans la trajectoire du jeune. Très souvent, elle est passée sous silence par les intervenants ou les experts lorsqu'on parle de cette population. Les jeunes de la rue sont, avant tout, présentés comme isolés (exclus ou volontairement marginaux) de leur famille d'origine, n'ayant que le gang comme référence sociale et n'ayant pas de projet familial ou de couple. La littérature (Le Blanc, 1994) insiste le plus souvent sur l'éclatement des familles et les reconstitutions qui sont corrélés avec le départ des adolescents (fugues) ou leur entrée en marginalité (toxicomanie, *squat*, etc). De même, les jeunes de la rue sont souvent présentés comme dans une trajectoire de désinsertion-victimisation dans laquelle la famille a été le premier point d'achoppement: les études nous les montrent ainsi comme des ex-enfants battus ou négligés ayant vécu des abus physiques et sexuels et ayant bénéficié de placements en familles d'accueil ou en établissements de réadaptation.

Par ailleurs, une enquête précédente effectuée par la Coalition sherbrookoise pour le travail de rue illustre cette variété des configurations familiales: plusieurs d'entre eux vivent chez un membre de leur famille d'origine, y passent épisodiquement, y recherchent de l'aide matérielle dans les moments les plus difficiles et continuent à garder des contacts formels avec les uns ou les autres membres du réseau familial (parents, frères, sœurs, oncles, etc.). Leurs relations avec la famille sont ambivalentes: pour une part, dans une vision positive («je suis bien avec ma famille») et pour l'autre dans une perspective plus négative, en insistant sur les problèmes d'incompréhension ou sur le poids du contrôle familial. Il apparaît que les filles sont généralement plus insatisfaites que les garçons de ces relations. Notre projet repose alors sur la partie cachée de cet iceberg. S'il y a une part de positif dans les liens de ces jeunes avec leur famille, quelle est-elle? En fait, pour mieux saisir le caractère implicite de ces liens, nous postulons que les jeunes de la rue en région gardent, ont, entretiennent et utilisent des contacts avec des membres de leur famille. Nous nous situons ici *a contrario* de certaines analyses plutôt psychologiques qui définissent la famille (ou la dynamique familiale) comme problème essentiel des jeunes de la rue et qui appréhendent la rupture avec la famille comme condition inévitable de toute trajectoire de rue.

Cette idée s'ancre aussi dans différentes recherches déjà menées auprès de populations défavorisées en région, montrant que si la structure et le sens de la famille se transforment, l'histoire et la mémoire familiale demeurent un élément important de continuité dans les trajectoires individuelles, y compris dans le cas des dynamiques familiales problématiques. Dès lors, dans une perspective qui situe le jeune dans des dynamiques dont il est un acteur avec d'autres, soit ses pairs, soit des membres de sa famille, la notion de réseau semble à privilégier. Les réseaux de ces jeunes semblent être à considérer comme des éléments moteurs des dynamiques personnelles et sociales vécues par ces jeunes. Souvent vus négativement pour leurs mauvaises influences auprès des jeunes, ces réseaux remplissent aussi plusieurs fonctions de support, d'entraide dans le quotidien et dans les situations exceptionnelles.

Notre projet voulait donc cerner les liens, l'interface, les zones de rencontre entre familles et les réseaux des jeunes de la rue en région. Nous avions alors une prémisse: il existe divers groupes ou systèmes, dont ceux des jeunes et ceux des adultes (leur famille), qui interagissent ou s'interpénètrent dans certaines conjonctures. Mais la notion de groupe présuppose des frontières précises et stables. C'est là que nos premières données de terrain nous amènent à questionner et à infirmer cette prémisse.

LES MEMBRES DES FAMILLES COMME COMPOSANTES DES RÉSEAUX DES JEUNES

En nous inspirant des perspectives ethnographiques, nous avons utilisé plusieurs techniques de cueillette de données. De juillet 1997 à novembre 1998, nous avons fait des observations systématiques des jeunes, des entrevues non directives, centrées sur le récit de trajectoire de rue des jeunes, sur les stratégies, le quotidien et des entrevues de groupe avec une cinquantaine de jeunes, catégorisés «de rue». Ces données, que nous analysons actuellement, nous permettent de préciser les dimensions conceptuelles de notre perspective.

Dans nos entrevues rétrospectives avec des jeunes sur leur trajectoire de rue, nous avons observé que la famille est présente tout au long de cette trajectoire et qu'elle constitue l'un des référents majeurs, tant dans la dynamique d'entrée dans la rue que dans le maintien ou la sortie de la rue. Elle est, en quelque sorte, un élément fort et stable des réseaux du jeune qui jouera, selon les étapes, divers rôles. Ce sont notamment les pères et les mères qu'on retrouve ici; la fratrie et la famille élargie, bien qu'évoquées à l'occasion, semblent occuper une place plus secondaire.

Dans cette perspective, les parents ne sont pas les éléments déclencheurs de l'entrée ou de la sortie de la trajectoire de rue, ils sont des accompagnateurs et des repères qui permettent une certaine forme de stabilité chez ces jeunes pour qui la rue est un épisode dans leur trajectoire. Certains parents sont des acteurs importants dans les réseaux de jeunes; de l'aide matérielle au conseil moral en passant par le soutien psychologique, ils sont plus souvent vus comme des ressources et des experts que comme des obstacles ou des ennemis.

Dans nos entrevues de groupe, nous leur avons proposé de discuter de la famille, des amis et des amours. Ces thèmes sont tout à fait anachroniques avec ce qu'on leur propose habituellement. De manière surprenante, nous avons pu constater l'intérêt et la facilité avec lesquels les jeunes parlaient de leur famille. Si celle-ci était parfois, par sa dynamique, ses caractéristiques ou son histoire, source de tensions, elle était aussi dans la majorité des cas un référent privilégié des jeunes, tant pour qu'ils se racontent que pour qu'ils parlent du présent et de l'avenir. Le plus souvent c'était des membres de cette famille qui ressortaient comme personnes-clés, comme personnes-ressources ou même comme guides de ces jeunes. Toutes sortes de fonctions leur étaient alors dévolues, allant du soutien matériel à l'intervention en cas d'urgence, en passant par le soutien affectif et l'écoute. C'est aussi au futur que cette famille était abordée, tant du point de vue du rôle éventuel des jeunes comme parents à venir que de la place que la famille actuelle prenait dans leurs projets.

La représentation du couple contraste fortement avec celle de la famille auprès de ces jeunes. Lors des entrevues, c'est ce thème qui a soulevé le plus de difficultés. On remarquait une grande confusion et parfois l'idée que le couple était une menace pour le réseau des jeunes de la rue et pour les amitiés. Le couple est ici associé au repli et à un désinvestissement auprès des autres jeunes. Il s'agit là d'une position surprenante puisqu'on aurait pu s'attendre, d'après la lecture courante de la lecture pathologique de la famille, à ce que ce soit celle-ci qui représente plus une menace, mais nous posons déjà l'hypothèse d'une opposition notable pour ces jeunes entre des relations duelles peu valorisées, parfois vues comme des obstacles aux stratégies du «nomadisme», et des relations multiples de réseau largement privilégiées.

Plus encore, il n'y avait pas de rupture entre les membres de la famille et les autres personnes, pairs ou adultes, qui étaient significatives pour les jeunes rencontrés. La plupart se connaissaient, étaient en relations ponctuelles ou continues. Les fonctions remplies par les uns s'entrecroisaient et se renforçaient ou encore se complétaient avec celles remplies par les autres. Dès lors, nous ne pouvons plus considérer jeunes et familles comme deux groupes exclusifs et devons les regarder comme composantes de mêmes réseaux, ce qui nous amène à reconsidérer notre perspective théorique et à conceptualiser ce que nous approchons en termes de stratégies et de réseaux.

JEUNES ET FAMILLES : DES RÉSEAUX EN ACTION

Nous avons déjà souligné que l'approche en termes de réseaux est l'un des angles théoriques privilégiés dans ce projet. Au départ, nous avions l'hypothèse que la vie des jeunes s'organise autour de réseaux de jeunes et de réseaux familiaux qui se mobilisent et s'articulent dans certaines circonstances positives ou négatives. Assez tôt, lors de nos observations sur le terrain, la pertinence de cette notion s'est confirmée : une approche qui aurait misé sur les bandes ou les groupes de jeunes aurait été réductrice, ne nous permettant d'analyser qu'une infime partie des relations observées. Ce concept de réseau devrait dès lors nous aider à sortir d'une vision duelle des jeunes et de la rue, de l'intérieur et de l'extérieur, du normal et du déviant. Mais plus encore, nous en venions à questionner le pluriel de ces réseaux : plutôt que plusieurs réseaux distincts, nous avions l'impression d'approcher un réseau singulier plus diffus auquel participaient différentes générations et qui articulait différents liens dont l'amitié, la filiation, l'utilité, etc.

La littérature sur les réseaux est large, mais s'articule prioritairement autour de deux perspectives : la perspective topographique qui vise à les décrire, à rendre compte de leur structure, à mesurer leur degré de formalisation et à les modéliser, d'une part ; la perspective fonctionnaliste qui tend à les définir par leurs fonctions et leurs fonctionnements, d'autre part. Pour notre part, si nous nous devons de passer par une description des réseaux des jeunes de la rue, c'est surtout à leurs formations, transformations, mobilisations et utilisations que nous nous intéressons. En particulier, si nous les abordons à travers les maillages qu'ils génèrent et sur lesquels ils reposent, nous voulons relever les articulations à l'œuvre entre ces mailles et plus spécifiquement celles qui relient les groupes, les sous-groupes, les éléments familiaux et les individus à travers un même réseau. Nous pouvons déjà avancer que les affinités et les besoins sont des éléments d'articulation de ces diverses composantes, mais nous devons aussi mieux comprendre comment elles sont mobilisées, sélectivement ou en complémentarité les unes des autres.

Nous posons l'hypothèse que, contrairement aux groupes qui posent des frontières stables et rigides entre le Nous et le Eux, les réseaux permettent d'aborder les frontières mouvantes qui délimitent un Nous à géométrie variable (allant des Nous sous-groupes au Nous réseau, en passant par le Nous familial) et, en contrepartie, un Eux diffus, non adversarial. D'ailleurs, l'adhésion au réseau se fait de manière beaucoup plus informelle que dans le cas du groupe, il ne faut qu'y être invité par l'une des parties. De plus, il ne se structure pas autour d'un centre (une personne ou un groupe) qui possède des ressources et des pouvoirs. Généralement, dans la littérature sur les réseaux, les modélisations développées s'inspirent des théories mathématiques des graphes et des ensembles. L'un des éléments fondamentaux de ces théories des réseaux est l'existence de « nœuds » qui permettent l'articulation de diverses parties des réseaux. Ces nœuds pourraient être des personnes membres du réseau, des repères symboliques du réseau ou encore des interactions spécifiques qui articulent des éléments du réseau à la manière d'un schème relationnel implicite (un mode de relation jeune/adulte ou encore un type de rapport à l'autre). Ces nœuds sont multiples, mobiles, dynamiques et en constante transformation ; nous pourrions alors établir leurs fonctions selon les circonstances et les trajectoires.

Tout en étant dynamique et en constante transformation, le réseau est aussi une organisation (une structure) des relations, une certaine permanence, la mise en œuvre de règles et de normes qui en assurent la continuité. Il faut toutefois éviter une tribalisation des réseaux qui, chez certains auteurs, se traduit par une application aux réseaux des dimensions généralement utilisées pour décrire les groupes (réseaux protégés, réseaux émancipés, réseaux perdus). Dans cette perspective, on glisse inévitablement vers la description de divers réseaux (définis selon leurs fonctions ou leurs structures) et vers l'interrogation sur les modalités de leur articulation. Pour contourner cette difficulté épistémologique, nous pourrions sans doute dire, comme Dubet le fait lorsqu'il aborde les trois fonctions de la «Galère» (1987), soit la fonction de protection, la logique délinquante et l'orientation de violence sans objet, qu'aucune des logiques d'action présente au sein des réseaux n'en est le centre. Chaque forme d'action possède son autonomie tout en étant associée aux autres parce que les jeunes participent à toutes. Il y a ainsi sans doute plusieurs principes organisateurs, avec leur cohérence propre, mais qui sont articulés les uns aux autres par les jeunes qui en sont les acteurs communs.

Les réseaux peuvent alors être définis comme lieu (social) d'articulation de l'individuel et du collectif, du familial et des relations amicales, des identités et de la citoyenneté. Nous portons ainsi notre attention sur l'aspect dynamique du réseau plutôt que strictement sur sa structure ou ses fonctions; sur les liens plus que sur les relations; sur les nœuds plus que sur les frontières. La notion d'espace devient secondaire dans cette perspective. La rue n'est pas un déterminant ou encore un espace structurant: elle est un lieu où les réseaux s'ancrent et se développent. C'est une modalité, une occasion plus qu'un référent fort (nos premières observations tendent à confirmer cette hypothèse puisque nous avions alors beaucoup de mal à définir une symbolique des espaces, un peu comme s'ils étaient interchangeables ou encore imprécis).

Nos observations et discussions avec les jeunes du centre-ville nous ont permis de comprendre qu'aucun de leurs réseaux personnels n'était complètement isolé des autres. Au contraire, ils sont tous en constante articulation – réarticulation, parfois à travers des éléments qui leur sont communs, parfois dans des interactions exceptionnelles. C'est ainsi qu'on ne peut parler ni de groupes ni de réseaux fonctionnant selon les affiliations mais bien plutôt d'un grand réseau latent dans le sens où tous les réseaux personnels ne sont pas en contact constant ou régulier mais en contact potentiel, selon les activations qu'on en fait. Plus encore, ces activations peuvent venir de l'intérieur du réseau lui-même, quand un punk sympathise avec un «gino», vieil ami d'école, ou encore quand un parent vient demander de l'aide au copain de sa fille pour mieux protéger celle-ci en situation difficile. Mais elles peuvent aussi venir de l'extérieur, du réseau institué quand les travailleurs de rue proposent un projet de graffiti collectif, par exemple, ou encore quand il faut prendre la parole face à la police et aux médias pour défendre la place des jeunes du centre-ville dans un parc.

Ce réseau représente ainsi une réserve potentielle de contacts, d'interactions, de communication, mais il est aussi un réservoir de sens et de pratiques, partagé au moins partiellement par les jeunes qui le composent. Ces systèmes de sens et de signes qui, à la fois, donnent consistance, cohérence et histoire à ce monde des jeunes du centre-ville sont aussi ce qui le marque par rapport aux autres espaces institués. C'est ainsi que cet univers flou produit un espace social alternatif aux contours déterminés, d'une part, par des représentations partagées, par lesquelles les jeunes donnent sens à leurs trajectoires, à leurs inscriptions dans ce réseau et à son histoire ; d'autre part, par des signes et pratiques compris par tous. Nous sommes ici dans l'univers des stratégies qui, loin d'être individuelles et atomisées, nous semblent plutôt être celles du réseau. Nous pensons ici aux stratégies d'insertion, de subsistance ou de plaisir mises en œuvre au quotidien des trajectoires des jeunes et qui n'existent et ne prennent sens que par le réseau, remplissant ainsi ses fonctions de protection, de participation sociale et de socialisation.

Dans ces pratiques, produit et reproduit par l'espace social alternatif émanant du réseau, le mode de vie nomade nous est apparu comme une dimension axiale permettant de comprendre les comportements, les représentations et les stratégies des jeunes. Être nomade, c'est entrer en voyage, réel ou symbolique, c'est y rester le temps d'une saison ou d'une étape de vie, ou bien encore c'est en faire son idéologie identitaire. Peu importe, les jeunes du centre-ville, débarquant avec leur bagage d'appartenances et d'affiliations diversifiées et hétéroclites, se retrouvent en se mettant en «mode nomade», participant ainsi à la production de cet espace alternatif qui non seulement redonne sens à leur parcours individualisé mais tend aussi à articuler leurs trajectoires individuelles sur cette «vie de jeunesse» dont ils nous ont souvent parlé et qui est composée de valeurs, de représentations et d'histoires partagées. C'est par ce long trajet qui articule parcours individuels, histoire de réseau et mouvances sémantiques que vie de jeunesse et mode nomade définissent les contours réels, symboliques et virtuels du monde des jeunes du centre-ville de Sherbrooke.

Finalement, notre appréhension des réseaux de jeunes comme lieu d'articulation et de production du social ainsi que notre souhait d'en saisir les dynamiques internes nous amènent à envisager le concept de stratégies comme catalyseurs et analyseurs des processus qui s'y déroulent.

LES STRATÉGIES : DE L'INDIVIDUEL AU COLLECTIF

Si les stratégies ont pour fonction essentielle de coordonner des actions, elles sont aussi une médiation entre le concret et les représentations conceptuelles aléatoires (Camilleri, 1990). Du point de vue d'une sociologie des acteurs, on insiste généralement sur les stratégies individuelles. Nous nous intéressons depuis quelques années aux stratégies qui dépassent l'action individuelle et qu'on peut associer aux familles et aux réseaux.

Plusieurs de nos recherches (Hurtubise et Vatz Laaroussi, 1995) ont montré que les stratégies des familles en situation de grande précarité se construisent dans les contingences de l'exclusion et ont pour finalité la survie matérielle et sociale à la fois de l'entité familiale et de chacun de ses membres. Elles sont la rencontre, l'articulation entre les forces, les savoir-faire, les capitaux culturels et sociaux des divers membres de la famille, les faiblesses d'antan pouvant, dans le changement anomique, se transformer en potentiels, les comportements réactionnels, en tactiques, la perte du statut passé, en projection dans l'avenir d'une autre conception de sa famille et de soi-même. De même, chez les familles immigrantes (Vatz Laaroussi *et al.*, 1994), des stratégies familiales d'insertion et d'acculturation sont mises en œuvre par les divers membres, ensemble et séparément, dans leurs actions quotidiennes privées et publiques. Ces actions et comportements prennent alors un sens familial qui catalyse les représentations et processus individuels d'adaptation et de changement. Ainsi, ces stratégies familiales, dépassant et réorganisant les identités individuelles, ethniques et sociales, sont colorées par la culture d'origine, ancrées dans l'histoire familiale et orientées par les structures migratoires.

De la même manière, dans le cas des jeunes de/dans la rue, nous déplaçons légèrement notre regard pour parler non pas des stratégies individuelles (de survie ou de débrouillardise) des jeunes considérés comme individus; nous voulons développer l'idée qu'il y a des stratégies de réseaux qui impliquent l'articulation de l'individuel, du familial et du contexte rue. Ces stratégies se modifient dans le temps et, si elles révèlent une structure d'action d'une relative stabilité, il importe aussi de souligner leur caractère dynamique et changeant. Dans ce contexte, les rôles familiaux ne sont pas nécessairement standardisés et ne correspondent pas aux définitions courantes des fonctions parentales et fraternelles. Le rôle se définit par une insertion dans les réseaux; c'est selon les contextes et les conjonctures que le parent peut se définir comme refuge/soutien, comme repoussoir/contre-modèle, comme guide/référence/témoin ou encore comme repère identitaire.

EN GUISE DE CONCLUSION : POUR UNE ANALYSE DES STRATÉGIES DE RÉSEAUX

Cette première définition conceptuelle des réseaux et des stratégies nous permet de mettre de l'avant la notion de stratégies de réseaux qui s'ancrent à la fois dans les individus, les sous-groupes et les réseaux qu'ils composent, mais qui émanent aussi d'une contrainte conjoncturelle, celle de la rue. Orientées à la fois par le contexte social structurel (la pauvreté, le non-emploi, la place faite aux jeunes, etc.) et par les trajectoires des jeunes, ces stratégies sont communes aux membres du réseau, remplissent des fonctions de survie (immédiateté et continuité) tant par rapport aux individus que par rapport au réseau et redonnent sens et mémoire tant aux dynamiques individuelles qu'aux dynamiques de groupes. En guise d'illustration, nous voulons présenter ici trois exemples de stratégies de réseaux que nous avons repérés:

- La stratégie de protection par le réseau dans le cas de la fugue: ici, les différents membres du réseau participent à la prise en charge du jeune fugueur comme à la protection du secret. Les parents ne sont pas informés du lieu de fugue, mais sont rassurés par les autres membres du réseau. Chacun joue ici un rôle qui vise à la fois la réponse aux besoins de chacun, la mise en œuvre du projet et le renforcement du réseau.

- La stratégie de socialisation à la rue par le réseau qui vise l'insertion protégée et informée des nouvelles et nouveaux dans la rue: il s'agit alors de la transmission mise en œuvre de modalités utilitaires et ludiques permettant la vie dans la rue (l'art de la quête). Les parents des autres jeunes ou certains adultes poteaux peuvent y jouer un rôle clé permettant au jeune de s'assurer de relations intergénérationnelles dans cette nouvelle vie.

- La stratégie d'accompagnement à la sortie de la rue: le réseau favorise alors la formulation d'un projet futur et la circulation de l'information nécessaire (ressources, possibilités, travail, formation). Par exemple, nous pouvons revenir ici sur la volonté de plusieurs des jeunes de devenir travailleurs de rue ou encore d'aider les jeunes à s'en sortir. Le réseau apparaît ici comme un espace social qui favorise l'exercice et le développement d'une certaine forme d'exercice de la citoyenneté.

Les contenus et modalités de ces stratégies sont variables, en lien avec les contraintes situationnelles et avec les projets des jeunes, mais ils sont toujours articulés avec des référents (fonction heuristique et ontologique) qui sont ceux portés, générés et catalysés par le réseau. Les membres du réseau, quels qu'y soient leur place ou leur statut, sont aussi des acteurs de ces stratégies, et ils peuvent, selon les moments, selon leurs caractéristiques et selon la place qui leur est faite, être plutôt des transmetteurs, des relais, des médiateurs, des interprètes, des récepteurs, des leaders, des «faire-valoir» ou encore des facilitateurs.

RÉFÉRENCES

CAMILLERI, C. (1990). *Stratégies identitaires*. Paris: PUF.

DUBET, F. (1987). *La galère: jeunes en survie*. Paris: Arthème Fayard.

HURTUBISE, R. et M. VATZ LAAROUSSI. (1995). Enfants, histoires et identités familiales. *PRISME, 5* (2-3), 335-345.

LE BLANC, M. (1994). La délinquance des adolescents. *In* F. Dumont (Sous la dir. de), *Traité des problèmes sociaux* (p. 279-300). Québec: Institut québécois de recherche sur la culture.

LUCCHINI, R. (1998). L'enfant de la rue: réalité complexe et discours réducteurs. *Déviance et société, 22* (4), 347-366.

PARAZELLI, M. (1996). Les pratiques de socialisation marginalisée des jeunes de la rue dans l'espace urbain montréalais. *Cahiers de recherche sociologique*, 27, 47-62.

PIERPAOLO, D. (1994). La prospective relationelle dans l'intervention de réseaux: fondements théoriques. *In* L. Sanicola (Sous la dir. de), *L'intervention de réseaux*. Paris: Bayard.

ROULEAU-BERGER, L. (1993). *La ville intervalle. Jeunes entre centre et banlieue*. Paris: Méridiens Klincksieck.

VATZ LAAROUSSI, M. (1994). Des femmes et des stratégies familiales en situation de paupérisation. *Recherches féministes, 7* (1), 59-71.

WELLMAN, B. et B. LEIGHTON. (1980). Réseau, quartier et communauté. Préliminaire à l'étude de la question communautaire. *Urban Affairs Quarterly, 14* (3), 111-113.

CHAPITRE 11

L'appropriation de l'espace et les jeunes de la rue : un enjeu identitaire

par Michel Parazelli

Un phénomène social comme celui des jeunes de la rue soulève habituellement beaucoup d'interrogations et d'inconfort quant à la signification de cette réalité. En effet, spontanément, comment peut-on imaginer que des adolescents de 15 ans ou de 17 ans puissent préférer vivre de la rue plutôt que de demeurer dans leur foyer familial ou leur institution d'accueil ? Comment penser que le « milieu de la rue » puisse représenter une voie sociale possible pour des jeunes quand la plupart des gens et des médias lui attribuent plutôt une valeur de dangerosité, de désorganisation et d'immoralité potentielle ? En effet, ce phénomène social révèle non seulement l'échec des institutions de socialisation (famille, école, travail social, etc.) dans leur rôle d'insertion sociale en ce qui concerne ces jeunes, mais il comporte aussi une dimension transgressive des règles normatives qui, par exemple, interdisent à un enfant ou à un adolescent de fuir l'autorité parentale. D'autres pratiques transgressives peuvent aussi interroger notre propre rapport à la norme sous le mode de la culpabilité et/ou de l'intolérance sans égard à la compréhension effective du sens que ces pratiques peuvent avoir pour les jeunes de la rue eux-mêmes. Pensons ici à la prostitution, à la mendicité, au flânage, à la consommation de drogue ou à la pratique du « squeegee ». Ainsi, la plupart des jugements portés sur ces jeunes sont fondés sur une polarité morale classique de type binaire : celle de la victime ou de l'agresseur ou, autrement dit, du Bien ou du Mal. De cette polarité morale découle toute une gamme de représentations sociales contribuant à conditionner l'imaginaire de la plupart des gens. Selon le type de représentation sociale auxquelles on réfère, un jeune de la rue peut être considéré comme un enfant à protéger, une proie facile à exploiter, un bénéficiaire qu'il faut traiter, une brebis égarée qu'il faut guider, un client qu'il faut servir ou un délinquant qu'il faut arrêter. Mais ne pourrait-on pas considérer les jeunes de la rue comme étant des acteurs capables aussi de faire des choix sociaux ? Cet article vise non seulement à alimenter les réflexions sur le sens que les jeunes de la rue donnent à leurs pratiques urbaines, mais aussi à montrer en quoi l'appropriation de l'espace représente pour eux un enjeu identitaire. Une première partie de l'article traite des aspects théoriques relatifs aux problématiques de la socialisation, de l'individualisme contemporain et de l'espace identitaire. Quant à la seconde partie, elle se veut une illustration des éléments théoriques à partir d'extraits d'entrevues d'une jeune de la rue choisie parmi les trente jeunes de la rue que j'ai rencontrés en 1994 lors de ma recherche doctorale (Parazelli, 1997).

L'ESPACE DE LA RUE COMME POTENTIEL DE SOCIALISATION

Pourquoi considérer tous les jeunes de la rue comme des délinquants en puissance ou des errants désorganisés? Ce point de vue tronqué et souvent moralisateur réduit le phénomène en lui attribuant une définition négative qui n'admet pas pour ces jeunes une capacité d'acteurs sociaux pouvant attribuer eux-mêmes un sens à leur vie et orienter leurs pratiques en conséquence. Notons que la représentation négative de la rue a marqué profondément le XXᵉ siècle. À ce titre, Kokoreff (1996, p. 171) mentionne dans un article dressant le bilan des recherches urbaines sur les jeunes en France (1977-1994): «Longtemps, le rapport entre ville et jeunesse a été informé à partir des représentations de la dangerosité sociale de la "rue".» Les résultats de mes travaux de recherche (Parazelli, 1998c; 1998b; 1998a; 1997) remettent en question l'univocité de cette représentation sociale en montrant les efforts de recomposition sociale dans l'espace de la rue. L'analyse des modes de relation, d'utilisation et d'appropriation de l'espace permet en effet de dégager la dynamique interne des appartenances juvéniles à travers les valeurs que les jeunes spatialisent dans une perspective de recomposition sociale, même si elle se réalise dans la marge urbaine. En effet, les jeunes de la rue peuvent choisir de développer des pratiques de socialisation dans un contexte de marginalisation, même si paradoxalement il est essentiel de prendre en considération les contraintes qui les y ont poussés et qu'ils rencontrent quotidiennement[1]. Rappelons qu'à l'adolescence le jeune révise ses acquis identitaires en s'appuyant sur le processus de socialisation à l'œuvre durant l'enfance. En fait, les jeunes tentent de se réapproprier ces conditions initiales (même incomplètes) afin d'acquérir une forme d'autonomie vis-à-vis de l'autorité parentale et de transformer cet héritage à leur tour (Winnicott, 1994; Kammerer, 1992; Rassial, 1990). Si actuellement il est courant de penser que tout se joue durant la petite enfance, il est important de rappeler que tout peut se rejouer à l'adolescence. Rien n'est condamné à l'avance.

Commençons par énoncer quelques éléments de définition des jeunes de la rue. Soulignons d'abord que les jeunes de la rue ont un point commun

---

1. En effet, comment expliquer le fait que, parmi les jeunes d'une même famille vivant des difficultés importantes, certains choisiront d'adopter la vie de rue alors que d'autres feront un autre choix?

d'organisation de leurs expériences sociales : l'espace de la rue en tant que point de repère central à partir duquel s'organisent des pratiques précaires de recomposition identitaire (Parazelli, 1995). Être jeune de la rue implique non seulement un certain degré de décrochage social mais surtout un parcours dans le temps et dans l'espace. Ce parcours qualifie le processus d'identification sociospatiale du jeune de la rue qui désire acquérir un statut d'acteur et non plus seulement de victime. Cette prise en compte de l'espace ne vise pas à assumer une tâche disciplinaire incombant au seul géographe. Dans le contexte actuel de crise normative, l'espace et son appréhension esthétique représentent un point d'appui psychosocial fondamental de la structuration identitaire, car c'est par l'appropriation de lieux (si elle perdure dans le temps) que l'individu peut accomplir et stabiliser un processus d'identification. À propos des jeunes qualifiés de marginaux, Kokoreff (1993, p. 177) affirme qu'«[...] à partir de l'absence de lieu d'inscription, les mobilités urbaines et le marquage de l'espace qui en résulte pourraient se comprendre comme une tentative de recomposition partielle d'un territoire fragmenté». Pour des jeunes fuyant la violence familiale et institutionnelle, ce type de pratique peut être compris comme une forme de protection sociale ou de survie identitaire, même si la part de risque et d'insécurité est grande.

Insistons pour préciser que le concept de jeune de la rue que je définis ainsi ne désigne pas simplement les lieux concrets où se localisent les pratiques sociales de ces jeunes, car cette compréhension se limiterait à une définition descriptive des conditions typiques de leur existence marginalisée. Parler des jeunes *de* la rue et non simplement *dans* la rue implique que ces jeunes ont, au départ à tout le moins, un rapport sociosymbolique intime à la rue : c'est comme s'ils «appartenaient» à la rue. Quand ils existent, ces lieux de socialisation structurent un mode d'identification sociale par la marge ou si l'on veut une voie sociosymbolique préférable à ce que Dubet (1987, p. 410) appelle «le processus de dilution du lien social» dont ces jeunes furent l'objet dans leur enfance et leur adolescence. Par conséquent, les jeunes de la rue font partie de ceux qui, à la suite d'un processus d'exclusion institutionnelle, ont développé un fort sentiment d'appartenance au *milieu de la rue* entendu comme l'ensemble des lieux associés aux activités «souterraines», contre-culturelles et illicites de la société. C'est dans cet univers qu'ils développent des stratégies précarisées de survie, qu'ils sont à la recherche de lieux de regroupements de jeunes partageant des conditions similaires et qu'ils réalisent toute une série d'apprentissages sociaux marqués par une intense activité symbolique. Ces stratégies sont précaires, étant donné l'instabilité de leur réseau de relations sociales et les nombreux obstacles rencontrés (par exemple, surveillance et contrôle des lieux, dépendance toxicomaniaque, etc.). Aussi, précisons que les jeunes de la rue ne s'identifient pas aux itinérants et ne s'apparentent pas au phénomène de gang de rue fortement hiérarchisé défendant un territoire strict et souvent une identité ethnique. Toutefois, la vie de rue n'est pas une expérience homogène quant au développement d'un potentiel de socialisation marginalisée. La vie de rue représente un potentiel de socialisation par la marge qui est constamment marquée elle-même par des rapports contradictoires. Par exemple, pour certains des jeunes rencontrés, l'expérience de la mendicité comporte toujours simultanément une part d'aliénation et d'émancipation. Fuguer, quêter, *squatter*, se droguer, etc., peuvent être, tour à tour, davantage des pratiques émancipatrices qu'aliénantes ou plus aliénantes qu'émancipatrices. Cela dépend de l'état affectif des jeunes eux-mêmes (euphorie et dépression, formes de relations parentales vécues), de l'existence de lieux d'appartenance et du contexte sociopolitique de leurs pratiques (tolérance et répression). En conséquence, il importe de prendre en compte le sens que chacun de ces jeunes attribue lui-même à sa vie de rue ainsi que la présence de contraintes objectives. De plus, si l'on tient compte du contexte actuel de brouillage des repères normatifs, il devient essentiel de considérer le phénomène des jeunes de la rue comme un cas de figure de l'individualisme contemporain. En plus du contexte d'appauvrissement économique des jeunes québécois, l'idéologie individualiste représente une force non négligeable de transformation des réalités juvéniles dont ceux vivant en marge du monde adulte.

L'ADOPTION DE LA VIE DE RUE ET L'INDIVIDUALISME CONTEMPORAIN

L'histoire de la société contemporaine occidentale témoigne d'une transformation profonde des rapports identitaires que l'individu entretient avec la société. Jadis soumis à l'imposition du devoir vis-à-vis de l'autre et des institutions, l'individu est désormais appelé à se réaliser lui-même dans une perspective individualiste. De façon générale, le concept d'individualisme dans sa version positive ou négative réfère au phénomène de masse associé à la libération des mœurs et à l'idéologie de l'indépendance de l'individu. Certains auteurs tels que Bertaux (1988) vont distinguer des formes sociales de l'individualisme issu de la modernité (par exemple, hédoniste, agressif, narcissique, démocratique, etc.). Selon Renaut (1995, p. 35), le principe d'individualité se serait progressivement substitué à celui de subjectivité. Autrement dit, l'individualisme tendrait progressivement à pervertir la notion de sujet à laquelle se rattache l'idéal d'autonomie et non celui d'indépendance, même si la conscience de son indépendance en constitue une condition de possibilité. Cet «individu privatisé» (Castoriadis, 1998) tend à donner l'illusion que la réalisation de soi est un projet strictement personnel. Cette profonde transformation du lien social fait en sorte que les individus doivent bricoler des solutions de fortune aux problèmes sociaux, familiaux et éducatifs (Mendel, 1994). Ce déclin des formes traditionnelles et autoritaires de la culture et du système de valeurs crée un brouillage des repères socioculturels et non une absence pure et simple de points de repère normatifs. Cela implique que le sens à la vie et à la mort ainsi que les règles du savoir-vivre en société ne sont plus absolus mais deviennent «flexibles», «pluriels» ou «relatifs» et non anomiques au sens de la désorganisation sociale (Orrù, 1998). Toutefois, malgré cette possibilité d'émancipation, l'insécurité ne disparaît pas pour autant, étant donné l'«incertitude profonde du rôle parental et des exigences de la transmission générationnelle» (Théry, 1998, p. 35) et parce que l'indétermination des points de repère normatifs génère un sentiment de désarroi par rapport à la signification et à la valeur de sa vie. Cette mutation socioculturelle ne va pas sans causer de problèmes pour les jeunes qui, souvent seuls ou entre pairs, ont à trouver leurs propres points de repère sociétaux qui ne vont plus de soi sur le plan collectif (Zoll, 1992). Actuellement, l'augmentation des contraintes socio-économiques objectives (chômage, travail précaire, mesures d'employabilité douteuses, etc.) se combinent aux souffrances subjectives du bricolage identitaire (dépression, toxicomanie, anorexie, boulimie, fugue, tentative de suicide, etc.). Dans ce contexte d'incertitude normative, Huerre et Laine avancent que cette conjoncture oblige plusieurs jeunes à bricoler individuellement leurs propres rituels de passage :

> Rien du côté des adultes ne permet d'identifier précisément les conditions du passage de l'enfance à la maturité. Les manifestations spectaculaires et parlantes des jeunes en rupture ne sont-elles pas des équivalents initiatiques dont ils prendraient l'initiative ; leur caractère dangereux, risqué, marquant, intense, n'est-il pas proche de celui du passage des épreuves nécessaires pour être reconnu dans d'autres sociétés ? (Huerre et Laine, cités dans Huerre *et al.*, 1997, p. 256-257)

La question identitaire et celle de l'autonomie sociale deviennent sans conteste un enjeu social fondamental et particulièrement sensible pour les jeunes qui ont, en plus, vécu des relations familiales marquées par le rejet, l'abandon ou l'indifférence. Même si l'attitude courante est d'attribuer la responsabilité des difficultés de socialisation des jeunes à leurs parents en invoquant l'incompétence parentale, notamment, il importe de souligner que le brouillage actuel des repères normatifs fragilise tous les individus et que parmi eux certains se débrouillent mieux que d'autres par rapport à ce contexte social en mutation. Il est donc maladroit de qualifier d'«incompétence» parentale ce qui relève d'une crise de transmission et d'autorité, car le rôle de parent est fondé sur l'échange symbolique de la transmission normative d'une génération à l'autre et non sur un catalogue de comportements adéquats ou de performances cognitives. À ce sujet, Mendel (1994) et Le Breton (1995) font référence à une socialisation incomplète ou aux signes d'une impasse générationnelle résultant de ce brouillage normatif affectant la famille, première instance de socialisation :

Le groupe familial est alors dans une phase de turbulence accrue par le fait que pour la première fois les parents n'ont plus de réponses aux questions anxieuses de leur enfant au seuil de l'âge d'homme. On a évoqué à cet égard la démission des parents, la perte de communication au moment de l'adolescence, sans comprendre la nature de ce contraste entre les références existentielles des parents et celles de la modernité avec lesquelles justement le jeune est confronté. Souvent le renversement des rapports de générations dans une société vouant un culte à la jeunesse, à la vitalité, à la santé, empêche le jeune de s'identifier à des parents plus enclins à s'identifier à lui. Celui-ci devient le modèle à imiter, l'autorité à suivre. Ce brouillage des repères de générations rend plus difficile au jeune l'élaboration de son identité propre. Pour se constituer, il lui manque alors l'opposition à une loi qui lui donne la marge morale du licite et de l'illicite, trace son chemin de repères stables, lui procurant ainsi les limites de sa souveraineté personnelle. Le désarroi des parents tient dans la difficulté de trouver prise sur un monde en perpétuel changement dont ils ne comprennent pas tout à fait les règles du jeu (Le Breton, 1995, p. 92-93).

Ceci dit, même recomposée ou dépréciée, la famille demeure encore l'instance de la transmission normative de la vie en société et c'est à travers elle que nous pouvons observer les conditions empiriques d'émergence du parcours des jeunes de la rue. Dans cette perspective, on peut comprendre pourquoi plusieurs de ces jeunes adoptent la vie de rue telle une épreuve à traverser pour se sentir exister comme sujet et, de façon paradoxale, en continuité et en rupture avec l'héritage parental. C'est à partir des repères sociosymboliques associés à la vie de rue que certains jeunes tentent de structurer leur représentation de soi en réélaborant les identifications parentales, même si elles furent parcellaires et incomplètes. Rappelons que l'identité n'est pas une chose mais le résultat provisoire d'un processus dynamique et continu de subjectivation, où s'engagent des rapports à l'autre plus ou moins problématiques. Ceux-ci influencent la capacité des individus à développer un potentiel de socialisation et, par conséquent, à structurer leur position sociopolitique dans le temps et dans l'espace. Les diverses manifestations de marginalités sociales n'échappent pas à ce processus de subjectivation, même si ce dernier est occulté derrière les procès de désignation sociale des formes apparentes d'anormalité qui marginalisent, par la stigmatisation sociale, des efforts précaires de subjectivation. Par delà son statut de réalité marginale, le phénomène des jeunes de la rue cristallise des enjeux éthiques du lien social dans le monde actuel et ne peut donc être réduit aux seules questions de sécurité urbaine et de santé publique. Dès lors, il importe de revoir les fondements normatifs et politiques de nos critères de distinction entre ce qui est normal et pathologique ou marginal et central. C'est ce que Barel a déjà signalé dans un article intitulé, *Le Grand Intégrateur*, et qui évoque la nécessité de considérer l'état paradoxal de ces fondements normatifs :

Dans la conjoncture où le problème peut-être le plus grave n'est pas la marginalité de certains à la société, mais la marginalité de la société tout entière à elle-même, quel sens cela a-t-il de faire comme si la question centrale demeurait l'inadaptation individuelle au social ? Pour reprendre le jeu d'hypothèses volontairement brutales évoquées plus haut, si on a affaire à un individu « anormal » dans une société elle-même « anormale », quel sens cela a-t-il d'« intégrer » une anormalité dans une autre anormalité (Barel, 1990, p. 98) ?

Dans le contexte de brouillage des repères normatifs, il est désormais difficile de statuer avec certitude sur le caractère marginal de comportements sociaux fortuits et des pratiques de socialisation juvéniles inopinées. Il reste que, parmi celles-ci, certaines favorisent un potentiel de socialisation tandis que d'autres participent à déstructurer l'identité du sujet. À la lumière de ces réflexions, j'ai choisi de qualifier les pratiques urbaines des jeunes de la rue de pratiques ou de potentiel de « socialisation marginalisée » (Parazelli, 1995) afin de fonder l'observation du phénomène non pas sur des normes moralement désuètes du « bon comportement » mais sur des normes psychosociales relatives de la construction identitaire. Ainsi présentée, la socialisation marginalisée pourrait représenter un effort individualiste d'insertion sociale par la marge urbaine. C'est d'ailleurs en s'appropriant des lieux publics, selon leur degré d'attractivité vis-à-vis des significations symboliques spatialisées, que les jeunes de la rue québécois tentent de s'inscrire (avec plus ou moins de succès) dans un processus de réalisation de soi. Ces pratiques de socialisation sont marginalisées non seulement par les points de vue normatifs réducteurs de plusieurs acteurs mais aussi par rapport à un ordre sociopolitique structurant une dynamique spécifique des usages urbains à l'intérieur de rapports de force. Cette position épistémologique ne vise pas à justifier une forme de complaisance ou d'apologie de la vie de rue car, si pour certains l'expérience de la rue prend la forme d'un rituel de passage plus ou moins reconnu, pour d'autres, elle conduit à l'enfermement, voire jusqu'à la mort. Bref, au-delà de la bienséance comportementale ou du catastrophisme médiatique, il s'agit plutôt de reconnaître la part d'acteur qui mobilise les jeunes de la rue dans un contexte où l'injonction individualiste est de se réaliser soi-même. Si elle existe, comment cette construction de soi par la marge est-elle possible ? Autour de quelles valeurs et de quel(s) monde(s) imaginaire(s) gravite-t-elle ? La pertinence de ces questions réside dans la possibilité pour les intervenants et le monde adulte d'établir de façon démocratique des passerelles intergénérationnelles qui favoriseraient l'autonomie sociale plutôt que de répéter les mises en scène des relations familiales et institutionnelles que ces jeunes ont fuies par la voie de la répression policière notamment (Parazelli, 1999).

UN ACTE ÉLÉMENTAIRE DE RÉALISATION DE SOI : L'APPROPRIATION DE L'ESPACE

Afin de déceler, parmi les pratiques juvéniles inopinées, celles qui dynamisent réellement un potentiel de socialisation, certains auteurs ont développé depuis peu tout un pan de la recherche sociale en considérant les pratiques juvéniles d'appropriation spatiale comme des révélateurs identitaires. Plusieurs de ces travaux de recherche traitant des pratiques sociales des jeunes considérés en marge de la société relèvent cet attrait ou ce désir d'attachement des jeunes à des lieux spécifiques au sein duquel ils recomposent (avec plus ou moins de stabilité) des liens sociaux en produisant un univers socio-symbolique propre[2]. Même si le rôle attribué à l'espace dans la structuration identitaire des jeunes est l'objet d'enjeux épistémologiques (Parazelli, 1999), il demeure que l'espace devient de plus en plus une clé de compréhension et d'explication des réalités juvéniles dites marginales. Ceci ne doit pas nous étonner car, selon d'autres chercheurs qui œuvrent dans le domaine de la psychologie, de la sociologie, de la géographie, de l'anthropologie ou de la philosophie, l'espace représenterait le foyer de toute expérience possible[3]. Cette idée est exprimée de plusieurs façons. Du côté de Piaget (1963), l'espace acquiert du sens lorsque le sujet agit dans le monde extérieur. D'autres vont situer ce rapport en faisant advenir l'espace comme une condition élémentaire de la constitution du sujet (Ostrowetsky, 1994, p. 294). Pour comprendre ces points de vue, il convient non pas de réduire le rôle de l'espace à un simple reflet des structures sociales ou à ses seules propriétés objectives mais de reconnaître la contribution de l'espace à la structuration identitaire des individus et des positions des groupes sociaux par rapport à l'ensemble du processus de différenciation sociale. C'est ce que spécifie Pellegrino :

> Pour moi, l'espace n'est pas que l'indice ou la contrainte d'une réalité sociale, il est une modalité même de son organisation. La transformation de l'espace et l'appropriation sociale de l'espace sont des composantes de la transformation des groupes sociaux et de leur pouvoir intégrateur. […] Le lieu est précisément un de ces objets de valeurs, d'autant plus qu'il organise des positions et des écarts qui relient ou qui coupent des autres objets de valeurs. […] Il s'agit de montrer comment un processus de socialisation de la pensée est lié à sa spatialisation, à la construction d'un ensemble de relations ou d'interdépendances dans l'espace, ensemble tel que puisse se constituer un système

---

2. Voir à ce sujet : Vulbeau, 1992 ; Barreyre, 1992 ; Kokoreff, 1993 ; Fize, 1994 ; Maffesoli, 1994 ; Ruddick, 1996 ; Bouamama, 1993 ; Guillou, 1998 ; Pégard, 1998 ; Calogirou et Touché, 1997 ; Bilodeau, 1996 ; Authier, 1986 ; Foret et Bavoux, 1990 ; Dubet et Lapeyronnie, 1992 ; Lieberg, 1994.

3. Voir à ce sujet : Kant, [1781] 1987 ; Piaget, 1948 ; Sami-Ali, 1990 ; Pellegrino, 1987 ; Maffesoli, 1979 ; Carreteiro, 1993 ; Ostrowetsky, 1994 ; Désy, 1993 : 146 ; Sibony, 1991 ; Steck, 1998 ; Hubert, 1993 ; Mercier et Ritchot, 1994.

d'inter-compréhension nécessaire à la communication de soi-même (Pellegrino, 1987, p. 160-163).

Le sociologue Barel poursuit dans le même sens mais en affirmant que l'espace joue un rôle dans la formation de l'identité humaine et de la socialisation en constituant, avec celle du temps, l'une des plus importantes composantes de son fondement :

> Il y a, c'est une évidence, une relation étroite entre le processus de localisation et le processus identitaire. Ce n'est qu'une application de la vieille remarque selon laquelle, pour s'identifier, on a besoin de l'autre et que, pour être, il ne suffit pas d'être : il faut avoir et s'approprier quelque chose. On s'identifie en regardant ce qu'on a sous la main, comme le note François George après Heidegger, F. Lugassy, J. Palmade. En ce sens, il se pourrait que les sociétés locales jouent le rôle d'énormes objets transitionnels à la Winnicott, pour chacun de nous : ce qui est nous et pas nous, réel et fantasmé (Barel, 1981, p. 15).

Mais pour saisir comment la représentation de l'espace contribue à structurer l'identité des jeunes de la rue, il convient d'approfondir l'intuition de Barel en recourant au concept d'espace transitionnel de Winnicott (1975). O'Ddwyer de Macedo résume l'apport essentiel du concept d'espace transitionnel de Winnicott à la compréhension du rapport espace-identité de la façon suivante :

> En d'autres termes, on peut dire à partir de Winnicott, et en formulant un concept implicite chez lui, que la première identification, c'est l'identification à un lieu. Pour que le bébé puisse disposer de l'espace qui contiendra (et d'où il «imaginisera») ses sensations, son fonctionnement somatique et ses pulsions, il faut préalablement qu'il se soit trouvé dans un lieu physico-psychique qui l'ait contenu. [...] Bref, ce sur quoi insiste d'abord Winnicott, c'est sur une topologie[4] du sujet. Avant de penser les pulsions, il faut supposer un espace où ces pulsions puissent être reconnues comme existantes. Ceci suppose qu'elles ne soient pas vécues comme effrayantes. Il s'agit donc d'un lieu d'où elles pourront être imaginées et enrichir le rapport du sujet au monde (Macedo, 1994, p. 23-24).

---

4. En illustrant l'espace topologique par un exemple, C.P. Bruter (1974, p. 56-58) insiste sur le rôle des champs de force (attractif, répulsif, annihilant) dans la structuration des formes de voisinages, donc des positions : «L'équilibre domestique est fonction de bonnes relations que chacun entretient avec son entourage. Tout objet se doit d'avoir conscience de ses voisins et de leurs pouvoirs. Mais comme il est certain que ce pouvoir dépend en partie de notre distance à ces voisins, toute une hiérarchie de voisinage se dessine». L'espace topologique ne se mesure donc pas en termes de distance quantitative comme l'espace métrique mais se reconnaît qualitativement par la forme de sa structure relationnelle de positions.

Les observations que Winnicott a recueillies auprès des enfants et des adolescents l'amènent à supposer que cette aire intermédiaire constitue un espace de socialisation vital que l'individu entretient tout au long de sa vie affective dans la perspective de maintenir l'unité de son identité :

> Nous supposons ici que l'acceptation de la réalité est une tâche sans fin et que nul être humain ne parvient à se libérer de la tension suscitée par la mise en relation de la réalité du dedans et de la réalité du dehors ; nous supposons aussi que cette tension peut être soulagée par l'existence d'une aire intermédiaire d'expérience, qui n'est pas contestée (arts, religion, etc.). Cette aire intermédiaire est en continuité directe avec l'aire de jeu du petit enfant « perdu » dans son jeu (Winnicott, 1975, p. 24).

Précisons ici que le jeu symbolique pour Winnicott est capital, car il est à la base de « toute l'existence expérientielle de l'homme » (1975, p. 90). Il se distingue ainsi de Piaget pour qui le jeu de l'enfant « est transposé dans le monde adulte uniquement dans le rêve » (Davis et Wallbridge, 1992, p. 63). Cette aire de jeu transitionnelle, Winnicott la désigne « espace transitionnel » ou encore « espace potentiel » étant donné qu'il peut ne pas exister. Rédigeant l'introduction du livre *Jeu et réalité* (Winnicott, 1975), Pontalis nous invite à la prudence en ce qui a trait à l'usage du concept d'espace transitionnel. Selon lui, il ne faut pas confondre le signe tangible de l'objet avec le champ d'expérience qu'il désigne, c'est-à-dire ne pas réifier l'espace transitionnel en le réduisant de façon univoque à un espace empirique, bien que cette pratique de socialisation s'exerce dans des lieux concrets. Winnicott fait davantage référence à un **processus** liant l'imaginaire et le réel dans la structuration de ce qu'il appelle le *self* (soi), c'est-à-dire la dimension psychosomatique exigeant l'association du corps avec la psyché, association nécessaire pour assurer la continuité de l'expérience identitaire et au fait de se sentir réel (Davis et Walbridge, 1992, p. 180). Pour Winnicott, la formation d'un espace transitionnel dépend de trois conditions. Mentionnons que ces conditions m'ont servi de points de repère dans l'évaluation empirique du potentiel de socialisation des jeunes de la rue dont la deuxième partie de l'article en illustre l'application : 1. La *réciprocité des relations,* c'est-à-dire d'investissements symboliques réfléchis mutuellement (aire de jeu partagé). Cela implique que la capacité d'établir des relations s'inscrit dans un mouvement d'appropriation mutuelle de l'activité symbolique dans le jeu créatif. 2. La *confiance et la fiabilité* des acteurs présents (par exemple, les adultes, les pairs, etc.). Autrement dit, toute menace à la liberté des sujets (par exemple, la violence ou le service social) handicape ces derniers dans leur capacité de s'approprier cet acte social. 3. L'*aspect informel* de l'aire intermédiaire en tant que « zone neutre », c'est-à-dire, disposant d'un certain potentiel d'indétermination des règles du jeu. Ici, Winnicott fait référence à une distinction importante en anglais entre *play* et *game, play* voulant dire le « jeu sans règles formelles préétablies » et *game* le «jeu avec des règles préétablies». L'aspect informel de l'espace transitionnel rend possible l'appropriation de règles du jeu par la création (pour jouer, il faut des règles). Celle-ci permet le passage du désordre à l'ordre, socialisant ainsi le sujet à l'apprentissage de la loi. Voyons maintenant un exemple illustrant ces énoncés théoriques associant l'individualisme contemporain et l'enjeu identitaire au cœur des modes d'appropriation de l'espace des jeunes de la rue.

«ALLEZ VOIR AILLEURS SI J'Y SUIS...»

L'expression «allez voir ailleurs si j'y suis...» paraphrase l'adage populaire «va voir ailleurs si j'y suis...» dans l'intention de pointer du doigt la perte de repères sociosymboliques clairs amenant ces jeunes à désirer contrôler leur propre mobilité et à avoir accès à un cadre de subjectivation. Entreprise pour le moins précaire et délicate, le mythe d'une autonomie naturelle à l'abri des adultes constitue le socle de leur mode de relation aux lieux de socialisation et à l'ensemble de leurs pratiques sociospatiales. Ainsi les jeunes de la rue sont-ils à la recherche d'un ailleurs mythique pour tenter de s'approprier leur existence sociale qu'ils n'ont pu acquérir dans leur milieu d'origine. À propos des enfants marginalisés au Brésil, Aussems (cité par Lucchini, 1993, p. 230) signale : «L'histoire de vie de chaque enfant est singulière, mais on peut mettre en évidence certains processus récurrents selon les types de situations familiales que vit l'enfant». À ce titre, j'ai distingué cinq formes de relations parentales que les trente jeunes de la rue interviewés ont vécues. Il s'agit des formes de relations parentales incohérentes, d'abandon, de domination, de superficialité et de détachement. C'est à partir de ces formes de relations parentales que les jeunes ont développé un mode de relation à la vie de rue. Fondé sur l'imaginaire social de l'autonomie naturelle, ce mode de relation traduit sur le plan cognitif un registre axiologique composé de valeurs ambivalentes : liberté/captivité (registre prépondérant de la forme de relations parentales incohérentes), affirmation de soi/négation de soi (registre prépondérant de la forme de relations parentales d'abandon) et indépendance/dépendance (registre prépondérant de la forme de relations parentales de domination, de superficialité et de détachement). Ce complexe de valeurs s'actualise dans la vie des jeunes de la rue au sein d'une logique d'appropriation de leurs actes consistant à fuir l'autorité des adultes, à donner un sens à leur existence marginalisée et à prendre en charge leur survie (voir schéma). Ce mode de relation des jeunes de la rue détermine les destinations de leur trajectoire d'évasion provoquée par la dispersion de leur milieu d'origine.

De façon générale, les lieux les plus communément attractifs étaient ceux qui, sur les plans esthétique et affectif, spatialisaient des prégnances[5] articulées autour des valeurs d'attribution identitaire d'origine de ces jeunes, c'est-à-dire des valeurs de transgression (par exemple, relations parentales incohérentes), d'abandon (par exemple, relations parentales d'abandon) et de rejet (par exemple, relations parentales de domination, de superficialité et de détachement). La reconnaissance spatiale de ces valeurs servait de points de repère topologiques permettant aux jeunes de la rue de se rassembler et de s'identifier collectivement à certains lieux d'appartenance plutôt qu'à d'autres. Dans le cadre de cet article, je ne traiterai que de la première forme : les jeunes ayant vécu des relations parentales incohérentes.

La forme de relation parentale incohérente est caractérisée par des conditions socio-économiques difficiles ainsi que par un style de vie marginalisé et une relation parentale non conforme aux normes les plus courantes. La relation parentale incohérente engage le jeune dans un rapport global avec son ou ses parent(s) qui lui transmet(tent) des valeurs normatives incongrues à travers un mode de vie où la transgression est perçue de façon positive. Ce type de relations parentales crée alors deux situations où le jeune reproduit de façon autonome le modèle transgressif du parent en choisissant la vie de rue pour y retrouver des repères affectifs familiers ; ou encore, le jeune quitte son milieu d'origine parce que certaines consignes normatives du parent sont souvent en contradiction avec le modèle parental incohérent qui lui a été présenté. À cause de l'intériorisation de normes transgressives, plusieurs de ces jeunes ont connu des placements en famille d'accueil et en centre d'accueil de réadaptation. Compte tenu du type de relation parentale vécue, ces jeunes ne se perçoivent pas comme des personnes ayant un problème d'adaptation sociale, bien au contraire ; ce qui entraîne de multiples fugues des lieux de placement. Par exemple, Pam (nom fictif d'une jeune adolescente de 16 ans) a grandi dans une famille où des valeurs transgressives lui ont été transmises comme étant celles découlant d'une autorité parentale partiellement assumée et souvent incohérente. L'attractivité de la vie de rue s'inscrit alors en filiation sociosymbolique avec la famille d'origine. Jusqu'à l'âge de dix ans, Pam est demeurée avec son petit frère et une mère toxicomane vivant de l'aide sociale à Longueuil. Elle n'a donc que d'amers souvenirs de cette période où elle se sentait seule. Elle a donc grandi dans un univers familial où tout était possible n'importe quand avec le sentiment qu'il n'y avait aucune autorité :

> À la fin du mois, tous les enfants ont faim. Moi je volais souvent de la bouffe pour bouffer. Ma mère, elle, faisait tout le temps des *overdoses*. La police était

---

5. Prégnances : significations symboliques spatialisées communiquées par la diffusion esthétique d'un objet.

tout le temps chez nous. Tu sais, j'ai été plus dans la violence et dans la drogue. [...] je me débrouillais toute seule. [...] Je n'ai aucun bon souvenir quand j'y pense là. Ce n'était pas quotidien chez nous, on «trippait» plus anarchiste. Ma mère était anarchiste. Elle ne travaillait pas. Alors, si elle décidait qu'elle faisait le *party* toute la nuit, et bien elle le faisait. C'était pas une vie quotidienne là, normale. [...] chez nous on n'avait pas d'autorité.

Ce contexte l'amena (dès l'âge de 8-10 ans) à s'occuper de son petit frère et à prendre des responsabilités l'incitant à faire ce qu'elle appelle la «mère de sa mère». Déçue par le comportement de sa mère et étouffée par sa propre négation d'elle-même, elle décida alors de s'«évader» en accordant une très grande importance à ses amis et à la drogue. C'est ainsi que la présence d'amis lui permettait de se sentir libre et non comme prisonnière d'un rôle familial impossible à assumer.

Oui, mes amis c'est important parce que j'avais comme rien sur les épaules. Tandis que lorsque j'étais chez ma mère, je me sentais tout le temps comme la mère de ma mère et la mère de mon frère. Je surveillais tout le temps ma mère pour qu'elle ne se gèle pas trop. Sauf que moi, quand je sortais c'était pour me geler moi aussi dans le fond. Cette responsabilité là, je l'ai tout le temps ressentie. Cela a toujours été comme ça et c'est encore de même. Je m'évadais de chez nous, ça faisait du bien. [...] j'ai vieilli plus vite à cause de ça. [...] Tu n'es pas obligée de réfléchir [avec ses amis] avant de faire quelque chose ou de réfléchir avant de penser. Tu te sens à l'aise, tu te sens toi-même, tu n'as pas besoin de jouer un autre rôle. Avec mes amis, je pouvais être moi-même. Je pouvais parler comme je le voulais et je pouvais agir comme je le voulais. je n'avais pas besoin de «faker» tout le temps. C'était là où je me sentais le plus aimée. Là, je «trippais» plus comme si c'était une famille.

Ces dernières phrases sont importantes pour comprendre la relation contradictoire que plusieurs de ces jeunes entretiennent avec l'idée de la famille. Étant donné que Pam n'a pas connu de vie familiale telle qu'on peut se la représenter de façon stéréotypée, elle développera une aversion contre ce qu'elle n'a pas reçu et une aspiration pour recomposer du «familial» avec ses amis.

Moi je n'aime pas ça la famille. Je ne sais pas, j'ai toujours trouvé ça niaiseux une famille, je ne sais pas pourquoi. Je n'ai jamais vraiment eu une petite famille avec le père, la mère et tout. Passer une soirée en famille là, je n'aime pas ça, mais je ne sais pas, ça ne m'est jamais vraiment arrivé là. Je suis bien moi quand je suis avec une gang de *chums* là. On est assis et on jase de tout, et de n'importe quoi. On jase souvent de nos points de vue, de la société, de ce qui se passe dans le monde.

Pam connut quatre placements en famille d'accueil de 10 ans à 14 ans par mesure de protection et un foyer de groupe à cause de problèmes de drogue et de décrochage scolaire. Finalement, elle ira en centre d'accueil fermé d'où elle fuguera quatre fois, durant 2 à 3 mois lors de chacune ses fugues. De la même manière que d'autres jeunes de sa catégorie, Pam dit ne pas comprendre pourquoi on l'empêcherait de vivre sa vie dans la rue avec ses amis étant donné que, selon son point de vue, elle ne fait que se retrouver elle-même avec des amis qui l'aiment et la considèrent. Ce qu'elle ne retrouvait manifestement pas chez sa mère. D'ailleurs, parmi les lieux les plus fréquentés avant sa vie de rue, ce sont les appartements de ses amis à Longueuil auxquels elle dit accorder le plus d'importance, parfois au métro de Longueuil rencontrer ses amis et à l'île Sainte-Hélène lors d'un feu d'artifice, l'été. Lorsque je lui ai demandé les raisons liées à sa vie de rue, elle m'a mentionné l'encadrement spatio-temporel trop strict du centre d'accueil, amplifiant chez elle un sentiment de révolte. Elle qualifie ce type d'encadrement de «quotidien» pour traduire la monotonie, la banalité standardisée et l'enfermement qu'elle a vécu. Consciente de la protection matérielle que lui procure le centre d'accueil, elle sait toutefois qu'elle ne peut y trouver une réponse à ses désirs affectifs. Cependant, elle est sûre d'une chose: elle se sent mieux avec les jeunes qui se tiennent aux *Blocs*.

> Le centre d'accueil, quand ils m'ont plus encadrée là. Je trouvais que c'était trop quotidien là-bas. On faisait tout à la même heure. On se lève à la même heure puis, à chaque jour, c'est pareil. Quand tu es en centre d'accueil, on dirait que le temps s'arrête. On dirait que tu es isolée de tout. Tu es loin de tout et le temps s'arrête et tout est tout le temps quotidien: tout le temps pareil. Parce qu'il y a tout le temps un même plan. Mais les lieux, quand tu regardes dehors ce sont les clôtures. Ce sont les portes qui sont tout le temps barrées. Quand tu veux aller à ta chambre, il faut qu'ils te débarrent la porte et quand tu te promènes dans les corridors, il y a des gardiens pour te surveiller. Tu te sens… tu te sens comme un animal. Dans le fond, moi, des fois je voyais ça comme un labyrinthe tout barré. Ça m'a révolté encore plus. J'aimerais mieux pas vivre dans la rue, sauf que c'est comme un cercle qui tourne. J'ai ce qui me manque lorsque je suis dans la rue. […] Quand je suis en centre d'accueil, j'ai le matériel sauf que les sentiments ne sont pas là. J'ai le matériel, j'ai ma chambre, j'ai du linge, j'ai de la bouffe sauf qu'affectivement, ça je ne l'ai pas. Et, quand que je me ramasse au centre-ville, aux Blocs, que je suis assise sur un bloc et qu'il y a du monde, là je suis bien.

C'est dans la rue que Pam se sent «normale» et qu'elle peut éviter la lourde contrainte de la responsabilité qu'elle s'était donnée de faire la mère de sa mère. C'est dans la rue que Pam a trouvé compréhension et affection ainsi que la reconnaissance qu'elle attendait d'une famille telle qu'elle se l'imaginait.

> On dirait que des fois là je me rend compte que je suis bien d'être comme un peu normale d'être dans la rue. Tu sais, je suis bien de même. Mais c'est ça que j'ai tout le temps connu là. Mais on dirait que ma mère… oui ça m'a

peut-être menée à être dans la rue parce que lorsque tu es dans la rue, tu te débrouilles toi-même. Il n'y a pas personne pour te dire : « Fais ci, fais ça ! » Il y a des mauvais côtés, par exemple… Non. Sauf que c'était moi qui était son autorité à elle. Parfois, je lui faisais des speechs parce qu'elle était trop gelée. Mais quand tu es dans ça [la vie de rue], tu as juste à t'occuper de toi. C'est vrai que tu as des amis qui s'occupent de toi. Toi, tu t'occupes de tes amis. Aussi, quand tu es dans la rue, tu te sens plus utile. Même si tu ne fais rien, même si tu quêtes toute la journée, des fois tu te sens plus quelqu'un quand tu es dans la rue. On est tous des jeunes qui ont eu des problèmes familiaux. La plupart de jeunes qui sont assis sur les Blocs ont tous eu des problèmes. Parfois, le monde s'apporte de l'affection. J'ai remarqué que la plupart de ces jeunes cherchaient de l'affection. […] Si je suis portée à aller là, c'est parce que les jeunes qui sont là peuvent plus comprendre comment que je pense.

Comme la plupart des autres jeunes de cette catégorie, Pam dit s'identifier à la marginalité comme à des aspirations profondes telles que la liberté. Lorsque j'ai insisté pour comprendre pourquoi Pam affirmait qu'elle n'avait pas beaucoup de liberté d'agir dans les lieux qu'elle fréquentait dans sa vie de rue, elle m'a répondu que la marginalité qui l'habite est à la fois un choix et un destin.

Je l'explique par la marginalité qu'on a là. J'ai fait un choix mais, en même temps, c'est la vie qui m'a amenée de même. C'est le destin qui m'a amenée là. Puis moi je suis bien de même. J'aimerais bien ça, à un moment donné là, essayer d'être une fille correcte, mais j'ai essayé aussi. Mais je suis bien comme que je suis là. J'ai essayé pendant à peu près une semaine. J'ai essayé d'être en famille d'accueil. Ça n'a pas marché à cause que je ne suis pas bien de même. Je n'ai jamais vécu de même, avoir une famille ou plutôt, j'ai tout le temps vécu dans le bordel et dans le gros chaos. Alors, dans le fond, j'aurais le choix peut-être, mais ça ne marche pas là. Je suis poignée de même, et je suis bien de même.

La valeur attractive des lieux les plus importants, dont les *Blocs,* résidait manifestement dans le fait que d'autres jeunes semblables à eux s'y rassemblaient. Ces jeunes exposaient comme eux des valeurs socioculturelles marginalisées en adoptant des comportements inopinés. Par cette association sociale et spatiale, il était possible pour chaque jeune d'établir des liens de réciprocité dans leurs pratiques de socialisation marginalisée, la réciprocité des relations étant l'une des conditions fondamentales pour structurer un espace transitionnel. Par exemple, lorsque Pam a fugué pour la première fois de son centre d'accueil (Saint-Hyacinthe) à l'âge de 15 ans (hiver 1993), elle ne connaissait pas les lieux de rassemblement de jeunes de la rue à Montréal, mais elle savait qu'il existait des jeunes comme elle au centre-ville. Dès l'âge de 13 ans, Pam venait voir des spectacles de musique *hardcore* dans des bars de la rue Sainte-Catherine. Comme pour la plupart des adolescents et adolescentes, Pam désirait retrouver des jeunes qui partageraient ses sentiments, ses aspirations culturelles et, surtout, qui pourraient comprendre ses conditions de vie. Ce désir était aussi partagé par les autres jeunes de cette catégorie. Comme ce fut le cas pour plusieurs jeunes fugueurs, Pam m'a dit qu'elle était continuellement obligée de se déplacer pour ne pas être repérée par la police. Ses stratégies d'esquive du contrôle policier consistaient à se fondre dans le décor, à faire preuve de discrétion et à s'effacer en se rendant jusqu'à Québec pour retrouver d'autres jeunes de la rue à la Place D'Youville [lieu de rassemblement équivalent aux *Blocs*]. Un sentiment d'appartenance se développe ainsi en se localisant à travers un réseau de lieux valorisés différemment selon leur prégnance sociosymbolique et ensuite selon leur potentiel utilitaire. Pam traduit bien la forme sociospatiale que les jeunes de sa catégorie attribuent à ce sentiment d'appartenance aux lieux les plus fréquentés de la rue Sainte-Catherine. Elle décrit ici une topologie urbaine du centre-ville à l'image de la maison. «Bof, dans le fond, le centre-ville, la rue Sainte-Catherine, c'est comme ma grande maison. Comme mon grand chez-nous là. Mon salon, c'est les *Blocs*, et ma cuisine, c'est les restos. Mon lit, c'est les *squats*. J'ai une grande maison.»

En continuité avec la projection familialiste, l'imaginaire géosocial qui habita Pam lui permit ainsi d'utiliser et d'occuper certains lieux du centreville est en s'appropriant une forme de sociabilité domestique (*domus*, maison) nécessaire à sa quête identitaire. De cette façon, Pam établit trois types de lieux où les jeunes de la rue pouvaient se rassembler et structurer ainsi un certain nombre d'espaces transitionnels. C'est ce que nous allons examiner. Commençons par les *Blocs*, lieu apparenté au salon par Pam. Les *Blocs* prennent ici toute leur importance sociosymbolique en tant que lieu de rassemblement historique qui «rayonne» sur un ensemble de lieux périphériques d'occupation. En effet, nous allons voir, dans les extraits d'entretien suivants, que les *Blocs* cristallisent l'imaginaire social de ces jeunes autour d'une sociabilité familialiste, d'une esthétique de l'abandon, de la révolte et à travers un récit narratif de filiation avec les générations marginalisées précédentes. Pam nous parle des *Blocs* comme d'une «place marginale» spatialisant une «tradition» de la vie de rue en évoquant la présence de souvenirs et de sentiments de révolte. Ceci témoigne de l'existence d'une historicité des jeunes punks de la rue ayant nécessairement établi des liens de réciprocité.

C'est comme le gros point de rencontre pour tout le monde. Tout le monde tourne autour des *Blocs*. Dans le fond, toutes les places où l'on se tient, c'est tout près des *Blocs*. C'est comme toute ma famille qui est là. Comme mon chez moi, les *Blocs* dans le fond. [...] Aux Blocs, c'est une vieille tradition là. Les *Blocs*, c'est marginal, c'est tout coloré et c'est une place marginale. [...] Mais cela a un rapport avec les Foufounes Électriques là. Parce qu'au début, il y a bien longtemps, ce n'était pas le même boss qui était là parce qu'il est mort [les jeunes l'appelaient le «gros Michel»]. Lui, il était bien gros de notre bord là pour que le monde se tiennent là. Par exemple, il y a à peu près quatre ou cinq ans là, la police ne venait pas achaler le monde souvent. Le monde avait plus le droit d'être là. [...] C'est sûr, il y a plein de souvenirs là-bas. Puis je suis sûre que d'autres jeunes en ont plus que moi. [...] C'est une place, les *Blocs*, où il y a plein de sentiments. Ce qui revient le plus souvent comme sentiment, c'est la révolte.

Il est important de comprendre que, selon Pam, les *Blocs* ont acquis la réputation d'une vieille tradition en tant qu'effet de l'attractivité d'un autre lieu légendaire, les Foufounes Électriques. Une autre jeune de cette catégorie, Marie, 18 ans, m'a expliqué pourquoi les *Blocs* ont acquis leur qualité attractive pour les jeunes de la rue en établissant un lien affectif et esthétique entre l'image que les jeunes punks projettent d'eux-mêmes et la signification symbolique d'un espace «vide», laissé à l'abandon, négligé. Cette question sur l'origine des *Blocs* l'a aussi amenée à me confier que c'est aux *Blocs* qu'elle a reçu de ses amis ce qu'il lui manquait pour se constituer comme sujet. Son commentaire témoigne ainsi de la qualité transitionnelle de ce lieu. Cette citation nous informe aussi que la construction identitaire liée aux pratiques de socialisation s'exerçant aux *Blocs* est de nature inconsciente. Parler d'abord des *Blocs* en termes spatiaux plutôt que seulement sociaux fait resurgir ce lien en grande partie inconscient entre l'espace et la construction identitaire. Après une topologie urbaine de la maison, Marie nous offre une représentation topologique des restes urbains à partir d'une esthétique de l'abandon.

Parce que c'est un endroit vide. Vide, hormis qu'il y ait bien du monde. Oui, il n'y a que du monde. Des blocs! C'est vide en arrière, c'est des blocs. Je ne sais pas, c'est comme un endroit là, c'est plein de rats, plein de saleté. Je pense que c'est l'endroit avec lequel le monde peut nous associer à des sacs de poubelle, des garbages, à cause de notre linge. Je pense que c'est pour ça que du monde a commencé à se tenir là. Pour ça et à cause du monde aussi. Sûrement que sans le vouloir on s'est dit : «Bon! bien le monde m'appelle de même alors, je vais me tenir dans un endroit de même.» Maintenant, je ne me tiens plus vraiment au Blocs. J'allais là parce que mes amis étaient là. C'étaient eux autres qui m'apportaient le reste de la vie qui me manquait. Il me manquait un peu de moi-même; je n'avais pas encore assez confiance en moi. Ça veut dire qu'il me manquait encore un peu de ce que j'avais besoin et eux-autres m'ont beaucoup aidé là-dedans, sans le vouloir. J'avais une sorte d'aide mais je ne la demandais pas. Ce n'était pas concret mon affaire, je ne le savais pas non plus.

D'autres jeunes de cette catégorie parlent de «coutume», comme Zoé, 17 ans, qui évoque la présence de souvenirs dans ce lieu dont la valeur socio-symbolique dépasse la simple «fonction vacante». En comparant le mode d'appartenance aux *Blocs* à celui que plusieurs individus entretiennent avec les bars, Zoé m'a indiqué sans ambiguïté l'existence d'un sentiment d'appropriation des pratiques de socialisation dans ce lieu actuellement qualifié de «déstructuré» par les urbanistes et administrateurs municipaux. Zoé fait ainsi ressortir le potentiel d'indétermination des règles du jeu dans l'organisation sociospatiale de ce lieu. Il est possible de créer de nouvelles pratiques sociospatiales de la même manière que dans un bar d'habitués. Ces liens de réciprocité entre jeunes de la rue présents aux *Blocs* permettent à la nouvelle génération d'être guidée quant au mode d'utilisation (appropriation des usages) et d'occupation (localisation des pratiques) des lieux. Par exemple, lorsque Pam arrive au centre-ville, d'autres jeunes punks présents dans la rue depuis un certain temps l'ont accueillie et guidée dans le milieu de la rue (Pam était punk). Constituant un espace transitionnel historique, les *Blocs* pouvaient aussi offrir la confiance et la fiabilité minimale dont les nouveaux-arrivés avaient besoin au début de leur vie de rue.

> Je suis arrivée et je me suis fait des amis. Je me souviens de la première fois là, c'était au début de l'hiver. Quand je suis arrivée, j'ai rencontré un gars sur Sainte-Catherine, près des Blocs. Lui, ça faisait comme cinq ans qu'il était dans la rue. Nous avons été dans un «show» et après ça, il m'a amené au Bunker [ressource d'hébergement pour jeunes de la rue au centre-ville]. Au début, j'ai quêté de l'argent pour pouvoir «tripper» au show. J'ai donc acheté de la mes [PCP] à une fille qui était là depuis quatre ans. Au début, j'ai connu du monde qui était là depuis longtemps. Alors, ils m'ont aidée à me montrer les places. Après ça, avec mon ami et trois autres amis, nous avons été voir le show au Jail House, un show de B.A.R.F. Là, on a «trippé». B.A.R.F., c'est eux-autres qui chantent: «À mort, à mort… À mort les chiens!»

Pour tous ces jeunes, le mode de relation inhérent au style punk renforce un système de repères renvoyant à des prégnances sociosymboliques liées à la transgression des normes sociales inhérentes à une idéologie d'anarchisme (refus de toute autorité, de toute règle). Par exemple, pour donner un aperçu empirique de ces prégnances, j'ai demandé à Pam de décrire son allure physique.

> Comment je suis? Bien, moi j'ai un «mohawk» sur la tête. J'ai les cheveux bleus, des fois verts. J'ai des couleurs de cheveux qui me vont mieux que d'autres là. Comme le rouge ça ne me fait pas bien. C'est niaiseux à dire, il y en a qui ne voient pas ça là, mais moi je le sais et mes amis le voient bien qu'une couleur te fait mieux que d'autres. Je porte mes bottes là, mes grandes bottes qui… c'est cher un peu. Moi ce ne sont pas des Docs [marque populaire Doc Martens], ce sont des *Commandos*. C'est une nouvelle marque plus résistante. Aussi, je porte un petit chandail de groupe «*Eat the Rich!*» avec une image de tête de mort accompagnée d'ustensiles.

Même si les apparences nous suggèrent d'appréhender cette présentation de soi comme un simple phénomène de surenchère du sens esthétique, il s'agit avant tout, comme le dit Maisonneuve (1990, p. 34), d'une affirmation identitaire exprimée dans les registres de transgression et de dérision. Cette association esthétique exprime bien non seulement un acte d'appartenance à certaines valeurs identitaires familiales (l'incohérence et la liberté sociale) mais aussi à un certain nihilisme social. Dubet (1987, p. 92) formule bien l'enjeu social des punks : « Olivier [un jeune punk] n'est pas désespéré d'être exclu, mais il est désespéré de ne pas avoir envie de s'intégrer. » En d'autres mots et pour bien montrer cette dynamique paradoxale, la seule façon de s'insérer socialement, pour ces jeunes, c'est de communiquer (par l'esthétique punk) leur absence de désir d'intégration. Il s'agirait alors d'une insertion dans la marge sociale que la société tolère pour ceux qu'elle a relégués dans une sorte d'exil intérieur. Cette forme esthétique de la socialisation juvénile permet aux jeunes de donner un sens marginal à leur désir de liberté par la vie de rue. Dès son insertion dans le milieu de la rue, Pam a pu se différencier par son groupe d'appartenance vis-à-vis du « restant du monde », renforçant ainsi l'appropriation de ses actes d'appartenance identitaire marginalisée. Cette appartenance, Pam l'exprime à travers la musique *hardcore* et les prégnances d'anarchisme de l'esthétique punk (rituels de danse, graffitis, coiffure colorée, allure vestimentaire des jeunes).

> Admettons que je suis dans un show où il y aura plein de punks là. Je me sens bien là, je suis assise là. Quand ça fait longtemps que je n'ai pas été dans un show, je rentre dans le show là. [...] je suis assise là puis je vais trouver ça beau. Je vais me sentir BIEN en dedans de moi là. Je ne sais pas c'est quoi le sentiment là, mais je regarde un *trash*[6], je regarde le monde, je regarde les graffitis, la couleur puis je me sens bien. Je me sens à ma place. On dirait que ça met de la couleur dans la vie là. Je trouve que c'est moins monotone. Mais moi, quand que je suis en centre d'accueil, je me sens comme morte.

Ces aspirations prennent la forme d'une esthétique marginalisée dont certaines pratiques culturelles permettent aux jeunes de la rue de s'insérer dans une génération qui tente de faire sa propre histoire en dehors de l'univers institutionnel. Prenons l'exemple de l'adoption d'un animal de compagnie. Quatre des six jeunes de cette catégorie ont dit avoir accordé une signification très particulière à leur animal de compagnie, le rat domestique. De la même manière que pour l'acte de se faire tatouer, le rat est utilisé comme un objet transitionnel développant la capacité des jeunes à spatialiser leur position sociale marginalisée. Si Caroline, 17 ans, nous dit que le tatouage est

---

6. Le terme « trasher » vient du « trash », une danse punk où les participants se bousculent les uns les autres dans un lieu central.

comme un graffiti sur soi, le rat est une forme vivante de tatouage mobile. Objet de répulsion pour les gens dits normaux, le rat devient un objet d'amour (l'autre comme soi) pour ces jeunes punks. Cette identification projective facilite chez ces jeunes leur capacité d'être avec soi.

> J'étais au poste 33 et les policiers m'écœuraient. J'étais la grosse rebelle, je les envoyais promener, sauf qu'à un moment donné, ils m'ont dit qu'ils voulaient tuer mon rat. Je pleurais quasiment, j'étais là: «Vargez-moi dessus, mais ne tuez pas mon rat.» Mon rat, c'était comme mon petit enfant, mon petit bébé là. Je me sentais comme une mère pour mon rat. Je le faisais manger, je m'en occupais. [...] Parce que moi je m'amuse: je fais tout le temps boire mon rat dans ma bouche et eux autres, je ne sais pas, ils trouvent ça dégueulasse. Ils pensent que je suis plein de microbes et de maladies à cause du rat. Mais ce n'est pas vrai du tout, ce n'est pas un rat d'égout quand même. Ça me fait rire que le monde soit borné comme ça à penser que mon rat peut être plein de maladies. Il n'en a pas plus que moi.

Cette insertion sociale hors des normes sociales courantes par la médiation idéologique de l'esthétique punk (nihilisme et anarchisme) tend à entretenir dans la société une perception négative de ces jeunes, qui lui renvoient crûment l'échec des institutions de socialisation. Aussi l'appartenance à un groupe marginal se crée-t-elle par l'exclusive mettant à l'écart les individus situés à l'extérieur du groupe. Par exemple, lorsqu'elle mendiait, Pam m'a dit avoir ressenti de l'agressivité à l'égard du monde «normal» dont elle dit n'avoir reçu qu'indifférence et mépris pour ce qu'elle était devenue, d'autant plus qu'elle se sentait traquée par la police qui la recherchait.

> Au début, quand je voyais, par exemple, des monsieurs en cravate passer, je les regardais et, je ne sais pas, on dirait que lorsqu'ils passaient à côté de nous autres là, on dirait que nous étions comme des fantômes. Je me sentais comme RIEN là. Comme si tout n'était pas réel. Je me sentais de même vis-à-vis d'eux autres, vis-à-vis le monde. Mais vis-à-vis du restant de la société, du restant du monde, je me sentais plus comme traquée.

Lucchini (1993, p. 141) a aussi observé ce sentiment de révolte chez les enfants de la rue contre les jugements gratuits des adultes:

> Ce qui offense l'enfant n'est pas le refus de l'adulte de lui donner de l'argent, mais bien son jugement sans appel et son interférence dans ce que l'enfant considère comme étant sa sphère personnelle. En effet, ce jugement est gratuit car il ne repose sur aucune connaissance de sa personne et de ses conditions d'existence.

Ces préjugés ne portent pas seulement sur l'acte de mendier mais aussi sur l'apparence que ces jeunes affichent de par leur appartenance aux signes punks. Toutefois, cette pratique pouvait aussi se transformer en un jeu social où les jeunes apprennent que l'échange symbolique de la mendicité peut acquérir un sens nouveau par la créativité tout en devenant plus efficace. En plus de la satisfaction d'exercer un certain pouvoir sur cet acte, ce mode d'utilisation de la mendicité leur confère ainsi une reconnaissance éphémère de leur effort de socialisation. Par exemple, pour certains de ces jeunes, la vie de rue leur permet d'expérimenter la vie sociale par le jeu à partir duquel ils deviennent parfois des amuseurs publics. Ces jeux de rôles leur permettent ainsi de faire l'apprentissage de la ruse et de la débrouillardise sociale tout en entretenant le sens « anarchique » de leurs pratiques de sociabilité. Il existe donc une différence d'attitude entre l'aumône faite à un itinérant et le rapport ludique que certains jeunes de la rue établissent avec le « donneur ». Ce type de pratique témoigne encore une fois de l'existence de pratiques de socialisation marginalisée. Par leurs pratiques culturelles d'association identitaire avec les prégnances d'anarchisme punk, le corps des jeunes constitue lui-même un vecteur sociosymbolique du processus d'identification sociale (Le Breton, 1989). Évidemment, il ne s'agit pas ici de « contamination » ou de « contagion » mais d'attirance sociosymbolique provenant des prégnances sociospatiales qui donnent un sens à leur existence marginalisée. Ces prégnances susciteraient le désir des jeunes de la rue de se situer à proximité afin de réaliser leur volonté d'association identitaire marginalisée. Ce processus d'identification géosociale structure ainsi chez les jeunes de la rue des pratiques de valorisation des lieux investis afin de bénéficier des avantages que ces lieux peuvent leur procurer : un pouvoir social relatif et une sécurité existentielle précaire liés à la formation identitaire d'un sujet historique « jeune punk de la rue ». Ainsi, l'esthétique punk, les tatouages, les graffitis, les *tags*, les animaux de compagnie fortuits et les pratiques sociales inopinées participent à cette valorisation spatialisée des prégnances d'anarchisme. Par conséquent, le potentiel transitionnel pouvait se retrouver sporadiquement dans certains lieux périphériques aux *Blocs* étant donné que, du point de vue structural, ces lieux, qui peuvent être le corps des jeunes eux-mêmes, ont constitué autant de saillances topologiques d'une socialisation marginalisée se pratiquant plus intensément à partir des *Blocs*. Pensons aux rapports ludiques que certains jeunes ont établis collectivement dans certains *squats*; au plaisir procuré par une forme fantaisiste de la mendicité; ou encore au spectacle d'un groupe de musique *hardcore*. En effet, il est intéressant de constater que les *squats* occupés par les jeunes de la rue étaient tous situés dans les secteurs périphériques des *Blocs*, eux-mêmes étant localisés tout près des Foufounes Électriques. Ainsi, les modes de relation, d'utilisation et d'occupation se sont structurés à partir d'un investissement sociosymbolique contre-culturel, *underground* et d'anarchisme dont le bar les Foufounes

Électriques en constituait le centre et les *Blocs,* le lieu de sa valorisation[7]. Ce *rayonnement* sociosymbolique affecterait ainsi le choix des lieux de mendicité, des *squats* et autres lieux d'occupation.

CONCLUSION

L'interprétation du phénomène de la vie de rue à l'aide des concepts d'anomie ou de désorganisation sociale gomme les effets considérables des transformations actuelles de la société telles que la montée de l'individualisme contemporain. Les règles du savoir-vivre en société ne sont plus absolues mais de plus en plus flexibles et plurielles, ce qui contraint les jeunes qui ont connu des difficultés familiales à bricoler leurs propres points de repère et même leur propre rite de passage de façon individuelle. Cette transformation du système de valeurs associée à celle de la crise du travail remet en question la position épistémologique traditionnelle du chercheur dans ses choix normatifs d'analyse des pratiques des jeunes de la rue. Dans ce contexte social en mutation, comment différencier le marginal du normal?

L'observation minutieuse des traits de caractère ou des comportements dits à risque ne peuvent plus constituer des indicateurs valables lorsque les individus sont contraints de bricoler eux-mêmes leur identité. Les formes de ces pratiques identitaires ne peuvent que produire une plus grande diversité empirique de comportements auxquels les codes normatifs d'interprétation habituels ne conviennent plus de façon absolue. Par exemple, dans ces conditions, à partir de quel univers normatif peut-on fonder l'évaluation des risques (associés à la vie de rue) dans l'observation des pratiques sociales des jeunes de la rue? Devant l'ambiguïté normative attribuée à la notion de risque, il est plus pertinent de considérer l'hypothèse selon laquelle les jeunes de la rue développeraient des pratiques de socialisation marginalisée, une tentative paradoxale d'insertion sociale par la marge. Mais la question demeure: comment reconnaître ces pratiques de socialisation dans le brouillage actuel des repères normatifs? Ou encore, comment distinguer parmi les comportements inopinés ceux qui relèvent d'un bricolage identitaire de ceux qui conduisent à une impasse du sujet? Répondre à ces questions suppose mieux comprendre la genèse du processus identitaire servant de terreau à la normativité. En examinant la littérature traitant des rapports espace-identité, on constate que l'espace joue un rôle central dans la constitution du sujet et du processus d'identification. C'est par la représentation de l'espace que l'individu organise les fondements de son univers normatif. Plutôt que d'orienter

---

7. Je parle au passé de ces lieux car depuis 1995 on assiste à la systématisation des opérations de répression policière pour évacuer les jeunes de la rue de leurs principaux lieux collectifs de socialisation de façon à neutraliser leur potentiel transitionnel.

l'observation du chercheur sur les seuls traits comportementaux dans le but de comprendre le sens des pratiques sociales des jeunes de la rue, pourquoi ne pas observer les rapports à l'espace que ces jeunes entretiennent pour savoir s'ils se réalisent eux-mêmes ou s'ils se désocialisent davantage? L'espace n'est pas neutre ou le simple reflet des structures sociales mais le foyer de toutes expériences possibles. Ainsi, dans un contexte de brouillage des repères normatifs au sein duquel l'idéologie individualiste se déploie, les rapports à l'espace et le sentiment d'appartenance aux lieux constituent des points d'appui psychosociaux fondamentaux de la socialisation. En effet, les pratiques d'appropriation de l'espace incarnent un enjeu identitaire non seulement pour les jeunes de la rue mais pour tout être humain ayant appris à moduler sa présence au monde extérieur selon une dynamique de séparation/liaison avec les objets (par exemple, la décoration de son chez-soi). Par les valeurs investies dans les lieux où le langage du corps a cours, l'individu peut orienter ses pratiques identitaires. Comment? En structurant des relations de position en fonction des lieux considérés comme attractifs ou répulsifs selon son imaginaire social et sa capacité politique à conserver ses positions. En ce sens, l'appropriation de l'espace constitue un acte élémentaire de réalisation de soi.

Les travaux de Winnicott sur le concept d'espace transitionnel auprès des nourrissons et des adolescents ont permis d'établir des conditions propices à cet acte identitaire (réciprocité des relations, confiance et fiabilité, potentiel d'indétermination des règles du jeu). À l'aide de ces indicateurs, les résultats de ma recherche doctorale auprès de 30 jeunes de la rue de Montréal ont montré que le potentiel de socialisation marginalisée de la vie de rue variait selon le parcours des jeunes interviewés, mais qu'il existait bel et bien des actes de socialisation, même si certaines dérives se produisent. L'exemple du parcours de Pam, exposé succinctement dans ce texte, illustre bien comment la vie de rue peut être vécue de façon ambivalente et risquée sans nécessairement constituer l'enfer misérabiliste souvent présenté dans certaines campagnes de financement d'organismes de charité. Il serait plus judicieux de considérer le phénomène des jeunes de la rue en affrontant sa complexité, comme nous y invite Lucchini (1998), plutôt qu'en y projetant nos peurs, nos principes et nos espoirs, qui souvent n'ont d'autre fonction que de protéger nos propres intérêts… tous aussi individualistes.

Sᴄʜᴇ́ᴍᴀ

Modes de relations des jeunes de la rue aux lieux de socialisation marginalisée

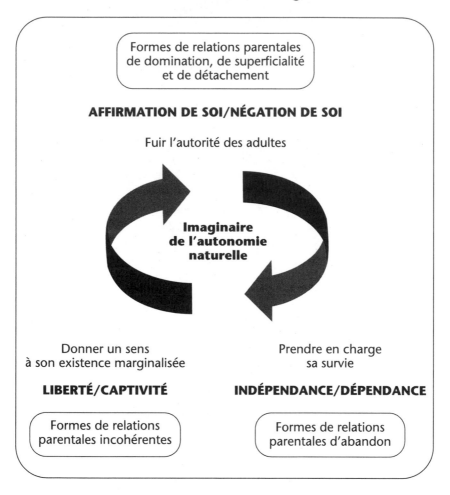

RÉFÉRENCES

AUTHIER, J.-Y. (1986). Centre-ville et marginalité. Les «groupes» de jeunes dans la rue de la République à Lyon. *In* A. Vant (Sous la dir. de), Actes de colloque, *Marginalité sociale, marginalité spatiale*, Université Lyon II (Lumière) (p. 174-186). Paris : Éditions du CNRS.

BAREL, Y. (1990). Le grand intégrateur. *Connexions*, 56, 85-100.

BAREL, Y. (1981). Modernité, code, territoire. *Les Annales de la Recherche Urbaine*, 10-11, 3-21

BARREYRE, J.-Y. (1992). *Les loubards. Une approche anthropologique*. Paris : L'Harmattan.

BERNIER, L. (1998). La question du lien social ou la sociologie de la relation sans contrainte. *Lien social et politiques-RIAC*, 39, 27-32.

BERTAUX, D. (1988). Individualisme et modernité. *Espaces Temps*, 37, 15-21.

BILODEAU, D. (1996). *Les murs de la ville. Les graffitis de Montréal*. Montréal : Liber.

BOUAMAMA, S. (1993). *De la galère à la citoyenneté. Les jeunes, la cité, la société*. Paris : Desclée de Brouwer.

BRUTER, C.P. (1974). *Topologie et perception, Thome I : Bases philosophiques et mathématiques*. Paris : Doin S.A. Éditeur et Maloine S.A. Éditeur.

CALOGIROU, C. et M. TOUCHÉ. (1997). Des jeunes et la rue : les rapports physiques et sonores des skateurs aux espaces urbains. *Espaces et société : les langages de la rue*, 90-91, 69-88.

CARRETEIRO, T.C. (1993). *Exclusion sociale et construction de l'identité*. Paris : L'Harmattan.

CASTORIADIS, C. (1998). De l'autonomie en politique. L'individu privatisé. *Le Monde diplomatique*, février, 23.

DÉSY, C. (1993). S'approprier un coin du monde et s'enraciner : les squatters. *Nouvelles pratiques sociales*, 6 (1), 143-154.

DUBET, F. et D. Lapeyronnie (1992). *Les quartiers d'exil*. Paris : Éditions du Seuil.

DUBET, F. (1987). *La galère : jeunes en survie*. Paris : Arthème Fayard.

FIZE, M. (1994). *Le peuple adolescent*. Paris : Édition Julliard.

FORET, C. et P. BAVOUX (1990). *En passant par le centre... La rue de la République à Lyon. Anthropologie d'un espace public*. Lyon : Trajectoires.

GUILLOU (1998). *Les jeunes sans domicile fixe. Ou «au bout d'être énervé»*. Paris : L'Harmattan.

GUTH, S. (1996). Ordre et désordre dans les quartiers de rue. *Revue française de sociologie*, XXXVII, 607-623.

HUBERT, J.-P. (1993). *La discontinuité critique. Essai sur les principes a priori de la géographie humaine.* Paris: Publications de la Sorbonnne.

HUERRE, P., M. PAGAN-REYMOND et J.-M. REYMOND (1997). *L'adolescence n'existe pas.* Paris: Éditions Odile Jacob.

JEFFREY, D. (1996). Menace de mort et religion. *In* E. Volant, J. Lévy et D. Jeffrey (Sous la dir. de), *Les risques et la mort* (p. 295-336). Paris: Éditions du Méridien.

KAMMERER, P. (1992). *Délinquance et narcissisme à l'adolescence. L'alternative symbolisante du don et de l'initiation.* Paris: Bayard éditions.

KANT, E. ([1781] 1987). *Critique de la raison pure.* Paris: GF-Flammarion.

KOKOREFF, M. (1993). L'espace des jeunes. Territoires, identités et mobilité. *Les Annales de la Recherche Urbaine: Mobilités,* 59-60, 170-179.

KOKOREFF, M. (1996). Jeunes et espaces urbains. Bilan des recherches en France, 1977-1994. *Sociologie et sociétés, XXXVII* (1), 159-176.

LE BRETON, D. (1989). Les représentations du corps: réflexions épistémologiques. *In* P. Dasen et J. Retschitzki (Sous la dir. de), *Socialisations et Cultures. Actes du premier colloque de l'ARIC «Socialisations»* (p. 423-431). Toulouse: Presses Universitaires du Mitrail.

LE BRETON, D. (1995). *La sociologie du risque.* Paris: PUF.

LIEBERG, M. (1994). *Appropriating the City: Teenagers use of Public Space. In* S.J. Neary, N.S. Snirns et F.E. Brown (Eds), *The Urban Experience. A People Environment Perspective* (p. 321-333).

LUCCHINI, R. (1993). *Enfant de la rue. Identité, sociabilité, drogue.* Genève: Librairie Droz S. A.

MACEDO, H.O. (1994). *De l'amour à la pensée. La psychanalyse, la création de l'enfant et D.W. Winnicott.* Paris: L'Harmattan.

MAFFESOLI, M. (1979). L'espace de la socialité. *In Espaces et Imaginaires* (p. 15-28). Grenoble: Presses Universitaires de Grenoble.

MAFFESOLI, M. (1994). *Rue, esthétique, socialité. In* A. Vulbeau et J.-Y. Barreyre (Sous la dir. de), *La jeunesse et la rue* (p. 23-31). Paris: Desclée de Brouwer.

MAISONNEUVE, J. (1990). Crise des rituels et néo-rituels? *Connexions,* 55, 29-37.

MENDEL, G. (1994). Mutations symboliques, nouvelles réalités sociales, crise des institutions, pistes de travail. U*ne génération sans nom (ni oui). Actes du colloque international sur les jeunes de la rue et leur avenir dans la* *société*. Montréal (p. 27-32). Montréal : Projet d'intervention auprès des mineurs-es prostitué-es.

MERCIER, G. et G. RITCHOT. (1994). La dimension morale de la géographie humaine. *Diogène*, 166, 43-54.

MILLER, A. (1984). *C'est pour ton bien. Racines de la violence dans l'éducation de l'enfant*. Paris : Aubier.

ORRU, M. (1998). *L'anomie. Histoire et sens d'un concept*. Paris : L'Harmattan.

OSTROWETSKY, S. (1994). Suite sur la puissance des dispositifs spaciaux. *In* P. Pellegrino (Sous la dir. de), *Figure architectureles. Formes urbaines : Actes du congrès de Genève de l'Association internationale de sémiotique de l'espace* (p. 287-302). Genève : Anthropos.

PARAZELLI, M. (1999). *L'encombrement sociosymbolique des jeunes de la rue à Montréal. Culture et ville*. Montréal : Groupe de recherche et de prospective sur les nouveaux territoires urbains (INRS-Urbanisation).

PARAZELLI, M. (1998a). Aller voir ailleurs si j'y suis… Les trajectoires géosociales des jeunes de la rue québécois. *Agora*, 13, 71-86.

PARAZELLI, M. (1998b). La fiction généalogique des jeunes de la rue : le mythe de l'autonomie naturelle. *Possibles, 22* (1), 25-42.

PARAZELLI, M. (1998c). Les limites épistémologiques des représentations sociospatiales des pratiques urbaines juvéniles. *Cahiers de recherche sociologique* (31), 81-107.

PARAZELLI, M. (1997). *Pratiques de socialisation marginalisées et espace urbain : le cas des jeunes de la rue à Montréal (1985-1995)*. Thèse de doctorat en études urbaines, UQAM, Montréal.

PARAZELLI, M. (1995). L'espace dans la formation d'un potentiel de socialisation chez les jeunes de la rue : assises théoriques. *Cahiers de Géographie du Québec, 39* (37), 287-308.

PÉGARD, O. (1998). Une pratique ludique urbaine : le skateboard sur la place Vauquelin à Montréal. *Cahiers internationaux de sociologie*, CIV, 185-202.

PELLEGRINO, P. (1987). Épistémologie de l'espace et sociologie des lieux. *Espaces et société*, 48-49, 151-168.

PIAGET, J. et B. INHELDER (1948). *Les représentations de l'espace chez l'enfant*. Paris : PUF.

RASSIAL, J.-J. (1990). *L'adolescent et le psychanalyste*. Paris : Éditions Rivages.

RENAUT, A. (1995). L'avènement de l'individu comme dissolution du sujet. *In* J.-F. Côté (Sous la dir. de), *Individualismes et individualité* (p. 27-41). Sillery : Septentrion.

RUDDICK, S.M. (1996). *Young and homeless in Hollywood. Mapping social identities.* New York: Routledge.

SAMI-ALI (1990). *Le corps, l'espace et le temps.* Paris: Bordas.

SIBONY, Daniel. (11 janvier 1991). Images de lieux et lieux d'origine. *Libération*, p. 18.

STECK, B. (1998). L'exclusion ou le territoire du repli progressif. *L'information géographique*, 2, 66-71.

TARACENA, E. (1995). Enfants de la rue et enfants dans la rue à Mexico. *Lien social et politiques-RIAC*, 34, 101-107.

THÉRY, I. (1998). À la croisée des liens. *Le Monde de l'éducation, de la culture et de la formation*, 264, 34-35.

VULBEAU, A. (1992). Les masques de l'inscription sociale. *In* S. Lesourd (Sous la dir. de), *Adolescents dans la cité* (p. 33-42). Paris: Érès.

WHYTE, W.F. ([1943]1955). *Street Corner Society. The Social Structure of an Italian Slum.* Chicago and London: The University of Chicago Press.

WINNICOTT, D.W. (1994). *L'adolescence. In* D.W. Winnicott (Ed.), *Déprivation et délinquance* (p. 173-185). Paris: Éditions Payot & Rivages.

WINNICOTT, D.W. ([1971]1975). *Jeu et réalité. L'espace potentiel.* Paris: Gallimard.

ZOLL, R. (1992). *Nouvel individualisme et solidarité quotidienne.* Paris: Kimé.

CHAPITRE 12

Le leitmotiv de l'itinérant

par Mario Poirier

Quel est cet homme qui titube, qui semble parler à des ombres un langage familier? Quelle est cette femme qui traîne péniblement de lourds sacs blancs d'où dépassent des vêtements usés, des journaux jaunis, des morceaux épars de la survie domestique? Quel est cet homme âgé qui vient chaque midi manger un potage chaud, qui vient s'entretenir de quelque chaleur humaine, qui ne peut ni vivre en chambre ni vivre dans la rue? Quelle est cette jeune femme arpentant le trottoir, tatouée de symboles agressifs et retatouée, sous la peau, d'aiguilles plus profondes qui la bercc d'une héroïne approximative? Quels sont ces adolescents et ces jeunes adultes qui s'agglutinent pour s'abreuver du miel des passants? Ce sont quelques itinérants, quelques profils possibles, dans un univers où le genre s'étiole en mille espèces.

Il est très difficile de comprendre l'itinérance urbaine. La recherche se heurte à un univers d'une très grande complexité. Les grandes enquêtes descriptives et épidémiologiques sont très pauvres en informations utiles pour la compréhension du phénomène et pour l'intervention des ressources d'aide. Elles nous apprennent peu de choses au-delà d'évidences connues et documentées depuis un bon moment: qu'un bon nombre d'itinérants ont des problèmes de toxicomanie ou de santé mentale, qu'ils sont défavorisés économiquement, qu'ils sont chômeurs, qu'ils sont à risque sur le plan de la santé physique et de la victimisation.

Trois grands facteurs contribuent globalement à l'itinérance: a) la pauvreté et le chômage; b) l'absence de logement social accessible et à coût modique; et c) le cumul des problèmes relationnels (Laberge, Poirier et Charest, 1998). Ces trois grands facteurs peuvent aussi se résumer en deux grands déterminants: a) l'accès à l'intégration et à la solidarité collective; et b) le fonctionnement psychosocial relationnel (Goodman, 1991; Sosin *et al.*, 1991; Breakey et Fisher, 1990; Hopper, 1990; Struening et Padgett, 1990). Shinn et Weitzman (1990) rappellent cependant que ces deux déterminants jouent simultanément et interagissent pour maintenir l'itinérant dans une condition qui perdure. L'itinérance se produit le plus souvent quand se conjuguent en même temps la misère matérielle et le désarroi relationnel.

Sous quel angle aborder l'itinérance? À un premier niveau, on peut certes considérer que l'itinérant est une figure d'exception à la règle de la stabilité résidentielle: le citoyen normal a une adresse, stable et répertoriée, où il peut recevoir ses comptes, ses circulaires, ses lettres, ses commensaux. On considère généralement que l'itinérant est sans domicile fixe (SDF), mais la recherche n'éclaire pas vraiment la durée nécessaire de l'instabilité résidentielle pour mériter le qualificatif d'itinérance. Dans la réalité, il y a plusieurs définitions possibles: toutes sortes de personnes fréquentent les ressources spécialisées en itinérance; certaines sont précairement domiciliées, d'autres vivent ici et là chez des amis, des parents, recourent ponctuellement à l'aide sans jamais dormir à la belle étoile, d'autres passent deux ou trois mois d'été de leur jeunesse bel et bien dans la rue, mais sans qu'on puisse parler d'un profil réel d'itinérance.

En fait, à un second niveau, l'itinérant n'a pas qu'un corps qu'il faille abriter, héberger, immobiliser dans l'espace. Il a aussi une âme, c'est-à-dire, plus prosaïquement, une dynamique intérieure, faite de souvenirs, de sentiments, de désirs, d'attentes, bref de mobiles donnant sens à son itinérance. On ne peut dissocier la thématique du lieu de la thématique du lien. Thomas Szasz (1990) rappelle que dans l'expression *homeless* il y a bien plus que le terme *houseless*: l'itinérant n'est pas que sans-abri, il est sans *foyer*. Qu'est-ce qu'un foyer? Un lieu d'habitat humain, personnel et social, qui nous relie à la société tout en nous séparant quelque peu d'elle. C'est un écosystème, un environnement où l'individu peut être à la fois avec d'autres et sans *tous* les autres. Le terme «logement» est en comparaison beaucoup plus technique, froid et impersonnel, beaucoup moins chargé d'attachement, d'affects, de socialisation, d'imaginaire, de rites dans nos rapports aux autres.

Une erreur serait de croire que l'itinérance s'arrête à la seule question du logement. Dans les faits, et l'intervention le démontre souvent, un logis peut être accepté par l'itinérant puis rapidement désinvesti, laissé à l'abandon, la personne retournant à l'anomie de la rue ou à l'itinéraire plus ou moins aléatoire de prises en charge partielles et transitoires. Szasz (1990, p. 238) est à ce sujet on ne peut plus explicite: «Donner un abri à la personne sans foyer n'est pas [toujours] approprié parce que l'abri qu'on lui fournit n'est pas le genre de toit qu'elle veut. Montrer à la personne sans-abri à s'en trouver un ne marche pas non plus, parce que l'élève ne peut ni ne veut apprendre à se loger. Il n'y a rien là de nouveau sous le soleil. C'est d'ailleurs pourquoi, durant de longues périodes, les pauvres (sans-abri) ont été logés plus ou moins contre leur volonté et pourquoi les experts qui proposent de régler le problème des sans-abri continuent de jouer avec l'idée d'utiliser la coercition pour loger les bénéficiaires de leurs généreuses idées.»

Szasz (1990) rappelle que dans la société féodale chaque sujet était normalement rattaché à un territoire et à un clan. Le mendiant était perçu comme un être sans feu ni lieu, c'est-à-dire justement qu'il était à la fois sans abri et sans foyer (feu autour duquel on s'assemble). Il n'était pas prévu que les gens deviennent des *individus* indépendants, au sens moderne du terme. Avec l'industrialisation, l'individu acquiert un statut mais aussi des devoirs *personnels* vis-à-vis de la société. Il doit s'inscrire clairement dans son milieu social (être domicilié) et il doit être productif (participer à l'activité économique). La norme est de *résider* et de *travailler*: il est naturel et normal d'avoir un domicile et d'être «fonctionnel» en jouissant de toute sa raison. La société pourvoit aux carences de normalité en traitant la maladie mentale et en abritant le sans-abri.

Or, Szasz (1990) attire l'attention sur le fait que le domicile n'est pas un attribut biologique. On ne naît pas comme une tortue avec un toit sur le dos. C'est par le processus de socialisation, de civilisation si l'on veut, que l'enfant acquiert le langage, les codes normatifs, les habiletés relationnelles, éventuellement une fonction sociale. Tout cela exige des apprentissages complexes. Au début de l'âge adulte, l'établissement du domicile consacre la construction de l'identité et l'insertion sociale: on habite un édifice au moment où on édifie sa citoyenneté.

Pour *habiter* vraiment un domicile, en faire un foyer, un lieu d'appartenance, de socialisation, une personne doit avoir l'aptitude et le désir de stabiliser son environnement, ce qui peut être pour diverses raisons très difficile à acquérir. Heidegger, dans un court essai intitulé «L'homme habite en poète» et fondé sur un vers du poète Hölderlin, «Plein de mérites mais en poète, l'homme habite sur cette terre», souligne à quel point *habiter* est une activité extrêmement exigeante et engageante, fondée sur notre capacité d'élaborer un imaginaire de convivialité (Poirier, 1996a). Il faut du temps, de l'affection, de l'amitié, de l'espoir, de l'avenir pour apprendre à habiter.

La littérature de recherche fait ressortir, sans qu'on puisse ou qu'on doive faire un lien causal trop précis et en excluant d'autres facteurs importants, qu'un groupe considérable d'itinérants présentent des carences d'apprentissage social et affectif résultant de traumatismes de l'attachement: deuils, conflits familiaux ou divorces problématiques, violence conjugale, abus sexuel ou inceste, négligence ou maltraitance, placements répétés, désengagement parental conséquent des problèmes familiaux (Poirier *et al.*, 1999; Poirier, 1997, 1996, 1988; Stefanidis *et al.*, 1992; Dennis *et al.*, 1991; D'Ercole et Struening, 1990; Lamontagne *et al.*, 1987; Susser *et al.*, 1987; Durou et Rimailho, 1970). À la suite de ces traumatismes, il peut être difficile de garder l'espoir, difficile de se lier aux autres, difficile d'habiter vraiment la société.

Si la situation de pauvreté joue un rôle réel et direct dans la détresse psychologique, l'itinérant a généralement vécu des problèmes personnels bien plus considérables que les autres personnes économiquement très défavorisées. Ainsi, à titre d'exemples, Schweitzer et collaborateurs (1994), dans une recherche impliquant 54 itinérants et un groupe témoin de non-itinérants ayant des caractéristiques socioéconomiques similaires, observent que les itinérants ont vécu beaucoup plus de conflits et de ruptures. Dadds et collaborateurs (1993), comparant un groupe de 51 itinérantes et 68 itinérants avec un groupe témoin de 73 femmes et 51 hommes (économiquement défavorisés), indiquent que les itinérants ont vécu bien davantage de difficultés familiales que les non-itinérants. En fait, dans cette recherche, *tous les indices* de difficultés relationnelles étaient plus élevés chez les itinérants : problèmes de communication dans la famille, conflits conjugaux des parents, surprotection ou abandon des enfants, faible degré de compétence parentale et faible degré d'acceptation des enfants à la naissance. Anderson (1996), effectuant une recherche d'orientation féministe, indique que les femmes itinérantes perçoivent principalement des aspects négatifs dans les relations qu'elles disent avoir eu avec leurs parents. La mère de l'itinérante est décrite comme étant distante émotionnellement, source de trahison ou d'enchevêtrement (*enmeshment*). Le père est décrit comme étant généralement soit abuseur, soit absent. Une recherche de Angerent et collaborateurs (1991) aux Pays-Bas auprès d'un groupe de 100 itinérants et d'un groupe témoin (similaire pour les autres caractéristiques) révèle que les familles des itinérants sont perçues par les sujets comme étant moins chaleureuses, plus autoritaires et plus distantes. Les expériences de familles substituts ont généralement été négatives et semblables à l'expérience de la famille d'origine.

L'itinérant a souvent grandi dans un contexte où le monde des adultes fut vécu puis intériorisé comme étant un champ de bataille ou d'exploitation, une nef à la dérive ou en naufrage, un cachot de solitude et d'abandon, un labyrinthe émotif dont on ne peut sortir indemne. Comme le souligne très bien Jean Gagné (1996, p. 66) : « Les foyers de socialisation, c'est-à-dire ces instances médiatrices qui font le pont entre l'ordre social et l'individu et qui, en quelque sorte, en adaptent les règles à la réalité du quotidien, comme la famille, l'atelier de travail ou la communauté de quartier d'antan, ont fait le plus souvent défaut aux jeunes en difficulté. Ils sont nombreux à avoir connu les ruptures familiales précoces, les foyers et les centres d'accueil. »

Le rôle de la famille est à cet égard fondamental, « être parent, c'est assurer l'entretien d'individus « inachevés », de leur naissance jusqu'à ce qu'ils puissent subvenir eux-mêmes à leurs besoins. Cet entretien exige une multitude de tâches, souvent invisibles et toujours non rémunérées, qui participent à la construction du lien parental ». (Malouin, 1996, p. 74) Bouchard (1996) estime que la famille doit permettre d'acquérir trois aspects importants de la construction de la citoyenneté : a) une représentation de la société comme étant un univers qui peut être accueillant, généreux, chaleureux, fiable ; b) la construction du sentiment qu'on est soi-même aimable, valable, apprécié ; et c) l'acquisition de la conviction qu'on peut tenter d'influencer et de changer la société. Bouchard (1996) souligne que l'empathie nécessaire à porter un regard généreux sur les autres, la curiosité, les habiletés nécessaires à l'exercice de la citoyenneté sont des éléments qui s'acquièrent dès la petite enfance, par le lien de l'enfant aux adultes qui l'entourent. Si ce lien au parent permet l'apprentissage de la citoyenneté, il a aussi son parallèle dans le soutien que la société doit donner aux parents. Il est en effet bien difficile pour des parents en situation d'exclusion économique ou d'isolement social de transmettre à leurs enfants un regard raisonnablement optimiste sur le monde.

Cependant, malgré les vicissitudes des expériences relationnelles et malgré les traumatismes familiaux vécus, les liens détériorés sont pourtant souvent maintenus dans le «réseau relationnel intériorisé» de l'itinérant (Goodman *et al.*, 1991 ; Sosin et collaborateurs, 1991 ; Grunberg et Eagle, 1990). Il serait donc inexact de présumer que l'itinérant rompt complètement les ponts avec ses proches. Tant la recherche que l'expérience des intervenants du terrain indiquent plutôt que, même quand les rapports aux proches semblent interrompus ou inexistants, ils sont souvent, malgré tout, présents, soit sur un mode réel, impulsif et imprévisible («hier, je me suis décidé à aller voir mon père»), soit sur un mode davantage imaginaire («je ne les vois presque plus mais je pense tout le temps à eux»). Des relations, réelles mais fragiles ou imaginaires mais omniprésentes, perdurent donc dans les préoccupations et le quotidien des itinérants (Lussier *et al.*, 1997 ; Poirier, 1997, 1996). Il est important de bien saisir cette nuance : en surface, l'itinérant peut refuser de parler de ces liens, ou chercher à en diminuer l'importance, ou même les «représenter» autrement qu'ils sont réellement vécus («je veux plus rien savoir d'eux»), mais dès que le temps, l'accueil et l'écoute sont vraiment au rendez-vous, les liens enfouis dans le non-dit et les puissants affects qui les accompagnent redeviennent des objets importants de la communication et du *sens* donné à l'itinérance par l'itinérant.

Cette dimension des liens douloureux omniprésents est d'autant plus importante à saisir que le répertoire de représentations relationnelles[1] issu de

---

1. Pour fins de définition, les représentations relationnelles sont les patrons (schèmes) relationnels intériorisés par une personne à partir de ses expériences relationnelles antérieures (traumatiques ou bénéfiques) ; l'ensemble de ces représentations forme un répertoire ; ce répertoire influence le choix, la genèse et le déroulement des nouvelles relations (attentes, attributions, répétition d'expériences intériorisées). Ainsi, à titre d'exemple, une personne qui a vécu des situations de ruptures traumatiques, d'abandons, de rejets en vient à anticiper que de telles situations s'établiront dans ses nouvelles relations significatives. Elle craint l'attachement, s'en méfie et prévoit être rejetée si elle s'attache. Ces attentes, ces sentiments peuvent contribuer à faire émerger ce qui précisément est craint et problématique (*self-fulfilling prophecies*).

l'histoire de l'attachement affectif et des conditions actuelles de vie influe sur le recours à l'aide et l'établissement de liens potentiellement aidant (Poirier *et al.*, 1999; Poirier, 1997, 1995; Morrissette, 1992; Stefanidis *et al.*, 1992). En d'autres mots, les itinérants établissent souvent avec leurs aidants, quels qu'ils soient, des schèmes relationnels calqués sur leurs expériences relationnelles intériorisées – la dépendance, le rejet, l'agressivité, la méfiance, la distance, l'abandon, etc. Ce sont des conséquences logiques et compréhensibles des traumatismes antérieurs.

Lors d'une recherche précédente du GRIJA[2], des entretiens avec 60 jeunes adultes itinérants et itinérantes ont été recueillis et analysés (Poirier *et al.*, 1999). Sans équivoque, nos résultats documentent l'impact considérable des relations et des représentations interpersonnelles dans l'itinérance et attestent de leur rôle dans la genèse, le vécu et l'évolution du processus de désaffiliation. De façon fondamentale, la construction subjective de l'itinérance, d'après le témoignage des itinérants eux-mêmes, est en bonne partie une question de liens, avec des ramifications spatiales – de lieu, d'ancrage, d'itinéraire, d'errance (conceptualisation appliquée aux jeunes de la rue par Parazelli, 1997). La formulation de l'itinérance en termes de liens se révèle d'une valeur heuristique insoupçonnée, dans la mesure où elle permet d'en dégager la dynamique et d'éclairer, au-delà des idées reçues, les forces qui impriment à ce phénomène ses caractéristiques d'enlisement et de rechute, mais aussi d'introduire un élément pragmatique d'espoir dans la possibilité d'ajuster en conséquence les relations d'aide pour contribuer à faire sortir de cet engrenage les personnes qui s'y trouvent.

Dans sa dimension relationnelle, l'itinérance apparaît comme un mouvement chargé de sens: loin d'être définitivement désaffilié, le jeune adulte itinérant se trouve aux prises, de façon active, avec des liens auxquels il refuse de renoncer, qu'il fuit mais n'oublie jamais, et qu'il n'a pas le sentiment de pouvoir réparer. Il se débat dans la répétition de ce que ces liens ont pu avoir de traumatique et d'aliénant (Lussier *et al.*, 1997). Face à différentes configurations familiales et sociales qui menacent l'intégrité physique ou psychologique, l'itinérance émerge comme un moyen de survie, une «solution» en quelque sorte à des relations délétères. C'est un parcours apparemment solitaire mais peuplé de «fantômes» relationnels, un parcours qu'alimente un questionnement perpétuel. Les intervenants des ressources d'aide et d'hébergement en deviennent les récepteurs et font les frais de l'ambivalence qui s'y

---

2. Le Groupe de recherche en itinérance des jeunes adultes (GRIJA) a été fondé en 1992. Il est formé de Mario Poirier (Téluq), de Véronique Lussier (UQAM), de Robert Letendre (UQAM), de Monique Morval (Université de Montréal), de Pierre Michaud (UQAM).

rattache (Lussier *et al.*, 1997, 1996; Poirier, 1995; Morrissette et McIntyre, 1989).

Le recours à l'aide implique pour le jeune adulte itinérant une démarche qui le replonge dans l'univers des liens nécessaires mais qui peuvent être vécus comme menaçants et nuisibles, voire destructeurs. Les problématiques de rejet, d'abandon, de dépendance conflictuelle, de même que les velléités d'autonomie, d'individuation ou de quête identitaire, se rejouent dans le rapport aux ressources et aux intervenants sous le signe d'une très grande ambivalence. La compréhension, la tolérance et la gestion des besoins de distance et de rapprochement paraissent à cet égard des outils indispensables pour quiconque s'apprête à créer des liens d'aide avec ces jeunes adultes.

Il est en fait très difficile de *maintenir* des relations aidantes avec les itinérants (Nyamathi *et al.*, 1996; Pam, 1994). À titre d'exemple, une recherche ethnologique de Desjarlais (1994) auprès d'itinérants d'une résidence d'hébergement à Boston indique que les itinérants ont tendance à n'établir que des relations épisodiques et temporaires avec les intervenants *et* leurs pairs; des relations fondées sur les possibilités immédiates de gratification, un peu comme si leur univers relationnel se résumait au sens tactile: l'autre n'existe que dans le contact immédiat et que durant la durée du contact («Boum! Je suis parti.»). Toutefois, il ne faut pas déduire que les vicissitudes de l'aide proviennent entièrement des itinérants. Les *intervenants* sont aussi porteurs de certaines réserves, de craintes, de prises de distance (Poirier, 1996, 1995). Ainsi, une recherche qualitative de Jezewski (1995), utilisant des entrevues semi-structurées approfondies avec des intervenants de ressources d'hébergement pour itinérants, révèle que selon ces intervenants il est très difficile de favoriser les liens d'aide avec les itinérants, d'une part, certes, à cause des difficultés relationnelles des itinérants, mais *aussi* à cause des préjugés et des réactions des intervenants envers les itinérants (stigmatisation), d'autre part. En effet, même les intervenants des ressources pour itinérants réagissent à l'itinérant, tant pour des raisons de contre-chocs affectifs que parce qu'ils peuvent être, comme la plupart des gens, captifs des normes dominantes (canons normatifs de l'apparence vestimentaire, de la propreté, de la sociabilité). Ceci dit, nos recherches indiquent que, quand une relation de confiance peut malgré tout s'établir, des solutions plus durables à l'itinérance quotidienne deviennent souvent «magiquement» possibles: le soutien est mieux accepté, les conseils pratiques, davantage suivis, les fuites de l'aide, beaucoup moins fréquentes.

Peut-on concevoir l'itinérance comme une répétition, un cercle, un cycle qui naît dans la famille, s'extériorise dans la société et s'intériorise dans l'exclusion? D'une part, l'itinérance peut s'insérer dans une dynamique familiale *encore* active et y jouer un rôle important: l'itinérant constitue le symptôme agissant d'un trouble *actuel* de la famille. Ne faut-il pas alors intervenir avec l'ensemble du réseau pour aider à résorber l'itinérance du sujet? Ne faut-il pas étudier davantage la dynamique actuelle de la famille de l'itinérant? D'autre part, l'itinérance est peut-être un symptôme extrêmement signifiant, prévisible par la continuité de la thématique de l'errance vécue par le sujet: l'errance entre parents divorcés, l'errance résidentielle (fréquents changements d'adresse), l'errance entre familles d'accueil, l'errance socioprofessionnelle. L'itinérant ne répète-t-il pas ce qu'il connaît le mieux, ce qu'il a le mieux intégré: se mouvoir, se déplacer, se détacher, se déraciner? L'itinérance ne serait donc pas une déchéance ultime, une fin de parcours, mais un lieu de continuité cohérent avec l'ensemble de la trajectoire de l'individu.

Cette conceptualisation pose la question des finalités individuelles de l'itinérance, de la représentation qu'a l'itinérant de sa propre itinérance. Quel est le leitmotiv de chaque itinérant? C'est-à-dire, quel est son *leading motive*, son motif conducteur, le «refrain» de sa vie, en quelque sorte? Quels sont ses mobiles intérieurs et systémiques, quelle est la finalité de son itinérance, la forme qu'elle prend selon ses représentations relationnelles? Que cherche-t-il, de façon dynamique, sur le plan de ses attentes relationnelles? Quelle place a l'itinérance dans le cours de sa vie, de toute sa vie? Quels en ont été les modèles psychiques, les images d'itinérance intégrées dans le cours de son développement, de ses difficultés, de ses expériences?

Il est important de chercher des réponses à ces questions, car ce sont de tels éléments qui nous donnent des indices de la mécanique interne qui garde la personne dans une itinérance qui perdure mais aussi qui nous donnent des pistes pour l'intervention quotidienne dans les ressources d'aide et d'hébergement. Savoir qu'un itinérant a été abusé sexuellement dans son enfance, qu'il a été abandonné à la crèche, qu'il a été violenté par un parent nous donne certes des zones d'écoute à aborder très respectueusement, mais nous sommes rapidement aux prises avec la question du *sens* que prennent ces traumatismes dans le contexte actuel du sujet. C'est là que se placent les considérations de leitmotiv: la représentation que se fait l'itinérant de son itinérance, la forme que prend son récit de vie, les mobiles qu'il donne de ses comportements, et aussi les représentations qu'il se fait de l'aide à recevoir, de l'aide essentielle dont il a besoin pour vivre mieux.

Nos résultats indiquent que la communication et les modes d'expression sont des éléments centraux de la genèse et du vécu de l'itinérance. Tout porte à croire qu'ils ont également un rôle essentiel à jouer dans son évolution et son issue éventuelle (Poirier *et al.*, 1999; Jezewski, 1995). Pour tous les itinérants rencontrés dans les recherches du GRIJA, l'importance du non-dit, de ce qui ne trouve pas voie d'expression est considérable. L'agir, le refuge dans la toxicomanie et le mouvement prennent le pas sur l'expression et la verbalisation des conflits. Les ressources d'aide sont des lieux où les itinérants tentent d'entreprendre une démarche différente, perçue comme étant à la fois nécessaire et terrifiante: parler de ce qu'ils ont fui, faire face à ce qui n'a jamais été exprimé. Pour les itinérants, la parole est à la fois mobilisatrice et fragilisante; elle est une voie de solution et un danger. De façon quotidienne dans les ressources, les intervenants sont confrontés à une communication réticente, explosive, contradictoire, et qui aboutit souvent dans un silence partagé. La représentation des modalités et des finalités de la communication dans le travail d'intervention ne peut qu'avoir une influence décisive sur l'usage de cet outil premier d'intervention (Poirier, 1995).

Sans présumer faire un tour complet de ce jardin des leitmotivs, on peut réussir à dégager un certain nombre de scénarios systémiques, intrapsychiques et microsociaux plausibles, distincts, mais qui sont souvent complexes à saisir parce que liés à des mobiles en apparence contradictoires. Nous postulerons ainsi l'existence de dix scénarios dans l'itinérance. Ces scénarios s'opposent jusqu'à un certain point les uns aux autres, ce qui assure une plus grande validité discriminante et introduit la nécessité de réfléchir aux ajustements nécessaires à apporter dans l'aide à offrir aux itinérants, selon les scénarios qui les caractérisent[3]. Toutefois, ces scénarios étant assez bien délimités, il ne faut pas en conclure qu'il soit impossible qu'un itinérant puisse se trouver à la jonction de plusieurs d'entre eux, soit simultanément, soit séquentiellement dans son histoire de vie.

L'HOMME INVISIBLE

Et si l'itinérance était le meilleur moyen de se rendre *présentement* invisible à sa famille, à ses proches, le meilleur moyen de ne pas laisser d'adresse, pour avoir seul le pouvoir de communiquer avec eux? Si l'itinérance était une façon active, nécessaire de se cacher, de fuir la rencontre? Si l'itinérance servait à disparaître de la carte du monde de son environnement?

Vincent de Gaulejac (1997, 1989, 1987) a fort bien démontré ce que la honte liée à la pauvreté et à l'exclusion peut produire comme effet de désolidarisation, d'anomie, d'isolement: on a honte d'être soi mais aussi honte de

---

3. Ces scénarios résultent d'une théorisation fondée sur un ensemble de travaux issus de nos entretiens avec les itinérants montréalais depuis 1992. Ces scénarios, dérivés de l'analyse qualitative des entretiens, ont été ensuite retravaillés avec des groupes d'itinérants. Les itinérants pouvaient réagir aux scénarios, les questionner et explorer leur validité en fonction de leur propre lecture des déterminants de leur itinérance. Nous tenons à souligner l'importante contribution de Rose Dufour, anthropologue et membre du CRI, qui, en collaboration avec des intervenants du Centre St-Pierre et deux ressources montréalaises en itinérance, a analysé les échanges effectués à partir de la discussion découlant de la présentation de ces scénarios à des groupes d'itinérants.

tous ceux qui sont comme soi. Il n'y a pas de solidarité possible; seule la solitude permet de calmer l'angoisse d'être en société. La personne qui a honte ne veut plus être soumise au regard de l'autre. Elle se cache.

L'exemple de certains itinérants au Japon illustre bien cette dynamique. En effet, certains hommes japonais vivant un échec majeur au travail ou se retrouvant soudainement au chômage préfèrent ne plus affronter l'humiliation de ce traumatisme et la honte de la présence dans le sein familial quand la fonction traditionnelle d'homme pourvoyeur s'étiole. Plutôt que de retourner chez eux, ils prennent «le maquis», vagabondent dans les grandes villes nippones, se font pousser les cheveux, changent de nom, s'inventent une histoire personnelle, deviennent irretraçables, malgré les efforts considérables que font leurs proches pour les retrouver. En effet, on peut voir ici et là des affiches posées par ces familles, avec la photo du cher disparu et un mot: «Reviens à la maison, papa.»

Bien sûr, les sources de la honte et le rapport à l'exclusion ne sont pas les mêmes dans toutes les cultures, mais l'émotion même de la honte est transculturelle, fondamentale, physiologique. La honte et l'humiliation sont intimement liées, aisément observables dans le non-verbal (rougir, fuir des yeux, baisser la tête, s'éloigner des autres). Ces émotions sont puissantes, déterminantes des comportements humains. Elles ne peuvent simplement être «balayées» par un effort de volonté, un bon conseil d'un intervenant ou une offre de soutien matériel temporaire. Les solutions relèvent de l'investissement, du lien de confiance, du temps, de l'empathie, du travail des affects, comme d'ailleurs pour tous les scénarios qui suivent.

L'ANGE VENGEUR

Et si l'itinérance était *au contraire* une stratégie visant à rendre l'individu davantage présent aux proches, à les préoccuper par la disparition des coordonnées, à les inquiéter, à les punir peut-être d'avoir été inadéquats? L'itinérant s'estime peut-être injustement placé dans le rôle systémique du bouc émissaire, rôle qu'il refuse, qu'il cherche à refuser. L'itinérance serait une colère virulente exprimée passivement, le désir de faire mal, de rendre coupable les auteurs présumés du drame (ou les absents).

La place de la rage ne doit pas être sous-estimée dans l'expression de comportements qui déstabilisent. En effet, il y a deux côtés à l'inconfort: celui de la personne inconfortable, intolérante de ce qui dérange son quotidien ou sa façon de voir la vie, mais aussi celui de la personne qui rend inconfortable, qui n'est pas «aimable», qui se rend inapte à se faire aimer. Il y a dans le fait d'être «dans le chemin» des autres, de s'imposer à eux, de les faire réagir une certaine dose de mise en scène, d'écart énergique des conventions, de réaction à toute autorité et à toute norme, et donc d'agressivité, même passive. L'itinérant impose sa présence par sa fréquentation des lieux publics et par sa mendicité (Poirier, 1999). Dans ce scénario, la colère peut avoir des causes profondes, liées aux traumatismes de l'enfance, mais elle peut avoir aussi ses racines dans les frustrations quotidiennes, les stresseurs de la survie et le rejet continuel de la société. L'itinérance prend alors des allures de vengeance, même si l'objet de la vengeance l'ignore.

L'ENFANT PRODIGUE

Et si l'itinérance était *au contraire* une forme extrême d'amour, un fabuleux essai de rapprochement, un désir si vif de conserver le passé (ou des aspects de ce passé) qu'il est impossible de se projeter dans l'avenir? Si l'itinérance véhiculait la fantaisie de la réconciliation, le retour de l'enfant prodigue dans la famille heureuse et accueillante? Si l'itinérance marquait à la fois toute la frénésie de cet espoir, et la seule façon de le vivre pleinement, en se refusant tout autre engagement et tout autre enracinement dans la société?

Dans ce scénario, l'élément déterminant est l'attente d'un retour éventuel au milieu familial, du moins un retour symbolique, accompagné d'une réparation plus ou moins magique de ce qui a été vécu comme traumatisant. L'itinérant perçoit ainsi ce qu'il traverse comme étant temporaire, transitoire, comme une «vie d'excès» qui finira un jour ou l'autre par une réconciliation familiale. Cette vie d'excès peut avoir ses sources dans l'impossibilité d'un rapprochement actuel, pourtant désiré, mais peut aussi avoir sa source dans l'attente fantasmatique d'un retour à un lieu disparu, ou qui n'a jamais été là: le foyer parental. Tout se passe comme si l'itinérant voulait s'exclamer: «Je reviens, après avoir été au bout du monde, au bout de la vie, au bout du drame. Je reviens transformé, prêt à me rapprocher de vous, prêt à réintégrer ma place dans la famille.» Il y a là reconnaissance d'avoir fait des gaffes, des coupures, des fuites, mais aussi l'espoir que tout puisse être oublié, réparé, refait à neuf. L'espoir de retrouver le confort d'un foyer, la sécurité de l'appartenance, la tendresse des proches.

LE PÉNITENT

Et si l'itinérance était *au contraire* une efficace entreprise d'autopunition, l'itinérant *craignant* d'être heureux et *désirant payer* pour ses fautes? En effet, l'itinérant se croit peut-être responsable des échecs familiaux, scolaires et institutionnels qu'il a vécus; il croit peut-être qu'il porte déjà en lui l'erreur (l'errance), le problème, la méchanceté, l'abandon. N'est-il pas alors logiquement prédestiné à payer pour ses fautes indélébiles? Et n'est-il pas le mieux placé pour s'infliger les pires souffrances?

Ce qui caractérise ce scénario est la conviction de la faute et d'avoir «cherché» ce qui est arrivé. Les conséquences dramatiques du mode de vie de l'itinérance sont alors perçues comme autant de châtiments naturels de la faute. L'itinérant estime alors avoir «ce qu'il mérite», souvent parce qu'il s'attribue tout le blâme (ou l'essentiel du blâme) dans la déconstruction familiale, la rupture avec les proches, les échecs scolaires, le rejet social. Il a l'intime sentiment d'avoir refusé de faire sa part, d'avoir manqué presque volontairement ses propres chances. Souvent, la toxicomanie et l'alcoolisme seront d'autres marqueurs de ce scénario: «je n'avais qu'à ne pas céder aux drogues», «je n'avais qu'à arrêter de boire». La personne peut aussi avoir le sentiment d'avoir causé de vives souffrances à ses proches, d'avoir été la source de leur propre malheur, d'être le mouton noir qui leur en a fait voir de toutes les couleurs. La dominante est alors la culpabilité et la souffrance en est le juste prix, la nécessaire punition.

LE FÊTARD

Et si l'itinérance était *au contraire* une conséquence de l'hédonisme intégral, le manifeste du plaisir immédiat, du *thrill* de la rue, valeur tout à fait cohérente avec l'univers ambiant d'individualisme et de consommation? Si l'itinérance était un prolongement de la fête familiale de l'enfance, l'abandon au plaisir des bras (ou des drogues) qui bercent, le désir de l'ultime jouissance de la vie? Si l'itinérance marquait l'impossibilité de vivre autrement que dans le prolongement dynamique du besoin de se sentir sans cesse «touché» intensément?

Ce scénario s'accompagne souvent d'une toxicomanie active, systématique. L'itinérant s'attache au plaisir comme valeur suprême; au plaisir immédiat, instantané que donne la fébrilité de la consommation effrénée de drogues; au plaisir aussi de ressentir une totale liberté de mouvement, d'espace, de rencontres. Certes, ce plaisir peut s'émousser, la drogue, devenir une infernale course contre la montre et le manque, mais c'est un plaisir d'une telle intensité quand il revient, d'une telle vitalité, qu'il nivelle tous les autres besoins, toutes les autres absences, toutes les autres souffrances.

En filigrane, la question du temps semble importante; le temps de la vie itinérante et l'impossibilité de se projeter dans l'avenir. Il n'y a pas d'avenir, seulement le jour présent. Il n'y a surtout aucun moyen de s'imaginer vieillir, aucune façon dont on puisse se représenter dans dix ou vingt ans, sauf d'une façon tout à fait irréaliste ou comme prolongement du mode de vie actuel, malgré l'improbabilité qu'on puisse alors en soutenir le rythme.

LE PÈLERIN

Et si l'itinérance était *au contraire* le refus total de l'hédonisme, le refus en fait de tous les bonheurs «civilisés», le refus des joies du foyer, des liens amoureux, de la famille, des enfants, de l'appartenance aux autres, de la régularité des plaisirs prévisibles? Si l'itinérance était le refus du moule commun, une quête de sentiments plus purs, plus profonds? Si l'itinérance exprimait la nostalgie d'un souffle qui élève au-dessus de la mêlée et une renaissance intégrale permettant de repartir à zéro?

Dans ce scénario, il y a surtout l'expression d'une profonde déception par rapport à la vie de tous les jours et un grand dégoût par rapport aux modèles familiaux connus par l'itinérant; il s'agit d'un vif rejet de ce qui est perçu comme inutile, niais, superficiel, répétitif, trop ordonné, trop prévisible, trop mécanique. Devenir comme son père, comme sa mère, comme son frère aîné, comme sa petite sœur, tous «casés» dans la société? Il n'en est pas question. Se laisser bercer par le «boulot, métro, dodo»? Il n'en est pas question. Travailler dans une *shop* quelconque? Il n'en est pas question. La vie doit être autre chose de plus réel, de plus intéressant, de plus profond, sans toutefois qu'on sache trop bien ce que cela pourrait être, ou qu'on ait les moyens de ses désirs, ou qu'on ait un projet différent et réaliste de mode de vie.

LE DOUILLET

Et si l'itinérance était *au contraire* la recherche quotidienne et concrète d'une petite famille, de liens fraternels sans entraves, d'échanges simples et vrais, et même du confort douillet des ressources d'aide, d'hébergement, de désintoxication? Si rester itinérant, toxicomane, était la seule manière de se maintenir dynamiquement dans la culture des aidants, de *garder sa place* (enfin, une place) dans ce nid si accueillant? Si l'itinérance qui perdure, qui se chronicise était *favorisée* par notre propre «intervenance»?

Il y a dans ce scénario le sentiment inverse d'avoir trouvé ce que l'on cherchait: des intervenants qui nous comprennent, des ressources qui nous accueillent, des soupes populaires où il fait bon aller et socialiser un peu; bref, un véritable milieu de vie auquel on peut s'identifier et qui peut être vécu comme très valorisant, car la personne a le sentiment d'être acceptée, reçue, appréciée, aimée. Il y a dans un tel scénario la fuite absolue de tout conflit, extérieur mais aussi intérieur, la fuite de tout ce qui pourrait remettre en question ce relatif équilibre qui est source d'un réel confort. Il en résulte que le soutien des ressources sera recherché, tant qu'il permettra l'immobilité. Les efforts de réinsertion sociale ne seront pas aussi bien reçus, des régressions subites dans les acquis se produisant quand la fin du soutien semblera se rapprocher. Il se produira également des rechutes et des récurrences constantes dans le système de prise en charge. C'est que le besoin premier est *d'appartenir* au milieu de l'itinérance, pas de le quitter! En ce sens et paradoxalement, la personne «habite» véritablement ici un milieu social, mais c'est un milieu qui se définit par l'absence de lieu personnel de vie. L'itinérant devient en quelque sorte un «pensionnaire» des ressources d'aide et d'hébergement.

LE MISANTHROPE

Et si l'itinérance était *au contraire* fondée sur une vive intolérance de toute place, de tout engagement relationnel, de toute durée dans le lien? Si l'itinérance était la misanthropie érigée en Art, le rejet de *tous* les autres, la recherche de l'autonomie absolue? Si l'itinérance était la seule façon de vivre sur une île déserte, pourtant en plein cœur de la cité? Si l'itinérance s'inscrivait dans la recherche essentielle d'un espace social neuf, vierge de tout lien, de tout «habitat»?

Ce que ressent d'abord le misanthrope, c'est le mépris, et aussi la peur d'être avec les autres. Le mépris permet de tenir à distance dans l'imaginaire les rapprochements peut-être désirés malgré tout mais qui font peur, qui sont source de terreur. Dans ce scénario, l'important est d'être le seul maître à bord, le seul à tout décider, à tout contrôler et d'être le seul de son espèce. L'itinérant ne peut plus faire confiance, ne peut plus ouvrir la porte, ne veut plus ouvrir de porte. Il a trop souffert, trop vu de choses, trop perçu ou cru percevoir de cruauté, de froideur, de bassesse dans tout ce qui l'a entouré. Il s'emmure dans un mépris qui l'éloigne de tout. Cette misanthropie s'accompagne de la fantaisie de l'autarcie, de l'indépendance totale et aussi du réconfort de l'indifférence.

LE JONGLEUR

Et si l'itinérance était *au contraire* une forme extrême d'exhibitionnisme, de spectacle, de manifestation en plein air, de recherche du contact perpétuel avec la foule, avec les feux de la rampe, du regard étonné des passants, du foisonnement éclectique de la rue? Si l'itinérant avait constamment *besoin du regard des autres* pour survivre, pour se sentir «réel», pour se sentir exister? Et si l'itinérance avait besoin sans cesse de l'étonnement des citoyens, *du voyeurisme des médias,* pour se développer encore davantage?

Dans ce scénario, l'important est d'être constamment en interaction, même superficielle, avec les autres itinérants, mais aussi avec les passants, les aidants, bref avec tout le monde sauf, généralement, les véritables proches. Tout se passe comme s'il fallait à tout prix remplacer les grands absents – ceux à la source de la souffrance – par une multitude de contacts superficiels, temporaires, comme seule la vie «dans la rue» peut offrir avec une telle diversité, une telle intensité. La mise à distance de liens significatifs s'accompagne d'une impression d'être très «entouré», ce qui diminue l'angoisse liée aux pertes réelles, et donne l'illusion d'avoir pu remplacer facilement ceux que l'on a perdus. Le regard et la parole des «étrangers» – tous plus ou moins interchangeables – permettent seuls d'avoir le sentiment d'être là, bien vivant, malgré tout ce vide à l'intérieur de soi.

LE PAISIBLE RETRAITÉ

Et si l'itinérance était *au contraire* l'expression d'une grande lassitude, une grande fatigue qui s'installe, une incapacité de se battre pour la recherche des avantages ? Si l'itinérant était à la recherche d'une paisible retraite anticipée, sans responsabilités (mais *lesquelles* en particulier ?), sans rien à prouver (mais à *qui*, au juste ?) ?

Dans ce scénario, l'itinérance de la personne reflète complètement la mécanique sociale d'exclusion des moins performants, la mise à la retraite très précoce des moins compétitifs. L'itinérant en vient à intégrer profondément la conviction qu'il est incapable de tout rôle social, de toute place dans la société. Il a le sentiment qu'il n'a pas les armes nécessaires pour se tailler une place, qu'on ne lui a pas transmis les outils de l'insertion.

L'itinérance est ici vécue comme un moyen définitif de s'éclipser de la course. C'est une exclusion dont les racines peuvent être multiples et refléter un réel rejet social mais qui comporte aussi des composantes d'autoexclusion, la personne finissant par adhérer, involontairement mais avec conviction, à ce rôle d'exclu. Il peut s'agir d'une réaction de stress post-traumatique produisant des conduites de fuite (Côté, 1996), mais on peut aussi évoquer le « syndrome de Stockholm » qui fait que la victime finit par épouser les valeurs de l'agresseur, et l'exclu, les raisons de son exclusion.

CONCLUSION

En résumé, ces dix scénarios constituent autant de mobiles possibles, de motifs, de répétitions (leitmotivs) apparemment contradictoires, autant d'enjeux systémiques pouvant donner un sens à la dérive de l'itinérant. Ces causes microsociales, faut-il le réitérer, n'expliquent pas seules la croissance de l'itinérance urbaine. Elles s'ajoutent à des conditions socioéconomiques et culturelles qui contribuent à l'itinérance. Le dérapage affectif se conjugue au désarroi de l'insertion socioéconomique. Enfin, la plausibilité de tels scénarios ne doit surtout pas décourager l'intervention : l'existence d'une « mécanique intérieure » contribuant à l'itinérance doit plutôt conduire à tenter de la décoder, de la comprendre, et surtout conduire à mieux ajuster nos pratiques d'aide. Ces scénarios peuvent être ancrés, répétitifs, vissés au fond de la souffrance, mais ils ne sont pas forcément permanents.

L'univers de l'itinérance est un univers de risque et de souffrance, même quand l'itinérance est partagée avec d'autres itinérants. C'est un univers toutefois qui garde branché sur l'énergie de la survie, du besoin, du manque, et qui peut générer un grand nombre de bénéfices secondaires apparents : l'illusion de l'autonomie absolue, l'illusion de la pérennité de la jeunesse, l'illusion de l'indépendance affective, l'illusion d'un combat contre une société qu'on ne fait pourtant que fuir (Poirier, 1997, 1988 ; Parazelli, 1996). L'itinérant porte d'ailleurs cette double représentation sociale faite, d'une part, de l'image du déviant agressif (*misfit*), choisissant activement le rejet et la marginalité, et, d'autre part, de l'image de la victime passive, du mutilé social (Gagné et Dorvil, 1988). La rue est un lieu géographique mais aussi un lieu intériorisé intégrant un ensemble d'expériences socialisantes, de liens et de rites, de modèles et de modes de vie (Parazelli, 1996). C'est pourquoi il est préférable d'éviter de concevoir l'itinérance comme étant seulement quelque chose «qui arrive» passivement à l'itinérant. Il est nécessaire d'en chercher le sens, les mobiles et les dynamiques systémiques pour favoriser l'émergence d'approches ciblées plus utiles.

RÉFÉRENCES

ANDERSON, D.G. (1996). Homeless Women's Perceptions about their Families of Origin. *Western Journal of Nursing Research*, *18* (1), 29-42.

ANGERENT, H.L., B.M. BEKE et P.G. SHARE. (1991). Structural Problems in Institutional Care for Youth. *Journal of Health and Social Policy*, *2* (4), 83-98.

BOUCHARD, C. (1996). Permettre la citoyenneté pour prévenir l'exclusion. *Cahiers de recherche sociologique*, 27, 9-16.

BREAKEY, W.R. et P.J. FISHER. (1990). Homelessness: The Extent of the Problem. *Journal of Social Issues*, *46* (4), 31-47.

COTÉ, L. (1996). Les facteurs de vulnérabilité et les enjeux psychodynamiques dans les réactions post-traumatiques. *Santé mentale au Québec*, *21* (1), 209-228.

D'ERCOLE, A. et E. STRUENING. (1990). Victimization among Homeless Women: Implications for Service Delivery. *Journal of Community Psychology*, *18*, 141-152.

DADDS, M.R., D. BRADDOCK, S. CUERS, A. ELLIOTT et A. KELLY. (1993). Personal and Family Distress. *In* Homeless Adolescents. *Community Mental Health Journal*, 29 (5), 413-422.

DE GAUJELAC, V. (1997). Les souffrances de l'excellence et de l'exclusion. *In* M. Sassolas (Sous la dir. de), *Les soins psychiques confrontés aux ruptures du lien social* (p. 25-32). Paris: Erès.

DE GAULEJAC, V. (1989). Honte et pauvreté. *Santé mentale au Québec*, *14* (2), 128-137.

DE GAULEJAC, V. (1987). *La névrose de classe. Trajectoire sociale et conflits d'identité*. Paris: Hommes et Groupes Éditeurs.

DENNIS, D.L., J.C. BUCKNER, F.R. LIPTON et I.S. LEVINE. (1991). A Decade of Research and Services for Homeless Mentally Ill Persons. *American Psychologist*, *46* (11), 1129-1138.

DESJARLAIS, R. (1994). Struggling Along: The Possibilities for Experience among the Homeless Mentally Ill. *American Anthropologist, 96* (4), 886-901.

DUROU, B. et A. RIMAILHO (1970). *Vagabonds, clochards, beatnicks, hippies: les «vagueux» de la société industrielle.* Paris: Privat.

FISCHER, P.J. et W.R. BREAKEY. (1991). The Epidemiology of Alcohol, Drug, and Mental Disorders among Homeless Persons. *American Psychologist, 46* (11), 1115-1128.

GAGNÉ, J. (1996). Yes I can débrouille: propos de jeunes itinérants sur la débrouillardise. *Cahiers de recherche sociologique, 27,* 63-72.

GAGNÉ, J. et H. DORVIL. (1988). L'itinérance: le regard sociologique. *Revue québécoise de psychologie, 9* (1), 63-78.

GOODMAN, L.A. (1991). The Relationship Between Social Support and Family Homelessness: A Comparison Study of Homeless and Housed Mothers. *Journal of Community Psychology, 19,* 321-332.

GOODMAN, L., L. SAXE et M. HARVEY. (1991). Homelessness as Psychological Trauma. *American Psychologist, 46* (11), 1219-1225.

GRUNBERG, J. et P.F. EAGLE. (1990). Shelterization: How the Homeless Adapt to Shelter Living. *Hospital and Community Psychiatry, 41* (5), 521-525.

HOPPER, K. (1990). Public Shelter as a «Hybrid Institution»: Homeless Men in Historical Perspective. *Journal of Social Issues, 46* (4), 13-29.

JEZEWSKI, M.A. (1995). Staying Connected: The Care of Facilitating Health Care for Homeless Persons. *Public Health Nursing, 12* (3), 203-210.

LABERGE, D., M. POIRIER et R. CHAREST. (1998). Un étranger dans la cité: la présence de l'itinérance et la représentation de l'itinérance. *Nouvelles pratiques sociales, 11* (1), 19-24.

LABERGE, D. (1997). Comprendre l'itinérance. *Recherche sociale, 3* (4), 7-9.

LAMONTAGNE, Y., Y. GARCEAU-DURAND, S. Blais et R. Élie (1987). *La jeunesse québécoise et le phénomène des sans-abri.* Montréal: Presses de l'Université du Québec.

LUSSIER, V., R. LETENDRE, P. MICHAUD, M. MORVAL et M. POIRIER. (1997). Les relations des jeunes adultes itinérants: résultats préliminaires. *Conférences publiques du Collectif de Recherche sur l'Itinérance,* Montréal.

LUSSIER, V., M. POIRIER, R. LETENDRE, P. MICHAUD et M. MORVAL. (1996). Relations et représentations de jeunes adultes itinérants: communication de résultats de recherche. *XXVIᵉ Congrès international de psychologie,* Montréal.

MALOUIN, M.P. (1996). Portrait de familles. *Relations*, avril, 74.

MORRISSETTE, P. (1992). Engagement Strategies with Reluctant Homeless Young People. *Psychotherapy, 29* (3), 447-451.

MORRISSETTE, P.J. et S. MCINTYRE. (1989). Homeless Young People in Residential Care. *Social Casework: The Journal of Contemporary Social Work, 70* (10), 603-610.

NYAMATHI, A., C. BENNETT, B. LEAKE et S. CHEN. (1995). Social Support among Impoverished Women. *Nursing Research, 44* (6), 376-378.

PADGETT, D.K. et E.L. STRUENING. (1992). Victimization and Traumatic Injuries among the Homeless: Associations with Alcohol, Drug, and Mental Problems. *American Journal of Orthopsychiatry, 62* (4), 525-534.

PAM, A. (1994). The New Schizophrenia: Diagnosis and Dynamics of the Homeless Mentality Ill. *Journal of Mind and Behavior, 15* (3), 199-221.

PARAZELLI, M. (1996). Les pratiques de socialisation marginalisée des jeunes de la rue dans l'espace urbain montréalais. *Cahiers de recherche sociologique*, 27, 47-62.

POIRIER, M., V. LUSSIER, R. LETENDRE, P. MICHAUD, M. MORVAL, S. GILBERT et A. PELLETIER. (1999). *Relations et représentations interpersonnelles de jeunes adultes itinérants.* Rapport de recherche soumis au Conseil québécois de recherche sociale CQRS. Montréal: GRIJA.

POIRIER, M. (1999). La mendicité et l'interaction avec les passants. *Colloque du CRI: La vie itinérante*, Montréal.

POIRIER, M. (1997). Le foyer de l'itinérant. *Colloque du CRI. L'Itinérance: la place dans la cité*, Montréal.

POIRIER, M. (1996a). L'horreur du vide. *Relations*, juin, 148-150.

POIRIER, M. (1996b). La relation d'aide avec les jeunes adultes itinérants. *Cahiers de recherche sociologique*, 27, 87-97.

POIRIER, M. (1995). Les modèles d'intervention en itinérance. *Colloque du CRI. Jeunes en difficulté: de l'exclusion vers l'itinérance*, Montréal.

POIRIER, M. (1988). La santé mentale des jeunes itinérants. *Revue québécoise de psychologie, 9* (1), 94-110.

SCHWEITZER, R.D., S.J. HIER et D.J. TERRY. (1994). Parental Bonding, Family Systems, and Environemental Predictors of Adolescent Homelessness. *Journal of the Emotional and Behavioral Disorders, 2* (1), 39-45.

SHINN, M. et B.C. WEITZMAN. (1990). Research on Homelessness: An Introduction. *Journal of Social Issues, 46* (4), 1-11.

SOSIN, M., I. PILIAVIN et H. WESTERFELT. (1990). Toward a Longitudinal Analysis of Homelessness. *Journal of Social Issues, 46* (4), 157-174.

STEFANIDIS, N., J. PENNBRIDGE, R.G. MACKENZIE et K. POTTHARST. (1992). Runaway and Homeless Youth: The Effects of Attachment History on Stabilization. *American Journal of Orthopsychiatry, 62* (3), 442-446.

STRUENING, E.L. et K.D. PADGETT. (1990). Physical Health Status, Substance Use and Abuse, and Mental Disorders among Homeless Adults. *Journal of Social Issues, 46* (4), 65-81.

SUSSER, E., E.L. STRUENING et J. CONOVER. (1987). Childhood Experiences of Homeless Men. *American Journal of Psychiatry,* 144, 1599-1601.

SZASZ, T. (1990). Folie et clochardise. *Santé mentale au Québec, 14* (2), 233-239.

CHAPITRE 13

Solitude et isolement : image forte de l'itinérance ?

par Shirley Roy et Lorraine Duchesne

La vie solitaire et la solitude sont des phénomènes qui ne sont pas nouveaux. Cependant, ce qui l'est, c'est l'accroissement depuis une vingtaine d'années du nombre de personnes solitaires, au sens de «vivre seul», dans les pays fortement industrialisés. Une situation objective de vie solitaire renvoie à des réalités multiples. Cependant, la littérature, d'une part, et le sens commun, d'autre part, associent inexorablement les expressions vivre seul, isolement et solitude. Cela se traduit à peu près de la façon suivante: quelqu'un qui vit seul est isolé et ressent nécessairement de la solitude. Et quand cette réalité se conjugue avec itinérance, l'indice se multiplie et l'équation prend tout son sens.

Ainsi, l'association entre itinérance, vie solitaire et isolement social irait de soi et concernerait tous les individus itinérants ou presque. Ce serait la conséquence d'un mode de vie déstructuré et alternativement une caractéristique, une explication, un problème ou une conséquence. Cette association marquerait la spécificité de ce groupe difficilement définissable socialement et scientifiquement.

Cette image de l'itinérance est celle généralement évoquée par les intervenants et intervenantes œuvrant auprès des personnes itinérantes; elle est reproduite dans les différents médias et on la retrouve aussi dans la littérature scientifique. On a généralement tendance à penser qu'être itinérant, c'est vivre dans la misère, coupé de son réseau social et affectif, que c'est être: *Sans-domicile-fixe* (Fournier et Mercier, 1996), *Désaffiliés* (Castel, 1995), *Seuls dans la rue* (Roy, 1988), *Sans toit ni voix* (Ouellette, 1989)… si l'on ne s'en tient qu'aux expressions francophones.

Les récentes recherches insistent sur l'impossibilité d'utiliser un seul terme pour désigner ces personnes, sur la complexité des situations vécues, la variété des trajectoires suivies, la multiplicité des facteurs associés à l'itinérance. De plus, un questionnement sur les solutions à apporter à l'itinérance et sur les modes d'intervention adaptés aux réels besoins de ces personnes forcent les différents partenaires à revisiter les images acquises, à les déconstruire et à laisser apparaître la diversité des sens donnés par les sujets agissant que sont les personnes itinérantes, afin de mieux comprendre ce phénomène auquel les solutions sont pour le moins à inventer.

Partant du point de vue de Laberge *et al.* (1995), qui proposent de ne plus considérer l'itinérance comme un problème spécifique ou une caractéristique mais comme une condition de vie des personnes, nous nous sommes intéressées, en tant que chercheures, à une dimension de ce mode de vie : la vie solitaire et le sens attaché à celui-ci.

Notre réflexion s'est articulée à partir des 14 entretiens[1] que nous avons effectués auprès d'hommes âgés entre 27 et 61 ans. Il s'agit d'un échantillon volontaire qui devait répondre à la caractéristique de vivre seul. Nous nous sommes assurées de rencontrer des personnes appartenant aux différents groupes d'âge. Ainsi, les hommes rencontrés vivent seuls, sans conjointe ni travail et entretiennent peu de relations continues avec leurs familles (Firdion et Marsapt, 1998). Bien que précaires, ils ont un endroit quotidien où dormir et le jour ils ont recours au réseau caritatif d'aide destiné aux personnes itinérantes, qui leur permet d'assurer leur subsistance. C'est dans un de ces centres de jour que nous les avons rencontrés[2]. Nous sommes conscientes que le fait de les sélectionner dans un lieu précis qu'est le centre de jour constitue un biais de sélection, au sens où ces personnes s'inscrivent d'une manière ou d'une autre dans certains types de rapports. Par ailleurs, plusieurs études démontrent que, compte tenu de la spécificité de ces ressources, elles reçoivent une clientèle diversifiée illustrant les différents cas de figure de l'itinérance. Ainsi, cette recherche ne comprend donc pas les personnes qui dorment strictement dans la rue et ne fréquentent aucune ressource, mais ces personnes constituent dans la population itinérante la partie minoritaire. Il faut bien dire qu'au Québec, pays nordique, les personnes itinérantes ont, la majeure partie de l'année, un lieu où habiter, que ce soit dans un refuge, une chambre ou un petit logement. D'une part, les conditions climatiques les y incitent ; d'autre part, l'accès aux ressources financières étatiques de type aide sociale nécessite que l'on ait une adresse civile, ce qui a tendance à sédentariser les personnes recevant ce type d'allocation.

Dans le cadre de ce texte, nous requestionnerons l'homogénéité de la perception de la vie des personnes itinérantes autour de la solitude et de l'isolement social. Pour ce faire, dans un premier temps, nous présenterons les différents sens que prend la vie solitaire chez les personnes itinérantes à partir

---

1. Les entretiens ont été traités à partir d'un logiciel d'analyse de texte informatisé : le logiciel SATO (système d'analyse textuelle faite par ordinateur). Nous tenons à remercier Gaétan Beaudet qui a effectué ce traitement.
2. Il s'agit de l'Accueil Bonneau, que nous tenons à remercier chaleureusement pour leur accueil et leur participation à cette recherche.

de leurs propres récits et, dans un deuxième temps, nous discuterons de certains éléments qui ont tendance à créer ou à renforcer cette image homogène que l'on se fait de ces personnes et de leur manière de vivre.

LES MODÈLES REPÉRÉS : DES MODÈLES DIFFÉRENCIÉS

L'analyse des entretiens nous a menées à regrouper les différents récits autour de 3 figures: 1) ceux qui fuient la vie solitaire et préfèrent tout autre arrangement; 2) ceux qui apprécient le mode de vie solitaire parce que cela constitue l'envers de leur vie de jeunesse ou parce que cela devient un lieu psychologique dont ils ont besoin; 3) ceux pour qui la vie solitaire est la conséquence de comportements problématiques.

En fait, ces figures présentent une multiplicité de situations et de postures à la fois objectives et émotives qui rendent compte des différents modes de vie solitaire. Ainsi, il n'y a pas un discours, un «complexe de sentiment» (Laé, 1990) donnant sens à la vie solitaire des personnes en processus de désinsertion sociale; il y en a plusieurs, et cette pluralité nous dit quelque chose de la complexité de la réalité de ces personnes considérées globalement comme exclues.

Tout sauf vivre seul

Une première figure illustrant la vie de personnes itinérantes renvoie à l'idée que vivre seul si souffrant, si douloureux que toute issue y est préférable, y compris celle de vivre dans les refuges malgré les conditions minimales et les contraintes institutionnelles qui y ont cours. Maurice dit:

> J'aurais peur de rester en appartement, seul. Dans un refuge y reste qu'on est entouré, que ce soit du monde qu'on aime ou qu'on haït, ça a pas d'importance, y a du monde. Disons aussi que c'est plus facile de coucher dans un dortoir avec 25 individus qui crachent, qui ronflent, qui font n'importe quoi, que de coucher dans une chambre tout seul, entre quatre murs, avec des voisins qui mènent beaucoup de bruit, un concierge qui peut te voler, et des coquerelles qui se courent sur le mur. Au moins c'est propre, t'as des gens pour te protéger s'il arrive quelque chose. Tu perds pas tes clés parce que t'en as pas. Si y mouille dans l'après-midi, tu te demandes pas si ta fenêtre est fermée, c'est à eux autres de la fermer. Tu te lèves le matin, ton café est prêt. Pour quelqu'un qui est capable de vivre la vie de groupe, ça vaut ben une vie de kibboutz.

Maurice vit principalement dans un refuge parce que cela lui procure sécurité et encadrement. Il est en contact avec des gens lui permettant de rompre sa solitude et son ennui. Il accepte de renoncer à une certaine intimité au profit de relations socioaffectives qui, bien que potentiellement précaires et peu investies, constituent tout de même un environnement dans lequel des relations supportantes peuvent apparaître. Le grand avantage de ces relations est qu'elles existent et cela est, en soi, pour Maurice, une qualité. Maurice a structuré sa vie et ses activités autour de cet habitat. Le refuge lui a permis de retrouver une régularité et de reprendre un peu de contrôle sur sa vie. Il constitue en quelque sorte son lieu d'ancrage, le lieu à partir duquel il redéploie ses énergies et recompose lentement ses réseaux.

Bien que pour la plupart de gens la situation de Maurice est peu enviable, Maurice quant à lui la trouve souhaitable voire acceptable en regard d'une situation encore plus dramatique que constituerait, pour lui, le fait de vivre seul. Cela dit, bien que cette figure existe, ce discours s'est avéré, parmi les entretiens que nous avons effectués, un discours peu répandu. Pour tout dire, seul Maurice a tenu ces propos.

La vie solitaire : vivre mieux

La deuxième figure concerne les solitaires pour qui le fait de vivre seul représente une nette amélioration par rapport à leur vie antérieure. Non seulement ces hommes ont-ils besoin d'un espace à eux, mais la dimension spatiale importe également beaucoup. Deux variantes apparaissent.

Vivre seul : un espace à soi

Jacques a passé sa vie dans des milieux institutionnels : orphelinat, famille d'accueil, prison où il ne possédait évidemment aucun espace à lui. Ainsi, habiter un petit appartement, même dans des conditions économiques difficiles, constitue une amélioration importante de sa situation. Jacques dit :

> Chu pas [je ne suis pas] le genre de gars à rester en chambre, moi. J'aime mieux avoir de l'espace. Ah ! j'ai été trop longtemps en-dedans [en prison] moi... ça me prend grand, j'ai grand chez nous, pis chu tout seul. Je reste dans un grand trois et demi. Chu un solitaire moi t'sais, chu ben solitaire ça fait que je me mélange pas. Ouais, mais chu pas malheureux. Écoute il y a du monde qui sont dans la marde, leurs situations sont plus graves que la mienne. Moi, au moins, j'ai un beau logement, j'ai une belle place pis j'ai une cour en arrière pis j'ai mon chez nous.

Jacques considère son environnement physique comme une condition importante dans sa vie. Le fait de posséder des biens et un lieu à soi représente un tel changement dans sa vie qu'il a certes le sentiment de recouvrer sa dignité et sa liberté. Même si le quotidien n'est pas toujours facile à vivre, ce choix de vie lui permet de se soustraire à la contrainte autoritaire qu'il a subie tout au long de sa vie à travers les institutions telles que la prison, l'orphelinat, etc.

En disant qu'il n'est pas malheureux, Jacques ne dit pas non plus que tout est facile et que jamais il ne ressent ni ennui ni solitude. N'exprime-t-il pas des difficultés émotionnelles rencontrées par tout individu vivant seul? Doit-on comprendre par la phrase «je ne suis pas malheureux» qu'il souhaiterait ne plus vivre seul? Rien n'en est moins sûr. À la question de savoir ce qu'il souhaiterait changer dans sa vie s'il en avait le choix, Jacques exprime le désir de travailler et «d'avoir une blonde». Il n'évoque nullement le désir de vivre avec quelqu'un à tout prix, contrairement à Maurice. Il dira même qu'il voudrait bien une compagne, mais pas n'importe qui et pas nécessairement pour une vie commune.

Ainsi, Jacques choisit de vivre en solitaire, mais cela ne signifie pas qu'il est seul, sans contact et sans réseau et qu'il vit dans une solitude souffrante. Sa stratégie est de développer des relations à travers le réseau communautaire. Cela répond à son besoin de reconnaissance et d'échange, même s'il s'agit plutôt d'un réseau formel de soutien.

Vivre seul: un besoin intérieur

Une autre illustration de cette situation se trouve parmi ceux qui expriment de diverses manières le besoin d'être seuls, la nécessité d'avoir un lieu pour se retrouver, pour se recomposer. Cet espace que constitue un petit logement ou une chambre leur permet de se repositionner au centre de leur vie. Ces individus ont une relative autonomie dans l'organisation de leur vie quotidienne aussi bien matérielle qu'émotionnelle. Patrick résume ainsi sa situation:

> J'ai resté avec du monde, mais à un moment donné j'étais tanné, j'avais besoin d'être seul. J'ai été pas mal trop longtemps avec du monde. Moi chu un gars premièrement ben ben solitaire t'sais, pas mal marginal, pis j'ai besoin d'être tout seul des fois. Quand j'ai le goût de voir du monde j'en vois. Pis, quand chu tanné, ben je m'en vas chez nous, pis *that's it*! ...moi chu un gars comme ça. Je te dis pas que plus tard y aura pas d'autre chose qui va arriver, mais pour l'instant, c'est le *best*. Pis *anyway*, moi je suis en grosse période de... je me réorganise, ça fait que j'ai besoin d'être tout seul t'sais.

Patrick, en exprimant le besoin d'être seul, met davantage l'accent sur la dimension intérieure de sa vie. Il exprime le choix ou la nécessité émotive de vivre seul. Le lieu physique de sa vie solitaire constitue en quelque sorte le lieu psychologique dont il a besoin pour se retrouver. Cela dit, comme pour Jacques, Patrick comble ses besoins de contacts, de relations affectives même minimales en se rendant dans les endroits communautaires. Ainsi, Patrick met en place dans sa vie des espaces sociaux distincts où les lieux publics et privés remplissent des fonctions socio-affectives toutes aussi distinctes. Le lieu public devenant le lieu de l'extériorité où des relations marchandes ou de troc, de copinage et d'entraide se développent; l'espace privé, pour sa part, devient le lieu de l'intériorité, le lieu de l'intimité.

Vivre seul : l'aboutissement d'un long processus

La troisième figure décelée chez les personnes rencontrées renvoie à ceux pour qui le fait de vivre seul s'impose comme la conséquence de comportements sociaux problématiques. Dans les situations reliées à l'alcoolisme ou à l'attrait du jeu, par exemple, on suppose une certaine responsabilité de l'individu ; si ce n'est dans l'adoption du comportement lui même, ce serait dans son maintien. Par ailleurs, dans le cas de la psychiatrisation, l'individu est plutôt considéré comme victime de la maladie et non responsable de son état et de sa réhabilitation.

Ces deux situations, quoique fort différentes, entraînent un type semblable de réaction : le rejet de l'individu par son milieu. Ici, le fait de vivre seul est en quelque sorte décidé de l'extérieur. Cela constitue l'aboutissement d'un long processus et se présente comme la résultante de l'épuisement des réseaux sociaux et familiaux.

Le joueur invétéré

La première des deux situations évoquées est décrite par Eugène quand il raconte :

> J'ai toujours été joueur. Quand ta femme te met dehors, pis que t'as quatre enfants, tu te dis ben… tu le sais pourquoi que tu te fais mettre dehors, c'est à cause que t'as pas voulu arrêter (de jouer)… t'as perdu tout ce qui était beau parce que quand tu perds tes enfants pis t'as une femme, une famille… [Tu sais] c'est ça que le monde veut aujourd'hui. C'est pas vivre seul, c'est pas ça la base de la vie hein ! Ben certain [vivre seul] c'est pas un choix. [Mais] à un moment donné on a fait un choix de préférer le jeu, l'amour du jeu plutôt que l'amour de la famille. Les jeunes [entendu ses enfants] avaient de la peine. Ils auraient voulu que je retourne avec eux autres, mais c'est moi qui voulais pas changer.

Le discours d'Eugène illustre ici que sa vie solitaire découle de l'action d'autres personnes. Vivre seul n'est ni un objectif ni un choix et les sentiments évoqués ne renvoient ni à une situation douloureuse ni à un bien-être quelconque. Eugène se rend à l'idée que la vie solitaire est le seul moyen d'assumer sa passion du jeu et il ira jusqu'à choisir le jeu plutôt que sa famille. Est-ce un choix véritable ou une incapacité de faire autrement ? On ne peut raisonnablement, dans le cadre de cette analyse, répondre à cette question. Mais Eugène est parfaitement conscient que sa femme n'avait d'autre choix que de l'exclure, considérant que la passion du jeu a perduré pendant de très nombreuses années et que les conséquences, aussi bien économiques qu'émotives, liées à sa situation de joueur étaient insupportables pour tout son entourage.

Eugène ne parle pas tant de sa difficulté à vivre seul que de la souffrance liée à la passion du jeu et qui l'a entraîné là où il est. Eugène conclura en disant : « le plus difficile pour moi, c'est ma vie de joueur. » Cette phrase résume, à notre sens, l'ensemble des conséquences et des pertes matérielles et affectives encourues à cause du jeu et à cause du fait qu'il n'a pas su ou pu changer.

Le psychiatrisé

La deuxième illustration concerne les personnes ayant des problèmes de santé mentale. Pierre vit dans une chambre située dans un établissement à vocation sociale. L'endroit où il habite est un centre qui reçoit, pendant de longues périodes, des personnes itinérantes fortement perturbées sur le plan de leur santé mentale.

Le problème méthodologique rencontré à propos de ce groupe est le fait que les individus ne parlent pas directement de leur maladie. Ces personnes n'évoquent pas non plus leur situation de solitaire dans des termes positifs ou négatifs. C'est à travers les indications données sur leurs activités quotidiennes, leur rapport à la médecine et à la psychiatrie que nous avons induit la relation entre le fait de vivre seul et les problèmes psychiatriques. Différents indices, dont l'insistance mise sur les rendez-vous médicaux, sur la nervosité excessive vécue en présence d'autres personnes, sur les médicaments à consommer, nous ont menées à cette conclusion. De plus, les attitudes corporelles spécifiques à plusieurs individus souffrant de maladie mentale, et que nous avons pu constater chez notre interlocuteur, ont renforcé notre perception. Nous ne pouvons malheureusement aller plus loin dans l'analyse, car ces mêmes personnes ne nous disent à peu près rien de leur vie antérieure, de leur vie de famille, et même de leur vie actuelle. Ils se contentent de décrire cette vie dans des termes relativement neutres.

BRISER L'IMAGE HOMOGÈNE DE LA VIE ITINÉRANTE

Devant la variété des formes de vie solitaire et des sens donnés par les personnes itinérantes elles-mêmes, nous nous sommes questionnées, en tant que chercheures, sur la grande homogénéité des discours et des représentations sociales de la vie itinérante. En effet, comment expliquer que l'image forte du mode de vie itinérant soit celle d'une association implicite entre isolement social et solitude mettant de l'avant les seules dimensions négatives de cette réalité ? Nous formulerons certaines hypothèses explicatives qui, tout en n'étant pas de même nature et de même niveau, participent, de notre point de vue, à illustrer la tendance à dresser un portrait relativement homogène de la vie des personnes itinérantes, un portrait inévitablement négatif.

Le premier élément est lié à la conception même que l'on a de l'itinérance et de l'exclusion. En effet, ces réalités peuvent difficilement être pensées autrement qu'en termes de ruptures, de dissolution des liens sociaux, de désintégration et de dégradation. Toute référence à cet univers est posée en termes négatifs, péjoratifs, contrairement à la perception que l'on a des autres groupes sociaux. En effet, il ne viendrait à l'idée de personne de penser que l'ensemble des personnes vivant seules dans nos sociétés modernes vivent d'une seule et même manière leur vie solitaire et leur solitude[3]. Évidemment, l'ensemble de ces individus appartenant à des groupes sociaux, à des régions géographiques, à des cultures et à des classes sociales différentes, admettra que la différenciation sociale joue dans la détermination des conditions objectives de vie. Cela dit, il ne s'agit pas là du seul déterminisme des réalités subjectives et émotives. Dans le cas des personnes insérées socialement, on parlera, par exemple, des réseaux formels ou informels, des réseaux forts ou faibles, etc. Dans ce cas, on tente de décortiquer les scénarios de vie, on analyse les situations existantes et on met de l'avant les variantes du modèle.

Par contre, dans le cas des personnes en processus de désinsertion sociale, des personnes les plus marginales et exclues de la société, on n'utilise plus les mêmes référents. On procède à l'inverse: on insiste alors sur l'absence de liens, sur ce qui manque en mettant l'accent sur la dimension négative du phénomène. C'est comme si, dans leur cas, la pauvreté et la misère agissaient comme un catalyseur. Leur seule présence provoquerait une homogénéisation du phénomène, faisant disparaître les nuances, les spécificités et les disparités. Ainsi, les conditions externes seraient non seulement déterminantes du mode de vie et du processus, elles écraseraient toutes les variantes des sentiments sociaux émergeant des conditions de vie difficiles.

Autrement dit, dans le cas des personnes en processus de désinsertion sociale, on a généralement tendance à analyser leur situation d'une manière univoque: on en parlera comme des gens seuls et isolés, sans relations affectives et sans réseaux. Les considérant comme des victimes du système social, ce qui est fondé, on aura tendance à ne plus les considérer comme des acteurs sociaux, comme des sujets ayant des émotions et des sentiments appartenant à toute la gamme des émotions humaines, comme si les caractéristiques de la population se substituaient à l'individu (Guienne, 1990). On leur subtiliserait le statut de sujet, leur interdisant en quelque sorte le droit à une individualité, à une intériorité. Dans leur cas, leur capacité d'action, leur réalité émotive, leur richesse intérieure se réduiraient au fur et à mesure que

---

3. Pour un portrait intéressant et varié des formes et des modes de vie solitaire, voir le numéro 29/69 de la RIAC, intitulé *La solitude et l'isolement: la structuration de nouveaux liens sociaux*, sous la direction de Jean-Claude Martin et Françoise-Romaine Ouellette, Montréal, 1993.

diminuent leurs conditions matérielles de vie. Ainsi, par extension de leur statut social uniforme, on leur attribuerait une même manière de vivre émotivement les situations et une même manière d'agir et de réagir.

À ce premier élément s'ajoute ce que nous appelons la confusion langagière. En fait, les termes solitaire, solitude, isolement social et isolement émotionnel sont souvent utilisés comme des synonymes ou définis de manière si vague que des glissements se produisent facilement. De plus, une bonne partie de la littérature existante étant de langue anglaise, les auteurs traduisent les termes *lonely, loneliness, isolation, alone* de différentes façons, ce qui augmente l'ambiguïté (Mayer-Renaud, 1991).

Le choix des définitions et leur explicitation constituent certes le premier pas vers une clarification. Ainsi, s'appuyant sur des définitions explicites, l'image produite et le débat quant à l'interprétation pourront se faire de manière plus limpide. Nous inspirant des différents travaux produits, nous avons retenu, pour les fins du présent débat, les termes suivants. Le terme «solitaire» désigne le fait objectif de vivre seul, sans référence aux sentiments divers et variés que cela peut entraîner (Hanoun, 1991). Par ailleurs, le terme «solitude» renvoie au sentiment douloureux découlant de l'absence d'objet d'attachement, de situations d'abandon ou d'une déficience importante des liens sociaux affectifs (Weiss, 1987, 1982; Perlman et Pepleau, 1983). Enfin, l'expression «isolement social» désigne l'absence de rôle social reconnu en lien avec une situation objective de marginalité et d'exclusion devant un réseau social peu accessible (Weiss, 1982).

Dans les figures que nous avons illustrées précédemment, les personnes rencontrées sont, de toute évidence, des solitaires au sens où elles vivent seules; Maurice fait exception. Cela constitue généralement une caractéristique du groupe des personnes fréquentant les ressources pour personnes itinérantes, mais celles-ci n'en ont pas le monopole: selon Statistiques Canada (1994) plus de 2 millions de personnes vivent seules dans l'ensemble du pays.

En ce qui concerne le sentiment de solitude, les personnes interviewées expriment, comme nous l'avons vu, des réalités différentes. Certaines se disent satisfaites de leur vie de solitaire, d'autres non, certaines en souffrent, d'autres s'en accommodent et rêvent d'une vie non solitaire. On peut faire l'hypothèse que se vit là toute la gamme des émotions que l'on retrouve chez d'autres groupes sociaux. Par ailleurs, les personnes itinérantes vivent manifestement de l'isolement social. Elle sont isolées en ce sens qu'elles sont exclues des lieux valorisés socialement, elle ne sont investies d'aucun rôle social ou sexuel reconnu: sans travail, sans argent, sans femme, sans relations familiales soutenues.

Ceci dit, il ne faut pas conclure que les personnes itinérantes rencontrées n'ont aucun réseau, ou sont privées de tout support. Elles sont en contact avec une communauté accueillante qui se situe dans le réseau communautaire. Celui-ci, qui constitue une sorte d'instance intermédiaire entre le réseau institutionnel et la rue, assure une partie des fonctions normalement dévolues au réseau informel. Le type de liens qu'ils y développent se situent dans le cadre d'une relation professionnelle, mais l'écoute et le soutien sont particulièrement présents. Le réseau communautaire servirait ainsi à atténuer la solitude, car l'objet d'attachement ne doit pas nécessairement être une personne intime ou un confident; cela peut être une personne qui apporte la sécurité en raison du lien émotionnel profond que l'on entretient avec elle. Un objet d'attachement est plus important qu'un confident, car c'est quelqu'un qui demeure accessible et disponible pour toutes les confidences éventuelles (Weiss, 1983). Ainsi, les ressources travaillant auprès des personnes itinérantes peuvent permettre d'atténuer le sentiment de solitude au sens où il peut, dans certains cas, se substituer à l'objet d'attachement manquant.

Par ailleurs, ces ressources permettent aux personnes itinérantes de rompre l'isolement social mais partiellement. Les hommes fréquentant les centres de jour y retrouvent certes un substitut à un réseau personnel déficient. Ils y rencontrent des personnes avec lesquelles ils peuvent échanger et fraterniser, même si ces relations se situent dans le cadre d'une institution et sont de courte durée. Par contre, il est très difficile d'amener les personnes itinérantes à s'inscrire dans un rôle socialement reconnu. D'une part, leur relative détérioration physique et parfois psychologique constitue souvent un obstacle au fait de retrouver du travail ou de penser à une vie familiale supposant des responsabilités. De plus, la complexité des problèmes vécus par ces personnes demande une intervention longue et structurée, ce qui implique des moyens financiers, matériels et en termes de ressources humaines que le réseau communautaire ne possède pas toujours.

Enfin, le troisième élément découlerait du fait que la très grande majorité des chercheurs et des intervenants qui s'intéressent aux questions de l'exclusion et aux populations démunies ont un engagement presque militant. Une telle situation pose un certain nombre de problèmes qui peuvent à la limite faire écran sur l'analyse, principalement quand il s'agit de rendre compte de l'articulation entre les conditions objectives et subjectives.

En fait les chercheurs et les intervenants «militants» souhaitent participer à la transformation des rapports sociaux et permettre à ces populations d'occuper une place de citoyens à part entière. Ils auraient ainsi tendance à privilégier les explications externes, davantage systémiques afin de mettre en évidence la part structurelle des conditions de vie des personnes démunies. Selon Laé (1990:71), la tension entre perception et conception se déplace du côté de la rationalisation quand on aborde les questions liées aux personnes exclues socialement.

Cette option «militante», à travers une volonté d'action, marquerait la manière dont le chercheur et l'intervenant découpent leur objet, abordent le sujet et influencent les dimensions qu'ils privilégient. L'accent mis sur les facteurs individuels et les nuances que l'on fait apparaître dans les stratégies de débrouillardise des personnes itinérantes ne risqueraient-ils pas de bloquer les actions à entreprendre? Si, comme nous l'avons vu dans les cas évoqués, les personnes apprécient la vie solitaire, voire choisissent ce mode de vie, ne serait-on pas tenté, en tant qu'individu et en tant que société, de se décharger de nos responsabilités vis-à-vis des démunis et de diminuer l'aide dont ces personnes ont besoin?

CONCLUSION

La thématique que nous avons analysée en lien avec la vie solitaire des personnes itinérantes ne nous semble pas faire l'objet d'une exception; elle semble au contraire illustrer la manière dont on regarde et rend compte de la vie itinérante. La dimension dramatique de la vie des personnes itinérantes et leur niveau effectif de détérioration sont sans conteste à mettre de l'avant et à dénoncer. Cela dit, sur le plan de l'intervention et de l'attribution des ressources, il nous faut analyser de manière très raffinée les conditions objectives et subjectives de vie des personnes itinérantes, afin d'adapter les réponses aux véritables besoins et à la grande variété de ceux-ci. Il nous faut trouver autant dans les recherches effectuées que sur le terrain de l'action, le sens de la nuance conjugué à la dénonciation radicale des conditions de vie des personnes itinérantes. Il s'agit là d'un défi plus grand qu'il ne le paraît de prime abord.

RÉFÉRENCES

CASTEL, R. (1991). De l'indigence à l'exclusion, la désaffiliation. Précarité du travail et vulnérabilité relationnelle. *In* J. Donzelot (Sous la dir. de), *Face à l'exclusion. Le modèle français* (p. 137-168). Paris: Éditions Esprit.

FIRDION, J.-M. et M. MARPSAT. (1998). Sans domicile mais pas sans famille. *Fondations*, 7, 121-135.

FOURNIER, L. et C. MERCIER (Sous la dir. de). (1996). *Sans domicile fixe: au-delà du stéréotype*. Montréal: Éditions du Méridien.

GUIENNE, V. (1990). *Le travail social piégé*. Paris: Harmattan.

HANNOUN, M. (1991). *Nos solitudes: enquête sur un sentiment*. Paris: Seuil.

LABERGE, D., M.-M. COUSINEAU, D. MORIN et S. ROY. (1995). *De l'expérience individuelle au phénomène global: configuration et réponses sociales à l'itinérance* (1). Montréal: Les cahiers de recherche du CRI, UQAM, 23 p.

MARTIN, J.-C. et F.-R. OUELLETTE. (1989). La solitude et l'isolement: la structuration de nouveaux liens sociaux. *Revue internationale d'action communautaire* (29/69).

MAYER-RENAUD, M. et P. GOYETTE (1991). *Isolement et Insularité.* Montréal: Centre des services sociaux du Montréal Métropolitain.

OUELLETTE, F.-R. (1989). *Femmes sans toit ni voix.* Québec: Les Publications du Québec.

PERLMAN, D. et L.A. PEPLAU. (1983). Loneliness Research: A Survey of Empirical Findings. *In* M. Hojat et R. Crandell (Eds), *Loneliness: Theory, Research and Applications. A Special Issue of the Journal of Social Behavior and Personality.* Rockville: U.S. Department of Health and Human Services.

ROY, S. (1988). *Seuls dans la rue: portraits d'hommes clochards.* Montréal: Éditions Saint-Martin.

WEISS, R.S. (1987). Reflexions on the Present State of Loneliness Research. *In* M. Hojat et R. Crandell (Eds), *Loneliness: Theory, Research and Applications, A Special Issue of the Journal of Social Behavior and Personality 2* (p. 1-17). Newbury Park, California: Sage.

WEISS, R.S. (1983). Loneliness: What we Know About it and What we Might Do About it. *In* L.A. Peplau et S. Goldston (Eds), *Preventing of Harmful Consequences of Severs and Persistent Loneliness.* Rockville: U.S. Department of Health and Human Services.

WEISS, R.S. (1982). Issues in the Study of Loneliness. *In* L.A. Peplau et D. Perlman (Eds), *Loneliness. A Sourcebook of Current Theory, Research and Therapy* (p. 71-80). New York: Wiley.

CHAPITRE 14

Une convergence :
parcours d'emprisonnement,
parcours d'itinérance

par Danielle Laberge, Pierre Landreville,
Daphné Morin et Lyne Casavant

Le regard porté sur le phénomène de l'itinérance dans les années 1980 s'est beaucoup concentré sur le dénombrement de la population ainsi que sur les profils qui s'en dégageaient. Parallèlement, toutefois, se posait la question de la genèse et celle des réponses sociales mises en œuvre pour faire face à ce qui devenait un problème social important. C'est dans cette foulée que la criminalisation de l'itinérance et l'incarcération des itinérants comme dispositif dominant est apparue comme une des formes privilégiées de la réponse sociale. Certes, l'usage de l'enfermement dans la gestion des phénomènes de pauvreté n'est pas nouveau. Mais sa résurgence à la fin du XXᵉ siècle, dans un contexte où la faiblesse de l'État dans le champ économique contraste avec la multiplication des dispositifs autoritaires dans le champ social, nous interpelle sur la place du pénal dans la gestion actuelle des problèmes sociaux. Ce texte s'intéresse au rapport entre l'itinérance et l'institution carcérale. Il s'inscrit dans une large réflexion sur le rôle de la prison dans la production de l'itinérance. Il interroge le rôle de la prison comme un mode de gestion de l'itinérance, mais également comme source importante de précarisation et de marginalisation sociale. À travers une diversité d'expériences, illustrée par des trajectoires-types d'itinérance, il tente de démontrer que la prison, par un effet dynamique, constitue une réponse particulière à l'itinérance de même qu'un élément actif participant à produire de l'itinérance, et ce, à travers un ensemble de mécanismes qui appauvrit, stigmatise et réduit l'univers de ceux dont la trajectoire de vie se conjugue à cette institution. Cette diversité se manifeste tant du point de vue de l'entrée dans l'itinérance que de celui des conséquences de la prison sur les trajectoires de vie.

Le problème de définition de l'itinérance devient particulièrement épineux lorsqu'il s'agit d'appréhender empiriquement le phénomène. Se pose alors la question de l'opérationnalisation, c'est-à-dire des critères qui serviront à repérer une population itinérante et à construire l'objet d'étude. Dans cette étude, nous avons opté pour une définition de l'itinérance basée sur les représentations d'acteurs sociaux. Nous avons sélectionné un échantillon de personnes stigmatisées «itinérantes», et ce, du point de vue de deux groupes d'acteurs : des agents correctionnels et des intervenants dans des ressources pour personnes itinérantes. Plusieurs raisons ont justifié ce choix. La plus importante repose sur le rôle des représentations dans les pratiques sociales. Dans le cas qui nous intéresse, les caractéristiques vestimentaires, l'apparence, les comportements des individus participent fortement au repérage de la catégorie itinérance, faisant des représentations un choix qui nous apparaissait tout à fait pertinent[1].

L'étude de l'itinérance dans une perspective dynamique qui rend compte du processus à l'œuvre dans l'expérience de marginalisation sociale nous a fait opter pour une méthodologie qualitative qui prendrait en compte sa dimension temporelle. En effet, l'itinérance ne peut être conçue comme un état permanent. Les études récentes de type longitudinal ont montré qu'il y avait différentes figures à l'expérience de l'itinérance. L'itinérance peut être un phénomène transitoire ou situationnel, plus ou moins récurrent, tout comme elle peut signifier un enfoncement graduel dans une situation extrêmement précaire de laquelle il est de plus en plus difficile de se tirer (Wong et Piliavin, 1997 ; Snow et Anderson, 1993 ; Wagner, 1993 ; Sosin, Piliavin et Westerfelt, 1990).

Pour saisir la complexité du phénomène de l'itinérance dans son lien avec le système pénal, nous avons donc choisi d'utiliser une approche biographique, soit la *trajectoire*, et ce, afin d'être en mesure de rendre compte de la plus grande diversité possible de cette double expérience de l'incarcération et de l'itinérance. Nous avons procédé à un travail de reconstruction de parcours de vie, en y juxtaposant la trajectoire pénale, afin de faciliter le travail de repérage des séquences de prise en charge institutionnelle et des impacts possibles de l'expérience carcérale et de l'itinérance sur la trajectoire de vie de ces individus. Notre matériau de base est constitué de deux sources principales de données : l'entrevue semi-directive avec la personne itinérante ayant connu l'incarcération et le dossier carcéral. L'étude porte sur l'analyse de 17 trajectoires d'hommes ayant tous en commun d'avoir connu cette double expérience.

Ce texte est issu d'une recherche qui a été réalisée grâce à une subvention du Conseil québécois de la recherche sociale. Par ailleurs, elle n'aurait pas été possible sans la précieuse collaboration des hommes qui ont accepté de nous rencontrer et de nous livrer leur expérience, et ce, dans un contexte pour le moins difficile. Nos remerciements s'adressent également au ministère de la

---

1. Voir aussi à ce sujet le rapport de recherche Laberge *et al.* (1998).

Sécurité publique et, particulièrement, au directeur de l'Établissement de détention de Montréal (la prison de Bordeaux), monsieur Julien Fortier, et aux membres du personnel qui ont gentiment accepté de participer à la recherche et de nous faciliter les contacts avec les hommes interviewés. Enfin, nous avons pu compter sur la collaboration de ressources pour personnes seules et itinérantes de Montréal dans nos démarches. Nous voulons remercier tout spécialement les responsables et collaborateurs du journal *L'Itinéraire* et de la Mission Old Brewery.

L'ITINÉRANCE ET LES PRISES EN CHARGE PÉNALES : QUELQUES CAS DE FIGURE

Notre typologie vise à mettre en relief la dynamique complexe entre itinérance et système pénal, en montrant les variations dans les expériences d'itinérance et la différenciation dans les réponses du système pénal. Elle se compose de cinq cas de figure qui tendent à illustrer comment des expériences communes à l'ensemble, telles que des prises en charge institutionnelles, le partage d'un stigmate de marginal, l'inscription dans des familles hors du modèle normatif dominant, peuvent produire des dynamiques diverses, particulièrement en regard de l'expérience de l'itinérance et de l'incarcération. En effet, l'approche privilégiée ici nous permet de découvrir le rôle fondamental de certains éléments dans la trajectoire de vie en tenant compte de leurs effets neutralisant ou précipitant. Chaque cas de figure met l'accent sur une dynamique commune dans le passage à l'expérience de vie itinérante, tout en portant un regard particulier sur le rôle du système pénal pour chacun. La prison produit-elle de l'itinérance? L'itinérance appelle-t-elle une réponse pénale? Si pour plusieurs le passage à la rue correspond au début des prises en charge pénales, pour d'autres, ce passage est plutôt associé à un accroissement de ces contacts ou encore à une modification des réponses de ce dernier. Dans tous les cas, l'itinérance ou l'incarcération produisent un effet certain sur la trajectoire de vie.

Nous nous attarderons rapidement à ces caractéristiques communes, même si l'approche que nous avons adoptée tend à se concentrer sur les variations et les différentes dynamiques à l'œuvre. Parmi celles-ci, mentionnons d'abord le milieu social duquel sont issues ces personnes. Contrairement à l'idée largement répandue selon laquelle n'importe qui peut «sombrer dans l'itinérance[2]», les individus que nous avons rencontrés proviennent tous d'un milieu social très défavorisé. Les conditions de vie initiales ne sont pas équivalentes et ne produisent pas les mêmes effets dans la trajectoire de vie de ces

---

2. Idée qui a inévitablement pour effet d'atténuer sinon de nier les effets structurels de la pauvreté en attirant l'attention sur les «pathologies» ou «handicaps» personnels.

individus[3], mais elles ont toutes en commun d'être une source potentielle de précarisation. La grande majorité est aussi faiblement scolarisée aussi bien en termes de formation générale qu'en termes de formation professionnelle ou technique. Leur capital culturel est très limité. Ce handicap social, combiné à la précarité matérielle de leur situation de départ, accentue la fragilité individuelle de chacun et modèlent leur parcours de vie. Dans ces conditions, il ne faut pas se surprendre de constater que le moindre événement vient bouleverser leur vie. Pour toute personne vivant dans des conditions de grande précarité, il semble en effet que des événements qui pour d'autres seraient anodins produisent des conséquences apparemment démesurées. Une attention particulière a donc été portée à l'impact d'événements, dont les prises en charges institutionnelles, sur la trajectoire de vie. Enfin, soulignons que la présentation des profils ne suit pas un modèle uniforme mais qu'elle est plutôt centrée sur les aspects structurants de la trajectoire.

Un glissement accéléré vers l'exclusion

Le premier cas de figure est celui que nous avons nommé *« un glissement accéléré vers l'exclusion »* pour souligner qu'il s'agit d'une trajectoire marquée, dès le plus jeune âge, par une prise en charge institutionnelle presque totale : centres d'accueil avant l'âge adulte, prisons, hôpitaux psychiatriques, ressources d'hébergement institutionnelles. Sans soutien familial efficace, sans diplôme, sans expérience de travail, ces individus ont tous connu des difficultés à s'insérer dans le monde du travail, devenant tous prestataires d'aide sociale dès l'atteinte de leur majorité. Cette difficulté d'insertion n'est toutefois pas sans lien avec les nombreuses prises en charge institutionnelles auxquelles ils ont fait face dans leur vie. Étant tous dans la jeune trentaine au moment des entrevues, ils ont déjà une longue expérience en tant qu'itinérant. Cette expérience, qui se consolide généralement dès l'atteinte de leur majorité, est toutefois cyclique, à savoir un mouvement entre les chambres pour itinérants, la rue, les refuges, la prison et l'hôpital psychiatrique. Pour certains individus qui connaissent leur première expérience de rue bien avant l'âge adulte, le glissement entre le pôle de l'insertion et celui de la désinsertion

---

3. Certains ont fait l'objet de placements institutionnels dès l'enfance, ont fugué ou été mis à la rue dès l'âge de 18 ans sans aucune ressource. D'autres ont vécu dans des familles où les liens avec le père ont été rompus rapidement et où la mère a fait appel à l'assistance sociale pour assurer la survie de sa famille. Enfin, un certain nombre ont vécu dans des familles où les emplois occupés par les parents, le plus souvent le père, appartiennent à la catégorie du travail non qualifié.

sociale semble effectivement s'activer à une très grande vitesse. Dans leur cas, nous pourrions ainsi parler de jeunes itinérants[4].

Bien qu'il ne soit pas possible d'établir un lien direct entre la pauvreté et l'insertion sociale et professionnelle des individus, il nous semble néanmoins que la condition de départ des personnes comprises dans ce profil a grandement contribué à leur mise en marge de la société. Considérant le fait qu'ils proviennent tous d'un milieu très défavorisé[5], couplé à une enfance très mouvementée (empreinte de nombreux incidents perçus comme ayant été difficiles[6]), il n'est certes pas surprenant de constater que les liens familiaux sont très faibles ou conflictuels dès l'enfance. D'ailleurs, le sentiment d'être seul au monde dès leur jeune âge est partagé par tous les interviewés, puisqu'ils disent d'eux-mêmes qu'ils ont toujours été en quelque sorte « itinérants ».

De façon générale, les familles défavorisées sont plus susceptibles de faire l'objet de contrôle social plus formel lorsque d'autres ou encore elles-mêmes perçoivent des situations problématiques (Horwitz, 1990). Elles disposent d'une capacité réduite de mobiliser des ressources informelles pour régler des situations problèmes; par conséquent, elles sont souvent contraintes à utiliser les ressources institutionnelles qui sont caractérisées par des interventions plus intrusives. Cette condition pourrait avoir contribué à la dynamique de prise en charge institutionnelle de ces individus ainsi qu'à nourrir leur sentiment de rejet et la perte de confiance envers leur famille.

---

4. Il est certes délicat d'aborder la question des jeunes de la rue en parlant d'itinérance puisque, comme Parazelli l'a fait remarquer (1996, p. 50): « Même si les jeunes de la rue ont connu des expériences d'itinérance, leur décrochage social est moins prononcé [que les jeunes itinérants]. Ils ont encore des désirs sociaux, par exemple de se regrouper entre amis ou développer des goûts culturels pour la musique, la création en général. Assimiler leur dynamique sociale marginale à l'itinérance risque de réduire leur réalité à un problème d'hébergement, d'intégration socioprofessionnelle ou même de santé mentale. » Il nous semble tout de même plus juste, dans ces cas-ci, de parler en termes d'itinérance, puisque c'est de cette façon que les individus compris dans ce profil nous ont présenté leurs expériences. De plus, l'analyse de leur trajectoire fait foi d'une consolidation à l'âge adulte de ce type d'expérience.

5. Bien que tous les individus compris dans notre échantillon proviennent de milieux défavorisés, dans ces cas-ci cette précarité semble encore plus importante. Les parents de ces enfants étaient sans travail et, très tôt, le père a quitté la maison familiale. La mère, prestataire d'aide sociale, devait donc assurer seule la survie de sa famille. Il n'est pas rare de voir dans les dossiers pénaux des remarques concernant l'extrême pauvreté des familles (manque de biens nécessaires à la survie). Par ailleurs, si la violence n'est pas le lot exclusif des familles pauvres, dans le cas de ces individus, ils ont tous vécu la violence dans la famille.

6. Violence, manque de biens nécessaires à la survie (nourriture, logement salubre), départ d'un parent, prise en charge institutionnelle.

Ces jeunes font l'expérience de la rue lors de leurs fugues du centre d'accueil, mais ils y restent rarement longtemps[7]. Ils se retrouvent en effet plus souvent entre les murs de l'institution que dans la rue. Au cours de ces périodes d'itinérance, ils ne reçoivent aucun soutien de leur famille, doivent se débrouiller seuls, sans argent, tout en usant de divers stratagèmes pour ne pas retourner au centre d'accueil qu'ils considèrent comme une prison. Bien que les contacts avec la famille se soient maintenus durant cette période de leur vie, ils n'auraient toutefois pas permis de neutraliser les effets des prises en charge institutionnelles. C'est comme si la rue devenait plus invitante que la famille, symbolisant pour eux la liberté, l'autonomie et le plaisir; ce qui expliquerait d'ailleurs que les contacts familiaux n'ont pour eux que très peu d'importance dans leur discours, sentiment qui les différencie grandement des autres cas de figure.

L'absence d'expérience de travail, la précarité de leur réseau, leur prise en charge institutionnelle avant l'âge adulte suivie de leur mise à la rue sont certainement des éléments qui ont contribué à l'entrée précoce dans le monde de l'assistance et à une consolidation de leur statut d'assisté, consolidation qui semble liée à plusieurs événements fragilisants. Ainsi, pour certains, ce cumul de handicaps se couple à un accident qui vient ébranler davantage une situation de vie précaire :

> J'avais 21 ans, pas moyen de travailler, pas moyen de rien faire [l'interviewé fait ici référence à son casier judiciaire]. Et déjà là, j'ai eu un accident de bicycle vers 18 ans. Tu sais, je pouvais plus faire aucun travail physique puis j'avais pas d'étude pour faire le travail de bureau, ça fait que déjà là c'était dur, tu sais c'était restreint (Claude, 30 ans, 1997).

Ce profil se caractérise également par une détérioration précoce (avant l'âge de 25 ans) de la santé mentale des individus. Ils comptent à cet effet plusieurs courts séjours en psychiatrie d'urgence qui sont très souvent associés à des intoxications.

Bien qu'au départ ce soit la problématique de consommation de drogue qui semble avoir conduit ces individus à se faire soigner pour intoxication dans les hôpitaux psychiatriques, plus ceux-ci avancent en âge, plus les délits commis semblent liés à une problématique de santé mentale. L'analyse des derniers événements ayant donné lieu à une incarcération permet en effet de constater une aggravation probable de leur état de santé mentale. Au moment des entrevues, ces individus font d'ailleurs l'objet d'un suivi psychiatrique en détention. Ils sont détenus dans le secteur de la santé mentale et reçoivent de la médication psychiatrique pendant leur séjour.

---

7. On peut supposer qu'à l'époque de ces expériences (les années 1970), les réactions de contrôle étaient beaucoup plus importantes et que la tolérance était beaucoup moins marquée (Comité Batshaw, 1976).

Sur le plan de la criminalisation, la nature des événements est révélatrice de leur style de vie itinérant qui, dans la majorité des cas, se combine à une consommation de drogue : vols qui ont pour but de satisfaire leur besoin de consommer, petits vols de subsistance[8], méfaits dans des lieux publics[9], introductions par effraction[10], sollicitations, consommation d'alcool ou de nourriture dans des lieux où cela est interdit, voies de fait sur des agents de sécurité.

La trajectoire personnelle se caractérise par des passages répétés en détention. Généralement, moins de deux mois s'écoulent entre une sortie et une nouvelle entrée en détention. Ces passages sont toutefois de courte durée, à savoir des sentences de moins d'un mois. Ici, il importe de mentionner que, lorsqu'ils se retrouvent sans logement, ils passent généralement plus de la moitié de leur temps en détention alors que, lorsqu'ils vivent en chambre, cette proportion diminue considérablement. L'accès à un lieu privé pourrait agir comme condition objective qui rend, entre autres, moins visible.

Les prises en charge pénales répétées contribuent à la consolidation du statut d'assisté. En effet, puisque dans ces cas de figure, tous ont subi de très nombreuses incarcérations[11], la récurrence représente en soi un frein à toute tentative d'insertion sur le marché du travail ou à la consolidation de liens sociaux significatifs.

Le casier judiciaire contribue également à l'exclusion de ces individus du marché du travail. À ce sujet, un interviewé nous disait : « Tu as beau chercher de l'ouvrage, chercher de l'ouvrage partout, mais tu as un dossier, on va te rappeler et le monde te rappelle jamais. Tu as un dossier judiciaire, mais tu es jugé en partant. » (Claude, 30 ans, 1997)

Ces échecs successifs qu'ils interprètent en fonction du casier judiciaire favorisent une dynamique d'autoexclusion.

En somme, nous pourrions dire que, dans cette trajectoire de vie caractérisée par une institutionnalisation presque totale, l'intervention du système pénal est non spécifique dans la mesure où son action s'additionne à celle d'autres agences de contrôle social. Le système pénal n'apparaît pas comme jouant un rôle de premier plan, mais il fait plutôt figure « d'un parmi d'autres » dans un processus de consolidation rapide d'un statut d'assisté. Les prises en charge pénales se succèdent à un rythme accéléré, et ce, entre les autres formes de prises en charge institutionnelles, occupant presque totalement l'espace-temps des individus. Dans de telles conditions, il existe peu de

---

8. Nourriture, boissons, morphine dans des hôpitaux, vols dans des pharmacies.

9. Briser une vitre dans un métro, fumer dans le métro.

10. Entrée frauduleuse dans des hôpitaux.

11. Plus de 25 périodes de détention totalisant un temps d'enfermement considérable au cours de leur vie adulte.

marge de manœuvre réelle pour échapper aux circuits institutionnels, d'autant plus que les mécanismes de neutralisation qui pourraient freiner les effets de ces actions sont totalement absents ou, encore, que peu de ressources sont disponibles pour les acquérir, les développer. Ici, l'action de chaque institution produit du même, c'est-à-dire des individus institutionnalisés dont l'identité semble s'être constituée à travers ce rapport étroit à ces mêmes institutions.

Le pénal comme fabrique d'itinérance

Dans le deuxième cas de figure, le point dominant est le rôle clé que joue l'incarcération dans la venue à l'itinérance. Nous pouvons ainsi affirmer le rôle du *«pénal comme fabrique d'itinérance»*. Si toute condamnation et emprisonnement comporte son lot de conséquences pour quiconque, pour certains individus qui vivent dans des conditions de précarité extrêmes, ces conséquences peuvent être démesurées. Dans ce profil, le pénal a grandement participé à la mise en marge de ces individus qui vivront leur première expérience de rue à la sortie d'un centre de détention. Dans leur cas, la prison s'est avérée l'occasion d'acquérir un nouveau réseau, de faire de nouvelles connaissances qui seront en fait déterminantes dans leur avenir. Isolés de leur famille, sans réseau social en mesure de les supporter au cours de leur expérience carcérale, ils se retrouveront tous à nouveau incarcérés quelques mois après cette première expérience pénale, ayant tous fréquenté un milieu criminalisé et commencé ou augmenté leur consommation de drogue à la suite de leur passage en prison. Les propos d'un des interviewés illustrent bien cette dynamique:

> [En prison] Moi je me suis lié d'amitié avec le gars, mais ce gars-là, il avait un problème de dépendance épouvantable face aux drogues. Il me dit c'est de l'amphétamine, ça se *shoote*. Moi, pour me sentir encore plus proche de ce gars-là, je lui ai dit mais quand je serai sur la rue avec toi, je veux essayer ça… Ca fait que là j'ai serré mon bras, il m'a *shooté*. J'ai tellement aimé ça, comprends-tu, que trois semaines plus tard, je retournais à Orsainville avec d'autres charges. J'avais 119 traces d'aiguilles sur les bras pis je pesais 137 livres (George, 42 ans, 1997).

Dans ce cas-ci, l'isolement social semble au cœur de la dynamique de retours multiples en détention. Un interviewé nous disait: «J'ai même pas d'amis tu sais, je savais même pas où aller. Ça fait que moi, la seule place que je connaissais, c'était la rue St-Jean à Québec. Pis la rue St-Jean, c'était le cristal. Je recommençais à me *shooter*. C'est ça. Et là pour me *shooter* ça prend de l'argent, je retournais voler. Je me faisais pogner.» (George, 42 ans, 1997)

La prison devient alors le lieu de socialisation et le point d'arrêt dans une trajectoire de vie marquée par une instabilité résidentielle permanente et un isolement social presque complet.

Provenant de familles très défavorisées et ayant même, dans certains cas, subi des placements durant l'enfance, ils se distinguent néanmoins à plusieurs égards du profil présenté précédemment. Ces différences se retrouvent tant dans leur discours que dans leur dossier pénal. En effet, bien que nous leur trouvions quelques ressemblances, comme l'ampleur des prises en charge institutionnelles, la récurrence des prises en charge pénales de même qu'une entrée relativement rapide dans le monde de l'itinérance, leur trajectoire de vie nous semble avoir davantage été marquée par les passages entre les murs carcéraux.

Si certains individus subissent plus dramatiquement les coûts sociaux de l'incarcération, c'est que, dans leur cas, il y a eu absence de mécanismes de neutralisation. Sans ressources familiales, sociales et professionnelles, certains subiront ainsi les nombreux effets néfastes du passage en détention sans être outillés pour les amortir. Le contact avec le système pénal, et plus particulièrement la prison, engendre des conséquences graves sur le plan de l'emploi, de la carrière professionnelle, de la famille et de la trajectoire sociale.

L'expérience de la prison survient relativement tôt dans la vie de ces personnes. Elle coïncide avec la rupture des liens familiaux. En effet, comparativement aux profils précédents, dans ce cas-ci, les parents refusent explicitement de fournir un soutien à ces individus qu'ils perçoivent désormais comme des «criminels». Cette acceptation du stigmate pénal de leur enfant survient très tôt dans leur trajectoire pénale, soit lors de la première ou de la seconde incarcération. De plus, contrairement au profil présenté précédemment, ces individus n'avaient vécu aucun contact avec la police ou les tribunaux avant l'âge adulte. La plupart n'avaient d'ailleurs jamais fréquenté un milieu criminalisé avant de connaître leur première expérience en détention. Ils sont alors confrontés à un monde qui, à leurs yeux, est fortement différent de ce qu'ils connaissaient. Relatant sa première expérience carcérale, un interviewé nous disait: «Criss que j'avais peur. J'avais peur en ostie. Moi j'avais jamais côtoyé de près ou de loin tu sais un criminel. J'avais même pas un *ticket*, j'avais même pas une condamnation tu sais du code routier. Et je connaissais absolument pas, comprends-tu, de près ou de loin un criminel.» (George, 42 ans, 1997)

Même si certains d'entre eux occupaient des emplois au moment où ils subissaient leur première incarcération, il faut voir que ces emplois étaient peu qualifiés[12] et récents. Leur histoire de travail, caractérisée par des changements fréquents d'emploi, n'aurait ainsi pas permis de réduire l'impact néfaste de l'expérience carcérale sur le travail. Ils se trouveront donc sans emploi à

---

12. Ouvrier en construction et portier dans des bars.

leur sortie de prison[13]. Leur survie dépendra donc, pour la plupart, exclusivement des prestations d'aide sociale à la suite de ce passage en détention.

Comme nous l'avons souligné, tous prennent contact avec l'itinérance dans les mêmes circonstances, soit à la sortie de prison. Toutefois, les modalités diffèrent quelque peu par la suite. Dans un cas, l'individu passe toute sa vie dans la rue, n'ayant que des contacts avec le réseau de ressources pour itinérants, alors que dans les autres cas, les individus ont vécu de façon intermittente dans la rue, réussissant à se trouver à l'occasion des chambres ou à partager l'appartement d'amis ou de connaissances entre les incarcérations. Ces périodes de liberté sont toutefois de courte durée, empêchant d'ailleurs, comme ce fut le cas pour les individus compris dans le profil précédent, toute tentative de normalisation même partielle de leur situation. Ces individus-ci sont pris en charge par le système pénal uniquement[14]. Ils se différencient donc des cas présentés précédemment qui sont, quant à eux, pris en charge par plusieurs types d'institutions. Quant à leur criminalisation, elle est directement liée à leur consommation de drogue et d'alcool[15]. Pour certains, cette consommation est telle que leur état de santé est très précaire.

En somme, ce profil exemplifie la place centrale que peut jouer l'intervention pénale, et particulièrement l'incarcération, dans la venue à l'itinérance. Dans l'approche rétrospective que nous avons adoptée, nous pouvons constater que la première incarcération constitue un moment d'inflexion de la trajectoire de vie. Elle est l'occasion d'acquis et de pertes qui, dans cette analyse, apparaissent comme avoir été déterminants pour la suite de l'existence de ces individus et leur venue à l'itinérance. En effet, nous l'avons vu, au cours de cette première incarcération, ces personnes vont acquérir un nouveau réseau associé au monde de la drogue et connaîtront rapidement les effets négatifs de la forte consommation avec toutes les conséquences que cela implique (vols pour combler les besoins importants d'argent pour consommer, fréquentation d'un réseau d'individus criminalisés auquel on est rapidement associé sans que ce réseau puisse offrir de ressources quelconques). Ce passage en prison suffit donc pour les camper dans une nouvelle identité de criminel à laquelle semble avoir participé le milieu familial (lorsqu'il était présent) par son refus plutôt

---

13. Un seul des individus compris dans ce profil retournera sur le marché du travail après son expérience carcérale. Ses emplois seront toutefois précaires, de courte durée et se réaliseront dans un marché «souterrain».

14. Ceux dont nous avons consulté le dossier pénal ont passé la grande majorité de leur vie en détention.

15. Par exemple, vols, facultés affaiblies, possession de stupéfiants, introductions par effraction, vol qualifié, possession de biens volés, agression armée, voies de fait. Dans ce profil, on retrouve seulement deux accusations de méfaits et une accusation pour avoir proféré des menaces.

explicite d'agir en tant que soutien à la suite de cette expérience. En effet, l'incarcération consacre une rupture fondamentale avec la famille. À leur sortie de prison, ces personnes sont donc complètement isolées.

La rapidité avec laquelle ils seront de retour en prison après cette première incarcération, la récurrence des retours par la suite de même que la mise en œuvre d'autres modalités de contrôle par le système pénal dans les périodes de «liberté» (maison de transition, centres de désintoxication sous ordonnance pénale) pourraient avoir bloqué toute tentative de sortie du circuit pénal et de celui de l'itinérance. En effet, les périodes de liberté entre les incarcérations sont tellement courtes qu'elles limitent objectivement toute possibilité d'inscription sociale ailleurs que dans le réseau de la marginalité. On pense entre autres à la possibilité de chercher et de trouver un emploi, d'obtenir un logement, de conserver des biens, et même de demander et d'obtenir des prestations d'aide sociale sur une base régulière.

Ces individus sont donc pris en charge par le pénal de façon récurrente et ce dernier joue un rôle central dans leur trajectoire de vie. Néanmoins, bien que les obstacles engendrés par le système pénal soient nombreux, ceux-ci se sont ajoutés à d'autres déjà existants, qui sont en lien avec la position sociale des individus compris dans ce groupe.

La maladie mentale comme facteur d'exclusion sociale et d'itinérance

Cette trajectoire illustre le rôle de relais et même de support du système pénal envers le réseau social de même qu'envers l'institution psychiatrique. Dans ce cas de figure, l'expérience de l'itinérance et du système pénal avait été précédée de prises en charge psychiatriques. La criminalisation n'intervient pas comme option ou en remplacement de l'intervention psychiatrique mais semble agir comme support à l'institution psychiatrique et au réseau social, lorsque la psychiatrie apparaît comme une réponse insuffisante. Dans la plupart des cas, la criminalisation donne lieu à des réponses psychiatriques formelles ou informelles combinant ainsi l'action de ces deux institutions. La nature des comportements criminalisés ainsi que la réponse pénale apportée renforcent le caractère distinct de ce profil. En outre, à la différence de tous les autres profils, celui-ci montre le rôle central du réseau social dans la mobilisation des institutions psychiatrique et pénale.

Les individus de cette trajectoire ont connu une insertion plus stable sur le marché officiel du travail avant ou dans la foulée de leur premier contact avec la psychiatrie. Cependant, à la suite d'une hospitalisation psychiatrique et dans un laps de temps relativement court, ils perdent ces emplois et la stabilité. Cette perte apparaît considérable dans leur histoire de vie dans la mesure où ils n'occuperont par la suite que des emplois très précaires et pendant de courtes périodes de temps avant de devoir recourir à l'aide sociale.

Ici, la criminalisation n'est pas directement associée au passage à la rue. L'analyse tend plutôt à démontrer que c'est un certain type d'événements d'ailleurs criminalisés qui provoque la rupture nette des liens avec le réseau social, et c'est cette rupture qui semble les précipiter à la rue. En effet, nous avons constaté qu'à la différence des autres profils, l'environnement immédiat (ou le réseau social) est soit la cible des problèmes de fonctionnement social de l'individu, soit au cœur de conflits interpersonnels avec cet individu, soit se sent menacé par les comportements de cet individu. Ce sont ces événements qui sont criminalisés et c'est dans ce contexte que sont vécues les premières expériences de l'itinérance. Les infractions retenues contre ces individus sont très souvent des méfaits (mettre le feu, faire des dommages à la propriété) ou des infractions contre les personnes (menaces de mort, voies de fait).

Le traitement judiciaire de ces affaires, de même que les contextes de leur renvoi au tribunal, tend à démontrer que le système pénal est ici utilisé comme un outil de contrôle supplémentaire pour contraindre l'individu à se soumettre à des expertises, à des traitements, à des prises en charge psychiatriques sous ordonnance légale. Par exemple, l'un des événements criminalisés concernait un individu entré illégalement dans la résidence de ses parents (l'accès lui était interdit par ordre de la cour) en causant des dommages matériels, et ce, la journée même de son congé d'un hôpital psychiatrique. Le signalement pénal a été fait par les parents, qui ont exprimé leur intention de ne plus fournir aucun support, et l'option retenue n'a pas été le renvoi vers l'hôpital mais plutôt vers le tribunal.

L'usage du système pénal et des modalités psychiatriques n'est pas sans conséquence. D'abord, la criminalisation a pour effet de donner un sens supplémentaire à des comportements définis comme maladie mentale. Ils sont maintenant aussi considérés comme des crimes. Au moment où on a recours au système pénal, la situation des individus s'est dégradée au point où ils sont devenus complètement isolés socialement et sans ressources. Dans ces cas, la criminalisation comporte des ordres de détention provisoire, une mesure très associée au fait qu'ils ne peuvent plus fournir de garanties au tribunal et également associée à l'usage des modalités psychiatriques pénales.

Quant aux modalités d'intervention psychiatrique dans le cadre de poursuites judiciaires, elles comportent toujours l'imposition de traitement, c'est-à-dire une médication psychiatrique. Or, en détention, les médicaments psychiatriques constituent, pour cette population, une monnaie d'échange intéressante dans les pratiques de troc. Toutefois, on peut penser que de telles pratiques se font au détriment de la santé physique et mentale de ces individus. Un interviewé nous disait échanger sa médication pour de «l'argent de cantine». Enfin, dans le cadre de remise en liberté (en attente de procédures, sous probation, en libération conditionnelle), les ordonnances de traitement psychiatrique créent, à l'endroit d'une population souvent caractérisée par sa non-observance du traitement, une nouvelle condition de vulnérabilité à l'intervention pénale.

À long terme, les individus ayant connu les circuits de la psychiatrie légale portent le poids énorme d'un des pires stigmates, celui du «fou dangereux»; un stigmate qui est l'une des sources les plus importantes du problème d'accès aux services et particulièrement à ceux du réseau régulier de la santé mentale et à ceux du réseau d'hébergement. Le pénal est parfois sollicité dans un contexte où toutes les portes se referment sur un individu qui devient de plus en plus isolé socialement, contribuant encore à renforcer son identité de «fou dangereux». L'itinérance devient pour ces individus le seul espace restant entre les périodes de prises en charge institutionnelles.

Un processus lent et progressif de désinsertion

Le quatrième profil se caractérise par un processus lent et progressif de mise en marge où le cumul d'événements fragilise l'inscription déjà précaire de l'individu dans des réseaux sociaux qui, même s'ils sont marginaux, n'en constituaient pas moins des lieux de socialisation et d'appartenance. Ces événements ont pour effet de transformer, parfois radicalement, les conditions de vie de l'individu. Ces transformations touchent particulièrement son réseau de sociabilité (famille, amis), son rapport à l'économie (travail-consommation) et à l'institution pénale. On peut dire que, dans ce profil, le processus d'exclusion est marqué d'un cumul de ruptures de liens sociaux qui ne sont repérables qu'à l'analyse de leur trajectoire de vie. Comme le soulignait Xiberras (1993, p. 28): «L'échec dans une sphère du social ne conduit donc pas à l'exclusion. Mais il multiplie les malchances d'un échec dans d'autres sphères, par proximité. L'échec est donc vecteur d'échec. Or le cumul des échecs ou le cumul des handicaps demeure par contre une cause certaine de l'exclusion social.»

Nous parlons dans ces cas d'un processus lent et progressif d'exclusion puisque sa phase extrême, caractérisée par l'errance (rupture du lien social dans toutes les sphères, expérience de la rue et des refuges) survient relativement tard dans la trajectoire de vie, comparativement à d'autres profils.

Une insertion marginale

Cette trajectoire se distingue des autres par une période d'insertion des individus dans un monde marginal plutôt porteur de stigmates avant de connaître graduellement l'exclusion. Ces individus ont des échanges sur la base d'un partage d'un type particulier de consommation (drogue, alcool, danseuses nues, chambres de motel) auquel correspond un style de vie qu'on pourrait qualifier de «vie de club». Pour pouvoir mantenir leur relation dans cet univers et «faire la grosse vie», ils exercent donc des activités illégales: vols, vente de drogue, fraudes, travail non déclaré, etc. Par exemple, à 34 ans, un individu n'a connu aucune expérience d'insertion sur le marché officiel du travail, mais a quand même travaillé toute sa vie comme mécanicien «en dessous de la table». Le monde de la criminalité est le milieu principal dans lequel ils gravitent avant de vivre l'itinérance.

La première phase de la trajectoire pénale rend compte de ce type de criminalité et de ce style de vie qui se résume à «faire le party». Ainsi, à propos des introductions par effraction, une personne nous disait: *Ça me permettait d'aller voir les danseuses à gogo. Ça me permettait de prendre mon coup, sortir, flasher* (Marcel, 43 ans, 1996). La nature des infractions est double dans cette période: vols et possessions de biens criminellement obtenus, d'une part; infractions relatives à la drogue, d'autre part. Tous ont d'ailleurs fait l'objet de très nombreuses prises en charge pénales relativement à ces infractions.

Au cours de cette tranche de vie, ils mènent une existence précaire en lien avec des réseaux marginaux et peu stables. Sur le plan résidentiel, sans connaître encore l'expérience de la rue, ils vivent une mouvance très marquée, passant du logement autonome à la prison, aux chambres d'hôtel, aux appartements d'amis ou d'un parent. Leur intégration dans ces réseaux qui représentent une ressource financière et un lieu de socialisation et d'appartenance constitue par ailleurs une source de marginalisation et de stigmatisation sociale qui les place dans des conditions de vulnérabilité. Par exemple, la seule fréquentation de ces milieux augmente leur visibilité auprès de la police et accroît le risque de se faire étiqueter par le système pénal comme criminel et d'être soumis à de longues sentences. De plus, le passage dans ces réseaux peut être très éphémère, ne fournissant aucune assurance, par exemple, en cas d'accident. Enfin, la transgression de certaines normes propres à ce type de réseau, parfois en combinaison avec d'autres événements, peut aussi signifier l'exclusion plus ou moins rapide de l'individu.

Le basculement dans l'itinérance survient dans le contexte où les individus de ce profil se retrouvent en rupture complète avec tous leurs réseaux de la période précédente. Vivant l'expérience de la rue, certains fréquenteront les ressources pour personnes itinérantes alors que d'autres se maintiendront carrément dans la rue. Cette étape semble s'accompagner d'un changement de statut. L'individu autrefois perçu comme «criminel», personne *wise* (les *smart* de Merton), se voit maintenant stigmatisé «itinérant», et ce stigmate mine la confiance qu'on pouvait placer en lui.

Lorsque nous disposons de l'information, nous constatons une transformation importante dans la prise en charge pénale comparativement à la période précédant la trajectoire d'itinérance. Ce qui frappe renvoie à la récurrence des séjours en détention et aux types d'infractions. Ainsi, dans la phase de l'itinérance, il s'agit pour l'essentiel de petits vols de subsistance, de petits méfaits et d'infractions contre l'ordre public. L'itinérance rend ces individus de plus en plus visibles et de plus en plus indésirables. Si, dans la phase précédente, les besoins essentiels (drogues, nourriture, hébergement) pouvaient être satisfaits par différents moyens (aide sociale, CSST, SAAQ, réseau social), ils le sont, dans la phase d'itinérance, presque exclusivement par la transgression de lois très repérable et renvoyée au système pénal. Par exemple, un des individus (Marcel, 43 ans, 1996) a connu 11 années d'itinérance au cours desquelles il a passé 74,2 % de son temps en détention réparti en 25 séjours différents.

Quelques conditions d'ancrage dans l'itinérance

Nous avons relevé certaines conditions d'existence qui pourraient agir comme barrières considérables dans toute tentative de réinsertion ou de normalisation de leur situation. Une première concerne l'endettement envers l'État. Quelques individus rattachés à ce profil ont cumulé des dettes envers l'État telles que le cumul d'aide sociale et de prestations de la CSST ou d'aide sociale et de prestations de la SAAQ. Le montant de ces dettes (l'un doit 20 000 $ et l'autre, 30 000 $) peut ne pas paraître si considérable, mais leur dénuement est tel (sur le plan de leur santé physique, sur le plan de leur accessibilité à d'autres ressources financières), qu'une sortie d'endettement reste peu prévisible. Une deuxième condition est liée à leur état de santé physique et mentale qui est devenu extrêmement précaire, en particulier à la suite de pratiques excessives de consommation de drogue et d'alcool, à la suite de tentatives de suicide ou, encore, à la suite d'accidents qui ont provoqué des séquelles physiques et psychologiques importantes. Considérant le fait que ces individus ne peuvent compter que sur leur seule force de travail pour assurer leur survie, l'état de santé dans lequel ils se trouvent à cette étape de leur vie pourrait bloquer toutes voies de sortie. Enfin, une troisième condition renvoie au cumul de prises en charge pénales. Dans cette trajectoire, même s'il est évident que la prison n'est qu'un des facteurs agissant dans le processus de marginalisation, l'intensité de la prise en charge pénale représente certainement un frein à la sortie de ce mode de vie (travail dans l'économie souterraine, etc.), si ce n'est une poussée vers le monde de l'itinérance. Le cumul des prises en charge pénales, la récurrence des séjours en détention ont constitué des conditions objectives de rupture avec le monde extérieur. On peut même se demander si cette lourde charge pénale n'agit pas comme repoussoir dans le réseau même des ressources pour personnes seules et itinérantes.

Quant à la période suivant le passage à l'itinérance, à laquelle nous pouvons associer une transformation de la prise en charge pénale (quant au type de poursuite, à la réduction des temps de séjour à l'extérieur de l'institution, à l'allongement des peines pour des délits mineurs), il pourrait s'agir d'une stratégie de mise à l'écart par une criminalisation des conditions de vie itinérante (Landreville *et al.*, 1998).

Les marginaux romantiques

Enfin, la dernière trajectoire se distingue fortement des autres profils, principalement en raison de la représentation que ces individus ont d'eux-mêmes. Ces *«marginaux romantiques»* posent un regard positif sur leur expérience de vie, et ce, malgré le fait que des événements ont, comme dans le cas des autres trajectoires, marqué et marquent encore leur parcours de marginalisation.

Dans ces cas-ci, la première expérience dans l'itinérance ne peut être déterminée clairement. Déjà à l'adolescence ils n'éprouvent aucun désir d'acquérir une stabilité résidentielle. Se disant plutôt nomades, ils ont vécu dans la rue, dans des chambres pour itinérants, dans des caves d'appartement et des hangars. L'itinérance représente donc pour eux un «choix de vie», l'expression de leur liberté et la voie d'affirmation de leur refus des valeurs matérialistes et capitalistes. Lorsque les liens familiaux sont rompus, c'est d'ailleurs par cette référence aux valeurs matérialistes qu'ils en viennent à l'expliquer, disant par exemple: *Mais c'est eux autres qui fonctionnent pas. Ils sont trop plongés dans le matérialisme* (Alfred, 52 ans, 1996). Ils se perçoivent donc différents des autres, et, même s'ils construisent leur identité par rapport à des habiletés professionnelles, ils refusent de les faire valoir en échange d'une rémunération. Par exemple, malgré la demande, l'un refuse de vendre ses toiles ou de rechercher le soutien financier de l'État pour pratiquer son métier d'artiste, disant: *Je veux pas tomber dépendant d'eux autres. Aussi, il y a trop de politique là-dedans. Je veux pas tremper dans… Je veux pas tomber dans la politique* (Alfred, 52 ans, 1996). L'autre pratique quant à lui la relation d'aide, sans toutefois accepter d'argent en échange:

> J'ai fait 7 ans à l'université de la rue puis j'ai tout essayé quasiment, toutes sortes de drogues et je connais à quel temps tu peux être *down*, à quel temps tu peux être *up*. Moi je peux te dire, elle, elle prend ceci, elle ça. Pas besoin de me faire un tableau. Je serais payé, je serais payé 35 $ de l'heure mais je voudrais même pas. J'enlèverais ma vocation. J'ai ma vocation, c'est que je le fais gentiment, je charge rien. C'est une règle d'or dans mon livre spirituel. L'argent, c'est ça qui détruit (Gaétan, 35 ans, 1997).

> Quand je fais des présentations de tableaux j'écris, amour, aimez, regardez, touchez, prenez, qualité propre. Et quand on me demande le prix d'un tableau, là, je dis que le tableau n'est pas à vendre (Alfred, 52 ans, 1996).

Nous avons par ailleurs l'impression de bien connaître ce profil qui évoque l'image de l'itinérant véhiculé dans les films et les romans. Une dimension demeure toutefois toujours absente dans ces scénarios puisque, malgré cette image romantique, ils ne sont pas à l'abri des prises en charge pénales[16].

Un profil remarqué

Étant facilement repérables par leur façon de se comporter, de s'habiller (excentrique) et de se présenter, ces individus sont très visibles tant pour les passants et les commerçants que pour les policiers. Ils sont d'ailleurs, selon leurs propos, bien connus dans la ville. Ils entretiendraient de bons contacts avec les gens en général. Ils se perçoivent également comme des gens ayant une grande facilité à s'intégrer dans différents milieux et ils ont le sentiment d'être insérés dans le social. Malgré cela, ils ont fait l'objet de nombreuses incarcérations, particulièrement dans la période précédant notre entretien. Leur grande visibilité pourrait sans doute expliquer cette forte judiciarisation.

Le passage à la rue ne correspond donc pas, pour eux, à un isolement social. Ils fréquentent en effet des professionnels, des artistes, des étudiants et s'intéressent à divers sujets tels que l'enseignement, les arts, la psychologie, etc.[17] Même s'ils vivent dans des conditions de pauvreté extrême, ils n'éprouvent pas le sentiment d'être sans ressources et seuls. Cette caractéristique les distingue d'ailleurs grandement des individus présentés dans les autres profils, pour qui la solitude était insupportable.

Ces éléments distinctifs contribuent certainement à modifier les contacts qu'ils entretiennent avec le système pénal. Par exemple, leur capacité langagière agirait comme un mécanisme de neutralisation favorisant la résolution des problèmes hors du pénal, alors que leur grande visibilité augmenterait les risques de confrontation avec ce dernier.

---

16. Ces individus pourraient d'ailleurs se voir associés à ce que Merton (1970), dans son analyse sociologique de la déviance, a nommé les évadés : «ce mode d'adaptation [évasion] est probablement le plus rare. À proprement parler, les personnes qui l'emploient sont dans mais non pas de la société : sociologiquement ce sont de véritables étrangers. Étant donné qu'elles ne partagent pas l'ensemble des valeurs communes, elles ne peuvent être comprises parmi les membres de la société, en tant que celle-ci se distingue de la population. Cette catégorie rassemble des malades mentaux, des hallucinés, des parias, des exilés, des errants, des vagabonds, des clochards, des ivrognes chroniques, des drogués, etc. : ils ont abandonné les buts prescrits et n'agissent pas selon les normes… Dans la vie publique et officielle, ce genre de comportement déviant est violemment condamné par les tenants de la société et des traditions… Il n'est pas aisé pour la société d'accepter ce refus de ses valeurs, car ce serait remettre ces valeurs en question. Ceux qui ont renoncé à chercher le succès se voient poursuivis jusque dans leurs retraites par une société qui insiste pour que tous ses membres persévèrent dans la lutte pour la réussite». (Merton, 1970, p. 158-159)

17. Ils ne fréquentent toutefois plus leur famille.

Les contacts avec le système pénal : les délits de la précarité

Bien que les individus de ce type aient connu l'expérience de la prison à plusieurs reprises, ils ne se sont jamais considérés comme des « délinquants ».

De façon générale, les événements criminalisés sont liés au style de vie itinérant, et ce, tout au long de la trajectoire de vie itinérante. Il s'agit dans ces cas-ci de délits très mineurs tels que vols de boisson alcoolique, vols de nourriture, petits méfaits, etc. Mais contrairement aux autres profils, les prises en charge institutionnelles sont peu fréquentes avant l'âge de 35 ans.

Pour un cas ayant atteint 52 ans, on constate que le nombre d'incarcérations s'accroît après le cap des 35 ans et que, pour un même type de délits, les sentences deviennent de plus en plus longues. Par exemple, pour avoir volé une bouteille de vin d'une valeur d'environ 10 $, l'individu a été condamné à une peine d'un an de prison. Bien que le principe de gradation des sentences semble s'être appliqué, cette sentence tend à démontrer une stratégie pénale de mise à l'écart des personnes perçues comme dérangeantes.

Ce profil d'itinérant risque ainsi d'être largement pris en charge par le système pénal. La prison devient d'ailleurs un élément important, considérant la récurrence et la longueur des peines de détention dans l'analyse de leur histoire de vie.

CONCLUSION

Si la prison a représenté et représente encore un mode de gestion et de contrôle de populations pauvres et marginales, sa participation au processus d'appauvrissement et de marginalisation sociale est toujours beaucoup moins connue et comprise. Notre étude contribue de façon concrète à mieux saisir le rôle dynamique de l'emprisonnement dans le phénomène de l'exclusion sociale et de l'itinérance. Comme réponse aux conditions de vie de l'itinérance et comme instance sociale participant à la production de ces conditions d'existence, la prison est donc ici traitée sur ces deux plans d'analyse dans son rapport au phénomène de l'itinérance. À travers l'examen de trajectoires de vie de personnes itinérantes ayant déjà été emprisonnées, nous avons en effet montré que l'usage de la détention génère des conditions matérielles et symboliques qui appauvrissent davantage, stigmatisent et isolent. Et ce sont ces conditions mêmes qui contribuent à produire l'itinérance. À travers ce processus, la prison devient alors un mode privilégié de gestion et participe ainsi à ancrer les individus dans la condition d'itinérance. On l'a vu, un passage en détention, pour des individus défavorisés sur les plans social et économique, a des conséquences importantes sur leur capacité à conserver un logement sécuritaire qui leur permet de protéger leurs biens et de satisfaire leurs besoins élémentaires en toute légalité. L'analyse montre en effet que les périodes de détention sont presque systématiquement suivies de périodes où les individus sont sans abri, accroissant d'autant leur vulnérabilité à de nouvelles interventions pénales. Sur ce point, l'étude met bien en lumière à quel point l'incapacité d'obtenir un logement rend les individus visibles par leur confinement à l'espace public, les place en situation où ils transgressent des lois pour satisfaire des besoins aussi élémentaires que dormir et se nourrir, favorise des pratiques discriminatoires tant sur le plan du traitement judiciaire de leur cause (mise sous garde, détention provisoire, emprisonnement à défaut de paiement d'amende, sentence d'incarcération) que de la gestion de leur peine d'incarcération (libération aux deux tiers de la peine plutôt qu'au tiers, etc.), illustrant la place centrale de cet élément dans la compréhension du rapport dynamique entre les expériences de l'emprisonnement et de l'itinérance.

Mais ce rapport entre prison et itinérance est aussi complexe. À cet égard, si la typologie permet de documenter les mécanismes qui favorisent les prises en charge pénales, elle met également en évidence l'impact différentiel que peut avoir ce type d'expérience dans une trajectoire de vie. En effet, toute expérience carcérale n'entraîne pas les mêmes conséquences pour tous, tout comme une expérience d'itinérance ne s'accompagne pas nécessairement d'un épisode carcéral. Ainsi, si certains facteurs peuvent agir comme éléments neutralisant les effets néfastes de l'emprisonnement (comme le fait de pouvoir compter sur un réseau social, de posséder des habiletés ou compétences particulières, de pouvoir être hébergé), d'autres, au contraire, précipitent à la rue.

De façon générale, nous pouvons avancer que la prison est encore utilisée pour répondre à des situations de grande pauvreté ; dans certains cas, elle est même l'instance privilégiée et unique de prise en charge. Cet usage de la prison tranche radicalement avec certaines intentions politiques, particulièrement en ce qui a trait à la problématique même de l'itinérance. En effet, depuis 1992, *La politique de la santé et du bien-être* du gouvernement du Québec (MSSS, 1992) a reconnu l'itinérance comme un problème social important et se fixait comme objectif de décennie de *prévenir l'itinérance, atténuer ses conséquences, et favoriser la réinsertion sociale des itinérants*. Or, ces énoncés politiques, qui sous-tendent le déploiement de nombreuses ressources humaines et matérielles, se posent en contradiction profonde avec d'autres politiques, celles-là beaucoup moins publiques et visibles que les premières, mais qui vont en direction tout à fait opposée en favorisant la criminalisation des conditions de vie de l'extrême pauvreté et de l'itinérance. Nous voulons ici, entre autres, parler du déploiement d'une réglementation de l'espace public urbain qui, sans cibler ouvertement l'extrême pauvreté et l'itinérance, vise implicitement à occulter la présence de ces problèmes sociaux. Ces contradictions, sur le plan de l'intervention sociale, soulèvent ainsi la question de l'harmonisation des politiques publiques, et ce, en fonction des principes fondamentaux de citoyenneté et de démocratie.

RÉFÉRENCES

COMITÉ BATSHAW. (1976). *Rapport du comité d'étude sur la réadaptation des enfants et des adolescents placés en centres d'accueil.* Québec: Éditeur officiel du Québec.

EMERSON, R.M. (1991). Case Processing and Interorganizational Knowledge: Detecting the «Real Reasons» for Referrals. *Social Problems, 38* (2), 198-212.

HORWITZ, A.V. (1990). *The Logic of Social Control.* New York: Plenum Press.

LABERGE, D., P. LANDREVILLE, D. Morin et L. Casavant. (1998). *Le rôle de la prison dans la production de l'itinérance* (Rapport de recherche soumis au CQRS). Montréal: CRI, Dép. de sociologie, UQAM, École de criminologie, UdeM, RAPSIM.

LANDREVILLE, P., D. LABERGE, D. MORIN et L. CASAVANT. (1998b). Logique d'action et fonctions de la prison: l'exclusion des itinérants par le droit pénal. *In* P. Robert (Sous la dir. de), *La gestion sociale par le droit pénal. La discipline du travail et la punition des pauvres. Actes de la 8ᵉ journée de droit social et du travail* (p. 153-171). Cowansville: Les Éditions Yvon Blais inc.

MERTON, R.K. (1970). Structure sociale, anomie et déviance. *In* D. Szabo (Sous la dir. de), *Déviance et criminalité* (p. 132-164). Paris: Armand Collin.

MINISTERE DE LA SANTÉ ET DES SERVICES SOCIAUX (1992). *La politique de la santé et du bien-être.* Québec: Gouvernement du Québec.

PARAZELLI, M. (1996). Les pratiques de socialisation marginalisée des jeunes de la rue dans l'espace urbain montréalais. *Cahiers de recherche sociologique, 27,* 47-62.

SNOW, D.A. et L. ANDERSON (1993). *Down on their Luck. A Study of Homeless Street People.* Berkeley, Los Angeles: University of California Press.

SOSIN, M., I. PILIAVIN et H. WESTERFELT. (1990). Toward a Longitudinal Analysis of Homelessness. *Journal of Social Issues, 46* (4), 157-174.

WAGNER, D. (1993). *Checkboard Square. Culture and Resistance in a Homeless Community.* Boulder: Westview Press.

WONG, Y.-L.I. et I. PILIAVIN. (1997). A Dynamic Analysis of Homeless-Domicile Transitions. *Social Problems, 44* (3), 408-423.

XIBERRAS, M. (1993). *Les théories de l'exclusion.* Paris: Méridiens Klincksieck.

PARTIE 2

Paradoxes de l'aide
et du contrôle

CHAPITRE 15

Les besoins et les services : les paradoxes

par Michel Fontaine

L e réseau de la santé et des services sociaux du Québec est en pleine révolution, tant dans ses valeurs que dans ses processus. Ce phénomène se traduit par de multiples bouleversements dans l'organisation des services imputables principalement aux difficultés grandissantes du financement public qui
forcent une remise en question profonde de la réponse aux besoins de la clientèle. Dans un tel contexte, tout système humain a tendance à développer une
approche normalisante où la rationalisation des ressources devient la priorité.
Tout ce qui est inhabituel, dérangeant et hors norme confronte donc cette
volonté d'uniformisation tant dans l'approche d'intervention que dans la distribution des services. Comment alors faire face aux besoins des personnes itinérantes que la collectivité choisit de prime abord d'ignorer ou carrément de
refouler dans le monde sous-terrain de la charité publique et des ressources
communautaires mal financées ? Il s'agit là, à mon avis, d'un premier paradoxe
sociétal, car si, dans l'ensemble, la collectivité admet que les pouvoirs publics
doivent s'engager autrement dans l'organisation et la distribution des services,
elle s'élève cependant contre le désengagement aveugle par lequel l'efficience
n'est mesurée que par la seule variable des coûts financiers.

L'itinérance est un phénomène grandissant qui exige beaucoup d'efforts
concertés pour en diminuer les conséquences néfastes sur les individus. S'attaquer aux causes nous apparaît toujours comme la solution première à envisager. Mais en attendant, les individus ont des besoins psychosociaux et de
santé, par exemple, auxquels les plus élémentaires principes fondamentaux de
droits de la personne et de solidarité sociale devraient répondre. Pourquoi n'y
arrivons-nous pas (ou si peu) ? Pourtant, les réseaux public et communautaire
ne manquent pas d'intervenants compétents et sincèrement dévoués pour
faire face à la situation. Dans les pages qui suivent, j'aimerais non pas établir
une liste des problèmes qui affligent les personnes itinérantes (on commence à
les connaître) mais plutôt m'attarder aux paradoxes dans les attitudes qui nous
empêchent d'agir ensemble. Sans doute parce que la seule réponse possible au
problème posé est d'ordre systémique et qu'aucun acteur, actuel ou potentiel,
ne peut y faire face tout seul. Le désordre et la désorganisation que créent une
telle situation est dans l'ordre des choses et l'atteinte d'une finalité ne requiert
pas toujours la solution la plus simple.

Afin de résister à des solutions mécanistes ou à l'attrait du court terme, l'organisation des services pour les personnes itinérantes devrait être porteuse d'une vision d'intervention axée sur la souplesse et sur l'intégration en milieu naturel. Mais nous sommes souvent paralysés, au départ, par les paradoxes d'ordre conceptuel. Notre action s'en trouve donc lourdement affectée.

LA DÉFINITION DU PROBLÈME

On sait que plus un observateur possède un niveau de connaissance élevé d'un phénomène observé, plus il est en mesure de détecter un problème. En effet, la perception du problème est subjective puisqu'elle est directement associée à la perception d'un état désordonné et que le sens du désordre est relatif au sujet qui observe. Ainsi, une personne peut ne faire qu'assimiler la situation problématique alors qu'une autre doit faire l'effort de s'en accommoder. Le problème n'est donc plus un synonyme de réalité mais le produit de cette réalité alors perçu et interprété par quelqu'un. C'est là où les divers acteurs d'un réseau de services commencent déjà à diverger de vue, avant même d'agir. Pour certains, l'itinérance est une situation de désordre à corriger, pour d'autres, le problème n'existe, car elle ne constitue que l'effet secondaire normal de la vie moderne; ce qu'on nomme les laissés-pour-compte du progrès. Pourquoi? Parce que, quand on aborde un problème, la dimension cognitive n'est pas suffisante. Il faut également y ajouter une dimension affective qui fasse appel au jugement et ce jugement se base autant sur des faits que sur des valeurs personnelles. Le problème prend également sa source dans un besoin à combler, de sorte que la volonté d'intervention pour y remédier s'impose comme une condition à la reconnaissance d'un problème. À tel point d'ailleurs qu'on peut conclure qu'en l'absence d'une volonté d'intervention, il y a également une absence de problème. Tant que toutes les composantes d'un réseau de services n'auront pas pris conscience et accepté l'ampleur du phénomène de l'itinérance, le problème n'existera pas et les personnes itinérantes seront ainsi considérées comme des personnes déviantes, non collaborantes et dérangeantes.

Pourtant, un niveau de connaissance très élevé n'est pas toujours nécessaire pour qu'on puisse déceler un problème. Ainsi, un citoyen n'a pas besoin d'avoir une connaissance exhaustive de la Charte des droits et libertés pour pressentir qu'il vit une situation d'injustice. De plus, il n'est pas toujours approprié de relier une seule et unique cause à un problème, de même qu'il peut être illusoire de croire que la connaissance des causes est essentielle et indispensable à la résolution d'un problème. En résumé, il faudrait, selon les propos de Maurice Landry (1981), qu'il y ait un diagnostic d'insatisfaction posé par un individu suivant une mise en relation de ses connaissances avec une réalité perçue ou anticipable, et ce diagnostic devrait être accompagné d'une capacité et d'une intention d'intervenir. Si on le voulait collectivement, et sans s'enfermer dans des considérants analytiques interminables, la personne itinérante serait vue pour ce qu'elle est, soit une personne en besoin qui n'a pas toujours la capacité d'exprimer son mal et sa détresse psychologique et dont on ne doit pas attendre nécessairement des comportements prévisibles ni facilitants.

Comme l'objectivité d'un acteur organisationnel est virtuellement impossible puisque la connaissance d'un état perçu ne peut jamais être considérée comme le résultat d'une observation neutre, la prise de conscience devient plutôt le fruit de la construction intériorisée d'un sujet en rapport avec une réalité. Ce problème « construit » peut donc varier dans le temps et ne pas coïncider avec la perception par les autres acteurs organisationnels de la situation dite problématique. C'est ce qui explique souvent le désarroi d'un intervenant qui n'arrive pas à faire partager le caractère d'urgence de la situation de son client à d'autres acteurs du système. Pourtant, une action efficace dans le secteur de l'itinérance requiert une concertation réelle des acteurs. Le paradoxe est que le problème ne peut devenir commun ou « collectif » à plusieurs personnes que lorsque chacune des personnes le ressent comme un problème personnel. Pour le partage du problème, et partant de la solution envisagée, il faut donc réunir les trois conditions suivantes : a) une reconnaissance d'une situation problématique (réelle ou anticipée) ; b) un pouvoir suffisant détenu par un certain nombre d'acteurs pour forcer le déclenchement du processus de formulation-résolution du problème mais insuffisant pour le mener à bien sans la coopération des autres acteurs ; c) le déclenchement d'un processus de délibération dans un climat de concertation, y incluant des éléments de confrontation, d'où ne peut être exclu le phénomène du pouvoir entre les acteurs. La plus grande difficulté vient donc des différences culturelles entre les composantes du réseau.

L'ORDRE (DÉSORDRE) ET L'ORGANISATION

Il a été fait mention précédemment de la notion de désordre quand on observe le phénomène de l'itinérance. Il a été dit également que la tendance d'un système de services est de se replier dans une recherche plus grande d'ordre et d'uniformisation en cas d'insuffisance de ressources. À première vue, le paradoxe semble se situer entre les concepts d'ordre et de désordre tandis que le véritable paradoxe se situe plutôt dans le fait que ces deux concepts devraient coexister alors que la tentation bureaucratique ne peut s'y résoudre. Il faut donc replacer, au préalable, le jeu de l'ordre et du désordre dans une plus juste perspective. En effet, d'un point de vue systémique, le passage d'une organisation de services à une autre en itinérance est une voie obligeamment désordonnée qui ne peut être évitée, qui doit être encadrée et qui, tout en étant dramatique, s'inscrit dans la nature des choses. Qu'on le veuille ou non, il y a un principe de dégradation irréversible toujours à l'œuvre dans tout système, tendant vers la désorganisation et le désordre, là où il y a travail et transformation, par exemple celui des services sociaux et de santé, publics et communautaires. Il en va donc des systèmes comme des individus.

Le désordre est présent dans le microtissu de tout système. Ce n'est donc pas un désordre de dégradation et de désorganisation mais un désordre constitutionnel qui fait partie de l'ordre et de l'organisation. Il y a éventuellement une complémentarité entre les phénomènes désordonnés et les phénomènes organisateurs. Il est donc tout à fait possible, et non hérétique, d'explorer l'idée d'un réseau de services qui constitue son ordre nouveau et sa réorganisation dans la turbulence, l'instabilité, la déviance, l'improbabilité, la dissipation énergétique. L'ignorance de ce qui peut arriver ne doit pas nous paralyser et nous empêcher de réfléchir sur ce qui pourrait être, car comme le dit le sociologue Edgar Morin (1977, p. 48), «il ne s'agit pas seulement de s'interroger sur nos connaissances, il faut aussi s'interroger sur notre entendement».

La rupture et la désintégration d'une ancienne forme organisationnelle (l'hospitalocentrisme, par exemple) est le processus constitutif même de la nouvelle organisation (services dans la communauté). Elle contribue à faire comprendre que l'organisation et l'ordre s'édifient dans et par le déséquilibre et l'instabilité. L'évolution ne peut donc plus être une idée simple et doit se penser en termes de progrès ascensionnel. Elle est donc simultanément dégradation et construction, dispersion et concentration. Un schème rationalisateur ne peut pas constituer l'unique explication. L'ordre, le désordre, la potentialité organisatrice doivent être pensés ensemble et concurremment, tant dans leurs caractères antagonistes que dans leurs caractères complémentaires. Si le phénomène de l'itinérance semble porteur d'inconnu, de désorganisation et de désordre, il ne faut pas s'en inquiéter démesurément et s'en préoccuper plutôt pour opérer un ajustement majeur dans la prestation des services et développer des interactions entre les acteurs dans l'optique où celles-ci sont des actions réciproques modifiant le comportement ou la nature des éléments. Malheureusement, devant les personnes itinérantes qui sont jugées comme non collaborantes vis-à-vis d'un plan d'intervention, la tendance des acteurs est de s'en tenir à une action parcellaire, à court terme et surtout très normalisante. Pourtant, l'interaction est la notion plaque tournante entre désordre, ordre et organisation. Cela signifie tout simplement que ces termes de désordre, ordre, organisation sont liés, par interaction, en une boucle solidaire, où aucun de ces termes ne peut plus se concevoir en dehors de la référence aux autres. L'organisation doit être conçue à la fois comme déviance et comme norme, à la fois comme improbabilité et comme probabilité. Le principe de complexité s'impose donc et il doit y avoir une recherche de l'intelligibilité, non dans l'alternative et l'exclusion mais dans l'interrelation, l'interaction, l'interdépendance des idées : ordre/désordre/organisation. Un système de services tend à demeurer ce qu'il est même s'il doit changer. Le paradoxe est donc de chercher à résister à ce changement même s'il est condamné à changer. Il doit se désorganiser pour se réorganiser. Si rien n'était fait, il se désorganiserait tout de même mais, sans des efforts concertés pour y arriver, la réorganisation souhaitée serait compromise. Il faut donc créer les interactions et les occasions de rencontre entre les acteurs pour aborder efficacement les problèmes de l'itinérance et, surtout, accepter de remettre en question certaines règles incompatibles avec des comportements de marginalité sociale.

Spontanément, on peut se dire que les acteurs œuvrant dans le secteur des services n'ont qu'à se concerter et que, s'il y a absence de concertation, la faute est imputable à leur négligence. Affirmer cela serait toutefois faux et injuste. D'abord en raison du fait qu'aucun individu ne cherche sciemment à être moins efficace en travaillant seul, ensuite parce qu'il serait vain de tenter de faire porter l'importance et la viabilité de la concertation sur les seules responsabilités individuelles. En effet, bien qu'un réseau de services soit d'abord une entreprise humaine, l'intervenant ne constitue pas nécessairement une réalité ultime qui soit individualisable ou isolable dans le système mais plutôt un élément d'un continuum. Dans ce sens, même si on se plaît à penser que les êtres humains forgent la personnalité d'une organisation, il faudrait plutôt envisager l'effet contraire puisque dans un système les parties ont les propriétés du tout bien plus que le tout n'a les propriétés des parties. Dans l'approche systémique, le système prend la place de l'objet simple et substantiel et il est rebelle à la réduction en ses éléments. Pour être clair, à partir de ce raisonnement, il est évident qu'aucune des constituantes actives du réseau de services ne peut fonctionner et s'en tirer seule. L'itinérance constituant un problème complexe, une intervention ne peut se résumer à un acte isolé à caractère clinique comme lorsque c'est souvent le cas auprès d'une personne qui possède un bon potentiel de résilience. Ce n'est pas un mince paradoxe de s'apercevoir que dans une interrelation entre un individu qui exprime un besoin et un autre qui peut contribuer à répondre à ce besoin ce soit le système qui réunit ces personnes qui doive être aménagé de façon à mieux agir sur elles. Pour illustrer ce fait, imaginons l'action concertée de plusieurs intervenants de ressources différentes qui agissent sur un même individu, le réseau de services constituant un système (tout) et les intervenants étant définis comme les composants (parties) de ce tout. On peut donc avancer l'idée que, dans l'éventualité d'une concertation efficace, le tout est plus grand que la somme des parties puisque le système possède alors quelque chose de plus que ses composants considérés de façon isolée ou juxtaposée, à savoir l'émergence de qualités ou propriétés qui présentent un caractère de nouveauté par rapport aux qualités ou propriétés des composants considérés isolément. Cette émergence a d'ailleurs des effets positifs non seulement sur le tout mais sur chacun des composants. À l'inverse, si chaque intervenant travaille sans concertation avec les autres, parfois même en opposition, en diminuant la portée de l'action des autres, on constatera alors que les qualités et propriétés attachées aux parties considérées isolément, disparaissent au sein du système. Dans une telle situation, le même tout (système) devient au contraire plus petit que la somme de ses parties, les contraintes ou restrictions étant plus fortes que les émergences. Faute d'interrelations entre les acteurs, c'est donc le prestataire de services qui ne reçoit pas tous les bénéfices que le système devrait lui procurer. Il est donc également paradoxal que la diversité soit nécessaire à l'unité, même si elle doit se maintenir puisque l'organisation d'un système efficace est l'organisation de la différence.

LE SYSTÈME

Toute relation organisationnelle, donc tout système, comporte et produit de l'antagonisme en même temps que de la complémentarité. Ne pas saisir et ne pas accepter ce paradoxe apparent peut constituer un empêchement majeur à la réalisation de la concertation dans les services aux personnes marginales socialement comme les itinérants, les toxicomanes, les personnes souffrant de troubles mentaux graves et persistants, etc. L'idée de système n'est donc pas seulement harmonie, fonctionnalité, synthèse supérieure; elle porte en elle, nécessairement, la dissonance, l'opposition, l'antagonisme. Ce qui est rassurant cependant, c'est que le système est «un ensemble d'éléments en interaction dynamique, organisés en fonction d'un but» (de Rosnay, 1975, p. 101). Que ce soit une équipe de *reaching out* dans le milieu de l'itinérance, un réseau de centres de jour ou l'organisation des urgences psychiatriques en milieu hospitalier, nous sommes en présence d'un ou de plusieurs systèmes qui comportent une notion de finalité concurremment aux idées d'interaction entre les éléments et d'organisation de ceux-ci. Le système prend donc vie et sous-tend une démarche, une évolution au lieu de donner l'image d'une collection ou d'un ensemble d'éléments diffus simplement agglutinés les uns aux autres.

L'intervention en mode collectif est importante, mais on ne doit pas négliger l'importance de l'action individuelle dans la réponse en services aux besoins d'un individu. Malgré une volonté d'approche systémique, il serait tout aussi paradoxal de privilégier nécessairement la totalité sur les composants puisque le point de vue de la totalité seule est partiel. Il faut plutôt se rallier à l'idée d'un polycentrisme des parties relativement autonomes que d'un globalisme du tout, étant entendu que c'est l'organisation qui lie et transforme les éléments en un système, qui produit et maintient ce système, qui relie les éléments à la totalité et la totalité aux éléments. L'organisation, en tant que concept, est à la fois transformation et formation et donne forme dans l'espace et dans le temps à une réalité nouvelle: l'unité complexe (système). L'organisation est donc le principe ordonnateur qui assure la permanence. Il peut sembler contradictoire que l'adaptation des services aux personnes itinérantes passe par une remise en question des processus d'intervention qui fonctionnent si bien auprès de la moyenne des individus de la population dite normale alors que l'idée d'organisation porte en elle-même les germes de la normalisation.

Pour mieux s'y retrouver, il ne faut jamais perdre de vue que, dans le système, l'ordre organisationnel constitue l'invariance ou la stabilité structurelle puisque le désordre n'est pas chassé mais transformé par l'organisation. Nous devons garder à l'esprit que ce qui est évolutif, c'est l'organisation. C'est elle qui donne au système son caractère permanent, sa double personnalité à la fois matérielle et idéelle. Tout système, même celui qui semble le plus évident (le plus matériel), comme une machine ou un organisme vivant, relève aussi de l'esprit dans ce sens où l'isolement d'un système et l'isolement du concept de système sont des abstractions opérées par l'observateur/concepteur pouvant conduire à une hiérarchie de systèmes comme ce qui suit :

- *système*, pour tout système qui manifeste autonomie et émergence par rapport à ce qui lui est extérieur. Exemple : un refuge pour les personnes itinérantes comme la Maison du Père ;

- *sous-système*, pour tout système qui manifeste subordination à l'égard d'un système dans lequel il est intégré comme partie. Exemple : une équipe de *reaching out* auprès des itinérants dans le cadre du CLSC des Faubourgs ;

- *suprasystème*, pour tout système contrôlant d'autres systèmes mais sans les intégrer en lui. Exemple : le MSSS et la Régie régionale de Montréal-Centre ;

- *écosystème*, pour l'ensemble systémique dont les interrelations et interactions constituent l'environnement du système qui y est englobé. Exemple : le Centre hospitalier, le CLSC, les organismes communautaires dans et avec la communauté d'un territoire desservi en commun ;

- *métasystème*, pour le système résultant des interrelations mutuellement transformatrices et englobantes de deux ou plusieurs systèmes antérieurement indépendants. Exemple : un protocole de partenariat entre plusieurs organismes pour assurer une prestation intégrée de services aux personnes itinérantes.

Évidemment, selon la focalisation de l'observateur, un système peut devenir un sous-système ou un supra-système, selon le cas, chaque organisme contribuant au problème comme à la solution.

LA PENSÉE SYSTÉMIQUE

Nous avons déjà souligné que l'intervention dans un phénomène de société complexe comme l'itinérance demande une approche de services basée sur de nouveaux paradigmes. Il est clair en effet que les intervenants agissent de bonne foi selon un schème rationnel (et rationalisateur) fondé sur la pensée scientifique, généralement induite par la formation académique de départ. Malgré les promesses de réussite qu'il nous fait miroiter, le travail scientifique ne donne jamais des résultats absolus et il faut admettre que de meilleurs modèles peuvent toujours prendre la relève sur les précédents. Ainsi, le travail scientifique s'appuie sur le réductionnisme, la répétitivité et la réfutabilité, donc sur la pensée analytique. Ceci pose un grand défi quant il s'agit de composer avec la complexité, car la méthode scientifique, si puissante dans les sciences naturelles, ne peut s'appliquer aisément quand on aborde les phénomènes sociaux.

Dans l'organisation des services, on devrait donc privilégier une approche de pensée systémique fondée sur deux paires d'idées : émergence et hiérarchie, communication et contrôle. Ainsi, la complexité organisée constitue une hiérarchie de niveaux d'organisation superposés dont chaque niveau est plus complexe que le précédent à cause de propriétés émergentes qui n'existent pas à un niveau inférieur. Ce qui nous amène à un principe d'évolution créative. De plus, dans une hiérarchie de systèmes, particulièrement de systèmes ouverts, il y a une série de processus de communication d'informations dont le but est d'opérer une régulation ou un contrôle. Bref, la concertation, selon l'approche systémique, introduit le concept d'une machine autorégulée qui a un contrôle autonome sur son propre comportement. Autrement dit, le passage à la complexité nécessite un paradigme systémique qui établit une relation circulaire entre structure, activité et évolution plutôt qu'un paradigme de la mécanique rationnelle de type cartésien qui a peu de prise sur la marginalité sociale. Il faut donc arriver, dans une certaine mesure, à déconstruire nos réflexes préorganisés d'intervention pour mieux comprendre que l'organisation des services doit accorder autant d'importance au tout qu'aux parties (éléments). Il est important de préciser que les éléments (acteurs) doivent être définis à la fois dans et par leurs caractères originaux, dans et avec les interrelations auxquels ils participent, dans et avec la perspective de l'organisation où ils s'agencent. Inversement, l'organisation doit se définir par rapport aux éléments, aux interrelations, au tout, et ainsi de suite, le circuit étant polyrelationnel.

LA COLLABORATION PROFESSIONNELLE

On ne peut s'intéresser aux qualités émergentes d'un système de services sans prendre en considération les interrelations qui produisent l'émergence, soit celles de la collaboration professionnelle entre les intervenants. Parmi les auteurs qui se sont intéressés à la question, on peut citer Friedson (1970) pour qui le projet professionnel consiste en la reconnaissance d'un statut social et occupationnel sur la base d'un territoire défini à partir de connaissances et de caractéristiques spécifiques. Chaque profession cherche alors à monopoliser un territoire en fonction d'une expertise. Il s'installe donc une dynamique de pouvoir, d'autorité et de contrôle entre les professions. Abbott (1988) croit toutefois que les professions sont plus susceptibles de se diviser un ensemble de services et de tenter de s'étendre pour acquérir de nouvelles zones d'influence. Il conçoit donc les professions dans le cadre d'un système d'interdépendances qui cherche à se maintenir en équilibre.

Si la professionnalisation ne se caractérise pas par la collégialité et la confiance mais plutôt par la domination et par la singularité, les professionnels sont alors placés dans une dynamique de compétition et de rivalité qui se traduit inévitablement dans la prestation des services. Or, la tendance moderne dans le domaine des services sociaux et de santé est que le client assume toujours plus son autonomie et sa capacité de décision. Il devient donc le point de convergence de la collaboration professionnelle. Dans le cas d'une personne itinérante, a-t-on suffisamment ce souci de respect de la personne ou sommes-nous déroutés par son comportement hors norme et souvent antithérapeutique? Cherche-t-on vraiment à développer l'approche interdisciplinaire qui s'apparente à l'approche globale, à savoir au fait de saisir un phénomène dans toutes ses dimensions? Les différents professionnels impliqués ont-ils la volonté et la pratique de définir ensemble les fins et les valeurs qui constituent l'unité? Rappelons que la véritable interdisciplinarité, par opposition à la multidisciplinarité, ne constitue pas une simple addition (interrelations) de disciplines diverses dans l'action mais plutôt une zone commune (une émergence) constituée des efforts de tous à partir d'un partage d'une même cause par une ouverture d'esprit vers l'autre au-delà de sa propre expertise. Une organisation de services s'adressant à des personnes marginales socialement est donc fondée sur la collaboration lorsque les facteurs suivants sont réunis:

- on a une vision humaine de la personne;
- on reconnaît qu'elle est un être biopsychosocial en interaction avec son milieu;
- on lui reconnaît le droit à l'autodétermination;
- on met l'accent sur le partage et l'intégration des savoirs et des pratiques;
- on reconnaît la complexité de la situation en développant une approche globale et participative;
- on construit un partenariat dans un partage de zones d'interventions centré sur la personne.

Il faut dépasser la notion habituelle et persistante d'une équipe de travail (système) qui accomplit une ou des tâches dans un contexte organisationnel. Le travail d'équipe doit plutôt devenir une entité à caractère permanent, formée d'individus qui poursuivent des buts semblables qu'on soit ou non actif dans le même organisme. Pour intervenir efficacement auprès des personnes qui vivent en marge d'un système social normalisant, il est illusoire de croire qu'on ne peut se fier qu'à des processus normalisés malgré toute la bonne volonté du monde. À un ensemble d'intervenants qui accomplissent un rôle spécifique sans chevauchement de responsabilités, il faut substituer un groupe d'intervenants qui accomplit des tâches définies en fonction de l'apport individuel des membres à des besoins de santé globaux. On doit reconnaître et accepter les chevauchements de l'expertise des différentes disciplines d'intervention, les besoins du client déterminant les relations entre les membres de l'équipe.

Agir avec succès auprès d'une personne itinérante qui exprime des besoins de services demande qu'on déconstruise nos réflexes premiers, et tout à fait justifiés sur le plan bureaucratique, qu'on mette en simple relation de travail des intervenants de différentes disciplines ou d'organismes différents. Cette relation de travail doit nécessairement se transformer en interrelation d'échanges et de travail, ce qui est plus compatible avec l'esprit de l'approche systémique, en d'autres termes, concevoir la collaboration comme la structuration d'une action collective entre partenaires en situation d'interdépendance. Et puisque les ressources de support et d'aide sont fragmentées entre divers organismes autonomes, il importe de développer l'intersectorialité.

L'ACTION INTERSECTORIELLE

L'action intersectorielle (entre programmes d'un même établissement ou entre établissements) est largement préconisée dans les discours politiques et professionnels, notamment en promotion de la santé, tant au Québec qu'ailleurs dans le monde. Le paradoxe est toutefois que, malgré son caractère logique et souhaitable, bien peu d'efforts sont mis en œuvre pour réaliser l'intersectorialité. La conceptualisation de cette forme d'organisation de services est toutefois essentielle pour intervenir efficacement dans une problématique aussi complexe que l'itinérance. Le respect de certaines conditions est alors incontournable pour transposer le concept dans la réalité. On doit en effet y retrouver les éléments suivants:

a) Le partenariat: celui-ci doit être fondé sur la coordination, la collaboration et la concertation. Ainsi, les pratiques de l'action intersectorielle exercées à des niveaux hiérarchiques ou décisionnels sont susceptibles de modifier la nature des rapports d'influence et de collaboration en introduisant des fonctions stratégiques et politiques.

Cette vision de l'intersectorialité doit être vue comme une stratégie privilégiée en santé et dans les services sociaux. Dans cette perspective, le partenariat implique un engagement mutuel des mêmes acteurs à une même cause. En résumé, il appert que la nature du partenariat est fonction du degré d'engagement des partenaires. Il peut se représenter sur un continuum allant du simple apport de ressources humaines, matérielles ou financières, sans interrelation active entre les partenaires, jusqu'à une action concertée autour d'un même plan d'action entre les partenaires provenant de différents secteurs.

b) La coordination et la collaboration : il est évident que la concertation et l'action intersectorielle font normalement référence à des notions de coordination et de collaboration entre acteurs et entre groupes d'un même secteur ou de secteurs différents. La notion peut être définie de multiples façons, mais elle devrait être interprétée comme une action de liaison entre les instances participantes ou alors comme l'exercice d'un leadership et d'une harmonisation des actions entre plusieurs partenaires. Il est à noter que le concept de l'harmonisation se définit en opposition avec celui de l'uniformisation. Quant à la coordination, elle doit être vue comme un travail concerté entre au moins deux partenaires en vue de résoudre un ensemble de problèmes auxquels aucun d'eux ne peut trouver de solution isolément puisque l'itinérance constitue, nous l'avons dit amplement, un problème complexe.

c) L'interrelation : ce concept est apparu souvent dans les pages précédentes. Son importance est capitale, car l'interrelation couvre plusieurs aspects des relations interpersonnelles, professionnelles et intra autant qu'interorganisationnelles. Elle est influencée par les affinités, la communication, le leadership, le pouvoir et plus particulièrement la culture organisationnelle. Elle est aussi conditionnée par les rôles et les limites des diverses catégories de ressources, le flux d'information, les produits et services ainsi que par les éléments d'échange entre les organisations axées sur les clients, les expertises et les ressources. La constatation la plus paradoxale est que le MSSS (1992) lui-même propose en général une démarche pour un programme planifié et concerté dans un contexte multisectoriel, en suivant les étapes suivantes : la mobilisation des partenaires, la mise en commun des projets, l'analyse des projets en cours, le plan d'action multisectoriel, l'implantation, l'évaluation du programme, l'analyse du milieu et l'établissement d'un consensus de base. Ces intentions politiques bien louables ne résistent toutefois pas longtemps devant la réalité bureaucratique et normalisante qui s'est installée dans le fonctionnement de l'organisation des services tant pour les personnes itinérantes que pour la population en général. Il faut préciser toutefois que l'intersectorialité requiert particulièrement certaines conditions de succès qui sont: la valeur ajoutée, la confiance, l'autonomie individuelle, l'adaptation du système au changement, l'entraide, une vision commune et des valeurs partagées. Pour ce faire, des règles fondamentales doivent être établies afin que les acteurs s'articulent autour d'un processus collectif profitable à chacun de façon réciproque. En résumé, ces conditions de succès sont tributaires des modalités d'interrelations suivantes: structurelles, fonctionnelles, professionnelles, intellectuelles et d'échanges organisationnels.

d) L'affirmation du changement: il semble que le changement visant essentiellement la modification du savoir comporte un faible niveau de difficulté et se réalise dans un temps relativement court. Par contre, le changement agissant directement sur le comportement des groupes s'accompagne d'un niveau de difficulté élevé et nécessite une durée de réalisation beaucoup plus longue. C'est manifestement le cas pour une nouvelle organisation de services auprès des personnes itinérantes, car l'impact d'une telle réorganisation embrasse un changement radical et nous appelle à vaincre la résistance au changement. Le paradoxe est cependant que tout système souhaite et rejette à la fois l'évolution liée au changement à l'exemple de la confrontation entre l'ordre et le désordre dont il a été fait mention précédemment. Il faut comprendre en effet qu'à l'intérieur de chacune des organisations concernées, le changement radical touche les systèmes technique, politique et culturel comme le préconise la typologie de Tichy (*in* R. Tessier, 1991). Aussi, alors que le système technique subit une modification de ses méthodes de travail, le système politique redéfinit ses relations de pouvoir et le système culturel se transforme en une culture professionnelle axée sur le décloisonnement des pratiques professionnelles dans la communauté plutôt qu'en milieu institutionnel. On observe ainsi le traditionnel champ de forces de Lewin (1951) qui fait état des forces restrictives et des forces motrices qui s'affrontent naturellement dans tout changement. Celui-ci peut donc s'opérer plus ou moins rapidement selon que les forces motrices l'emportent sur les forces restrictives complètement, en partie ou pas du tout. L'analyse de ce champ de forces devrait être facilité par le modèle d'Allaire et Firsirotu (1988), qui met davantage l'accent sur l'aspect culturel du changement. En termes de diagnostic stratégique, on parle donc d'un cas de transformation ou de réorientation des activités qui s'inscrit dans un nouveau paradigme d'organisation de services quand on s'adresse à des groupes marginaux socialement comme les personnes itinérantes, les toxicomanes, les jeunes dans la rue, les personnes atteintes de troubles mentaux sévères et persistants vivant dans la communauté, etc. Au-delà de la structure du pouvoir dans un système, il y a tout un «construit» politique qui intègre les positions divergentes observées dans l'environnement externe, particulièrement celles des acteurs du système et qui influence avec plus ou moins d'intensité les individus à l'interne. La connexion de ces multiples influences politiques résulte donc en la constitution d'un véritable système politique qui relie autant les intervenants que les décideurs. Toutefois, et pour être réaliste, il ne faut pas négliger le système technique qui réunit tous les efforts nécessaires pour que le projet soit techniquement viable et pour qu'il puisse s'articuler même si, sur les plans politique et culturel, le changement n'est pas pleinement achevé. Nous faisons référence ici plus particulièrement aux multiples protocoles et procédures qui meublent l'intervention quotidienne dans le secteur de la santé et des services sociaux. Mais comme le souligne si justement Tessier (1991), les deux dimensions pertinentes de la situation sociale nous permettant d'élaborer une tactique de changement sont le pouvoir et la structure des buts, celle-ci référant non seulement aux buts formels caractérisant une structure dynamique à un moment donné mais également toutes attentes des acteurs, conscientes et inconscientes. Pour mieux saisir l'ampleur du changement qui s'impose dans une organisation redéfinie de services auprès des personnes vivant en marge des normes de la société, nous proposons un modèle complexe d'organisation (pour agir sur un problème complexe) qui intègre en un tout les modèles de Tichy (1991), d'Allaire et Firsirotu (1988) et la théorie des champs de forces de Lewin, tel qu'illustré en annexe du présent article.

CONCLUSION

Pour offrir des services aux individus et à la collectivité, notre société a développé tout un système de ressources humaines et technologiques s'appuyant à leur tour sur des ressources financières énormes. Nous avons formalisé ce système dans des structures à la fois compliquées et contraignantes tant sur le plan physique (immeubles de services, appareillage médical, etc.) que sur le plan conceptuel (règles et procédures, spécialisation professionnelle, etc.). Bien sûr, ce système a été longuement et patiemment construit. Il répond certainement à beaucoup de besoins et a démontré son niveau d'efficacité dans des conditions «normales» d'utilisation par la population desservie. Toutefois, les personnes itinérantes (pour ne nommer qu'elles) ne se présentent pas nécessairement là où on les attend, ne consomment pas la médication conformément aux prescriptions, ne donnent pas toujours suite aux conseils prodigués par les intervenants, se placent dans des conditions sociosanitaires inadéquates ou carrément dangereuses. Le système le mieux structuré ne répond pas toujours efficacement à ce qui dépasse notre entendement. Aussi faut-il repenser certaines formes de philosophie et d'organisation de services pour s'ajuster à ce grand paradoxe entre la nécessité de l'ordre dans l'intervention et l'apparence de désordre que projette la marginalité sociale. Mais on doit justement aller au-delà de l'apparence et développer la circularité dans les interrelations pour, dans l'arrimage entre les besoins et les services, inclure les paradoxes comme éléments constitutifs d'une solution par l'approche systémique plutôt que de tenter de les écarter purement et simplement.

Un modèle de l'organisation intégrant les modèles de Tichy, d'Allaire et Firsirotu, et la théorie des champs de forces de K. Levin

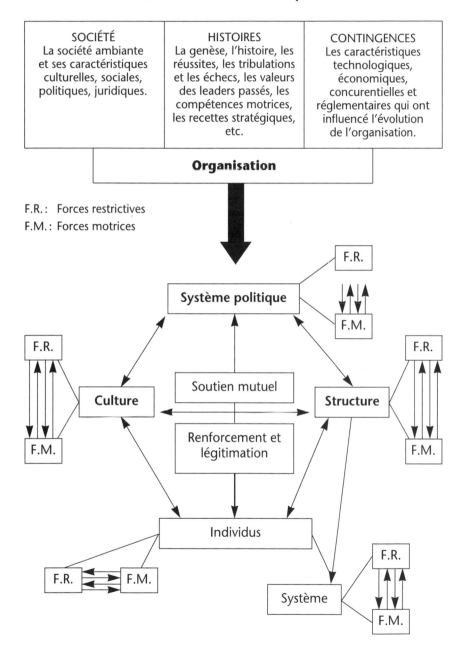

RÉFÉRENCES

ABBOTT, A. (1988). *The System of Professions: An Essay on the Division of Expert Labor.* Chicago: University of Chicago Press.

ACKOFF, R.L. (1974). The Systems Revolution. *Long Range Planning* (décembre), 2-20.

ALLAIRE, Y. et M.E. FIRSIROTU. (1988). Révolutions culturelles dans les grandes orientations: la gestion des stratégies radicales. *In* H. Abravanel *et al. La culture organisationnelle: aspects théoriques, pratiques et méthodologiques* (p. 197-226). Montréal: Gaëtan Morin.

CHECKLAND, P.B. (1981). *System Thinking, System Practive.* New York: John Willey and Sons.

COLLERETTE, P. et G. DELISLE (1982). *Le changement planifié, une approche pour intervenir dans les systèmes organisationnels. Laval.* Montréal: Agence d'Arc.

DE ROSNAY, J. (1975). *Le Macroscope: vers une vision globale.* Paris: Éditions du Seuil.

FRIEDSON, E. (1970). *Professionnal Dominance.* New York: Atherton Press.

HACKMAN, J.R. (1990). *Groups that Work (and those that don't): Creating Conditions for Effective Teamwork.* San Francisco: Jossey-Bass Publishers.

KLEIN, J.T. (1990). *Interdisciplinarity: History, Theory and Practice.* Detroit: Wayne State University Press.

LANDRY, M. (1981). Doit-on concevoir ou analyser les problèmes. *Angewandte Sozialforschung* (août).

LEMOIGNE, J.-L. (1977). *La théorie du système général: théorie de la modélisation.* Paris: Presses universitaires de France.

MINISTERE DE LA SANTÉ ET DES SERVICES SOCIAUX (1992). *La politique de la santé et du bien-être.* Québec: Gouvernement du Québec.

MORIN, E. (1977). *La Nature de la Nature.* Paris: Éditions du Seuil. Tessier, R. (1991). Relations de pouvoir et structures des buts. Une typologie des tactiques de changement social intentionnel. *In* R. Tessier et Y. Tellier (Sous la dir. de), *Changement planifié et développement des organisations*, Tome 5 (p. 257). Sainte-Foy: Presses de l'Université du Québec.

TICHY, N.M. (1991). Les bases de la gestion stratégique du changement. *In* R. Tessier et Y. Tellier (Sous la dir. de), *Changement planifié et développement des organisations*, Tome 5 (p. 170-195). Sainte-Foy: Presses de l'Université du Québec.

CHAPITRE 16

Vie itinérante et réglementation des espaces publics

par Ghyslaine Thomas

L e droit à l'espace public est un objet de lutte entre divers groupes sociaux. L'observation de la transformation de l'utilisation de l'espace public à travers le temps par la réglementation peut être une porte d'entrée pour saisir l'enjeu de ces conflits. Tenter d'exclure la population itinérante de l'espace public, c'est attaquer certaines valeurs fondamentales d'une société démocratique.

Les espaces publics se codifient, se redéfinissent et se reconfigurent au gré des discours en force et des intérêts dominants. Les représentations des personnes itinérantes se sont aussi transformées à travers le temps. Aujourd'hui, l'image de personnes dangereuses ou menaçantes pour la sécurité civile occupe souvent ces représentations. Ces personnes qui adoptent la rue comme espace de vie doivent souvent se résigner à satisfaire leurs besoins vitaux, sexuels et économiques sous le regard des autres. Pauvreté, nécessité, indigence et misère s'étalent donc sur la place publique. Selon Anderson (1997), la perte ou l'absence d'un domicile fixe peut être considérée comme un marqueur fondamental d'une identité d'échec, de perte. Pouvons-nous dire qu'il y a une perte de sociabilité au sens normatif du terme? Tels des êtres non rattachés au système institutionnel, les personnes itinérantes investissent des espaces sous juridiction publique, mais elles y sont continuellement repoussées à la marge.

Ce texte porte sur le rapport entre la personne itinérante et l'espace public à travers un examen de la réglementation de cet espace par la Ville de Montréal. C'est donc à la suite d'une recension des règlements de la Ville de Montréal en rapport avec cette problématique que cet article a pris forme. Quoique de facture monotone, les règlements municipaux se révèlent être une source capitale pour saisir les enjeux entourant l'utilisation de l'espace public. Ces règlements sont, ici, représentés à la fois comme un discours légal et comme une pratique d'éviction. La transformation des règlements a un impact concret dans la vie quotidienne de la population qui vit dans l'espace public.

Ce texte se divise en cinq parties. Dans un premier temps, nous définissons l'itinérance en rapport avec la notion d'espace urbain. En deuxième lieu, nous abordons de façon plus spécifique l'aspect de l'espace comme territoire, c'est-à-dire comme espace à codifier et à gérer en rapport avec la question de l'itinérance. Enfin, un troisième aspect nous est aussi apparu important de mentionner, celui de la personne itinérante comme sujet pouvant aussi amorcer certaines dynamiques et processus. Dans cette partie, nous relatons brièvement des événements qui se sont produits dans diverses municipalités et qui montrent certains aspects du vécu d'une population itinérante à l'intérieur du paysage urbain. La quatrième partie décrit et commente les règlements de la Ville de Montréal susceptibles d'intervenir dans la vie de la personne itinérante. Pour appuyer cette section, nous avons choisi de présenter, dans la dernière partie, un événement montréalais connu sous le nom de «l'Affaire Berri». Nous ne tentons pas de mesurer, de décrire ou d'expliquer les causes et les effets de la vie itinérante chez la personne elle-même, mais nous cherchons plutôt à articuler ce rapport entre l'espace et l'itinérance à la réglementation municipale, et ce, à la lumière d'un fait concret. Cette approche nous permet de décrire un processus, une stratégie[1] utilisée et de voir les résultats qui s'ensuivent. Cette perspective illustre bien comment un mouvement collectif provenant d'en haut (des gestionnaires qui ont le pouvoir de transformer l'utilisation de l'espace) et comment un mouvement collectif venant d'en bas (divers groupes contestataires pour l'usage de la place publique Émilie-Gamelin) met en relief l'aspect conflictuel existant entre les désirs et les besoins d'une personne itinérante et les intérêts d'une municipalité.

LA PERSONNE ITINÉRANTE ET L'APPROPRIATION DE L'ESPACE URBAIN

Un problème auquel le chercheur fait face en traitant de la thématique de l'itinérance consiste en sa définition floue et élastique, qui varie selon divers contextes matériels ou symboliques, dont diverses interprétations académiques (Anderson, 1997; Laberge, Cousineau, Morin, Roy, 1995; Veness, 1993). Une définition de la personne itinérante qui reflète la complexité de cette problématique fut élaborée dans le Protocole interministériel sur l'itinérance (1993). La personne itinérante serait celle «qui n'a pas d'adresse fixe, de logement stable, sécuritaire et salubre pour les 60 jours à venir, à très faible revenu, avec une accessibilité discriminatoire à son égard de la part des ser-

---

1. Le sens de stratégie adoptée ici fait appel à un exercice de pouvoir dans le sens foucaldien du terme, c'est-à-dire que les stratégies sont ce qui permet la transformation du champ social en champ d'intervention et elles sont notamment des actions posées dans le but de produire, dans une population, un ordre, une docilité. Pour une définition plus élaborée, voir Dreyfus et Rabinow (1984, p. 312); Thomas et Laberge (1998, p. 167).

vices, avec des problèmes de santé mentale, d'alcoolisme, de toxicomanie ou de désorganisation sociale et dépourvue de groupe d'appartenance stable» (Laberge *et al.*, 1995). Cette définition est présentement l'objet d'un débat important. Comme l'ont déjà spécifié Laberge *et al.* (1995, 4), «L'itinérance n'est pas un problème spécifique ou une caractéristique, mais bien une condition de vie des personnes. C'est pourquoi elle se laisse difficilement saisir à travers des désignations spécifiques».

Pour Veness (1993), l'habitat de la personne itinérante n'est pas un lieu mais une manière de vivre. Autrement dit, à la question «Où habitez-vous?», les personnes itinérantes expliquent comment elles vivent, c'est-à-dire où elles peuvent manger, dormir et exercer d'autres activités primaires et sociales. Pour ce chercheur, la définition des personnes itinérantes comme des *homeless* est fluide et subjective. Cela signifie qu'une personne n'a pas de domicile et passe sous silence le fait que ces gens logent quelque part. *Home Is Where*, comme l'explique Veness (1993, 324-325), qui a repéré cette définition de quelques itinérants qui ont, de cette façon, intitulé une affiche représentant leur pièce de théâtre. La définition de domicile est reliée à des critères normatifs qui ne sont pas les mêmes que ceux utilisés par ceux et celles qui vivent cette situation d'errance et elle est plutôt créée à partir de rythmes temporels et des habitudes prédéterminées. Pour ces personnes, le domicile est le lieu où elles vivent et, dans la plupart des cas – hormis les couchers et les repas possiblement fournis par des organismes –, celles-ci vivent dans l'espace ou sur la place publique. Pour Veness, sont *homeless* ceux qui ne sont pas propriétaires ou locataires d'un lieu où ils peuvent vivre en sécurité, selon un état de bien-être et de façon légale jour et nuit et où ils peuvent vaquer à leurs besoins primaires et sociaux de façon privée et digne. Quant à l'itinérance comme habitude de vie, Veness explique que celle-ci a cessé d'être acceptable lorsqu'une ligne de partage a été établie entre *home/homeless*, c'est-à-dire entre personnes propriétaires ou locataires d'un lieu et personnes non propriétaires ou non locataires d'un espace.

Nous retiendrons, pour notre part, le rapport de la personne itinérante à l'espace comme la principale caractéristique, c'est-à-dire l'absence de chez-soi, l'absence de lieu privé permanent. Ces personnes vivent donc *leur vie privée privées d'espace privé.* Quoique les personnes itinérantes montréalaises puissent bénéficier de ressources pour dormir ou manger, ces lieux sont ordinairement des lieux transitoires. La vie de l'itinérant se déroulerait-elle dans un espace qui n'est pas le sien? Son espace privé serait-il toujours l'espace des autres? Comment peut-on qualifier cet espace à la fois privé pour l'itinérant et public pour le non-itinérant? L'espace public peut être un lieu desservant communément divers besoins et pouvant exercer de multiples fonctions sociologiques (culturelles, sportives, sociales, etc.). Comme lieu communautaire, il peut faire office d'espace relationnel, de lieu de force politique collective et potentiellement d'espace de transgression (Anderson, 1997). Il s'agit aussi d'un lieu commun où la civilité et le sens collectif peuvent s'exprimer et se développer. Il s'agit notamment d'un lieu sujet à de continuelles et perpétuelles négociations, car cet espace public est aussi géré démocratiquement par des règlements adoptés par des représentants de territoires municipaux.

LA POPULATION ITINÉRANTE ET LE CONTRÔLE DE L'ESPACE URBAIN

Considéré comme territoire, un espace public signifie qu'il dépend d'un État, d'une ville, d'une juridiction. La territorialité comprend un sens légal qui est «le fait, pour les lois, de s'appliquer à toutes les personnes qui sont sur le territoire, quelle que soit leur origine [par opposition à personnalité]» (Larousse, 1998). Cependant, en se fiant à cette définition, plusieurs chercheurs (Takahaski, 1997; Mitchel, 1997-1995-1992; Smith, 1994; Simon, 1992; Davis, 1991; Baker 1990-1991) considèrent que les règlements municipaux adoptés pour l'utilisation de l'espace public ciblent particulièrement la population itinérante, notamment en la chassant d'un territoire. Dans plusieurs grandes villes américaines, des recherches ont montré que ces lois ciblent non seulement cette population mais punissent ce qu'elle représente – en tant que personnes détentrices d'un statut marginalisé – plutôt que l'activité exercée (Smith, 1994; Simon, 1992). Une forme de contrôle de la population itinérante réside donc dans la gestion de l'espace public par les règlements municipaux (lois d'usage et d'occupation de territoire). Qui contrôle l'espace public et qui y est contrôlé? S'appuyant sur les arguments théoriques de Sack (1986) sur la notion de territoire, Mitchell nous rappelle que le territoire est un lieu où le pouvoir se manifeste de manière concrète et visible[2]. Il s'agit donc d'un espace géré par les lois pour une communauté ou encore pour des intérêts généraux et non individuels. L'itinérance, comme le mentionne Waldron (1991), est, en partie, reliée à la propriété et à la législation. Un espace codifié, selon des règles, devient conséquemment un espace de contrôle pour des agents de sécurité (Bellot, 1996). Il représente une opportunité stratégique sur le plan politique pour l'appareil de gestion d'une municipalité (capital politique au sens de Bourdieu). Dans cette optique, le territoire peut être un matériel significatif pour l'observation d'un exercice de contrôle ou de pouvoir.

L'intervention dans le monde de l'itinérance peut prendre diverses formes, selon la perception de l'intervenant ou selon sa représentation sociale.

---

2. Citant Sack, Mitchell écrit que «territoriality is 'a means of reifying power and making it visible. At the same time territoriality tends to displace attention from the relationship between the controller and the controlled to the territory'», Sack, 1986. «Human Territoriality». Cambridge, Cambridge University Press, p. 32-33.

Si la personne itinérante est perçue comme un être carencé, l'intervention pourra être d'ordre médical, psychiatrique ou sanitaire. Si elle est perçue comme une personne inadaptée aux normes ou aux valeurs d'une époque, l'objectif de cette intervention sera de la réformer, de la contrôler ou encore de la punir afin de mettre un terme à cette inadaptation. La dangerosité, comme risque potentiel qu'on attribue aux personnes itinérantes, est souvent au fondement de la gestion de cette population. Sous un discours de protection ou de sécurité civile, on empiète sur la liberté individuelle de ces personnes. Leur vie, étalée au grand jour, et leur absence d'inscription dans un espace matériel fixe les rendent vulnérables et souvent sujettes à l'intervention pénale. À partir d'une perspective de géographie politique, Mitchell (1997) a observé que certaines lois sont, de façon pernicieuse, anti-itinérance (*anti-homeless*). Baker (1990-1991) a qualifié ces lois anti-itinérantes, qui punissent et pénalisent cette population, de geste anticonstitutionnel[3]. Lorsque ces lois servent à redéfinir les comportements acceptables dans les lieux publics, elles ont souvent comme effet, a observé Mitchell (1997), d'annihiler les lieux où les personnes itinérantes peuvent vivre et conséquemment, par ricochet, d'annihiler ces gens eux-mêmes, les condamnant à vivre comme des fantômes. À San Francisco, un programme nommé Matrix permettait aux autorités d'émettre des citations à comparaître aux sans-abri qui dormaient dans les rues en les accusant de crimes contre la qualité de vie (Gingras, 1998). On pourrait se demander : sur la qualité de vie de qui, et le crime de qui ? Maintenant que nous avons établi un lien entre la gestion de l'espace urbain et la gestion de l'itinérance, voyons comment il est possible d'envisager cette personne non plus en fonction de sa situation de marginalité mais comme un sujet partie prenante d'une collectivité.

LA PERSONNE ITINÉRANTE COMME SUJET PARTIE PRENANTE D'UNE COLLECTIVITÉ

La personne itinérante ne peut se caractériser que par son exclusion, sa marginalité. Ces personnes sont fondamentalement des sujets de droit, des citoyens dotés de désirs, de besoins primaires et sociaux. En tant que groupe, les personnes itinérantes forment une communauté significative à l'intérieure de laquelle peuvent se développer des stratégies collectives, des réseaux et des

---

3. Selon une étude provenant d'un groupe de réflexion en politiques sociales à l'Institut Caledon d'Ottawa, l'adoption de règlements municipaux dans un but d'interdiction de la mendicité des centres-villes est anticonstitutionnelle. Arthur Schafer, directeur du Centre d'éthique professionnelle et appliquée de l'Université du Manitoba, rappelle que demander de l'argent aux passants est aussi valable que de mener une collecte de fonds par téléphone. Les deux cas relèvent de la liberté d'expression. *La Presse*, 3 septembre 1998, p. C-21. De plus, nous pouvons ajouter que, dans le premier cas, la demande est faite sans intrusion dans l'espace privé des personnes.

mouvements de résistance, comme nous serons en mesure de le montrer en retraçant les événements entourant «l'Affaire Berri». La transformation de la réglementation de l'espace public et ses effets sur une population itinérante se sont progressivement fait sentir dans les grandes villes américaines et canadiennes. Voyons brièvement quelques événements variés concernant cette émergence de transformation de l'espace urbain en rapport à l'intégration ou à la marginalisation de cette population.

Comme exemple d'intégration et de participation, Anderson (1997) a montré, avec le projet Street City à Toronto, comment ces personnes peuvent être à la fois des sujets et des agents producteurs de solutions pertinentes et adaptées à leurs besoins. Ce projet donnait la possibilité aux personnes itinérantes de participer directement aux divers processus, décisions, et négociations entourant la construction de l'édifice devant les accueillir.

Un autre exemple nous permet d'approfondir le sujet. Il concerne la transformation historique de la fonction d'un espace traditionnellement occupé par des personnes sans abri et l'impact suscité au niveau du climat urbain de Los Angeles. Davis (1991) a observé comment, dans cette ville, un espace résiduel communautaire occupé depuis cent ans par des vagabonds et divers immigrants sans travail a été approprié par les instances publiques. Ces dernières ont graduellement évincé les personnes itinérantes. Il s'agit, spécifie l'auteur, d'une appropriation de l'espace collectif pour des intérêts corporatifs, ces espaces étant devenus, pour le Conseil de Ville, ses bancs, ses rues et ses parcs. Cette déconstruction stratégique d'espaces communautaires, selon une perspective sociale et spatiale d'intolérance que Davis a qualifiée de logique infernale, a suscité, explique-t-il, une escalade de violence. Dans plusieurs grandes villes américaines, l'itinérance est devenue une situation permanente et l'attitude du public envers ces personnes est passée de la sympathie à l'hostilité. Dans une recherche traitant du phénomène de stigmatisation d'une population sidéenne et itinérante ainsi qu'une stigmatisation des lieux de ressources, Takahashi (1997) évoque le syndrome «pas dans ma cour[4]», qui illustre bien cette attitude de rejet de personnes et d'établissements dans un espace donné.

D'un autre point de vue, parallèlement au mouvement de globalisation de l'espace et de l'économie, on assiste à la formation de mouvements de résistance inscrits à l'intérieur d'une dynamique qui dépasse aussi les frontières locales. Voyons comme exemple le groupe Food not Bombs (FNB)[5].

---

4. Il s'agit du syndrome NIMBY (Not In My Back Yard).

5. Plusieurs sites Internet donnent de l'information sur ces groupes. On peut consulter, entre autres, pour les États-Unis, le site de Keith McHenry: http://www.mindspring.com/~preggo/fnb.html; pour le Canada anglophone, le site de Winnipeg: http://www.angelfire.com/mb/foodnotbombs/; du côté francophone, le site montréalais: www.odyssee.net/~rslmon/FNB/fnbindex.html.

Cette organisation a été formée à Boston dans les années 1980 à la suite des mouvements antinucléaires de la Nouvelle-Angleterre. Il s'agit de groupes politiques qui s'enracinent en Amérique du Nord et en Europe. Formés de groupuscules autonomes, les membres de FNB protestent contre le militarisme et la pauvreté en servant gratuitement de la nourriture aux personnes nécessiteuses dans les espaces publics. Ils prônent les principes suivants : le recyclage de la nourriture, la non-violence et l'application de décisions consensuelles. Ce mouvement soutient les sans-abri qui résistent à leur emprisonnement et à leur marginalisation. Durant la dernière décennie, la Ville de San Francisco a arrêté un millier de ces manifestants et elle leur a confisqué de l'équipement nutritionnel et des voitures servant à leurs activités. En 1991, le département des parcs a enlevé tous les permis de distribution de nourriture aux sans-abri. Les membres du FNB se considèrent comme prisonniers de conscience et objets de harcèlements municipaux ou civils et ils ont demandé à Amnistie Internationale et à la Commission des Nations Unies sur les droits de l'homme d'ouvrir une enquête sur leur sort.

Lorsque les personnes itinérantes sont perçues à l'intérieur d'un espace urbain comme collectivité dérangeante, inesthétique, dangereuse ou déviante, l'intervention ne se limite pas à ses formes sanitaires (médicale, psychiatrique ou d'hébergement) ni à ses formes répressives (distribution de contraventions ou emprisonnement) mais elle prendra aussi la forme d'une gestion par un encadrement spatial. Malgré la monotonie que peut valoir une description des règlements, nous avons choisi de les décrire de façon assez détaillée parce que, généralement, ils sont méconnus et peuvent servir de référents pour diverses observations ou encore susciter d'autres questions de recherche. De plus, ils nous servent de référents pour expliquer de façon plus approfondie l'« Événement Berri ».

LES RÈGLEMENTS DE L'ESPACE PUBLIC À MONTRÉAL

Nous avons passé en revue tous les règlements de la Ville de Montréal comportant une prescription reliée à la fréquentation d'un espace public eu égard à l'utilisation de l'espace public par une population itinérante. La fonction municipale de tels règlements consiste à déterminer qui a le pouvoir d'être à telle place et qui ne peut y être. La municipalité reconnaît aux lieux une propriété privée, collective ou publique. Les lieux de propriété publique sont les rues, les trottoirs, les passages souterrains, les parcs municipaux, provinciaux, nationaux et les endroits sauvages. Ces lieux sont gérés au nom de la société de façon à les rendre équitablement accessibles à tous.

Les lieux de propriété privée reconnaissent à des individus ou à des corporations un droit particulier de gérance témoignant d'une souveraineté privilégiée mais non exclusive. Concrètement, un espace privé localisé dans une municipalité – tel l'édifice de la compagnie Molson ou l'université – donne droit à cette compagnie ou à cette institution de se doter d'un système privé de surveillance. Par contre, en tout temps, des représentants désignés de la société peuvent investir cet espace si nécessaire.

Les règlements municipaux peuvent prendre appui sur la Charte de la Ville de Montréal et sur des règles ou lois provenant de divers paliers administratifs (fédéral, provincial, régional). De la même façon, on peut retrouver à l'intérieur des règlements municipaux l'inclusion ou la référence à d'autres règles, comme le Code de la sécurité routière. Ces règlements sont aussi tributaires ou sous l'égide de lois supérieures, telles que celles énoncées dans les Chartes des droits et libertés.

Notre analyse se limite aux règlements refondus de la Ville de Montréal en date du mois d'août 1998 et aux règlements de la Société de transport de la Communauté urbaine de Montréal (STCUM)[6]. Ces règlements sont localisés de façon éparse à l'intérieur des diverses sections administratives et sont parfois difficiles d'accès. La Ville de Montréal est gérée par 110 types de règlements refondus à l'intérieur desquels on retrouve 13 règlements abrogés et un remplacement. Notre recension n'a pas tenu compte des règlements abrogés. Cependant, il serait intéressant ultérieurement d'y référer, surtout pour le règlement interdisant certaines activités sur les places publiques[7] et le règlement sur la circulation et la sécurité publique[8]. La mise en parallèle des anciens et des nouveaux règlements pourrait nous montrer dans quelles perspectives s'orientent les transformations. Les règlements de la STCUM sont au nombre de 99 et seuls les règlements du métro étaient pertinents pour notre problématique.

Les règlements refondus ont été repérés à la Bibliothèque de la Ville de Montréal de la rue Sherbrooke. Les règlements complets d'urbanisme et l'annexe F qui contient les plans de sites pour la localisation des espaces publics proviennent du Service des greffes de la Ville de Montréal. Les règlements de la STCUM ont été consultés au Secrétariat et affaires juridiques. Certaines consultations ont été faites au bureau Accès Montréal sur le plateau Mont-Royal. Les règlements concernant strictement le métro ont été obtenus au bureau de la Société au métro Berri.

Les règlements choisis ont été catégorisés à partir d'une grille de lecture dont les principales interrogations sont relatives au fait que l'espace public est, pour certaines personnes, un espace vital et non seulement un lieu de transit. Ces règlements sont interprétés comme pratique discursive de gestion

---

6. Métro CA-3.

7. A-2.1.

8. C-4.

de l'itinérance en prenant comme prémisse que le partage des biens collectifs et l'exclusion peuvent se lire à travers des institutions, des techniques et des dispositifs tels que la réglementation.

Les questions que nous nous sommes posées en analysant les documents sont les suivantes. Qu'entend-t-on entend par domaine public à Montréal? Quels sont les espaces publics dont l'accès est interdit ou restreint? Quelles sont les restrictions imposées? Quels sont les comportements individuels ou collectifs proscrits? Quels sont les éléments matériels et symboliques à protéger?

Les Règlements refondus de la Ville de Montréal et de la STCUM choisis concernent les thématiques suivantes : l'occupation du domaine public, les parcs, les terrains privés, les lieux interdits, et le transport en commun. Voyons les définitions, interdictions et paradoxes que l'on peut retrouver à l'intérieur de chaque item.

Le domaine public

Cette catégorie comprend trois règlements : 1) le règlement sur l'occupation du domaine public[9]; 2) le règlement concernant la paix et l'ordre sur le domaine public[10]; 3) le règlement sur la prévention des troubles de la paix, de la sécurité et de l'ordre publics et sur l'utilisation du domaine public[11].

Les règlements sur l'occupation du domaine public[12] définissent ce qu'il est entendu par domaine public. Ils décrivent son «mobilier» et nomment les autorités qui contrôlent cet espace. Le domaine public occupe le sol, le hors-sol et le sous-sol. Il est composé des rues, des ruelles, des parcs, des places publiques, des trottoirs, des terre-pleins et des emprises excédentaires de la voie publique. Le mobilier urbain comprend les éléments suivants : les bornes géodésiques, les repères d'incendie, les structures pour l'alimentation du métro, les bollards, les grilles, les tuyaux, les conduits, les lampadaires, les réverbères, les murs, les clôtures, les poteaux, les parcomètres, les feux de circulation et de stationnement, les arbres, les bancs, les poubelles, etc. L'autorité compétente, celle qui est chargée de faire appliquer les règlements, est désignée dans la Charte 313j.

Les règlements concernant la paix et l'ordre sur le domaine public[13] désignent les fonctions des divers agents affectés au contrôle, ils informent sur les limites des types de circulation et des interdictions. Tous ces règlements ont

---

9. c. O-0.1.

10. c. P-1.

11. c. P-6.

12. c. O-0.1.

13. c. P-1.

comme visée de maintenir l'ordre et la paix. L'agent de la paix voit à la bonne circulation des gens. Le comité exécutif autorise par ordonnance l'exercice de métier ambulant dans des lieux désignés et autorise la vente de marchandises dans le domaine public. Le directeur du service de la circulation et de transport est celui qui donne l'autorisation de parades ainsi que les conditions afférentes (trajet, date et heures). Les activités ou comportements qualifiés d'interdits ont pour motif de ne pas gêner la circulation des piétons et des automobiles. Les interdictions portent sur des comportements, des activités ludiques ou lucratives, des types de consommation, des attitudes, voire des états physiques et la possession de certaines armes. Les comportements interdits sur les voies publiques sont l'immobilisme, la flânerie et le rodage. Les activités sportives interdites sont : patiner, skier, courir, pratiquer la planche à roulettes ou le vélo et jouer sur le trottoir. Relativement à l'état physique et à l'attitude, il est interdit de gésir ou de flâner ivre sur une voie, une place publique ou tout autre endroit de la ville. Comme consommation, l'alcool est interdit, sauf dans les lieux autorisés ou encore pour des événements autorisés. La possession de fusil, de pistolet à vent, de lance-pierres ou d'arc est interdite. Il est interdit d'exhiber, de distribuer ou d'offrir des objets pour la vente, exception faite des fleurs, sous réserve du Code de la sécurité routière[14]. Il est permis de remettre personnellement des brochures gratuites aux passants. Finalement, il est interdit de se tenir sur le domaine public ou sur une propriété privée sise à moins de 6 mètres du domaine public pour des sollicitations d'affaires, de services ou de clientèle.

Le règlement municipal[15] sur la prévention des troubles de la paix, de la sécurité et de l'ordre publics et sur l'utilisation du domaine public rappelle les droits de jouissance du domaine public et stipule les interdictions pouvant menacer l'ordre. D'une façon globale, l'alinéa 1 mentionne que toute personne a droit de jouir des voies, parcs, places et domaines publics de la ville en paix et en sécurité. Il est interdit de tenir des assemblées ou de former un attroupement qui mette en danger. Il est interdit aux participants de ces assemblées de molester, de bousculer, de gêner le mouvement, la marche ou la présence des citoyens. Tout défilé, assemblée ou attroupement pouvant causer tumulte et mettre en danger peut être interdit pour une période déterminée.

Résumons et voyons *a contrario* des interdictions ce qu'il est permis de faire sur le domaine public. Sur le domaine public, on doit marcher, être en santé, sobre et sans armes matérielles. On peut vendre des fleurs, passer des tracts main à main et, si sollicitation il y a, elle doit se tenir à une distance de 6 mètres de la Ville de Montréal, car le territoire entier est composé d'espaces

---

14. L.R.Q., chap. C-24.2.
15. c. P-6.

privés et publics. La notion de danger pour les rassemblements n'est pas claire; on ne comprend pas qui ou quoi sera en danger s'il y a attroupement. On remarque dans ces règlements sur le domaine public que les parcs sont inclus dans cette catégorie du domaine public, quoiqu'ils fassent aussi partie d'une catégorie réservée uniquement aux parcs. C'est notre prochaine description.

Les parcs

Le règlement municipal[16] sur les parcs nous informe des points suivants: la signification du mot parc, le personnel en autorité et ses fonctions, l'accessibilité aux parcs, les éléments à protéger ainsi que divers types de proscriptions et prescriptions. Le mot parc signifie tous les parcs de la ville y compris le parc de l'île Sainte-Hélène, les jardins botanique et zoologique, les places publiques, squares, terrains de jeux, terrains de golf, les bains, les piscines, les vespasiennes et autres immeubles qui s'y trouvent[17]. La surveillance et le contrôle des parcs relèvent du directeur du Service de la Communauté urbaine de Montréal[18]. Ce dernier peut en interdire l'accès pour des raisons de sécurité. De plus, il a l'autorité de désigner les lieux et les heures qui peuvent être affectés au jeu ainsi que contrôler tout affichage. Un agent de la paix veille au respect de l'ordre et de la paix et un préposé peut être affecté à la surveillance du parc afin de recueillir les noms et adresses des personnes ayant subi des blessures et des dommages.

Quant aux heures d'ouverture, le règlement stipule qu'un parc est ouvert en tout temps à moins que sa fermeture ait fait l'objet d'une ordonnance émise par le comité exécutif[19]. Ce sont des raisons de sécurité qui ordonnent la fermeture d'un parc. Cette interdiction de passage doit être rendue visible au moyen de barrières, de lanternes ou de panneaux indicateurs. Bien entendu, il est interdit de se trouver dans un parc lorsqu'il est fermé. Les entrées et les sorties doivent se faire aux endroits désignés. Les éléments matériels à respecter sont les murs, les clôtures, les abris, les sièges, les pelouses, les arbres et arbustes, les fleurs, les plantes, les propriétés de la Ville, les étangs, les bancs, le gazon et la pelouse. Il est interdit d'escalader les murs, les immeubles, les arbres et les clôtures. On ne doit pas se baigner dans les étangs, ni faire baigner des animaux et y jeter quoi que ce soit, ni pêcher. Il est interdit de se tenir debout, de se coucher ou d'occuper plus d'une place sur un banc. Il est interdit de se promener à pied sur le gazon et la pelouse.

---

16. c. P-3.
17. 95-085, a.57.
18. 95-085, a. 58.
19. Article 21.

En ce qui a trait aux comportements, il est interdit de crier, de blasphémer, de proférer des injures, des paroles indécentes ou des menaces ainsi que de faire des actions indécentes ou obscènes. Il est interdit de lancer des pierres ou des projectiles, de pratiquer des jeux de hasard et de vendre quoi que ce soit. Il est interdit d'allumer des feux sous réserve des règlements concernant la prévention des incendies.

Résumons, afin de clarifier. Le mot parc comporte une signification ambiguë, car il comprend, dans sa définition légale, la place publique. Une place publique peut être visitée en tout temps alors qu'un parc peut être fermé sur ordonnance du comité exécutif et sa fermeture doit être indiquée au moyen d'un signe quelconque. Malgré le fait que les règlements recensés dans ce travail aient été datés du 3 août 1998, on n'y retrouve pas de référence à une ordonnance sur les heures de fermeture des parcs. Il existe cependant l'ordonnance n° 3 émise par le comité exécutif en date du 25 juillet 1979 qui décrète que «les parcs de la Ville sont fermés de 00:00 à 06:00 heures, sauf:

a) les places publiques;

b) les voies publiques aménagées dans les parcs pour la circulation des véhicules automobiles;

c) les terrains de stationnement aménagés dans les parcs;

d) les bâtiments situés dans les parcs où ont lieu des activités dont la Ville autorise la tenue pendant les heures mentionnées au présent article.»

On observe des contradictions légales quant à l'usage à faire dans un espace de parc et dans un espace qualifié de place publique. Dans l'énumération des usages prescrits, les parcs font partie de la catégorie E.1 (1) avec les jardins communautaires et une promenade, tandis qu'une place publique fait partie de la catégorie E.1 (3) avec l'esplanade et le square. Une place publique, une esplanade et un square demeurent ouverts en tout temps pour le public. Par contre, on observe que, dans cette partie légale sur les parcs, la place publique fait partie de la catégorie des parcs avec les squares et les jardins. Nous nous sommes attardées à décrire cette partie contradictoire, car dans notre exemple de l'Affaire Berri nous devrons en tenir compte. Maintenant, passons rapidement sur les règlements d'espaces privés et sur les lieux interdits d'accès.

Les terrains privés

Le règlement[20] sur la propriété des terrains privés interdit de jeter ou de déposer une matière malpropre ou nuisible sur un espace privé et le contrôle

---

20. c. P-12.

de ces espaces est dévolu au directeur du service de la propreté. Ce règlement définit ce qui est considéré comme des déchets : les cendres, les ordures ménagères (résidus de cuisine ou de table, y compris les bouteilles, les canettes, les boîtes de conserve et les balayures) les autres détritus et la matière malpropre et nuisible (les déchets, les chiffons, les vieux matériaux, les débris, les carcasses d'auto, les appareils hors d'usage, les ferrailles, les broussailles, les animaux morts, les papiers ou ballots, etc.).

Les lieux interdits

L'accessibilité à certains lieux est parfois interdite en tout temps ou selon des horaires déterminés. Le règlement sur les abribus[21] interdit l'accès aux piscines publiques à ciel ouvert en dehors des heures d'ouverture. Le règlement sur l'alimentation en eau et sur l'usage des égouts publics[22] interdit l'accessibilité en tout temps aux égouts et aux terrains où se trouve un réservoir de la Ville ou le Canal de l'aqueduc. Le règlement sur le certificat d'occupation sans permis[23] interdit l'occupation d'un établissement sans certificat d'occupation. Le règlement[24] de la STCUM interdit de se trouver ou de circuler sur un terrain, dans un immeuble ou une partie d'immeuble réservés exclusivement aux employés de la Société.

Le transport en commun

Le règlement de la Société de transport de la Communauté urbaine de Montréal[25] codifie la conduite des usagers du métro ou des autobus. Ce règlement nous informe sur l'espace défini comme station de métro, sur les fonctionnaires qui doivent voir à l'application et à l'observation des règlements, sur le droit des usagers et sur les interdits. Les fonctionnaires de la Société désignés et les policiers de la Communauté urbaine sont chargés de voir à l'application des règlements. Tous les usagers du transport en commun ont le droit de l'utiliser dans le confort et la sécurité. La Ville de Montréal possède 65 stations de métro. Une station de métro comprend la construction, la superficie ou le volume occupés par la Société à l'occasion ou pour l'opération d'un système de transport par métro, y compris les aires, les corridors et les couloirs en permettant l'accès, la sortie ou l'évacuation des usagers.

Les interdictions sont reliées à la protection du matériel de la Société de transport, à la propreté de l'espace, à des comportements, à des postures ou à

---

21. c. A-1.
22. c. A-4.
23. c. C-3.2.
24. CA-3. Section 2, #4.09.
25. CA-3.

des activités. Les proscriptions concernent les stations de métro ainsi que les véhicules de transport en commun. Il est interdit d'endommager ou d'apposer un signe sur un bien ou une propriété de la Société. Il est interdit de souiller une station de métro ou un véhicule de la Société et d'abandonner des objets ailleurs que dans les contenants pourvus à cet effet. Il est interdit de poser le pied sur un siège, de se coucher ou de s'étendre sur le banc ou le plancher d'un véhicule ou d'une station de métro, de gêner ou d'entraver la libre circulation des voyageurs en s'immobilisant, en rôdant ou en flânant. Il est interdit de refuser de circuler lorsqu'il est requis de le faire par l'opérateur d'un véhicule, un employé de la Société ou un policier de la CUM. Il est interdit d'allumer un briquet ou une allumette. Il est interdit de faire fonctionner un appareil émettant un son audible par autrui. Sur le plan de la quête, il est interdit de demander l'aumône ou un don sauf dans les aires, couloirs ou corridors situés entre les portes d'entrée des stations de métro et l'endroit où le voyageur doit acquitter le prix de son voyage. Il est interdit de consommer des boissons alcoolisées, de crier, blasphémer, de clamer, de flâner, de se livrer à toute forme de tapage. Il est interdit d'exhiber, d'offrir ou de distribuer un livre, un journal, un tract, un feuillet, un dépliant, à l'exception d'une distribution de personne à personne – à titre gratuit – de texte exprimant une idéologie politique, sociale ou religieuse dans les aires permises. Il est interdit de vendre un service ou des biens. Il est interdit de franchir la zone de sécurité fixée par la Société. L'exécution d'œuvre musicale ou de spectacles est permise en autant qu'elle ne dépasse pas 80 décibels et qu'elle soit faite dans une zone désignée à cette fin et aux heures prescrites.

Bref, l'importance des règlements des transports urbains se situent surtout sur le plan de la protection du matériel de la Société. Pour ce qui est des comportements interdits, on observe qu'ils sont à peu près les mêmes que ceux des autres lieux publics, sauf que la quête et la distribution de papier doivent se faire dans des lieux prédéterminés.

Maintenant que nous avons terminé cette énumération de la réglementation de l'espace par rapport à l'utilisation de l'espace public, revenons sur notre territoire montréalais et voyons comment nous pouvons lire la transformation de l'usage d'un espace public à la lumière de ce que nous avons précédemment énoncé.

L'AFFAIRE BERRI, MOUVEMENT COLLECTIF D'EN HAUT ET D'EN BAS

L'«Affaire Berri» montre qu'à l'instar des villes américaines, la Ville de Montréal semble adhérer à la même logique de «nettoyage» de certains espaces publics pour des raisons économiques ou esthétiques. Analysons cet événement en le contextualisant à l'intérieur des discours légaux, lesquels sont rarement abordés comme des faits, des événements, des stratégies qui poursuivent un but quelconque. Voyons ce processus de transformation d'une réalité sociale en mettant en relation la modification des règlements d'urbanisme de la Ville de Montréal et l'occupation de la place publique par des jeunes en juillet 1996.

Pour une description analytique de ces événements, nous retraçons les événements selon une séquence chronologique en prenant en compte d'un point de vue les activités qui s'exercent sur un terrain physique ou matériel, telles que la présence des personnes au parc Berri. D'un autre point de vue, nous tenons compte, selon la même séquence chronologique, des activités qui s'exercent à l'intérieur des murs de la municipalité, notamment la transformation de la réglementation de l'espace du parc Berri. Cette approche correspond bien à ce que Michel Foucault (1976, 123-126)[26] entendait par le pouvoir, soit qu'il est un exercice, c'est-à-dire provocation permanente entendue comme des activités qui s'exercent de part et d'autre des protagonistes impliqués.

L'opération nettoyage d'espace public de l'Affaire Berri ne constitue par une première dans les annales municipales. Comme Charest et Gagné (1997, 4) nous le remémorent, déjà dans les années 1976 au carré St-Louis on avait délogé les habitués de cet espace. Puis on retrace, par la suite, du côté de l'administration urbaine des parcs, en date du 25 juillet 1979, l'ordonnance #3 du conseil exécutif de la Ville qui décrète un règlement visant à fermer les parcs de la municipalité durant la nuit, exception faite des places publiques. Les parcs doivent donc, à partir de cette ordonnance, être fermés durant la nuit.

Au printemps 1996, plusieurs jeunes sont devenus des habituées de la place Émilie-Gamelin. Il s'agit pour eux d'une place de choix pour les rassemblements, la mendicité. Le 15 mars 1996, un rapport du Service d'urbanisme de la Ville de Montréal demande de verser dans le domaine public de la Ville à des fins de parc la place Émilie-Gamelin[27]. Le 20 mars qui suit, une recommandation signée par le directeur du Service d'urbanisme appuie cette

---

26. Dans ces pages, Foucault énumère certaines propositions sur ce qu'il entend par la notion de pouvoir, dont l'une d'entre elles est que là où il y a pouvoir, il y a résistance. Ces résistances, il les qualifie de diverses formes, soit des résistances possibles, nécessaires, improbables, spontanées, sauvages, solitaires, concertées, rampantes, violentes, irréconciliables, promptes à la transaction, intéressées ou sacrificielles.

27. C'est-à-dire le lot 823-1 cadastre cité de Montréal, quadrilatère Berri, Ste-Catherine, St-Hubert et De Maisonneuve, plan B-155 St-Jacques – D.E. St-Jacques (38), arr.

demande[28]. Tous, habitués du parc et intervenants, sont informés que désormais cette place Émilie-Gamelin est transformée en parc, donc soumise aux règles d'un parc, c'est-à-dire qu'il y a fermeture pendant la nuit. Forts de cette information, tous passent à l'action : la police provoque en distribuant dès le mois d'avril amendes sur amendes ; les jeunes résistent et se concertent pour s'approprier l'espace. Toujours durant le mois d'avril, une pétition circule à la Place Dupuis (commerce voisin de la place Émilie-Gamelin surnommé aussi parc Berri) pour appuyer l'opération-nettoyage que les corps policiers des postes 25 et 33 veulent faire au parc Berri. Pour justifier cette opération, les policiers invoquent la mendicité agressive des jeunes et le fait que les commerçants se plaignent du climat de terreur qu'instaurent ces derniers aux portes de leurs commerces et qui fait fuir les clients. Selon diverses sources, les policiers ont agi comme agents provocateurs dans cette affaire, initiant eux-mêmes une pétition de la part des commerçants du square Berri.

C'est ainsi que, le 29 juillet 1996, un groupe de jeunes décident de riposter aux actions policières par une activité de désobéissance civile en occupant le parc après minuit. Ce groupe est composé de jeunes dont certains sont membres du mouvement Bouffe pas des bombes (FNB Food not Bombs) et d'autres font partie d'un comité contre l'oppression et la brutalité policière. Au cours de cette nuit, on dénombre 70 arrestations. Cependant, à ce moment-là, le statut de la place Émilie-Gamelin est inchangé, car la recommandation du 20 mars précédent n'a pas fait l'objet d'une ordonnance municipale et n'a donc pas force de loi. Les personnes arrêtées le 29 juillet 1996 le sont en vertu du RRVM C.P.-3, article 3.21 : « Avoir été présent dans un parc après les heures de fermeture (0 h à 6 h). » Le montant de l'infraction est de 116 $. Les jeunes étaient dans le parc Émilie-Gamelin.

Me Denis Poitras[29], qui travaillait sur le dossier de ces jeunes à l'été 1998, n'a pas eu de contestation à la défense et la cause a été prise en délibéré pendant trois mois et demi par le juge. La question à débattre était la suivante : le carré Berri est-il une place publique ou un parc public ? Or, pour Me Poitras, il s'agissait d'une place publique et non d'un parc public. Le statut de place publique Émilie-Gamelin n'avait pas changé comme règlement de zonage au moment des événements de l'été 1996. Me Poitras a gagné sa cause, ainsi que la poignée de jeunes qui a eu la capacité d'attendre jusqu'au

---

28. Cette recommandation (950113856) se formule ainsi : *verser dans le domaine public de la ville, à des fins de parc, l'emplacement désigné par les lettres ABCDEFA sur le plan numéro B-155, daté du 22 janvier 1996, du service du Génie. Il faudrait, cependant, soustraire de cet ensemble les terrains requis pour fins de métro et désignés par les lettres BHRQB (TREFONDS) et JKLMNPJ (SURFACE ET TREFONDS).*

29. Me Denis Poitras m'a fourni les explications concernant ses propres démarches dans cette affaire ainsi que les résultats qui ont suivi.

jugement. Pourquoi ces derniers ont-ils eu gain de cause? Il ne s'agissait pas d'infractions à cause de comportements illégaux, mais il était question des dispositions générales qui codifient l'espace urbain et que l'on peut repérer dans les règlements d'urbanisme[30].

L'espace montréalais est divisé en territoires et chacun doit être utilisé de façon déterminée[31]. La place Émilie-Gamelin est codifiée dans la catégorie des équipements collectifs et institutionnels. Cette catégorie regroupe les espaces et les lieux publics ainsi que les établissements offrant des services d'éducation, de sport et de loisirs, de culture, de culte, de santé, d'utilités et d'administration publiques[32]. Les usages autorisés de la catégorie E.1 (1) concernent ce découpage de place et parc publics et cette catégorie comprend les usages suivants: 1. Jardin communautaire; 2. Parc; 3. Promenade; tandis que la catégorie E.1 (3) comprend les usages suivants: 1. Esplanade; 2. Place; 3. Square[33]. L'annexe F comprend les plans de l'arrondissement Ville-Marie ainsi que les usages prescrits pour l'espace compris dans le quadrilatère Berri, Ste-Catherine, St-Hubert et De Maisonneuve. Les usages prescrits pour cet espace sont codifiés E.1 (3) donc comme place publique et non E.1 (1) comme parc. C'est donc dire que cet espace était, à l'époque, toujours ouvert au public.

Cette affaire Berri qui s'est conclue en faveur des personnes qui ont défendu leur point de vue jusqu'à la fin n'en est pas restée là. Me Poitras a continué les procédures pour arrestations illégales. La journée même où la Ville a pris note de cette action, soit le 28 juillet 1999, une nouvelle ordonnance[34] a été émise par le comité exécutif de la Ville de Montréal. Cette ordonnance décrète que les parcs, places publiques et squares sont fermés durant la nuit, sauf les 40 exceptions énumérées à l'annexe 1. Évidemment, la place Émilie-Gamelin ne fait pas partie des exceptions et devient un espace fermé durant la nuit. En énumérant les parcs et les places publiques, la Ville de Montréal met fin aussi à la confusion qui existait à cause de la différence qui existait entre les parcs et les places publiques quant aux usages prescrits. Ce sont tous les parcs et places publiques qui sont maintenant fermés durant la nuit, sauf évidemment les 40 exceptions choisies par la Ville.

---

30. RRVM c. U-1.

31. RRVM c. U-1. Titre III, chapitre I, dispositions générales #130 (annexes A à I).

32. RRVM c. U-1. Chapitre VI, #348.

33. *Idem*, sous-section 2, on énumère les usages autorisés dans les catégories E.1 (1) à E.1 (4). #351 et #353.

34. Ordonnance n° 8, R.R.V.M., chap. P-3, articles 3 et 20, qui abrogent l'ordonnance 3 du règlement sur les parcs.

CONCLUSION

L'attribution d'espace alloué pour qu'une personne puisse y satisfaire ses besoins primaires et fondamentaux et l'observation des obstacles placés sur sa trajectoire nous donnent une bonne idée de l'enjeu de ces multiples transformations des espaces publics. Et ce qui fait l'objet de ces négociations n'est pas un problème d'itinérance mais le fait que des milliers de personnes dont les activités, la dignité et la liberté sont en jeu (Waldron, 1991, 324). Faudra-t-il donc questionner plus à fond, selon une perspective plus large (démocratie, liberté) et selon une dimension humanitaire (justice, éthique), ce droit à l'espace public, ce droit à la jouissance des biens publics que tout citoyen possède? Qu'est-ce qu'une ville en ordre et en paix? Quelles sont les conditions nécessaires pour assurer l'ordre et la paix urbains? De quel ordre et de quelle paix s'agit-il? Ces questions pourraient nous donner un éclairage nouveau vis-à-vis certaines réalités qui nous apparaissent évidentes, telles que, notamment, l'ordre et la paix.

Selon les règlements que nous avons relevés, il est clair que l'espace public est surtout réservé à la circulation. Tout comportement qu'une personne libre pourrait avoir dans son domicile, tel que dormir, être immobile, se coucher, être ivre ou se regrouper, etc. est un comportement à risque pour qui ne possède pas son espace privé durant la journée. Ce type de réglementation oblige les personnes sans domicile à camoufler leur mode de vie et permet à l'ensemble de la société de s'enfoncer la tête dans le sable. Une réglementation qui prône surtout la protection et la promotion de l'environnement esthétique d'un centre-ville sert parfois à nier la misère humaine qui s'y fait jour.

Aborder la personne itinérante dans son rapport à l'espace public, dans son milieu de vie, que cet espace soit pour celle-ci un choix, une résignation ou une obligation; aborder cet espace public dans son processus de réglementation et de désignation politique; aborder ce phénomène sous la perspective de transformation sociale permet de questionner le vivre ensemble des citoyens. Pour Burrington (1998), le concept de citoyen doit être fondé sur la liberté et l'accessibilité de façon non stigmatisante à l'espace public. L'accès libre et égal à cet espace est, pour cette auteure, un prérequis fondamental aux droits démocratiques de citoyenneté. Un élément central des prérequis de citoyenneté, rappelle Burrington, réside dans l'habileté ou la capacité d'occuper le – de littéralement exister comme élément du – paysage public[35]. Pour

---

35. *Before we can aspire to the title « citizen » we must be regarded as worthy even to try, and this means that we must be allowed simply to be, to exist as part of the public landscape upon which citizenship is enacted, to circulate in public life freely and unmolested, and to be granted the same standing or status, recognition and respect as our peers.* Burrington (1998, page 129).

elle, la notion de citoyenneté est plus large qu'une activité symbolique telle que le droit de vote. Burrington considère que clarifier le rapport entre l'espace et le politique permet de montrer comment la marginalisation fonctionne. Elle rappelle que, dans nos analyses sur la régulation des comportements sociaux, la manière dont la géographie fonctionne est souvent un sujet omis. Comment ces espaces sont-ils construits pour notre utilisation? Qui occupe certains espaces en opposition avec d'autres? Où ces espaces se logent-ils ? Quels discours sont invoqués pour occuper ces espaces? La gestion stratégique et tactique de l'espace public est rarement un élément pris en considération lorsqu'on étudie la question de l'itinérance dans un milieu urbain. Le type de réglementation municipale ainsi que le type de ses transformations ponctuelles montrent que l'espace public devient de plus en plus un lieu de transition entre un endroit et un autre, un espace de croisements fugaces. Et comme une peau de chagrin, les places publiques tendent à disparaître.

RÉFÉRENCES

ANDERSON, R. (1997). Street as Metaphor in Housing for the Homeless. *Journal of Social Distress and the Homeless, 6* (1), 1-12.

ANONYME. (1999). http://www.mindspring.com/~preggo/fnb.html (consulté le 10 octobre 1999).

ANONYME. (1999) http://www.angelfire.com/mb/foodnotbombs/.

ANONYME. (1999) http://www.odyssee.net/~rslmon/FNB/fnbindex.html.

ANDRÉ, P. (1996). *Square Berri, une pétition du poste 33 : Impossible! VOX* (4).

BAKER, D.E. (1990-1991). «Anti-Homeless» Legislation: Unconstitutional Efforts to Punish the Homeless. *University of Miami Law Review,* 45, 417-465.

BELLOT, C. et M.-M. COUSINEAU. (1996). *Représentations et pratiques des agents de sécurité privée à l'égard des itinérants (3)*. Montréal: *Les Cahiers de recherche du CRI*, UQAM, 107 p.

BURRINGTON, D. (1998). The Public Square and Citizen Queer. Toward a New Political Geography. *Polity Press, 31* (1), 107-131.

CHAREST, R. et J. GAGNÉ. (1997). Le nettoyage du Parc Berri. *Relations* (627), 11-14.

DAVIS, M. (1991). Afterword – A Logic like Hell's: Being Homeless in Los Angeles. *UCLA Law Review,* 39, 325-332.

DREYFUS, H.L. et P. RABINOW (1984). *Michel Foucault, un parcours philosophique*. Paris: Gallimard.

FOUCAULT, M. (1976). *La volonté de savoir. Histoire de la sexualité*. Paris: Gallimard.

GINGRAS, C. (1998). L'itinérance à San Francisco. *Journal L'Itinéraire* (août) p. 25.

LABERGE, D., M.-M. COUSINEAU, D. MORIN et S. ROY. (1995). *De l'expérience individuelle au phénomène global: configuration et réponses sociales à l'itinérance* (1). Montréal: Les cahiers de recherche du CRI, UQAM, 23 p.

La Presse. (13 sept. 1998). p. C.21.

MCHENRY, Keith. (1999). Foods not Bombs. North Carolina. http://www.mindspring.com/~preggo/fnb.html (consulté le 10 octobre 1999).

MITCHELL, D. (1997). The Annihilation of Space by Law: The Roots and Implications of Anti-Homeless Laws in the United-States. *Antipode, 29* (3), 303-335.

MITCHELL, D. (1995). The End of Public Space? People's Park, Definition of Public and Democracy. *Annals of Association of American Geographers, 85* (1), 108-113.

MITCHELL, D. (1992). Iconography and Locational Conflict from the Underside. Free Speech, People's Park, and the Politics of Homelessness in Berkeley, California. *Political Geography, 11* (2), 152-169.

Règlements refondus de la Ville de Montréal (R.R.V.M.). (1998) c. P-3 Règlement sur les parcs.

R.R.V.M.(1998). c. P-1 – Règlement concernant la paix et l'ordre sur le domaine public.

R.R.V.M. (1998). c. P-6 – Règlement sur la prévention des troubles de la paix, de la sécurité et de l'ordre publics, et sur l'utilisation du domaine public.

R.R.V.M. (1998). c. P-12 – Règlement sur la propriété des terrains privés.

R.R.V.M. (1998). c. A-4 – Règlement sur l'alimentation en eau et sur l'usage des égouts publics.

R.R.V.M. (1998). c. C-3.2 – Règlement sur le certificat d'occupation sans permis.

R.R.V.M. (1998). c. U-1 – Règlement d'urbanisme. Titre I, Chap. I, 1; 1,2 – Champ d'application.

R.R.V.M. (1998). c. U-1 – Règlement d'urbanisme. Titre I, Chap. II, 3 – Interprétation.

R.R.V.M. (1998). c. U-1 – Règlement d'urbanisme. Titre III, Chap. I, 130 – Dispositions générales.

R.R.V.M. (1998).c. U-1 – Règlement d'urbanisme. Titre III, Chap. II, 136, 137 – Catégories d'usage. Familles. Équipements collectifs et institutionnels.

R.R.V.M. (1998). c. U-1 – Règlement d'urbanisme. Chap. VI, 348 – Famille équipements collectifs et institutionnels.

R.R.V.M. (1998). c. U-1 – Règlement d'urbanisme. Chap. VI, Sous-section 2, 350 – Usages autorisés dans les catégories E.1 (1) à E.l (4).

R.R.V.M. (1998). c. U-1 – Règlement d'urbanisme. Chap. VI, Sous-section 2, 351 – La catégorie E.1 (1).

R.R.V.M. (1998). c. U-1 – Règlement d'urbanisme. Chap. VI, Sous-section 2, 353 – La catégorie E.1 (3).

R.R.V.M. (1998). c. U-1 – Règlement d'urbanisme. Annexe F – Plans de l'arrondissement Ville-Marie.

R.R.V.M. (1998). c. U-1. Règlement d'urbanisme. Fascicule 1, p. 1, 2, 3. Fascicule 3, p.1, 3, 4. #130, 136, 137. Fascicule 6, #351 #1, 2. #353, #1, 2, 3. Annexe F, usages prescrits.

Règlements de la Société de transport de la Communauté urbaine de Montréal (S.T.C.U.M.) (1995). CA-3. 1995.

SIMON, H. (1992). Towns without Pity: A Constitutional and Historical Analysis of Official Efforts to Drive Homeless Persons from American Cities. *Tulane Law Review*, 66 (4), 631-677.

SMITH, D.M. (1994). A Theoretical and Legal Challenge to Homeless Criminalization as Public Policy. *Yale Law and Policy Review*, 12, 487-517.

TAKAHASHI, L.M. (1997). The Socio-Spatial Stigmatization of Homelessness and HIV/AIDS: Toward an Explanation of the NINBY Syndrome. *Social Science and Medecine*, 45 (6), 903-914.

THOMAS, G. et D. LABERGE. (1998). Le rituel de la justice pénale: analyse d'une affaire capitale au Québec dans les années trente. *Cahiers de recherche sociologique*, 31, 165-191.

VENESS, A.R. (1993). Neither Homed nor Homeless: Contested Definitions and the Personal Worlds of the Poor. *Political Geography*, 12, 319-340.

Ville de Montréal (1979). Ordonnance n° 3 (Règlement 1874 intitulé «Règlement des parcs et places publiques, article 3».

Ville de Montréal (1996). Service d'urbanisme, règlement d'encadrement 15 mars 1996. Recommandation.

WALDRON, J. (1991). Essays Homelessness and the Issue of Freedom. *UCLA Law Review*, 39, 295-324.

Chapitre 17

L'accès aux services de santé et leur utilisation par les personnes itinérantes

par Marie-France Thibaudeau

L'itinérance est d'abord et avant tout un problème social autant par ses causes que par les conditions qui déterminent la taille ou la composition des sans-abri. Mais comme beaucoup d'autres problématiques du genre, que l'on pense, par exemple, au problème plus large de la pauvreté, l'itinérance produit des effets négatifs sur la santé des individus.

C'est ainsi que Raynault *et al.* (1994, p. 274) résument l'opinion d'un grand nombre de chercheurs, de professionnels et d'intervenants qui se préoccupent des conditions de vie et de la santé des sans-abri. Si de nombreuses études ont produit des listes et des analyses de problèmes physiques et mentaux des personnes itinérantes (Fournier et Mercier, 1996), peu d'études (Raynault *et al.*, 1994), surtout au Québec et au Canada, ont eu pour cible l'utilisation des services de santé par les personnes itinérantes, à l'exception des études sur les sans-abri souffrant de troubles mentaux sévères et persistants. L'accessibilité relativement facile au système de santé canadien explique probablement cet état de fait.

Dans ce chapitre, il sera question d'accessibilité aux services de santé et surtout d'utilisation des services de santé par les personnes itinérantes. Plusieurs auteurs traitent les deux concepts ensemble en mettant l'accent sur l'utilisation des services, qui est, tout bien considéré, le concept central de cette problématique au Canada et en Angleterre. L'accent sera aussi mis sur les services aux malades mentaux, car c'est précisément pour cette population que les problèmes se posent.

L'ACCESSIBILITÉ AUX SERVICES

L'accessibilité est habituellement mesurée par trois indicateurs (Forrest et Starfield, 1998, p. 1331): géographique, soit la proximité de l'établissement qui donne les soins ou la possibilité pour la personne de se rendre physiquement à la source de soin; financier, soit les coûts associés au soin ou à la consultation dans le service de santé ; organisationnel, soit la possibilité d'obtenir un rendez-vous chez un médecin ou à une clinique ou d'être vu sans rendez-vous, en d'autres mots, la facilité de se faire soigner lorsque c'est nécessaire.

Aux États-Unis (Brickner *et al.*, 1985), le contact de la personne itinérante avec le système de santé a lieu, de façon générale, au service de l'urgence de l'hôpital municipal et seulement lors d'un accident ou d'une condition de santé grave. Très peu de médecins voient des personnes itinérantes dans leur bureau privé. Le plus souvent, les cliniques dans les refuges reçoivent ces personnes, évidemment lorsque ces cliniques existent.

La majorité des auteurs, surtout américains, rapportent un grand nombre de barrières auxquelles les personnes itinérantes sont confrontées dans leur contact avec les services de santé. Selon Elvy (1985, p. 224), trois raisons peuvent expliquer pourquoi les personnes itinérantes ont de la difficulté à recevoir des soins : 1) le système de santé lui-même, c'est-à-dire l'organisation des services de santé et de la pratique médicale sur une base financière (le client doit payer) ; 2) les besoins particuliers des personnes itinérantes ou la nature unique de la personne itinérante et du phénomène de l'itinérance ; 3) l'attitude des professionnels de la santé, soit leurs valeurs relatives aux sans-abri et leurs perceptions de ces personnes.

La principale barrière à l'accès aux services de santé aux États-Unis est financière. Si le client n'a pas de carte de Medicaid, il doit payer la visite sur-le-champ. Pour avoir cette carte (Elvy, 1985, p. 225), huit documents sont requis : la carte d'identité, l'adresse actuelle ou antérieure, une preuve de citoyenneté, la carte de sécurité sociale, la carte d'invalidité (si pertinente), une indication d'un support antérieur par la famille ou des amis, un dossier d'emploi et les ressources financières actuelles. Peu de personnes itinérantes portent tous ces documents sur elles. Ainsi, peu d'entre elles sont couvertes par Medicaid ; les autres n'ont donc pas accès aux services médicaux réguliers.

Dans le système de santé, les procédures hospitalières telles que l'enregistrement à la clinique, les formulaires de laboratoire, l'heure des rendez-vous, l'historique de la maladie à répéter à plusieurs professionnels présentent aussi, dans tous les pays, des obstacles à surmonter. La personne itinérante ne comprend pas pourquoi elle doit donner le nom de fille de sa mère (qu'elle n'a probablement pas connue) et ne voit pas la relation entre les renseignements qu'on lui demande et le sujet de sa visite : des points de suture sur un bras. L'itinérance même fait partie du problème ; demander à des personnes itinérantes d'assumer la continuité dans leurs soins, c'est ignorer la nature et les effets de la vie sur la rue. Être fidèle à un rendez-vous à 9 h peut être difficile pour la personne itinérante qui attend deux heures pour être vue par un médecin et qui manquera le lunch de 11 h 45 au refuge. Suivre une diète et des traitements à l'insuline pour un diabétique sans foyer est clairement une impossibilité. En d'autres mots, les soins de santé sont un luxe qui passe après le besoin de se nourrir et d'être protégé contre les dangers de l'environnement physique et humain.

L'attitude froide et les valeurs du personnel de santé envers l'itinérance peuvent aussi mettre un frein au désir de la personne itinérante de recourir à un service de santé. L'individu qui a eu de mauvaises expériences dans les services d'urgence ne voudra plus subir l'humiliation et le manque de respect. Ces deux derniers obstacles peuvent se retrouver dans tous les pays.

Robertson et Cousineau (1986) ont étudié l'accès aux services de santé de 238 itinérants adultes à Los Angeles. La plupart de ces personnes (81 %) n'avaient aucune assurance santé ; seulement 11 % étaient bénéficiaires de l'aide sociale. Seulement 13 % (31 personnes) connaissaient un médecin dans un service de santé, soit une clinique gratuite, ou une salle d'urgence d'un hôpital, ou l'hôpital des vétérans. Parmi les personnes qui avaient été malades ou qui avaient subi un accident au cours des derniers mois (95 personnes), moins de la moitié (42 personnes) avaient vu un médecin. Celles qui n'avaient pas vu de médecin estimaient que leurs problèmes n'étaient pas assez sérieux, ou elles n'avaient pas les moyens financiers de consulter un médecin, ou elles n'avaient pas de moyen de transport. Les auteurs concluent que les résultats de leur recherche suivent les mêmes tendances que les autres enquêtes semblables auprès des personnes itinérantes.

Forrest et Starfield (1998) ont étudié l'accès aux soins de santé primaires pour une population de 16 145 utilisateurs à partir des données du National Medical Expenditure Survey (NMES) de 1987 aux États-Unis. De façon générale, 63,6 % des individus ont fait face à au moins une grande difficulté en essayant d'obtenir des soins d'un omnipraticien ; les pauvres ont connu 34,7 % plus de difficulté que les personnes au-dessus de la barre de la pauvreté.

L'accessibilité aux services de santé pour les personnes itinérantes aux États-Unis a été facilitée par l'ouverture de cliniques gratuites, très souvent mises sur pied par des infirmières et des travailleurs sociaux qui faisaient appel à des médecins en consultation (Carter *et al.*, 1994 ; Bowdler, 1989 ; Lindsey, 1989 ; Lenehan *et al.*, 1985 ; Reilly et McInnis, 1985). Ces services, s'ils pallient quelque peu les limites du système de santé, n'existent pas partout et laissent un grand nombre de personnes sans aide.

Au Royaume-Uni, tous les gens ont accès au système de santé, indépendamment de leurs moyens financiers. On s'inscrit chez un omnipraticien (*a general practitioner*) qui donne les soins requis et réfère le client à un hôpital ou à un spécialiste, si nécessaire. Vers les années 1985, selon l'opinion populaire à Londres, peu de personnes itinérantes s'enregistraient auprès des omnipraticiens comparativement à la population générale. Aussi, les personnes itinérantes avaient de la difficulté à obtenir des soins de santé primaires et à être hospitalisées. En 1986, le Département de la santé et de la sécurité sociale a donc décidé de subventionner deux projets pilotes (Williams et Allen, 1989) dans deux quartiers de Londres afin de comprendre davantage la problématique pour les itinérants de l'accès aux soins de santé primaires et de tenter d'y apporter des solutions. Le but de ces projets était d'inscrire le plus grand nombre possible de personnes itinérantes auprès des omnipraticiens afin que des équipes de soins de santé primaires soignent ces personnes adéquatement sur une base d'*outreach* et dans les centres où elles se tiennent. Environ les deux tiers des sujets étudiés (N total = 885) s'étaient inscrits chez un omnipraticien. Toutefois, plusieurs n'allaient pas chez le médecin et ne s'enregistraient pas, car ils se disaient « pas malades », ou ils changeaient souvent d'adresse ou leurs attentes relatives aux soins à recevoir étaient très faibles. Les résultats démontrent que les personnes itinérantes ne voulaient pas toujours des soins médicaux mais plutôt de l'aide sociale et, surtout, la possibilité de parler avec quelqu'un comme une l'infirmière. Les personnes qui avaient utilisé les projets pilotes étaient satisfaites des services reçus.

Au Québec, toutes les personnes qui ont une carte de la Régie de l'assurance-maladie (elle est facile à obtenir) ont accès à tous les services de santé, que ce soit le CLSC, le service de l'urgence de l'hôpital ou le bureau privé du médecin. C'est probablement ce qui explique le manque d'écrits sur l'accessibilité aux soins de santé des personnes itinérantes.

Ainsi, il semble que ce n'est probablement pas l'accès aux services de santé qui fasse surtout problème au Royaume-Uni et au Canada mais plutôt des facteurs relatifs à la personne même. Les problèmes surgissent quand il est question de l'utilisation régulière des services de santé par les personnes itinérantes souffrant de troubles mentaux sévères et persistants. Cette problématique sera traitée ci-dessous.

L'UTILISATION DES SERVICES

Selon plusieurs auteurs, les personnes itinérantes font une utilisation inadéquate des services de santé pour de multiples raisons qui se rapportent à l'organisation des services de santé, aux dispensateurs de soins, aux personnes itinérantes et au contexte dans lequel elles vivent.

Comme il a été dit précédemment, aux États-Unis, les coûts inhérents aux services médicaux sont élevés; il faut souscrire à une assurance ou être inscrit à Medicaid pour obtenir des soins. Devant l'étendue et la gravité du problème de l'absence de soins pour les personnes itinérantes, la Fondation Robert Wood Johnson et les Pew Charitable Trusts (Brickner *et al.*, 1990) mirent à la disposition de 19 villes américaines, en 1984, 25 millions de dollars durant cinq ans pour mettre sur pied des programmes globaux pour fournir des services de santé et des services sociaux à plus de 200 000 personnes itinérantes. Ces programmes ont, par la suite, pu obtenir des fonds spéciaux de Medicaid, de diverses corporations à but lucratif, de fondations, d'administrations locales et la collaboration de centres communautaires pour continuer à donner des services aux personnes itinérantes. Brickner *et al.* (1990) rapportent que le Stewart B. McKinney Assistance Act de 1987 du Congrès américain permettait de mettre annuellement à la disposition d'agences des sommes de 46 à 75 millions de dollars pour des soins de santé aux personnes itinérantes. En 1988, 230 000 personnes bénéficiaient de cette aide dans 109 projets.

Enfin, rappelons qu'il existe dans toutes les régions des États-Unis des programmes de soin global (Brickner *et al.*, 1990) dont certains depuis plus de 20 ans tels que St-Vincent SRO (Single Room Occupancy) et son réseau de refuges à New York (Conanan *et al.*, 1990), le Pine Street Inn Nurses' Clinic et son programme spécial pour les tuberculeux (Reilly et McInnis, 1985) et le service de santé des Sœurs de la Providence à Springfield, Massachusetts (Crane, 1985). Une gamme de services de santé et sociaux et de refuges ainsi que des partenariats avec des établissements de santé répondent à une partie des besoins de santé des personnes itinérantes.

En Angleterre, Williams et Allen (1989), dans une étude réalisée à Londres, ont démontré que la moitié des personnes itinérantes utilisaient les services donnés par des équipes multidisciplinaires comprenant un omnipraticien qui se rendaient dans les centres de jour, les auberges pour itinérants et les refuges de nuit. Les auteures sont arrivées à la conclusion que les personnes seules itinérantes ont besoin de services spéciaux pour leur abus d'alcool, leurs problèmes de santé mentale et toutes autres conditions associées telles que leur manque de soutien social. Elles recommandent toutefois que les services spéciaux soient intégrés dans des services réguliers afin d'éviter une marginalisation plus grande de ces personnes qui vivent déjà aux frontières de la société.

Davison, Hildrey et Floyer (1983) ont étudié durant une semaine 587 nouveaux patients qui ont utilisé la salle d'urgence d'un hôpital dans l'est de Londres, un district défavorisé qui comprend un pourcentage important d'itinérants (on estime à 2 000 le nombre de lits dans les refuges) : 39 % (226) n'étaient pas des accidentés ou des cas urgents ; 67 % de ceux-ci n'avaient pas vu un omnipraticien ; seulement 3 % (N = 19) étaient des personnes itinérantes dont 10 n'étaient pas considérées comme des cas urgents. Selon les auteurs, la proportion des personnes itinérantes qui utilisent ce type de service n'est pas beaucoup plus élevée que celle des patients qui ne sont pas itinérants.

Par contre, à Edimbourg, Powell (1987) trouve que les personnes itinérantes célibataires utilisent les services d'urgence et des accidents plus souvent que la population en général et que leurs demandes pour une consultation sont moins pertinentes pour un service de santé. Dans son étude, il trouve que les habitants des refuges-auberges (*hostel dwellers*) qui participaient à un projet spécial de soins de santé primaires utilisaient de façon encore moins appropriée les services d'urgence que les précédents.

Victor *et al.* (1989) ont comparé l'utilisation des services hospitaliers par des familles itinérantes dans un district de Londres à celle des familles non itinérantes résidant dans le même secteur. Les familles itinérantes vivaient de façon temporaire dans des petits hôtels (*bed and breakfast*) en attendant d'avoir un loyer à prix modique. Les chercheurs ont analysé le nombre d'admissions à l'hôpital par les deux groupes ainsi que le nombre de rendez-vous à la clinique de pédiatrie et à la salle d'urgence de l'hôpital. Le taux d'admissions pour un mois était de 2,8 par 1 000 personnes non itinérantes (358 personnes hospitalisées dans une population générale de 124 000 personnes) comparativement à 12,6 par 1 000 personnes itinérantes (71 personnes itinérantes hospitalisées dans une population de 5 595 personnes itinérantes). Plus d'enfants (94 %) des familles itinérantes étaient référés directement à la clinique en comparaison des enfants du secteur (86 %). Des clients soignés à l'urgence, une proportion de 10 sur 1 000 était itinérante comparativement à 3,8 sur 1 000 chez les résidents. Les adultes qui utilisaient la salle d'urgence n'étaient pas inscrits chez un omnipraticien. Les auteurs concluent que les taux élevés d'utilisation des services d'urgence représentent une plus grande morbidité, ou l'impossibilité de se donner des soins dans une chambre d'hôtel, ou l'utilisation des services d'urgence comme service de soins de santé primaires.

Au Canada, l'hôpital Wellesley à Toronto (Lechky, 1993) s'est engagé dans une initiative de santé urbaine pour améliorer la santé des sans-abri qui vivent dans son environnement. Avec l'aide de 120 agences communautaires, l'hôpital a organisé un réseau de soins de première ligne pour les personnes itinérantes en faisant des partenariats avec des organismes déjà impliqués dans ce type de service. Par exemple, le service d'urgence de l'hôpital et Street Health (une organisation d'infirmières pour les itinérants [Crowe *et al.*, 1993]) collaborent ensemble pour s'occuper des personnes itinérantes qui, après leur consultation à l'urgence, ont besoin de médicaments et de repos. Le service d'urgence donne même un repas chaud aux personnes qui doivent attendre pour leur traitement. Le but à long terme de ce type de service est d'intervenir le plus tôt possible dans le développement des problèmes de santé causés par l'itinérance afin de réduire la dépendance à des services coûteux tels que le service d'urgence de l'hôpital et l'hospitalisation.

En 1994, Raynault *et al.* publiaient une étude sur une population de personnes itinérantes hospitalisées dans un hôpital du centre-ville de Montréal. Ces auteurs comparaient la fréquence d'hospitalisation des itinérants à celle d'une population résidante du centre-ville. L'ajustement en fonction de l'âge et du sexe montre que les personnes itinérantes ont un risque jusqu'à 20,5 fois plus élevé que les résidants de présenter des troubles mentaux. Quant aux durées de séjour, la moyenne des sans-abri est inférieure à celle des résidants (13,9 contre 16,4). Il faut noter que près de 40 % des personnes itinérantes ne sont pas reconnues comme itinérantes dans le système hospitalier. Les auteurs se demandent si les itinérants ne sont pas retournés trop tôt à la rue compte tenu de l'insuffisance des ressources à leur disposition à la sortie de l'hôpital.

Au CLSC des Faubourgs, dans le centre-ville de Montréal, une Équipe Itinérance a été mise sur pied au début des années 1990 dans le but de procurer aux personnes itinérantes des soins de santé primaires et de leur faciliter l'accès aux services de santé et sociaux requis par leur condition. Cette équipe est composée d'un omnipraticien, d'un psychiatre, de deux infirmières à temps complet et d'un infirmier à temps partiel, de deux travailleurs sociaux, d'un organisateur communautaire et du personnel de soutien. L'Équipe travaille étroitement avec les intervenants d'un réseau de refuges, de centres de jour et de soir et de conciergeries. Deux infirmières et un travailleur social de l'Équipe tiennent des cliniques chaque semaine dans dix refuges ou centres de jour ; ils offrent des soins de santé primaires, de l'information, du counselling, des références à d'autres services, le suivi de ces références ; ils jouent le rôle d'avocat pour les personnes itinérantes auprès des systèmes de bien-être et judiciaire ; ils conseillent et soutiennent les intervenants dans les refuges.

En résumé, les établissements de santé dans les trois pays cités ont fait de grands efforts pour développer des services appropriés aux personnes itinérantes. Les besoins sont si grands et les problèmes si complexes qu'il faut plus que les efforts des établissements de santé pour améliorer la santé des sans-abri.

L'UTILISATION DES SERVICES DE SANTÉ PAR LES PERSONNES ITINÉRANTES SOUFFRANT DE TROUBLES MENTAUX SÉVÈRES ET PERSISTANTS

Il existe, surtout depuis 1980, un nombre imposant d'écrits (Fournier et Mercier, 1996) sur la problématique des personnes itinérantes souffrant de troubles mentaux sévères et persistants et leur rapport aux services psychiatriques. L'ampleur et la complexité du phénomène ont créé une situation d'urgence sociale qui préoccupe les ministères de la Santé et les administrations municipales (Toronto Disaster Relief Committee, 1998) dans plusieurs pays. Dans une recension élaborée des écrits sur le sujet, Fournier et Mercier (1996) arrivent à la conclusion que «l'utilisation des services en santé mentale semble constituer un problème pour les malades mentaux itinérants. Celui-ci semble provenir à la fois de l'individu sans-abri et de l'organisation des services (p. 136).» Se référant à divers auteurs, les deux chercheures résument ainsi le rapport des personnes itinérantes aux services psychiatriques:

> [...] les malades mentaux itinérants ont peur d'être hospitalisés à nouveau et ils préfèrent la vie sur la rue qui leur offre la liberté, l'anonymat et la distance interpersonnelle souhaitée. D'autres diront qu'ils nient leur maladie et qu'ils sont plus intéressés à combler leurs besoins de base – nourriture, logement, argent, emploi, relations sociales, intimité, protection personnelle – qu'à utiliser les services psychiatriques traditionnels (p. 136).

Par ailleurs, les auteurs, la plupart américains, s'entendent sur le caractère inadéquat, inadapté, fragmenté, non coordonné, inaccessible et insuffisant des services psychiatriques offerts aux personnes itinérantes souffrant de troubles mentaux sévères et persistants. Ils relient ce phénomène au manque de ressources adaptées aux personnes itinérantes et de suivi après leur hospitalisation, à la complexité des problèmes auxquels fait face cette population et à leurs conditions de vie.

Nous ne donnerons ici que deux exemples de la complexité du phénomène de l'utilisation des services psychiatriques par les personnes itinérantes. North et Smith (1993) rapportent les résultats d'une étude auprès d'un échantillon aléatoire de 900 personnes itinérantes (600 hommes et 300 femmes) interviewées à l'aide du Diagnostic Interview Schedule à Saint Louis, Missouri. L'étude était centrée sur les soins psychiatriques reçus au cours de la dernière année et les soins de réadaptation relatifs à l'abus d'alcool et de drogues au cours de leur vie. Les sujets venaient de refuges de nuit, de centres de jour, de deux centres de réadaptation ainsi que des rues et des parcs publics où ils se rencontrent. Seulement un quart des sujets avaient un diagnostic psychiatrique sans abus de substances au cours de la dernière année; le nombre de sujets qui notaient des abus d'alcool et de drogues illicites étaient plus nombreux que ceux avec des diagnostics psychiatriques. Les personnes avec un diagnostic de trouble de panique représentaient la plus grande proportion de celles traitées au cours de la dernière année. Un peu plus du tiers des sujets avec un diagnostic de schizophrénie ou de manie avaient reçu des traitements durant cette période. Des 152 sujets avec une dépression majeure, seulement 17,8% avaient été hospitalisés. Des sujets avec dépendance à l'alcool, 55% rapportaient avoir été hospitalisés pour ce problème au cours de leur vie et, des sujets avec un problème de drogues, 63% avaient été hospitalisés. Une grande proportion des sujets avec un diagnostic de maladie mentale n'avaient pas reçu de traitement au cours de la dernière année ou n'en voulaient pas:

45% avec schizophrénie, 57% avec manie et 60 % avec une dépression majeure. La majorité des hommes n'avaient pas d'assurance (77,5%); la majorité des femmes avaient Medicaid (62%). Selon les auteurs, leur étude confirme les résultats d'autres recherches qui rapportent une sous-utilisation des services psychiatriques par les personnes itinérantes. On croit que les traitements pour des troubles de santé mentale ne peuvent être une priorité quand les activités de la personne sont orientées vers la survie quotidienne.

L'Équipe Itinérance du CLSC des Faubourgs au centre-ville de Montréal a mis sur pied en 1995 une étude (Fortier *et al.*, 1998) dans le but de connaître le profil des personnes itinérantes fréquentant les urgences psychiatriques de garde et les services psychiatriques offerts et de connaître les perceptions que les intervenants ont de l'utilisation de ces urgences par les personnes itinérantes souffrant de troubles mentaux sévères et persistants. L'étude a établi que très peu de personnes itinérantes fréquentaient l'urgence psychiatrique de garde en moyenne trois fois par semaine pour celles de Montréal et une fois et demie pour les personnes venant de l'extérieur de Montréal. Ces personnes, dont la grande majorité est amenée par Urgence Santé et les policiers sur une base involontaire, sont inconnues de l'établissement. L'évaluation des professionnels révèle que les trois quarts de la clientèle souffrent de troubles mentaux sévères. Les troubles de personnalité, la personnalité antisociale s'avèrent les diagnostics les plus fréquents. On note la présence de toxicomanie chez le tiers des sujets qui vivent à Montréal. L'analyse des résultats suggère que plusieurs facteurs concourent pour qu'une faible partie de la population cible fréquente les urgences psychiatriques de garde et que celle-ci concerne surtout les personnes qui perturbent l'environnement, que ce soit dans les refuges ou dans la rue, par leurs comportements violents, étranges, caractéristiques d'une crise ou d'un abus d'alcool ou de drogues. L'étude établit clairement les limites des urgences psychiatriques de garde pour répondre aux besoins de soins de la population cible en l'absence de services psychiatriques réguliers et de logements adaptés dans la communauté.

UN MODÈLE EXPLICATIF?

Depuis les années 1960, des sociologues de la santé ont démontré le lien étroit entre la santé et le statut socio-économique. Ils ont de plus tenté de comprendre le comportement des personnes pauvres qui utilisent les services de santé (McKinney, 1975). Le concept de «comportement de malade» fait référence à la perception que la personne a de ses symptômes, à la façon dont elle les évalue et à la façon dont elle prend la décision d'agir quand elle décèle la douleur, les malaises et d'autres signes d'un mauvais fonctionnement de son organisme (Mechanic, 1968). Un individu va consulter un médecin s'il pense que ses symptômes sont une menace à sa santé; il sera donc influencé 1) par la nature des symptômes, soit leur visibilité, leur persistance et leur sévérité; 2) par le degré d'interférence de ses symptômes avec ses activités régulières et ses rôles sociaux; 3) par son niveau de tolérance à ces symptômes, par exemple la douleur. De plus, l'individu va évaluer la possibilité que la consultation médicale diminue la menace des symptômes compte tenu des coûts encourus. C'est ce que Rosenstock (1975) qualifie de *perceived benefits of taking actions*. Selon Mechanic (1968), ces coûts sont financiers; ils incluent aussi le temps d'attente pour voir le médecin, les efforts requis pour se rendre à la consultation, l'embarras et l'humiliation causés par le traitement ou par l'environnement où la consultation a lieu. Si l'on considère que la personne itinérante est pauvre, que le contexte dans lequel elle vit (l'absence d'un lieu sécuritaire pour garder des médicaments, la nécessité d'être à l'heure pour les repas au refuge, etc.) impose des barrières à son désir de prendre soin de sa santé, on se rend compte qu'elle n'a pas d'autre choix que de faire appel aux services d'urgence quand elle atteint la limite de sa tolérance.

Shiner (1995) rejette l'opinion populaire, à savoir que, pour les personnes itinérantes, la santé n'est pas importante et que c'est leur faute si elles ont de la difficulté à obtenir des soins de santé. Selon lui, il faut plutôt se rendre compte que les personnes itinérantes ne sont pas disposées à utiliser les services de santé, surtout celles qui ont eu de mauvaises expériences avec ces services. Comment expliquer que les personnes itinérantes utilisent les cliniques gratuites aménagées dans les centres communautaires, les refuges, les centres de jour qui leur offrent des soins globaux (*comprehensive care*) et continus (Cunnane *et al.*, 1995; Carter *et al.*, 1994; Crowe et Hardill, 1993)? Ces cliniques emploient aussi des infirmières, des médecins, des travailleurs sociaux. Des étudiants en sciences infirmières, stagiaires au CLSC des Faubourgs, notaient qu'un grand nombre de personnes itinérantes se préoccupaient de leur santé, car elles disaient: «pour survivre dans la rue, il faut être en santé.» Dans une étude qualitative auprès de 19 personnes itinérantes à Londres, Shiner (1995) indiquait que 17 d'entre elles mettaient l'accent sur la nécessité d'être en santé: «*Very important, because if your health goes, you've had it.*» Les deux autres répondants se préoccupaient de leur santé quand ils étaient sobres, mais non pas quand ils étaient ivres. Pour la majorité des répondants, perdre son domicile, c'était perdre le contrôle de sa santé. Toujours selon Shiner, la non-utilisation ou l'utilisation inappropriée des services de santé par les sans-abri n'est pas associée à l'importance de la santé pour la personne mais aux barrières à l'accès aux services ou au doute relatif aux bénéfices de la consultation.

Enfin, la pauvreté et l'absence de domicile fixe expliquent dans une large mesure les comportements de santé de la personne itinérante. Ces comportements sont logiques et rationnels. On a vu que, dans les études sur la comparaison des comportements de santé des personnes pauvres et des personnes itinérantes, les deux populations réagissent à peu près de la même manière. Ce modèle explicatif semble faciliter la compréhension des comportements de santé des sans-abri en général, mais qu'en est-il des personnes souffrant de troubles mentaux sévères et persistants? Il semble que le modèle ne puisse expliquer complètement le comportement de ces personnes, surtout en période de crises d'angoisse ou de psychose aiguë, car leur jugement et leurs perceptions sont faussés et elles ne se rendent pas compte qu'elles sont malades ou qu'elles mettent leur vie ou celle d'autres personnes en danger. La situation est encore plus problématique si, par erreur d'aiguillage, la personne en crise se retrouve dans le système judiciaire. Par contre, la crise ou la psychose a généralement une durée limitée, de sorte que l'individu revient à des comportements «normaux» (plus rapidement s'il a la médication appropriée), mais encore faut-il que les professionnels ou les intervenants ou l'environnement s'en rendent compte et agissent en conséquence. Se peut-il que la personne avec des troubles mentaux sévères doute aussi des bénéfices de la consultation médicale?

LES SOLUTIONS

Tous les rapports de recherches et de comités, les recensions d'écrits et les analyses sur l'accès aux services de santé et sur l'utilisation de ces services par les personnes itinérantes présentent des pistes de solution pour améliorer les services de santé. On compte même un grand nombre de programmes novateurs pour améliorer les soins psychiatriques offerts aux personnes souffrant de troubles mentaux sévères et persistants. Les solutions semblent toutes théoriquement connues, soit l'*outreach,* le suivi systématique, la coordination de services adaptés aux besoins des personnes, la mise sur pied de logements supervisés, etc. On a déjà pris connaissance dans le texte de certains de ces programmes. Nous n'en nommerons que quelques autres aux États-Unis et au Canada.

Le modèle PACT (Program for assertice community treatment) a été développé, à Madison, Wisconsin, par Stein et Test (1980). Ce modèle a été adapté pour des personnes itinérantes qui souffraient de troubles mentaux sévères et persistants dans un grand nombre de villes américaines (34 États), dont Baltimore (Dixon *et al.*, 1995), où on a procédé à un essai clinique contrôlé pour démontrer l'efficacité de ce programme. Les buts généraux du programme comprennent les éléments suivants: stabiliser les symptômes, prévenir les rechutes, satisfaire les besoins de base, améliorer la qualité de la vie et optimiser le fonctionnement social. Les résultats démontrent que le programme est approprié pour les schizophrènes et les personnes souffrant d'autres troubles psychotiques, mais qu'il le serait moins pour les personnes présentant des troubles de personnalité.

Le projet HELP (Homeless Emergency Liaison Project) à New York, réalisé par une équipe multidisciplinaire, s'adressait surtout aux personnes isolées qui refusaient les traitements. C'est un projet d'*outreach* agressif offrant des services psychiatriques d'urgence et un suivi systématique. Dans le cas où l'on jugeait que la personne avait besoin de soins psychiatriques, elle était transportée à l'hôpital avec son consentement ou de façon involontaire, si elle répondait à des critères légaux définis. Ce projet a la particularité d'avoir été développé avec la collaboration de divers organismes de santé et gouvernementaux de la ville de New York.

Witheridge (1991) décrit le Thresholds Bridge Program dans la région métropolitaine de Chicago comme un organisme de réadaptation psychiatrique qui comprend un éventail de programmes localisés dans six centres. Thresholds à la mission de rejoindre les personnes atteintes de troubles mentaux, à haut risque d'itinérance et de réhospitalisation, et de les aider à demeurer dans un domicile et à vivre dans la communauté dans le meilleur état possible d'indépendance, de bien-être et de satisfaction. On mentionne, en plus des services d'*outreach,* des logements supervisés, de l'évaluation, de l'intervention en situation de crise, des services pour le maintien d'emplois, etc. L'évaluation de ces programmes s'est avérée positive en termes de fidélité aux traitements, d'une meilleure utilisation des services hospitaliers, de stabilité dans un logement et de diminution de difficultés dans plusieurs sphères de la vie.

Wasylenki *et al.* (1993) présentent les résultats d'un suivi systématique clinique intensif à Toronto auprès de 59 itinérants atteints de problèmes psychiatriques chroniques. Après neuf mois de suivi, ils ont noté une réduction de la psychopathologie, une plus grande stabilité résidentielle, une amélioration du fonctionnement social et un élargissement du réseau social.

Parmi les projets réalisés à Montréal, mentionnons un projet pilote de suivi systématique clinique de huit mois au CLSC des Faubourgs de personnes souffrant de troubles mentaux sévères et persistants (Fortier *et al.*, 1998). Malgré les limites de l'expérimentation quant à la durée du projet et des ressources allouées (deux personnes à temps partiel et quelques consultants), la condition des sujets s'est améliorée ainsi que leur collaboration aux soins.

Les recommandations de tous ces projets novateurs se retrouvent dans le rapport du Comité aviseur itinérance multiproblématique de la Régie de la Santé et des Services sociaux de Montréal Centre (1994). Le Comité proposait un certain nombre de principes directeurs dans le développement des services à mettre en place pour cette population : la coordination des services, une gamme complète de services, la continuité des soins, l'accompagnement stable (le suivi systématique) et l'aide à la sortie de l'itinérance dans un nouveau milieu de vie et d'appartenance.

CONCLUSION

L'itinérance est avant tout un problème de pauvreté et d'absence de logement. Par ailleurs, les personnes itinérantes semblent avoir des comportements semblables à toutes les personnes pauvres, soit des comportements de survie quotidienne. L'utilisation «inappropriée» qu'elles font des services de santé peut donc s'expliquer à la fois par leurs conditions de vie et par le caractère bureaucratique du système de santé peu adapté à leurs besoins particuliers.

L'utilisation des services de santé par les personnes itinérantes souffrant de troubles mentaux sévères et persistants est nettement plus complexe. Toutes les tentatives du monde de la santé pour «sauver» ces malades – car ils sont aussi malades – ont peu de chances de réussite à long terme si elles sont faites isolément, car elles ne s'adressent pas à la base du problème, la pauvreté, l'absence de logement et de réseau social. Une personne itinérante atteinte de trouble mental qui a reçu des soins psychiatriques, soient-ils les meilleurs, demeure une personne pauvre et sans logis.

À l'instar de Robert (1990), nous questionnons l'efficacité du modèle centré trop spécifiquement sur le médical. Les interventions nécessaires pour cette clientèle sont sociales et elles concernent l'hébergement, la réponse à leurs besoins de base, le travail. Toutes ces interventions exigent un décloisonnement et une mise à contribution de plusieurs ministères et probablement une nouvelle perception de l'aide à apporter aux itinérants.

RÉFÉRENCES

BOWDLER, J.E. (1989). Health Problems of the Homeless in America. *Nurse Practitioner*, 14 (7), 44-51.

BRICKNER, P.W., L.K. SCHARER, B.A. CONANAN, A. ELVY et M. SAVARESE (Eds). (1985). *Health Care of Homeless People*. New York: Springer Publishing Co.

BRICKNER, P.W., L.K. SCHARER, B.A. CONANAN, M. SAVARESE et B.C. SCANLAN (Eds). (1990). *Under the Safety Net. The Health and Social Welfare of the Homeless in the United States*. New York: W. W. Norton and Compagny.

CARTER, K.F., R.D. GREEN, L. GREEN et L.T. DUFOUR. (1994). Health Needs of Homeless Clients Acccessing Nursing Care at a Free Clinic. *Journal of Community Health Nursing*, 11 (3), 139-147.

COMITÉ AVISEUR ITINÉRANCE MULTIPROBLÉMATIQUE. (1994). *Projet de services pour les personnes itinérantes à problèmes multiples*. Montréal: Régie régionale de la santé et des services sociaux de Montréal-Centre, 43.

CONANAN, B.A., F. RODRIGUEZ, E. CAGAN, P. DOHERTY et C. FERDINAND. (1990). A Twenty-year Experience in Health Care of the Homeless: The St. Vincent's Hospital (New York) Program. *In* P.W. Brickner, L.K. Scharer, B.A. Conanan, M. Savarese et B.C. Scanlan (Eds), *Under the Safety Net. The Health and Social Welfare of the Homeless in the United States* (p. 354-370). New York: W.W. Norton and Company.

CRANE, S.J. (1985). Springfield Massachusetts: The Sisters of Providence Health Care for the Homeless Program. *In* P.W. Brickner, L.K. Scharer, B.A. Conanan, A. Elvy et M. Savarese (Eds), *Health Care of Homeless People* (p. 311-321). New York: Springer Publishing Co.

CROWE, C. et K. HARDILL. (1993). Nursing Research and Political Change: The Street Health Report. *The Canadian Nurse*, 89 (1), 21-24.

CUNNANE, E., W. WYMAN, A. ROTERMUND et R. MURRAY. (1995). Innovative Programming in a Community Service Center. *Community Mental Health Journal*, 31 (2), 153-161.

DAVISON, A.G., A.C.C. HILDREY et M.A. FLOYER. (1983). Use and Misuse of an Emergency Department in the East End of London. *Journal of the Royal Society of Medicine*, 76 (1), 37-40.

DIXON, L.B., N. KRAUSS, E. KERNAN, A.F. LEHMAN et B.R. DEFORGE. (1995). Modifying the PACT Model to Serve Homeless Persons with Severe Mental Illness. *Psychiatric Services*, 46 (7), 684-688.

ELVY, A. (1985). Access to Care. In P.W. Brickner, L.K. Scharer, B. Conanan, A. Elvy et M. Savarese (Eds), *Health Care of Homeless People* (p. 223-231). New York: Springer Publishing Co.

FORREST, C.B. et B. STARFIELD. (1998). Entry into Primary Care and Continuity: The Effects of Access. *American Journal of Public Health*, 88 (9), 1330-1336.

FORTIER, J., M.-F. THIBAUDEAU et P. CAMPEAU. (1998). Les personnes itinérantes souffrant de troubles mentaux graves et persistants à Montréal: profil, services d'urgence psychiatriques et nouvelles interventions. *Nouvelles pratiques sociales*, 11 (1), 43-68.

FOURNIER, L. et C. MERCIER (Sous la dir. de). (1996). *Sans domicile fixe: au-delà du stéréotype*. Montréal: Éditions du Méridien.

LECHKY, O. (1993). Toronto Hospital Takes Leadership Role in Providing Care for Inner-City Residents. *Canadian Medical Association Journal*, 148 (10), 1780-1784.

LENEHAN, G.P., B.N. MCINNIS, D. O'DONNELL et M. HENNESSEY. (1985). A Nurse's Clinic for the Homeless. *American Journal of Nursing*, 85 (11), 1237-1240.

LINDSEY, A.M. (1989). Health Care for the Homeless. *Nursing Outlook,* 37 (2), 78-81.

McKINLEY, J.B. (1975). *The Help-Seeking Behavior of the Poor. In* J. Kosa et I.K. Zola (Eds), *Poverty and Health* (p. 224-273). Cambridge, Mass.: Harvard University Press.

MECHANIC, D. (1968). *Medical Sociology.* New York: Free Press.

NORTH, C.S. et E.M. SMITH. (1993). A Systematic Study of Mental Health Services Utilization by Homeless Men and Women. *Social Psychiatry and Psychiatric Epidemiology,* 28 (2), 77-83.

POWELL, P.V. (1987). The Use of an Accident and Emergency Department by the Single Homeless *Health Bulletin,* 45 (5), 255-262.

RAYNAULT, M.-F., R.N. BATTISTA, L. Joseph et L. Fournier. (1994). Motifs d'hospitalisation et durées de séjour d'une population d'itinérants de Montréal. *Revue canadienne de santé publique,* 85 (4), 274-277.

REILLY, E. et B.N. McINNIS. (1985). Boston, Massachusetts: The Pine Street Inn Nurses' Clinic and Tuberculosis Program. *In* P.W. Brickner, L.K. Scharer, B. Conanan, A. Elvy et M. Savarese (Eds), *Health Care of Homeless People.* New York: Springer Publishing Co.

ROBERT, M. (1990). D. LABERGE (Sous la dir. de), *L'impact de la désinstitutionnalisation psychiatrique sur l'itinérance.* Montréal: Les cahiers du GRAPPP, 59 p.

ROBERTSON, M.J. et M.R. COUSINEAU. (1986). Health Status and Access to Health Services among the Urban Homeless. *American Journal of Public Health,* 76 (5), 561-563.

ROSENSTOCK, I.M. (1975). Prevention of Illness and Maintenance of Health. *In* J. Kosa et I.K. Zola (Eds), *Poverty and Health, A sociological Analysis* (p. 193-223). Cambridge, Mass.: Harvard University Press.

SHINER, M. (1995). Adding Insult to Injury: Homelessness and Health Service Use. *Sociology of Health and Illness,* 17 (4), 525-549.

STEIN, L.I. et M.A. TEST. (1980). Alternative to Mental Hospital Treatment: 1. Conceptual Model, Treatment Program, and Clinical Evaluation. *Archives of General Psychiatry,* 37, 392-397.

TORONTO DISASTER RELIEF COMMITTEE. (1998). Act Now on Homeless Says Toronto Group. *The Canadian Nurse,* 94 (10), 18.

VICTOR, C.R., J. CONNELLY, P. RODERICK et C. COHEN. (1989). Use of Hospital Services by Homeless Families in an Inner London Health District. *British Medical Journal,* 299, 725-727.

WASYLENKI, D.A., GOERING P.N., D. LEMIRE, S. LINDSEY et W. LANCEE. (1993). The Hostel Outreach Program: Assertive Case Management for Homeless Mentally Ill Persons. *Hospital and Community Psychiatry*, 44 (9), 848-853.

WILLIAMS, S. et I. ALLEN (1989). *Health Care for Single Homeless People*. London, Eng.: Policy Studies Institute.

WITHERIDGE, T.F. (1991). The Active Ingredients of Assertive Outreach. *New Directions for Mental Health Services*, 52, 47-64.

CHAPITRE 18

L'inflation des cas de problématiques multiples : le symptôme de la disjonction entre la logique institutionnelle et la phénoménologie des besoins

par Bastien Quirion et Agnès Di Gennaro

> La spécialisation est un découpage du territoire social en portions qui se jouxtent et peuvent s'additionner, mais qui ne peuvent pas se chevaucher, s'interpénétrer, se superposer
> (Barel, 1989, p. 202).

L e processus de complexification qui caractérise la société moderne a nécessité la création d'outils d'organisation et de gestion de la vie sociale qui permettent à l'homme de se retrouver dans un monde aux dimensions continuellement distendues. Tout comme la médecine moderne qui saisit le corps humain par son découpage anatomique, la mise en forme interprétative du social vise à favoriser l'autoreproduction du système-société en proposant à ses membres une image organisée du monde selon un principe de fractionnement. Il s'agit de morceler la réalité globale en des dimensions qui favorisent une compréhension à l'échelle humaine de l'univers. Ce processus de saisie du monde s'exerce par l'entremise de constructions mentales qui délivrent une vision cohérente de la société. Cette vision permet alors aux acteurs sociaux de s'inscrire concrètement dans l'organisation collective. La stratégie cognitive la plus appropriée pour saisir l'objet complexe qu'est la société demeure en effet le processus de fractionnement de la réalité sociale.

Le système de prise en charge des populations marginales agit selon cette même logique en fournissant une mise en ordre de son objet qui permet d'échapper au caractère insondable de l'unitarisme[1]. Cette mise en ordre s'exerce alors selon un principe de spécialisation, en fournissant au sujet une

---

1. Nous empruntons au glossaire théologique le terme «unitarisme», en lui conférant ici le sens d'un projet utopique de saisie cognitive de l'univers dans sa totalité, et ce, par opposition au projet plus réaliste de morcellement de l'objet en des champs spécialisés.

grille de compréhension qui distribue les diverses formes d'inadaptation selon des catégories. Les pratiques de gestion de la marginalité qui se définissent au cours du 19ᵉ siècle s'organisent en effet selon un principe de spécialisation. Ce principe préside alors à la répartition des divers types de marginalité selon une organisation institutionnelle qui tend à particulariser les sujets en catégories diagnostiques. Ce «processus de morcellement de la condition marginale» (Laberge, 1997, p. 75), bien qu'il repose au départ sur une distinction sémantique, se verra matérialisé à travers la création d'institutions spécifiques à chacune des populations ainsi anatomisées. Les pratiques actuelles en matière de gestion de l'inadaptation sont donc l'héritage de principes d'organisation qui remontent à plus d'un siècle et qui, malgré certaines variations historiques, persistent à présenter la prise en charge des marginaux selon cette logique de fragmentation du corps social.

La récurrence empirique des cas dits multiproblématiques représente aujourd'hui le symptôme de l'échec de la spécialisation systématique et des carences d'un système qui ne peut intégrer l'approche globale de l'individu sans participer à sa propre désorganisation institutionnelle. Nous postulons en effet que la création des catégories diagnostiques, bien que nécessaire pour saisir la complexité du monde ambiant, implique toutefois une rigidité de l'interprétation clinique qui nuit à la reconnaissance des besoins subjectivement ressentis par les bénéficiaires. La mise en ordre méthodique du social selon un principe de spécialisation clinique participe en effet à la construction du phénomène de l'inadaptation, en lui conférant une substance et des frontières qui découlent inévitablement de cette logique du morcellement. Cette logique institutionnelle préside à l'organisation des problèmes d'inadaptation selon un lecture interprétative préalable, et agit sur les individus bénéficiaires en modulant leur propre représentation identitaire et l'autodéfinition de leurs conduites.

Nous croyons que l'angle mort qui existe entre une définition institutionnelle et le vécu individuel se situe dans la nature du lien entre une instance qui définit le réel et des individus qui construisent leur réalité à partir de cette logique institutionnelle. Ces deux logiques en apparence contradiction se définiraient en fait selon un rapport dialectique entre l'entité sociale et l'individu. Nous allons tenter, dans cet exposé, de démontrer comment la superposition de ces deux logiques peut conduire à la création d'une forme de violence institutionnelle qui réussit à pervertir les objectifs globaux de l'aide psychosociale tels que pensés aujourd'hui. Nous considérons en effet que le découpage artificiel de l'inadaptation exercé par le système de prise en charge clinique agit à titre de générateur d'exclusion[2] pour le bénéficiaire qui ne saurait répondre aux critères de répartition de la clientèle selon des cases préalablement établies.

LOGIQUE INSTITUTIONNELLE

Phénomène de comorbidité psychosociale

Les intervenants appelés à œuvrer au sein des ressources pour personnes en difficulté furent confrontés, au cours des deux dernières décennies, à un phénomène en apparence nouveau que représente l'inflation du nombre des bénéficiaires manifestant une problématique psycho-sociale multiple. On constate en effet une multiplication des cas de comorbidité au sein de la clientèle, où les bénéficiaires semblent davantage touchés par des problématiques combinées qui traditionnellement étaient rencontrées et traitées de façon spécifique. Les écrits dans le champ clinique semblent en effet traiter avec beaucoup plus d'insistance du phénomène de la comorbidité, soulignant la complexité de la réalité thérapeutique des individus qui fréquentent les ressources de prise en charge (Brochu et Mercier, 1992). Parmi les composantes de la comorbidité les plus souvent rencontrées, mentionnons les toxicomanies, les troubles de santé mentale, l'itinérance et l'expérience de la judiciarisation. Ces composantes pathologiques se regroupent alors selon des combinaisons qui forment divers types de manifestations multiproblématiques: on peut évoquer à titre illustratif les combinaisons les plus souvent rencontrées sur le terrain, à savoir la toxicomanie et la santé mentale (Boudreault, Duhamel, Maltais et Marceau, 1994; Landry et Boislard, 1992; Marceau, 1992), la toxicomanie et les activités délictueuses (Brochu, 1997; Lévesque, 1994; Brochu, 1994), l'itinérance et la toxicomanie (Mercier, 1993; Lee, 1988), l'itinérance et la santé mentale (Fortier, Thibaudeau et Campeau, 1998) et la santé mentale et la judiciarisation (Laberge, Landreville, Morin, Robert et Soullière, 1995). La comorbidité fut reconnue graduellement par les intervenants du réseau qui, face à une multiplication des cas de problématiques multiples, furent confrontés à des difficultés diagnostiques et référentielles. Émergea alors la difficulté de répondre adéquatement aux besoins de cette clientèle pour laquelle l'organisation des services de prise en charge ne semblait pas avoir prévu de plage clinique combinée. Comment intervenir de

---

2. Dans le cadre de cet exposé, nous proposons de restreindre le sens du terme «exclusion» au processus de mise à l'écart d'une partie de la clientèle des services de prise en charge psychosociale; l'utilisation plus généralement acceptée du terme «exclusion», qui réfère au processus de mise à l'écart structurelle d'individus du réseau traditionnel d'intégration (emploi, école, habitation), sera remplacée ici par le terme «inadaptation», qui réfère à cette état de détresse psycho-sociale qui caractériserait la clientèle visée par les institutions de prise en charge.

façon adéquate auprès d'une population qui manifeste à la fois une problématique d'itinérance et de toxicomanie? Vers quelle ressource orienter l'individu à qui correspond un double diagnostic d'alcoolisme et de troubles mentaux? Ces cas complexes d'inadaptation sociale dépassent en effet le cadre des mandats spécifiques des intervenants et dévoilent du même coup les limites de la logique institutionnelle à répondre aux véritables besoins de sa clientèle.

Transformation de la clientèle ou inadéquation de la réponse?

La réaction première à la découverte de la multiplication croissante des problématiques multiples a souvent été de clamer à un alourdissement critique de la clientèle, circonscrivant du fait même l'interprétation du phénomène aux caractéristiques inhérentes à la population des marginaux. Le phénomène de comorbidité représente selon ce point de vue une nouveauté clinique issue des transformation épidémiologiques du bassin des bénéficiaires. Dans une tout autre perspective, nous proposons plutôt de saisir le nouvel intérêt porté par les intervenants au phénomène de la comorbidité davantage comme le symptôme extrêmement complexe d'un décalage entre l'organisation des services de prise en charge et la réalité psychosociale des bénéficiaires. Ce qui heurte les intervenants du réseau, ce serait moins l'émergence d'une nouvelle configuration des troubles de l'inadaptation que la mise à jour de la rigidité de la logique institutionnelle qui caractérise les mécanismes de prise en charge de la population marginale.

Cette prise de conscience du décalage entre réponse institutionnelle et besoins individuels s'élabore ainsi par un processus d'objectivation qui s'appuie sur la reconnaissance d'une nouvelle réalité clinique, en l'occurrence le phénomène de la comorbidité. En insistant davantage sur les transformations morphologiques de la population, cet exercice d'objectivation clinique permet en fait de masquer une rigidité institutionnelle, en prétextant tout au plus un léger retard des mécanismes par rapport à l'évolution épidémiologique de la clientèle. Certes, on reconnaît la nécessaire et permanente adaptation du réseau aux transformations de la clientèle, mais on évite d'évoquer la rigidité qui caractérise la distribution des services. Le processus de «visibilisation» clinique du phénomène de la comorbidité permettrait ainsi d'exercer simultanément une «invisibilisation» de la rigidité institutionnelle du réseau de prise en charge[3]. Le problème est posé de manière à ce que le regard soit

---

3. Nous empruntons ici librement à Barel (1982) le terme «invisibilisation sociale» qui réfère à ce processus d'objectivation qui permet en même temps de voiler un autre niveau de réalité: «L'objectivation est toujours une opération double: dire ou voir quelque chose, c'est en même temps et du même coup ne pas dire et ne pas voir autre chose. Il n'est pas possible de fabriquer de l'événement sans fabriquer du non-événement (p. 69-70).»

davantage capté par les nouvelles configurations cliniques que par une remise en question de l'organisation de la réponse institutionnelle.

Le phénomène de la comorbidité constitue ainsi le grain de sable qui menace l'engrenage bien cadencé de la machine de prise en charge des inadaptés sociaux. Comme le soulignent par exemple Brochu et Mercier (1992. p. 12) en matière de toxicomanie, «la présence de doubles problématiques pose des problèmes d'organisation des services dans un système conçu suivant le modèle de la spécificité des mandats et des clientèles». Nous proposons ici de saisir ce problème d'organisation non pas sous l'angle de l'accroissement de la comorbidité mais plutôt sous l'angle de la configuration et de l'organisation de la réponse sociale en matière d'inadaptation sociale.

Cloisonnement clinique et approche globale de la personnalité

Les difficultés rencontrées par les intervenants au contact de cette population multi-problématique reposent en grande partie sur l'impossibilité du réseau de penser la relation d'aide en termes de prise en charge globale de la personnalité. On dénote en effet des difficultés pour les ressources à saisir le client dans l'ensemble de ses dimensions selon une approche généraliste de la personne. Le principal obstacle à cette prise en charge globale repose à notre avis sur la rigidité des frontières disciplinaires qui compartimentalisent le territoire de l'intervention en une série de ressources dont le spécifique nuit à la flexibilité de la réponse d'aide. La spécialisation clinique rend en effet opaques les divers aspects de l'individu qui seront essentiellement traités en raison d'un désordre spécifique. Le défi repose ainsi sur l'élaboration de programmes cliniques qui permettraient d'offrir à l'individu des services d'aide qui tiennent compte de l'ensemble des dimensions de sa personnalité[4].

Cette tendance à la sectorisation de la relation d'aide prend tout son sens lorsque l'on s'attarde à l'inventaire des outils cliniques d'évaluation utilisés dans le réseau. Chacun des champs de l'intervention emploie en effet des grilles diagnostiques et évaluatives spécifiques[5], rendant ainsi plus difficile la fluidité de l'expertise d'un champ d'intervention à un autre. Les disparités

---

4. Ce souci de saisir le client selon une approche globale est présent dans la littérature clinique, comme en témoignent les études récentes qui tendent à saisir la toxicomanie comme un «style de vie» (Cormier, 1984; Nadeau et Biron, 1998). Mais ces élaborations théoriques tardent trop souvent à être appliquées à des programmes concrets et la logique organisationnelle persiste dans une logique de catégorisation diagnostique unidimensionnelle et spécifique.

5. Mentionnons entre autres pour la toxicomanie les questionnaires d'évaluation de la consommation de drogues (DAST 20, Indice de gravité d'une toxicomanie), et pour la santé mentale les diagnostics du DSM III R.

dans le langage clinique des diverses spécialités et la répartition des clientèles selon des principes traditionnels ne favorisent donc pas une ouverture de la réponse thérapeutique vers une approche globale de l'individu. On assiste en effet à un processus de cloisonnement clinique qui rend souvent difficile l'intégration dans les champs d'expertise de certaines manifestations psychosociales plus complexes. Cette complexité de l'inadaptation sociale peut ainsi être reconnue par la mise à jour de la confusion diagnostique qui règne au sein du système de prise en charge psychosociale.

Cette compartimentalisation du réseau d'aide aux personnes en difficulté s'appuie ainsi sur une simulation d'indépendance entre les diverses spécialisations de la relation d'aide. Ces stratégies d'intervention, qui se présentent coupées les unes des autres, contribuent à la création de zones grises ou de *no man's lands* thérapeutiques dans lesquels échouent les sujets touchés par des problématiques qui ne cadrent pas dans la logique du cloisonnement clinique traditionnel. Les critères institutionnels qui président à la répartition de la clientèle selon des catégories cliniques participent ainsi à la création d'espaces béants pour lesquels aucune ressource ne se voit confier de mandat.

Les politiques sociales et le phénomène de la comorbidité

La nécessité d'intervenir en tenant compte de la globalité de l'individu et les recommandations visant l'assouplissement des frontières du réseau font maintenant partie du discours des divers organismes qui se prononcent sur les orientations politiques en matière de gestion de l'inadaptation sociale[6]. Bien que l'on reconnaisse l'avancée dans le domaine du traitement des sujets manifestant des problématiques doubles, on maintient toutefois que ces efforts demeurent insuffisants et que des moyens plus efficaces devraient être entrepris pour répondre à ce besoin d'ajustement des ressources à la réalité psychosociale de la clientèle. Bien qu'on puisse comptabiliser un nombre accru de ressources qui adoptent des mandats mixtes, l'intervention persiste à s'articuler de manière générale sur une problématique dominante.

Ces efforts d'ajustement à la configuration des populations en difficulté ne relèvent évidemment pas exclusivement des organismes et des ressources du terrain. La responsabilité incombe de façon prioritaire aux agences politiques qui, à travers les prononcés de mission et les planifications budgétaires, contribuent à la mise en forme des services selon une logique institutionnelle

---

6. Mentionnons à titre illustratif les recommandations du Comité permanent de lutte à la toxicomanie (1997) concernant la double problématique en matière de toxicomanie et de troubles de santé mentale. Cet organisme dénonce en effet l'écart considérable qui existe entre l'étendue des besoins et l'offre de services dans le champ de la comorbidité, et propose le développement d'une approche simultanée et intégrée pour tenir compte de la réalité clinique de la clientèle.

qui impose une vision de sa clientèle qui souvent s'écarte de la réalité phéno-ménologique du terrain.

En 1995, la Régie régionale de la santé et des services sociaux de Mont-réal allait reconnaître l'existence des cas de problématiques multiples et déplo-rer l'absence de services pouvant prendre en charge cette clientèle. « Il n'existe pas actuellement de services intégrés permettant de développer l'expertise nécessaire pour répondre aux besoins des personnes ayant de multiples pro-blématiques. » (RRSSSM, 1995, p. 5) Les recommandations qui allaient suivre ce constat entérinent donc la mise en place de moyens pour rendre accessible à ces populations de transfuges thérapeutiques les services dont elles ont besoin[7]. La reconnaissance du décalage demeure toutefois insuffisante pour opérer un réajustement durable entre les besoins de la clientèle et l'orga-nisation des ressources. Car au-delà des déclarations d'intention des agences administratives demeure une logique du cloisonnement qui transcende l'ensemble de l'organisation des services. Les difficultés d'intégration des populations manifestant des troubles de comorbidité ne sauraient donc être résolues sans au préalable remettre en question cette logique même du mor-cellement de l'activité clinique. Prenons à titre illustratif le plan d'améliora-tion des services le plus récent de la Régie régionale de Montréal-Centre[8], publié en juin 1998. Ce document souligne en effet la nécessité d'assurer des services complets et continus à la population, mais tout en maintenant une logique implicite de réponse spécifique selon une grille de lecture à domi-nante de morcellement. Le plan d'amélioration propose en effet d'instaurer une gestion préventive des services « qui consiste à adapter l'offre de services aux divers groupes de population en fonction de leur besoins spécifiques » (RRSSSM, 1998, p. 19). La *spécification* des besoins prônée par l'institution s'inscrit ainsi dans un cadre plus général de répartition de la clientèle en caté-gories diagnostiques, négligeant par le fait même tout projet de spécification au plan individuel. Il existe donc deux niveaux possibles d'ajustement des ser-vices, mais c'est sur le plan plus global des populations cibles que s'élabore le mandat des organismes en matière de politiques sociales. L'énoncé de mission de la Régie régionale témoigne ainsi du paradoxe selon lequel la réponse aux besoins des individus doit nécessairement passer par l'élaboration d'une poli-tique générale qui intègre selon une logique incorporante l'ensemble des actions de prise en charge individuelle des bénéficiaires.

---

7. C'est dans la coulée de ces recommandations que seront présentées les grandes lignes du projet Itinérance (santé mentale / toxicomanie / santé physique) et du projet Urgence psychosociale (santé mentale / judiciarisation).

8. Régie régionale de la santé et des services sociaux (Montréal-Centre). – « Plan d'amé-lioration des services de santé et des services sociaux (1998-2002) : Le défi de l'accès » – Juin 1998.

Les politiques sociales, qui s'élaborent selon un schéma hautement technocratique, s'instaurent ainsi à titre d'épistémologie des besoins en décelant et catégorisant les problèmes sociaux selon une logique qui leur est propre. Les énoncés de mission des politiques sociales participent en effet à la construction d'une représentation univoque de la réalité sociale et individuelle en proposant une mise en ordre du monde, ou plus particulièrement une mise en ordre de l'inadaptation sociale. Habituellement calquée sur le modèle du cloisonnement clinique, la répartition administrative et budgétaire des services agit à son tour sur la constitution de la réalité clinique en distribuant ses services selon une réalité produite à même ses politiques. Cette logique de répartition est à ce point rigide qu'il devient difficile, voire utopique de croire à un assouplissement de son organisation.

Ce découpage institutionnel de la réalité clinique des bénéficiaires participe alors à une certaine forme de neutralisation des besoins singuliers, en saisissant le sujet individuel à titre de particule unidimensionnelle dont les caractéristiques retenues sont celles qui permettent de l'intégrer à une population préalablement ciblée. L'existence subjective de l'individu se trouve ainsi dissoute dans une prise en charge qui s'appuie sur une catégorisation diagnostique de l'inadaptation. Le sujet n'est plus considéré dans sa complexité singulière mais comme une manifestation d'un désordre général tel que LA toxicomanie ou LA maladie mentale. Ce processus de morcellement, comme nous le verrons dans la section qui suit, s'exerce avec une telle force qu'il réussit à reproduire cette logique de la fragmentation à travers un travail subtil sur les représentations identitaires des acteurs sociaux.

LOGIQUE PHÉNOMÉNOLOGIQUE

Marginalité et représentations sociales

Les « marges », signe d'un dysfonctionnement dans la nature du lien individu-société, constituent un danger pour l'ordre social dans la mesure où les « marginalisés » violent, par leur existence même, le mythe prométhéen de l'accès au bien-être dans et par la participation au tout social. Dans un monde qui fonctionne selon une logique de l'inclusion par insertion systémique des individus au tout social, la présence des exclus est dérangeante, déroutante, gênante. Dans ce contexte global, le réseau de prise en charge se doit de réduire la visibilité des individus en difficulté. Pour ce faire, il donne forme à l'inadaptation en la nommant afin d'inscrire les individualités dans la toile tissée par les nombreuses ressources à sa disposition.

Dès lors, les représentations qui confèrent une existence sociale aux « inadaptés » sont construites de manière à neutraliser les formes singulières d'existence en leur assignant des caractéristiques diagnostiques qui constituent alors les seuls points d'ancrage des politiques sociales. Il va s'agir de repérer, de répertorier, de classer, de nommer des formes d'existence qui relèvent de «l'inattendu social», de ce qui se présente *a priori* comme illogique ou incompréhensible mais qui s'inscrit néanmoins dans un cadre cohérent et rationnel, aux frontières claires, obéissant à une logique univoque. Ce monde rationalisé n'est en fait que la partie visible (nécessité fonctionnelle) d'un ensemble beaucoup plus vaste qui forme système. «Il n'y a pas d'Ailleurs à la société et au système, il n'y a pas d'île utopique coupée du continent systématisé. Il n'y a pas juxtaposition d'un système et d'un non-système, mais inévitablement frottement du système et de ce qui lui résiste ou cherche à lui échapper (Barel, 1989, p. 16).»

Dans cette optique, les réalités marginalisées (individus ou groupes), définies à tort comme étant hors-système, participent à ce qu'elles ne sont pas, à leur contraire, soit le système pensé dans son intégralité rationnelle. Ainsi, la rupture avec le système est bidimensionnelle puisqu'elle est également une liaison. Nous sommes donc face à un double impossible: impossibilité pour le marginal de rompre avec la société tout en participant à une certaine forme de rupture sociale. Ce paradoxe du double impossible est rendu viable par le biais des représentations attribuées aux individus, qui confèrent au macrosocial le pouvoir de donner forme symbolique, et donc de fixer dans le concret un réel impalpable, complexe et polysémique qui est celui de chaque individu évoluant dans un univers de mouvement perpétuel. La fixation de ce mouvement vital en forme conceptuelle, en images qui viennent emplir l'espace mental de chacun des acteurs, se réalise dans et par la médiation des représentations sociales. Jean-Claude Albric (1996) nous livre une définition ouverte de la représentation sociale qui décrit bien cette fonction de médium, délivreur de sens entre le tout social et l'individu intime.

> Une représentation sociale est l'ensemble organisé et hiérarchisé des jugements, des attitudes et des informations qu'un groupe social donné élabore à propos d'un objet. Les représentations sociales résultent d'un processus d'appropriation de la réalité, de reconstruction de cette réalité dans un système symbolique (Albric, 1996, p. 11).

Ces organisations systémiques, ces visions du monde collectivement partagées se réalisent dans un balancement constant d'une logique à une autre. En effet, les représentations procèdent d'une double logique, celle de la matérialité et celle de l'imaginaire. Par cette superposition de logiques, le processus de construction des représentations sociales a trait tant au collectif qu'à l'individuel. Les représentations sociales ont un rôle structurant dans l'organisation collective et les relations intersubjectives. Elles donnent le sens commun qui permet communication et échange par la création d'un espace mental partagé. La prise en compte des représentations sociales amène à poser qu'il n'existe pas une réalité objective, car chaque individu appréhende et donne sens au réel par la construction d'images mentales.

À ce point de notre développement, il est fondamental de définir ce que nous entendons par réalité, car là est le point nodal de l'articulation de notre réflexion. Nous concevons la réalité sociale comme un ensemble formé d'une double contenance en interaction permanente. Nous retrouvons d'une part l'ensemble des représentations et des sous-systèmes idéologiques qui sont la porte d'entrée des représentations dans le réel, et d'autre part l'individu qui demeure sujet à part entière et qui s'adapte à son environnement dans le souci quotidien de satisfaction de ses besoins et de recherche de minimalisation de sa souffrance. Nous comprenons dès lors que les représentations influent sur les pratiques sociales en se livrant comme système cohérent d'interprétation du monde. Ainsi, pratiques sociales et représentations s'engendrent mutuellement et construisent le réel au quotidien, en donnant sens aux conduites individuelles et à la réalité sociale. Sans représentation, le monde social serait à l'image d'un univers de folie à sens multiples, sans aucun lien structurant. Les représentations sociales, bien qu'invisibles, supportent des fonctions essentielles dans le processus d'intégration-exclusion des individus en société.

Sous-système idéologique des politiques sociales

Ce détour rapide par le concept des représentations sociales nous permet de mieux saisir que le réseau de prise en charge, pour remplir son mandat de dispensateur de services, doit nécessairement coder, normer, codifier les personnes en difficulté. Par cette opération de mise en ordre formelle de «l'inconnu» qui relève de l'inadaptation, la partie «inadaptée» de la sphère sociale (inadaptée parce que ne pouvant participer à aucune forme de production sociale positivement valorisée) est alors récupérée par le système psychosocial par un processus de diagnostic pathologisant. En effet, le découpage artificiel de la problématique extensive, complexe et polysémique de l'inadaptation sociale permet à la société de se saisir elle-même dans sa forme consensuelle normalisante, en définissant la marginalité comme le négatif, l'envers d'un idéal d'intégration. En objectivant une impossibilité individuelle à vivre dans le cadre normatif proposé par focalisation sur des pathologies, le corps social donne et se donne sens dans le rapport qu'il instaure avec cette «partie muette» de la population.

Productrice d'une réalité factice prenant place de réel, l'organisation des services sociaux, tout en apportant une forme d'aide aux individus, convoque du même mouvement une perversion du réel par usurpation de ce dernier au nom d'un nominalisme fonctionnel. Comme nous l'avons déjà exprimé, ce découpage artificiel est indispensable et notre propos est d'attirer l'attention sur le danger permanent que représente l'émancipation du discours structurant par rapport à l'objet qu'il prétend saisir. Il s'agit pour nous de comprendre comment toute production sociale engendre deux types d'effets: les effets explicitement escomptés et mentionnés dans les énoncés de mission des politiques sociales (réhabilitation, intégration) et les effets «sauvages» qui résultent du processus d'appropriation et d'interprétation individuelles des productions sociales. Le choix de la typologie pathologique (itinérance, maladie mentale, toxicomanie, etc.) se transforme alors en caractéristiques individuelles qui viennent se coller à la représentation des individus. Et comme nous l'aborderons plus loin, ces individus réagiront de différentes manières à cet étiquetage taxinomique.

Les deux niveaux de l'exclusion: le redoublement de l'exclusion par la stigmatisation

Pour mieux comprendre comment le découpage institutionnel peut être générateur d'exclusion, il importe de déplacer notre analyse du plan descriptif et symptomatologique des comportements pour glisser vers l'analyse qualitative du vécu des individus, c'est-à-dire la manière dont ils interprètent et s'approprient les éléments issus de leur environnement.

L'exclusion sociale existe dans une dynamique issue de la rencontre entre un système social donné et l'appropriation de cette réalité sociale par les individus. L'anomie que représente l'inadaptation doit être analysée dans le cadre de cette interaction entre un «extérieur» normalisant et des subjectivités particulières portant potentiellement le désordre et l'anormalité dans leurs singularités. L'individu utilisateur de services est avant tout un être évoluant à la fois dans l'intimité de sa subjectivité et dans le contexte social avec lequel il est en continuelle interaction. Ce contexte social est composé de multiples acteurs, dont les bénéficiaires des politiques sociales, les professionnels de l'intervention, les acteurs institutionnels et les individus dits «normaux».

Chacun de ces éléments intervient dans la construction de la réalité sociale par réception-interprétation-production de représentations (champ symbolique) et par inscription dans le réel. Mais la contradiction est toujours présente dans la réponse institutionnelle. Il s'agit en effet de répondre à des demandes qui sont bien souvent d'ordre existentiel, puisqu'elles concernent des besoins de reconnaissance et d'affirmation de son existence à titre de sujet particulier. À l'instar de Vincent de Gaulejac et Isabel Taboada-Leonetti (1994), nous considérons donc la réponse institutionnelle comme génératrice de violence. Les agences assistantielles sont en effet traversées par une pratique contradictoire, car au moment où le bénéficiaire éprouve un besoin inassouvi de considérations et de reconnaissance, il est simultanément confronté à une expérience institutionnelle qui lui renvoie une image de lui hautement invalidante et stigmatisante. Cette image dévalorisante est issue de la récupération de l'anormalité par une référence continuelle et maintenue à la normalité.

Ce processus d'intégration des catégories pathologiques s'inscrit dans le cadre d'un mécanisme de maintien de la paix sociale, de défense du corps social contre ces déviants qui portent le spectre de la désintégration, la menace d'une dislocation du collectif. Jean Maisondieu nous indique à ce sujet que «si le phénomène de l'exclusion est un facteur potentiel d'explosion sociale, le concept d'exclusion, quant à lui, est au service de la stabilité sociale» (1997, p. 183). Cependant, si le marginal existe, il ne naît pas de rien, comme porteur naturel des stigmates de l'inadaptation. Il devient extérieur à une forme d'inclusion. L'inadapté est bel et bien éjecté de quelque part et il ne l'est pas seulement de la sphère économique. Sa stigmatisation qui lui impose l'habit social de son diagnostic le met hors de portée du système symbolique de reconnaissance sociale par la définition identitaire puisqu'on le définit de l'extérieur. L'exclu n'a pas le choix de dire qui il est. L'anormalité est un rapport entre deux mondes symboliques, celui de l'inclusion, de la normalité et celui de la différence, qui est défini par catégorisation diagnostique.

Mais cet étiquetage est porteur d'effets pervers. Nous observons en effet un redoublement de l'exclusion par représentation stigmatisante. L'individu est saisi principalement dans son «manque» (d'emploi, de relation sociale, de santé, de logement) par discrimination négative. Le poids des représentations sociales dans la gestion de la différence est alors indéniable. Les individus sont préconstruits, cadrés dans une représentation. Celle-ci leur attribue des caractères spécifiques qui redoublent leurs difficultés, qui exacerbent le sentiment de vivre dans la différence. Ce regard porté sur l'individu, la stigmatisation sociale, produit également une substanciation dans la personne des causes extérieures qui l'ont conduite dans une position défavorable.

Le diagnostic posé et le choix de catégorisation jouent un rôle dans le processus d'identification sur le plan individuel en ce qui a trait à l'image de soi et à la définition identitaire. En effet, nous savons que l'homme est en perpétuelle recherche de re-connaissance. C'est en grande partie l'interaction subjective structurante qui confirme le sentiment d'existence, car nous savons qu'il n'existe pas de re-connaissance sans autrui et que l'autisme est la forme extrême d'un impossible à se reconnaître dans le regard de l'autre. C'est à travers cette re-connaissance à titre d'itinérant, de toxicomane ou de malade mental que l'individu pourra recevoir les services psycho-sociaux nécessaires. Cette re-connaissance par catégorisation constitue un lien formel avec la société normée. Aussi, dans cette logique du «moins pire», mieux vaut être reconnu par diagnostic que ne pas être reconnu du tout.

De ce lien de reconnaissance, deux types de comportements sont observés : l'adaptabilité à la catégorisation par diagnostic et la conduite d'évitement.

- L'adaptabilité par adhésion à la représentation dominante implique l'adoption chez le sujet d'un comportement attendu. Ce type de réponse constitue un effet pervers qui limite symboliquement le potentiel de chacun d'obtenir un autre statut de reconnaissance. C'est l'histoire du bénéficiaire qui entre en interaction en évoquant le diagnostic qui lui a été imposé. C'est le « bonjour, je suis toxicomane », ou encore le « je suis schizophrène » que tout travailleur social a déjà entendu lors d'une première rencontre. Tout se passe comme si, à l'énoncé du diagnostic, chaque interlocuteur était placé dans une représentation figée de l'autre qui limite le potentiel d'inscription sociale de l'individu.

- La rigidité du diagnostic peut avoir des conséquences non désirées qui poussent le bénéficiaire à adopter une conduite d'évitement ou qui lui bloquent tout simplement l'accès aux services par son incapacité à répondre à la catégorisation clinique. Le caractère chronique des pathologies, associé à la vie dans la différence, amputent les individus de leur capacité d'inscription dans une prise en charge, puisque cette dernière comporte une dimension mutilante sur le plan de la définition identitaire. Nous constatons alors un mouvement de va-et-vient régulier entre les diverses ressources. Les individus sont ballottés d'un secteur à un autre par renvois successifs, car ils ne correspondent strictement à aucune des définitions diagnostiques. Leur profil clinique est flou, multidimensionnel, insaisissable sur le plan institutionnel. Nous parlerons dans ces cas du découpage disciplinaire à titre de générateur d'exclusion.

« Je ne suis pas ce que tu veux que je sois »

Nous avons vu que la logique institutionnelle procède par saisie diagnostique et oriente ainsi les individus en fonction de leurs pathologies. Or, nombre d'entre eux ne se reconnaissent pas dans une définition limitative de ce qu'ils perçoivent de leur totalité. Nous sommes quelquefois face à des réactions de repli sur soi et de mise à distance que l'individu adopte pour se protéger d'une forme de phagocytage de l'identité par étiquetage du secteur psychosocial. Nous parlerons d'errance institutionnelle pour ces « individus ballons » qui ne parviennent pas à entrer, par la complexité de leur problématique, dans les tiroirs prévus par le système institutionnel. Le texte de Serge Paugam (1991) met en lumière cette rencontre entre un étiquetage institutionnel des « pauvres » qui définit des pathologies et des modes d'intervention, et le sens que les individus donnent à leur expérience vécue. Paugam construit son objet d'étude en opérant un renversement du point de vue généralement admis. Il transforme la catégorie des «exclus» (prénotion) par le concept analytique des «assistés». Ce glissement d'axe d'observation met à découvert l'importance des négociations qui s'établissent entre les assistés et la société qui les reconnaît et les définit par ses institutions de prise en charge. Cette construction de l'objet d'étude permet ainsi de mettre l'accent sur la relation entre le système et les individus qui réagissent à cette reconnaissance institutionnelle.

Une partie de ces assistés ne répondent pas aux modalités d'intervention proposées. Ce sont les «infra-assistables» de Verdès-Leroux (1978), les exclus de l'ombre de Maisondieu (1997), qui se caractérisent par une rupture du lien social et des contacts très irréguliers ou inexistants avec les agences de prise en charge. Ces personnes sont confrontées à un cumul de handicaps. Elles peuvent sortir du filet ultime de la protection sociale et connaître ensuite des situations de plus en plus marginales où la misère est synonyme de désocialisation. Paugam (1991) évoque alors ces marginaux qui sont aussi des non-usagers des services sociaux, puisqu'ils se retrouvent en aval du dispositif d'assistance. Il s'agit de personnes n'ayant pas de stabilité de revenu et qui ne font l'objet d'aucune intervention psychosociale régulière de type assistentiel.

> Les marginaux sont dépourvus de statut et de pouvoir. En période de prospérité économique, seule la catégorie des clochards permettait d'identifier ces individus. Il s'agissait d'une minorité sans travail et sans domicile fixe dont on pouvait dire qu'elle était socialement inadaptée. Aujourd'hui, cette expression est inconvenante car une partie importante de cette population sans emploi régulier et sans ressources se différencie du rôle traditionnel du clochard (Paugam, 1991, p. 32).

Les travailleurs sociaux qui rencontrent ces individus «hors-cadre d'assistance» parlent de la lourdeur des problématiques et des difficultés d'établir une relation d'échange contractuel. Les marginaux ou, pour reprendre l'expression de Verdès-Leroux, les infra-assistables, sont discrédités par les échecs qui ont jalonné leur existence. Stigmatisés, ils doivent quotidiennement trouver des moyens de rendre tolérable le rejet *a priori* qu'ils provoquent. Ces individus ont souvent des biographies extrêmement déstructurantes. Au fil des années de vie hors-norme ils cumulent les handicaps et alimentent ainsi leur statut d'exclu. Cette vie dans l'exclusion consiste à résister de façon individuelle au poids de l'humiliation en mobilisant des défenses pour tenter de retourner, au moins partiellement et symboliquement, le sens de leur marginalité. Ce vécu correspond à une forme de résistance au stigmate par une affirmation d'une forme d'autonomie qui camoufle une incapacité de vivre «comme tout le monde». Le sentiment d'être dévalorisés, rejetés par les institutions, de ne pas être reconnus autrement que par la stigmatisation conduit les individus à trouver un équilibre psychologique en développant une forme d'insensibilité au jugement d'autrui. Ils se construisent un monde selon leurs propres normes, ce qui leur permet d'évoluer dans une société qui abrite leur déchéance et la nourrit.

L'humiliation et la déchéance morale que cette situation entraîne font réagir les individus, et ces derniers mobilisent alors des défenses pour résister à la stigmatisation. Cette résistance que Paugam désigne sous le vocable de «marginalité organisée» correspond à une restructuration symbolique d'un cadre culturel tolérable qui se réalise par un appel aux ressources de l'imaginaire qui leur permet d'accéder à une identité sociale. Ce mécanisme de compensation symbolique transforme le défaut d'intégration à la société normée en espace d'affirmation de son existence par une organisation adaptée aux conditions et aux exigences d'une vie précaire. Les dysfonctionnements surajoutés complexifient l'identification de l'origine de la désaffiliation. Ces personnes vivent le processus de l'exclusion selon des temporalités différentes. Certains se retrouvent très rapidement en situation de rupture alors que pour d'autres, le cheminement vers l'errance se réalise sur plusieurs années. Ils ont en commun de mettre en échec les tentatives d'aide, quand ils ne les refusent pas tout simplement. Pour ces individus en rupture, l'inadaptation des dispositifs d'aide renforce le sentiment d'exclusion et amplifie leurs difficultés originelles d'adaptation. Puisqu'ils sont renvoyés de services sociaux en consultations psychiatriques, leur sentiment d'exclusion est poussé à son paroxysme. Cette réalité de l'impossible action des services sociaux crée des réactions chez les individus. Tout se passe comme si, ne pouvant entrer dans les catégories diagnostiques préétablies, ils n'offraient aucune prise aux tentatives d'intervention psychosociale. Cette détresse vécue par les exclus fournit une illustration de la rencontre entre aliénation sociale et aliénation mentale. La détresse sociale et la souffrance psychique sont intimement liées et interdépendantes.

CONCLUSION

La prolifération au cours des deux dernières décennies du phénomène de la comorbidité psychosociale met en lumière les carences du système de prise en charge de l'inadaptation, en rendant visible une logique institutionnelle qui fonctionne selon un principe de morcellement de la réalité clinique. Les discours et les pratiques institutionnels qui caractérisent le réseau de prise en charge ne sauraient être saisis naïvement à titre de réponse à une réalité extérieure et autonome que représenterait la marginalité. Le discours institutionnel doit *a contrario* être appréhendé dans son efficace à titre d'élément structurant dans la mise en forme de l'objet même de l'inadaptation sociale.

Cet apport structurant des mécanismes de prise en charge s'exerce alors par une médiation à travers les représentations sociales. Cette logique institutionnelle de morcellement de l'activité clinique s'impose en effet à titre de modèle épistémologique qui façonne de manière significative les représentations identitaires des acteurs sociaux qui sont visés par les politiques sociales. Selon cette optique, le système de prise en charge produit alors une certaine forme de violence symbolique, puisqu'il devient lui-même générateur d'exclusion pour ces individus qui sont incapables ou refusent de s'insérer dans cette catégorisation diagnostique. Les sujets pour lesquels aucun diagnostic ne semble correspondre se voient ainsi doublement exclus par l'impossibilité de recevoir une forme d'assistance adaptée à leurs besoins spécifiques. L'échec du système de prise en charge à saisir l'individu sans sa complexité clinique et phénoménologique a donc pour effet de stigmatiser encore davantage une partie de la population qui souvent est la plus durement touchée par la détresse psychosociale.

Cet exercice, tout en fournissant des pistes de réflexion aux acteurs du réseau d'assistance sociale, permet aussi de souligner comment la violence institutionnelle peut être alimentée par un jeu des représentations tant sur le plan individuel que collectif. Notre intention première était alors de démontrer que les analyses de type structurel ayant pour objet les mécanismes de prise en charge peuvent être à la fois saisies à travers les répercussions qui frappent les sujets à un niveau phénoménologique. Cette approche comporte à notre avis l'avantage de permettre une réconciliation entre les deux objets dialectiquement opposés que sont l'individu et la société, et de replacer la phénoménologie du sujet au sein d'une interprétation plus globale de la société.

RÉFÉRENCES

ALBRIC, J.-C. (1996). *Exclusion sociale, insertion et prévention.* Éditions Erès.

BAREL, Y. (1989). *Le paradoxe et le système: essai sur le fantastique social.* Presses de l'Université de Grenoble.

BAREL, Y. (1982). *La marginalité sociale.* Paris: Les Presses universitaires de France.

BOUDREAULT, L., D. DUHAMEL, K. MALTAIS et J.-P. MARCEAU. (1994). Les troubles de la personnalité dans le contexte de l'intervention en toxicomanie. *In* P. Brisson (Sous la dir. de), *L'usage des drogues et la toxicomanie: Volume II* (p. 437-458). Boucherville: Gaëtan Morin Éditeur.

BROCHU, S. (1997). Drogues et criminalité: point de vue critique sur les idées véhiculées. *Déviance et Société, 21* (3), 303-314.

BROCHU, S. (1994). Ivresse et violence : désinhibition ou excuse ? *Déviance et Société, 18* (4), 431-446.

BROCHU, S. et C. Mercier. (1992). Les doubles problématiques avec une composante de toxicomanie : état de la littérature. *Psychotropes, VIII* (3), 7-10.

COMITÉ PERMANENT DE LUTTE À LA TOXICOMANIE. (1997). *La double problématique : toxicomanie et problèmes de santé mentale.* Avis présenté à la Régie de la santé et des services sociaux.

CORMIER, D. (1984). *Toxicomanies : styles de vie.* Chicoutimi : Gaëtan Morin Éditeur.

DE GAULEJAC, V. et I. TABOADA LEONETTI (1994). *La lutte des places.* Paris : Épi.

FORTIER, J., M.-F. THIBAUDEAU et P. CAMPEAU. (1998). Les personnes itinérantes souffrant de troubles mentaux graves et persistants à Montréal : profil, services d'urgence psychiatriques et nouvelles interventions. *Nouvelles pratiques sociales, 11* (1), 43-68.

LABERGE, D. (1997). *Marginaux et marginalité. Les États-Unis aux XVIIIe et XIXe siècles.* Paris : L'Harmattan.

LABERGE, D., P. LANDREVILLE, D. Morin, M. Robert et N. Soullière (1995). *Maladie mentale et délinquance : deux figures de la déviance devant la justice pénale.* Montréal : Presses de l'Université de Montréal.

LANDRY, M. et J. BOISLARD. (1992). Comorbidité toxicomanie – troubles mentaux. Un exemple québécois : le Centre Domrémy-Montréal. *Psychotropes, 7* (3), 33-40.

LEE, J. (1988). La réadaptation des sans-abri : un modèle d'intervention auprès de la population itinérante et toxicomane de Montréal. *Revue québécoise de psychologie, 9* (1), 123-135.

LÉVESQUE, M. (1994). La criminalité et la consommation de drogues : une double problématique. *In* Pierre Brisson (Sous la dir. de), *L'usage des drogues et la toxicomanie : Volume II* (p. 255-271). Boucherville : Gaëtan Morin Éditeur.

MAISONDIEU, J. (1997). *La fabrique des exclus.* Paris : Éditions Bayard.

MARCEAU, J.-P. (1992). Un exemple de double problématique : les troubles de la personnalité borderline et l'utilisation de substances psychoactives. *Psychotropes, 7* (3), 21-32.

MERCIER, C. (1993). *Toxicomanie et itinérance. Recension des écrits. Cahier de recherche.* Montréal : RISQ.

NADEAU, L. et C. Biron (1998). *Pour une meilleure compréhension de la toxicomanie.* Presses de l'Université Laval.

PAUGAM, S. (1991). *La disqualification sociale. Essai sur la nouvelle pauvreté.* Paris: Les Presses Universitaires de France.

RÉGIE RÉGIONALE DE LA SANTÉ ET DES SERVICES SOCIAUX DE MONTRÉAL-CENTRE. (Juin 1998). *Plan d'amélioration des services de santé et des services sociaux 1998-2002. Le défi de l'accès.* Québec: RRSSS, 128 p.

RÉGIE RÉGIONALE DE LA SANTÉ ET DES SERVICES SOCIAUX DE MONTRÉAL-CENTRE. (1995). *L'organisation des services de santé et des services sociaux sur l'île de Montréal: recommandations. L'atteinte d'un nouvel équilibre,* Montréal: RRSSS.

VERDES-LEROUX, J. (1978). *Le travail social.* Paris: Éditions du Minuit.

WINNICOTT, D. W. (1994). L'adolescence. *In* D. W. Winnicott (Ed.), *Déprivation et délinquance* (p. 173-185). Paris: Éditions Payot & Rivages.

CHAPITRE 19

Aide alimentaire et pauvreté : vers de nouvelles formes de priorisation des clientèles et des interventions

par Roch Hurtubise

Malgré la diversification du phénomène de la pauvreté, le problème de la faim demeure probablement l'un de ceux qui soulève le plus d'indignation auprès du public et qui mobilise un nombre croissant de bénévoles et d'intervenants. Comment expliquer que dans une société développée, caractérisée par une abondance de denrées alimentaires, il y ait encore des gens qui ne mangent pas à leur faim? Plusieurs des ressources et services destinés aux personnes itinérantes donnent un rôle important à l'aide alimentaire. C'est le cas du refuge, de la soupe populaire, de l'organisme de distribution de denrées ou de coupons-repas. L'aide alimentaire est souvent un moyen privilégié pour entrer en contact avec des populations difficilement accessibles parce qu'utilisant peu les services de santé et les services sociaux; la nourriture devient alors un prétexte qui permet d'établir une relation avec des populations marginales et exclues. Au Québec, la reconfiguration des services s'accompagne d'une redéfinition de l'aide alimentaire dans la foulée du fonctionnement par objectifs et par priorisation des clientèles mis de l'avant par la politique de la santé et du bien-être. Traditionnellement le champ d'exercice des nutritionnistes et des diététistes, les questions liées à l'alimentation intéressent désormais d'autres professions qui y voient une possibilité de diversification de leurs actions et de développement d'interventions plus adaptées aux clientèles démunies (Beeman, Panet-Raymond et Rouffignat, 1997).

Nous voulons ici présenter quelques réflexions sur l'aide alimentaire et l'intervention qui sont apparues au cours d'une recherche effectuée sur l'aide alimentaire dans deux régions du Québec[1]. L'analyse des formes de distribution et d'appropriation de l'aide alimentaire en région nous a permis d'avoir

---

1. Une première partie de cette recherche a consisté à faire une enquête auprès des organismes de distribution alimentaire des régions des Cantons de l'Est et de la Mauricie. Il s'agissait de faire un portrait comparatif des formes de distribution de l'aide, de la place de cette aide dans les activités de l'organisme, des représentations de la pauvreté et des usagers, etc. Une deuxième partie a consisté à faire des études de cas dans six

accès à un véritable observatoire des pratiques actuelles auprès des personnes en situation de pauvreté et de découvrir les manières dont l'alimentaire s'articule à l'action auprès des populations vulnérables[2].

Au-delà des définitions objectivantes de la pauvreté, nous avons constaté qu'à l'intérieur d'une même région des visions relatives de la pauvreté fort différentes coexistent et qu'elles sont déterminantes de l'expérience de la pauvreté comme des actions mises en place pour la contrer. Ces différences s'expriment de diverses façons. Par exemple, la coordonnatrice d'une cuisine collective insiste sur la forte identification des participantes à la cuisine collective, qui a pignon sur la rue principale et est une véritable institution du milieu. Cinquante kilomètres plus loin, la responsable d'une autre cuisine nous explique l'importance pour les participantes du caractère anonyme de l'emplacement du local de rencontre. Au-delà de la forme d'aide alimentaire, c'est la différence entre les deux milieux qui permet de comprendre cette appartenance distincte aux deux organismes. Dans le premier cas, la pauvreté caractérise une partie très importante de la population et en ce sens ne constitue pas un phénomène marginal ; dans le deuxième, on observe des clivages importants entre riches et pauvres, entre autres par la présence d'employés des entreprises du secteur secondaire. Pour reprendre l'expression de la coordonnatrice, on est ici en présence d'une «pauvreté honteuse». L'expérience de la pauvreté varie donc considérablement d'un milieu à l'autre et l'on doit tenir compte de ces variations lorsqu'on veut comprendre les services offerts.

---

milieux présentant des caractéristiques diversifiées (taux de pauvreté, taille de la population, type de structure économique, rural/urbain). Notre objectif était alors de saisir la dynamique de l'aide alimentaire dans chacun de ces milieux à travers des observations participantes et des entrevues auprès d'informateurs clés et auprès d'usagers. Pour les fins de cette recherche, nous avons retenu les trois formes de distribution alimentaire les plus fréquentes : la soupe populaire, la distribution de colis et la cuisine collective. Nous avons mis de côté la «popote roulante» puisqu'elle relève plus d'un service aux personnes malades et/ou en perte d'autonomie. Dans les deux régions, les observations et entrevues ont débuté en juin 1997 et se sont terminées en août 1998. Au total, plus de 90 entrevues auront été réalisées avec des usagers, 30 auprès d'informateurs clés. Cette recherche intitulée *Citoyens, bénéficiaires ou exclus : les usages sociaux de l'aide alimentaire* a été réalisée avec Paul Sabourin et financée par le CQRS. Le rapport final a été déposé en janvier 2000.

2. Pour plusieurs chercheurs, l'idée de parler d'itinérants ou de jeunes de la rue en région apparaît comme une lecture inflationniste des problématiques régionales. Pourtant, de nombreuses ressources destinées aux jeunes de la rue et aux itinérants constatent quotidiennement une augmentation de la lourdeur des clientèles et des problématiques en région qui s'apparentent de plus en plus à ce qu'on observe dans les grands centres. Au-delà d'un débat sur les véritables itinérants, il faut à tout le moins constater que globalement les situations d'extrême pauvreté augmentent, et ce, particulièrement dans des villes comme Trois-Rivières et Sherbrooke.

Cette vision constructiviste de l'expérience de la pauvreté s'observe aussi dans les diverses initiatives locales ou nationales qui proposent d'agir auprès des groupes vulnérables et des populations de milieu défavorisé, que ce soit dans les secteurs de la santé ou du social. En fait, l'aide alimentaire constitue un champ d'observation privilégié pour saisir les processus de sélection de certaines populations, de classification des problèmes sociaux qui consistent à cibler collectivement des actions sur la base d'une certaine forme de consensus social à propos des objectifs à atteindre. Après avoir décrit les fonctions et certaines appropriations de l'aide alimentaire par les usagers, nous discuterons des problèmes soulevés par une volonté d'uniformiser et de standardiser ces interventions, et ce, plus spécifiquement par l'élaboration d'un politique de sécurité alimentaire.

À QUOI SERT L'AIDE ALIMENTAIRE ?

C'est à la suite d'une invitation de la Fédération des moissons du Québec que nous avons amorcé cette recherche. Les responsables des organismes s'inquiétaient de l'augmentation de la distribution de l'aide alimentaire dans l'ensemble des régions du Québec et s'interrogeaient sur les finalités ainsi poursuivies. L'aide alimentaire constitue-t-elle un moyen de maintenir et de reproduire la pauvreté ? Assiste-t-on à une institutionnalisation des banques alimentaires comme organismes permanents de gestion de la pauvreté ? Dégage-t-on l'État de son rôle d'assistance auprès des plus démunis ? Faut-il favoriser la mise en place d'une politique provinciale pour encadrer les activités de distribution alimentaire ? Doit-on favoriser une approche plus globale et encourager le développement des actions innovatrices ? Comment devrait-on organiser les interventions pour favoriser l'atteinte de résultats durables ?

Bien entendu, le travail que nous avons fait ne nous permet pas de répondre à toutes ces questions. Toutefois, le portrait que nous proposons permet de nuancer les lectures catastrophiques ou idylliques de l'aide alimentaire. Ce portrait met l'accent sur quatre grands types de fonction de l'aide alimentaire pour les usagers : physiologiques, économiques, psycho-sociales et sociales.

L'une des premières constatations à faire est que, pour les usagers, le recours à des services d'aide alimentaire permet d'obtenir des denrées alimentaires. La qualité de la nourriture varie considérablement d'un lieu à l'autre selon la disponibilité des surplus alimentaires et des autres sources d'approvisionnement dont peut bénéficier l'organisme. Cet apport d'aliments pour des usagers qui mangent rarement trois repas par jour favorise une régularisation et une diversification de l'alimentation. Il faut souligner que l'aide alimentaire est souvent associée à un apprentissage et à une modification de comportement. Ainsi, les repas de la soupe populaire permettent de découvrir de « nouvelles recettes» et de développer le goût. Dans le cas des cuisines collectives, la journée de cuisson est un temps d'apprentissage de la planification (achat, recettes) et d'acquisition de nouveaux savoir-faire populaires (le secret de la pâte à tarte) ou plus techniques (l'art de congeler les aliments).

Qu'en est-il de l'aide alimentaire comme forme de lutte à la pauvreté? Comment s'articulent aide alimentaire et budget domestique? Le premier constat que nous pouvons faire à la lumière des observations et entrevues est l'existence d'un cycle budgétaire mensuel pour une grande partie des usagers. Ce cycle correspond aux versements de l'assistance sociale, des revenus de retraite et des allocations familiales. L'utilisation des ressources d'aide alimentaire est moindre pour les jours qui suivent l'arrivée des «chèques», certains organismes étant d'ailleurs fermés ces journées. En fait, la vie de plusieurs usagers se décrit mieux par un cycle mensuel que par un cycle hebdomadaire ou journalier. Le début du mois est une période qui permet de payer des dettes accumulées depuis plus ou moins longtemps, de faire des provisions et de se payer quelques petites attentions. En ce sens, l'aide alimentaire constitue un prolongement du budget personnel et familial; le fait d'obtenir un colis, d'aller manger dans une soupe populaire ou de participer à un groupe de cuisine permet de dégager un peu d'argent qui peut être attribué à d'autres fins.

L'une des observations les plus marquantes du terrain concerne une certaine forme de spécialisation socio-économique des «clientèles» selon les organismes. Ainsi, les usagers des cuisines collectives ne sont jamais des usagers des soupes populaires et rarement des colis d'aliments. Les usagers avec le plus de difficultés (santé mentale, alcoolisme, toxicomanie et extrême pauvreté) sont pratiquement absents des cuisines collectives; les exigences du travail en groupe, de la collaboration avec les autres et de la planification qui caractérisent cette forme d'aide alimentaire constituent autant de contraintes à leur participation. Citons par exemple le cas de ce porteur du VIH, usager de colis, qui ne voulait pas utiliser la soupe populaire à cause du regard des autres, ni participer à une cuisine collective pour des raisons similaires. Entre une même forme de distribution, les colis, par exemple, on observe des distinctions importantes entre usagers permanents (pauvreté chronique) et temporaires (pauvreté conjoncturelle). En fait, les formes de distribution d'aide correspondent à des formes de pauvreté et ne rejoignent que rarement les mêmes populations. On observe ici une première forme de priorisation des clientèles qui ne s'explique pas uniquement par les orientations données, par les politiques nationales ou régionales. L'activité d'aide alimentaire est au cœur de la production sociale des représentations collectives du pauvre et de l'itinérant. L'image publique qui s'en dégage permet de saisir une conscience collective qui se construit autour de représentations du bon pauvre et du mauvais pauvre. Nous reviendrons sur ces questions en conclusion.

L'organisme d'aide alimentaire peut jouer un rôle important dans le développement de réseaux chez les usagers. Pour plusieurs usagers, l'entrée dans l'aide alimentaire est bien souvent en lien avec une étape de vie qui correspond à une rupture familiale ou professionnelle (perte d'emploi, divorce et séparation, décès du conjoint ou de la conjointe, déménagement, arrivée d'un enfant, passage de l'adolescence à la vie adulte). Plusieurs exemples illustrent cette dynamique : une femme prévoit un retour aux études et utilise l'aide alimentaire pour économiser afin de rembourser ses dettes ; un toxicomane pour qui le fait de fréquenter une soupe populaire lui permet d'investir d'autres milieux et de s'éloigner des milieux qui reproduisent sa dépendance ; un homme âgé pour qui les usagers de la soupe populaire deviennent un peu sa famille, alors que ses relations avec sa famille véritable sont difficiles.

La perception de l'aide alimentaire relève parfois d'une ambiguïté profonde chez certains usagers. D'un côté, l'entrée dans l'aide alimentaire est en rupture avec le milieu d'appartenance de l'usager ; il se sent honteux d'en être arrivé là. C'est souvent à ce moment qu'il coupe les ponts avec son milieu d'appartenance. Ensuite, le sentiment d'appartenance vis-à-vis de l'organisme et aux réseaux développés est tellement fort que l'aide alimentaire devient centrale dans la vie de l'usager. Ainsi, tout en continuant à vivre ce sentiment de honte et de dévalorisation lorsqu'il se rend là-bas, l'organisme d'aide alimentaire devient un lieu d'appartenance pour l'usager, que certains décrivent comme une « petite famille ». Pour les usagers qui adoptent cette logique, l'organisme d'aide alimentaire devient souvent le seul lieu d'appartenance. Ainsi, tout en s'attachant affectivement à l'endroit et aux autres usagers, ils peuvent avoir une impression d'enfermement dans ce réseau, qui selon eux ne leur permet pas de sortir de la pauvreté. En contrepartie, l'implication dans les activités de l'organisme d'aide alimentaire est une autre forme d'attachement et de sentiment d'appartenance qui peut constituer une porte d'entrée vers d'autres cheminements individuels et collectifs (alphabétisation, projets d'implication sociale, défense des droits, jardins collectifs, entreprises de services domestiques). Les pratiques observées permettent de constater qu'au-delà de l'apport alimentaire et économique, les organismes d'aide alimentaire favorisent, de diverses façons, la participation sociale des usagers, que ce soit à travers le bénévolat, l'intégration à la communauté, le développement de réseau ou encore la mise en place d'un logique d'échange qui s'oppose à la logique économique prédominante. Cette participation permet aussi le développement d'une identité publique qui peut être à l'origine d'une insertion sociale par le développement d'un sentiment d'appartenance, par une implication concrète auprès des autres et par un engagement dans l'organisme. Ces formes alternatives d'insertion sociale contrastent avec le modèle prédominant dans nos sociétés qui favorise l'insertion par le travail.

LES MEILLEURES FAÇONS DE FAIRE DE L'AIDE ALIMENTAIRE

Tout au long de cette recherche, de nombreux intervenants du secteur public et du secteur communautaire nous ont interrogé sur la meilleure manière de faire de l'aide alimentaire. Y a-t-il moyen d'évaluer ces actions? De les prioriser? D'en mesurer l'impact? Faut-il mettre fin au don charitable d'inspiration chrétienne et mettre de l'avant des solutions qui favorisent une insertion sociale et une modification durable? Bien que les objectifs de cette recherche ne soient pas d'évaluer les formes de distribution alimentaire mais de les décrire, il nous semble que le portrait que nous proposons met en garde contre les risques d'une uniformisation des services d'aide alimentaire.

Afin d'illustrer notre propos, nous présentons trois soupes populaires très différentes dans leur fonctionnement et dans les finalités qu'elles poursuivent. Cette présentation nous permettra de montrer qu'au-delà de l'objectif organisationnel et de l'intention du service, il y a chez les usagers des appropriations très diversifiées des ressources qui vont parfois à l'encontre des finalités prévues.

Fondé en 1993, *La soupe du Bon Dieu* est un café chrétien qui, du lundi au vendredi, offre des repas le matin et le midi. La mission officielle de l'organisme est l'évangélisation. Cette soupe populaire est un organisme relativement isolé des organismes d'action sociale et des organismes du réseau de la santé et des services sociaux. Son financement est lié à des dons privés et n'est pas assuré par les divers programmes de la régie régionale ou de la municipalité. En fait, nous pourrions dire que, du point de vue des standards actuels, elle constitue un contre-modèle puisqu'elle se définit surtout par sa vocation religieuse et charitable. Si l'organisme poursuit une mission d'évangélisation, il n'y a aucune obligation d'être présent aux séances d'information et de prière pour recevoir un repas gratuit. On retrouve donc ici une pratique de charité inconditionnelle souvent observée dans les organismes religieux. Cette vocation religieuse de l'organisme est probablement ce qu'on remarque le plus à première vue. Qu'en est-il effectivement? Sur les murs sont affichées des images religieuses et sur chacune des tables se trouve un exemplaire d'une brochure contenant divers extraits de la Bible. Des usagers consultent cette brochure à l'occasion et discutent de l'interprétation de certains passages. Cette pratique de lecture ne semble que secondairement remplir son rôle d'évangélisation. Elle a cependant de nombreuses autres fonctions : c'est un «objet» sur la table qu'on touche, qu'on manipule tout en discutant de tout et de rien; c'est un recueil de pensée qui permet de réfléchir à sa vie. Au moment du service du repas, le directeur propose une interprétation d'un verset inscrit sur un tableau. Lors des entrevues, des usagers expriment leur respect de ce rituel tout en se distanciant de sa connotation religieuse. Toutefois, la religion joue un rôle très actif dans cette soupe populaire puisqu'elle permet l'échange à partir de valeurs (partage, respect, etc.) et qu'elle favorise la création d'un espace social où les interactions s'organisent autour de la quête de sens. En effet, les gens se parlent des versets incompris lors de discussions précédentes ou encore échangent sur tel aspect ou tel autre de la religion. Toutefois, l'ensemble constitue un tout hétéroclite où s'entremêlent l'ésotérisme, le catholicisme, la réincarnation, les extraterrestres, la quête de soi, la croissance personnelle, etc.

La différence entre les comportements et les attitudes à l'intérieur et à l'extérieur de la soupe populaire illustre clairement l'importance des fonctions «sociales» de cette soupe populaire. Dans les espaces publics, le comportement des usagers se transforme, leur attitude corporelle, leur manière de se déplacer et de s'exprimer semblent révélatrices d'un certain désir de passer inaperçus dans la ville. À l'intérieur de la soupe populaire, l'atmosphère est tout autre : les gens discutent, font des blagues et sont beaucoup plus expressifs. Ils se déplacent beaucoup d'une table à l'autre, demandent des nouvelles des gens et accueillent rapidement les nouveaux usagers. En fait, cette soupe populaire semble être devenue le cœur de l'existence «sociale» de plusieurs usagers : en plus d'être un endroit pour se réchauffer, pour se nourrir et socialiser, c'est avant tout un refuge où les comportements reconnus dans la rue comme marginaux et passibles d'exclusion deviennent dans ce lieu normaux et surtout acceptés. La marginalité dans ce cas-ci prend des formes diverses : chômage de longue durée, problèmes de santé mentale et physique, solitude et exclusion des relations familiales «traditionnelles» (volontaire ou obligatoire). Dans ce contexte, la soupe populaire répond à des besoins de contacts humains habituellement obtenus à travers le travail, la famille et les loisirs. Parallèlement, *La soupe du Bon Dieu* constitue une certaine structure qui est non négligeable pour les gens qui souffrent de problèmes de santé mentale en leur donnant des repères sociaux quotidiens. Les gens peuvent compter sur cet endroit chaque jour de la semaine et s'attendent à un repas chaud toujours distribué à la même heure par les mêmes personnes. De plus, une certaine répétition dans la mise en scène et le service (toujours les mêmes personnes le matin, la même nourriture, le rituel, la prière, etc.) revêt un aspect rassurant et sécurisant.

Que peut-on conclure des relations sociales crées par les activités d'aide alimentaire dans cette soupe populaire? D'une part, il existe un noyau fort de sociabilité qui constitue un repère quotidien pour plusieurs usagers. Si cette sociabilité ne semble pas facilement se transposer vers des trajectoires plus habituelles d'insertion sociale et d'employabilité, elle a au moins le mérite de favoriser une insertion dans un univers parallèle, un peu étrange, mais qui propose une acceptation inconditionnelle. D'autre part, l'observation fine des interactions et des échanges nous permet de nuancer de manière importante la vocation religieuse ici mise de l'avant. Signalons ici la création d'une activité collective importante dans ce contexte : la quête du sens, toujours introuvable mais éternel sujet de discussion. Il ne semble pas que les conversions soient nombreuses et, plutôt que de parler d'évangélisation, il serait plus juste d'évoquer la cohabitation polie de la misère et d'un discours religieux hétéroclite.

En filiation plus directe avec le mouvement communautaire de la région, *La Tablée de l'Est* est née de la concertation d'une vingtaine de groupes (communautés religieuses, paroisses, sociétés St-Vincent-de-Paul, CLSC, service budgétaire populaire, rassemblement des assistés sociaux, mouvement des chômeurs et chômeuses de l'Estrie, service diocésain de la pastorale sociale). Au point de vue de la dynamique organisationnelle, on observe une valorisation de la participation des usagers, notamment au conseil d'administration où cinq personnes sont des usagers. La philosophie de l'organisme est fortement imprégnée des valeurs d'ouverture et de non-jugement. Au moment de l'enquête, la soupe populaire est située sur la rue principale dans un quartier défavorisé du centre-ville et offre des repas, du lundi au vendredi. Pour avoir un repas, les usagers doivent payer un abonnement mensuel ou encore un tarif journalier, ce qui permet de créer une plus grande régularité de fréquentation mais qui, selon les responsables de la soupe, risque d'exclure certains usagers. Tout comme chez *La soupe du Bon Dieu*, on remarque ici un fort sentiment d'appartenance à l'organisme et l'existence de réseaux qui reposent sur des contacts quotidiens autour de l'alimentation.

Dans cette soupe populaire, l'aide alimentaire cohabite avec des finalités d'éducation populaire et divers projets d'insertion sociale des usagers. Plusieurs rencontres d'information sont proposées sur des thèmes allant de la défense des droits jusqu'à l'écologie. Ces objectifs sont portés par les responsables de l'organisme et, à l'occasion, spontanément par les usagers, comme dans le cas de la tempête de verglas. Lors de cet événement, nous avons d'abord pu voir comment cette soupe est au centre des réseaux d'informations chez la population pauvre de Sherbrooke : on s'inquiétait de l'évolution de la situation, de l'état de certaines personnes, etc. Quelques semaines plus tard, sur le babillard on retrouvait des offres d'emploi pour nettoyer des forêts. Plusieurs discussions ont alors eu lieu sur le travail, les salaires, les droits des employés. Quelques usagers se sont présentés pour offrir leur service alors que d'autres affirmaient leur scepticisme sur les possibilités d'obtenir un travail intéressant. Mis à part la circulation de l'information, on peut aussi saisir qu'il y a dans cet événement le développement d'une discussion collective sur le travail et ses possibilités dans le contexte actuel : cet espace social d'une critique ne propose pas une solution, mais il permet la production d'une parole publique qui dépasse le discours individuel. L'autre événement est celui de la clinique d'impôt menée par deux usagers. Ils servaient d'intermédiaires entre les usagers de la soupe populaire et le service de clinique d'impôt organisé par un organisme de défense des droits pour les personnes démunies. La production du rapport d'impôt a permis de récupérer un peu plus de 200 $. Les usagers ont longuement discuté de l'impôt et de l'action des gouvernements à cette occasion. Le retour de la taxe sur les produits et services apparaît au bout du compte comme un droit et plusieurs d'entre eux se sont soumis à l'exercice. Ce deuxième exemple lie donc une activité de production d'une parole publique à l'exercice des droits et devoirs comme citoyen.

La troisième soupe populaire, *Les amis*, est située dans une ville touristique à proximité de Sherbrooke. Il s'agit d'un service développé par un Centre d'action bénévole. Chaque semaine plus de 120 repas sont servis lors des services proposés le mardi et le jeudi soir. De plus, le dimanche, des brunchs sont servis et à cette occasion on met à la disposition des usagers des services psychosociaux (écoute, relation d'aide). La clientèle se distingue des deux soupes précédentes : on y retrouve des familles et des petits travailleurs. Le style de l'endroit peut être associé à un restaurant : il y a un service aux tables et les usagers ont un choix sur certains des articles du menu. Nos observations et entrevues nous ont permis de constater un rapport entre les usagers et l'organisme d'aide alimentaire bien souvent teinté par une logique d'échange marchand, de consommation. La ville dans laquelle cette soupe est située est l'un des pôles commerciaux et touristiques les plus importants de la région. Cette logique marchande du service paraît curieuse à première vue ; elle s'inscrit toutefois dans le contexte local, où plus qu'ailleurs l'univers de la consommation est omniprésent et où la pauvreté est souvent définie comme l'absence d'accès à la consommation.

Comment cette description de trois soupes populaires nous permet-elle de comprendre les liens entre l'aide alimentaire et diverses stratégies d'intervention ? Quelle est la meilleure soupe ? On peut d'abord constater la variété des formules développées et les divergences dans les orientations. Pourquoi ces soupes ne se développent-elles pas selon un modèle unique qui aurait fait ses preuves et dont on pourrait garantir l'efficacité ? Notre argument est que les ressources d'aide alimentaire sont souvent des ressources très proches des usagers et des dynamiques locales. La diversité des formules révèle que l'aide alimentaire constitue une réponse locale à certaines situations définies comme problématiques par chacun de ces milieux : il s'agit d'une logique flexible qui permet aux usagers de s'approprier un espace public, dans le premier cas, une logique d'action sociale qui vise le développement d'initiatives de prise en charge, dans le deuxième cas, et une logique de consommation qui s'inscrit parfaitement dans la sous-culture locale, dans le dernier cas.

En ce sens, l'un des postulats qui fondent notre approche est que toute forme d'aide alimentaire doit être saisie dans son contexte, puisqu'elle émane de l'organisation sociale caractéristique du milieu. L'objectivation des formes d'aide alimentaire hors contexte est, en ce sens, problématique et risque souvent de fournir une vision tronquée des potentiels et limites de ces formes. En conséquence, la transposition d'un mode d'action visant le changement d'un milieu à un autre devrait prendre en compte les ancrages possibles et existants. Les théories du changement dans les pays dits en voie de développement sont riches d'exemples de transpositions problématiques. Il faut faire attention de ne pas avoir une vision de «développés» des personnes «sous-développées» dans la mesure où une telle vision revient à les exproprier de leur capacité organisatrice de leur existence, même s'il est vrai que celle-ci ne s'exerce pas sans difficultés.

L'AIDE ALIMENTAIRE : UNE QUESTION POLITIQUE ET UN ENJEU DE GESTION DES SERVICES

Le rôle de l'aide alimentaire dans nos sociétés donne lieu à de nombreux débats politiques. Au sein de la Fédération des moissons du Québec, on observe des tendances divergentes entre une approche de gestion efficace et une approche de changement et d'action sociale. Les régies régionales, les organismes communautaires, les gouvernements et certains ordres professionnels alimentent ces débats. Globalement, trois courants peuvent être dégagés de ces débats : un premier met l'accent sur les inégalités, un deuxième favorise des interventions en santé publique et un troisième aborde cette problématique sous l'angle des droits.

Dans un premier courant, on retrouve une critique d'inspiration néo-marxiste qui définit les ressources d'aide alimentaire comme un moyen de reproduire les formes dominantes d'exploitation et de domination. En ce sens, les services offerts maintiennent les populations les plus exploitées dans leur situation en ne favorisant pas une mobilisation politique et la revendication d'un partage plus équitable de la richesse (Rouffignat, 1987 ; Riches, 1986). Dans cette perspective, les organismes d'aide alimentaire seraient complices du retrait de l'État et de nouvelles formes d'exclusions de populations en atténuant les effets de l'appauvrissement et des changements économiques liés à la mondialisation.

Plus proche des interventions gouvernementales, un deuxième courant consiste à vouloir organiser les ressources d'aide alimentaire pour atteindre des objectifs d'insertion et de santé, plus particulièrement en visant le développement de compétences professionnelles et de compétences parentales (Bertrand, 1997). Cette position se traduit entre autres par une volonté de mettre en place des politiques régionales de sécurité alimentaire et par l'objectivation d'une nouvelle problématique pour les sociétés développées : l'insécurité alimentaire.

En plus de la privation ressentie, les coupures démesurées dans les dépenses de nourriture exposent davantage les gens à des problèmes de nutrition et de santé. […] Ceci justifie encore qu'on se préoccupe de l'insécurité alimentaire comme problème social et de santé, en particulier à l'heure actuelle où la promotion de la santé et la prévention doivent prendre le pas sur le traitement de la maladie (Delisle, 1987, p. 3).

Les politiques visant la sécurité alimentaire consistent à établir les meilleurs moyens pour procurer à des populations un accès durable à des ressources alimentaires suffisantes. Ce processus d'objectivation des besoins repose sur un implicite réducteur qui favorise une fragmentation des problématiques : il est possible d'isoler la faim comme besoin et d'agir sur ce problème indépendamment d'une intervention qui viserait les autres dimensions de la personne, notamment le travail et les ressources financières. Inévitablement dans cette logique la question des abus et du détournement des ressources destinées à l'atteinte de la sécurité alimentaire vers d'autres fins (les loisirs ou, pire encore, la cigarette) est une préoccupation importante pour plusieurs intervenants. Plusieurs responsables d'organismes œuvrant dans ce secteur nous ont fait part de leur inquiétude de créer de nouvelles formes de dépendances chez les usagers. Certaines *Régies régionales de la santé et des services sociaux* travaillent actuellement à l'élaboration de politiques qui consistent à cibler certaines clientèles et à déceler les services les plus adéquats pour atteindre la sécurité alimentaire. Dans ces politiques, certaines formes de distribution alimentaire, les cuisines collectives, par exemple, sont privilégiées parce qu'elles permettent un développement de l'autonomie chez l'usager. D'autres formes, les soupes populaires et une grande partie des comptoirs de distribution de colis, seraient moins souhaitables parce qu'elles entretiendraient les usagers dans des rapports de dépendance et qu'ils s'appuieraient sur des formes plus traditionnelles d'aide (pouvant être associées à la charité chrétienne et ne visant pas un changement en profondeur des individus et encore moins des structures).

Pourtant, chez « l'usager », le problème de l'insécurité alimentaire n'est jamais un problème isolé des problèmes économiques, des processus d'exclusion sociale ou encore de l'état de santé. Reprenant l'analyse de Dumont à propos des problèmes sociaux (1994), nous sommes ici en présence d'une déconstruction du problème socio-économique de la pauvreté et de l'exclusion pour mettre de l'avant une approche fonctionnaliste basée sur les besoins fondamentaux : on passe alors de l'explication sociologique vers l'explication physiologique. D'un autre côté, n'y a-t-il pas un risque ici que des politiciens avisés et désireux d'atteindre leurs objectifs de réduction des dépenses de l'État soient favorables à la substitution de la notion de sécurité du revenu par celle de sécurité alimentaire ? Que le revenu minimum soit remplacé par l'alimentation minimale ?

Le troisième courant présent dans les débats sur le rôle de l'aide alimentaire se développe dans le prolongement de celui qui précède. Dans un contexte socioculturel qui met de l'avant les droits de la personne, l'aide alimentaire est définie dans la logique des droits et libertés de la personne à travers la notion de sécurité alimentaire (Delisle, 1997). Dans la logique des droits de la personne, l'alimentation devient en quelque sorte un droit individuel, celui de l'enfant qui fréquente l'école, de l'itinérant, du jeune exclu, etc. L'objectivation du besoin alimentaire se voit ainsi renforcé puisqu'en plus de sa composante physiologique, il devient une question de droit que l'on pourrait inscrire dans la Charte des droits et liberté ou encore dans la Charte internationale des droits de l'enfant. Soulignons toutefois que, dans la majorité des organismes d'aide alimentaire que nous avons observés, la sécurité du revenu semble être la préoccupation qui prédomine, les notions de sécurité et d'insécurité alimentaire sont pratiquement inconnues pour l'instant. Ces diverses formulations de l'aide alimentaire, comme question politique, soulèvent de nombreuses questions sur les liens entre le local et le national, l'individu et le social, le tout et la partie, les visions objectivantes et constructivistes. Ces positions sont-elles irréconciliables?

CONCLUSION

Le portrait des organismes de distribution et des appropriations des usagers nous révèle des dynamiques originales où les liens entre l'aide alimentaire et la pauvreté s'articulent de manière différente selon les contextes. En fait, on constate qu'en région aussi la pauvreté se diversifie et devient de plus en plus complexe. Elle prend plusieurs formes: pauvreté chronique, pauvreté temporaire, femmes, hommes, familles, jeunes, toxicomanes, alcooliques, maladie mentale, exclus, etc. Dans ce contexte, l'aide alimentaire ne devient-elle pas une forme de «salaire» versé à l'usager en contrepartie de son acceptation de l'intervention ou encore de son implication dans l'organisme?

Nos discussions avec de nombreux intervenants impliqués dans l'aide alimentaire nous permettent de constater que la question «Qui doit nourrir les pauvres?» est souvent remplacée par la question «Quels pauvres doit-on nourrir?». À travers les préoccupations pour coordonner les ressources et éviter le gaspillage des fonds publics, on observe l'émergence d'une dynamique sociale qui distingue le bon pauvre du mauvais pauvre. Le bon pauvre est celui qui peut et veut s'en sortir en prenant les moyens pour le faire et qui confirme la pertinence et la légitimité des interventions; le mauvais pauvre est celui dont la situation est sans espoir, qui ne peut s'en sortir et qui confronte les ressources à leur impuissance à changer la situation. Ainsi, ce n'est plus uniquement le pouvoir ou le potentiel du pauvre de modifier sa situation qui permet de le juger, ce sont aussi le pouvoir et le potentiel des interventions d'opérer des transformations durables.

RÉFÉRENCES

BEEMAN, J., J. PANET-RAYMOND et J. ROUFFIGNAT. (1997). *Du dépannage au développement: des pratiques alternatives.* Québec: Presses de l'Université de Montréal.

BERTRAND, L. (1997). La sécurité alimentaire: ce qu'on sait de ses liens avec la santé. *In* H. Delisle et A.-M. Hamelin (Sous la dir. de), *L'action communautaire et les politiques pour la sécurité alimentaire: une question sociale et de santé* (p. 5-21). Cahiers de l'ACFAS.

DELISLE, H. (1997). La sécurité alimentaire, notion et enjeux. *In* H. Delisle et A.-M. Hamelin (Sous la dir. de), *L'action communautaire et les politiques pour la santé alimentaire: une question sociale et de santé* (p. 1-4). Cahiers de l'ACFAS.

DUMONT, F. (sous la dir. de). (1994). *Traité de problèmes sociaux.* Québec: Institut québécois de recherche sur la culture.

RICHES, G. (1986). *Food Bank and the Welfare Crisis.* Ottawa: Canada Council on Social Development, 171.

ROUFFIGNAT, J. (1996). *Appauvrissement, aide alimentaire et organismes communautaires: de la compréhension à l'action.* CQRS, 284.

RYMARSKY, C. et M.-C. THIRION (1998). *La faim cachée. L'aide alimentaire en France.* Paris: Solagral.

SABOURIN, P., R. HURTUBISE et J. LACOURSE. (2000). *Citoyens bénéficiaires ou exclus: les usages sociaux de l'aide alimentaire* (présenté au CQRS).

CHAPITRE 20

Victimisation et prise en charge des itinérants : entre aide et contrôle

par Renée Brassard et Marie-Marthe Cousineau

Vivre dans la rue, être itinérant, c'est prendre des risques. Le risque d'avoir faim, le risque d'avoir froid, particulièrement au Québec, mais aussi le risque d'être volé, agressé, en un mot, d'être victime d'un acte criminel aux yeux de la loi, une dimension peu documentée par les chercheurs jusqu'à présent. C'est le défi que nous nous sommes lancé en réalisant l'étude dont rend compte le présent article. Dans un premier temps, nous dresserons un bilan des travaux réalisés sur cette question, des travaux qui, pour la plupart, se sont attardés à établir, d'un point de vue quantitatif, la prévalence de la victimisation criminelle vécue par les personnes itinérantes. Par la suite, nous rendrons compte des résultats de notre étude basée pour sa part sur le récit que les itinérants font de leur expérience.

LA VICTIMISATION DES PERSONNES ITINÉRANTES : CE QUE LES AUTEURS EN ONT DIT

Sur la question de la victimisation des itinérants, expressément, nous avons recensé moins d'une quinzaine d'études, pour la plus grande part réalisées aux États-Unis, que l'on peut diviser en deux grands groupes : celles qui, d'une part, traitent des situations d'abus, de violence et de négligence familiales susceptibles de conduire à l'itinérance (Somers, 1992 ; Alder, 1991 ; Low, Crawshaw, Mathews, 1984) et celles qui, d'autre part, constatent que les conditions de vie des itinérants en font un groupe de victimes tout désigné (Fisher, 1992 ; Padgett, Struening, 1992 ; D'Ercole, Struening, 1990 ; Simons, Whitebeck, Bales, 1989 ; Snow, Baker, Anderson, 1989).

Dans le premier cas, plusieurs chercheurs (Breton, Bunston, 1992 ; Simons, Whitebeck, 1990 ; Bassuk, Rosenberg et Lauriat, 1986) arrivent à la conclusion que les itinérants ont souvent un passé de violence familiale chargé : ils proviennent de familles où ils ont subi de la violence, ont été abusés physiquement, voire, dans bien des cas, sexuellement. En fait, North, Smith et Spitznagel (1994), à partir d'une étude par questionnaires adressée à près de 900 itinérants de Saint Louis aux États-Unis, constatent qu'environ un tiers seulement des itinérants interrogés (30 % des femmes, 37 % des hommes) déclarent avoir vécu leur première expérience de victimisation alors qu'ils étaient itinérants.

Certains chercheurs (Fisher, 1992 ; D'Ercole, Struening, 1990 ; Solarz, 1986) vont encore plus loin en affirmant que la violence, particulièrement la violence domestique, constitue un facteur déterminant dans l'étiologie de l'itinérance. Hagen (1987) de même que Robertson, Ropers et Boyer (1985) ciblent quant à eux la violence familiale comme étant la cause première de l'itinérance. Breton et Bunston (1992), enfin, à partir d'une recherche effectuée auprès de 87 femmes itinérantes de la ville de Toronto, concluent, pour leur part, que la rue a eu pour conséquence de diminuer considérablement les occasions de violence physique et sexuelle vécues par les femmes qu'ils ont rencontrées.

Le lien entre violence familiale et itinérance est également souligné dans les recherches traitant des adolescents fugueurs itinérants. Ainsi, Robertson (1989) affirme que l'abus physique a été, dans 24 % des cas, la cause première d'au moins une fugue ou une période d'itinérance pour les jeunes fugueurs hollywoodiens qu'il a interrogés. De son côté, l'étude de Simons et Whitebeck (1990), réalisée auprès de 84 adolescents itinérants de 14 à 18 ans issus de différentes villes du Midwest américain, montre que les principales raisons qui motiveraient le départ de la maison des adolescents seraient : la violence à la maison (41 %), l'abus physique (38 %) et l'abus sexuel (30 % chez les filles et 10 % chez les garçons). De l'avis des auteurs, ces résultats permettent d'établir clairement que l'itinérance a pour motif une fuite de la victimisation familiale autant pour les filles que pour les garçons.

Dans le deuxième cas, plusieurs auteurs (Fitzpatrick, La Gory, Ritchey, 1993 ; Alder, 1991 ; Cohen, Sokolovsky, 1989 ; Farr, Koegel et Burma, 1986 ; Solarz, 1986 ; Parker, 1970) concluent que les itinérants sont particulièrement vulnérables et exposés à la victimisation criminelle une fois qu'ils se retrouvent «à vivre» dans différents espaces publics tels que la rue, les parcs, les halls des centres commerciaux, les stations de métro. Lumsden (1984) révèle, dans sa recherche effectuée auprès de 487 itinérants de Dallas, que 34 % d'entre eux avaient subi des fractures, 20 %, des blessures aux yeux et 17 %, des coupures diverses durant l'année précédant son étude. Simons, Whitebeck et Bales (1989) rapportent, dans une étude réalisée auprès de 80 femmes et hommes sans-abri de l'Iowa, que plus de la moitié mentionnent avoir été victimes d'au moins un des cinq types d'attaques criminelles retenus dans leur questionnaire alors qu'ils étaient à la rue : 35 % ont été battus, 35 %, menacés par une arme, 35 %, volés, 25 %, agressés avec une arme, et 7 %, agressés sexuellement. Selon les auteurs, ces pourcentages sont plusieurs fois plus élevés que ceux de la population en général des centres urbains les plus criminalisés. D'autres auteurs, dont Gelberg et Linn (1989), arrivent également à la conclusion que les taux de victimisation sont élevés dans la population des sans-abri. À la suite de leur étude effectuée auprès d'itinérants de la Californie, les chercheurs affirment que près des trois quarts des sans-abri interrogés avouent avoir été victimisés au cours de la dernière année. North, Smith et Spitznagel (1994) découvrent, pour leur part, que 10 % des femmes et 12 % des hommes interrogés mentionnent s'être déjà fait agresser ou violer dans les six derniers mois précédant leur étude.

La recherche de Cohen et Sokolovsky (1989), réalisée auprès de 281 hommes itinérants de 50 ans et plus de New York, fait pour sa part état d'une forme de victimisation criminelle peu étudiée jusqu'à maintenant : les prêts usuraires. À partir de données d'observation et du matériel recueilli à l'aide d'un questionnaire structuré, les chercheurs constatent que les itinérants ne seraient pas seulement victimes d'une variété de crimes contre les biens et contre la personne somme toute assez traditionnels, mais qu'ils seraient aussi l'objet d'une variété de «crimes en cols blancs». Les chercheurs concluent ainsi qu'il n'est pas rare de voir des itinérants se faire harceler sur la rue et dans les refuges par une catégorie d'individus qu'ils nomment les *shylocks* (on parlera aussi de *loansharks*) qu'ils décrivent comme étant des personnes costaudes qui se promènent dans les rues et dans les refuges pour offrir des prêts à ceux qui ont besoin d'argent, ou encore pour «rappeler à l'ordre» ceux qui n'ont pas payé leur dû. Selon les chercheurs, les taux d'intérêts annuels de ces prêts pourraient parfois atteindre les 480 %. L'itinérant qui a emprunté de l'argent à l'usurier est contraint, chaque début de mois, de lui verser une portion de son chèque d'aide sociale. Il en résulte que certains se retrouvent, très tôt dans le mois, sans argent et, ainsi, se voient dans l'obligation de réemprunter pour pouvoir survivre. Ceci rappelle l'étude de Parker (1970), qui indique que les itinérants sont souvent les victimes désignées de malfaiteurs qu'ils nomment les *jackrollers*[1].

Les femmes ne seraient pas épargnées par la victimisation vécue dans la rue. Dans une étude par questionnaires réalisée en 1990, D'Ercole et Struening établissent, à partir d'un échantillon de 141 femmes interrogées dans un refuge de New York, qu'alors qu'elles étaient itinérantes, 21 d'entre elles ont été violées, 42, violées et abusées physiquement et, finalement, 62 ont été abusées physiquement sans qu'il y ait eu d'abus sexuel.

---

1. Ces individus, issus ou non du milieu de l'itinérance, ont comme principale occupation de voler l'argent ou les biens personnels des itinérants. Ils s'attaquent aux plus vulnérables, ceux intoxiquées, ceux aux prises avec des problèmes de santé mentale ou encore les vieillards. Ils se promènent généralement en groupes de deux ou trois et sillonnent les rues, parcs et refuges en début de mois, moment où sont versées les prestations d'aide sociale, à la recherche de nouvelles proies. Cohen et Sokolovsky (1989 : 104-105). Traduction libre.

Des taux de victimisation élevés sont également rapportés dans les recherches portant sur la victimisation des adolescents sans-abri. En 1991, Alder effectue 51 entrevues semi-structurées auprès de jeunes itinérants, filles et garçons, précisément sur la thématique de la victimisation. Il rapporte que plus des deux tiers de ces jeunes ont été attaqués physiquement depuis qu'ils ont quitté la maison et que près de la moitié ont subi des agressions sexuelles au cours des douze mois précédant la recherche.

Enfin, quelques chercheurs abordent la question de la victimisation que subissent les itinérants à l'intérieur même des refuges pour sans-abri. Dans sa recension des écrits, Fisher (1992) découvre que les vols et les agressions y sont des gestes très répandus. L'auteure cite Jones, Gray et Goldstein (1986), qui révèlent que 34 % des itinérants de différents refuges de Manhattan avouent avoir peur de se faire attaquer lorsqu'ils s'y retrouvent. Dans une étude basée sur des histoires de vie d'itinérants de New York, certains auraient même dit qu'ils préfèrent éviter complètement les refuges parce que, selon eux, ces endroits présentent un danger encore plus grand que la rue (Guzewicz, 1994).

En somme, il se dégage de l'ensemble des recherches que la rue et les refuges constituent des espaces particulièrement à risque de victimisation criminelle pour ceux qui les fréquentent. Mais ces recherches, réalisées pour la plupart à partir de questionnaires fermés, dans le but d'établir l'incidence des expériences de victimisation marquant la vie des itinérants, ne nous renseignent en rien sur les circonstances entourant ces expériences de victimisation ni, surtout, sur ce qu'elles signifient pour la victime.

NOTRE ÉTUDE

Notre étude avait pour objectif de lever le voile sur la question de la victimisation criminelle vécue par les personnes itinérantes à Montréal, et sur les modes de prise en charge de telles situations. Pour ce faire, une place centrale était accordée aux expériences, aux points de vue et aux représentations des principaux concernés, les itinérants. Plus spécifiquement, nous désirions :

- préciser la nature et les circonstances entourant les expériences de victimisation vécues par les itinérants ;
- brosser le tableau des conséquences découlant d'une telle expérience vécue par les itinérants ;
- appréhender les représentations que les itinérants se font d'eux-mêmes et de leurs expériences de victimisation ;
- étudier, du point de vue des itinérants, les différents modes de prise en charge des victimes, lorsqu'il s'agit de personnes itinérantes, les ressources qui leur sont accessibles et, finalement, l'appréciation qu'ils font des interventions faites à leur égard en de telles occasions.

Plusieurs termes au cœur même de notre problématique doivent être précisés, leur définition n'étant pas donnée d'emblée. Ainsi, nous posions d'entrée de jeu que, dans le cadre de notre étude, nous entendions par victimisation toute expérience par laquelle un individu est confronté à une action qui constitue une atteinte à sa personne ou à ses biens. Pour ce qui est du terme «itinérant», nous avons retenu la définition proposée par le Comité des sans-abri de la Ville de Montréal, selon laquelle la personne itinérante est celle qui n'a pas d'adresse fixe, de logement stable et salubre pour les soixante jours à venir, à très faible revenu, confrontée à une accessibilité discriminatoire à son égard de la part des services, pouvant présenter des problèmes de santé mentale, d'alcoolisme, de toxicomanie ou de désorganisation sociale et dépourvue de groupe d'appartenance stable. Finalement, en ce qui concerne la prise en charge des itinérants victimisés, nous la définissons sous deux aspects : d'une part, la prise en charge formelle, qui concerne les ressources qui sont accessibles aux personnes itinérantes à la suite d'une expérience de victimisation ; d'autre part, la prise en charge informelle, qui se présente sous forme d'aide et de soutien apportés par les proches, par la famille ou encore par les amis.

MÉTHODOLOGIE DE NOTRE ÉTUDE

Les résultats de notre étude s'appuient sur 17 entrevues en profondeur réalisées auprès d'itinérants fréquentant le Centre de jour de l'Accueil Bonneau[2] situé dans le Vieux-Montréal. Notre stratégie d'entretien prévoyait différents sous-thèmes que nous désirions plus particulièrement voir aborder par les personnes itinérantes. Un certain nombre de ces sous-thèmes se rapportent à l'expérience de victimisation vécue par les itinérants rencontrés (nature et sources des incidents de victimisation et conséquences qui y sont associées), alors qu'un certain nombre d'autres ont trait à la prise en charge des itinérants victimisés (déroulement de la prise en charge à la suite d'un incident de victimisation, s'il y a lieu, acteurs participant à cette prise en charge et, enfin, perceptions que les itinérants entretiennent à l'égard des agents de prise en charge, touchant ici plus particulièrement les policiers).

Le profil sociodémographique des itinérants rencontrés en entrevue se présente comme suit : il s'agissait d'hommes québécois (l'absence de femmes s'expliquant par le fait que la ressource choisie pour la réalisation du terrain d'étude est réservée à une clientèle masculine exclusivement), âgés entre 24 et

---

2. Le Centre de jour de l'Accueil Bonneau, situé au cœur du Vieux-Montréal, est un lieu où il est possible de subvenir à certains besoins de base, un lieu de détente et de réconfort pour les itinérants. Cette ressource offre également la possibilité aux itinérants de discuter de leurs difficultés avec une équipe d'intervenants ainsi qu'un service de référence vers des ressources d'aide appropriées.

62 ans (la moyenne d'âge étant de 37 ans), célibataires, provenant de classes défavorisées, dont le niveau de scolarisation varie de la 2e année du primaire à la 5e année du secondaire et, enfin, qui n'avaient aucun travail rémunéré au moment de la réalisation des entretiens. La très grande majorité d'entre eux étaient aux prises avec des problèmes de surconsommation d'alcool et/ou de drogues. Le temps passé à la rue varie entre 8 mois et 8 ans. Enfin, tous avaient vécu des expériences de victimisation, cette donnée constituant un critère d'échantillonnage[3].

Bien que, de manière générale, les itinérants aient fait preuve d'une certaine aisance à nous parler des expériences de victimisation marquant leur vie, les entrevues se sont révélées, en de nombreuses occasions, très émotives. En effet, nous avons pu constater, à différentes reprises, que la thématique de la victimisation provoquait à la fois beaucoup de colère, de rage et de la peine chez les itinérants. Et clairement, certains sujets abordés accentuaient le caractère émotif des entrevues. Finalement, nous gardons en mémoire le fait que les entrevues ont été, pour plusieurs des itinérants rencontrés, une occasion de prendre la parole et de briser l'isolement vécu au quotidien.

LES EXPÉRIENCES DE VICTIMISATION

À travers les expériences de victimisation que nous relatent les personnes itinérantes en entrevue, nous constatons d'abord que celles-ci sont nombreuses et diversifiées. En fréquence, tous les itinérants ayant participé à notre étude, sans exception, ont plus d'une expérience de victimisation à raconter, et certains en ont encore plus que d'autres. Ainsi en est-il de ceux aux prises avec des problèmes de surconsommation d'alcool et de drogues, de même que de ceux impliqués dans des réseaux de vente de drogues, qui rapportent un nombre plus élevé d'incidents de victimisation que les autres.

Ceux-ci ne sont par ailleurs pas les seuls, selon ce que nous en disent les itinérants rencontrés, à être l'objet d'un plus grand nombre d'expériences de victimisation. Ainsi, nous apprenons que ceux qui ne sont pas en mesure de se défendre, ceux qui dérangent, ceux qui ronflent dans les ressources ou encore ceux aux prises avec des problèmes de santé mentale, les «soucoupes», comme on les appelle, comptent parmi ceux plus souvent victimisés.

En diversité, les descriptions d'événements que nous font les itinérants que nous rencontrons témoignent du fait que les expériences de victimisation

---

3. Les itinérants qui fréquentent le Centre de jour de l'Accueil Bonneau recherchent un type de service particulier à travers le réseau d'aide pour personnes itinérantes. Par conséquent, l'échantillon peut présenter des caractéristiques différentes d'un autre échantillon d'itinérants qui ne fréquenteraient pas les ressources ou, encore, qui feraient appel à d'autres types de services.

qui les touchent varient autant dans leurs formes, qu'en ce qui a trait aux circonstances qui entourent leur avènement. De manière générale, deux formes de victimisation sont principalement rapportées : le vol et l'agression physique.

LE VOL

Le vol est sans contredit l'une des formes de victimisation qui revient le plus souvent parmi les incidents qui nous sont racontés. Bien qu'il se produise ordinairement dans les lieux publics (la rue, les parcs, les entrées de métro), certaines descriptions d'événements confirment qu'il est aussi possible que les itinérants soient victimes de vol à l'intérieur même des ressources :

> Même dans les missions ça arrive, regarde ça fait cinq minutes là que je viens de me faire voler une paire de lunettes que j'aimais ben, qui était ben pratique quand il fait soleil, ben christ y sont partis avec... (Bernard, 42 ans)[4].

Le fait d'avoir en sa possession l'ensemble de ses effets personnels, le fait de s'endormir dans un lieu public ou encore le fait d'accorder une trop grande confiance à certains « compagnons » de la rue paraissent être autant de situations qui rendent les itinérants vulnérables au vol des quelques biens en leur possession.

> ...un moment donné ça m'est arrivé, ça fait trois quatre mois de ça, [...] je venais de m'endormir, j'étais arrivé trop tard pour Old Brewery faque je suis allé coucher dans le parc. Pis c'est ça, je venais de m'endormir, pis un moment donné deux gars sont arrivés sur moé pis ils m'ont tout volé ce que j'avais, mon portefeuille, mes cartes, mon linge, tout, j'avais pus rien pantoute (Georges, 62 ans).

> J'ai donné mon argent à un gars pour qu'il aille me chercher de la *dope*, pis l'autre y se pousse avec mon *cash*... je me suis fait voler je ne sais pas comment de fois de même... (Yvon, 33 ans).

L'AGRESSION PHYSIQUE

L'agression physique est une autre forme de victimisation à laquelle de nombreux itinérants sont confrontés, selon ce qu'ils nous en disent. Comme pour le vol, les données d'entrevue indiquent que l'agression physique se produit aussi, ordinairement, dans les lieux publics, là où se déroule une grande partie de la vie des itinérants. Dans la majorité des cas, une agression survient lorsqu'il est connu que la personne itinérante transporte de l'argent ou encore de la drogue sur elle :

---

4. Tous les noms cités sont des noms fictifs.

Demande-moé pas comment ça, mais ils le savent quand t'as de l'argent sur toé. Je venais tout juste d'avoir mon chèque d'aide sociale pis j'avais une centaine de piasses sur moé. Faque là, je suis allé m'asseoir dans le parc pis un moment donné y a des gars qui sont arrivés pis ils m'ont sauté dessus carrément. Là ils m'ont donné trois quatre coups de poing pis des coups de pied dans la face pis dans les côtes pis ils m'ont volé tout mon argent… (Denis, 35 ans)

lorsqu'elle s'endort dans un parc, relâchant ainsi ses défenses :

… ils attendent que tu t'endormes ou quelque chose de même, pis là ils te poignent par en arrière pis ils te sacrent un coup de poing en arrière de la tête. Là, dans ce temps-là, tu peux pas rien faire, là tu te recouches… ça arrive trop vite… pis de toute façon t'es soûl… (Steeve, 26 ans)

ou encore lorsqu'elle se trouve en état d'intoxication :

Moé, je ne peux pas vraiment te dire ce qui s'est passé, parce que moé je suis un consommateur de colle, de médicaments et de boisson, pis j'ai eu ben des fuites, des *black out.* C'est sûr je me suis ramassé même des fois cinq fois dans la même semaine dans un hôpital parce que je m'étais fait pogner. J'avais un bras dans le plâtre le lendemain, pis le lendemain je demandais aux autres qui étaient dans le parc, c'est quoi qui s'était passé pis là, l'autre, il me disait : « ben c'est lui qui t'a frappé à coups de bottines dans la face », ou ben il me disait : « c'est lui qui t'a pété le bras. » C'est comme çà que je le savais ce qui s'était passé avec l'autre gars… (Steeve, 26 ans)

Les motifs de l'agression physique auraient, dans bien des cas, un rapport étroit avec l'argent. C'est le cas notamment de celui qui résiste à remettre son argent à l'agresseur :

Je ne me souviens pas quand là, mais j'avais mangé des coups de pied pis des coups de poing parce que ça ne me tentait pas de donner mon argent, pis le gars y avait un couteau pis là y m'a planté ça dans la cuisse (Steeve, 26 ans).

C'est le cas aussi de l'itinérant qui n'est pas en mesure de rembourser les dettes contractées auprès d'usuriers :

Je fais affaire avec les *shylocks,* je me fais tabasser souvent parce que j'ai pas d'argent pour les rembourser pis aussi les intérêts continuent à grimper faque… ça arrive souvent qu'ils m'envoient un fier à bras pis je me suis fait casser la mâchoire une fois. Une autre fois, je me suis fait casser le bras… (Denis, 35 ans)

On a donc pu constater que les incidents de victimisation que vivent les itinérants se déroulent en grande partie dans les lieux publics. Toutefois, les agressions qu'ils subissent nous sont apparues non seulement liées au fait de passer une grande partie de leur vie dans les lieux publics, mais également à la nature des interactions qui se vivent dans ces lieux publics. Qu'on pense, par exemple, à l'itinérant intoxiqué adoptant un comportement agressif qui lui vaut une riposte ou à celui qui se querelle avec une connaissance pour une bouteille d'alcool ou pour un coin de rue voué à la quête. De notre point de vue, il apparaît clairement que l'ensemble des conditions de vie auxquelles sont confrontées les personnes itinérantes les conduisent, plus souvent qu'autrement, à entretenir des rapports conflictuels avec d'autres acteurs sociaux fréquentant eux aussi les lieux publics, multipliant ainsi les occasions de victimisation.

À la lumière des faits relatés plus haut de manière très factuelle, on pourrait être tenté de croire que les itinérants jouent un rôle plutôt passif dans les événements de victimisation les impliquant comme victimes. Or, la façon dont ils nous présentent les événements qui ont fait d'eux des victimes laisse entendre un autre son de cloche. En effet, ceux-ci s'attribuent, plus souvent qu'autrement, une part de responsabilité dans les incidents de victimisation qui les concernent. Ils sont ainsi unanimes à dire que les incidents de victimisation qu'ils vivent sont rarement « gratuits » :

> Tu sais la plupart du temps, la violence comme je te disais, c'est tout le temps à cause des crosses ces affaires-là, les gars se font des crosses pis c'est là que ça arrive, le gars mange une volée ou des affaires de même… (Yvon, 33 ans)

> Ça se passe ben souvent quand tu abordes le monde en baveux… ben ça prendra pas de temps que tu vas te faire régler ton cas, tu vas en pogner un plus baveux que toé pis il va te faire ta fête, ça, c'est écrit dans le ciel ça là… (Serge, 33 ans)

LES SOURCES DE VICTIMISATION

Lorsqu'on leur demande d'où provient la victimisation qu'ils subissent, la majorité des itinérants s'entendent pour dire : « ça se passe entre nous autres. » Pourtant, lorsqu'on examine la description des événements pour lesquels il est possible de retracer la source de victimisation, notre lecture de ces événements nous amène plutôt à conclure que les itinérants sont plus souvent victimisés par des personnes extérieures à leur groupe. En effet, à l'exception des quelques incidents impliquant des compagnons de la rue, la majorité des événements dont sont victimes les itinérants ont comme source, quand ce n'est pas la police, ce qui constitue une autre problématique à laquelle nous reviendrons plus loin, les bandes de jeunes, les revendeurs de drogue (les *dealers*), ou les usuriers (les *shylocks*).

L'apparente contradiction entre les représentations des itinérants et notre propre lecture des événements de victimisation qu'ils nous racontent s'explique, pensons-nous, par le fait que plusieurs itinérants utilisent l'expression «nous autres» pour désigner l'ensemble des différents acteurs qui, tout comme eux, fréquentent sur une base permanente les lieux publics, comme, par exemple, les bandes de jeunes, les prostitués et leur proxénète, les revendeurs de drogue et les usuriers. Ainsi, «nous» ne représenterait pas tant ici le groupe des itinérants mais plutôt le groupe élargi des gens de la rue, alors que, dans notre esprit, les membres de gangs de rue ou les usuriers se classaient plutôt dans la catégorie des agresseurs extérieurs au groupe des itinérants.

Ce que l'on comprend du fond du discours des itinérants, c'est que la rue est un lieu où se vit un ensemble de situations qui les mettent en péril et qui représentent, pour eux, un objet d'inquiétude presque permanent:

> … pour moé c'est une ostie de vie, la rue, parce que tu sais pas à quoi t'attendre. Tu te couches le soir sur le banc de parc pis qu'est-cé qui va se passer cette nuit de bizarre… tu peux te faire assommer, tu peux te faire poignarder. Tu ne le sais pas pantoute… t'es dans le parc un moment donné, t'es ben tranquille, pis là paf tu peux recevoir un coup en arrière de la tête. C'est une ostie de vie en tout cas… (Mario, 36 ans)

> La vie d'itinérant là, je vais te dire une affaire, il faut le faire parce que y a ben des fois c'est pas drôle en crucifix. Il faut que tu te *watches* tout le temps. Surtout moé, des fois, je vas «bommer» un 30-40 $ dans la journée là, il faut que je me «tchèque» tout le temps pour pas qui en aille un qui essaye de me l'enlever… (Georges, 62 ans)

> … mais quand il arrive des moments de violence, c'est souvent quand le monde sont à bout, ça souvent ça arrive comme ça. Souvent on est fatigué, on couche sur les bancs de parcs, des fois on est à bout. À 90 % c'est comme ça que ça arrive ces moments de violence là, c'est quand le monde est à bout. Quand le monde est à bout, fais ben attention… (Bernard, 42 ans)

LES CONSÉQUENCES DE LA VICTIMISATION

Les conséquences essuyées par les personnes itinérantes à la suite d'une expérience de victimisation sont bien connues et peuvent être de différents ordres. La description des événements relatés par les interviewés montre que, pour plusieurs d'entre eux, les conséquences peuvent se révéler plus désastreuses que pour d'autres. Lorsqu'on tient compte du fait que les itinérants vivent déjà dans des conditions de vie précaires et minimales, on prend vite conscience que la perte des quelques biens en leur possession ou du peu d'argent qu'ils possèdent constitue un événement catastrophique, pour ceux d'entre eux qui en sont victimes. Ainsi, il n'est pas rare qu'à la suite de l'expérience de victimisation certains y laissent tous leurs avoirs:

> Un moment donné je me suis fait voler mon sac dans le parc, j'avais pus rien, j'ai été obligé d'aller à l'Accueil Bonneau pis à La Maison du Père, là je

suis allé tout partout pour aller chercher du linge... pis c'est ça en hiver là c'est pas évident, t'as besoin de plus de linge tu sais... (Bernard, 42 ans)

et, parfois même, une partie de leur intégrité physique :

Je me suis fait crisser une volée. Moé j'ai presque toute la face en fer, j'ai été obligé de me faire opérer, j'avais les os des joues rentrés par en-dedans, il a fallu qu'ils me cassent toute la face pis qu'ils me mettent une *pin* de métal dans la face pendant un mois et demi de temps... (Serge, 33 ans)

En outre, pour plusieurs, l'événement de victimisation entraîne des conséquences psychologiques et des changements de comportements qui non seulement modifient la qualité de leur vie mais en amènent aussi plusieurs soit à adopter une attitude défensive, soit à réagir en agressant à leur tour. Serge raconte, par exemple, qu'il garde sur lui un couteau... À tout hasard, Steeve explique qu'il s'est contraint à coudre les poches de ses pantalons afin d'éviter d'être pillé, Claude avoue qu'il évite d'emprunter certaines avenues ou de fréquenter certains parcs de la ville parce qu'il ne s'y sent pas en sécurité.

PRISE EN CHARGE

Lorsqu'une personne itinérante est victime d'une agression dirigée contre elle ou contre ses biens, elle est, comme tout autre citoyen, victime d'un événement susceptible de donner lieu à une dénonciation, à une mise en accusation et, éventuellement, à une sanction de nature pénale infligée à son auteur pour s'être livré à un acte criminalisable aux yeux de la loi.

Différentes situations sont alors susceptibles de se produire impliquant différents acteurs. Si la victime est blessée, qu'elle saigne de manière importante, qu'elle gît sur le trottoir, inconsciente, les services de santé de première ligne, plus probablement les ambulanciers, se porteront à son secours. Si elle est vraiment mal en point mais qu'elle peut encore se déplacer toute seule, la victime décidera peut-être de faire appel aux soins médicaux dispensés par les CLSC, les cliniques médicales ou encore les urgences des hôpitaux. Globalement, les itinérants disent craindre ces situations qui les exposent à voir un étranger – même et peut-être, surtout, s'il s'agit d'un professionnel de la santé – intervenir dans leur vie, et ce, même si l'intention de l'intervenant est sans contredit d'aider, de porter secours. En fait, les itinérants craignent que, devant l'imminence d'une victimisation d'origine criminelle, on décide de faire intervenir la police.

Il peut aussi arriver, à l'inverse, que, malgré le caractère public de l'endroit où se produit l'agression, il ne se trouve pas de témoin pour intervenir en faveur de la victime, qu'il n'y ait personne pour tenter de la secourir. En outre, les personnes itinérantes auront tendance à minimiser la gravité des conséquences de l'incident de victimisation, faisant en sorte de ne pas voir la nécessité de faire appel au réseau de prise en charge officiel.

En fait, les itinérants nous confient, qu'en toutes circonstances, ils préfèrent s'arranger seuls ou entre eux. Et ici il est vraiment question de s'aider entre itinérants et non pas de faire appel aux autres catégories d'individus fréquentant sur une base régulière les endroits publics pour y vivre ou pour y travailler ; par « entre nous autres », il faut vraiment comprendre, ici, *entre nous autres*. Faire appel aux autres, dans l'esprit des itinérants victimes d'agressions, signifie de manière certaine s'exposer à d'autres risques. En fait, le risque le plus craint par les itinérants est celui de se retrouver nez à nez avec... la police, que ce soit directement ou parce qu'un témoin, les ambulanciers ou les professionnels de la santé auront fait appel à ses services.

LES AMBULANCIERS

Les ambulanciers sont certainement parmi les personnes les plus susceptibles d'intervenir lorsqu'un itinérant est agressé et qu'il est blessé. De manière générale, les itinérants que nous rencontrons indiquent qu'ils ont de bons rapports avec les ambulanciers, qui s'occupent bien d'eux.

En fait, dans certains quartiers de Montréal, plus particulièrement fréquentés par les itinérants, il arrive que les ambulanciers se postent carrément aux coins des rues les plus problématiques afin d'être prêts à intervenir à tous moments. Il y a de toute façon, diront-ils, toutes les chances qu'ils aient à intervenir à un moment ou à un autre de la journée. Postés à ces endroits névralgiques, ils en viennent donc à bien connaître les itinérants qui fréquentent le coin, jusqu'à en appeler un certain nombre par leur prénom lorsqu'ils les abordent.

Les ambulanciers ne constituent pas moins un menace potentielle pour les itinérants, qui se disent bien conscients que, si la situation leur apparaissait trop corsée, ils n'hésiteraient pas à se tourner vers les policiers pour obtenir de l'assistance. Or, les policiers représentent une véritable menace pour eux, disent-ils.

LES SERVICES DE SOIN

Les itinérants sont peu portés à faire appel aux services de soin de première ou de seconde ligne afin de faire soigner leurs blessures découlant d'une victimisation. Ici, plusieurs considérants entrent en ligne de compte. D'abord, les itinérants craignent d'être mal reçus ; ils ont le sentiment d'être des patients de troisième ordre à qui on répugne de prodiguer des soins étant donné leur état d'ores et déjà passablement détérioré et leur apparence délabrée. Ensuite, la même méfiance que celle manifestée envers les ambulanciers se fait jour : on craint que de faire appel aux services de soins médicaux n'entraîne une dénonciation de la situation de victimisation à la police. Or, les relations que les itinérants entretiennent avec la police et, plus globalement, avec le système de justice font en sorte qu'ils tentent d'éviter, à tout prix, d'y être confrontés.

LES POLICIERS

Essentiellement, les itinérants dépeignent leurs relations avec la police et, plus largement, le système de justice comme étant conflictuelles. Ils accusent les policiers de s'acharner sur eux en tentant de contrôler leurs comportements par « l'utilisation à outrance » de billets de contravention qui leur sont décernés pour toutes sortes d'infractions liées en grande partie à leur mode de vie : consommer de l'alcool sur la place publique ; uriner dans un endroit autre que ceux prévus à cet effet ; occuper deux places sur un banc public, ce qui est généralement le cas de l'itinérant qui s'y endort... Il en va de même de l'arrestation fréquente d'un certain nombre pour de petits délits liés aux conditions de survie qui marquent leur quotidien (petits vols à l'étalage de nourriture ou de produits d'hygiène de base) ou qui font simplement partie de leur mode de vie (possession simple de stupéfiants ou même trafic de drogue, en particulier).

Rapidement, les itinérants sont souvent recherchés par la police pour un motif ou pour un autre (contraventions non payées, défaut de paiement d'amende, non-respect d'une ordonnance de garder la paix, défaut de se présenter à son procès). L'itinérant victime d'un acte criminel qui voit la police arriver, même si l'intention première est de l'aider, a tôt fait de craindre qu'on l'identifie et qu'on constate le fait qu'il est recherché. Il s'expose dès lors à se voir arrêter, voire à être détenu, en un mot à voir son statut de victime passé à celui d'accusé. Par ailleurs, si lui-même n'est pas en situation de se voir arrêter, il sera sûrement questionné sur les sources de l'agression dont il a été victime. Or, on a pu le constater, plus souvent qu'autrement, l'événement met en cause un agresseur connu de la victime. Ou bien il s'agit d'un « compagnon de la rue » qu'on ne voudra pas dénoncer, ou encore il s'agit de son revendeur, d'un usurier à qui il doit de l'argent et, dans ce cas, il voudra éviter de le dénoncer par peur des représailles.

D'un autre côté, l'itinérant victime d'un acte criminel, on l'a vu, s'attribue plus souvent qu'autrement une part de responsabilité dans l'événement : il était sous l'effet de substances psychoactives qui l'empêchaient de se défendre et qui le rendaient lui-même agressif, il a provoqué l'événement en refusant de payer son dû à l'usurier, il a fait confiance à un « ami » en le chargeant de lui procurer sa drogue, auquel cas il devient difficile pour lui de dénoncer qui que ce soit.

DES ATTITUDES DE RÉSIGNATION ET DE NORMALISATION

Malgré les conséquences de toutes natures, souvent graves, découlant d'une situation de victimisation qui est régulièrement le lot des itinérants, la plupart d'entre eux semblent avoir développé une attitude de normalisation et de résignation envers une telle situation, comme en témoignent Mario, Germain et Claude:

> Tu t'habitues à ça, la violence. T'es tellement dedans à la journée longue que ça devient une habitude. Tu la vois pu. Ça fait partie de la rue pis c'est toute (Mario, 36 ans).

> Moi, je pense que la violence, dans ce milieu là, elle est là, pis elle va toujours être là. C'est pas demain que ça va arrêter. C'est une roue tu sais, la violence dans la rue; il faut que tu roules là-dedans. Moé, j'ai accepté d'embarquer dans ce milieu-là, ben je prends la violence qui vient avec, pis c'est comme ça… (Germain, 37 ans)

> Ben écoute, la rue est violence pis c'est comme ça, on a pas ben ben le choix de vivre avec ça, qu'est-ce que tu veux qu'on fasse, c'est de même… (Claude, 35 ans)

D'autres, comme Kevin, confient que la victimisation a toujours fait partie de leur vie avant même qu'ils ne se retrouvent à la rue:

> Tu sais, moi, chu un gars qui a grandi dans la violence. Ma mère, chez nous, était toujours sur les *peanuts*, pis mon père était alcoolique. Les batailles, là-dedans, j'en ai mangé des volées… *Anyway*, tout ça pour dire que j'ai grandi dans la violence, moé, faque, elle m'énerve pas ben ben, moé, la violence… (Kevin, 27 ans)

Ce qui frappe peut-être encore plus, c'est que certains en viennent à attribuer un sens positif aux événements de victimisation qui les frappent. C'est le cas, notamment, de Bernard, qui indique:

> Ben tu sais la violence, quand ça arrive, sur le coup c'est pas drôle. Mais après ça, on se regarde pis on se dit: «ça va aller mieux pour quêter». C'est ben que trop vrai: quand t'es «pocké», le monde donne ben plus de *cash*… (Bernard, 42 ans)

En bout de ligne, la plupart confient que cette réalité n'est qu'une autre dimension qui s'ajoute aux conditions de vie difficiles auxquelles ils sont confrontés:

> Veux-tu que je te dises ben franchement, manger un coup de poing sur la gueule, ça fait mal, mais ça fait pas mal moins mal que de te chercher un sandwich pendant 24 heures… ça, ça fait mal en christ… (Kevin, 27 ans)

Cependant, il est bien clair que ce n'est pas parce que les itinérants normalisent et sont résignés à la victimisation criminelle que l'expérience de victimisation n'a pas de conséquences pour eux et que l'adoption de telles attitudes annule toute forme d'intervention qu'on pourrait être tenté de mener auprès des victimes. Mais comment intervenir? L'étude que nous avons réalisée nous a permis de lever le voile sur la victimisation des itinérants, sur la nature, la fréquence et les circonstances entourant de tels incidents. Elle nous a permis de voir comment les itinérants sont démunis devant cette problématique qui, par ailleurs, ne fait que s'ajouter aux autres conditions de vie précaires desquelles ils sont victimes. Il est clair qu'il reste toutefois encore beaucoup à dire sur ces questions et que la compréhension des besoins des itinérants tels qu'ils les perçoivent et les vivent nous permettrait de concevoir des voies nouvelles d'intervention mieux adaptées à ces besoins. Personne n'est mieux placé pour indiquer ce dont il a besoin que celui qui a besoin.

RÉFÉRENCES

ALDER, C. (1991). Victims of Violence: The Case of Homeless Youth. *Australian and New Zealand Journal of Criminology*, 24 (1), 1-14.

BASSUK, E.L., L. ROSENBERG et A.S. LAURIAT. (1986). Characteristics of Sheltered Homeless Families. *American Journal of Public Health*, 76 (9), 1097-1101.

BRETON, M. et T. BUNSTON. (1992). Physical and Sexual Violence in the Lives of Homeless Women. *Canadian Journal of Community Mental Health*, 11 (1), 29-44.

COHEN, C.I. et J. SOKOLOVSKY (1989). *Old Men of the Bowery: Strategies for Survival among the Homeless.* New York: The Guilford Press.

COMITÉ DES SANS-ABRI DE LA VILLE DE MONTRÉAL (1987). *Vers une politique municipale pour les sans-abri.* Montréal: Ville de Montréal.

D'ERCOLE, A. et E. STRUENING. (1990). Victimization among Homeless Women: Implications for Services Delivery. *Journal of Community Psychology*, 18, 141-152.

FARR, R.K., P. KOEGEL et A. BURNAM (1986). *Study of Homelessness and Mental Health in the Skid Row Area of Los Angeles.* Los Angeles: Los Angeles County Department of Mental Health.

FISCHER, P.J. (1992). Criminal Behavior and Victimization among Homeless People. *In* R.I. Jahiel (Ed.), *Homelessness: A Prevention-Oriented Approach* (p. 87-112). Baltimore: The Johns Hopkins University Press.

FITZPATRICK, K.M., M.E. LA GORY et F.J. RITCHEY. Criminal Victimization among Homeless. *Justice Quaterly*, 10 (3), 353-368.

GELBERG, L. et L.S. LINN. (1989). Assessing the Physical Health of Homeless Adults. *JAMA*, 262, 1973-1979.

GUZEWICZ, T.D. (1994). *Down and Out in New York City. Homelessness: A Dishonorable Poverty*. New York: Nova Sciences Publishers Inc.

HAGEN, J.L. (1987). The Heterogeneity of Homelessness. *Social Casework*, 68, 451-457.

JONES, B.E. (1986). Psychological Profiles of the Urban Homeless. *In* B.E. Jones et D.B. Goldstein (Eds), *Treating the Homeless: Urban Psychiatry's Challenge*. Washington, D.C.: American Psychiatry Association.

LOW, N.P. et B.W. CRAWSHAW. (1984). No Fixed Adress. *A Report on Youth Housing Policy*. Heathmont Vic.: Outer East Youth Needs Group.

LUMSDEN, G.H. (mars 1984). *Housing the Indigent and Evaluation Research: Issues Associated with Salvation Army Sit-Up Shelter Program*. Fort Worth, Tex. The Southwestern Social Science Association Meeting.

NORTH, C.S., W.M. SMITH et E.L. SPITZNAGEL. Violence and the Homeless: An Epidemiology Study of Victimization and Agression. *Journal of Traumatic Stress*, 7 (1), 95-110.

PADGETT, D.K. et E.L. STRUENING. (1992). Victimization and Traumatic Injuries among the Homeless: Associations with Alcohol, Drug, and Mental Problems. *American Journal of Orthopsychiatry*, 62 (4), 525-534.

ROBERSTON, M. (1989). Homeless adults in a County Alcohol Treatment Program. *The 17th Annual Meeting of The American Public Health Association*, Chicago (p. 22-26).

ROBERTSON, M., R.H. ROPERS et R. BOYER (1985). *The Homeless of the Los Angeles County: And Empirical Assessment*. Los Angeles: University of California, School of Public Health.

SIMONS, R.L. et L.B. WHITEBECK. (1990). Life on the Streets: The Victimization of Runaway and Homeless Adolescents. *Youth and Society*, 22 (1), 108-125.

SIMONS, R.L., L.B. WITHBECK et A. Bales. (1989). Life on the Streets: Victimization and Psychological Distress among the Adult Homeless. *Journal of Interpersonal Violence*, 4 (4), 482-501.

SNOW, D.A., S.G. BAKER et L. ANDERSON. (1989). Criminality and Homeless Men: An Empirical Assessment. *Social Problems*, 36 (5), 532-549.

SOLARZ, A. (1986). Criminal Victimization among the Homeless. *The 38th Annual Meeting of The American Society of Criminology*, Atlanta (p. 265-272).

SOMERS, A. (1992). From Homelessness: A National Perspective. *In* J.R. Majorie et G. Milton (Eds), *Domestic Violence Survivors* (p. 265-272). New York: Plenum Press.

CHAPITRE 21

Structures et représentations des services : le cas de Dernier Recours Montréal

par René Charest et Marie-Josée Lamarre

Dans un contexte où l'on observe une transformation du portrait de l'itinérance au Québec depuis les dix dernières années, comme le démontre le dernier recensement des sans-abri à Montréal (Fournier Chevalier et Ostroj, 1998); dans un contexte où l'on remarque une augmentation du nombre de personnes fréquentant les ressources offertes aux itinérants et itinérantes, un nombre qui a pratiquement doublé entre 1989 et 1996; dans un contexte, aussi, où l'appauvrissement grandissant a accentué les difficultés socio-économiques et où les jeunes sont en plus grand nombre dans la rue et dans les ressources; ces constats accablants nous obligent à réfléchir sur la structure des services offerts à la population itinérante de Montréal.

L'observation du phénomène de l'itinérance à Montréal ne peut s'effectuer en tenant compte uniquement de la relation entre cette population marginalisée et l'État. Il existe une médiation importante entre l'État et cette population, une médiation qui a, par moments, une capacité très forte d'intervenir, de définir et de construire aussi le phénomène de l'itinérance; nous le désignerons comme le réseau de services communautaires et institutionnels, coordonné par les instances politiques régionales et municipales.

De même que l'itinérance, ce réseau de services s'est lui aussi transformé afin d'adapter ses services aux besoins des personnes itinérantes, en fonction d'une nouvelle compréhension du phénomène. La complexité des problématiques reliées à l'itinérance et à la précarité des ressources financières sont par ailleurs des enjeux obligeant un questionnement sur la cohérence des services mis en place pour venir en aide aux personnes itinérantes. Les enjeux macro et microsociaux entourant l'itinérance complexifient l'analyse des structures et de la représentation des services dans le réseau de l'itinérance. L'analyse de l'expérience de Dernier Recours Montréal (DRM) s'avère utile pour comprendre comment le réseau des services devrait s'articuler entre eux, afin d'offrir des moyens diversifiés pour combler les besoins émergeant de la rupture des personnes itinérantes.

Nous avons choisi de dégager des pistes d'analyse en tenant compte de trois niveaux d'action qu'on doit normalement observer dans une politique sur l'itinérance, soit la planification, la concertation et la coordination. Nous parlons ici de concertation et de coordination à des niveaux très simples. En l'occurrence, nous définissons la concertation par la consultation des intéressés avant toute prise de décision importante et nous définissons le terme coordination par la mise en ordre, c'est-à-dire par l'agencement des parties selon un plan, pour une fin déterminée.

En vue de l'efficacité de la planification, on doit tenir compte de deux facteurs importants que sont les déterminants de la santé et la dynamique temporelle. Par déterminants de la santé, on pense notamment au fait d'avoir un logement qui soit salubre et sécuritaire, une alimentation adéquate, de créer et de maintenir un réseau social et la capacité de se soigner. Tous ces éléments qui déterminent la santé sont étroitement liés à la pauvreté. Plus la situation financière d'une personne est précaire, plus il lui sera difficile de se loger, de s'alimenter et de se soigner adéquatement. L'analyse de la dynamique temporelle, quant à elle, peut être significative pour comprendre l'esprit dans lequel les différents acteurs prennent leurs décisions, surtout lorsqu'on sait que ces décisions sont souvent prises sur le mode du sentiment d'urgence à l'égard des besoins exprimés par les personnes itinérantes.

LE CHOIX DE DERNIER RECOURS MONTRÉAL

Dernier Recours Montréal aura été en quelque sorte un événement tout au long de sa courte existence et semble donc approprié pour nous permettre d'analyser la dynamique de la structure et de la représentation des services. DRM a réuni des préoccupations microsociales (la mise sur pied d'une ressource communautaire) ainsi que des préoccupations macrosociales, dans la mesure où la planification des services, d'une manière générale, a été interpellée dans cette démarche.

De plus, le projet de Dernier Recours a vécu une relation difficile avec la communauté résidentielle et commerçante; ce qui en fait une expérience à regarder pour les enjeux qu'elle propose à la communauté. Nous ne parlerons pas des enjeux politiques qui ont surgi lors de sa fermeture, alors qu'un grand nombre d'acteurs politiques et communautaires ont participé au débat sur la nécessité ou non de sa fermeture.

D'abord, il est important de souligner que le projet initial de DRM a été construit en lien avec la planification des services dans le milieu de l'itinérance. Le niveau de la planification est même un déterminant majeur dans la mise en place de Dernier Recours. Ce principe, qui consiste à déterminer des objectifs précis et à mettre en œuvre les moyens propres de les atteindre dans les délais prévus, se retrouve dans les recommandations du rapport de 1987 du Comité des sans-abri de la Ville de Montréal.

C'est dans ce contexte que nous devons analyser la création de l'organisme Dernier Recours Montréal et ses répercussions sur la concertation et la coordination des ressources en itinérance à Montréal, entre 1988 et 1992. À l'aide de cet exemple, nous pouvons illustrer comment, en l'absence de coordination, l'appropriation du milieu de l'itinérance, qui est composé de ressources communautaires et institutionnelles, par un organisme issu des pouvoirs municipaux constitue un paradoxe pour l'intervention dans ce milieu. C'est-à-dire que la fusion entre un organisme de coordination et un organisme se réservant une partie des services, en l'occurrence l'accueil et la référence, constitue un contre-indicateur de ce qui doit être planifié dans le réseau des services. Cette confusion devient un problème dans la planification des services, alors que celle-ci doit offrir des pistes de solutions claires.

Encore aujourd'hui, une certaine méfiance persiste à l'égard de ce type de service au sein du milieu de l'itinérance. Les ressources « fabriquées » aux niveaux supérieurs de planification, sans tenir compte, au préalable, de la pratique terrain, ont toujours reçu des réactions négatives de la part des acteurs du milieu. On peut même croire que les relations qui sont encore relativement antagoniques entre la Ville de Montréal et les ressources du milieu de l'itinérance trouvent leur source dans cette fabrication communautaire qu'a constituée Dernier Recours.

Chez les itinérants plus âgés qui ont connu Dernier Recours, par contre, il existe une espèce de mythe autour de ce local, un espoir de le voir revivre. Il est ainsi ironique de constater que la journée du drame de l'Accueil Bonneau[1], trois personnes itinérantes étaient devant la porte des anciens locaux de Dernier Recours pour enfin assister à sa réouverture, quinze minutes seulement après l'annonce du maire de Montréal, M. Bourque, de son intention, finalement non concrétisée, d'ouvrir un local de DRM.

Par ailleurs, nous croyons que la planification et la mise en place de services de première ligne comme DRM s'expose à des enjeux problématiques, s'ils ne tiennent pas compte des facteurs déterminants et précipitants de l'itinérance. Ces services étaient palliatifs, sans doute complémentaires, mais ne présentaient pas de solutions à long terme pour réduire l'incidence de l'itinérance ou pour éviter la rue aux personnes. Des personnes itinérantes ayant déjà commencé une démarche pour stabiliser leur situation se sont retrouvées à DRM ; les critères d'accueil moins contraignants étaient attirants. Ce sont

---

1. Un organisme qui offre un ensemble de services à la population itinérante de Montréal et où a eu lieu une explosion qui a fait trois morts le 9 juin 1998.

ces effets pervers que commentent Fournier et Mercier dans leur étude de Dernier Recours Montréal :

> Les avantages que représente DRM pour la clientèle la plus sévère et la plus fortement désocialisée risquent à l'inverse de jouer de façon négative pour les personnes qui fréquentent déjà le réseau d'aide ou qui ont une résidence. Pour ces personnes, DRM semble jouer le rôle d'un centre de jour et à ce titre n'est pas nécessairement adapté à une clientèle qui commence à se stabiliser. DRM devrait nécessairement déboucher sur autre chose (Fournier et Mercier, 1989, p. vii).

Ce type de service venait donc en contradiction avec le travail accompli par les ressources en place, constituant ainsi une des principales critiques à l'endroit de DRM.

Un bilan exhaustif de l'expérience de DRM est impossible à effectuer compte tenu de l'espace que nous avons à notre disposition. Ce qu'il faut souligner, cependant, c'est qu'une tentative louable en vue de la planification des services s'est rapidement détériorée, par la pratique de DRM, jusqu'à devenir inadéquate et que cette expérience a généré des effets pervers importants au sein de la population itinérante.

CONTEXTE DE CRÉATION DE DERNIER RECOURS MONTRÉAL

L'année internationale des sans-abri en 1987 donne le coup d'envoi, au niveau municipal, à la mise en place de politiques pour les sans-abri. Le Comité des sans-abri de la Ville de Montréal, formé à cette occasion, présentera un rapport au Conseil municipal de la Ville, intitulé *Vers une politique municipale pour les sans-abri* (Comité des sans-abri, 1987). Ce comité a tenu de larges consultations publiques et propose dans son rapport une quarantaine de recommandations qui visent à doter la Ville «d'une politique et de mesures cohérentes pour répondre aux besoins engendrés par la situation inacceptable des sans-abri». (Comité des sans-abri, 1987, p. vi)

Ces recommandations visent à répondre aux besoins de cette population et se penchent, notamment, sur la question de l'accès aux services et au logement social abordable. Parmi ces recommandations, une première retient notre attention parce qu'elle est à l'origine de la création du centre de référence Dernier Recours Montréal. La recommandation n° 19 stipule :

> Afin d'assurer une accessibilité réelle des services mis sur pied pour les sans-abri, le Comité des sans-abri recommande que la Ville mette ou contribue à mettre sur pied un Centre d'information, de référence et de dépannage ouvert 7 jours par semaine et 24 heures par jour en collaboration avec les ressources existantes du milieu (Comité des sans-abri, 1987, p. 41).

Par ailleurs, une autre recommandation vise à combler le manque de place en hébergement pour chacune des catégories de population. La recommandation n° 18 propose «[que] la Ville de Montréal mette sur pied dans les plus brefs délais, soit dès l'hiver 1987-1988, trois refuges dont un destiné aux femmes, un aux jeunes (18-30 ans) et un aux hommes» (Comité des sans-abri, 1987, p. 40).

Conformément à la recommandation n° 19, le 25 janvier 1988 marque l'ouverture du Centre d'information et de référence Dernier Recours Montréal. La mission première de ce centre sera d'accueillir «toute personne n'ayant pas de gîte et l'orientera, en fonction de ses besoins, vers les maisons du réseau d'hébergement sur le territoire de la Ville de Montréal» (Lecomte, 1989, p. 12), et ce, vingt-quatre heures par jour, sept jours par semaine.

Quant à la recommandation n° 18, portant sur l'ouverture de centres d'hébergement s'adressant à différentes clientèles, la plupart de ces ressources ont été mises sur pied, et ce, malgré la résistance et la contestation des résidents et des commerçants du centre-ville, là où elles devaient s'implanter.

La philosophie de base de Dernier Recours Montréal

Les objectifs de cette mission d'accueil visent à assurer le rôle de coordination des interventions sur son territoire et à leur donner le maximum d'impact; à donner accès à des locaux sécuritaires pour dormir; à fournir au Centre d'hébergement un soutien par rapport à la sélection de la clientèle et aux sans-abri, un soutien de référence dans leur choix d'un lieu d'hébergement; à apporter un soutien de sélection et de référence aux policiers et aux travailleurs de rue; à dresser le véritable portrait de l'itinérance; et, enfin, à vérifier l'adéquation entre les ressources existantes et les besoins (Lecomte, 1989, p. 12).

Si nous analysons la mission de DRM en fonction de ces objectifs, nous pouvons observer l'écart entre la volonté de départ et les résultats presque désastreux de cette mission. Comme nous l'avons expliqué, Dernier Recours Montréal a échoué dans sa mission de coordination en raison du manque de concertation avec les autres ressources du milieu, alors qu'il s'agissait d'un élément-clé dans la planification de ce service.

Pour ce qui est de l'objectif d'accès à des locaux sécuritaires pour dormir, le fait que DRM soit devenu une ressource stationnaire pour les personnes itinérantes a révélé l'inadéquation de l'environnement pour cette pratique. Beaucoup s'entendent aujourd'hui pour affirmer que l'endroit n'était vraiment pas sécuritaire pour les personnes itinérantes en raison de la concentration de la population. Une pièce d'équipement évocatrice a souvent été mentionnée par ceux et celles qui ont connu DRM: le boyau d'arrosage qui était utilisé à la fin de la journée pour nettoyer la salle afin d'éviter la transmission de maladies.

Quant au soutien de sélection et de référence à apporter aux policiers et aux travailleurs de rue, c'est plutôt le contraire qui s'est produit. Dernier Recours Montréal a été dans l'obligation de faire appel aux forces policières afin de gérer les problèmes causés par la concentration de la population à l'intérieur de la ressource (Audette et Jacob, 1988, p. 8).

L'intention de dresser le véritable portrait de l'itinérance n'a pu être concrétisée en raison des tensions internes causées par la concentration de la population et la dérive de sa pratique. Dernier Recours ne s'est pas révélé un projet adéquat pour répondre aux besoins de la population itinérante. On peut se demander, incidemment, si l'on pouvait obtenir un portrait réel de cette population. Pour faire un véritable portrait d'une population, il faut chercher le contexte réel dans lequel elle se trouve. Nous pensons que chercher à faire le véritable portrait de la population itinérante aurait été aussi absurde que faire le portrait de santé des Montréalais et des Montréalaises, en tenant compte uniquement de la clientèle fréquentant les salles d'urgences des hôpitaux de Montréal. Il y a fort à parier que les résultats seraient alarmistes.

Dans un même ordre d'idée, puisque Dernier Recours Montréal n'a pu répondre à ses propres objectifs en ce qui concerne l'accueil et la référence, il n'a pu, dans la même foulée, vérifier l'adéquation entre les ressources et les besoins existants. Une lecture épidémiologique de l'itinérance donne une perception différente des besoins, tels que formulés par les ressources qui n'empruntent pas cette voie pratique.

Il est connu dans le milieu de l'itinérance que DRM a dévié rapidement de sa mission première en accueillant des personnes pour la nuit pour devenir ensuite un refuge de personnes qui ne peuvent pas ou ne veulent pas aller dans les autres ressources du réseau, en raison, notamment, de leur comportement «indésirable» ou de leur état psychotique. L'étude menée par Fournier et Mercier (Fournier et Mercier, 1989, p. 82) montre qu'en effet la clientèle que reçoit DRM présente une multiplicité de problèmes (maladie mentale, alcoolisme, toxicomanie, troubles de personnalité antisociale et limite, et problèmes avec la justice).

La concentration de population dans cette ressource et les conditions insalubres de vie à l'intérieur des locaux de DRM ont contribué au discrédit de la ressource et à la dérive de sa mission. À la fin de l'expérience, en 1991, ce sont les déboires quant au financement du centre par les pouvoirs publics, les demandes salariales, la grève des employés et employées et le lock-out de la direction de Dernier Recours Montréal qui mèneront à sa fermeture.

RÉPERCUSSIONS SUR LES ORGANISMES DU MILIEU

L'analyse que fait Yves Lecomte de l'expérience de DRM est très éloquente et nous éclaire sur les raisons de sa déroute. Selon cet auteur, une des premières leçons à tirer de cet échec est que DRM a été conçu comme un service administratif. En effet, en 1988, «l'administration municipale décide de créer DRM et d'assumer «son leadership». L'administration municipale vient dès lors défaire cet équilibre (Lecomte, 1989, p. 23).» Cet équilibre est celui créé autour du réseau d'aide aux personnes seules et itinérantes qui regroupent un nombre important de ressources communautaires travaillant avec les personnes itinérantes et en difficultés. Par le fait même, la lecture de la problématique faite par l'organisme ne tient pas compte de toutes les analyses du phénomène de l'itinérance dans son ensemble.

Les lacunes en matière de concertation et de coordination avec les ressources du milieu a été probablement le premier enjeu, sinon le principal, lorsqu'on observe la dégradation de cette expérience. C'est que cette volonté de concertation s'est butée au premier chef à la structure de consultation et au leadership exercé par le milieu communautaire en itinérance. Et la suite de l'expérience démontre que les rapprochements nécessaires entre les deux réseaux n'ont pas eu lieu. Dans un article paru dans le journal *Le Devoir* le 15 août 1991, plusieurs intervenants et intervenantes du réseau déplorent « la médiatisation à outrance de l'itinérance», tel que le révélait Dernier Recours Montréal. Selon ces intervenants et intervenantes, cette médiatisation de l'itinérance «ne montre qu'une facette de l'itinérance», la plus spectaculaire, et «cela, au détriment des personnes qui se retrouvent étiquetées et catégorisées, nuisant ainsi à leur cheminement personnel». Ils dénoncent également Dernier Recours Montréal pour «sa non-intervention en ayant tout simplement institutionnalisé la rue».

L'ancrage des itinérants dans la marginalité se fait à l'encontre du travail effectué par les différentes ressources qui consiste à trouver des solutions à l'itinérance, à améliorer les conditions de vie des personnes en stabilisant leur situation et à développer des portes de sortie à l'itinérance. Selon cette conception, DRM devenait une porte d'entrée à l'itinérance sans dispositif pour en sortir rapidement.

> De ce fait, Dernier Recours Montréal s'est attiré une clientèle et a favorisé chez plusieurs itinérants un sentiment d'appartenance au détriment des besoins réels de ces derniers, et au détriment de son mandat de référence et de collaboration avec certaines ressources du milieu (*Le Devoir*, 15 août 1991, p. 11).

Dans le milieu de l'itinérance, l'intervention publique de ressources communautaires à l'endroit d'un autre acteur non gouvernemental est très rare. Cependant, on peut voir que la frustration et l'insécurité à l'égard du champ d'intervention a créé des conditions favorisant des propos particulièrement brutaux à l'endroit de DRM. On affirme à propos du type de services offerts à DRM:

> [...] il a réuni toutes les conditions nécessaires pour faire de sa mission de référence et d'orientation un échec flagrant tout en se mettant à dos la plupart des organismes avec lesquels il devait pourtant travailler quotidiennement en leur référant toute la clientèle qui s'y présentait. [...] Loin de constituer une réponse à la clochardise, DRM offre au contraire tous les ingrédients nécessaires pour rendre encore plus opaque l'écran qui bloque la compréhension de leurs besoins véritables (*Le Devoir*, 30 juillet 1991, p. 11).

LES ENJEUX DE LA CONCERTATION POUR LES ORGANISMES DU MILIEU

Des mots mêmes de Léa Cousineau, alors responsable du dossier de l'itinérance à l'exécutif de la Ville de Montréal, «la concertation et la coordination sont des conditions essentielles à la solution des problèmes des sans-abri» (Cousineau, texte photocopié). En effet, la concertation des organismes communautaires dans le milieu de l'itinérance se pose comme un des enjeux majeurs au point de vue de la structure des services adéquats pour la population itinérante. L'échange d'information sur les types de service, sur la réalité mouvante de l'itinérance et la collaboration entre ces entités organisationnelles est un critère de réussite d'une action globale sur un phénomène vécu par les personnes itinérantes d'une manière dramatique et urgente. On peut alors se demander pourquoi la volonté d'une réussite de concertation et de coordination s'est avérée un échec lamentable, bien que tout le monde ou presque se soit entendu sur la nécessité de jeter des ponts solides entre les différentes pratiques, et pourquoi cette stratégie de concertation s'est transformée en débats déchirants sur la place publique.

Certains acteurs et observateurs de l'expérience de DRM nous ont indiqué que la présence d'une multitude d'acteurs à différents niveaux d'intervention a rendu encore plus complexe une action cohérente et concertée des services dans le milieu de l'itinérance. Le rôle du Conseil régional de la santé et des services sociaux (CRSSS) est à questionner dans ce contexte. Le CRSSS, devenu en 1992 la Régie régionale de la santé et des services sociaux de Montréal-Centre dans le contexte de la régionalisation du réseau de la santé, a été un acteur relativement discret durant l'expérience de DRM. Par ailleurs, son dirigeant supérieur, le ministère de la Santé et des Services sociaux, devait agir plus intensément dans le contexte de la mise en place et de l'évolution de DRM. Une analyse des rapports entre ces trois décideurs politiques est à faire, non seulement en considérant à l'expérience spécifique de DRM mais l'ensemble des discussions à l'égard d'une politique sur l'itinérance, encore aujourd'hui, à Montréal.

La collaboration et la concertation entre les ressources et les différentes pratiques sont essentielles pour évaluer l'efficacité d'une action globale sur un phénomène comme l'itinérance. Dans ce sens, ces critères sont nécessaires pour éviter qu'il y ait des pratiques morcelées et isolées, malgré des divergences, des contradictions, des perceptions différentes du phénomène de l'itinérance. Mais la réussite de la collaboration implique, comme nous l'avons déjà indiqué, qu'il y ait une planification à plus grande échelle. Cet enjeu amène donc un questionnement concret : qui doit assumer ce rôle ? Les organismes communautaires ou les décideurs politiques ? Dans l'hypothèse où ce sont les décideurs politiques qui auraient à assumer ce rôle, qui doit, parmi eux, le faire ? La description des événements entourant le DRM ne permet pas d'élucider cette énigme organisationnelle, mais elle permet toutefois d'en légitimer le questionnement.

CRITIQUE DE L'ÉPIDÉMIOLOGIE

Le lecture des différents documents rédigés par Dernier Recours Montréal et d'autres à son sujet nous démontrent que la lecture épidémiologique de l'itinérance a été prédominante dans la mise sur pied de ce projet. Nous croyons, par ailleurs, que l'utilisation de cette grille de lecture constitue un facteur important pour expliquer l'échec de la coordination et de la concertation.

L'épidémiologie effectue une catégorisation des problèmes reliés à l'itinérance et n'adopte pas une approche globale pour la compréhension du phénomène. La batterie de dispositifs épidémiologiques mis en œuvre à DRM pour appréhender le phénomène de l'itinérance, autant du côté de l'intervention médicale que de la recherche, a mis en lumière des enjeux problématiques.

Pour l'approche épidémiologique, l'observation et l'analyse à partir d'une série de catégories médicales, telles que l'alcoolisme, la toxicomanie, les maladies mentales, peuvent, en soi, conduire à concevoir d'une manière générale l'itinérance comme une maladie. Cette méthode crée une confusion entre la catégorie épidémiologique et le phénomène social, ainsi qu'une confusion entre les symptômes relatifs à un mode de vie et le phénomène pris globalement. Cela a pour conséquence de construire une perception et une conception erronées de l'itinérance, qui est alors conçue comme une problématique de la santé. En intervenant sur les symptômes plutôt que sur la cause, il peut en résulter l'oubli de facteurs importants, comme l'appauvrissement.

L'approche épidémiologique ne semble donc pas avoir été pertinente dans la planification des services aux personnes itinérantes. Une approche globale dans l'intervention auprès des personnes itinérantes et en rupture favorise la prise en compte de la personne dans toute sa dimension et en tenant compte des différentes problématiques vécues par celle-ci, et le plus souvent sans jugement de valeur de la part des intervenants.

En regard à la concertation des services, l'appareil épidémiologique de DRM s'est heurté sur le plan de la philosophie de l'intervention à celle des autres ressources communautaires, notamment dans les pratiques développées à l'égard des multiproblématiques et la définition des groupes à risque. En ce sens, le registre des places disponibles en hébergement pour les personnes itinérantes, et, par conséquent, du nombre de personnes qui utilisent les ressources, visait un objectif de dénombrement des personnes itinérantes. Cette façon de faire pouvait aussi avoir des conséquences négatives pour certaines ressources communautaires qui y voyaient un objectif d'évaluation de leurs services.

Par ailleurs, la question de défense des droits des personnes itinérantes ne sera pas prise en compte par DRM, alors qu'il s'agit là du travail à la base du réseau. Ce n'est peut-être pas un hasard si un collectif de défense des droits, dirigé par des personnes itinérantes elles-mêmes, été mis sur pied au moment même de la fermeture de Dernier Recours. Au début de son existence, le Collectif des itinérants de Montréal (CIM) réclamait la réouverture de DRM comme service important pour la population itinérante et a ensuite travaillé principalement sur l'accès aux services de santé et aux services sociaux pour la population itinérante.

L'oubli des politiques sociales

Selon nous, une dimension a été occultée tout au long de l'expérience de DRM et s'avère encore aujourd'hui une faille importante: l'absence de politiques sociales déterminant les orientations principales à emprunter en matière d'itinérance.

Cette dimension nous semble importante à retenir quant aux objectifs de planification, de concertation et de coordination. Les politiques sociales jouent un rôle central dans notre capacité de coordonner et de planifier nos actions. Sans une programmation cohérente et concertée, toutes actions demeurent isolées et fragmentées ou encore confinées exclusivement au domaine de la santé publique. Fortes de cette expérience, Louise Fournier et Céline Mercier affirmaient: «Ne jamais perdre de vue qu'une politique de services aux personnes itinérantes ne peut rester au niveau local. Elle doit nécessairement pouvoir s'appuyer sur des politiques gouvernementales d'accès au logement, d'emploi et de sécurité du revenu (Fournier et Mercier, 1989, p. 9).»

Comme nous l'avons expliqué, nous ne pouvons affirmer que l'expérience de DRM s'est insérée dans une perspective de mise en place de politique de services en itinérance, dans la mesure où une confusion s'est installée dès le départ entre la planification, la coordination et la concertation des services. En ce sens, l'événement qu'a constitué DRM n'était même pas une politique de services en devenir. Au contraire, cette expérience comprenait tous les ingrédients pour empêcher la mise en place d'une politique d'action contre l'itinérance à Montréal. Une politique de services et d'action, à notre sens, doit être perçue comme une traduction claire des enjeux qui se dégagent de l'ensemble des acteurs évoluant dans un même milieu. DRM n'aura jamais réussi à dégager ces enjeux, puisqu'il s'est placé en confrontation avec la perception de l'itinérance et de l'organisation des services avec les autres acteurs du milieu.

Un aspect de l'affirmation de Fournier et Mercier mérite qu'on s'y attarde cependant, à savoir qu'on ne peut élaborer une politique de services en se cantonnant uniquement à l'espace local, c'est-à-dire au centre-ville de Montréal. Les décideurs politiques ont eux-mêmes alimenté un problème social en implantant une ressource dans un territoire déjà animé par des tensions entre la catégorie résidentielle et commerçante, d'une part, et la population marginalisée, d'autre part. Les décideurs politiques ont alimenté, par la suite, un problème urbain en occultant la réalité de l'extrême pauvreté sur l'ensemble du territoire de Montréal et du Québec. La crise devenait inévitable. Personne n'a vraiment cherché à observer la trajectoire des personnes marginalisées à l'extérieur du centre-ville de Montréal, d'où la majorité provient. Cet enjeu nous rappelle l'histoire de l'homme ivre qui cherche ses clefs sous le rayon du lampadaire, parce que c'est le seul endroit éclairé. Et pourtant, dès le début des années 1990, un travail s'imposait dans la compréhension des enjeux économiques et sociaux dans les différents centres urbains du Québec qui sont devenus, par la suite, selon notre hypothèse, des foyers de production d'itinérance. La nécessité d'une politique sociale réunissant l'ensemble des problématiques reliées à l'itinérance nous apparaît importante, non seulement pour comprendre l'échec de DRM, mais aussi pour situer les enjeux actuels vis-à-vis de l'itinérance.

Un autre enjeu encore actuel lorsqu'on aborde la question de l'itinérance est la dynamique temporelle. L'approche globale permet d'offrir des portes de sortie à l'itinérance et de travailler sur une intervention à long terme avec les individus. Bien que la notion d'urgence soit toujours présente, ce sentiment est renforcé par le manque de temps. Or, en soi, la notion du temps est à questionner. Par exemple, dans le domaine de la santé, l'intervention à long terme avec les personnes est primordiale pour faire un cheminement, alors que les pouvoirs publics exigent constamment des résultats immédiats : « [...] les services pour personnes itinérantes se sont développés autour de la dimension d'urgence du phénomène et de sa dimension temporaire (Mercier *et al.*, 1994, p. 757) (cité dans Rozier *et al.*, 1996, p. 13). » Cependant, la question de l'intervention d'urgence peut s'estomper et devenir moins critique si un véritable continuum de services et d'actions pouvait se construire en tenant compte des niveaux politiques, sociaux, économiques et culturels. Ces facteurs définissent le phénomène de l'itinérance et on peut grâce à eux transformer la marginalisation. Un véritable continuum de services et d'action part de l'espace public (le travail de rue) et crée un espace privé (le logement social), en passant par une consolidation de l'hébergement à court terme. Mais ce continuum de services passe surtout par une reconnaissance concrète de l'expertise d'intervention. Ceci nous semble être la trame de fond pour développer un plan d'action qui favoriserait une planification de services, une coordination soutenue et une concertation tenant compte des forces de chacun des acteurs. Or, le sentiment d'urgence qui habite les décideurs politiques, lorsque vient le temps de poser des gestes en matière d'itinérance et de marginalité, est à toute fin pratique un sentiment de panique sociale. Ce sentiment empêche de développer, à partir de l'action présente, une stratégie à long terme en faveur de l'émancipation économique et sociale des personnes itinérantes.

CONCLUSION

Nous avons cherché à dégager des pistes de compréhension de l'expérience de DRM en tenant compte de nos préoccupations actuelles en matière de planification, de coordination de services et de la concertation entre les différents acteurs du milieu de l'itinérance. Ces préoccupations ont été, en somme, des médiations pour saisir les enjeux révélés directement par l'expérience intense de DRM. Cette manière d'observer le conflit nous permettait d'éviter la polarisation qui a existé pendant longtemps au moment de l'existence de DRM et quelque temps après sa fermeture : être pour ou contre la fermeture de DRM.

Nous croyons que les enjeux que nous avons dégagés autour de cette expérience nous permettent de comprendre que DRM, en tant qu'organe permettant à la fois la planification des services, la coordination et la concertation, n'aurait jamais dû exister. Le problème de DRM n'aura pas été exclusivement causé par les effets de concentration de la population, les antagonismes dans la communauté ou encore la syndicalisation des travailleurs et des travailleuses. Ce sont là des causes parallèles d'un mauvais départ. La conception du travail à effectuer à court et à long terme dans le milieu de l'itinérance est aussi en cause et concerne les décideurs politiques, car la véritable cause est la négligence des décideurs politiques qui ont amalgamé différents intérêts, différentes préoccupations, et ce, à rabais, avec les conséquences que nous connaissons aujourd'hui.

RÉFÉRENCES

AUDETTE, M. et A. JACOB. (1988). *Dernier Recours Montréal.* 27 p.

COLLECTIF D'AUTEURS. (15 août 1991). Dernier Recours Montréal. Un dépotoir humain ou un maillon essentiel de la chaîne. *Le Devoir*, p. 11.

COMITÉ DES SANS-ABRI. (1987). *Vers une politique municipale pour les sans-abri. Rapport déposé au Conseil municipal de la Ville de Montréal.* Montréal, 64 p.

COMITÉ SPÉCIAL DE LA DIRECTION GÉNÉRALE POUR LES PERSONNES ITINÉRANTES. (1989). *Plan d'action. Services aux personnes itinérantes de la région de Montréal et de Laval* (octobre). Montréal : 33 p.

COUSINEAU, L. (1988). *Discours de Madame Léa Cousineau au Comité aviseur des sans-abri.* Montréal : Cabinet du Comité exécutif, Ville de Montréal, 3 p.

FOURNIER, L., S. Chevalier et M. OSTROJ. (1998). *Dénombrement de la clientèle itinérante dans les centres d'hébergement, les soupes populaires et les centres de jour des villes de Montréal et de Québec, 1996-97.* Montréal : Santé Québec, 5 p.

FOURNIER, L. et C. MERCIER. (1989). *Étude spéciale sur Dernier Recours Montréal* (Rapport de recherche présenté au Comité spécial de la direction générale du CSSSRM pour les personnes itinérantes). (Tomes 1 et 2). Verdun : Centre de recherche de l'Hôpital Douglas, 109 p. et 64 p.

LABERGE, D., M.-M. COUSINEAU, D. Morin et S. Roy. (1995). *De l'expérience individuelle au phénomène global : configuration et réponses sociales à l'itinérance* (1). Montréal : Les cahiers de recherche du CRI, UQAM, 23 p.

LANCTOT, L. (1989). *Évaluation du programme Dernier Recours Montréal.* Montréal : École nationale d'administration publique, 139 p.

LECOMTE, Y. (1989). Dernier Recours Montréal : lieu de convergence des exclus. *Santé mentale au Québec, XIV* (2), 10-25.

ROZIER, M., S. ROY et P. LANGLOIS. (1996). *Les Centres de jour : une réponse communautaire à l'itinérance* (2). Montréal : Les cahiers de recherche du CRI, UQAM, 76 p.

SIMARD, Pierre. (30 juillet 1991). Dernier Recours Montréal : l'envers de la médaille. *Le Devoir*, p. 11.

VILLE DE MONTRÉAL. (1988). *Discours d'ouverture de Dernier Recours Montréal.* (janvier). Montréal : Ville de Montréal, 8 p.

CHAPITRE 22

L'équipe Itinérance du CLSC des Faubourgs de Montréal

Thomas McKeown et Marie-Carmen Plante

L'équipe d'Itinérance-*outreach* du CLSC des Faubourgs n'a pas jailli de nulle part. En 1990, l'an de sa création, la ville entière subissait le bouleversement causé par la brève apparition de Dernier Recours Montréal (DRM) dans le centre-ville de Montréal. À la suite des recommandations du Comité consultatif sur les sans-abri de la Ville de Montréal, créé durant l'Année internationale du logement des sans-abri (1987), ce centre d'accueil et de références des personnes itinérantes signalait un changement marqué, aussi bien dans les perceptions du phénomène de l'itinérance que dans les choix de «solutions» mises de l'avant. DRM a frappé l'imaginaire de cette période et continue, encore aujourd'hui, de hanter les services municipaux. Ses anciens locaux, rénovés à des coûts astronomiques, restent inoccupés huit ans plus tard.

Conçu par les dirigeants de la Ville de Montréal comme un centre de jour pour personnes démunies à la recherche d'un logement temporaire, DRM avait un mandat d'aiguillage à l'intérieur des réseaux publics et communautaires. Sa mise en œuvre s'est traduite tout autrement. Très tôt après son inauguration, au lieu de faciliter la référence vers d'autres ressources, DRM est vite devenu un pôle d'attraction pour une grande diversité de personnes vivant en marge de la société. Doté d'une philosophie d'accueil sans critères d'exclusion – sauf le port d'armes –, le centre a vite été occupé par des personnes visiblement en quête d'autres choses que le logement temporaire. Les histoires ne manquent pas: celle des 101 personnes transportées en civière et laissées à la porte de DRM par des hôpitaux de la ville; celle des conducteurs d'autobus de la Communauté urbaine de Montréal qui faisaient descendre certains passagers peu autonomes au coin des rues menant à DRM; celle de jeunes toxicomanes qui trouvaient tout ce dont ils avaient besoin sans jamais quitter les lieux; celle des anciens clients des ressources communautaires vivant avec les conséquences de la maladie mentale et qui tournaient en rond en permanence sur le plancher de DRM; celle des policiers du quartier qui avaient une «peur bleue» d'entrer au DRM; enfin celle d'un nouveau virus assez mystérieux qui semblait atteindre un pourcentage significatif des habitués de DRM.

Mais bien avant cet événement, fort médiatisé pendant sa courte trajectoire sur la scène montréalaise (1988-1991), plusieurs intervenants au sein du Réseau d'aide aux personnes seules et itinérantes de Montréal (RAPSIM) s'interrogeaient sur les conséquences de nombreux problèmes associés aux pratiques de DRM: le manque de collaboration entre les ressources, les «listes noires», le réflexe de *dumping*, le manque de continuité dans les plans d'intervention, le dédoublement des services, l'intervention sabotée par l'absence de concertation, l'absence de leadership.

L'équipe du CLSC est donc née à un moment où ces questions commençaient à se poser de façon urgente; les réponses, expérimentées par le processus classique d'essais et d'erreurs, ne sont venues que petit à petit. Mais ces choix ont influencé ceux des autres partenaires du réseau. Le reste, c'est l'histoire…

DERNIER RECOURS MONTRÉAL

Situé au 1250, rue Sanguinet, dans le sous-sol d'une école désaffectée, DRM s'est défini comme porte d'entrée, d'orientation et de référence vers des services d'hébergement et de prise en charge du réseau public, privé et communautaire. Le maire de Montréal de l'époque, monsieur Jean Doré, l'a cité comme projet exemplaire aux maires de plusieurs villes internationales. On évalue à 2 270 le nombre de personnes différentes qui se sont présentées à l'accueil entre le 1er mars 1988 et le 28 février 1989 (Fournier et Mercier, 1989). DRM accueillait environ 500 personnes par jour et son taux de renouvellement atteignait 62% par année. On servait à DRM 1 500 tasses de café par jour. À cause de sa popularité, la Ville entreprit un projet d'expansion et de rénovation des lieux qui incluait une clinique médicale, des douches et des toilettes, des bancs de parc traditionnels et un plancher chauffé.

Au fur et à mesure que les rangs grossissaient, la moyenne d'âge des clients est passée de 38 à 30 ans (84% avaient moins de 40 ans, 66%, moins de 30 ans). Une personne sur trois était considérée comme un cas lourd dont l'agressivité semblait être une caractéristique importante. Pour chaque personne référée, deux nouvelles surgissaient. En ce qui concerne la prévalence de VIH, 13% de la clientèle était évaluée sidéenne ou séropositive; 40% de la clientèle de CACTUS[1] fréquentait DRM (Rapport de Consultation,

---

1. CACTUS MONTRÉAL (Centre Action Communautaire des Toxicomanes Utilisateurs de Seringues) est un organisme sans but lucratif qui vise à prévenir la transmission du VIH par de l'information, de la prévention, des échanges de seringues et des distributions de condoms. Cet organisme est financé par le gouvernement et il dessert le territoire du centre-ville et du centre-sud de la Ville de Montréal.

Centre québécois de coordination sur le sida, août 1991). Cette expansion d'une clientèle très difficile ainsi que l'accroissement des tensions internes avait aussi pour toile de fond des pressions syndicales visant à introduire les intervenants de DRM dans l'unité d'accréditation syndicale.

En 1990, dans un contexte d'urgence, les dirigeants de DRM, confrontés aux protestations grandissantes du réseau et du grand public, demandaient au ministère de la Santé et des Services sociaux du Québec de leur fournir des intervenants professionnels de la santé. Le ministre d'alors, dans le cadre du Programme spécial d'action auprès des personnes itinérantes qui se trouvaient à DRM, confiait au CLSC Centre-Ville[2] ce mandat sociosanitaire en octroyant des fonds pour embaucher trois intervenants : un travailleur social, un infirmier et un organisateur communautaire. Ainsi, en août de cette année-là commence la petite histoire de l'équipe Itinérance-*outreach*. Au départ, cette équipe n'a été affectée qu'à DRM. Son premier mandat consistait à désengorger DRM en facilitant l'accès aux services de santé, aux services sociaux et à d'autres ressources du réseau public et communautaire. Un an plus tard, à la suite d'un lock-out prolongé, le Conseil d'administration de DRM fermait les portes pour toujours.

L'expérience de cette période a pourtant été riche. Il n'existait pas de modèle à l'époque pour guider l'implantation et l'enracinement de cette nouvelle équipe dans le réseau des services publics et communautaires. Le CLSC Centre-Ville, fondé en 1976, avait déjà expérimenté certaines approches auprès des itinérants et des chambreurs du centre-ville et le personnel accueillait régulièrement les personnes de la rue qui se présentaient, de façon traditionnelle, à leur accueil social, au 2e étage d'une tour à bureaux ; mais peu d'expertises existaient pour intervenir avec réalisme dans ce milieu unique qu'était DRM. Par conséquent, personne à l'interne n'a été recruté pour démarrer le projet. Tous savaient cependant que l'ajout de trois intervenants ne serait pas significatif pour augmenter le potentiel du réseau, confronté à la complexité de problématiques réunies chez les personnes qui se trouvaient à DRM...

C'était donc avec une certaine naïveté que les trois membres de cette nouvelle équipe se sont présentés à la direction de DRM pour se joindre à un médecin-omnipraticien et à un médecin-psychiatre qui œuvraient déjà sur les lieux (locaux en chantier de rénovation) auprès du personnel de DRM.

---

2. Le CLSC Centre-Ville et le CLSC Centre-Sud ont fusionné en 1993 pour former le CLSC des Faubourgs.

LE RÉSEAU DES SERVICES

Bien avant l'arrivée de DRM, le Réseau des services aux personnes itinérantes déplorait un manque de continuité dans l'intervention auprès des clients. Malgré la création, en 1978, du Réseau d'aide aux personnes seules et itinérantes de Montréal (RAPSIM), chaque ressource travaillait de façon autonome et isolée, sans moyens consensuels de collaboration entre les intervenants des divers systèmes, chacun avec sa propre tradition, ses propres valeurs, sa propre logique d'intervention.

Les clients (les consommateurs de services de toutes sortes, tels que hébergement, vestiaires, repas, réhabilitation, thérapie, judiciarisation, incarcération, psychiatrie, santé et services sociaux, police, aide sociale, urgence, hôpital, etc.) entraient partout par les multiples portes du réseau de services. Parce qu'il n'y avait pas de tradition de concertation entre ces services, il n'existait que peu d'instances de collaboration formelle et institutionnalisée. Parce qu'il n'y avait pas de consensus en ce qui concernait les modes de co-intervention auprès des clients, chaque service faisait sa propre évaluation sans savoir si le même client recevait simultanément et en parallèle d'autres services et interventions. Parce que le mode de communication était oral, il n'existait pas de transfert d'information par dossier écrit.

Certains clients faisaient appel à une multitude de services en circulant à l'intérieur des divers systèmes sans que les intervenants tiennent compte du manque de cohérence dans la dispensation des divers services qui nécessitaient des efforts parfois énormes d'une multitude d'acteurs publics et communautaires. Avec l'augmentation du nombre des personnes qui se retrouvaient «clients» du réseau d'itinérance et avec la multiplication et la complexification des problématiques, il existait depuis des années une conviction peu articulée que le réseau avait besoin de nouveaux moyens de concertation en ce qui concerne le suivi de certains clients. Avec l'arrivée de DRM, c'est devenu l'évidence même.

LE PLAN CONJOINT

Ainsi, à la suite de la fermeture définitive de DRM le 21 juillet 1991, les clients se sont dispersés dans les maisons de chambres, les refuges, les centres de jour, les parcs, les *squats*, ou ils sont simplement retournés chez eux. Pendant cette courte période d'automne, les trois intervenants ont tenté de garder des contacts avec les anciens de DRM, de créer des maillages avec les ressources du réseau. Lors de la création, le 4 novembre 1991, du Plan conjoint à l'intention des personnes itinérantes de Montréal entre le ministère de la Santé et des Services sociaux et la Ville de Montréal, l'accent avait été mis sur la concertation, le partenariat, la collaboration, l'ouverture et l'adaptation des services publics aux clientèles, représentés par les anciens de DRM qui, par réputation, par tradition et par expérience, étaient les plus difficiles à contacter, à traiter et à suivre.

Le mot «partenariat» représente aujourd'hui un concept qui a lentement fait son chemin dans le réseau de la santé et des services sociaux. Dans le réseau des ressources aux personnes itinérantes de l'époque, c'était un concept étranger qui générait la méfiance. Après tout, les services charitables et communautaires pour les sans-abri existaient depuis plus d'un siècle à Montréal, sans l'aide des fonctionnaires du gouvernement. Par tradition, chaque ressource était autonome, expérimentée et polyvalente, chacune avait «sa façon» d'aider «ses pauvres».

L'évolution de l'équipe du CLSC Centre-Ville depuis 1991 reflète les efforts engagés pour concrétiser une multitude de partenariats de travail entre divers réseaux parallèles selon les principes directeurs du programme d'action du Plan conjoint:

1. Respecter la dignité de l'individu.

2. Sortir la personne de l'itinérance.

3. Adapter les services aux besoins de la personne itinérante.

4. Mobiliser, dans un partenariat, toutes les ressources susceptibles d'améliorer la qualité de vie de la personne itinérante.

Les nouveaux «partenaires», la plupart subventionnés et réunis autour de la Table de liaison du Plan conjoint, étaient principalement le ministère de la Santé et des Services sociaux (MSSS), la Ville de Montréal, le RAPSIM, le CLSC Centre-Ville, Diogène, le Centre d'accueil Préfontaine, seize organismes communautaires dont six centres de jour, deux unités mobiles d'écoute et de référence, trois abris d'appoint (d'urgence), cinq centres d'hébergement-dépannage. L'unité spécialisée de dix lits, localisée dans un centre hospitalier, «pour répondre aux besoins de la clientèle itinérante multiproblématique présentant des problèmes spécifiques de maladie mentale et de toxicomanie», représentait la pierre angulaire du Plan conjoint.

La Table de liaison

Pour assurer la mise en application du Plan conjoint, une table de liaison est créée. Le directeur général du CLSC Centre-Ville assumait le leadership de la Table, qui attirait, dans les premières années, la participation active et régulière d'une grande variété de représentants des secteurs publics, privés et communautaires touchés directement ou indirectement par le phénomène appelé «l'itinérance»: le cabinet du ministre, les hôpitaux généraux et psychiatriques, le Service de police de la Communauté urbaine de Montréal (SPCUM), la Société de transport de la Communauté urbaine de Montréal (STCUM), le Conseil régional de la santé et des services sociaux du Montréal métropolitain

(CRSSSMM), le Département de santé communautaire (DSC) Saint-Luc, le Centre de référence du Grand Montréal, le Service de la Sécurité du revenu (Ville de Montréal), le Centre de recherche de l'hôpital Douglas, les Loisirs et Développement communautaire (Ville de Montréal), le Young Men's Christian Association du centre-ville (YMCA), le Projet ACCES du Conseil québécois de coordination sur le sida (CQCS), la Régie de l'assurance-maladie du Québec (RAMQ), le Regroupement des maisons de jeunes du Québec (RMJQ), le Centre d'amitié autochtone de Montréal, l'équipe Toxico-sida du Département de santé communautaire (DSC) Saint-Luc, l'Association des médecins psychiatres du Québec, le Conseil des itinérants du Montréal métropolitain, les Centres de protection de l'enfance et de la jeunesse (CPEJ) de Montréal, les seize organismes communautaires membres, un dentiste et une variété d'autres intéressés.

La Table de liaison a permis de développer, pendant ces premières années, un climat d'échange entre paliers de décision, de réflexion et d'intervention, permettant ainsi de reconnaître l'existence de certains problèmes chroniques dans les réseaux publics et communautaires. On peut aujourd'hui remettre en question l'efficacité d'un aussi grand nombre de personnes autour de la même table. Néanmoins, sur le plan symbolique, le Plan conjoint a réussi à rallier de nombreux acteurs qui jusque-là avaient toujours négligé l'importance de la concertation dans l'élaboration de stratégies pertinentes et efficaces. L'élaboration d'un protocole interministériel venait concrétiser le désir de collaboration et de concertation.

Plusieurs éléments du Plan ont considérablement influencé l'évolution de l'équipe Itinérance-*outreach* et, par conséquent, l'évolution des réseaux public et communautaire. Parmi les réalisations, il faut mentionner :

1. L'entente entre la Régie de l'assurance-maladie du Québec (RAMQ), le CLSC et quatre ressources communautaires pour que les personnes itinérantes sans adresse obtiennent une carte d'assurance-maladie.

2. L'association de l'équipe avec le ministère de la Main-d'œuvre et de la Sécurité du revenu pour faciliter aux personnes itinérantes certains services d'aide sociale.

3. L'aide financière par le ministère de la Santé et des Services sociaux et par la Ville de Montréal à la Mission Old Brewery dans son rôle d'hébergement d'appoint.

4. La collaboration de l'Association des médecins psychiatres du Québec et de la Fédération des médecins omnipraticiens du Québec (région de Montréal) dans la recherche de l'implication concrète de leurs membres.

5. L'aide financière de la Ville de Montréal aux centres de jour et aux unités mobiles.

6. Un poste d'infirmier ou d'infirmière accordé par le CQCS et rattaché à l'équipe du CLSC pour assister les personnes itinérantes séropositives.

7. Un prêt de service au CLSC par le réseau de réadaptation afin de rencontrer les besoins spécifiques des personnes itinérantes vivant avec un problème de déficience intellectuelle.

Toutes ces réalisations ont eu, à la longue, un impact significatif sur la pratique quotidienne de l'équipe et sur sa capacité de contribuer à la croissance du réseau.

L'équipe volante

Au cœur du Plan conjoint, les intervenants du CLSC (renforcés par l'ajout d'une infirmière avec un mandat «sida-itinérance») jouent un rôle pivot au sein d'une équipe volante élargie et composée d'une quinzaine d'intervenants de différentes disciplines: médecine générale, psychiatrie, toxicomanie, intervenants spécialisés en soins infirmiers et travail social, gestionnaires de cas. Tous ces intervenants sont censés travailler étroitement avec la future unité spécialisée localisée dans un centre hospitalier. La conférence de presse présentant cette équipe laisse l'impression à plusieurs que l'équipe volante de quinze spécialistes attendait à côté du téléphone du CLSC pour venir en aide aux personnes démunies de Montréal, selon un modèle semblable à celui d'Urgence Santé.

La réalité, bien sûr, était tout à fait autre. Durant les premières semaines, le travailleur social ou l'infirmière ont souvent été appelés en urgence auprès de nombreuses personnes vivant des problèmes chroniques d'alcoolisme de la rue et qui étaient déjà sur «la liste noire» des ressources du réseau. Les attentes étaient disproportionnées par rapport à la complexité des problématiques individuelles, d'une part, et des difficultés structurelles des réseaux impliqués, d'autre part. La grande difficulté de mettre en œuvre des réponses satisfaisantes dans un tel contexte a contribué à l'expression de frustration, d'incompréhension, de scepticisme chez plusieurs.

Pendant les premières années de son implantation, malgré «quelques bavures» et une variété de problèmes internes et externes qui resteront à jamais gravés dans la tradition orale du réseau, l'équipe est restée fidèle aux objectifs d'accessibilité du Plan conjoint. Tout en expérimentant une variété de façons de jouer leur rôle pivot au sein de l'équipe volante, les membres de l'équipe ont graduellement découvert une façon «collégiale» plutôt qu'«individualiste» de contribuer aux réseaux public et communautaire; le groupe a commencé à devenir une équipe. En restant fidèle aux personnes de la rue qui étaient soit réfractaires, soit grands consommateurs de services, l'équipe a intégré au réseau une approche complémentaire aux approches tradition-nelles. Cette approche nécessitait la collaboration et la concertation de plu-sieurs acteurs divers et c'est à travers elle que l'équipe a graduellement déve-loppé une expertise unique. Cette pratique a eu pour effet d'augmenter la confiance du réseau, d'encourager la co-intervention, de briser l'isolement de ces personnes ainsi que de leur offrir certaines options crédibles.

Malgré certaines tentatives de concertation et de collaboration, certains éléments prévus au Plan conjoint ne se sont jamais réalisés, comme l'unité spécialisée de dix lits auprès de la clientèle multiproblématique, qui était au cœur du Plan conjoint. Aujourd'hui, il nous est permis d'imaginer l'approche qui aurait été développée si ces trois éléments avaient été intégrés de façon cohérente dans les activités à l'origine de l'équipe volante.

CADRE DU TRAVAIL DE L'ÉQUIPE ITINÉRANCE-*OUTREACH* DU CLSC DES FAUBOURGS

Espace et temps

C'est le phénomène de l'itinérance qui définit en quelque sorte le lieu d'inter-vention de l'équipe d'*outreach*. On pense en particulier aux lieux fréquentés par les itinérants et à la configuration du réseau. Ainsi, l'équipe Itinérance est une équipe qui travaille dans la rue, dans les ressources, au CLSC, dans un espace non limité, très ouvert. Bien que le centre-ville, avec ses différentes ressources, en marque habituellement les balises, l'intervention de «repérage actif» amène les intervenants à se promener dans plusieurs coins du quartier fréquenté par les itinérants de façon prioritaire, dans les endroits où ils se réfugient et se cachent: sous les autoroutes, dans les espaces vacants, dans les tunnels, dans les édifices fermés ou en démolition, au niveau des bouches de chaleur, etc. Il s'agit donc d'un espace qui s'étire largement de l'ouest vers l'est, de la rue Atwater à la rue Iberville, en suivant le parcours de la rue Sainte-Catherine. D'autres itinérants suivront un parcours du sud au nord, allant des stations de métro Berri-UQAM à Henri-Bourassa, et vice versa. La plupart se contentent de dépasser légèrement l'avenue des Pins et reviennent vers le centre-ville et aux alentours des ressources bien connues: Mission Old Brewery, Accueil Bonneau, Maison du Père.

Dans cet espace variable mais délimité, la plupart des itinérants ne res-tent que pendant de courtes périodes; les autres s'installent de façon plus définitive, choisissant la rue comme un milieu de vie «stabilisé» et «stabili-sant». C'est pourquoi les intervenants se rendent chaque semaine dans les ressources où ils ont plus d'occasions de rencontrer ceux qui sont devenus les grands habitués. Une tournée plus vaste est accomplie une fois par semaine pour approcher et apprivoiser les plus solitaires, les plus retranchés dans les «espaces vitaux», les moins visibles et les moins accessibles. C'est un travail ardu, de longue durée, toujours à recommencer. Dans l'expérience de vie itinérante, le rapport au temps se transforme. Les heures se passent à rechercher et à trouver un endroit calme et sécuritaire pour la nuit suivante, à obtenir des repas pour la journée, à trouver un endroit pour passer la journée, au chaud si possible. Pour les rencontrer, l'équipe passe quelques matinées et soirées dans les lieux où ils se tiennent prioritairement.

En général, les après-midi se passent au CLSC pour accueillir et répondre aux différents besoins (biopsychosociaux) dans un lieu qui soit acceptable et familier, où les individus peuvent utiliser le téléphone, prendre une douche, faire les démarches pour retrouver leurs papiers et leurs cartes personnelles, recevoir de l'aide sociale et psychologique dont ils ont besoin, des dépannages occasionnels ou essentiels, le renouvellement de leur médication ou une première demande de traitement. Il y a peu de rendez-vous précis, plutôt un accueil chaleureux où le temps compte moins. Cette approche est importante et tient compte du fait qu'ils ne peuvent tout simplement pas se soumettre à des horaires fixes considérant l'éclatement de leur vie, la fragmentation de leurs besoins et des services offerts ou simplement le manque de repères temporels.

Ce qui fait la grande originalité et, en somme, l'expertise de l'équipe, c'est sa capacité d'activer et de mettre en lien simultanément des services de plusieurs réseaux différents au profil du client, tout en prenant soin de respecter les limites des intervenants et les mandats des établissements. Cette approche a permis d'accroître les compétences *empowerment* des diverses instances des réseaux public et communautaire, tout en évitant de créer un service parallèle ou encore la ghettoïsation des soins.

Dans le cadre du CLSC des Faubourgs, cette équipe travaille en combinant une approche intensive de dépistage proactif, de suivi dans le milieu et de gestion de cas. Un important travail de maillage permet l'accès à la fois au réseau de santé de même qu'à la majorité des organismes communautaires, œuvrant auprès de la clientèle. L'intervention thérapeutique y est complexe et mise sur une approche globale, biopsychosociale. L'équipe s'occupe également de l'enseignement, du soutien aux intervenants, du support aux activités de la vie quotidienne, du règlement des urgences, de la promotion de la santé. Les interventions en contexte occupent une part importante du travail des intervenants.

Constituée peu à peu en suivant l'évolution des besoins des clientèles du centre-ville et l'émergence des nouvelles clientèles, cette équipe multidisciplinaire se compose maintenant de trois intervenants psychosociaux, de trois infirmiers, de deux médecins, d'un psychiatre, d'un chef d'équipe administrateur, d'une secrétaire, de stagiaires en service social, en soins infirmiers, d'externes et de résidents en psychiatrie. Mais fait plus significatif encore, cette équipe fait partie d'un établissement du réseau public où les intervenants sont épaulés par d'autres professionnels de la santé qui sont intégrés dans le grand réseau de la santé et des services sociaux.

Le travail au sein de cette équipe exige une constance dans l'action, une forte solidarité, la reconnaissance des forces et de la contribution des uns et des autres. Ce travail suppose aussi un questionnement continuel sur son mode d'aide et de faire, une grande vigilance dans son fonctionnement quotidien. Bref, l'équipe recherche de nouveaux éclairages et demeure ainsi très vivante, rivée à un quotidien difficile, tout en tentant de s'en dégager suffisamment pour prendre de la distance et développer une approche autoévaluative de sa pratique.

Ces professionnels sont engagés auprès du «noyau dur» de l'itinérance : la clientèle récalcitrante et réfractaire, généralement laissée pour compte, présentant une panoplie de problèmes mentaux sévères, persistants, non traités, parfois non diagnostiqués ou n'ayant jamais eu de contact positif avec la psychiatrie, refusant d'emblée les soins. Ajoutons à cela les multiples problèmes de santé physique, les problématiques sociales lourdes, parfois de très longue durée et, de plus, les dépendances sévères à l'alcool, aux drogues dures, aux drogues de rue et, la plus récente, aux diverses formes de *gambling*.

Les principales approches de travail

Les membres de cette équipe sont des professionnels qui ont choisi de vivre le défi de l'Itinérance-*outreach*, qui ont atteint la maturité pour travailler en milieu ouvert, qui ont les compétences professionnelles pour faire face au stress et aux situations urgentes. S'ils peuvent être déchirés ou encore découragés de ne pas trouver la solution idéale, ils savent se ressourcer entre eux et à l'extérieur, trouver et donner le soutien nécessaire, laisser passer certaines tempêtes et rebondir avec plus d'énergie, de créativité et ainsi pouvoir s'offrir le soutien mutuel, basé sur la confiance que l'autre demeure là, n'abandonne pas et continue sa trajectoire avec le reste des membres de l'équipe.

Le dépistage proactif (outreach)

«L'équipe cherche d'abord à rejoindre l'autre là où il est…» C'est une étape très importante dans le travail régulier et quotidien de cette équipe et la seule possible, pour rencontrer sur le terrain les personnes marginales et en grand besoin. Chaque semaine, une ronde est donc faite dans les rues et dans tous les endroits où ont été aperçues des personnes itinérantes, démunies, au sujet desquelles on a reçu un signalement venant des ressources du réseau. Des tentatives pour rencontrer et apprivoiser ces personnes sont faites de maintes façons afin d'établir un lien qui permettra un début de contact plus positif et peut-être une prise en charge.

Une autre forme de dépistage proactif se fait à partir de la visite hebdomadaire dans dix ressources d'hébergement, soupes populaires, centres de jour, où l'équipe repère des patients potentiels, des personnes sans abri qui leur sont présentées par les équipes en place, personnes avec lesquelles ils tentent d'établir une liaison permettant, à la suite de ces rencontres, soit une évaluation médicale ou psychiatrique, soit un traitement, soit l'offre de l'aide sociale pour un début de prise en charge et de retour vers une vie plus normale.

Le dépistage et la liaison intérieure (inreach)

La liaison constitue une deuxième dimension du travail de l'équipe. L'entretien des contacts est primordial avec les institutions et à l'intérieur même du CLSC. À l'interne, il faut que l'équipe compte sur la collaboration d'autres intervenants du CLSC, qu'elle fasse comprendre constamment ses besoins, qu'elle gagne le respect et qu'elle fasse évoluer l'institution dans cette dynamique.

À l'extérieur, l'équipe recherche le partenariat (*inreach*) avec le réseau des urgences et des hôpitaux. Cette tâche n'est pas facile parce que ces ressources doivent composer avec un nombre considérable de demandes qui sont également complexes. Il y a parfois de nombreuses difficultés d'accès. Il faut donc ouvrir des portes, établir des liens, nourrir des relations, s'assurer que les patients reçoivent l'évaluation et les soins dont ils ont besoin, qu'on leur accorde suffisamment de temps pour mettre en place un traitement efficace dans le cadre duquel l'équipe pourra participer positivement à la réinsertion sociale des individus. Les difficultés sont nombreuses et donnent parfois l'impression d'un éternel recommencement, mais chaque expérience de collaboration efficace brise l'isolement des intervenants et rend la co-intervention plus acceptable entre divers réseaux.

Travail de liaison avec le milieu communautaire (travail réseau)

La communication avec les ressources du réseau reliées à l'itinérance à Montréal a grandi avec les années, ce qui a eu pour conséquence le développement d'un rôle de pivot assumé par l'équipe. En effet, elle sert maintenant de liaison avec plusieurs de ces ressources. Les communications sont nombreuses et de nature très diversifiée. Très ouverte à la collaboration, l'équipe partage son expertise, offre de l'information, participe aux consultations, donne du support et du soutien aux différentes ressources.

Autocritique et éthique

L'équipe est en processus continuel d'autocritique, de réflexion sur des questions éthiques auxquelles les intervenants sont confrontés dans leur travail. Par exemple, doit-on sortir contre son gré quelqu'un de son isolement, de sa passivité, de sa pauvreté? Le prive-t-on ainsi de sa liberté? Jusqu'où doit aller l'intervention? Peut-on baliser l'usage de la participation-contrainte? Quels en sont les enjeux du point de vue des clients, des intervenants, du réseau des ressources et, enfin, de la société tout entière? Quels sont les droits des personnes souffrant de maladie mentale, très réfractaires à tout traitement? Quelles sont les limites des droits de la personne? La relation d'aide se fait-elle avec trop d'acharnement? Jusqu'où tolérera-t-on une telle situation? Quand doit-on faire une ordonnance d'évaluation psychiatrique? Que fait-on avec les problèmes d'identité civile des patients qui n'en ont aucune? Jusqu'où doivent aller les recherches ou les démarches à cet égard? Quand doit-on mettre des limites à l'intervention? Quand dire non? À qui avouer son impuissance?

Défense des droits des personnes sans abri

L'équipe, à plusieurs occasions, s'est manifestée pour défendre les droits des sans-abri. Cette défense a pu prendre différentes formes: démarches auprès des agents de l'aide sociale, démarches pour retrouver les pièces d'identité, pour obtenir des médicaments gratuitement pour ceux qui ne peuvent se prévaloir de l'assurance-médicaments, défense de leurs besoins auprès des pharmaciens, demandes express auprès des compagnies pharmaceutiques, interventions auprès des agents de la Curatelle pour un arrimage urgent, défense d'un traitement, administration d'un budget, etc. Dans plusieurs de ces cas, il s'agit de faire reconnaître leur statut de citoyen, garant de droits, pour l'obtention de biens ou de services. Dans d'autres cas, la défense des intérêts du client a pris la forme de participation aux discussions de cas avec les équipes des urgences ou du service interne des hôpitaux pour défendre un point de vue, amener une meilleure planification de soins et de congé hospitalier ou encore obtenir une ordonnance d'évaluation psychiatrique urgente. Enfin, les membres de l'équipe acceptent aussi de participer à des conférences, à des colloques, à des entrevues médiatisées pour défendre les dossiers «chauds» et enrichir la réflexion sur les problématiques des sans-abri démunis et ainsi contribuer à la sensibilisation du milieu.

Formation et ressourcement

La formation continue sous différentes formes représente une activité intégrée au travail de l'équipe: journées d'étude, colloques, conférences dans leur domaine respectif et dans toute présentation reliée, de près ou de loin, à l'itinérance. La collaboration avec le Collectif de recherche sur l'itinérance, la pauvreté et l'exclusion sociale (CRI) demeure un point de ralliement stimulant.

Les visites en équipe à New York auprès des ressources diverses œuvrant pour les sans-abri, à Toronto et à Vancouver, ont permis des échanges professionnels dynamiques et révélateurs, un ressourcement et des thèmes de réflexion sur les stratégies quotidiennes. De même, la venue de stagiaires professionnels de diverses disciplines demeure une occasion d'échanges intenses et stimulants. Ces visites ont aussi permis de constater que le modèle montréalais n'avait rien à envier à ce qui se pratique ailleurs.

Publication et recherche

Bien que la recherche et la diffusion de connaissances sur nos pratiques s'avèrent des volets difficiles à assumer avec un quotidien aussi chargé, les membres de l'équipe ont contribué à différents projets avec le CRI et le Centre de recherche Fernand-Seguin. Certains ont collaboré à la publication de textes dans des revues. Ces exercices sont importants pour l'équipe. Ils font avancer les connaissances et obligent à des « mises à jour » des actions de l'équipe.

L'avenir

Les promesses anticipées du virage ambulatoire en santé avec les objectifs de partenariat, les transformations amorcées, les nouveaux budgets distribués, une meilleure répartition des ressources dans la communauté, une conscientisation et une sensibilisation plus poussée et plus raffinée des partenaires et décideurs reflètent les souhaits de l'équipe.

Bien que l'itinérance soit, avant tout, la conséquence d'une perte de rôle social vital, trop souvent, ce sont des causes individuelles qui sont avancées pour expliquer le phénomène. Pourtant, plusieurs autres facteurs participent aux dynamiques sociales qui génèrent les conditions qui mènent à l'itinérance. Ainsi, la pauvreté culturelle, la dépendance générationnelle, le chômage chronique, la baisse du pouvoir d'achat, la disparition des réseaux d'appartenance, l'inaccessibilité à un logement décent, la dévalorisation des compétences manuelles au profil des nouvelles technologies, le désengagement de l'État dans l'éducation publique, les décrochages de tous genres, la violence vécue par les enfants, la malnutrition, la judiciarisation répétée des personnes sans ressources, etc., sont des éléments souvent oubliés. Cette négation n'est pas sans conséquence; elle participe à la perception de la personne itinérante comme celle d'une personne ayant librement et délibérément choisi de vivre en marge de la société. Une telle image fait reposer toute la responsabilité sur les personnes elles-mêmes, évitant ainsi un examen des responsabilités collectives.

Cette compréhension du phénomène de l'itinérance affecte nécessairement les interventions, qu'elles s'adressent aux personnes à risque ou aux personnes itinérantes. Les interventions doivent être multisectorielles et, en ce sens, les équipes comme celle du CLSC des Faubourgs auront toujours leur place.

RÉFÉRENCES

CENTRE QUÉBÉCOIS DE COORDINATION SUR LE SIDA. 1991. *Rapport de consultation concernant la prévention des MTS et de l'infection VIH pour les années 1992 à 1995.* Gouvernement du Québec: ministère de la Santé et des Services sociaux.

COMITÉ AVISEUR. 1991. *Rapport du comité aviseur auprès du ministère de la Santé et des Services sociaux sur les personnes itinérantes, malades mentales et toxicomanes.* Montréal.

CONSEIL DES ITINÉRANT-ES DU MONTRÉAL MÉTROPOLITAIN. 1991. *Descendre dans la rue – l'itinérance: des pistes de solution.*

GOUVERNEMENT DU QUÉBEC. 1993. *Le phénomène de l'itinérance au Québec. Protocole interministériel.* Québec: ministère de la Santé et des Services sociaux.

MINISTERE DE LA SANTÉ ET DES SERVICES SOCIAUX ET VILLE DE MONTRÉAL. 1992. *Programme conjoint à l'intention des personnes itinérantes de Montréal.*

MINISTERE DE LA SANTÉ ET DES SERVICES SOCIAUX. 1991. *Personnes itinérantes à problèmes multiples: Marc-Yvan Côté annonce la mise sur pied d'une unité spécialisée.*

MINISTERE DE LA SANTÉ ET DES SERVICES SOCIAUX ET VILLE DE MONTRÉAL. 1990. *Programme d'action à l'intention des personnes itinérantes particulièrement celles qui fréquentent Dernier Recours Montréal.* Montréal.

THIBAUDEAU, M.-F. et H. DENONCOURT. «Nursing Practice in Outreach Clinics for the Homeless in Montreal». *In* M. Stewart (Ed.), *Community Nursing: Promoting Canadians' Health.* Toronto: Harcourt Brace, p. 443-460.

CHAPITRE 23

L'hébergement des jeunes mineurs en difficulté : une solution ?

par Shirley Roy, Jacques Rhéaume,
Marielle Rozier et Pierre Hétu

L'hébergement communautaire pour jeunes mineurs en difficulté constitue, dans le paysage social québécois, une forme d'aide distincte des organismes étatiques. Les maisons d'hébergement communautaires ont des philosophies d'intervention, des mandats d'action et des procédures de sélection qui varient de l'une à l'autre ; elles touchent des publics variés et quelquefois spécifiques.

C'est à partir d'une recherche effectuée au cours des trois dernières années[1] que nous nous sommes intéressés plus particulièrement à cette question. Dans le présent texte, nous nous interrogerons sur la place qu'occupent ces institutions sur l'échiquier des institutions sociales québécoises et nous tenterons de saisir le rôle spécifique qu'elles peuvent jouer auprès des jeunes en difficulté. En fait, nous tenterons de voir comment leur volonté d'aider les jeunes à une ré-insertion sociale et/ou familiale s'actualise. Les maisons d'hébergement communautaires sont-elles une alternative au réseau institutionnel ou occupent-elles une place laissée vacante dans le cadre des mesures étatiques ?

À partir de l'analyse des documents produits par les ressources, nous ferons ressortir les différents visages de l'hébergement communautaire et nous chercherons à repérer et à déterminer la spécificité de cette forme d'aide auprès des jeunes en difficulté.

L'HÉBERGEMENT COMMUNAUTAIRE...

Historiquement, les ressources d'hébergement communautaires pour jeunes en difficulté ont été développées comme solutions de rechange aux structures d'accueil institutionnelles prévues dans les lois (LPJ, LSSSS, LJC)[2] dont les

---

1. Roy *et al.*, 1998. *Jeunes en difficulté et contexte pluriethnique : l'intervention en maisons d'hébergement communautaires* ; UQAM, Rapport de recherche.

2. *Loi sur la protection de la jeunesse, Loi sur la santé et les services sociaux, Loi sur les jeunes contrevenants.*

foyers de groupe, les centres d'accueil et diverses mesures de placement obligatoire décrétées dans le cadre légal. En 1975, dans les travaux du Comité d'étude sur la réadaptation des enfants et des adolescents placés en Centre d'accueil, on évoquait la nécessité de créer des ressources d'hébergement plus souples et conviviales, du type «auberges» permettant d'accueillir des jeunes vivant des difficultés certaines mais dont les besoins nécessitaient davantage un accompagnement qu'un contrôle strict des agissements (rapport Batshaw, 1975).

Les ressources qui nous intéressent ici sont issues de ces réaménagements, répondent au statut d'organisme sans but lucratif (OSBL) et sont régies par la troisième partie de la Loi civile sur les compagnies. Leurs mandats et philosophies d'intervention sont définis par les membres et le financement fait appel à des fonds privés, à des campagnes de financement locales, à Centraide et à la contribution financière des parents des jeunes hébergés. Ces organismes ne font donc pas partie de ce que l'on nomme le réseau institutionnel étatique régi et financé entièrement par l'État[3], mais ils ne sont pas non plus complètement indépendants de celui-ci. En effet, les maisons d'hébergement communautaires bénéficient de soutiens financiers publics, dont celui du ministère de la Santé et des Services sociaux et des Régies régionales, dans le cadre de mandats spéciaux, en touchant des jeunes dont la situation ne requiert pas un placement institutionnel contraignant. Ces jeunes sont référés par les CLSC, les Centres jeunesse, le Service aux réfugiés, etc.

Pour les besoins de notre recherche, et en raison de son histoire, nous avons appliqué quatre critères permettant de sélectionner les lieux auprès desquels nous allions recueillir nos données. Les organismes devaient: 1) être résolument communautaires, c'est-à-dire correspondre aux caractéristiques légales de ce type d'institution et se reconnaître dans cette appellation; 2) offrir principalement de l'hébergement; 3) recevoir des jeunes mineurs (moins de 18 ans) de manière exclusive ou en conjonction avec une clientèle majeure[4]; 4) être situés dans la grande région de Montréal[5]. L'ensemble de

---

3. Tels les centres d'accueil, les foyers de groupe institutionnels, les foyers de groupe relevant des centres d'accueil, les foyers de groupe de réhabilitation pour jeunes toxicomanes, etc.

4. Il était essentiel de constituer un groupe homogène, car l'âge est un facteur clé dans la compréhension des questions liées au placement. Un ensemble de lois (LPJ, LJC, LSSS) créent de conditions spécifiques d'intervention quand il s'agit de jeunes mineurs vivant des difficultés, ce qui n'est plus le cas quand ils ont atteint l'âge de la majorité.

5. Même si le phénomène des jeunes en difficulté n'est pas un phénomène uniquement urbain, la concentration et la variété des ressources disponibles nous ont assuré une grande diversité de situations existantes. De plus, les conditions de faisabilité en étaient grandement assurées.

ces critères se sont avérés particulièrement discriminants et leur application nous a permis de constituer une liste de huit organismes : AMBCAL (Pointe-Claire), L'Envoléc (Sainte-Rose, Laval), Odyssée (quartier La Petite Patrie), Transit-Jeunesse (quartier Centre-Sud)[6], l'Antre-Temps (Longueuil), Passages (centre-ville), Ressources Jeunesse de Saint-Laurent (Ville Saint-Laurent), Service d'hébergement St-Denis (quartier Rosemont)[7]. Ainsi, tout au long de notre texte, nos données, commentaires et analyses s'appuieront sur les données relatives à ces ressources.

...POUR JEUNES EN DIFFICULTÉ

Les profondes transformations sociales créent des remous importants. La grande majorité des jeunes et leur famille développent de nouveaux rapports à travers des manières différentes de vivre. Ils trouvent des modes de régulation des crises et arrivent à maintenir des rapports harmonieux. Une minorité de jeunes et de parents, cependant, font les frais de ces changements et se retrouvent en crise ; les jeunes vivent alors des difficultés, voire des ruptures, qui nécessiteront de l'aide extérieure.

L'expression «jeunes en difficulté» renvoie à de multiples définitions autant qu'elle relève du sens commun. Les jeunes de notre étude ne sont pas associés à des activités délinquantes, ils ne sont pas des jeunes contrevenants ou en processus de judiciarisation (Hanigan, 1990). Il ne s'agit pas, non plus, de jeunes de la rue sans domicile et ayant rompu toute attache avec la famille et l'école.

Les jeunes accueillis dans les maisons d'hébergement vivent une variété de difficultés. Nous inspirant du découpage proposé par Bouchard (1991, 8), nous pouvons retenir deux ordres de difficultés touchant les jeunes. D'une part, les difficultés peuvent prendre leur source dans les comportements des adultes : ceux dirigés contre les jeunes et qui concernent les différentes formes d'abus et de négligence (violence physique, psychologique, rapports incestueux, abandon d'un enfant, etc.) ; ceux qui, sans être dirigés contre les enfants, ont directement des conséquences sur eux (problèmes de santé mentale, consommation de drogue, d'alcool, multiples déménagements, divorce, etc.). D'autre part, il y a les comportements vécus par les jeunes et qui sont reliés à des conduites de retrait (abandon scolaire, itinérance, fugue), d'autodestruction (mutilations, consommation de drogue et d'alcool, suicide, prostitution) ou de transgression de certaines lois ou règlements (actions illicites et non délinquantes).

---

6. Ces quatre ressources ne reçoivent que des jeunes mineurs.

7. Ces quatre ressources accueillent à la fois des mineurs et des majeurs et dans ce cas nous n'avons retenu que les données concernant les jeunes mineurs pour notre analyse.

Les jeunes hébergés[8] vivent en dehors de leur famille pour une période plus ou moins longue et rencontrent une ou plusieurs des difficultés énumérées. Ces difficultés sont importantes et n'ont pas pu trouver de solutions dans les instances de négociation familiale ou scolaire qui assument généralement cette tâche. Par ailleurs, ces difficultés ne sont pas importantes au point de nécessiter un recours à des mesures légales (LJC ou LPJ) plus coercitives, comme le placement obligatoire en centre d'accueil.

LES VISAGES DE L'HÉBERGEMENT COMMUNAUTAIRE

Les huit maisons d'hébergement communautaires participant à notre recherche ne constituent pas un réseau en tant que tel et ne présentent pas un cadre formel, comme c'est le cas de l'hébergement étatique. Cela dit, elles partagent une philosophie d'intervention dans un cadre organisationnel similaire de type communautaire et elles présentent des particularités en ce qui concerne certains mandats ou des caractéristiques de leurs clientèles. Nous avons retenu ici les éléments les plus marquants[9] qui nous serviront de base, dans la prochaine section, à la discussion sur le sens et la place occupée par l'hébergement communautaire dans l'ensemble des ressources destinées aux jeunes en difficulté.

UNE RÉPARTITION INÉGALE DES JEUNES

Il importe de souligner, à présent, la répartition inégale des jeunes entre les ressources[10], et ce, pour des raisons fort diverses: la proximité des maisons d'hébergement avec le lieu d'habitation des jeunes, la spécificité de certains mandats, les différents services et les modes d'intervention privilégiés par chacune. Les jeunes n'ayant pas tous les mêmes besoins, ils sont référés ou se présentent dans des ressources qui répondront effectivement à leurs demandes. Ainsi, notons que quatre ressources ont hébergé 256 des 350 jeunes, soit près des trois quarts (L'Envolée, Service d'hébergement St-Denis, Odyssée et l'Antre-Temps). Les quatre autres maisons ont reçu les 26,9 % restant. Notons

---

8. Les maisons d'hébergement communautaires concernées dans notre recherche ont reçu, entre le 1er mars 1995 et le 29 février 1996, 350 jeunes mineurs âgés entre 13 et 17 ans, l'âge moyen étant de 15,7 ans. Les garçons représentent 57 % des jeunes et les filles, 42 %. Les jeunes fréquentent l'école à 63 %, tandis que seulement 15 % d'entre eux ont un travail rémunéré au moment de leur arrivée dans les ressources. Les jeunes sont québécois à 77 % et 23 % sont des immigrants récents.

9. Pour effectuer notre analyse, nous avons étudié les documents internes des ressources: bilans annuels, codes de vie, documents traitant des philosophies et modes d'intervention, du fonctionnement et de la vie à la ressource (Morency, 1997.)

10. Pour une analyse détaillée des données, voir, Roy *et al.*, 1998, *op.cit.*, chapitre 4. p. 70-80.

que, parmi ces ressources, deux d'entre elles accueillent principalement des personnes majeures, ce qui constitue plus de 80% de leur clientèle régulière (Ressources Jeunesse de Saint-Laurent et Passages); une des ressources a un mandat d'hébergement à long terme (Transit-Jeunesse) et une autre reçoit des jeunes provenant essentiellement du réseau scolaire (AMBCAL).

RÉINSERTION SOCIALE OU FAMILIALE

L'énoncé des orientations ou de la philosophie des maisons d'hébergement présente des variations autour de deux pôles: d'une part, préparer le jeune à se prendre en main dans la société en poursuivant des études, en travaillant, en vivant de façon autonome; d'autre part, soutenir le jeune dans une démarche négociée de retour dans sa famille. L'âge, le type de clientèle, les mandats spécifiques des maisons vont expliquer en grande partie ces accents contrastés.

AMBCAL et L'Envolée, par exemple, affirment très explicitement vouloir jouer un rôle de médiation familles-jeunes ou de réinsertion familiale. Ils reçoivent les clientèles les plus jeunes, soit majoritairement des jeunes entre 13 et 15 ans. Pour AMBCAL, ils doivent obligatoirement fréquenter l'école.

Par contraste, Passages accueille des jeunes filles prostituées et veut les soutenir et les accompagner dans leur projet individuel de se reprendre en main et d'assurer une vie plus autonome, moins dangereuse, plus satisfaisante dans la société. Le lien avec la famille est, dans la plupart des cas, beaucoup plus difficile, voire impossible et non souhaité.

Les autres maisons peuvent être situées plus ou moins loin de l'un ou l'autre pôle ou entre les deux: l'Antre-Temps, Ressources Jeunesse Saint-Laurent et Transit-Jeunesse, dans la mesure où on y retrouve des jeunes un peu plus âgés ou venant de la rue, sont plus proches de préoccupations concernant la réinsertion sociale; le Service d'hébergement St-Denis insiste davantage sur des objectifs d'autonomisation; la maison Odyssée, pour sa part, situe ses orientations autour des deux pôles.

UNE APPROCHE «HUMANISTE» COMMUNE

Malgré les variantes autour de la réinsertion familiale ou sociale, des mots-clés reviennent dans tous les documents des maisons d'hébergement: développer l'autonomie et la responsabilité individuelles; favoriser un fonctionnement interpersonnel harmonieux; favoriser l'initiative et l'engagement à l'école ou au travail; rendre le jeune conscient de son propre fonctionnement; apprendre à se fixer des objectifs et les respecter; retrouver une sécurité affective et environnementale. Ainsi, que les jeunes soient appelés à retourner dans leur famille ou à se débrouiller seuls dans la société, on retrouve la même préoccupation: développer des compétences et des habiletés personnelles et collectives. Évidemment, selon les ressources, les modes d'intervention concrets varient, mais celles-ci s'appuient sur une même philosophie de développement de la personne.

Une adhésion volontaire

Les filières empruntées pour arriver à une maison d'hébergement sont diverses et variées[11]. Plusieurs jeunes y viennent par le chemin des mesures «étatiques» dites volontaires, à la suite d'un signalement dans le cadre de la Loi de la protection de la jeunesse (LPJ) ou après une recommandation de placement en lien avec la Loi sur la santé et les services sociaux (LSSSS). Certains jeunes, au contraire, viennent directement du milieu familial à la suite d'une démarche des parents ou d'organismes communautaires œuvrant auprès des jeunes ou encore de leur propre initiative. Enfin, une minorité de jeunes est référée par le Service d'Aide aux Réfugiés et aux Immigrants du Montréal Métropolitain (SARIMM).

Peu importe la filière par laquelle les jeunes arrivent, la condition essentielle est que le placement soit accepté et/ou souhaité par le jeune, les parents ou le tuteur. Le principe de base est l'adhésion volontaire du jeune et il se traduit par ce qu'il est convenu d'appeler le contrat d'hébergement établi au moment de la première rencontre ou du premier contact téléphonique. L'objectif sera d'établir les conditions optimales de ce choix. Un contrat psychologique, plus ou moins explicite, est défini entre le jeune et la direction de la maison d'hébergement. Il peut inclure des informations écrites ou verbales sur les conditions du séjour, l'établissement d'objectifs, des entrevues d'évaluation en cours de séjour, etc.

Selon les intervenants, le caractère volontaire d'acceptation des conditions d'hébergement constitue la différence majeure avec un placement institutionnel requis par la cour ou l'équivalent. Conséquemment, le bris des conditions de ce contrat peut éventuellement mettre fin à l'hébergement. Notons que dans certaines maisons (AMBCAL et L'Envolée, par exemple), le contrat initial nécessite directement l'accord des parents ou de la famille du jeune. Dans les autres ressources, le lien avec la famille passe par d'autres intermédiaires: travailleurs sociaux de CLSC ou de CPEJ.

Des durées variables

D'une ressource à l'autre, les durées de séjour varient énormément: des soixante jours maximum chez AMBCAL, par exemple, aux cas d'héberge-

---

11. Pour une analyse plus en profondeur des procédures et mécanismes en jeu, voir Roy *et al.* (1998), Morency (1997) et Christiane Bélanger (1997), *Jeunes en difficulté: histoire de leurs placements et déplacements*, UQAM.

ment longue durée de deux ans dans le cas de Transit-Jeunesse. Devant de si grands écarts, il est difficile de parler de durée moyenne de séjour. Cependant, la durée la plus fréquente (le mode) se situe à environ trois mois, quand on enlève les cas des jeunes ne séjournant que quelques jours dans le cadre de mesures d'urgence ou dans une situation d'évaluation de dossier. Dans tous les cas, il s'agit bien d'hébergement temporaire de courte durée.

Cette réalité apparaît dans l'appellation même des maisons d'hébergement. En effet, pour une partie d'entre elles, les dénominations suggèrent diverses images de transition : L'Antre-Temps, L'Envolée, Odyssée, Passages, Transit-Jeunesse[12].

LE CADRE DE VIE

Les conditions de vie à la maison d'hébergement et le type d'aide proposé sont clairement définis dans les textes officiels : une aide personnalisée dans un cadre de vie collective accueillant de huit à quatorze jeunes. Sous des formes différentes, une aide individuelle est offerte à chaque jeune, mais la dimension importante de la relation se fait à travers un apprentissage de groupe dans la vie quotidienne, auquel peuvent s'ajouter, dans certains cas, des activités telles des formations ou des thérapies collectives. L'encadrement des jeunes sera plus ou moins structuré et précisé, selon les maisons d'hébergement.

Toutes les maisons ont défini un « code de vie » qui fixe les normes individuelles et collectives à adopter, une sorte de modèle de conduite que tous doivent respecter dans la vie quotidienne. Cela concerne aussi bien les horaires que les règles de fonctionnement.

Les activités entre les repas, durant la soirée et avant les couchers constituent des moments importants d'intervention. Le repas du soir permet aux jeunes de faire connaissance, de s'exprimer et de discuter, d'aborder des questions plus ou moins sérieuses. Quant à la soirée, elle est l'occasion de plusieurs activités mettant en cause le choix et la responsabilité des jeunes : devoirs, leçons, sorties, loisirs. Elle est souvent le temps choisi pour la supervision individuelle ou la relation d'aide ou c'est l'occasion d'activités de formation en groupe ou de croissance personnelle. Certaines maisons exigent la participation quotidienne aux soupers ou à des travaux domestiques (ménage, vaisselle, lavage), d'autres sont plus souples ; certaines exigent un temps d'études si le jeune est à l'école ou la recherche d'un travail s'il ne fréquente plus

---

12. Ce n'est pas le cas des trois autres maisons, qui ont une dénomination plus descriptive (Service d'hébergement, Ressources Jeunesse) tout en désignant des lieux géographiques : St-Denis, St-Laurent ou At My Bay Community Action League (AMBCAL).

l'école; certaines maisons contrôlent le nombre d'appels téléphoniques effectués par les jeunes ou les différentes sorties en imposant des heures de rentrée différentes selon les âges ou les jours de la semaine.

À ces éléments plus quotidiens s'ajoute un ensemble de règles de fonctionnement qui constituent de véritables prescriptions. En effet, les maisons d'hébergement ont adopté divers règlements qui régissent les relations entre les individus et renvoient aux comportement valorisés socialement. Les comportements violents ne sont pas tolérés. Il peut se produire des «chicanes» ou des manifestations émotives, mais elles doivent être vite maîtrisées et vécues «raisonnablement» dans le «respect» des autres. L'alcool et les autres drogues sont interdits dans le lieu de l'hébergement. Si une certaine tolérance peut être exercée en cas de consommation externe, c'est là aussi un motif de renvoi, s'il y a abus. Quant aux vols ou bris d'équipements, ils font l'objet de sanctions et des «explications» peuvent être exigées à l'occasion de réunions réunissant les résidents. Enfin, les relations d'intimité et les rapports sexuels ne sont pas permis dans les maisons d'hébergement[13]. Cette règle s'applique évidemment aux relations entre le personnel et les jeunes et ceci fait partie des règles éthiques de l'intervention.

Quant au plan plus individualisé d'intervention, chaque jeune en bénéficie, même si cela prend diverses formes d'une maison d'hébergement à l'autre. Dans certaines maisons d'hébergement, on adoptera un «suivi par objectifs» où le jeune est appelé à formuler ses propres buts à atteindre, à réaliser des activités ou à accomplir certaines démarches. L'évaluation se fait quotidiennement ou hebdomadairement, de manière rigoureuse ou plus souple, selon les maisons. Dans d'autres ressources, on privilégie des modèles spécifiques comme l'approche systémique familiale (AMBCAL) ou la thérapie de la réalité (Service d'hébergement St-Denis), pour prendre deux exemples. Cela dit, toutes partagent une conception pragmatique de l'aide en orientant le jeune vers des choses précises à faire et en veillant à ce qu'il respecte ses engagements.

L'HÉBERGEMENT COMMUNAUTAIRE : LE CHAÎNON MANQUANT

Depuis plus de trente ans, l'État-providence québécois a développé, comme on le sait, de nombreux services et adopté diverses législations qui visent à

---

13. Dans six des huit maisons d'hébergement, les jeunes des deux sexes sont présents, quoique dans des proportions très variables. Dans trois maisons, on observe à peu près la moitié de garçons et la moitié de filles (L'Envolée, Service d'hébergement St-Denis et AMBCAL), dans trois autres ressources, la proportion des garçons atteint plus de 70 % (L'Antre-temps, Odyssée, Ressources Jeunesse de St-Laurent). Enfin, deux ressources ne reçoivent que des filles (Passages et Transit-Jeunesse).

assurer protection et sécurité aux jeunes en difficulté. Depuis plus de trois décennies, l'État intervient comme instance protectrice, médiatrice, ou se substitue à des familles ou à des parents défaillants ou absents. Ce rôle social de «providence» est évidemment lié à la conjoncture sociale changeante qui affecte plus particulièrement les fonctions familiales. Au Québec, l'hébergement social, institutionnel ou communautaire est la solution radicale retenue devant l'impossibilité du réseau familial d'offrir ce soutien, ou quand le jeune est exclu ou rejette cette forme de soutien. Dans tous les cas, le placement en hébergement consacre une rupture plus ou moins profonde avec la famille, son éloignement physique ou psychologique pour une période plus ou moins longue.

Parmi la panoplie des solutions d'hébergement proposées par l'État, les maisons d'hébergement communautaires occupent sans conteste une place spécifique. Ceci ne signifie pas qu'elles puissent se substituer aux institutions étatiques ; elles en seraient davantage un complément indispensable et novateur. Les caractéristiques de la clientèle reçue en constituent un élément important. En fait, comme nous l'avons évoqué plus haut dans ce texte, les jeunes hébergés ne sont ni des jeunes contrevenants, ni des jeunes de la rue, ni des «cas lourds», pour reprendre une expression du milieu. Les difficultés rencontrées sont importantes et nécessitent une intervention de type «médiation», et les jeunes et leurs familles consentent à demander ou à recevoir de l'aide ; ils demandent ou acceptent l'hébergement comme une solution potentielle à leurs difficultés. Cet élément est central dans l'analyse des maisons d'hébergement, car il conditionne à la fois le type de clientèle reçu et les conditions objectives dans lesquelles pourra se dérouler l'intervention. Cet élément est fondamentalement différent des institutions étatiques où le placement est généralement ordonné par la cour et le consentement des parents et des jeunes n'est pas requis.

Le modèle d'aide développé dans les maisons d'hébergement est intéressant et révélateur. Bien qu'il repose sur le développement de la personne, souhaitant la rendre autonome et responsable, le travail effectué en maison d'hébergement est fortement marqué par la prédominance d'un cadre de vie substitutif à la famille «normale» fondée sur une morale et une éthique correspondantes : on y retrouve des règles semblables quant au respect de l'autorité, à l'éthique dans le partage des tâches, à la non-violence entre résidents, au contrôle des sorties ; on y promulgue le sens du devoir, à l'école et au travail ; on y régit les rapports sexuels. Ce modèle normatif, plutôt classique et associé à la famille nucléaire telle que nous la connaissons en Amérique du Nord, s'explique en grande partie par le fait que la clientèle hébergée est mineure et que le référent principal de l'adolescence dans nos sociétés est la famille. Les maisons d'hébergement et les intervenants qui y travaillent en sont fortement imprégnés et reproduisent, malgré des variantes importantes, l'essentiel de son fonctionnement.

Pourtant, le modèle proposé est malgré tout original dans le sens où un espace d'autonomie relative est ouvert par le cadre communautaire en permettant une adhésion plus consentie au modèle dit «familial». Il s'agit d'un cadre plus collectif, réunissant une communauté de pairs, donc moins parental, plus volontaire aussi. C'est comme si l'espace communautaire servait ici non pas d'expérimentation radicale de nouveaux modèles identitaires mais de nouvel essai, dans des conditions autres, du modèle familial et social qui aurait dû être celui du milieu familial ou social antérieur. À travers la stabilité résidentielle et l'investissement dans des relations qui peuvent s'avérer significatives en termes de figures parentales (représentées par les intervenants), les jeunes reprennent le processus de socialisation là où il a été malencontreusement suspendu ou là où il faisait défaut.

Cela dit, il serait intéressant que les maisons d'hébergement se questionnent sur cette «mission», implicite pour beaucoup, de «rééduquer» les jeunes en reprenant ou en corrigeant certains apprentissages manqués sur le plan familial. Et la question se pose alors: voudrait-on le faire, dispose-t-on des ressources matérielles et humaines et surtout du temps (quelques mois d'hébergement) pour faire un tel travail? La référence plus ou moins implicite au modèle familial classique comme horizon de l'intervention, ses normes, ses valeurs, pourrait constituer un choix de continuité entre l'expérience familiale acquise par les jeunes et une insertion sociale en devenir. Le caractère communautaire du passage à la maison d'hébergement introduirait moins d'écart de rupture par rapport au modèle familial dominant ou perçu comme tel. Il reste que ces implications normatives gagneraient à faire l'objet de débats et à être plus explicitement élaborées au point de vue des orientations et pratiques des maisons d'hébergement. Ceci amènerait peut-être à relativiser la référence à un seul modèle familial.

Quelle serait donc la spécificité des maisons d'hébergement communautaires dans le paysage québécois? L'analyse que nous venons d'effectuer quant au cadre organisationnel et institutionnel des maisons d'hébergement nous amène à considérer leur position comme étant à la périphérie des institutions étatiques tout en étant également un élément important et unique dans l'ensemble des structures d'accueil pour les jeunes. Elles constituent une sorte de «chaînon manquant» entre le jeune et la famille et le jeune et la société. Les maisons d'hébergement communautaires sont aussi une sorte d'espace intermédiaire de stabilisation et de socialisation secondaire permettant la consolidation ou le redéploiement de liens sociaux et familiaux temporairement rompus.

Que ce soit dans la famille ou dans une institution, l'espace habité est investi affectivement et symboliquement (Bonetti, 1994). Pour tout jeune en développement, il s'agit d'un espace matériel et symbolique qui devient un lieu fixe répondant aux besoins de base (un lit chaud, des repas, un lieu où se sentir en sécurité), un lieu qui constitue un ancrage et une référence à des modèles normatifs et relationnels précis, essentiels à son insertion sociale autant qu'à son développement psychosocial d'adolescent. Pour un jeune en difficulté, le recours à une forme d'hébergement communautaire repose sur un mode d'investissement similaire. En plus de lui assurer un lieu physiquement stable, l'hébergement communautaire devient le point à partir duquel il lui sera possible de reconstruire des liens sociaux et familiaux déficients ou en crise. Le cadre est alors celui d'un espace social délimité, sécuritaire et supportant, fondé sur une liberté relative et volontairement choisi. En ce sens, les maisons d'hébergement communautaires occupent un espace social essentiel contribuant à aider les jeunes en difficulté à réaliser les réaménagements nécessaires dans leur vie sociale, affective et familiale.

RÉFÉRENCES

BATSHAW, M.G. *et al.* (1975). *Rapport du comité d'étude sur la réadaptation des enfants et des adolescents placés en centre d'accueil (version abrégée).* Québec : ministère des Affaires sociales, 174 p.

BERNIER, L. (1997). Les relations sociales. *In* M. Gauthier, L. Bernier, F. Bédard-Hô, L. Dubois, J.-L. Paré et A. Roberge (Sous la dir. de), *Les 15-19 ans. Quel présent ? Vers quel avenir ?* (p. 39-63). Québec : Les Presses de l'Université Laval, Institut québécois de recherche sur la culture.

BONETTI, M. (1994). *Habiter. Le bricolage imaginaire de l'espace.* Paris : Hommes et perspectives/EPI, coll. Reconnaissances.

BOUCHARD, C. (1991). *Un Québec fou de ses enfants : rapport du Groupe de travail pour les jeunes.* Québec : ministère de la Santé et des Services sociaux, 179 p.

CARRIER, G., S. BEAUDOIN avec la collaboration de L. Camiré. (1993). *Les déplacements d'enfants dans le réseau des ressources d'accueil.* Québec : Université Laval et Association des Centres jeunesse du Québec : Centre de recherche sur les services communautaires.

CÉLIER, P. (1991). Quand une société jette sa jeunesse à la rue. *Santé mentale au Québec, 9* (2), 154-158.

COMMISSION DE PROTECTION DES DROITS DE LA JEUNESSE DU QUÉBEC ET L'ASSOCIATION DES CENTRES D'ACCUEIL DU QUÉBEC. (1982). *Profil pluraliste des jeunes en difficulté d'adaptation suivi par les centres de réadaptation.*

CÔTÉ, M.-M. (1991). *Les jeunes de la rue*. Montréal : Liber.

FORTIER, J. et S. ROY. (1996). Les jeunes de la rue et l'intervention : quelques repères théoriques. *Cahiers de recherche sociologique*, 27, 127-146.

FOURNIER, L., I. LAURIN, J. TOUPIN, J. GAUDREAU et K. FROHLICH. (1996). Les adolescents. *In* L. Fournier et C. Mercier (Sous la dir. de), *L'itinérance selon la documentation scientifique* (p. 119-135). Montréal : Centre de recherche Philippe Pinel.

GALLAND, O. (1996). Les jeunes et l'exclusion. *In* S. Paugam (sous la dir. de), *L'exclusion. L'état des savoirs*. Paris : Éditions de la Découverte.

GAUTHIER, M., L. BERNIER, F. BÉDARD-HO, L. DUBOIS, J.-L. PARÉ et A. ROBERGE (Sous la dir. de) (1997). *Les 15-19 ans. Quel présent? Quel avenir?* Québec : Institut québécois de recherche sur la culture. Les Presses de l'Université Laval.

GAUTHIER, M. (1994). *Une société sans les jeunes?* Québec : Institut québécois de recherche sur la culture.

HANIGAN, P. (1990). *La jeunesse en difficulté. Comprendre pour mieux intervenir*. Sillery : Presses de l'Université du Québec.

LAPLANTE, S. (1998). *Les jeunes en difficulté vivant en hébergement communautaire : des histoires complexes et des problèmes variés*. Mémoire de maîtrise en intervention sociale, Université du Québec à Montréal, Montréal.

MALEWSKA-PEYRE, H. (1988). Les stratégies identitaires des jeunes. *In* Malewska-Peyre et Gachon (Sous la dir. de), *Le travail social et les enfants de migrants* (p. 205-222). Paris : Ciemi.

PARAZELLI, M. (1997). *Pratiques de socialisation marginalisées et espace urbain : le cas des jeunes de la rue à Montréal (1985-1995)*. Thèse de doctorat en études urbaines, Université du Québec à Montréal, Montréal.

ROZIER, M., S. ROY et P. LANGLOIS. (1998). Les interventions des centres de jour : les pratiques diversifiées d'un modèle spécifique d'accompagnement social. *Nouvelles pratiques sociales*, 11 (1), 99-113.

CHAPITRE 24

Les mesures de réduction des méfaits : entre cadre pénal et pratiques d'intervention

par Marielle Rozier et Valérie Vanasse

Est-il nécessaire de rappeler que la consommation de drogue a toujours existé ? Cependant, elle a donné lieu à des traitements différents selon les cultures et les époques. Depuis près d'un siècle, la consommation de drogue est considérée comme un problème social et a donc entraîné un mode spécifique de gestion des populations toxicomanes tant sur le plan de la santé publique que sur le plan de la sécurité publique. Ainsi, en Amérique du Nord, des lois interdisent le trafic et l'usage des certaines drogues. On pénalise usagers et trafiquants indifféremment et l'on met en place une prise en charge par le système judiciaire, pénal et médico-social, ce qui contribue à faire de la consommation de psychotropes un objet de forte désapprobation sociale et, par le fait même, stigmatise les personnes concernées.

La propagation inquiétante du VIH/sida parmi les usagers de drogue est devenue, dans les années 1980, une préoccupation majeure de santé publique et une nouvelle façon d'aborder la question de l'aide à apporter aux personnes toxicomanes s'est répandue. On peut dire que l'approche novatrice de la réduction des méfaits comme modèle et stratégie d'intervention a entraîné un changement paradigmatique dans la façon de concevoir l'aide aux personnes toxicomanes.

Dans cet article, nous nous proposons d'entamer une réflexion critique sur les enjeux actuels soulevés par l'application d'une politique de réduction des méfaits dans le contexte canadien de pénalisation de ces mêmes pratiques. Les deux premières sections nous permettront de situer l'apparition de l'approche de réduction des méfaits en perspective avec un bref rappel historique du problème de la toxicomanie comme construit social. Nous préciserons alors ce que l'on entend par réduction des méfaits et quelles pratiques y sont associées. Nous nous attarderons ensuite à relever certains des enjeux de cette approche dans le cadre pénal actuel et nous terminerons par un questionnement lié aux défis éthiques soulevés sur le plan de l'intervention.

TOXICOMANIE : ENTRE TOLÉRANCE ET STIGMATISATION

La consommation de psychotropes n'a pas toujours été perçue comme un problème social. C'est seulement au 19ᵉ siècle que de nouvelles conditions sont venues modifier la perception sociale par rapport à l'usage de certaines substances. Ce qui peut apparaître comme une hausse des consommateurs de psychotropes pourrait en fait n'être qu'un déplacement de ces pratiques vers des populations qui inquiètent davantage sur le plan du maintien de l'ordre social. Cette augmentation du nombre des consommateurs a alors été perçue comme une menace à la productivité et à la cohésion sociale. Ce phénomène a engendré, dès le début du 20ᵉ siècle, un contrôle législatif interdisant l'usage de certaines drogues. La prohibition a entraîné alors de nombreux effets pervers et introduit de nouveaux modes de consommation qui sont devenus moins sécuritaires que les formes précédentes d'absorption. Selon Mino (1996), lorsqu'on contrôle la qualité et le dosage des produits, les modes traditionnels de consommation (élixir à base de cocaïne, feuille de cocaïne à mâcher) ont comme seule conséquence d'engendrer la dépendance. La multitude d'effets négatifs, tant sur le plan social (criminalité : vol ; prostitution ; coûts des soins de santé, etc.) qu'individuel (problèmes de santé, mort par surdose, suicide, etc.) sont attribuables en grande partie aux conditions dans lesquelles s'inscrit l'usage et qui découlent du contexte prohibitionniste. D'ailleurs, le constat de dépendance au 19ᵉ siècle n'avait pas instauré au départ moralisation, rejet et stigmatisation des usagers :

> Les employés n'étaient pas congédiés pour dépendance. Les femmes ne divorçaient pas de leur mari parce qu'il était accro pas plus que les hommes ne laissaient leur femme parce qu'elle était narcomane [...]. Ainsi, le 19ᵉ siècle a su éviter un des effets les plus désastreux des lois et attitudes actuelles à l'endroit des narcotiques – développement d'une sous-culture de narcomanes délinquants, coupés de la société respectable et sans moyens de réinsertion au sein de cette société (Brecher, 1972 : 6-7 *in* Brisson, 1997, p. 14).

Cette période de tolérance sociale vis-à-vis des drogues et de leurs usagers a pris fin avec les accords internationaux de La Haye (1912–1913–1914) qui définissaient un cadre législatif antidrogue pour les pays signataires. Ce cadre prohibitionniste a entraîné des effets importants tant au point de vue social qu'individuel, principalement en termes de coûts judiciaires et de coûts sociaux. L'application des lois pénales concernant les drogues illicites occasionne des conséquences importantes. Selon des estimations conservatrices, les coûts monétaires globaux de l'action policière en matière de drogues illicites, soit police, tribunaux et services correctionnels, se chiffrent à plus de 400 millions de dollars par année (CCLAT, 1998, p. 5). De plus, selon le même rapport, en 1995 des 63 851 infractions liées aux drogues, 45 286 visaient le cannabis, dont 31 299 la simple possession. On observe donc qu'une grande partie des arrestations concernant la drogue au Canada est le fait d'individus consommateurs. Les conséquences d'une arrestation sont multiples, mais nous pouvons en mentionner quelques-unes: «répercussion sur l'emploi, sur le pouvoir économique (règlement des amendes et temps de travail perdu), mésentente familiale issue de l'arrestation» (CCLAT, 1998, p. 6) et l'établissement d'un casier judiciaire.

Le problème de l'utilisation des drogues est un phénomène complexe, difficile à cerner dans tous ses aspects et donc difficilement mesurable. Par ailleurs, les trajectoires conduisant à l'abus de psychotropes sont diverses et les problématiques qui s'y rattachent sont multifactorielles.

ÉMERGENCE DE L'APPROCHE DE RÉDUCTION DES MÉFAITS

Depuis la fin du 19e siècle mais surtout depuis les années 1970, l'approche dominante au Canada sur le plan de la toxicomanie a été celle de l'abstinence complète appuyée activement par une répression pénale concernant l'usage et le trafic de substances jugées illicites. Soulignons que la criminalisation rattachée à la consommation de certaines substances a induit sur le plan social un discours moral qui fait en sorte de «diaboliser» la consommation de psychotropes et entraîne ainsi marginalisation et stigmatisation des usagers. L'approche thérapeutique de l'abstinence, conjuguée à une répression pénale des trafiquants et des consommateurs, apparaissait comme l'option logique qui devait éliminer la drogue de nos sociétés. Mentionnons que le Canada vient d'ailleurs de reconduire sa politique antidrogue en mai 1997[1]. Ainsi, le cadre légal concernant la possession et le trafic de psychotropes est toujours le même et il n'y a pas de modifications qui pour le moment sont sérieusement envisagées par nos gouvernements. Précisons quelques points importants de cette politique:

- le maintien du casier judiciaire pour simple possession de drogues;
- le maintien des sanctions pour simple possession de cannabis;
- l'interdiction de tout usage de cannabis;
- l'absence d'indication quant aux quantités permettant de distinguer le trafic de la simple possession pour toute autre drogue que le cannabis;
- les nouveaux délits criminels pour simple possession dans le cas des hallucinogènes et des amphétamines;
- l'augmentation du pouvoir policier en matière de fouilles et de saisies;
- la possibilité d'accuser les détenteurs de matériel ou de substances ayant servi à la fabrication ou à l'usage.

---

1. Loi réglementant certaines drogues et autres substances.

Malgré la reconduction des politiques répressives, il n'en demeure pas moins que nous sommes loin du modèle utopique d'une société sans drogue et l'expérience nous montre que l'action de la justice pénale ne peut pas réduire de façon importante la consommation de psychotropes (Barrata, 1990).

Au début des années 1980, la propagation galopante du VIH chez les utilisateurs de drogues injectables (UDI) conjuguée au constat « d'échec » des politiques répressives incite à la mise en place de nouvelles stratégies d'intervention. L'approche de réduction des méfaits se veut une nouvelle façon d'aborder la question de la toxicomanie et propose des issues dans le domaine de l'intervention auprès des personnes toxicomanes. Rappelons que c'est le modèle expérimental de Merseyside au Royaume-Uni qui, historiquement, a marqué cette approche. Cette localité faisait face à de graves problèmes de consommation d'héroïne. En concertation, le personnel clinique, les policiers et les pharmaciens ont travaillé à l'élaboration du « modèle Mersey » de réduction des méfaits. De façon extrêmement pragmatique, la localité procède à la diffusion d'informations auprès des personnes toxicomanes sur le sida et les moyens sécuritaires d'utilisation des drogues injectables. De plus, cette municipalité procède à l'échange des seringues souillées, offre des condoms gratuitement, des tests anonymes de dépistage du VIH, des programmes de maintien à la méthadone et parfois même à l'héroïne avec suivi médical (équipe multidisciplinaire). Elle offre également des conseils et des services au point de vue de l'emploi et du logement. Tous ces services sont facilement disponibles et soutenus activement par les pharmaciens et le corps policier. Dans cette optique, les personnes toxicomanes peuvent être arrêtées[2], mais essentiellement avec l'objectif de les informer sur les ressources mises à leur disposition. Par contre, la répression policière est concentrée sur les trafiquants de drogues et le blanchissement d'argent issu de ce trafic. Ces multiples mesures ont, entre autres, comme objectif d'éloigner les personnes toxicomanes du crime et d'éviter des peines d'emprisonnement souvent inutiles et fort coûteuses socialement.

Par la suite, plusieurs pays ont mis en place des mesures dans le cadre d'une philosophie de réduction des méfaits. Parmi les interventions les plus courantes qui ont été élaborées, on retrouve : la distribution et l'échange de

---

2. Pour une première arrestation, on confisque la drogue et, si le prévenu n'a pas d'antécédents judiciaires lourds, on l'informe des services offerts. Une première arrestation n'entraîne pas l'ouverture d'un casier judiciaire. Par contre, lors d'une deuxième arrestation, le prévenu est traduit devant les tribunaux ou reçoit une amende. De plus, si l'individu est inscrit à l'un des multiples services reconnus (programme de maintien à la méthadone, programme d'échange de seringues) il peut posséder une petite quantité de psychotropes pour usage personnel, puisque tous ces programmes sont accompagnés d'un suivi médical.

seringues, la désinfection du matériel d'injection, la distribution de condoms, les programmes de maintenance à la méthadone, la prescription de drogues, l'information sur les drogues et les méthodes plus sécuritaires de consommation, les salles d'injection, les appartements contrôlés, le travail de rue, l'intervention dans les prisons[3]. Ces nouvelles formes d'intervention qui se réclament de la réduction des méfaits sont surtout issues d'intervenants et de spécialistes en toxicomanie et du milieu communautaire. Les stratégies d'intervention ne font pas l'unanimité, que ce soit sur le plan politique ou juridico-légal, sur le plan des intervenants ou encore de l'opinion publique ; cependant, elles apparaissent comme une forme de solution vis-à-vis de l'augmentation du sida chez les UDI. De plus, cette approche semble également répondre aux besoins de modèles offrant une option aux interventions traditionnelles (abstinence et prohibition) qui se révèlent peu opérationnelles avec des personnes toxicomanes qui ne souhaitent pas cesser leur consommation.

LA RÉDUCTION DES MÉFAITS : DÉFINITIONS ET PRATIQUES

Il nous apparaît important de souligner que, concernant la réduction des méfaits, il existe actuellement une variété de définition et de mesures appliquées dans des contextes très différents. Cette situation génère certaines ambiguïtés. Bien que l'accent soit surtout mis sur l'aide ou les formes d'aide que l'on doit apporter aux personnes toxicomanes, il n'en demeure pas moins que cette stratégie vise également à circonscrire et à réduire les effets réels et/ou appréhendés de la consommation de drogues sur le plan social. Cette approche peut se définir ainsi : « […] réduction des méfaits », démarche pragmatique visant à réduire au minimum les répercussions nocives – aux points de vue sanitaire, social et économique – de la consommation de drogue sur l'individu, la communauté et la société, à court et à long terme (Riley, 1994, p. 129). »

Si cette approche est le plus souvent évoquée à propos de la toxicomanie, elle est également appliquée pour tenter de minimiser les effets non désirables reliés à d'autres problèmes sociaux. On peut donner l'exemple de l'Opération Nez Rouge, qui a pour objectif de réduire les risques d'accident liés à la conduite en état d'ébriété. Il existe actuellement de multiples exemples de cette politique appliquée à des substances légales (tabac, alcool) dont certains effets sont considérés comme négatifs pour l'individu comme pour la société. Concernant la toxicomanie, l'approche de réduction des méfaits peut être perçue de différentes manières. Selon Coley *et al.* (1997), elle peut être appréhendée soit comme un but, soit comme une stratégie. Comprise comme un but, elle inclut « tous les programmes et politiques anti-drogues,

---

3. À l'heure actuelle, plusieurs de ces mesures d'intervention ne sont pas appliquées, que ce soit au Canada ou au Québec.

incluant la criminalisation des usagers et les thérapies axées sur l'abstinence [qui] visent à réduire les méfaits associés à la consommation de drogues» (*Le Journal*, 1997, p. 8). Dans le présent article, nous aborderons la réduction des méfaits comme une stratégie qui vise à réduire les effets négatifs associés à la consommation de drogues illicites pour l'individu et pour la société et nous exclurons les stratégies de criminalisation et ces thérapeutiques basées sur l'abstinence.

Ainsi, cette nouvelle stratégie souvent qualifiée d'alternative de la troisième voie[4] se présente sous le signe du pragmatisme et de l'humanisme. Elle est pragmatique au sens où elle prend en considération un phénomène social qui apparaît incontournable, et n'a pas comme objectif premier d'éliminer la consommation de drogue et prend donc en compte le fait que l'abstinence complète n'est pas réalisable ou possible dans tous les cas. La consommation de drogue est perçue comme un fait social qu'il est illusoire de vouloir éradiquer et l'on aspire alors, plus modestement, à réduire à court terme les effets jugés néfastes qu'elle peut avoir sur les usagers, leur entourage et la société (Rozier et Laberge, 1997; Brisson, 1995).

La réduction des méfaits suppose une hiérarchisation des objectifs: des objectifs plus réalistes, à court terme, devant mener à un usage plus sécuritaire et, éventuellement, à l'abstinence, si les circonstances s'y prêtent. Plutôt qu'une approche morale, c'est une approche fondée avant tout sur le pragmatisme (Riley, 1994, p. 130).

Elle est également humaniste, puisqu'elle ne juge pas le toxicomane sur sa consommation et tente d'apporter une aide selon la demande formulée par la personne consommatrice. Pour paraphraser Brisson (1997), les principales caractéristiques reliées à l'humanisme dans le cadre de la réduction des méfaits sont: aller à la rencontre des usagers; offrir aux usagers une variété de ressources; favoriser l'implication des usagers et le respect de leurs droits et libertés (Brisson, 1997).

Cette approche a donc pour objectif de réduire les effets négatifs liés à la consommation de drogue tant sur le plan individuel que social. Dans ce dessein, plusieurs stratégies d'intervention sont mises de l'avant. Nous nous proposons ici d'exposer quelques enjeux en présence, qu'ils soient politiques ou éthiques. Nous soulèverons des questions liées à l'application de mesures qui se revendiquent d'une philosophie de réduction des méfaits. Cependant ces interrogations ne remettent pas en cause l'intérêt que représente cette issue aux thérapeutiques qui prônent un idéal d'abstinence.

---

4. L'alternative de la troisième voie est définie comme étant un compromis entre légalisation et répression.

QUELQUES ENJEUX D'UNE APPROCHE CONTROVERSÉE

En premier lieu, nous nous attarderons sur les notions mêmes de réduction des méfaits et de gestion des risques, puis nous questionnerons ensuite l'approche en considérant l'éthique et le cadre pénal.

Réduction des méfaits ou gestion des risques ?

Lorsqu'on parle de réduction des méfaits et avant même de définir quelles seront les stratégies à mettre en place, la première question qui se pose est celle de la définition des méfaits et des risques. Dans un premier temps, on peut distinguer trois catégories de méfaits :

- les méfaits pour la personne elle-même ;
- les méfaits pour l'entourage de l'usager et la communauté immédiate ;
- les méfaits pour la société.

Mais plus précisément, de quels méfaits parle-t-on ? Surtout, qui en décide et à partir de quels critères ? En réalité, il s'agit de déterminer qui l'on doit protéger et de quoi. Ceci est d'autant plus important que la toxicomanie a des impacts sur les plans physique, psychologique, économique et social tant pour la personne elle-même que pour son entourage ainsi que des incidences sur les plans socio-économique et politique.

Les différents niveaux de méfaits sont interreliés : les répercussions dans un secteur ne sont pas sans lien avec les autres et l'on se trouve rapidement confronté aux questions suivantes : doit-on hiérarchiser les méfaits, privilégier les droits individuels ou bien les intérêts collectifs ? Est-il possible de concilier ces intérêts dans une optique de réduction des méfaits ?

En parallèle avec la notion de méfait, on trouve la notion de risque qui, elle, renvoie à l'identification d'une population jugée à risque. Dans cette perspective, cette population est considérée comme homogène et fait l'objet de contrôles *a priori* et d'attentions particulières. « Le risque est d'abord le résultat d'une construction sociale ; il n'y a pas de risque en soi, il n'y a que des façons toujours particulières historiquement et culturellement d'appréhender des situations d'incertitude » (Lascoumes, 1995, p. 58).

La notion de risque s'appuie sur des prédictions très souvent statistiques dont la fiabilité ou la validité peuvent être contestables mais qui, pourtant, fondent les interventions ou les moyens d'action mis en place dans une optique de réduction des risques ou mieux encore dans le but les éliminer totalement. « Le risque comme aléa anticipable, prévisible permet [donc] la mise en place de nouvelles techniques sociales de prise en charge de leurs conséquences » (Lascoumes, 1995, p. 68). Cette façon d'appréhender les problèmes sociaux en termes de risque semble s'inscrire dans le courant de la nouvelle pénologie. Le contrevenant est ici perçu comme une probabilité-statistique et dans cette perspective, «l'enjeu du système de justice c'est le risque (faible, modéré, élevé) que cette statistique établit et le contrôle qu'il importe d'appliquer à ce risque» (Vacheret *et al.*, 1998, p. 37). Dans cette optique, on étiquette un comportement ou un profil d'individu; dans le cas présent, il s'agit de la consommation abusive de drogues à laquelle on attribue des risques indépendamment des individus. «Au nom du réalisme, on n'espère ni dans le changement individuel ni dans le progrès social et on se concentre sur la gestion des populations dangereuses». (Feely, Simon; 1992 in Vacheret *et al.*, 1998, p. 38) Le contrôle des risques peut apparaître comme une politique rassurante socialement mais peut aussi accentuer la marginalisation d'individus déjà fortement stigmatisés. L'approche de réduction des méfaits s'inscrit donc dans une perspective néolibérale de gestion ponctuelle des problèmes sociaux. Nous pourrions dire, avec Jacques Beauchemin[5], qu'en s'attaquant aux effets potentiellement contrôlables de la consommation de psychotropes, cette approche semble écarter tout questionnement éthique en faisant valoir qu'elle est exempte de jugement moral. Cette stratégie, s'inscrivant sous le signe de l'humanisme et du pragmatisme, ne relègue-t-elle pas au second plan un idéal collectif quand elle ne l'élimine pas complètement? Dès lors, ne s'impose-t-elle pas comme une stratégie temporaire d'encadrement de la toxicomanie prise comme déviance, comme une technique de gestion du social? Bref, il s'agit d'une logique fonctionnelle qui vise à encadrer plutôt qu'à s'intéresser aux causes du problème en termes de responsabilité sociale.

> Les problèmes sociaux sont découpés de telle sorte que sont destinés à chaque groupe cible un certain nombre de mesures palliatives adaptées à sa situation particulière. À ce niveau, le discours se caractérise par la minceur de l'éthique au nom de laquelle il entreprend d'encadrer la pratique sociale. (Beauchemin, Bourque, Duchastel, 1995, p. 15).

Paradoxe entre mesures de réduction des méfaits et le cadre pénal

Comme nous l'avons évoqué plus haut, la prohibition rattachée à la consommation de psychotropes a des répercussions tant sur le plan individuel que social. Outre les aspects négatifs qu'elle engendre, il ne faut pas négliger le fait que le cadre légal encadre les pratiques et définit ce qui est perçu comme acceptable socialement. Par conséquent, inscrire une approche de réduction des méfaits dans le contexte (légal, pénal et social) actuel entraîne inévitablement des paradoxes et des questionnements.

---

5. Communication personnelle, 1998.

Certaines pratiques qui s'inscrivent dans une stratégie de réduction des méfaits peuvent apparaître en contradiction par rapport aux politiques plus générales. Cette situation fait en sorte que, d'un côté, on réprime la consommation et le trafic de drogue à travers des sanctions juridico-légales et que, de l'autre, on accorde un appui économique à des programmes qui mettent en œuvre une autre logique que celle de la répression et de l'abstinence. Ainsi, deux discours se côtoient de façon paradoxale : celui de la répression légale et pénale et celui du pragmatisme et de l'humanisme. Soulignons que ce double discours qui s'articule autour de logiques différentes est légitimé par l'augmentation du VIH parmi les usagers de drogues et donc de l'urgence d'agir du point de vue de la santé publique. Ainsi, comment faire coexister l'application de mesures non orthodoxes et la présence d'une idéologie dominante fondée sur un idéal d'abstinence et sur une politique de criminalisation des consommateurs en matière de drogue ?

Les mesures qui se réclament de la réduction des méfaits s'opérationnalisent dans les pratiques d'intervention. En effet, en tentant de gérer et de réduire les conséquences négatives de la consommation de drogue, on met en place des techniques d'intervention, des nouvelles façons de faire et de penser qui sont en contradiction avec l'idéologie dominante. Voilà qui n'est pas sans poser un certain nombre de défis et sans soulever certains questionnements dans le travail quotidien des intervenants. C'est sur ce point que nous voudrions nous attarder à présent en ce qui a trait aux enjeux éthiques et politiques reliés cette question.

LES IMPACTS DANS L'INTERVENTION

Approche globale et cohérence

La plupart des travaux qui traitent de la réduction des méfaits insistent sur l'importance, voire la nécessité d'inscrire les mesures dans un cadre plus large, dans un ensemble de pratiques à portée plus globale. L'approche de réduction des méfaits est prise comme un ensemble de stratégies, de moyens, et non comme un objectif en soi, faute de quoi elle ne deviendrait qu'une approche constituée de gestes isolés et d'actes mécaniques. On peut citer, par exemple, la distribution de seringues qui a pour objectif de réduire les risques de transmission du VIH/sida chez les UDI. Cette mesure est généralement un élément d'un programme qui vise à rejoindre des personnes ayant peu ou n'ayant pas de contacts avec le réseau de la santé et des services sociaux et que l'on tente de rejoindre en répondant à un besoin immédiat (échanges de seringues). Les intervenants cherchent à établir un contact, à créer une relation et ouvrent alors la possibilité d'un accompagnement ultérieur vers d'autres services. Que deviendrait un tel service s'il se faisait par distributeur automatique ?

À côté de la nécessité de ne pas dissocier une mesure spécifique d'un ensemble de mesures, on retrouve la question de la cohérence des interventions, autre point essentiel fréquemment repris. On souligne la nécessité d'un travail de concertation, de partenariat entre les différents milieux impliqués: les secteurs de la justice, de la police, les milieux de la santé et des services sociaux. Mais qui travaille, qui affiche et se prévaut d'une approche de réduction des méfaits? N'y aurait-il pas un temps à prendre pour déterminer et définir de quels méfaits chaque usager, intervenant et professionnel parle; pour se concerter, voire s'entendre sur les moyens à privilégier pour réduire les méfaits? Compte tenu du cadre légal actuel, comment dans la réalité l'approche peut-elle être appliquée de façon cohérente? N'y a-t-il pas une certaine inconsistance inévitable liée au cadre répressif? En effet, sans une certaine tolérance de la part des organismes répressifs ou une dépénalisation de fait, le travail des intervenants basé en grande partie sur la confiance entre l'intervenant et l'usager peut être remis en question par une simple action policière.

Le défi de la cohérence intersectorielle n'est pas l'un des moindres et la variété de profils des usagers n'est pas nécessairement un élément facile à gérer (ceux qui arrêtent, ceux qui se remettent à consommer, etc.). La diversité de la clientèle a un impact non négligeable sur l'intervention mais aussi sur l'élaboration et le maintien d'une politique qui soit intersectorielle, dans un même milieu ou à l'intérieur d'une même équipe.

Philosophie de l'intervention

Avant de développer la question de la philosophie de l'intervention en contexte de réduction des méfaits, nous proposons, à titre d'illustration, quelques cas de figures qui permettront de mettre en lumière la complexité de quelques-uns des défis à relever.

Cas de figures

Un intervenant connaît un usager depuis plusieurs mois. Celui-ci décide d'aller suivre un programme à Portage (centre de désintoxication). L'intervenant l'accompagne avec le véhicule de l'organisme pour lequel il travaille. Chemin faisant, le passager considère qu'il a besoin de fumer un joint de cannabis pour poursuivre sa démarche, ce qu'il s'apprête à faire dans l'auto. L'intervenant intervient-il? Comment? Dans quelle mesure?

Comment gère-t-on la consommation dans le lieu de l'intervention, qu'il s'agisse du service où l'on reçoit ponctuellement les personnes ou d'un lieu d'hébergement ? A-t-on le droit de consommer avec d'autres usagers ? Avec des résidents de la maison ? Avec des personnes venant de l'extérieur ?

Une personne toxicomane alitée, atteinte du VIH-sida, est incapable physiquement d'aller chercher sa dose. Qui se procure le produit ? Auprès de qui ?

Que faire lorsqu'on pense qu'une personne est dans un état de santé tellement dégradé (par exemple, atteinte du sida) que son organisme ne supporterait pas l'absorption d'une substance ; que cette consommation risque d'être la dernière mais que la personne décide malgré tout de « se geler » ?

Bien sûr, ces exemples peuvent apparaître comme des cas particuliers, mais les mesures mises en place dans le cadre de la réduction des méfaits ne viennent-elles pas toutes, à un moment ou à un autre, questionner l'intervenant, seul ou en équipe dans le face-à-face quotidien avec l'usager ? Peut-on faire l'économie d'une réflexion approfondie qui prenne en compte l'ensemble des enjeux éthiques et politiques de ces questions ?

On l'a vu, la réduction des méfaits s'est répandue avec la propagation du VIH/sida comme préoccupation de santé publique, il y a à peine deux décennies. Dans le domaine médical, les formations et les pratiques sont largement en opposition avec la philosophie de réduction des méfaits puisqu'elles ont traditionnellement une optique curative et visent l'abstinence. Comment l'intervenant parvient-il à ajuster ses pratiques d'un point de vue éthique, en conformité avec des approches plus orthodoxes ? À quoi peuvent être confrontés des professionnels du milieu médical dont le mandat est de soigner, de guérir, lorsqu'ils « doivent », dans une optique de réduction des méfaits, éduquer une personne toxicomane à s'injecter en des sites sécuritaires, ou encore lorsqu'ils doivent informer et accompagner les usagers sur la question des effets potentialisés des associations de multiples produits licites et illicites ? Au point de vue psychosocial, les intervenants en toxicomanie étaient habitués à œuvrer dans un contexte d'abstinence totale avec des cadres d'intervention spécifiques, connus et plutôt homogènes. Avec la réduction des méfaits, qu'en est-il ?

Sur le terrain, il faut inventer de nouvelles modalités, instaurer de nouvelles règles et mettre en place des balises pour de nouvelles pratiques d'intervention. Ces balises sont souvent flottantes en raison de la nouveauté des mesures, de l'absence de formalisation des expériences mais aussi devant l'hétérogénéité des clientèles et des trajectoires des usagers qui sont souvent polytoxicomanes. La complexité des multiproblématiques amène quotidiennement l'intervenant et son équipe à redéfinir le cadre de son intervention. Les trajectoires des personnes toxicomanes ne sont pas toutes les mêmes et cette hétérogénéité engendre des besoins diversifiés en termes de services, de mesures et d'intervention. Le seul principe d'«aider sans moraliser» est-il suffisant pour soutenir les intervenants dans les décisions qu'ils prennent régulièrement quant à la manière d'appliquer les différentes mesures? Par ailleurs, la philosophie qu'ils appliquent et le cadre légal dans lequel ils s'insèrent ne sont-ils pas souvent en contradiction? Quels types d'accompagnement peut-on réaliser? Pour quels changements? Où l'intervention s'arrête-t-elle? Où commence-t-elle?

Les expertises qui existent sont partielles et éparses. Il reste encore à trouver une façon de les rassembler, de les systématiser et, à partir d'un agrégat de savoirs diversifiés, à produire une connaissance qui pourrait alimenter la réflexion et soutenir le travail concret d'intervention en réduction des méfaits.

Et les usagers?

Nous venons d'aborder la question de l'intervention en contexte de réduction des méfaits et il nous semble incomplet de terminer ce questionnement sans regarder cette approche sous l'angle des personnes visées. Qu'en est-il des paradoxes dans lesquels les personnes toxicomanes se retrouvent dans une société «à tolérance zéro» et qui applique certaines mesures à haute tolérance? La question est rarement posée. L'impact des mesures est généralement vu comme positif pour les usagers, mais qu'en est-il des effets d'une philosophie en décalage avec les normes sociales admises et ce qui est acceptable légalement? Qu'en disent les personnes toxicomanes et les associations d'usagers? Quels sont les impacts de ce brouillage des repères? Doit-on voir là une dichotomie schizophrène ou plus simplement une tentative de construction de repères différents avec une adaptation tolérante et positive à une réalité incontournable? Comment cela se passe-t-il avec plusieurs usagers imprégnés d'un modèle d'abstinence véhiculé par des groupes du type Alcooliques anonymes, encore présent d'ailleurs dans les idéaux sociaux?

L'approche de réduction des méfaits cherche à responsabiliser les personnes toxicomanes. Si l'amorce d'*empowerment* n'est pas illusoire, du moins y a-t-il une certaine ambiguïté dans la mesure où les états d'intoxication majeurs et fréquents réduisent considérablement, pour ne pas dire empêchent d'entrer en relation avec le côté «responsable» de la personne. On peut citer le cas extrême mais non singulier d'une personne intoxiquée après absorption de divers produits licites et illicites six jours sur sept et qui pour récupérer dort la septième journée.

CONCLUSION

Nous ne prétendons pas apporter de réponses aux questions inévitables soulevées par l'approche de réduction des méfaits, en particulier dans un contexte prohibitionniste. La pénalisation actuelle des consommateurs, fort coûteuse à bien des égards, fait en sorte qu'il existe une incohérence certaine entre l'application de mesures en réduction des méfaits et le contexte sociojudiciaire. Dès lors, la nécessité d'une dépénalisation du comportement toxicomane n'apparaît-elle pas comme un élément incontournable si l'on veut atteindre une certaine cohérence et rendre pertinentes et efficaces les mesures qui s'inscrivent dans une approche de réduction des méfaits ? De plus, on peut penser qu'une dépénalisation de la consommation de drogue réduirait la marginalisation et la stigmatisation d'un groupe déjà particulièrement en difficulté.

L'approche de réduction des méfaits trouve sa justification dans le fait qu'il s'agit d'une démarche pragmatique nécessaire dans le contexte actuel de la pandémie du VIH/sida. Ce cadre permet l'acceptation d'un seuil de tolérance très élevé pour maintenir le contact avec les usagers de drogue et amène une tendance à une supposée neutralité. N'y a-t-il pas un danger à ne pas se positionner et à considérer cette approche comme neutre ? Il nous semble essentiel de clarifier les valeurs auxquelles nous renvoie cette approche et de ne pas oublier les questions fondamentales qui portent sur le sens des pratiques et la philosophie qui les sous-tendent.

Nous avons voulu souligner l'importance d'intégrer cette approche dans une vision globale, entre autres du problème toxicomaniaque, et l'inscription nécessaire de cette approche dans une perspective à plus long terme, en dehors de questions d'efficacité immédiate. En l'absence d'une compréhension plus large, ne risque-t-on pas de banaliser la toxicomanie et de la réduire à une fatalité tolérable ? Elle pourrait conduire à une sorte de déresponsabilisation économique, politique et sociale, à un désengagement de la part de la société ou encore au simple passage d'un contrôle judiciaire et pénal à un contrôle médical.

Les questionnements sont inévitables dans un dossier aussi complexe mettant en jeu de multiples paramètres que nous n'avons fait qu'effleurer dans le cadre de cet article. Nous ne pouvons qu'inviter tous les milieux soucieux de ces questions et partenaires concernés à mettre en commun leurs expertises et leurs interrogations, à les formaliser et à en débattre pour ouvrir des voies riches de sens et pour instaurer la vigilance éthique indispensable.

RÉFÉRENCES

AFCHAIN, J. (1995). Les limites du traitement substitutif de la toxicomanie; s'embarrasser et non se débarrasser du toxicomane. *La Revue du praticien-médecin général 9* (285), 23-25.

BARATTA, A. (1990). Une politique rationnelle des drogues? Dimensions sociologiques du prohibitionnisme actuel. *Déviance et société, 14* (2), 157-178.

BEAUCHEMIN, J. (1997). Transformation du discours éthique au sein des sociétés engagées dans le passage au néolibéralisme. *Revue canadienne de sociologie et d'antropologie, 34* (4), 369-383.

BEAUCHEMIN, J., G. BOURQUE et J. DUCHASTEL. (1995). Du providentialisme au néolibéralisme: de Marsh à Axworthy. Un nouveau discours de légitimation de la régulation sociale. *Cahiers de recherche sociologique, 24,* 15-47.

BEAUCHESNE, L. (1997). La politique de tolérance néerlandaise: 20 ans plus tard. *L'Écho-Toxico, 8* (2), 7-8.

BEAUCHESNE, L. (1997). Un sujet d'activité: la loi C-8. *L'Écho-Toxico, 8* (1), 7-10.

BEAUCHESNE, L. (1987). La toxicomanie, une responsabilité de société. *Psychotropes, 4* (1), 31-33.

BIGO, D. (1997). La recherche proactive et la gestion du risque. *Déviance et société, 21* (4), 415-422.

BRISSON, P. (1997). *La réduction des méfaits: source, situation, pratiques.* Montréal: Comité permanent de la lutte à la toxicomanie.

BRISSON, P. (1995). La réduction des méfaits: considération historique et critiques. *L'Écho-Toxico, 6* (2), 2-4.

BRISSON, P. (1992). Prévention des toxicomanies et promotion de la santé: des stratégies de contrôle aux pratiques d'autodétermination. *Psychotropes, 7* (3), 59-63.

BROCHU, S. (1995). *Drogues et criminalité: une relation complexe.* Ottawa: Les Presses de l'Université d'Ottawa.

CASTEL, R. (1994). Les sorties de la toxicomanie. *In* A. Ogien et P. Mignon (Sous la dir. de), *La demande sociale de drogues* (p. 23-30). Paris: La documentation française.

CENTRE D'OPINION PUBLIQUE DE L'UNIVERSITÉ DE CHICAGO. (1997). Les programmes de désintoxication réduisent l'usage de la drogue. *Revue Électronique de l'USIA, 2* (3).

CHENAUX, J.-P. (1997). *La Suisse stupéfiée.* Lausanne: Âge d'homme.

COLEY, P., D. HEWITT, W. MITIC, C. POULIN, D. RILEY, R. ROOM, E. SAWKA et J. TOP. (1997). La réduction des méfaits. *Le Journal, 26* (4), 8.

COPPEL, A. (1994). *De la clinique à la santé publique : traitement et réduction des risques. In* A. Ogien et P. Mignon (Sous la dir. de), *La demande sociale de drogues* (p. 99-107). Paris : La Documentation française.

DEBUYST, C., F. DIGNEFFE, J.-M. LABADIE et P.A. PIRES (1995). *Histoire des savoirs sur le crime et la peine.* Montréal : Presses de l'Université de Montréal.

EHRENBERG, A. (1991). *Individus sous influence : drogues, alcools, médicaments, psychotropes.* Paris : Esprit.

ESCOHOTADO, A. (1998). *Histoire des drogues : des origines au XVIIᵉ siècle.* Paris : Lézard.

FALCO, M. (1997). La place de la prévention dans la lutte antidrogue. *Revue Électronique de l'USIA, 2* (3),

FOUCAULT, M. (1975). *Surveiller et punir. La naissance de la prison.* Paris : Gallimard.

INCIARDI, J. (1997). La controverse au sujet de la drogue : prohibition ou légalisation ? *Revue électronique de l'USIA, 2* (3).

KAMINSKI, D. (1990). Toxicomanie : le mot qui rend malade. *Déviance et société, 14* (2), 179-196.

LASCOUMES, P. (1994). VIH, exclusions et luttes contre les discriminations. Une épidémie révélatrice d'orientations nouvelles dans la construction et la gestion des risques. *Cahiers de recherche sociologique, 22,* 61-75.

LUCCHINI, R. (1985). *Drogues et société : essai sur la toxicodépendance.* Suisse : Éditions universitaires Fribourg.

MINO, A. (1996). *J'accuse, les mensonges qui tuent les drogués.* Paris : Calmann-Lévy.

OGIEN, A. (1994). L'usage de drogue peut-il être un objet de recherche ? *In* A. Ogien et P. Mignon (Sous la dir. de), *La demande sociale de drogue* (p. 7-12). Paris : La Documentation française.

RILEY, D. (1994). *La réduction des méfaits liés aux drogues : politiques et pratiques. In* P. Brisson (Sous la dir. de), *L'usage des drogues et la toxicomanie* (p. 129-150). Montréal : Gaëtan Morin Éditeur.

ROZIER, M. et D. LABERGE. (1997). *L'implantation de Chez ma cousine Evelyne. Projet-pilote de maison communautaire d'hébergement-sida. Rapport d'évaluation.* Montréal : Les cahiers de recherche du CRI, UQAM, 146.

RUEDIN, P.-P. (1997). *Tu ne drogueras pas.* Lausanne : Âge d'homme.

TRUSSLER, T. (1996). La réduction des méfaits : recherche, programmes, politiques. *Soins et soutien : Bulletin de promotion de la santé VIH/SIDA*, 2 (6), 1-8.

VACHERET, M., J. DOZOIS et G. LEMIRE. (1998). Le système correctionnel canadien et la nouvelle pénologie : la notion de risque. *Déviance et société*, 22 (1), 37-50.

ZAFIROPOULOS, M. et A. DELRIEU (1996). *Le toxicomane n'existe pas*. Paris : Anthropos.

Conclusion

par Danielle Laberge

Dans le présent ouvrage nous avons tenté de faire le point sur certaines questions, mais plus largement, d'ouvrir de nouvelles avenues de réflexion. Les textes signalent de nouvelles questions à la fois pratiques et théoriques qui visent une compréhension plus globale du phénomène. En conclusion, nous ne souhaitons pas reprendre chacun des textes, qui parlent fort bien pour eux-mêmes, mais montrer comment un enjeu majeur les traverse tous, directement ou indirectement. Cet enjeu, c'est celui de la définition du phénomène et de son lien avec l'identité itinérante.

Qui est itinérant? Qu'est-ce que l'itinérance? Ces questions ont été posées des milliers de fois au cours des dernières années et elles ont donné lieu à des réponses diverses. D'abord, soulignons qu'il n'existe de définition consensuelle ni du phénomène ni des personnes touchées. L'usage de termes différents d'une langue à l'autre, d'un pays à l'autre, voire à l'intérieur d'un même pays, signale le caractère flou des frontières du phénomène. Pourtant, un certain consensus phénoménologique existe quant à la réalité de la condition itinérante.

De façon concrète, on a fréquemment procédé à l'envers pour régler les problèmes de description des personnes touchées et d'évaluation du phénomène: c'est en partant des ressources qui sont destinées aux personnes itinérantes ou sans abri que l'on a contourné la difficulté de produire une définition directe du phénomène. S'il s'agit souvent de la seule approche disponible pour étudier le phénomène, il faut aussi en rappeler les limites. La nature et l'organisation des services ne sont pas dictées par les seuls impératifs du problème auquel ces mêmes services tentent de répondre. Ils se développent en fonction d'autres considérations – organisationnelles, politiques, financières – qui n'ont rien à voir avec le phénomène lui-même. Si la présence de certains services sert souvent de révélateur de problèmes sociaux particuliers, on ne peut prétendre voir dans leurs utilisateurs ou leurs orientations particulières le miroir parfait de ces problèmes; ils en sont une représentation déformée dont on ne connaît pas bien toutes les facettes. Il est clair que toutes les personnes susceptibles d'utiliser de tels services ne le font pas ou ne le font que très épisodiquement. Par ailleurs, il n'est pas certain non plus que toutes les personnes qui y recourent correspondent à l'interprétation que l'on fait habituellement d'une personne itinérante ou sans abri. Les soupes populaires, par exemple, sont ouvertes à tous et leur fréquentation n'est pas le seul fait des personnes de la rue.

Le recours aux services spécialisés pour définir, mesurer ou comprendre le phénomène n'est pourtant pas qu'une solution technique à des problèmes de recherche. Les résultats de recherche ainsi générés auxquels viennent se greffer les impressions plus ou moins informées servent de base à des décisions de nature politique. Nous en évoquerons brièvement quelques-unes.

Dans la perspective des politiques publiques, de leur mise en place ou de l'évaluation de leur impact, la définition de l'itinérance sert à valider certaines actions ou encore à les mettre en cause. Pour mesurer cet impact, encore faut-il s'entendre sur ceux qui seraient touchés, départager ceux que l'on considère comme les vrais itinérants et les autres. Réduit-on l'itinérance à la seule question du logement? Ce ne sont alors que les instances préoccupées par un logement social qui se trouvent mises en cause. Inclut-on dans cette acception des dimensions de problèmes personnels (maladie mentale, toxicomanie, chômage chronique, etc.)? Les services gouvernementaux interpellés sont alors différents. Les débats nombreux autour de l'impact de la désinstitutionnalisation psychiatrique sur la production de l'itinérance en constituent l'exemple le plus parfait: en laissant une place aux problèmes de santé mentale dans la définition de l'itinérance (à tout le moins à titre de composante possible), les ressources en santé mentale sont alors appelées à trouver des solutions ou à atténuer les effets de leurs pratiques. Elles sont parfois réticentes à accepter un tel rôle.

Le développement de mesures spécialisées et l'allocation de ressources visant le groupe des personnes sans abri ou itinérantes se feront en fonction de la perception que l'on a du problème. Cette allocation se justifie sur la base d'estimés quantitatifs. Combien de personnes sont touchées? Pour combien de temps? Qui sont ces personnes? Quelle est l'ampleur de leurs besoins? Cette guerre des chiffres met en cause des groupes d'intérêt fort divergents qui veulent mettre de l'avant leur service ou la problématique particulière à laquelle ils s'intéressent. Les organismes subventionnaires qui financent ces ressources spécialisées procèdent généralement au départage d'une enveloppe fermée. Il faut donc prouver que le problème auquel on s'adresse est plus grave, plus répandu, plus ignoré que d'autres problèmes qui exigent aussi des mesures de soutien ou d'intervention. La bataille des chiffres, c'est souvent la bataille des ressources.

Définir les contours de l'itinérance affecte aussi l'image publique, celle d'une certaine représentation des sociétés présumées bien portantes, justes, égalitaires. Si l'on peut réconcilier quelques cas de dénuement extrême – graves mais marginaux – avec l'idée de la richesse et du bien-être collectifs, cette réconciliation devient difficile lorsque la situation touche un nombre important de personnes, encore plus si celles-ci appartiennent à des groupes vulnérables (les enfants, les personnes âgées, les personnes souffrant de déficience, etc.). C'est donc dire qu'il y a un travail de morcellement, de découpage, de disqualification à l'œuvre pour réduire à sa portion congrue le groupe des véritables démunis qui ne sont pas responsables de leur sort. En créant des catégories diverses, en réaffirmant les responsabilités individuelles dans sa propre trajectoire sociale, il est possible de maintenir que les véritables exclus sont le résultat d'accidents de parcours plutôt que la manifestation d'injustices systémiques.

Les termes « itinérance », « sans-domicile » ou « sans-abri » ne peuvent faire l'objet d'une définition vraie ou définitive. Ils représentent des choix dans l'analyse de problèmes sociaux, d'injustice sociale ; ils constituent la base du développement de mesures de prévention et de soutien. Mais ils sont aussi des choix qui contribuent à construire et à organiser les représentations de certaines situations ; ils constituent des propositions puissantes sur le plan des catégories identitaires. Les définitions utilisées seront donc toujours des solutions temporaires et partielles pour aborder le phénomène dont l'existence nous sollicite par ailleurs. Tout en reconnaissant le caractère partiel de ces choix, il nous semble important de tenter d'en accroître la profondeur. C'est ce que nous tenterons ici en évoquant trois dimensions qui devraient faire l'objet de réflexions plus poussées dans les années à venir.

L'IDENTITÉ « ITINÉRANTE », REGARD DE L'AUTRE, REGARD SUR SOI

Nous savons qu'être itinérant ou sans abri, c'est être pauvre, sans ressource. Mais au-delà de cette évidence, il n'existe pas de caractéristique précise qui permette de distinguer clairement les personnes sans abri des autres. Pourtant, nous semblons disposer de repères qui nous permettent de reconnaître des personnes comme étant itinérantes. Il existerait une phénoménologie de l'itinérance, du sans-domicile ; une multiplicité d'images pourrait ainsi être organisée par la rubrique itinérance. L'identité itinérante se trouverait donc en partie dans ce regard extérieur, dans le regard de l'autre qui décode un ensemble de signaux distinguant le flâneur, le rêveur, la personne démunie, le désœuvré et l'itinérant. Il ne s'agit pas ici de tenter d'établir dans quelle mesure ce travail de repérage est adéquat ou non, mais plutôt de reconnaître comment il contribue à construire l'itinérance, c'est-à-dire ce que socialement nous reconnaissons comme tel.

L'identité itinérante, c'est aussi l'identité pour soi, en d'autres termes, le fait d'assumer de se définir ou d'être défini comme sans-abri, comme itinérant. Or, il nous semble qu'il y ait là un enjeu de taille. En effet, les personnes perçues comme itinérantes se retrouvent dans le regard de l'autre ; elles sont elles-mêmes confrontées aux multiples images qui conforment leur quotidien. Pourtant, se définir ou être défini de la sorte n'est pas neutre. Une telle définition de soi représente la forme par excellence de l'antiréussite ; l'envers de tout ce qui est socialement valorisé. Elle requiert, du moins on peut le supposer, un travail de réécriture de sa propre histoire permettant de la réfuter ou de la rendre crédible, acceptable.

Qui donc est itinérant ? Celui que l'on perçoit comme tel ? Celui qui se perçoit de la sorte ? Dans quelle mesure ces deux perceptions doivent-elles être convergentes et cette convergence est-elle suffisante ?

ITINÉRANCE ET GRANDE PAUVRETÉ, QUELLE DIFFÉRENCE ?

Nous l'avons dit, être itinérant, c'est être pauvre. Cette seule constatation n'est pas suffisante pour répondre à la question de l'identité. En effet, on peut être très pauvre sans jamais être perçu ou se percevoir comme étant sans abri. Au cours des trente dernières années, aussi bien sur le plan de la recherche que sur celui de l'action sociale, on a cherché à distinguer itinérance et pauvreté, à montrer clairement qu'il s'agit de deux questions différentes, l'une étant encore plus dramatique que l'autre. Ce travail de différenciation doit maintenant être réexaminé.

D'abord, sur le plan concret, comment peut-on distinguer l'extrême pauvreté et l'itinérance ? Le critère de l'absence de logement est certes utile, mais il est largement insuffisant pour deux raisons convergentes. En ce qui concerne les personnes que l'on considère comme étant sans abri, force est de constater que rares sont celles qui sont sans abri d'aucune sorte de façon constante et prolongée ; on ne passe pas sa vie à la belle étoile. C'est donc dire que le profil de résidence des personnes itinérantes est beaucoup plus complexe que la simple opposition avec ou sans logement. Ce qui caractérise les personnes itinérantes serait plutôt leur très grande fragilité sur le plan de la résidence et les changements multiples d'organisation de vie que cette fragilité entraîne. Par ailleurs, les personnes très pauvres, même si elles n'ont jamais été considérées comme itinérantes ou sans abri, se retrouvent très souvent dans des conditions d'hébergement précaires et insalubres. Seraient-ce alors les modèles de changements résidentiels, leur fréquence, leur qualité qui permettraient de les distinguer ? Ce travail reste à faire, mais il nous apparaît qu'un critère simple concernant le logement est insuffisant et qu'un travail de réflexion est à entreprendre à ce chapitre.

Devra-t-on alors recourir à des critères de nature plus personnelle ou psychologique que l'on associe traditionnellement aux sans-abri ? La présence d'isolement social, de difficultés d'insertion ou de troubles de nature diverse (maladie mentale, alcoolisme, toxicomanie, etc.) justifierait-elle que l'on considère les uns comme itinérants alors que les autres ne le seraient pas ? Énoncer la question suffit à y répondre. Les difficultés personnelles ne sont pas l'apanage des personnes sans abri, même si ces dernières semblent les vivre avec une fréquence ou une intensité plus marquée. Nous nous trouvons ici confrontés à nouveau à l'enjeu de la définition identitaire.

Sur le plan politique, les efforts pour distinguer itinérance et pauvreté ont eu d'autres conséquences qu'il faudra réexaminer dans les années qui viennent. En effet, ces efforts visant à mettre de l'avant la spécificité des sans-abri, la nécessité urgente de leur procurer des services a d'abord occulté leur dénuement au profit d'autres caractéristiques généralement personnelles. On pourrait ici parler d'une « pathologisation » de l'itinérance. Une telle stratégie a donné lieu au développement de ressources spécialisées, mais elle a aussi eu pour effet de faire des personnes itinérantes une catégorie de « problèmes sociaux » bien distincte. Du même coup, cette population s'est trouvée réduite à un nombre relativement petit de « cas difficiles ». L'itinérance est devenue en quelque sorte une spécialité particulière, aussi bien sur le plan de l'intervention que de la recherche, question négligée dans les approches plus larges portant sur la pauvreté, ses causes et ses effets.

AU-DELÀ DES POLITIQUES PUBLIQUES OU L'ENJEU DES COMPARAISONS

Pour de très nombreux analystes de la question des sans-abri, les politiques publiques jouent un rôle important dans l'émergence ou la configuration des situations d'itinérance. Les politiques de logement, de réinsertion sur le marché du travail, d'aide sociale pour les plus démunis, d'accès aux soins de santé sont très souvent citées comme des manières de lutter contre la pauvreté et l'exclusion. L'exclusion et la présence de personnes très démunies apparaissent alors comme le signe de l'échec de ces politiques. La seule évocation des politiques publiques et de leur rôle potentiel dans la production ou la prévention de l'itinérance ne peut servir de base à une analyse sérieuse de cette question. En effet, les politiques publiques varient de façon importante à travers les différents pays occidentaux, parfois à l'intérieur d'un même pays en fonction d'autres types de juridiction. Ces variations affectent la nature des différents programmes, leur philosophie, les groupes visés, les conditions de leur mise en œuvre. Un examen même bref montre rapidement cette diversité et la complexité des liens unissant politiques publiques et itinérance.

Or, chercheurs et planificateurs tendent à ignorer ces différences, à chercher la communauté des situations, les ressemblances qui existeraient au-delà des différences nationales importantes, voire à traiter les situations comme si elles étaient similaires. C'est donc dire que de cette façon nous accordons à la condition de sans-abri une sorte de qualité personnelle qui marquerait les individus. Le modèle épidémiologique, par exemple, a-t-il marqué à ce point la réflexion que nous ne reconnaissions plus ses effets sur la démarche de recherche ? La condition itinérante serait en quelque sorte un virus dont l'identité est indépendante de son porteur. Il s'agit certes là d'une image grossie, déformée, mais qui, semble-t-il, réfléchit correctement certaines inconséquences dans les modèles d'analyse mis en œuvre. Ou alors faut-il se pencher sur la fragilité personnelle, la vulnérabilité plus grande à souffrir des conséquences de certains événements bouleversants (maladie, perte d'emploi, mort d'un conjoint, etc.).

Quoi qu'il en soit des options à retenir, la question doit être posée. Elle suppose aussi que nous procédions à des comparaisons systématiques intra et inter-nationales de ces politiques pour évaluer dans quelle mesure elles contribuent à façonner différemment le phénomène.

LE DÉFI DE LA CITOYENNETÉ

Au-delà des problèmes de définition et de construction identitaire, les analyses ayant porté sur la condition des sans-domicile se sont souvent centrées sur l'urgence que suppose cette situation : les besoins de la survie s'imposent de façon quotidienne et impérieuse. Cette urgence occulte trop souvent les enjeux entourant l'exercice de la citoyenneté. L'absence de domicile fixe, au-delà des conséquences personnelles sérieuses qu'entraîne la pauvreté, se traduit aussi sur le plan de la citoyenneté par l'incapacité d'exercer ses prérogatives de citoyen et la difficulté de faire valoir ses droits. Les exigences de stabilité résidentielle (et personnelle ou sociale) ou les preuves d'identité constituent souvent un préalable à des activités diverses. Il ne suffit pas d'avoir abstraitement des droits, il faut aussi avoir la capacité réelle de les exercer. Le premier exemple de cette situation, figure emblématique de la démocratie, concerne le droit de vote. En effet, l'inscription sur les listes électorales n'est possible qu'à la condition d'avoir un domicile et d'y résider depuis un certain temps. Cette condition n'est souvent pas remplie par les personnes itinérantes et elles se trouvent exclues *de facto* de toute activité électorale.

Exclusion ou difficultés d'accès concernent aussi d'autres aspects de la vie quotidienne. Dans le domaine sociosanitaire, plusieurs institutions (CLSC, services hospitaliers particuliers, cliniques spécialisées), pour des raisons de rationalisation des coûts ou d'amélioration des prestations, ont adopté un modèle basé sur la sectorisation. Tout en étant en théorie accessibles à tous, ces services sont dispensés aux résidents du secteur ou du territoire particulier de cette agence. L'idée de l'accessibilité se fonde sur un implicite, celui de la stabilité résidentielle et d'une stabilité susceptible d'être démontrée. Le principe d'universalité masque le modèle normatif sur lequel il se fonde : il faut avoir une résidence stable.

Dans le domaine du droit pénal, la résidence joue aussi un rôle important à différentes étapes du processus judiciaire. Elle constitue une garantie quant à la présence future des justiciables au tribunal, quant à la possibilité des forces de l'ordre de retrouver la personne si elle ne se présente pas. Elle est une condition pour la remise en liberté avant le procès, par exemple. C'est donc la capacité de jouir des mêmes privilèges que les autres justiciables qui est en cause ici. Au-delà du privilège d'être en liberté, une telle situation affecte aussi la capacité de voir à sa propre défense, plaçant les personnes qui ne peuvent en jouir, pour des raisons de grande pauvreté, dans un état d'infériorité juridique.

Dans l'esprit de plusieurs, cette préoccupation pour la citoyenneté semble inutile ou inappropriée. C'est en quelque sorte comme si la difficulté de s'insérer socialement et la marginalisation dont elles font l'objet disqualifiaient ces personnes de leurs droits. Sur le plan symbolique, le droit de manger ou celui d'obtenir des soins seraient préalables à l'exercice des autres droits, ces derniers apparaissant comme un surplus. La pauvreté matérielle vient ainsi justifier la pauvreté citoyenne. C'est en quelque sorte comme si tous les droits et tous les besoins étaient replacés sur un même plan et qu'à l'intérieur de ce plan on créait un ordonnancement, les besoins de la survie apparaissant alors comme plus impérieux que tous les autres. La satisfaction des premiers vient trop souvent justifier la négligence des seconds.